本著作得到教育部人文社会科学研究青年基金项目（11YJC740063）、
浙江省哲学社会科学规划立项课题（10CGZY07YB）的资助

浙江财经大学中国语言文学省一流学科学术丛刊

中古汉语词缀研究

刘传鸿 著

浙江大学出版社·杭州
ZHEJIANG UNIVERSITY PRESS

图书在版编目（CIP）数据

中古汉语词缀研究 / 刘传鸿著. -- 杭州 ：浙江大学出版社，2024. 11. -- ISBN 978-7-308-25638-4

Ⅰ. H141

中国国家版本馆 CIP 数据核字第 2024X1Z584 号

中古汉语词缀研究

刘传鸿　著

责任编辑	吴　庆
责任校对	吴心怡
封面设计	项梦怡
出版发行	浙江大学出版社 （杭州市天目山路 148 号　邮政编码 310007） （网址：http://www.zjupress.com）
排　　版	杭州青翊图文设计有限公司
印　　刷	杭州高腾印务有限公司
开　　本	710mm×1000mm　1/16
印　　张	39.25
字　　数	664 千
版 印 次	2024 年 11 月第 1 版　2024 年 11 月第 1 次印刷
书　　号	ISBN 978-7-308-25638-4
定　　价	118.00 元

序

刘传鸿的《中古汉语词缀研究》《中古汉语词缀"自""复"研究》二书要出版了，嘱我作序，引起了我的一些回忆。早年，我对中古汉语词缀有所涉猎，也发表过几篇文章。我在2010年出版的《中古汉语词汇史》一书中曾对词缀定义及其特点进行了分析，认为由词缀与词根结合的附加式源于双音节的需要，词缀的特点大致有三个：第一，具有较强的黏附力，能与词根紧密结合，二者形成一词而不能分开；第二，具有很大的活跃性，能与某一类或几类词语广泛结合，而不是偶然的临时组合；第三，担任词缀的语素本来意义较有概括性。同时我还提出了判断标准：第一，频率标准——应用广泛；第二，意义标准——附加成分去掉而不改变主要意义；第三，类推标准——同类情况普遍而非偶见。我自以为我的分析是可行的，但是后来传鸿把他搜罗到的针对各家认定为词缀的附加式逐一细致分析后，就让我发现自己的分析确实是浅尝辄止，缺乏深度的。所以后来我就不敢轻易讨论词缀或附加式了。

由词缀与单个实语素（即词根）构成的附加式双音词是整个复音词结构中非常特殊的一类，比起同义并列、类义并列、反义并列双音词来，分析难度要大很多。传鸿选择了这个艰难的课题，一干就是十几年，其功力越来越强大，其研究方法也越来越纯熟了。两部著作最大的成就是：对于附加式的判断，绝不笼统而论，而是一个个细致考察其来龙去脉，有破有立，因而附加式的本质特征也更加突出了，词缀的面貌也越来越清晰了。

二书的特点很多，其中之一是：个案考察建立在详尽分析的基础上。这里有几个精彩的例子。

如"用"，有学者将其与副词的组合看作附加式。利用佛经中的大量材料，同时辅以中土文献用例，他从“用”的意义及功能分析、“程度副词＋用”组合的使用特色进行分析，还运用比较的方法，把与“用”用法相似的“以”的使用特色与之对比，用充分的证据说明“用”不是词缀，而是省略宾语的介词，一下子抓住了问题的本质。

“自”可与“虚、空、徒”等搭配，学界多将此类“自”看作词缀，传鸿则敢于质疑。他首先通过大量对文用例，证明独用的“自”有空徒义，并分析了“自”表空徒义的得义理据。以此为基础，通过“徒”“自”“空”“徒自”“空自”与词语“香”“芳”“流”搭配用例的比较分析，证实“徒”“自”“空”“徒自”“空自”功能无别，用法相同，从而得出“空自”“徒自”为同义复合的结论。除了例证详实外，善于用同类比较的方法，也是得出让人信服结论的重要手段之一。

分析词缀，要关注汉语史全貌。从全局出发，显示出深厚的训诂功力，是二书的又一个特色。我们也举几个例子。

是不是附加式双音词，需要调动各种知识储备，进行细密的分析。《世说新语》中有一个词“坐头”，学界多将其看作附加式合成词。传鸿则另辟蹊径，从官制入手，论证列曹尚书有八座之名，而在晋代，吏部郎为八座之首，结合《世说新语》文句中“王中郎举许玄度为吏部郎”，得出“坐头”即“吏部郎”，亦即八座之首的结论，可谓不刊之论。这样具体的讨论，解释了新词、纠正了讹误，而不是局限于讨论词缀本身。

再如“馨”，其成词组合仅限于“如馨”“尔馨”“宁馨”等几个，一些学者认为也是附加式。传鸿认为，这几个表达存在语音联系，当为一词之变形，明显不符词缀要求。就词缀研究来说，将即排除于词缀即可，但传鸿的研究并未停留于此，而是从“如 N 馨”“如馨”“尔馨”的意义及功能比较、“尔许”“如许”“如 N 许”的用法考察及相关推测、六朝民歌及其它文献中的“许”的特殊用法等角度，对“馨”类组合的来源进行了深入探讨，以此为基础，得出“如馨”“尔馨”为“如许”“尔许”在六朝南部方言中的音近换用，“如 N 馨”来自于“如 N 许”的结论。这样的分析让人拍案叫绝。

“生”的讨论与此类似。首先，按照传鸿研究的惯例，从“生”的语法功能、组合形式及特殊文献用例三个角度，论证了“形容词＋生”不具有词的特性，“生”不是词缀，从词缀研究来说，可以将其排除。接着，作者对“生”的性质及来源进行了深入考察，在充分论证的基础上，得出“生”来源于“许”，在“太＋形容词＋生”结构中充当语气助词的结论。这样的分析，远远超出了词缀讨论的范畴，可以说是训诂学研究的经典案例。

公说公有理婆说婆有理，要想在众说纷纭中拿出令人信服的证据，需要方法手段丰富，考察细密精深，这是二书的第三个特色。

文献中诸多“X自”组合，特别是“X自＋动词”组合，“自”究竟是词缀还是有实义表示“自己”？学者曾有过热烈讨论，但缺少可靠证据，且论证方法各不相同，各说各话，难以得出统一而又令人信服的结论。传鸿则选择新的角度，从“大自悔责”“好自击”“忽自思惟”“每自思惟”“每自念言”“趣自存活”“盛自拂拭”等词组搭配入手，深入细致考察了“自”的作用，加之大量的“自＋动词”独用的文献例证，可以充分证实：“自”表自己，而非词缀。这样精彩的分析，不仅解决了这些组合的问题，还为同类组合的分析提供了行之有效的解决办法。这已经不仅仅是词缀的考察了，而是为汉语史研究提供了鲜活而又实用的论证方法及操作步骤，所以阅读二书，绝不局限于讨论词缀，其灵活的研究方法和宽广的学术视野都是令人赞叹的。

不破不立，以上都是剔除非词缀的例子。此类讨论占了很大篇幅，其手段与方法也往往令人耳目一新。再如“生”“试”“加”的考察，主要针对构成组合是否成词展开研究，多角度论证诸家所举用例不具有词的特性，从而将它们排除于词缀之外。“毒”“切”的考察，从这两个语素的意义、组合成分的语义特征以及同义倒序组合的使用等不同角度，证实“毒”与“切”在相关组合中意义实在，并非词缀成分。“自”“复”的考察，揭示出“自”的15个意义及功能，“复”的17个意义及功能，在此基础上，将诸家所举用例分别归入相应类别，从而证明“自”“复”并非词缀成分。这样全面周密的分析，是穷年累月研究的结晶，也是灵活性与踏实性的成功展现。

而且此类分析细致、论证科学、考辨精彩的例子随处可见，不胜枚举，让我很感欣慰。

如果从更高要求看，二书在细节上很细致很深入，但是总体理论建构和宏观把握上则略有遗憾。比如，是不是该设章节从正面谈“附加式的来源与功用”“附加式在复音词中的历史地位”“附加式的分类与发展”“词缀的定义与鉴别方法”？其实，这些问题，在二书具体例子探讨中均有涉猎，在《中古汉语词缀研究》上编的一些章节中也有明晰的介绍与讨论，有些还相当深入，但是多从批评的角度入手，而不是正面论述与阐发，这是二书的不足之处。其实，思路角度稍作转换，纲目标题略有调整，这个问题就解决了。传鸿曾给我微信说："我打算将词缀研究的成果重新出版。这次重出增加了一些内容，修改了一些观点，特别是对'自''复'的定性。"说明还是细节上的深入，还是注重微观考察，宏观意识还有待提高，期待着再版时有所改观。

我与传鸿相识多年，记得 2006 年受董志翘老师邀请，曾经评审了传鸿的博士论文，当时就大为赞赏，希望他能够到浙大来工作，他考虑各种因素，没有来浙大。但是后来传鸿来我这里作博士后，就开始跟我讨论词缀问题，当时许多观点跟我的想法不一致，我还有点不以为然。但是传鸿全身心投入词缀研究，十几年过去了，他已经成为汉语词缀研究的大家，让人刮目相看，这两本著作就是明证，许多讨论让我心悦诚服。预祝传鸿在开创词缀理论上有更大的突破。

王云路

2024 年 10 月

附：《中古汉语词缀考辨》序

董志翘

中古时期，是汉语词汇从单音节向复音节发展的重要时期。汉语复音词的构词法可以分为语音构词法（单纯词、叠音词）与语法构词法（复合式、附加式）两类。而中古以后，语法构词法有了飞速发展。在语法构词法构成的复音词中，虽然以复合式复音词占绝大部分，但附加式（词根加词缀）构词法因其复杂性，一直受到学界的关注，其中焦点问题是对"词缀"及"加缀词"的认定。

自马建忠《马氏文通》以来，现代意义上的汉语附加式构词研究，经杨树达、赵元任、陆志韦、周法高、吕叔湘、王力、朱德熙等先生的努力，已取得不少成果。特别是《中国语文》在上世纪九十年代曾开展过一场关于中古新兴"词尾"（亦即"后缀"）"自"、"复"的讨论。如刘瑞明《〈世说新语〉中的词尾"自"和"复"》（1989），蒋宗许《也谈词尾"复"》（1990）姚振武《关于中古汉语的"自"和"复"》（1993），蒋宗许《再说词尾"自"和"复"》（1994），刘瑞明《关于"自"的再讨论》（1994），姚振武《再谈中古汉语的"自"和"复"及相关问题》（1997），蒋宗许《关于词尾"复"的一些具体问题》（1998），刘瑞明《"自"非词尾说驳议》（1998），高云海《"自"和"复"非词尾说驳议》（1998），肖旭《也谈"自"和"复"》（1998）等等。一时间，成了语言学界议论的热点之一，对附加式构词研究起了重要的推动作用。蒋宗许在大讨论的基础上写成的《汉语词缀研究》（2009）乃汉语词缀研究之集大成者。该书对词缀的名称、界定，汉语词缀的衍生机制等作了阐述，并分前缀、中缀、后缀分别进行了描写与分析。嗣后，中古汉语新词缀的发掘及描写亦掀起了又一高潮，其中尤以刘瑞明、朱庆之、王云路为著。应该说，学界在这一问题上已经花了不少笔墨。不过，由于对词缀及加缀词的认定标准各不相同，所以对于究竟哪些属真正的词缀、哪些是附加式复合词，各人看法往往大相径庭。刘传鸿的《中古汉语词缀考辨》就是在这一背景下应运而生的。

细读《中古汉语词缀考辨》，觉得传鸿在前人研究的基础上，下了很大的功夫，有了突破性的进展。正如书名所示，最明显的特点是体现对每个“词缀”、对每个附加式复合词深入细致的“考”和“辨”上。

《中古汉语词缀考辨》分上下两编，上编主要是理论探讨，

传鸿既认真借鉴、审视了前人的研究成果，又能不囿于前人的陈说。在对中古汉语词缀的研究现状及存在的问题作了深入分析后，提出了一系列新的研究思路和方法。他在梳理了以往对于附加式复音词及词缀认定的标准后提出：词缀的最主要的特点，是附加于词根，以附加方式构词。既是附加式复音词，那么首先必须符合词的特征，因而一反前人“从词缀出发确定附加式复音词”思路，首先从语义、语法、语用诸方面来考察这些组合是否为严格意义上的词，从而排除了一些较为明显的非词组合。

进而涉及对词缀的鉴别，目前的一般认识：词缀是粘附于词根上无义的附加成分，具有类推性。这一标准过于粗疏且由于各人理解及掌握的宽严不同，实际操作性不强。《中古汉语词缀考辨》将其标准进一步细化，如关于词缀“意义虚化”问题，提出从“利用同素逆序词排除同义复合”“利用词根语素的意义考察”“利用同类系联的方法判断”“利用古注”“区别同形异词还是同词的义位变体”“双向去除判定意义及功能”等六个方面进行多角度的考察。关于词缀“具有类推性”问题，提出除关注组合数量而外，必须考虑类似组合之间的实际性质及功能差别。同时还强调了对“词缀”来源的历时探寻。来源考察本非具体的考察方法，但它在词缀的界定中意义重大，有些通过外在特征似乎可以界定为词缀的成分，通过来源考察，可以揭示其真正性质。如此全方位的考察方法，无疑为“词缀”的认定提供了较为可行的操作手段。这应该是对词缀研究的理论上的重大贡献。

而下编是采用上编提出的理论及鉴别标准，对以往各家所认定的“阿、初、当、第、毒、而、尔、儿、复、更、乎、即、加、家、来、老、其、切、取、然、若、如、生、试、手、思、斯、头、为、馨、兮、言、焉、伊、已、有、于、聿、爰、曰、云、应、载、者、衹、子、自”等 47 个中古汉语词缀逐一进行个案考察辨析，反过来也是通过实际运用，

对自己所提出的理论及鉴别标准的检验。其中对“生”“衹”“切”“即”“手”等的考辨均十分精彩,无论是对某个附加式复音词及词缀的肯定,还是对某个附加式复音词及词缀的否定,都建筑在大量材料及严密论证的基础之上,因此不少内容已在学术刊物上公开发表,且得到学界的认可。

总之,《中古汉语词缀考辨》是近年来关于汉语词缀研究的颇具创新意义的成果,其中最大的创新乃表现在不简单信从前辈学者的研究结论,而是通过详尽的语料考查,并严格按照判断标准进行独立地研究,得出与之前研究有很大不同的结论,从而将汉语词缀研究及附加式构词研究的水平推向了一个新的高度。因此该项研究不仅具有理论价值,而且具有实际运用价值。当然,任何学术研究都有补正发展之余地,《中古汉语词缀考辨》当亦无例外。比如作者认为“阿、儿、尔、复、如、若、焉、子、自”是学界研究较深入的词缀,我们没有新的发现……故文中仅简单总结”。从研究要“发前人所未发,言前人所未言”而言,如此处理是恰当的。但从全面系统研究中古汉语词缀而言,以上几个“词缀”的重要性实不可忽视。其实换一个角度,亦可用以上几个词缀的研究来佐证自己所提出的理论与方法。当然,此类美中不足之处,固无伤大雅,未可苛求。

写到这里,我不禁想到:传鸿自博士毕业,十多年来不鹜声华,潜心治学,在汉语词汇史研究方面一步一个脚印,取得了不俗的成绩:先后已有《两唐书列传部分词汇比较研究》《〈酉阳杂俎〉校证:兼字词考释》两部专著问世,如今新著《中古汉语词缀考辨》又即将付梓。如能持之以恒,则前途不可限量。传鸿年当不惑,来日方长,故在这里希望传鸿再接再厉,竿头日进,争取有更多的佳作藏之名山、传之后世。

戊戌春日于石头城下、秦淮河畔

目　录

上编　词缀理论探讨

一、词缀研究概况

汉语附加式构词研究古代即有零星成果，现代意义上的研究由马建忠《马氏文通》启其先，后经杨树达、吕叔湘、王力、赵元任、陆志韦等先生的努力，在20世纪四五十年代逐渐兴起，但六七十年代的政治运动，使其经历了近二十年的研究荒漠，直到80年代，又重新开始并迅速繁荣。

谈及附加式研究，不能不提蒋宗许先生，他是20世纪80年代至90年代词缀大讨论的主要参与者，撰写过多篇词缀考辨及词缀理论的文章，2009年他所完成的国家社科基金项目成果《汉语词缀研究》更是一部系统的附加式研究专著。书中蒋先生全面回顾了汉语词缀的研究情况，并对词缀的相关理论进行了系统探讨，提出了词缀的特点及判定标准，同时全面列举分析了自古以来的汉语词缀。蒋先生对词缀研究的回顾主要以时间为线索，为避重复，以下我们以研究内容为线索略加阐述，同时对该书出版后的一些新成果加以介绍。

(一)附加式构词理论的探讨

附加式与其他构词方式有很大不同，也正因此，附加式的内涵、特点、词缀的形成机制、判定标准等是附加式构词研究难以回避的问题，王力《汉语史稿》、赵元任《汉语口语语法》、周法高《中国古代语法·构词编》、吕叔湘《汉语语法分析问题》、陆志韦《汉语的构词法》、张静《汉语语法问题》、刘叔新《汉语描写词汇学》、邢福义《现代汉语》、马庆株《现代汉语词缀的性质、范围和分类》、郭良夫《现代汉语的前缀和后缀》等均有论述，在词缀意义较虚、粘附性强等方面达成一定的共识。而王绍新《谈谈后缀》(1992)所提出的从五个方面判断后缀，韩陈其《汉语词缀新论》(2002)所提出的词缀的游离性及半游离性的特点，董秀芳《汉语词缀的性质与汉语词法特点》(2005)对汉语词缀特点的总结等，均颇具开创性，杨锡彭《关于词根与词缀的思考》(2003)所谈及的词缀研究中应注意的问题亦很有价值。董秀芳《词汇化——汉语双音词的衍生和发展》(2002)、《汉语的词库与词法》(2004)则探索了附加式构词的动因与机制等。另外，蒋宗许《汉语词缀研究》(2009：58—64)在诸家所说的基础上作了系统总结，认为词缀是定位的粘着语素、是高度虚化的构词成分、往往有类化的历程、具有标示词性的作用、往往有表达性功能。王云路先生《中古汉语词汇史》(2010：267)对词缀及其特点亦进行了分析，她认为：第一，具有较强的黏附力，能与词根紧密结合，二者形成一词而不能分开；第二，具有很大的活跃性，能与某一类或几类词语广泛结合，而不是偶然的临时组合；第三，词缀的本来意义较有概括性。王先生同时提出了词缀判断标准(2010：276—278)：第一，频率标准——应用广泛；第二，意义标准——附加成分去掉而不改变主要意义；第三，类推标准——同类情况普遍而非偶见。

(二)个案词缀的发掘及描写①

20世纪五六十年代，王力《汉语史稿》、太田辰夫《中国语历史文法》、周法高《中国古代语法·构词编》等著作发掘了很多词缀。80年代初任学良《汉语造词法》又发掘了现代汉语中的一些新词缀，但多不可靠。80年代后期至90年代，刘瑞明、蒋宗许、姚振武等在《中国语文》等刊物上发起了“自”“复”是否为词尾的讨论，对附加式构词研究起了重要的推动作用，汉语新词缀的发掘及描写掀起了又一高潮，尤以刘瑞明、朱庆之、蒋宗许、王云路及日本的志村良志等先生为著。刘瑞明《论“持”“迟”应是古汉语词尾》(1990)、《“拔”字释义评述——兼论“拔”是词尾》(1996)指出“持”“迟”

① 下文个案词缀考辨部分会涉及个案的相关研究，故这里仅简要说明。

“拔”为词尾①。蒋宗许《古代汉语词尾纵横谈》(1999)列举了 26 个词尾，其中很多都是前人所未及。王云路《中古诗歌附加式双音词举例》(1999)列举了“应”“已”“云”“伊”“来”“为”“试”“取”等词缀；《谈“摒挡”及其相关词语的附加式构词特点》(2002a)则对“当”作为词尾进行了细致描写。另外，近些年来很多专书词汇研究也包含了词缀及附加式词语的描写。蒋宗许《汉语词缀研究》(2009)、王云路《中古汉语词汇史》(2010)等著作则较全面列举了汉语及中古汉语词缀，蒋宗许所举与中古相关的前缀包括：有、载、爰、曰、言、聿、遹、于、伊、斯、思、其、第、初、阿、为、试、云、祇；后缀包括：若、如、然、其、言、尔、而、斯、焉、乎、兮、子、毒、自、复、当、已、切、为、头、来、馨、生、取、手、云。王云路所举前缀包括：老、阿、伊、为、行、还、有、试、于、载；后缀包括：子、头、家、来、当、取、将、得、其、如、而、然、馨、生、者、复、已、云、应、自、更、手。

此后，另有一些单篇论文及硕博士学位论文对专书中的词缀或个别词缀进行了进一步研究，如王宁宁《汉语词缀“老”的研究》(2010)、任湛明《〈宋书〉词缀研究》(2011)、李燕妮《唐五代笔记小说词缀研究》(2014)、周晓彦《“自”“复”的词尾化历程及相关问题研究》(2017)、王晓玉《中古“X 用”类副词的产生与发展》(2019)等。这些研究，以描写为主，观点及方法创新不多。

(三)词缀来源考察

早期附加式研究疏于来源考察，王力先生《汉语史稿》(2003)对“伊”“子”来源的分析推测多于论证。何融《汉语动词词尾“将”的研究》(1954)是早期少见的带有考源性质的文章。20 世纪 80 年代后，这方面的研究逐渐增多，词缀来源考察进入了一个相对繁荣和深入的阶段，无论是数量还是质量都有一定的提高。如赵湜《词尾“头”溯源》(1985)对“头”的来源作了考察；杨荣祥《副词词尾源流考察》(2002)对“忽、然、自、复、其、地”等副词词缀的来源及发展作了探索；葛佳才《谈词尾“手”的虚化》(2003)则对词尾“手”的形成过程进行了研

① 我们认为“持”“迟”“拔”均非词缀，这三个成分在蒋宗许《汉语词缀研究》及王云路《中古汉语词汇史》亦未定性为词缀，考虑到刘瑞明亦参与了《汉语词缀研究》的撰写，间接表明了其态度，故下文未加考辨。

究。同类成果还有陈宝勤《试论汉语词头"阿"的产生与发展》(2004)、郭作飞《汉语词缀历时演化略论——以词缀"老"的形成为例》(2005a)、董志翘《"儿"后缀的形成及其判定》(2008)、王兴才《"然"的词尾化考察》(2009a)、《"偶尔"的成词与语用考察——兼谈"尔"的词尾化》(2009)、《副词后缀"为"的形成及其类推范围》(2010)、李小军《副词后缀"为"的形成》(2010)等。这些文章有些引入了新的理论,取得了一定成就,推进了附加式构词法的研究。另外,蒋宗许《汉语词缀研究》(2009)对大多数词缀的来源都作了简要分析。

(四)对已有研究的商榷

此部分内容与上举三项有重合,因其在研究中占据较重要地位,且与本研究密切相关,故特别提出。

由于词缀标准的确立及执行多有分歧,近些年,出现了很多附加式研究的商榷文章。如孙雍长《〈楚辞〉中词的后缀问题》(1982)对薛恭穆(1980)所提出的《楚辞》中的 200 多个形容词、副词后缀提出批评;吉怀康《也谈词头和词尾——与任学良同志商榷》(1984)对任学良提出的"反""可"等词缀提出商榷;姚振武(1993;1997)对"自""复"的讨论也属此类。其他尚有白平《"其"非词头辨》(1996),董志翘《"儿"后缀的形成及其判定》(2008),王云路、郭颖《试说古汉语中的词缀"家"》(2005),刘敬林《论与"取"字词缀说相反的事实》(2006),陈年高《〈诗经〉"于 V"之"于"非词头说》(2009),王灿龙《关于"adv＋加＋v"结构中"adv. 加"是否成词的问题》(2010)等。笔者近些年来亦在《中国语文》、《语言研究》、《古汉语研究》、《敦煌研究》等刊物以及一些重要学术会议上发表了《也谈"鬼子"》(2008)、《敦煌变文词尾"即"考辨》(2012)、《关于词尾"手"的再讨论》(2012)、《释"坐(座)头"》(2012)、《词缀"云"考议》(2013)、《"(太)＋形容词＋生"组合中"生"的性质及来源》(2014)、《"毒"非词缀考辨》(2014)、《"切"非后缀考辨》(2014)、《前缀"祗"考辨》(2016)、《"试"非词缀辨》(2018)、《中古"副词＋用"组合中"用"的性质》(2021)等十几篇词缀及附加式词语的考辨文章。

二、词缀研究存在的问题及我们的看法

汉语词缀及附加式词语的研究取得了不小的成绩，但也存在一些问题，主要表现在以下几个方面。

（一）所涉及组合是否为词似乎少有考察

既然是词缀，其所构成的组合必须成词，也只有如此，才可能进行构词方式的探讨。但古汉语中的一些组合是否为词并非一目了然。从当前研究来看，有些学者所举附加式合成词，只是处于同一音步的双音组合，并不具有词的特点，将此类组合中的无义成分当作词缀，显然是不妥当的。

以“生”为例，学界多将附于形容词之后的“生”看作后缀，构成“瘦生、可怜生、憨生、孤峻生、新鲜生”等形容词，然观其用例，可以发现，这些组合在句中位置固定，一般均处于煞句位置，充当谓语，例外者极少，且多与“太”搭配使用。如果这些组合为形容词，如何解释这样的使用特点？很显然，它们并不具有词的特性（详参下编“生”条下论述）。

再看出自《诗经》而被定性为词缀的“云”“于”“曰”等成分，它们符合义虚的特点，有些表现出一定的类推性，但它们与其前后成分所构成的组合是否成词则让人怀疑：第一，上古汉语以单音词为主，双音词并非主流，《诗经》有何必要通过附加的方式构成如此多的双音词，值得思考。第二，《诗经》以四言为主，为了构成四言采用了很多方式，这些所谓的词缀是用来凑足句子的字数还是构成双音结构，必须注意。第三，《诗经》毛传及郑笺对后人影响很大，魏晋时期模仿《诗经》的用法应当是在这些注文的影响下使用，故其性质的确定应当考虑这些注文。第四，作为一个词，自由使用十分自然，而这些成分所构成的组合通常仅出现于《诗经》及模仿《诗经》的韵文中，散文中基本未见，这从一个侧面说明它们并非为词。第五，现代诗歌、民歌中有很多衬字的存在，可以帮助我们认识这些成分。

再看“加”，其置于形容词、副词之后，构成诸如“咸加、少加、将加、数加、始加、动加、犹加、广加、亲加、大加”等组合，后接动词，有学者将它们定性为附加

式。现代汉语中这类组合仍在使用,如"大加夸奖""广加宣传"等,"加"乃形式动词,与它前面的形容词、副词只是音步上的双音组合,并不具有词的性质(详参下编"加"条下论述)。将其定性为词缀,似乎未考虑到相关组合是否成词的问题。

(二)词缀的内涵还存在争议,认识上的局限性依然存在

一般观点认为:词缀是粘附于词根上无义的附加成分,具有类推性。但在实际研究中,常有只注重其中部分特性的现象。如有些学者强调构词能力的类推性及定位性,而认为义虚不是很重要,一些谨慎的学者将意义较实在的构词成分称为准词缀,还有一些则直接将它们纳入词缀。这种认识可能受到西方语言的影响:西方语言如英语有明显的形式标志,并依此定性词缀,而意义并未纳入考虑,故而对译成中文后,很多词缀成分意义实在。但这种认识若移植到汉语中来,则会出现问题,因为意义实在的成分在汉语中会与另外的语素在意义上构成诸如并列、修饰等关系,从而出现分类上的矛盾。如有学者将表人的"者"看作词缀,实际上它完全可与其前面的成分构成偏正式组合。故我们认为义虚、不与其他成分构成附加之外的组合关系,是词缀成立的必要条件。另有学者强调义虚,却忽视类推性,这同样会出现问题。因为有些词语某个语素意义的消失只是偶然的、个案的,是这个组合长期使用受到前后文语境的影响而虚化,它并未作为附加成分参与构词,自然不能定性为词缀。词缀必须能够作为附加成分参与构成一定数量的词语,其外在表现就是类推构词。义虚及类推构词这两个条件,词缀必须同时拥有,缺一不可。

另外,无论是词缀义虚,还是类推构词能力,以及粘附性强等,这些都是词缀特征的外在表现,它们只是词缀成立的必要条件,而不是充分条件。判断词缀及附加式合成词还须另辟蹊径,而其他构词方式的判断方法可以提供参考。

我们在界定并列、支配、主谓、偏正等构词方式时,常依据语素字面上的意义关系,这可解决大部分词的结构定性。但也有可能出现问题,如"雪白",到底是主谓式还是偏正式,从字面上就难以确定。这时就要考察成词时各语素之间的关系,而不是成词之后特定时段、特定语境中各语素所表现出的关系。也正因此,一些偏义复合词,如"国家",虽然"家"不表义,但我们仍然将它定性为并列式合成词。词缀以及附加式合成词自然可通过外在特征加以判定,但

这只是界定的第一步，真正确定还需要考察成词机制。我们不能仅仅停留于某个疑似附加式合成词或词缀在共时平面所表现出的特点，还要注重历时层面的成词机制及成词过程的考察。作为附加式合成词，其形成过程应当是：某个语素在使用中意义虚化，或意义本就很虚，为了满足词汇双音化、韵律和谐等需要，这个语素以无实在意义的附加成分附着于特定类别的语素前或后，组合成词，这类合成词即附加式合成词，附加成分即词缀。关注成词过程，通过是否以附加的方式构词来判断是否为附加式，可以避免仅依据外在表现而判断构词方式所带来的问题。以下举例加以说明。

杨荣祥先生(2002:66—67)在考察副词词尾"乎"时认为，"乎"作为副词词尾有两个来源：一个来自介词，另一个可能来自上古汉语中的形容词词尾"乎"。杨先生对来自于介词"乎"的词尾进行了特别考察，并以"几乎"为例，认为这个词是由原处不同层次的跨层组合进而逐渐成为附加式合成词①。文章对"几乎"成词过程的考察结论可信，但将这个"乎"定性为词尾则可商榷。从成词过程看，"几"与"乎"原处于不同层次，长期大量连用，因"乎"后的宾语出现了次类变化，导致结构关系上的重新分析，从而成词。"乎"在参与构词的过程中，不是以无义的附加成分附于"几"后。与之相对，"断断乎""恰恰乎""迥乎"等成词时，"乎"是以无义成分直接附于词根语素后而成词。鉴于"几乎"并非以附加的方式成词，将它定性为附加式并不合适。

与"乎"相似的还有"其"。张振羽先生《"尤其"的词汇化及相关问题》(2009)一文详细探讨了"尤其"的成词过程，他指出：程度副词"尤其"是由副词"尤"与指代词"其"通过跨层连用词汇化而成的，它是句法位置、韵律规则、词汇双音化、使用频率以及认知等因素共同作用的必然结果。"尤其"萌芽于唐五代，形成于宋元，完全成熟于清代(2009:51—56)。从其考证过程来看，这个结论是可信的，但他同时认为：受共同因素的影响，在近代汉语中产生了一批副词词尾，如"～乎(几乎、似乎)""～自""～复"等，它们有着与"其"类似的虚化轨迹。这个观点就有问题了："自、复"作为词尾早在中古时期即已产生并成熟，其产生是因为"自、复"处于某一类语境中，意义虚化，再附加于副词性语

① 麻爱名《副词"几乎"的历时发展》一文详细论证了"几乎"由两个不同的词凝固而成为副词的过程。

素，构成附加式合成词(此观点乃语言学界一般看法，笔者通过几年研究，认为“自”“复”并非词缀)，它们与“尤其”的根本不同在于，“尤其”的成词是个案，由跨层组合逐渐成词，因而不具有能产性，所以自然不能看作附加式。

由“然”构成的词同样存在这样的情况。它大量用于“若/如＋AP＋然”的句法环境中，词义逐渐虚化和脱落，发展成词尾“然”，再附加于词根语素，构成附加式合成词。其成词过程是：先有意义很虚的“然”，再有“～然”类词，也正因此，这类词可类推构成很多词(参王兴才《“然”的词尾化考察》，《汉语学报》2009 第 3 期)。附加式“～然”应当排除“既然”“不然”等由“然”构成的另外一些词，因为它们都是因前后文语境变化，独立由词组逐步凝合成词。

如果我们注重从历时的角度考察成词过程，用以判断附加式词语，并进而确定词缀，将可以有效解决词缀判断中因立足于外在特点而造成的混乱。

(三)判断标准的执行缺乏行之有效的方法

为了界定词缀及附加式合成词，学者们着力探求词缀及附加式合成词的特点，并制定了词缀意义较虚、具有类推构词能力、粘附性强等判定标准。综观当前研究，可以发现，标准虽有，却缺少执行标准的有效方法。

以意义较虚这一标准来说，既然制定了这一标准，自然要有判断意义虚实的方法，目前使用最多的是去除法，即去掉某个语素，看词的意义是否改变，意义不变则表明这个语素无实义①。这样做有一定的效果，但也存在明显局限。

首先，同义复合词无法判定。学者们在使用此方法时，一般均认识到这一点，并提出要排除属于同义复合的词语。但问题是，很多同义复合词并非一眼就可以看出，若不细加考辨，很容易将同义复合词看作附加式。以“毒”为例，朱庆之先生(1992：146—148)将其定性为“起扩充音节作用”的语素，蒋宗许先生(2009：178—180)将其定性为词缀(二家的看法并无本质区别)，并举“悲毒、酸毒、苦毒、酷毒、痛毒”等词为例。考上举词语用例，去掉“毒”后，意义不变，似乎符合词缀无实义的标准，实则并非如此：“毒”在文献中有痛、苦义，《广雅·释诂二》：“毒，痛也。”王念孙疏证：“《大雅·桑柔篇》：‘宁为荼毒。’郑笺以‘荼毒’为‘苦毒’，陆机《豪士赋序》：‘身猒荼毒之痛’，是荼、毒皆痛也。”

① 参蒋宗许《汉语词缀研究》60 页、王云路《中古汉语词汇史》276 页。

《广韵·沃韵》:“毒,痛也,苦也。”上举各词实为表此义的“毒”与同义语素构成的同义复合词,其中“苦毒、酷毒、痛毒”还有完全同义的倒序词“毒苦”“毒酷”“毒痛”(详参下编“毒”条下相关论述)。

其次,其他结构的词语也存在去掉某语素后意义不变的情况。如由“口”构成的“住口、停口、歇口、辍口、毕口”等词,去掉“口”后,主体意义不变,而它们实为支配式。与其类似的还有由“手”构成的一组词,有学者认为“断手、毕手、了手”为以“手”为后缀的附加式,因为“手”去掉后,整个词的意义不变,其实将“断手、毕手、了手”与上举由“口”构成的词作一比较,可以发现两组词结构上并无不同,“断手、毕手、了手”实为支配式合成词(详参下编“手”条下相关论述)。

第三,有些虚词,因本身无实义,在句中主要表达语气或起连接等语法作用,去掉自然不影响意义的表达,这样的组合也无法使用此方法验证。如“忽即”组合,蒋宗许先生(1992a:83)认为“即”去掉后意义不变,因而将其定性为词缀。然而仔细体会其用例,可以发现“即”实用于连接前后相连的两件事,相当于就、便,因其主要发挥连接功能,去掉之后自然不影响意义,而且文献中还有“忽便、忽乃”组合,与“忽即”用法完全相同,此亦可证“即”的性质(参下编“即”条下论述)。

类推构词能力标准同样存在缺乏验证的问题。类推之“类”有特定内涵,不能仅停留于数量,然而在实际研究中,有时连数量都未加考虑。

以“馨”为例,它作为后缀得到大多学者的认同,用以佐证的词包括“宁馨、如馨、尔馨”三个,有学者还举有明显不成词的“如……馨”搭配。三个词数量本就不多,更重要的是这三个词本为同一个词的不同音变形式,这已为诸多研究者所发明,如此一来,用以佐证的词实质上只有一个,自然不具有类推构词能力。“馨”的构词能力如此之差,依据类推标准,显然不能将其定性为词缀。

研究中未考虑“类”的内涵而造成的判定问题更多。如当前对词缀“生”的研究,有学者认为“生”可作后缀,并依据“生”前成分的不同分为五类:1)用做形容词词尾,形容词可以是单音节的,也可以是双音节的。且“生”做形容词词尾时,常出现在“太+形容词+生”的格式中。如“瘦生、贪生”。2)用作名词词尾,使名词具有形容词功能,表某种状态。如“僧生”。3)接于动词和动词性结构之后，表状态，相当于“……的样子”。如“多知生、无礼生”。4)放在疑问代词之后，构成“怎生、作摩(么)生、甚生、何似生”等词，充当状语、定语、主语、谓语。5)作副词词尾，构成“好生、偏生、怪生、甚生”等词。“生”的五种用法存在一些根本区别:第二种用法用例很少，名词在“太……生”的组合中，实际取得了形容词的功能;第三种用法，“多知”与“无礼”表面看是动词性结构，实际表达的是形容词的功能。前三种用法中，无论“生”前是形容词、名词还是动词，它们与“生”构成的组合在功能上都相近，且基本限于句末位置，以“太……生”的形式为常见，故可归于同一类型。第四种用法，与“生”组合的疑问代词与形容词在功能上明显不同，所构成的组合在句中位置灵活，功能多样，与前三类亦有显著区别;第五种用法，与“生”组合的副词虽与形容词有相似之处，但从所构成的组合看，它们主要作状语，位置、功能与前四种亦有明显区别，因而第四、五两种当分作两类分别对待。然而各家在研究时，多将“生”的五种用法不加区别地统于词缀“生”之下，这种做法的实质是未能正确处理类推之“类”。由此带来了一些问题:诸家根据五类组合得出“生”所构成的附加式具有形容词的功能，并将其定性为形容词后缀。然而细加考察，可以发现，前三类才真正属于同类，而它们构成的组合并不具有词的性质，“生”实为表感叹、夸张语气的语气助词(详参下编“生”条下论述)。

再以“手”为例，学者们在论证其为词缀时，举了很多例子，这其中包括“应手、随手、当手、寻手、就手”等，另外“逐手、缘手、趁手、跟手、循手”也属此类。不过在处理时要注意这样一个问题，这些词从数量上看很多，但在证明“手”是否具有类推能力时却只相当于一个词，原因在于，这些词中“手”前的语素都是同义成分，它们的组合更有可能属同义语素替换。

由此可见，疑似词缀是否具有类推构词能力并不是一眼就可以看清，在实际研究中需要加以关注，“类”及“类推”均需要作出科学的界定。

再看粘附性标准，这个标准要求词缀语素必须紧附于词根语素上，不能分开，其实质是组合必须成词。这在现代汉语中比较简单，凭借语感一般即可解决，可对古汉语来说就不是那么简单的事了，单凭语感往往会欺骗我们。

当前的研究者虽然多强调粘附性标准，但在研究中往往缺少基本的验证，很多用以佐证的所谓附加式合成词根本不具有词的性质，由此界定的词缀自然难以成立。以“试”为例，有学者认为它可充当动词前缀，且基本局限于诗歌中，并举多例用以佐证。可是，相同组合在散文中亦有很多用例，诸家并未将它们看作附加式合成词。我们不禁要问，为什么“试”在诗歌中是粘附性强的语素，而在散文中却不是呢？带着疑问，我们对“试”与动词的相关组合进行了全面考察，可以发现：散文中的组合结构松散，一般情况下能轻松感知“试”的意义实在。而诗歌由于文体的特殊性，相关组合会给人以结构紧密的感觉。但稍作考察，即可发现，它们亦为松散组合，以“试听”为例：

(1)**试听**紫骝歌乐府，何如騄骥舞华冈？（唐张说《舞马千秋万岁乐府词》）

蒋宗许先生(2009:133)举此例，认为“试听”为附加式。考察文献，可以发现如下用例：

(2)丈人**试静听**，贱子请具陈。（唐杜甫《奉赠韦左丞丈二十二韵》）
(3)如君所言诚有是，君**试从容听**我语。（唐白居易《霓裳羽衣歌》）
(4)久嗟尘匣掩青萍，见说除书**试一听**。（唐李涉《送杨敬之倅湖南》）
(5)**试细听**、莺啼燕语，分明共人愁绪，怕春去。（南宋袁去华《剑器近》）

与“试听”相比，“试静听”“试从容听”“试一听”“试细听”只是在“试”与“听”之间添加了一个修饰成分，各组合所表核心意义与“试听”相同。这些用例说明，“试听”是一个松散组合，而非结构紧密、粘附性强的附加式合成词，其中“试”当解作试着或聊、姑且。

其他由“试”构成的常用组合基本可利用此方法证实它们只是松散的组合，与散文中的用例并无不同，如此“试”的词缀性质自然不能成立。

除了“试”之外，还有一些来自《诗经》被定性为词缀的成分，如“载”“伊”“于”等，它们所构成的组合基本限于《诗经》及仿照《诗经》文体的文献中，是独立的成分，还是附着于词根构成附加式合成词，需要考察验证，不能仅停留于感觉。针对判断标准制定行之有效的验证方法是急需解决的问题。

(四)词缀及相关词语描写尚嫌粗疏

现有词缀研究的基本模式是指出某个词缀，然后举一些例子加以佐证说明，这样的描写显然不够。我们认为当前词缀及附加式研究至少在以下几个方面需要加强。

第一，词缀成分及相关佐证用例需要更深入更科学的分析验证。

以中古汉语词缀来说，目前研究所发掘的词缀数量很多，但多缺少科学的分析和验证。“初、第、毒、即、来、切、试、手、生、馨、载、祇”等看作词缀都有问题（详参下编《个案词缀研究》部分）。一些真正的词缀，用以佐证的用例也需要深入分析，细加考辨。如：

（6）两边角子羊门里，犹学容儿弄**钵头**。（唐张祜《容儿钵头》）

王力先生（2003：229）引此例，认为“钵头”为附加式。“钵头”表示盛物的器皿是不是词缀尚待考证，问题是，张祜诗中的“钵头”实指传自西域的唐代乐舞，与器皿全无关系。这一点南宋叶廷珪《海录碎事》卷一六已经指出：“明皇宫中有容儿弄钵头、邠娘羯鼓、耍娘歌、悖挐儿舞，张祜各有诗。”关于钵头舞，唐段安节《乐府杂录·鼓架部》有介绍：“钵头，昔有人父为虎所伤，遂上山寻其父尸。山有八折，故曲八叠。戏者被发素衣，面作啼，盖遭丧之状也。”又作“拨头”，元马端临《文献通考》卷一四七：“拨头，出西域，胡人为猛兽所噬，其子求兽杀之，为此舞以象也。”钵头舞中舞者被发素衣，“钵头”之名或与被发摇头有关也未可知，故将表乐舞的“钵头”看作附加式尚需证据。

（7）刮取**车轴头**脂作饼子，着疮上。（北魏贾思勰《齐民要术》卷六）

蒋宗许先生（1999：34）引此例，认为“车轴头”为附加式。从句义看，这里的“车轴头”当指车轴的两端，因为只有车轴的两端安车轮的地方，才有油脂，“头”的意义非常实在。“车轴头”指车轴之两端从古注中也可以看出。西汉扬雄《方言》卷九“车轊”，郭璞注：“车轴头也。”北宋司马光《资治通鉴·周纪四》：“初，燕人攻安平，临淄市掾田单在安平，使其宗人皆以铁笼傅车轊。”胡三省注：“车轴头谓之轊。”同样解释“轊”，另外两家有所不同。《广雅·释器》：“轑，轊也。”王念孙疏证：“车轴两耑谓之轊。”《文选·鲍照〈芜城赋〉》：“当昔全盛之时，车挂轊，人驾肩。”李善注引《说文》曰：“轊，车轴端。”李善所引在《说文》中作“軎”，《说文·车部》：“軎，车轴耑也，从车象形，杜林说。轊，軎或从彗。”两相比照，“车轴头”中的“头”指车轴之端非常明确。

其他诸如"宣头、座头、膝头、前头、拳头"等看作附加式都有问题，需逐一考辨。

第二，词缀来源考察尚有明显不足，急需加强。

考察来源是词缀研究的重要内容，来源不清楚，词缀的研究也就不完满，甚至连词缀的性质都让人怀疑。然而从目前的研究来看，词缀来源的考察存在明显不足，目前仅对常见的几个词缀的来源有比较可靠的论证，其他多限于简单推理及说明。以蒋宗许《汉语词缀研究》为例，蒋先生试图探求各词缀的来源，因此文中多有词缀来源的说明及推定，但缺少深入细致的论证，其结论的可靠性自然大打折扣。如谈及后缀"来"时，他认为(2009:215)："'来'的通常意义表去来之'来'，从魏晋而后即有虚义用法，且开始和表时间的单音节名词组合，作为后缀而组成表时间的复音词。"上述探讨只谈及魏晋而后"来"有虚义的用法，但这个虚义如何来，又虚到什么程度，则未加说明，显然过于简略。我们考察之后发现，这个"来"实由上古表时间的"以来"缩略而来，在使用中，意义虽有虚化，但仍然保留了"以来"的主要功能，因此其词缀性质让人怀疑。再如"馨"，清段玉裁提出"馨"乃"䁔"之同音借字，诸多先生赞同其说。问题是，"䁔"作为语气词仅在词典中保存，其性质、功能都不清楚，仅从字音相近就得出这样的结论，总让人感觉有所欠缺。深入研究之后，我们发现，由"馨"构成的"宁馨、如馨、尔馨、如……馨"与"如许、尔许、宁许、如……许"在形式与意义上均存在对应，语音上"馨""许"相通，"馨"当为"许"之音变，将其定性为词缀的结论难以成立(详参下编"馨"条论述)。

第三，词缀的组合特点、使用情况、发展变化的考察描写尚显粗放。

来源弄清了，词缀的性质得以确定，其在共时层面的组合及使用特点，在历时层面的发展变化过程及动因，需要考察研究，并细致描写。目前这方面的工作还有深化的必要和可能。以蒋宗许《汉语词缀研究》(2009)一书来说，这部书对词缀的考察与研究注重了共时与历时层面的结合，并对词缀发展变化的原因及表现进行了分析，使得每个词缀的发展变化过程都得以相对完整地展现，这是其长处。从其描写来看，此书以时间先后略举用例，在此基础上进行分析论述，这当然有篇幅及研究精力等方面的原因，但这样的展现方式存在明显不足：虽然注重了时代先后，但共时平面的组合面貌及组合特点无法有效展示，而且由于举例与分析未能紧密结合，说服力大打折扣。以"云"为例

(2009:142—144),此书中前缀部分及后缀部分均提及"云",在谈及前缀时,举有"云谁、云何、云远、云亡、云余、云别、云终、云备、云阕、云尽、云已、云游、云豫"等用例,时间贯穿上古至清代。蒋先生在举例之后分析说(2009:144):

> 按照判别词缀的标准解析,《诗》中的"云"作词缀的用法亦颇有之,且用法很随意,我们上边所举前四例前缀,分别用于单音代词、形容词、动词之前。我们觉得,"云"作前缀当只是借助于其语音形式而构成双音词而已,其道理与"曰"、"爰"等相同,盖其语音相近而通。到了后世,除了直接沿袭《诗》的用法外,似基本上只缀于单音动词之前。

从其所举组合来看,"云"与代词、动词、形容词的组合功能存在很大差异,将它们不加区别地并列在一起显然不当。而且由于未加分别,"云"在后代的发展变化及使用情况无法客观描写及展现。从我们的研究来看,"云"与代词组合基本限于"云胡、云何、云谁"三个,在《诗经》中,它们同属一个音步,看作一个整体,不影响诗义,因而后世得以继承使用,"云胡""云谁"这些组合在后代主要用于四言、五言古体韵文,清楚地体现出其与《诗经》的继承关系。与"云胡、云谁"不同的是,"云何"在后代得以推广使用,并发展成为一个常用词,引申出众多功能。鉴于后世文献仅限于对《诗经》既有的三个组合的继承使用,"云"并未作为附加成分附于同类性质的语素构成其他组合,故不当看作代词前缀。

"云"与动词、形容词的组合同样出自《诗经》,但在后代的发展变化及使用情况同"云"与代词的组合有很大不同,具体表现为以下特点:1)"云"与动词、形容词的组合没什么特别限制,由此构成的组合数量极多。2)"云"与动词、形容词构成的组合,除"云亡、云殁、云逝、云毕、云远、云暮、云晚"等少数几例通用于韵文及散文外,基本限于韵文中使用。3)"云"与动词、形容词的组合汉魏时兴起,盛行于唐,宋元之后逐渐衰微,但直到清代仍在使用。这些特点在蒋先生所举文例及分析中都未能反映出来(详参下编"云"条论述)。

三、研究内容

本书以中古汉语词缀为研究对象。中古汉语采用学界通常的划分时段：东汉至隋。由于语言成分的使用一般都具有延续性，故本书所讨论者除了中古产生的词缀成分外，还有上古产生而沿用于中古的成分。另外用以佐证的用例一般下延到唐宋，有些甚至贯穿整个汉语史。

本书在重新检讨词缀研究理论及词缀个案考察的基础上，进行理论探索，并以此为基础，针对学界所确定的中古汉语词缀及所举用例，展开多角度分析，重新解读相关用例，重新定性相关成分。全书分上、下编，主要包括两部分内容。

上编，对词缀及中古汉语词缀研究现状进行了客观描写，着重分析了当前研究存在的问题，并提出了相应的解决办法（详参上编第二、第四部分的论述）。

下编，针对当前被定性为中古汉语词缀的成分以及诸家所举用以佐证的用例展开研究。全书涉及词缀成分 49 个，主要出自蒋宗许先生《汉语词缀研究》(2009)及王云路先生《中古汉语词汇史》(2010)，另有少量成分出自其他学者的单篇论文。49 个成分具体如下：阿、初、当、第、毒、而、尔、儿、复、更、乎、即、加、家、来、老、其、切、取、然、若、如、生、试、手、思、斯、头、为、馨、行、兮、言、焉、伊、已、用、有、于、聿、爰、曰、云、应、载、者、祇、子、自。文中我们利用上编所阐释的研究方法，通过翔实的文献用例，对这些成分重加考辨：之前论述较充分且定性无误者简要分析，定性有误或解读有误者则详加考辨。

四、研究思路及方法

当前中古汉语词缀研究的主要问题在于对词缀性质的认识，另外词缀及附加式合成词判定标准虽很明确，但缺少行之有效的验证方法，从而导致定性失误。本书将引入一些具体方法，用以考察被定性为词缀的成分及相关附加式合成词。

我们的基本思路是：首先考察用以佐证的附加式合成词及其他相类组合是否成词，不能成词者，自然不是词缀。能够成词者，将进一步从来源、意义、构词特点等角度加以考察，以确定其真正性质。

（一）考察是否成词

词缀是构词成分，附加式合成词首先要具有词的性质，这本是无可置疑的事。然而在当前的研究中，部分用以证实词缀性质的附加式合成词仅仅是韵律上的双音组合，并不具有词的性质，由此确定的词缀自然不可靠。王灿龙先生《关于"adv＋加＋v"结构中"adv.加"是否成词的问题》(2010)针对被认定为副词后缀的"加"提出质疑，认为"adv＋加"构成的组合并不具有词的特性，如此一来，"加"作副词后缀自然不能成立。

非词组合被定性为附加式合成词，并不限于"加"的相关组合。为此我们在研究中加强了是否为词的考察，主要采用以下方法。

1.扩展法

作为一个词，构词语素应当紧密结合在一起，不能随意扩展。现代汉语中，人们常根据词的这一特性，采用扩展法，即在构词语素中插入其他成分，看意义及结构关系有没有根本变化，来验证其是否为词。如"打球"，可以扩展为"打一场球"，基本意义及结构关系不变，由此可以确定"打球"不是词而是词组。扩展法在现代汉语中用以验证是否为词比较有效，但在古代汉语中会有限制，因为无法利用现实的语言自主扩展。不过这种方法对古汉语的词语验证并非无能为力，因为文献中或许就有相关的扩展形式。

前文关于"试听"的讨论即采用了这种方法，以下再以"试上"为例，略加说明。

(8)**试上**江楼望，初逢山雨晴。（唐张九龄《晚霁登王六东阁》）

蒋宗许先生(2009:133)在论证"试"为动词前缀时，举有此例。与"试上"意义及性质相近的还有"试登""试陟"，如：

(9)**试登**西楼望，一望头欲白。（唐岑参《题铁门关楼》）

(10)**试陟**江楼望，悠悠去国情。（唐崔湜《江楼夕望》）

查阅文献，可以看到以下用例：

(11)攀萝**试一上**，依然有遗迹。（唐王禹偁《望日台》）

“试一上”相当于在“试上”之间添加了一个限制性成分，并不改变其基本意义和结构关系，它的存在表明“试上”组合松散。

(12)望水**试登山**，山高湖又阔。（唐李治《寄朱放》）

(13)**试登高**而极目，莫不变而回肠。（唐卢照邻《琴曲歌辞·明月引》）

“试登山、试登高”二组合中“试登”并不处在同一音步，从意义上讲，“登山、登高”为支配式双音词，“试”是一个相对独立的成分，“试登”不能看作一个词。将它们与上举“试上江楼望、试登西楼望、试陟江楼望”作一比较，可以发现“试登山、试登高”与“试上江楼、试登西楼、试陟江楼”结构全同，只是“登、上、陟”后的宾语前者为单音，后者为双音罢了。由此带来的不同分析，说明被看作附加式的“试登、试上、试陟”只不过是因诗歌韵律而构成的松散组合。

(14)百尺连云起。**试登临**、江山人物，一时俱伟。（南宋戴复古《贺新郎》）

(15)晴明**试登陟**，目极无端倪。（唐孟浩然《登望楚山最高顶》）

“试登临、试登陟”两个组合中，“登临、登陟”为动词性语素构成的并列式复音词，不可分割，“试登”自然不可看作一个词；另一方面，从意义上看，“试登临、试登陟”与“试上江楼望”“试登西楼望”中的“试上”“试登”意义上并无不同，这同样说明，所谓的附加式合成词“试上”“试登”，实际上并非真正的词语。

2. 功能考察

由词缀与词根语素组合构成的词总会归属于某一词类，因此应当具有这个词类所具有的语法功能。也正因此，考察组合的语法功能可以帮助检验它们是否成词。以“生”为例，学界多将形容词与“生”的组合看作附加式，所举词例如“憨生、瘦生、迟生、俗生、孤峻生、新鲜生、无厌生、慈悲生、慌忙生、狼籍生、懵懂生、可怜生”等。文献用例如：

(16)借问形容何瘦生,只为从来学诗苦。(五代王定宝《唐摭言》卷一二)

(17)张郎太贪生,一箭射两垛。(唐张鷟《游仙窟》)

(18)有僧在师身边叉手立,师云:"太俗生!"僧又合掌,师云:"太僧生!"僧无对。(《祖堂集》卷一六)

(19)师向老宿曰:"这个行者,何不教伊?大无礼生!"(《祖堂集》卷四)

综观各组合的文献用例,可以发现这些由"生"构成的所谓附加式形容词与一般的形容词有很大不同:第一,它们主要充当谓语,很少用作定语和状语;第二,"形容词+生"一般均处在煞句的位置;第三,从"生"所出现的语境看,各句所表达的语气基本一致,主要表强调、感叹。这些特点与一般的形容词明显不同,因此其形容词后缀的性质让人怀疑。深入考察之后,我们认为,"生"实为表强调、感叹语气的语气助词,"形容词+生"组合并未成词。

3.使用范围考察

很多组合语法功能没有特别限制,且其中一个语素义虚,似乎为典型的附加式合成词,然而考其用例,却发现基本限于特定文献中使用。以《诗经》中的一些被认定为词缀的成分为例,其组合仅出现于《诗经》或模仿《诗经》的韵文,同为上古的散文中却未见使用,后代的散文同样不用,这类组合在使用范围上的限制显然不正常。我们认为其中义虚的成分主要用于足句,而非构词。另有一些成分所构成的组合,基本限于唐诗宋词等韵文中使用,散文不用或很少使用,它们是否成词同样让人怀疑。

(二)考察意义虚实

研究附加式,考察语素意义的虚实必不可少。但当前研究多仅凭语感,或通过去除某个语素之后词义是否改变为手段判断是否有实义,极易出错。我们在研究中主要采用以下方法帮助判断。

1.利用同素逆序词排除同义复合

同义复合词由意义相同、相近的语素并列复合而成,其词义与单个语素义相当,去掉其中一个意义不变。随着时代的推移,其中的一个语素可能已不为今人所知，故被错认为附加式的概率大大增加。

由于构词语素地位相当，同义复合词在古汉语中常有同素逆序词的存在，因而面对疑似附加式组合，考察文献中是否有同义的同素逆序组合，可帮助排除被错误定性的同义复合词：有意义相同的同素逆序词，一般可将其排除于附加式之外。当然这只是第一步，稳妥的做法是从语素意义等角度进一步考察验证。

以“毒”为例，蒋宗许先生(2009:178—180)在论证其为词缀时，举有“悲毒、酸毒、烦毒、恚毒、患毒、苦毒、酷毒、老毒、嗔毒、痛毒、忧毒、郁毒、憎毒”等组合，利用“毒”前的语素系联，“惨毒、悒毒、愁毒、怨毒、恨毒、忿毒”等亦属此类。

我们尝试对这些词进行考察，发现很多都有同义的同素逆序组合。

与“苦毒”对应有“毒苦”：

(20)追命所生，或在乐处，或入**毒苦**，然后乃悔。(东汉支娄迦谶译《佛说无量清净平等觉经》卷四)

与“酷毒”对应有“毒酷”：

(21)元之对曰：“自垂拱已来，被告身死破家者，皆是**毒酷**自诬而死。告者特以为功，天下号为罗织。”(北宋王钦若《册府元龟》卷三一五)

与“痛毒”对应有“毒痛”：

(22)从者击亭卒数下，亭长闭门，收其诸生人客，皆厌**毒痛**。(东汉应劭《风俗通义》卷七)

与“忧毒”对应有“毒忧”：

(23)国以民为根，民以谷为命，命尽则根拔，根拔则本颠。此最国家之**毒忧**，可为热心者也。(东汉崔寔《政论》)

另外，与“愁毒”对应有“毒愁”，与“恚毒”对应有“毒恚”，与“患毒”对应有“毒患”，与“怨毒”对应有“毒怨”，与“恨毒”对应有“毒恨”，与“忿毒”对应有“毒忿”。“～毒”类词共19个，其中10个有同义的同素逆序形式，这表明“～毒”

组合极有可能是并列式的同义复合词，而非附加式。结合“毒”的语素义考察，我们最终确定这些词确实是同义复合结构。

再以“即”为例，蒋宗许先生(2009:273—275)虽然认为“遂即、便即、乃即”有同义复合的可能，但受其他“～即”的影响，还是将它们定性为附加式合成词。考察三词，可以发现均有同义逆序形式存在，且数量众多，如：

(24)闻汉出兵谷助呼韩邪，**即遂**留居右地。(《汉书·匈奴传下》)

(25)后庐江贼迸入弋阳界，堂勒兵追讨，**即便**奔散。(《后汉书·王堂传》)

(26)子言：“我力能淹。”到王所言：“今来对义。”即乃说偈。(南朝梁宝唱《经律异相》卷四〇)

文献中甚至可见“遂即便”“便乃即”等三字连言者，如：

(27)闻此教已，**遂即便**发无上正等菩提之心。(唐不空译《大乘瑜伽金刚性海曼殊室利千臂千钵大教王经》卷五)

(28)若能一念回光，**便乃即**同诸圣。(北宋昙秀辑《人天宝鉴》)

进一步考察，还可见“便乃、乃便、遂乃、乃遂、遂便、便遂”等同类的具有逆序关系的组合，这无不说明“遂即、便即、乃即”实为同义复合词。

需要特别说明的是，存在同素逆序组合，可以将同义复合词排除于附加式之外，而没有意义相同的同素逆序组合，则不能简单地排除其为同义复合的可能，因为有很多同义复合词，由于特定原因，并不存在同义逆序词。有学者在认定“自”为词缀时，以文献中未见同素逆序词，而将一些存在同义复合可能的组合认定为附加式，这种做法无疑是危险的。

2.利用词根语素的意义特色考察疑似词缀的意义虚实

理论上讲，词缀应当附加于一定类别的词根语素构成附加式合成词，这里的一定类别既要求各词根具有一定的共性，又要求有一定的区别。词根语素的这些要求可以为我们考察词缀意义的虚实提供帮助。

以“毒”为例，仔细研究蒋宗许先生所举“悲毒、酸毒、烦毒、恚毒、患毒、苦毒、酷毒、老毒、嗔毒、痛毒、忧毒、郁毒、憎毒”，及与之相关的“惨毒、悒毒、愁毒、怨毒、恨毒、忿毒”等词，可以发现与“毒”组合的各词根语素表现出鲜明的语义特征，其中“悲”“酸”“苦”“酷”“痛”“惨”为痛苦义；“烦”“忧”“悒”“愁”为忧愁义；“恚”“患”“郁”“憎”“怨”“恨”“忿”为怨恨义。这三个义项密切相关：忧愁是痛苦的一种状态，而怨恨则是由忧愁和痛苦而引起的心灵反应。也正因此，上举语素很多兼具其中的两个甚至三个义项。词根语素意义上的特殊性基本排除了上举“～毒”组合为附加式的可能。试想有哪一个词缀，会要求所附实语素的意义同属一个或几个相关义类呢？另一方面，为什么“毒”会与同属一个或几个相关义类的语素构成如此多的组合，也值得思考，其中最可能的就是“毒”的意义亦与之相近。后续的考察证实了这一点(详参下编“毒”条下论述)。

再以“切”为例，蒋宗许(2009：204—206)举有 14 个例证，共 10 个组合，包括“催切、逼切、感切、恻切、悲切、酸切、苦切、隐切、贫切、抽切”。仔细研究“切”前的词根语素，可以发现“感切、恻切、悲切、酸切、苦切”5 词中，“感、恻、悲、酸、苦”均为悲伤痛苦义，占了 10 个组合的一半，不能不让人疑惑。为此我们还考察了“切”的其他组合，发现“楚切、恓切、惨切、戚切、欷切、恸切、惋切、痛切”等词，“切”前的语素亦表悲伤痛苦义。“切”与此类语素大量组合的特点提示我们，“切”可能亦有悲伤痛苦义，而对“切”的意义考察证实了这一点，这类组合实为同义复合结构，而非附加式合成词。

3. 利用同类系联的方法判断疑似词缀的意义虚实

所谓“同类系联”，是指利用词语的构词语素线索，系联相类词语，进而考察语素意义的虚实及语法功能的有无，从而帮助判定疑似词缀的性质及词语的结构。

词汇是语言诸要素中发展变化最大最快的成分，很多词语只盛行于汉语史的特定阶段，之后便不再使用，因而现代人很难通过语感判断其结构；还有些词语用例很少，文献线索不足以帮助确定其意义及构词方式。这些词语的存在给附加式构词研究制造了很多障碍，但并不是无法处理。我们知道，词汇系统中的成员并不是完全孤立的存在，很多成员之间都存在一定的联系，这其中由模仿类推产生的词语关系尤其密切(朱彦 2010：146—161)，这种模仿类推既包括同义语素的替换，又包括同类语素的替换。如果能通过同类系联的方式，找到具有同义、同类成分的词语，即可为相关研究提供更多切入点，从而帮助疑似词缀的判定。

判定某个语素是否为词缀，需要具体词例的支撑，因而在词缀研究过程中,我们实际面对的是一个个具体的疑似附加式词语。它们的构成语素可分两类:一类意义实在明确,属明显的词根成分,我们以 A 表示;另一类则是意义不够明确而被看作词缀的成分,因未能确定,只能算是疑似词缀,我们以 B 表示。词缀判定过程中,词根语素 A 与疑似词缀 B 都能用以系联。以下通过具体用例说明同类系联的具体操作方法。先看使用词根语素 A 系联的用例:

1)很多学者(葛佳才 2003:84—87;蒋宗许 2009:229—230;王云路 2010:362—365)认为“手”可作后缀,并举有诸多词例,其中包括“断手、了手、毕手”三个词:

(29)夏至后十日种者为上时,初伏**断手**为中时,中伏**断手**为下时。(《齐民要术》卷二)

(30)有僧与疏山和尚造延寿塔**毕手**,白和尚,和尚便问:“汝将多少钱与匠人?”(《祖堂集》卷九)

(31)秋胡辞母**了手**,行至妻房中。(《敦煌变文集·秋胡变文》)

这三个词现代汉语已不再使用,单凭语感难以判定其结构。而去掉“手”之后,并不影响意义的表达,因而学者们将三词定性为以“手”为后缀的附加式。我们在研究时,发现这三个词中“手”前的语素“断、毕、了”意义相近,表停止或完结,于是以之为线索,系联意义相同或相近的语素,并考察这些语素与“手”的组合,结果找到“停手、住手、罢手、歇手、辍手、绝手、收手”等词,这些词无论是单个语素意义,还是成词后的词义,均与“断手、毕手、了手”相近。更重要的是,这些词有很多现代汉语仍在使用,而“住手、停手”等在文献中有非常完整的由动宾式词组进而成词的发展过程,学者们在举“手”作词缀的例子时,没有一个举“停手、住手、罢手”等词,正是因为它们是非常明显的支配式。基于此,我们认为“断手、毕手、了手”应当依据“住手、停手”等词定性为支配式,而非以“手”为后缀的附加式(详参下编“手”条下论述)

2)有学者(朱庆之 1992:144—146;蒋宗许 2009:204—206)认为“切”可作后缀,并举有诸多词例,其中包括“恻切、悲切、酸切”三个词:

(32)牧马于路,役车低昂,怆恨**恻切**,我独西行。(东汉刘桢《遂志赋》)

(33)凭上书……辞甚**悲切**,上恻然感寤。(东晋袁宏《后汉纪》卷十四)

(34)时诸释女宛转,无复手足,悲号**酸切**,苦毒缠身。(失译《大方便佛报恩经》)

这三个词中,“恻、悲、酸”三个语素均为悲伤义,构成的三个词在文例中亦表悲伤义,符合去掉“切”词义不变的条件,“切”似乎是不表义的词缀。由于“悲切”是现代汉语仍在使用的词语,语感上将其定性为附加式让人难以接受,带着疑问,我们采用同类系联的方法进行了深入考察。立足于“恻、悲、酸”三个语素,系联与之意义相同或相近的同类语素,并考察这些语素与“切”的组合,找到了“凄切、哀切、怨切、伤切、楚切、悽切、惨切、戚切、欷切、悄切、恸切、惋切、咽切、痌切”等词,前一个语素均为悲伤义,而成词后意义亦表悲伤,它们与“恻切、悲切、酸切”无论是搭配还是意义均相同。不仅如此,我们还发现诸如“切怛、切伤、切痛”等词语,“怛、伤、痛”等语素义及词义与“恻切、悲切、酸切”亦相同,只是“切”置于前一个语素。如此多的表悲伤义的语素均可与“切”组合成词,而且“切”既可置于前一语素又可置于后一语素,表明这类词可能是并列式合成词,而以此为基础的考察更有力地说明了这一点(详参下编“切”条下论述)。

通过词根语素 A 可系联诸多同类词语,特别是古代汉语及现代汉语中的常用词,对认识及考察词语的结构及疑似词缀的性质很有帮助,而实践中使用更多的是利用疑似词缀 B 进行系联。

3)有学者(朱庆之 1992:144—146;蒋宗许 2009:204—206)在论证“切”为后缀时,举有“抽切”一词:

(35)时诸太子闻是语已,身体肢节筋脉**抽切**,譬如人噎,又不能咽,复不得吐。(失译《大方便佛报恩经》)

朱庆之先生将例中“抽切”释作抽搐,并认为“切”是用以构词的附加成分,蒋宗许对此表示赞同。事实是否如此呢?我们考察了文献用例,发现“抽切”并不多见,其中有一例与上举用例相近:

(36)(月爱)见是事已,身体捍动,筋脉**抽切**,悲感势恼。(唐跋驮木阿译《佛说施饿鬼甘露味大陀罗尼经》)

而另有二例则不能解作“抽搐”：

(37)天不憖遗，奄焉不永，哀痛**抽切**，震恸于厥心。(《梁书·太祖五王传》)

(38)羲之顿首，月半，感慕**抽切**……改月，感慕抽痛，当奈何。(唐张彦远《法书要录》卷三)

此二例表感情上的痛苦，其中第二例“抽切”与“抽痛”对应使用，当同义。不仅如此，文献中“抽痛”还有以下用例：

(39)治脚气缓弱、皮肉顽痹、关节**抽痛**、骨热烦疼、头旋目眩……方。(《太平圣惠方》卷四五)

(40)阳者风毒在府，病发即身胫热，筋脉**抽痛**。(北宋董汲《脚气治法总要》卷上)

此二例中的“抽痛”无论从语境还是搭配，都与上举佛典中“抽切”相同，这更让人怀疑“抽切”一词中“切”当与痛苦有关。

立足于疑似语素“切”，我们发现在“切割”义上与之同义的“割、剥”都可与“抽”组合，且在表内心痛苦义上与“抽切”同义，如：

(41)天不憖遗，奄见薨落，哀慕**抽割**，震动于厥心。(南朝梁任昉《齐竟陵文宣王行状》)

(42)密迹金刚作是语已，恋慕世尊，愁火转炽，五内**抽割**，心膂磨碎。(失译《佛入涅盘密迹金刚力士哀恋经》)

上举二例“抽割”表内心痛苦义甚明。

(43)此晦便当假葬，永痛**抽剥**，心情分割，不自胜。(东晋王廞《与静媛等疏》)

(44)祸故无常，尊翁尊婆倾背，哀慕**抽剥**，不能自胜。(唐朱法满《要修科仪戒律钞》卷一五)

此二例“抽剥”亦表内心痛苦。

扩展开来，我们发现“切”还可与“割”“剥”组合构成“切割、割切、切剥、剥切”以表内心的痛苦，如：

(45)今中宇虽宁，边虏未息，营就之功，务在从简，举言寻悲，情如**切割**。(《宋书·文帝路淑媛传》)

(46)东望灵宇，五情哽咽，**割切**哀慕。(西晋陆云《吊陈伯华书》)

(47)我内愤伤，心**切剥**也。(《楚辞·九怀》“余深愍兮惨怛”王逸注)

(48)中情恚恨，心**剥切**也。(《楚辞·九辩》“慷慨绝兮不得”王逸注)

通过“抽切”与“抽割、抽剥”以及“切割、割切、切剥、剥切”等词的系联比较，不难发现，“抽切”一词中“切”当表切割义，与“抽”组合，通过人体遭受“抽”“切”以比喻身体或心灵上的痛苦，佛典中“筋脉抽切”即指筋脉如遭抽切般的疼痛①，“切”在组合中当读作 qiē，而非词缀(详参下编“切”条下论述)。

4)有学者(蒋宗许 1992a:81—85，2009:273—275)认为“即”可作后缀，并举“实即”为例：

(49)禅堂迮(窄)隘，**实即**难留；幽冢非宽，无门受纳。(《敦煌变文集·维摩诘经讲经文》)

(50)今欲据法科绳，**实即**不敢咋呀。(《敦煌变文集·燕子赋》)

蒋宗许先生(1992a:82)认为“实即”相当于实在，“‘实即’之‘即’无义，有如现代汉语‘实在’之‘在’”。

“即”本为虚词，在句中多起连接、强调等作用，很多情况下不译也不影响意义的表达。因而就“实即”来说，单凭在句中可译作“实在”就认定“即”为后缀并不可靠，“即”的真实身份，尚需考察。我们以“即”为线索，通过语素的同类系联，发现文献中与“即”在表判断强调义上相类的“乃、为、是”等均可与“实”组合，构成“实乃”“实为”“实是”，如：

(51)**实乃**殊机异诡，应时克捷也。(北魏《元端墓志》)

(52)此岭不足须固守，然京口**实乃**壮观。(《南史·梁宗室列传上》)

(53)又巴丘湖，沅湘之会，表里山川，**实为**险固，荆蛮之所恃也。(《晋

---

① 这种用法现代汉语仍在使用，如“心如刀割”，即以刀割之痛比喻内心的痛苦。

书·杜预传》)

(54)吾昔为幽司所使,**实为**烦碎,今已自解。(《南史·沈僧昭传》)

(55)高峰入云,……夕日欲颓,沈鳞竞跃,**实是**欲界之仙都。(南朝梁陶弘景《答谢中书书》)

(56)如斯苦切,**实是**难陈。(《敦煌变文集新书·太子成道变文》)

上举用例中"实乃""实为""实是"以及变文中的"实即",都可用"实在是"对译,如"实即不敢咋呀"可译作"实在是不敢违拗";"如斯苦切,实是难陈"可译作"像这样的痛苦,实在是难以陈说"。

"即"单用亦有上述加强肯定语气的用法,如:

(57)梁父**即**楚将项燕。(《史记·项羽本纪》)

"乃""为""是"均有相似用法①,它们置于"实"之后,并未丧失这种功能,自然也就不能将"即"定性为后缀了。而且若将"即"看作后缀,与之同类的"乃""为""是"又该如何处理呢?

以上3)、4)两组都是利用疑似词缀B系联与之同义的语素,从而帮助确定词语的结构。其实通过系联意义不同而性质相同的语素亦可帮助解决问题。

5)学者们(葛佳才 2003:84—87;蒋宗许 2009:229—230;王云路 2010:362—365)在论证"手"作后缀时举了"随手、应手、当手、寻手、就手、信手、放手、顺手、合手、断手、毕手、了手、转手、急手、亲手、分手"等众多词例,这些词去掉"手"之后意义基本不变,如:

(58)太祖苦头风,每发,心乱目眩,佗针鬲,**随手**而差。(《三国志·魏书·华佗传》)

(59)军达临朐,与贼争水,龙符单骑冲突,**应手**破散。(《宋书·孟龙符传》)

(60)**当手**毙僵,应弦倒越。(三国魏刘劭《赵都赋》)

---

① 《现代汉语词典》(第7版)"乃"的第一个义项解释为"是、就是、实在是","实在是"这一释义正是其强调功能的体现。《汉语大词典》"是"字义项8"表示加强或加重肯定语气,……在加强肯定语气中又含有的确、实在的意思",亦表现出"是"的这一功能。

(61)春耕寻手劳，秋耕待白背劳。春既多风，若不寻劳，地必虚燥。(《齐民要术》卷一)

学者们据此认定“手”是不表义的后缀。不过从“随手、应手”等成词过程看，它们分明是由动宾短语逐渐融合而成，怎能因为去掉“手”之后意义不变就定性为附加式呢？带着疑问，我们采用同类系联的方法，考察了与“手”同为身体器官的“口”与上举诸词前一语素的组合，发现很多“～手”都有对应的“～口”，如“随手｜随口；应手｜应口；当手｜当口；就手｜就口；信手｜信口；放手｜放口；顺手｜顺口；合手｜合口；毕手｜毕口；急手｜急口；亲手｜亲口；分手｜分口”。不仅如此，这些由“口”构成的词与对应的“手”类词意义亦相类，而且去掉“口”之后意义亦基本不变，如“随手”“随口”都强调反应时间的迅速短暂，可用“随即”对译。如果我们将“～手”类词中的“手”定性为后缀，那么这些由“口”构成的词中“口”是否也是词缀呢？这恐怕不能被语言学界所接受。其实细细考察可以发现，各“手”类词所使用语境大多有与“手”相关的动作，“手”在这些词中所指代的正是这些动作(部分用例不再限于与“手”有关的动作，这是词语作为一个整体在使用过程中意义发展变化的结果，而不是“手”单独虚化的结果)，而“口”类词所使用语境亦大多有与“口”相关的动作，故而“手”与“口”都是实实在在的词根成分，而不是词缀(详参下编“手”条下相关论述)。

实践中，可同时利用词根语素 A 与疑似词缀 B 系联同类词语，这样得出的结论更加可靠。如我们在讨论词缀“手”的过程中，即同时利用“手”及它前面的语素进行系联，引出大批同类词语，这些词语的存在有力证明将“手”定性为词缀并不符合语言事实。

“同类系联”立足于一个个具体词语，通过系联，引出意义及性质相类的其他词语，并以此为基础，帮助判定词语的构词方式。它不仅对单个或单类词语的构词方式判定有明显效果，也可在此基础上，鉴别构词语素的性质及功能。实践中，这种方法有较广的适应性，但也应注意一些问题。

第一，同类系联必须紧扣“同类”二字，系联成分的相似度越高，结论越可靠。这里的“同类”主要针对语素的性质及意义而言，实践中，要综合考虑二者：系联语素的性质必须相同，而意义则以相同、相近或类别相同为好。

第二，同类系联有时能直接得出结论，有时只是提供了解决问题的渠道，因而还需借助其他手段帮助解决问题。如上文我们在证实“悲切”等词为同义复合词时，还需借助同义逆序结构的考察及“切”单用时意义的考察。

4. 利用古注确定疑似词缀的性质

一些成分很早出现，而之后除了模仿之外，并未在语言中自由使用，这其中包括一些语义较虚的成分。它们与其他语素的组合可能表现出很强的规律性，是词缀还是独立的虚词仅凭现代语感难以分辨，而古注则可能会帮助解决定性问题。

需要说明的是，古注不一定都能反映语言事实，其中错误在所难免，特别是对原始用法的解释。但我们也要认识到另外一面：古注，特别是有影响的古注，在一定意义上代表了当时人的认识，因此用以解释模仿早期文献用法而产生的作品应当没有问题。

以“载”为例，《诗经》中“载”常与形容词、动词连用，构成同处一个音步的组合，如：

(62)**载驰**载驱，归唁卫侯。(《鄘风·载驰》)

(63)时靡有争，王心**载宁**。(《大雅·江汉》)

蒋宗许(2009:88)认为这种“载”字，它的词汇意义已完全虚化，在组合上非常规范，基本上是用于动词之前，从而与动词词根组合成一个双音节音步，应是前缀无疑。蒋先生在文中不仅例举了《诗经》的相关用例，还例举了后代仿照《诗经》的众多用例。

我们认为，给“载”定性，不能忽略使用者的主观认识。《诗经》时代久远，其作者在使用“载”时如何认识难以确定，再加上诗文的简略，出现争议可以理解。但考察汉代之后模仿《诗经》而使用的“载”及相类句式，就不能不考虑影响极大的毛亨传及郑玄笺。蒋宗许先生(2009:89)在反驳王克仲文观点时说：“更何况后人用‘载X’大都是将‘载’看作语辞来用的。”这种注重后人使用时的主观认识的做法无疑是科学的，只是蒋文自身的分析论证并未将这一观点贯彻到底：毛传及郑笺，特别是郑笺明确指出“载”相当于“则”，后人是在这一观点指导下继承和模仿《诗经》的用法，因此后代的这类“载”看作“则”显然更加合适。这一点从文献用例及后人注释中可以看出：

(64)且筐且漉，**载茜**载齐，庶民以为欢，君子以为礼。(西汉邹阳《酒

赋》)

(65)瞻言法驾,**载渴**且饥。(《梁书·元帝本纪》)

此二例“载”与“且”对应使用,功能相同,“载”当为连词。

(66)西济关谷,或降或升。騑骖倦路,**载寝**载兴。(三国魏曹植《应诏》)

(67)或骑或徒,**载奔载趋**。(《北史·阳尼传》)

此二例“载”与“或”对应。

《文选》收录有很多汉魏六朝文人创作的作品,其中有诸多“载”的用例,而唐人的注则揭示了“载”与“则”的关系,如:

(68)我思弗及,**载**坐**载**起。(三国魏王粲《赠士孙文始》)

(69)翼翼飞鸾,**载**飞**载**东。(三国魏王粲《赠蔡子笃诗》)

(70)乃瞻衡宇,**载**欣**载**奔。(东晋陶渊明《归去来》)

(71)审听高居,**载**怀祇惧。(南朝齐王融《永明九年策秀才文》)

例(68)张济注曰:“我思之既不能及,故则坐则起。”例(69)刘良注曰:“载,则也。”例(70)刘良曰:“载,则也。”例(71)吕向注曰:“载,则。”通过古注,我们认为“载”应当看作独立的词,而不是附着于动词或形容词的前缀。

“有”字的性质也可通过古注帮助确定。置于国名前的“有”存在诸多争议,至少有以下几种看法:

1)语助说,王引之、杨树达、裴学海持此观点。

2)词缀说,王力(2003:217)、蒋宗许(2009:83)等持此观点。

3)指代说,吴国泰(1963:261)、李宇明(1982:105—106)等持此观点。

4)有无之“有”说,黄奇逸(1981:53—55)持此观点。

5)国家之“国”说,秦建民等(1985:286—287)持此观点。

6)“有”亦训“大”说,萧旭(2007:64)持此观点。(详见下编“有”条考察)

各种说法众说纷纭,由于上古文献材料所提供的证据不够充分,很难得出确然不疑的结论,不过这并不影响对后代“有”与名词搭配的性质判定。因为从古人的注释来看,至少在汉代起,“有”已经被看作一个无义的成分,紧附于国名氏族名,而成为一个整体:

(72)**有周**不显,帝命不时。(《诗经·大雅·文王》)

(73)见**有娀**之佚女。(《楚辞·离骚》)

(74)逃于**有仍**。(《史记·吴太伯世家》)

(75)夏训有之曰:**有穷**后羿。(《左传·襄公四年》)

(76)殷辛伐有苏,**有苏**氏以妲己女焉。(《国语·晋语》)

(77)昔**有果**氏好以新易故,故者疾怨新,故不和。(《逸周书》卷八)

例(72)毛传:“有周,周也。”例(73)王逸注:“有娀,国名。”例(74)贾逵注曰:“有仍,国名,后缗之家。”例(75)杜预注:“有穷,国名。羿,诸侯名。”例(76)韦昭注:“有苏,己姓之国,妲己其女也。”例(77)晋孔晁注:“有果,亦国名也。”

与上举注释相应的是,“有+国名、族名”组合的古注,未见单独释“有”者。此足以说明,汉时起,人们已经将“有”看作无实义但又紧附于国名族名前的无义成分了。

5.区别同形异词与同词义位变体

有学者举了一些组合的具体用例,认定某个语素在这个特定的语境中义虚,故而推定其为词缀。然而,在另外语境中,同样的组合,同一个语素的意义却较实在,针对此类现象,该如何处理呢?这里需要弄清这个组合在不同的语境中是同形异词还是同词的义位变体。很多学者似乎未考虑这个问题,而简单地将二者处理为不同的词,从而造成判断失误。

如由“祗”构成的组合,有学者认为在部分用例中无表敬义,故而定性为词缀。然而考察文献,可以发现,相同组合在很多情况下表敬义十分明显,而且大部分同类组合均用于表敬场合,那么我们就不能不考虑,这些处于不同语境中的同形组合是完全不同的两个词,还是同一个词的义位变体。现代仍在使用的一些表敬用法提供了线索,如由“奉”构成的一些组合,在有些语境中表敬义十分明显,有些则减弱甚而表反讽,但我们并未将处于不同语境的这些同形组合看作不同的两个词。

“老”也存在这个问题,大多学者将置于姓氏之前的“老”看作词缀,根据是有些语境中“老”并不表示年老。现代亦可如此使用。这种看法似乎很合理,不过综合考察之后,我们认为如此处理并不合适:现代称呼人,与“老~”相对的是“小~”,二者之间无明确的年龄界限,但有一些相对范围,年青人一般不会称“老～”，老年人不会称“小～”，年龄地位相当者之间称年长于己者为“老～”，年少于己者为“小～”，若实际年龄较大，也可称“老～”，可以说年龄因素在使用“老～”上发挥了重要作用，这正是“老”的功能的体现。当然生活中也不排除有些年青人甚至小孩相互称作“老～”，但必须认识到，这种称呼，更多的只是一种戏谑，并不能得到社会的普遍认可，也就是说，这种用法只是特定语境中的特殊用法，“老”的性质并不会因这些特殊用法的存在而改变，故将此类“老”看作词缀值得商榷。

6.双向去除判定意义及功能

王云路先生(2010:276)在谈及判断附加式标准的意义标准时，即指出“附加成分去掉而不改变主要意义”。通过去掉疑似词缀成分而判断意义虚实的方法有其便利性，但这种单向去除会遇到一些问题，比如一些被误认为附加式的同义复合词，将疑似附加成分去掉，意义不变，但这类词并非附加式。

实际操作中，可采用双向去除法：既通过去除疑似附加成分验证，亦通过去除疑似词根成分验证，这样得出的结论会更加可靠。以“当”为例，下句是蒋宗许先生所举用例：

(78)谦喜曰：“卿谓可尔，**便当**是真可尔。”(《宋书·武帝纪》)

蒋先生认为“便当”是附加式。采用去除法验证：去掉“当”，句义顺畅，似乎“当”肯定是词缀。然而去掉“便”之后，我们发现句子仍然顺畅，因为“当”常用于表推测，而此句正好符合这种用法。如此一来，句中“便当”是否为附加式就需要慎重考虑。

再看“自”构成的组合：

(79)郑玄家奴婢皆读书。尝使一婢，不称旨，将挞之。**方自**陈说，玄怒，使人曳著泥中。(南朝宋刘义庆《世说新语·文学》第3条)

句中“方自”，刘瑞明(1989a:212)、蒋宗许(1995:31;2004:8)、李莉(2008:26)、董志翘等(2019:210)等均看作以“自”为后缀的附加式合成词。通过双向去除，可以发现，“自”与“陈说”搭配并无问题，文献中即有诸多“自陈说”用例，如：

(80)弼**自陈说**良久，并遣至府检阅，方信。(北宋李昉《太平广记》卷

三六〇)

(81)和**自陈说**,断计决分,守全孤弱。(北宋李昉《太平御览》卷四四一)

(82)初,将军丘师利等皆怙跋攘袂,或指画**自陈说**,见神通愧屈,乃曰:"陛下至不私其亲,吾属可妄诉邪!"(《新唐书·房玄龄传》)

"自陈说"即"自我陈述,自我辩解",上举《世说新语》中的用例如此解全无问题,诸家将"方自"看作一词,并将其看作附加式,很大程度上是受到韵律的影响。

(三)考察类推构词能力

附加式的成词机制,使其具有类推构词能力,也正因此学者们提出了类推性这一标准,并在佐证时举有众多的附加式词例。然而我们在研究时也发现:诸家所举词例虽多,但有很多不符合类推标准。

疑似词缀成分是否具有类推能力,首先要考察其所构成的组合数量,"馨"仅构成一个词,自然不具有类推性。除了数量之外,是否具有类推能力还需考虑各组合的性质及功能差别:差别太大,不能看作同类;差别太小,同样不能看作同类。

判断组合的性质及功能差别,可从词根语素及词两个角度入手,考察它们的性质、意义及功能,其中词是决定性因素。性质、意义及功能过于接近或差别过大,均不可作为具有类推能力的证据。

以"手"为例,葛佳才(2003)在探讨后缀"手"的产生时,详细考察了"应手、随手"二词由介宾词组发展成词的过程。同时,他还例举了其他由"手"构成的附加式组合用以佐证,这些词包括"寻手""急手""当手""了手""断手""毕手""只手""正手""足手",从其所举佐证词语来看,存在以下问题:

第一,"了手""毕手""断手""只手""正手"与"随手""应手"关系过于疏远,不能看作同类。

依葛佳才的研究,"随"与"应"最初为介词,与"手"组合之后,成为表时间的副词。"了""毕""断"都是动词性语素,考虑到介词来自动词,单从词根语素的性质看,可看作同类。问题是,"了""毕""断"与"手"组合之后仍保留了动词性质，在句中充当谓语。如：

(83)夏至后十日种者为上时，初伏**断手**为中时，中伏断手为下时。(《齐民要术》卷二)

(84)经营上元始，**断手**宝应年。(唐杜甫《寄题江外草堂》)

(85)《大学》近修改一两处，旦夕须就板改定，**断手**即奉寄也。(南宋朱熹《答刘季章书》之一一)

例(83)“断手”即停手，在上述语境中表耕种的完成。例(84)指房子建成。例(85)指写作完成。

“毕手”与“断手”无论意义还是用法都相似，如：

(86)兼所修《唐书》，不过三五月，可以**毕手**。(《欧阳修集》卷九一)

(87)有僧与疏山和尚造延寿塔**毕手**，白和尚，和尚便问：“汝将多少钱与匠人？”(《祖堂集》卷九)

(88)择日点目睛，才**毕手**，汪马忽狂逸。(南宋洪迈《夷坚丙志》卷一九)

“了”与“毕”同义，“了手”亦与“毕手”同义，如：

(89)忽逢三煞头，一棒即**了手**。(《王梵志诗·心恒更愿取》)

此例中“了手”的动词性非常明显。

(90)诛陵老母妻子**了手**，所司奏表于王。(《敦煌变文集新书·李陵变文》)

(91)拜王**了手**，便即登呈(程)。(《敦煌变文集新书·秋胡变文》)

又作“了首”：

(92)战已**了首**，须臾黄昏，各自至营。(《敦煌变文集新书·李陵变文》)

表完成义的“毕手”“了手”与“断手”一样，均为动词，而葛佳才认为“毕手”“了手”为时间副词，不当。如果再作深入考察，可以发现，这三个词与“住手”“停手”“罢手”“歇手”“收手”“绝手”意义相近，结构方式相同，是地地道道的支配式。

再看“只手、正手”，语素“只、正”为语气副词，与“随、应”差别很大，与“手”组合后，表“诚然”义①。这两个词是由副词“只”“正”与“手”“首”组合而来，“只手”又可写作“只首”“只守”“秖守”，“正首”无“正手”的写法，因此，“只”与“正”之后的语素到底是不是“手”还未可知。更重要的是，“只”“正”与“手”组合之后虽为副词，但它们与“随手”“应手”的区别非常大，前者表意义虚灵的语气，而后者则意义实在，很难将它们看作同类。

第二，“当手”“寻手”与“应手”“随手”的关系过于密切，亦不可看作同类。

“当手、寻手”二词中，“当、寻”的性质与“应、随”相同，与“手”组合而成的词与“应手”“随手”的性质及功能亦相似，但它们仍不能充当“手”具有类推构词能力的证据，因为“寻手”与“随手”完全同义，“寻”与“随”亦是同义词。“寻手”当看作由“随手”替换同义语素而成词。

与“寻手”相类的词还有很多，如“就手、逐手、缘手、趁手、跟手、循手、信手、放手、顺手、肆手、纵手、任手”等，这些词的前一个语素都与“随”同义，也正因为它们与“随手”的性质、功能及意义相同，故不能用以佐证“随手”中“手”具有类推构词能力。

“当手”与“应手”的关系同“寻手”与“随手”的关系一样，此不赘述。

再以“然”为例，它可作形容词后缀，构成数量庞大的形容词，如“油然、沛然，怅然、槁然”等，组合能力非常强，形容词词根在意义上也表现出多样性。除此之外，“然”还可与其他成分构成副词、连词等，以前在探讨时，多不加区别地统于后缀“然”之下，而王兴才（2009a）则加以区别，认为“然”除了作形容词后缀，还可作副词后缀，其来源不同，当区别对待。在谈及副词后缀时，他举有“虽然、不然、既然、必然、果然②、固然、诚然、尽然、当然、适然、徒然、忽然、蓦然、卒然、断然、公然、决然、猛然、依然、概然”等词。

王先生的做法无疑更加科学合理，但就其所举词例来看，仍存在问题，因为这些词也不能简单地看作同类，置于副词后缀之下。从词根语素看，“虽、不、既、必、诚”等无实在的词汇意义，与“然”组合后主要起连接作用或表达语

---

① 据《唐五代语言词典》，“正”与“只”意义可通，二者实为一词。

② “果然”有两个，一个表腹饱满状，形容词，这是由“果”与词尾“然”组合而成的；现代汉语中的“果然”则由词组固化成词。

气，而“忽、蓦、断、公、卒、猛”等意义实在，与“然”组合之后，带有很强的描写功能，以“忽然”为例：

“忽”有疾义，《左传·庄公十一年》：“桀纣罪人，其亡也忽焉。”杜预注：“忽，速貌。”《楚辞·离骚》：“忽奔走以先后兮，及前王之踵武。”王逸注：“忽，疾貌。”“忽”与词缀“然”组合，亦可表迅疾义，如：

(93)人生天地之间，若白驹之过郤，**忽然**而已。(《庄子·知北游》)

(94)视其死亡**忽然**，人虽有疾，临死啼呼，罪名明白，天地父母不复救之也，乃其罪大深过，委顿咎责，反在此也。(《太平经》卷四五)

此二例均为形容词。由迅疾义引申用作副词，如：

(95)更始时，天下乱，平弟仲为贼所杀。其后贼复**忽然**而至，平扶侍其母，奔走逃难。(《后汉书·刘平传》)

(96)须臾，胡僧**忽然**自倒，若为所击者，便不复苏。(唐刘餗《隋唐嘉话》卷中)

(97)景清送出房门，**忽然**想起一事。(明冯梦龙《警世通言》卷二一)

《现代汉语词典》(第7版)“忽然”条下释作“表示情况发生得迅速而又出乎意料”，可见其与表迅疾义的形容词“忽然”的关系。

通过词根语素及所构词语的性质及功能考察，我们认为，“忽然、蓦然、卒然、断然、公然、决然、猛然”等词中的“然”与形容词词缀“然”性质相同：从词根语素看，它们本有形容词性，组合成词后，有些经历了由形容词发展为副词的过程，在句中主要充当状语，这与“～然”类形容词相当，更重要的是，它们都有描写功能。而“虽然、不然、既然、必然、固然、诚然”等由于词根语素及所构成的词与“～然”类形容词差别太大，因而当另作处理。

(四)考察来源

来源考察本非具体的考察方法，但它在词缀的界定中意义重大，有些凭外在特征似乎可以界定为词缀的成分，通过来源考察，可以揭示其真正性质，故在这里特别提出以凸显其重要性。

以“来”为例，它可与名词、形容词、动词组合构成表时间的词，“来”前的语素虽有不同，但所构成的词功能及性质相类，因此其类推构词能力没有问题。从意义上看，“～来”一词中“来”的意义较虚，特别是与时间名词组合时，“来”字去掉意义不变，这些特点无不说明“来”的词缀性质。可通过来源考察，我们发现，用表时间的所谓词缀“来”实际上是由表时间的“以来”缩略而来，而通过功能比较，我们发现二者并无实质不同：

1.“以来”可与多种成分组合表时间，这些成分有些是表时间的名词，还有很多与时间无关，“来”同样如此。2.“以来”组合均用以表时段，而不能表时点，“～来”组合同样如此。3.除“今”与“以来”组合可表自今以后的现在和将来，“以来”组合均表过去的某一时段或自过去延续到现在的时段，其终点至迟是现在，不能延续到将来，“～来”组合同样如此。4.“以来”组合多表自过去某一时点往后延续的时段，“以来”可对译成以后，“～来”组合与此相似。当“～”表时点时，“～来”同样表自这一时点往后延续的时段，一般可用“后”对译。基于上述几点，我们认为“来”并非真正的词缀。

很多语素通过意义及类推构词能力的考察都可定性，但要真正弄清其性质，却离不开来源考察。如“馨”，它不具有类推构词能力，可由于“宁馨、尔馨、如馨”意义主要由“馨”前语素承担，类推构词能力作为词缀的判定标准又存在争议，再加上有一个同音的语气词“艴”的存在，将“馨”定性为词缀似乎也算合理。可通过来源考察，我们发现，“馨”实来自表数量的“许”，“尔许、如许”为“尔馨、如馨”的源词，如此才可彻底排除“馨”为词缀的可能。

以上我们对当前的词缀研究现状及存在的问题谈了一些看法，同时结合自身的研究经验提出了一些解决问题的方法。这些方法相互关联，相互补充，研究中需要针对具体情况综合运用，只有这样才能达到最好的考察效果。

五、与本研究相关的一些问题

（一）名称问题

与词缀相关的概念名称很多，如词头、词尾、语尾、语缀、接头词、接尾词、前缀、后缀、中缀等，蒋宗许（2009：48—49）、王云路先生（2010：264—268）对相关名称的优劣有过论述，本书亦采用他们的观点，使用“词缀”这一名称，位于前者称“前缀”，位于后者称“后缀”。在引用他人观点时，仍沿用原有的称法。

（二）本书所使用的一些概念

1. 组合

本书大量使用“组合”这一概念，这个概念与“词”相应，包含被诸家定性为附加式词语的所有成分。之所以不用“词”，是因为这些成分有很多只是临时组合，并非真正的词语。

2. 疑似词缀

本书针对诸家定性为词缀的成分加以考察，然而在考察中我们发现很多存在定性不当，因而本书在断定其为词缀前，使用“疑似词缀”这个概念。

（三）部分体例说明

1. 所引文献例证以楷体呈现，每行行首相对正常行文缩进两个字符。

2. 诸家所举文例出处标注形式各异，本文尽量统一，故而会出现与诸家所举例标注出处有别的情况。

3. 文中所引次数较多且较常见的文献，仅于第一次出现时标注作者时代及作者名；所引同一文献在文中相邻近者，承前省去时代及作者名。

4. 本文所考辨用例多为其他学者所举，同一用例可能有多位学者提及，为了表述简洁方便，本文采用“[]”加数字标明出处，如：

道逢乡里人，家中有**阿谁**？（《汉乐府·十五从军征》；[1]121）

“[1]121”，“[1]”指蒋宗许 2009 年出版专著《汉语词缀研究》，“121”指这个用例出现于此书 121 页。“[]”加数字所指文章著作，参附录“本书所讨论用例出处”。

下编 个案词缀研究

本编共讨论49个被学界定性为中古汉语词缀的成分，分两部分加以展现："阿、儿、尔、乎、老、然、如、若、头、焉、有、者、子"等13个为真正的词缀，归入"真词缀"类；"初、当、第、毒、而、复、更、即、加、家、来、其、切、取、生、试、手、思、斯、为、兮、馨、行、言、伊、已、应、用、于、聿、爰、曰、云、载、祇、自"等36个定性有误，归入"非词缀"类。两个部分中所讨论的戍分按音序排列，逐一考察。

一、真词缀

阿(前缀)①

"阿"作词缀产生于汉代，符合无义、能产的词缀标准，其词缀性质比较确定，少见质疑，蒋宗许先生(2009)举有诸多用例，此略引几例：

(1)道逢乡里人，家中有**阿谁**？(《汉乐府·十五从军征》;[1]121)

(2)凭时年数岁，敛手曰："**阿翁**，讵宜以子戏父？"(《世说新语·排调》40条;[1]122)

(3)盘龙爱妾杜氏，上送金钗镊二十枚，手敕曰："饷周公**阿杜**。"(《南齐书·周盘龙传》;[1]122)

---

① "(前缀)"是我们在考辨后对"阿"的定性，下文字头所标均同。

(4)**阿你**酒能昏乱,吃了多饶啾唧。(《敦煌变文校注·茶酒论》;[1]123)

词缀“阿”是如何形成的存在不同看法:王力先生(2003:219)认为“阿谁”来自“伊谁”。杨天戈(1991:233—234)认为当由表保护、庇护义的实词“阿”虚化而来,蒋宗许亦认同此观点。竟成(1994:88—94)则认为“阿”的来源是前缀“有”。陈宝勤(2004:58—63)亦对“阿”的产生过程进行了考证,她提出一些新的见解:词头“阿”是由东汉以前双音称谓名词首音节“保”义“阿”虚化而来,由词头“阿”构成的附加式双音称谓名词,是在汉音译佛经“阿”为首音节的缩略双音称谓名词的影响下发展起来的。

从“阿”的使用情况来看,直接由“保”义虚化而成为词缀似乎不太可能,因为这种用法在中土文献中并不多,而且由“阿”组合的相类用法亦不多。结合佛典中大量“阿”的用例,联系当时佛教的兴起,再加上“阿”缀产生的时代,我们认为陈宝勤的观点比较可信。

儿(后缀)

词缀“儿”的研究比较成熟,内容涉及它的形成时代、过程、判定标准、语用功能、文化意义等,另外还有很多学者讨论了“儿”在某一时代或某部专书中的表现。就其产生时代而言,存在一些争议。王力先生(2003:225—227)认为,从魏晋南北朝时,“儿”已经虚化,到唐代演变为后缀。而竺家宁于2005年撰《中古汉语的“儿”后缀》(346—354)一文,对“儿”缀的产生时代提出质疑,认为东汉“儿”缀已经产生,但从其所举组合用例来看,“儿”显非词缀。之后蒋宗许《中古汉语的“儿”后缀商榷》(2006:550—552)、董志翘《“儿”后缀的形成及其判定》(2008:36—40)分别加以辩驳,明确了“儿”后缀的形成过程及判断方式。以下略引董志翘先生的观点,以明确词缀“儿”的发展演变过程:

1.表年幼的人。《说文·儿部》:“儿,孺子也。象小儿头囟未合。”“儿”本义指幼儿、孩童,引申表年幼的人、辈分低的人,可用作晚辈的自称,亦可作长辈对晚辈的称呼。

2.地位卑下的人。这种用法在汉代产生,含有比较明显的鄙视义。可用于男子,亦可用于女子,还可用于地位卑下职业低贱者的称呼。

3. 表示某类人，不再带幼小义、贬义或蔑视义

4. 用于人名，多见于小字。“儿”在其中已经不具有词汇意义，且表现出了构词能力，但“儿”还难以看作真正意义上的构词语素。

5. 用于动物名后作后缀。时间在唐代。

6. 用于非动物名后作后缀。产生时间为唐末五代，表明“儿”后缀已较成熟。

“儿”在唐代以后广泛使用，在近现代汉语口语中，更是产生了大量儿化词。蒋宗许（2009:232—240）以及其他诸多学者已经从多方面作过较详细的论述与总结。以下引几个蒋宗许先生所举“儿”做后缀的用例：

（1）细雨**鱼儿**出，微风燕子斜。（唐杜甫《水槛遣心》；[1]232）

（2）打起**黄莺儿**，莫教枝上啼。（唐金昌绪《春怨》；[1]232）

（3）**雀儿**语燕子：“不由君事背头……”**燕儿**拍手笑：“不由君事落荒（谎）……”（《敦煌变文集新书·燕子赋》；[1]232）

（4）**大丈夫儿**天道通，提戈骤甲远从戎。（《敦煌变文集新书·伍子胥变文》；[1]232）

（5）谁信道，**些儿**恩爱，无限凄凉。（北宋苏轼《雨中花慢》；[1]233）

（6）**葫芦儿**沉后我共伊休。（南宋佚名《张协状元》一六出；[1]233）

尔（后缀）

“尔”作形容词、副词后缀，其功能与“然”相当，此举数例：

（1）鼓瑟希，**铿尔**。（《论语·先进》；[1]160）

（2）**嘑尔**而与之，行道之人弗受；**蹴尔**而与之，乞人不屑也。（《孟子·告子上》；[1]160）

（3）或操觚以**率尔**，或含毫而邈然。（西晋陆机《文赋》；[1]160）

（4）道汪法师，识行清白，风霜弥峻，**卓尔**不群，确焉难拔。（南朝梁释慧皎《高僧传》卷七；[1]161）

（5）**倏尔**而笑，泛沧浪兮不归。（唐卢照邻《释疾文三歌》）

（6）今封诗乃自称“新圃田人事”，得一幕官，**遂尔**轻脱。（北宋沈括

《梦溪笔谈》卷一〇）

蒋宗许先生(2009:160—162)举有诸多用例,并作了分析:

> 因为汉语双音化的趋势,于是(尔)也像“若”“然”等亦时为后缀。“尔”作后缀用法略同于“然”,只是在组合形式上与“然”有别,“然”缀其前可以是单音词,也可以是叠音词,而“尔”一般只与单音的形容词或副词相结合。……从时间上来说,晚于“若”、“如”等;从地域观察,似有一定的方言关系。……周法高认为是鲁语习惯,是有道理的。但在后来,却由方言变成了通语,且和“然”一样,在历史的进程中表现出极强的生命力,不管是文言还是白话系统都不乏用例。

“尔”是如何发展成为词缀的,蒋文未加言说,而王兴才《“偶尔”的成词与语用考察——兼谈“尔”的词尾化》(2009:82—87)一文则有讨论,他认为“尔”的副词词尾用法,是以谓词性代词为基础逐渐演变虚化而成的。然而观其论述,这种看法似有问题:王文中所举置于副词后作代词的两个组合“常尔”“乃尔”,“尔”在组合中并未发展为词缀,而所举较早出现的“率尔”“卓尔”“喟尔”等词,却未见“尔”用作代词的情况。

我们知道,“尔”做代词的功能与“然”相当,“尔”作词缀的功能亦与“然”相似,且时代要晚于“然”。鉴于文献用例并未体现“尔”由代词虚化为后缀的过程,我们更倾向于认为“尔”是受“然”的影响而用作词缀。

另外,“尔”虽然可作词缀,但实义用法亦很常见,故具体用例中需要细加分辨,我们看以下几例:

> (7)为有仙翁,<u>正尔</u>名喧蕃汉。眉寿比、聃彭更远。(南宋史浩《明月逐人来·寿仙翁》;[1]161)
>
> (8)投老空山,万松手种,<u>政尔</u>堪叹。(南宋辛弃疾《永遇乐·检校停云新种杉松戏作》;[1]161)

此二例,“正尔”“政尔”之“尔”是否为词缀,值得商榷:第一例“尔”当指代“有仙翁”,表“名喧蕃汉”之由;第二例“尔”指代“投老空山,万松手种”,表“堪叹”之因,两例中“尔”当为代词,而非词缀。

乎(后缀)

有关词缀“乎”,有诸多学者讨论,如杨荣祥(2002)、麻爱民(2010)、蒋宗许(2009:168—170)等。蒋宗许主要讨论了形容词、副词后缀“乎”,他在例举诸多例句之后,对后缀“乎”的来源及使用特点提出了一些看法(2009:169—170):

> “乎”本身无实义,最常见的用法是在句末作语气词,而词缀与语气词不过是在不同的语境中稍有差异,因此“乎”作后缀从句末语气词演变而成也是自然而然。后缀“乎”与后缀“然”基本相同,多用作形容词或副词的后缀,且都可以用在叠音词后。它不同于“若”“然”类的是,“若”“然”类后缀多用在叙述句中,一般不用在感叹句中。这当是后缀“乎”本身就来源于句末语气词,而“乎”作句末语气词常表感叹,因而在作后缀时不免还留下一些原来色彩。“乎”则可用在感叹句中,且常与“哉”搭配;“若”“然”类后缀其用法很灵活,可以在句中的任何位置,而后缀“乎”不用在句末,这也是它和语气词“乎”的区别。

我们对蒋文所举部分充当后缀的用例以及“乎”充当后缀的来源均有不同看法,主要有两点质疑:第一,既然“乎”来源于句末语气词,那么如何解释其作词缀后却不用在句末?第二,其功能与后缀“然”基本相同,为什么它经常出现于感叹句,且使用上还有位置的限制?以下试述我们的看法。

自上古汉语起,“乎”就常用于句末以表感叹,如:

(1)子曰:“使乎!使乎!”(《论语·宪问》)

(2)吾师乎!吾师乎!齑万物而不为义,泽及万世而不为仁,长于上古而不为老,覆载天地、刻雕众形而不为巧。(《庄子·大宗师》)

(3)林宗谓门人曰:“二子英才有余,而并不入道,惜乎!”(《后汉书·谢甄传》)

用于形容词后亦有很多用例,如:

(4)美哉!沨沨乎!大而婉,险而易行,以德辅此,则明主也。(《左

传·襄公二十九年》)

(5)恤恤乎,湫乎,攸乎！深思而浅谋,迩身而远志,家臣而君图,有人矣哉！(《左传·昭公十二年》)

(6)悉令通《孝经》章句,匈奴亦遣子入学。济济乎,洋洋乎,盛于永平矣！(《后汉书·儒林传》)

(7)有间,曰:"邈然远望,洋洋乎！翼翼乎！"(清孙星衍《孔子集语》卷五)

"乎"用于形容词后表感叹,在句中常位于句首以强调,整个句子采用倒装句式,主语常置于后,感叹语则有一定的独立性,故而其后常可断开,蒋文所举词缀用例亦多如此,如:

(8)**确乎**其不可拔。(《周易·乾卦》;[1]168)

(9)为之歌《齐》,曰:"美哉,**泱泱乎**大风也哉。"(《左传·襄公二十九年》;[1]168)

(10)周监于二代,**郁郁乎**文哉！(《论语·八佾》;[1]168)

(11)夫道,**渊乎**其居也,**漻乎**其清也。(《庄子·天地》;[1]168)

(12)师挚之始,《关雎》之乱,**洋洋乎**盈耳哉！(《论语·泰伯》;[1]168)

(13)**俨乎**其若思,**茫乎**其若迷。当其取于心而注于手也,惟陈言之务去,戛戛乎其难哉！(唐韩愈《答李翊书》;[1]168)

(14)**拳拳乎**其致主之功,**汲汲乎**其干父之劳,**仡仡乎**其任道之勇,**卓卓乎**其立心之高。(南宋朱熹《南轩先生像赞》;[1]169)

可比较表感叹的"哉"的用例:

(15)子曰:"**大哉**,尧之为君也！巍巍乎！唯天为大,唯尧则之。"(《论语·泰伯》)

(16)子曰:"**贤哉**,回也！"(《论语·雍也》)

(17)乃临河而叹曰:"**美哉**水,洋洋乎,丘之不济此,命也夫！"(《孔子家语》卷五)

(18)又曰:"**大哉**圣人之道！洋洋乎发育万物,峻极于天。"(《礼记·

中庸》)

(19)太史公曰:"吾读管氏《牧民》《山高》《乘马》《轻重》《九府》及《晏子春秋》,详哉其言之也。"(《史记·管晏列传》)

(20)鲁勾践已闻荆轲之刺秦王,私曰:"嗟乎,惜哉其不讲于刺剑之术也!"(《史记·刺客列传》)

上举用例由形容词加"哉"表感叹,并且多将其提前,主语或为词,或为短语,居于感叹语之后。再看上引蒋文所举"乎"的用例,全无二致,故我们认为这些组合中的"乎"并非词缀,而是表感叹。

学者们常将此类结构中的"乎"与"然"类比,认为二者性质相似,以下我们举两个用例较多且与"乎""然"均有搭配的组合用例,以体会后缀"然"与语气词"乎"构成的组合的区别:

洋洋乎

(21)夫子曰:"夫道,覆载万物者也,洋洋乎大哉!"(《庄子·天地》)

(22)可好之色,彬彬乎且尽,洋洋乎安托无能之躯哉!(西汉刘向《说苑》卷三)

(23)洋洋乎会于《风》《雅》,使人忘其鄙近,自致远大,颇多感慨之词。(南朝梁钟嵘《诗品》卷上)

(24)贾琼习《书》至《桓荣之命》,曰:"洋洋乎光明之业!天实监尔,能不以揖让终乎!"(隋王通《中说》卷上)

洋洋然

(25)吾今见民之洋洋然东走而不知所处。(《吕氏春秋·贵直》)

(26)天初平晓,忽见前有车尘竞起,旌旗焕赫,甲马数百人,中拥一人,气概洋洋然。(《太平广记》卷四九二)

(27)子乃洋洋然悲歌慷慨,浮而不归,敝褐垢体,为时所疑。(明王逢年《天禄阁外史》卷八)

巍乎、巍巍乎

(28)子曰:"巍巍乎!舜禹之有天下也,而不与焉。"(《论语·泰伯》)

(29)钟子期曰:"善哉乎鼓琴,巍巍乎若太山。"(《吕氏春秋·本味》)

(30)徐言訚訚，威仪翼翼，后言先默，得之推让，**巍巍乎**！荡荡乎！道有归矣。(《韩诗外传》卷九)

(31)**巍乎**焕焉，不可量也。(《魏书·薛野猪附传》)

(32)昭乎日月不足为明，崒乎泰山不足为高，**巍乎**天地不足为容也！(唐韩愈《伯夷颂》)

巍巍然

(33)孟子曰："说大人，则藐之，勿视其**巍巍然**。"(《孟子·尽心》)

(34)泰山之容，**巍巍然**高，去之千里，不见埵堁，远之故也。(《淮南子·说山》)

(35)恭惟神宗皇帝，**巍巍然**之功在天下者，孰不睹矣。(南宋邵博《邵氏闻见后录》卷二四)

两相比较，可以发现，上举"洋洋乎""巍乎""巍巍乎"均表感叹，或独立成句，或置于句首，与其后的成分搭配表较强的感叹语气，其功能、位置均较单一；而"洋洋然""巍巍然"则无感叹功能，其在句中可充当谓语、状语、定语，且位置自由，具有形容词的基本功能。

"乎"表感叹常用于形容词后，使用中，表感叹的语气在某些语境中有所减弱，"乎"的感叹语气词功能亦随之降低。由于其形式与由"然"构成的附加式形容词相同，受其影响，"形容词＋乎"有了重新解读的可能，即"乎"取得了与"然"相似的功能，如：

(36)宋忠、贾谊忽而自失，**芒乎**无色，怅然噤口不能言。(《史记·日者列传》)

(37)今先生乃**悄乎**如不知，**藐乎**如不闻。(北宋刘敞《谕客》)

(38)奉徽音之容，教式刑于四海。**巍乎**莫或名其德，惕然何所谕其思。(《宋大诏令集》卷二九)

(39)偃然以承平文饰之体，**巍乎**居要境藩维之权，塞下之粟，反内徙以自虚，军中之弊，犹日朘而不止。(南宋岳珂《桯史》卷七)

以上这些用例，"乎"的感叹功能降低，但由"乎"构成的组合在句中所充当的成分及位置与"乎"做语气词表感叹的功能是一致的。这类"乎"还带有语气词的痕迹，体现了“乎”由语气词向后缀的过渡过程。

(40)天确乎在上，有常安之形；地魄焉在下，有居静之体。(《晋书·天文志一》)

(41)夫良药必自无甘，忠谏者决乎逆耳，倚见其僻，是以不忍不言。(唐释道宣《广弘明集》卷二四)

(42)刿之问洎严公之对，皆庶乎知战之本也。(唐柳宗元《非国语上·问战》)

(43)其敷命所承与重华所协，几几乎莫可高下。(南宋程大昌《考古编》卷五)

(44)是编之作，毋虑百余篇，确确乎言切而理当。(明吴海《闻过斋集》王偁跋)

(45)宝玉笑道：“我不信！这声调口气，迥乎不像蘅芜之体。”(清曹雪芹《红楼梦》第七〇回)

(46)郗友道：“怎敢当老爷这样过谦？”定要请起，钟生决乎不肯。(清曹去晶《姑妄言》卷二三)

(47)鹤公亦纳闷道：“真是可怪，怪不得白话报纸这样指摘，这些口供，纯乎是受刑不过，制出来的。”(清冷佛《春阿氏谋夫案》第六回)

(48)今后做了亲，越发要近乎了。(《春阿氏谋夫案》第一三回)

(49)怪问道：“这事怪得很，这人我并不认得，吏部里我也没事，这真是突乎其来。”(《春阿氏谋夫案》第一五回)

(50)前年晋直捐内，又花上许多银子，过了道班，便是一位巍巍乎的观察公了。(清蘧园《负曝闲谈》第七回)

(51)杜锦见桌子两截了，宝铠碎乎了，就问是怎么回事。(清佚名《大八义》第一〇回)

(52)惊问曩事，女茫乎不知。(清蒲松龄《聊斋志异》卷一二)

(53)但看宝林眉目间晕几分杀气，虽然婉而多姿，却是凛乎难犯。(清吟梅山人《兰花梦》第五二回)

(54)这时的梁永生，确乎是正在一面听汇报一面想问题。(郭澄清《大刀记》第七章)

以上这些用例中的“乎”的组合，均不表感叹，其在句中的功能不再限于谓语，还可充当状语、定语等，充当谓语时，其句式也与表感叹的句式差别较大，这表明“～乎”已经发展成为一个地地道道的词语，“乎”的词缀性质得以确立。

学者们将语气词“乎”与词缀“乎”混同，是因为有一些用例中“～乎”置于句首，有一定的独立性，在形式上有很大的相似性。那么如何区分“乎”是词缀还是表感叹语气的语气词呢？我们认为可综合考虑以下因素：第一，句子是否表感叹语气，这一点很关键，但具体判断时，有时又存在不确定性，因为有些句子是否表感叹语气是有争议的。第二，“形容词＋乎”是否仍作谓语，如果不再作谓语那么说明已经不再是语气词。将这两个因素结合起来考虑，基本可以确定“乎”是独立的表语气的成分，还是构词成分。

下面再来谈谈“几乎”“似乎”二词中“乎”的性质。麻爱民《副词“几乎”的历时发展》(2010)一文详细考察了“几乎”一词的成词过程，其结论是这个词本为跨层组合，在使用中随着前后成分的变化，得以重新解读，进而凝合成一词。他在文中还将“乎”定性为词缀，并与“断乎”“断断乎”等作类比。杨荣祥《副词词尾源流考察》(2002)一文亦将“几乎”一词中的“乎”定性为词缀，他指出：“乎”作为副词词尾有两个来源，一个来自介词；另一个可能来自上古汉语中的形容词词尾“乎”。杨文特别对来自介词“乎”的词尾进行了考察，指出“几乎”由原处不同层次的跨层组合进而逐渐成词。

我们认为“几乎”“似乎”中的“乎”不能与上文所述来自感叹语气词的形容词、副词后缀“乎”混为一谈，且不当定性为词缀，以下试加论述。(为了论述方便，我们将前者称为“乎$_1$”，后者称为“乎$_2$”)

(一)从成词过程来看，“几”本为动词，“乎$_1$”为介词，它们原处于不同层次，长期而大量连用，后来由于“乎$_1$”后面的宾语出现了次类变化，导致结构关系上的重新分析，从而成词，“乎”在参与构词的过程中，从来就不是一个附加成分。而“乎$_2$”在参与构成“断乎”“断断乎”“恰恰乎”“迥乎”等词时，本身是一个意义很虚的语素，附加在前一个词根语素上进而成词。

(二)从结合面上看，由于“乎$_1$”所构成的个案组合是在使用过程中逐渐成词的，因而不具有类推性。杨文还举了一个与“几乎”成词过程相似的“似乎”，二者可能有共性，但还是应当作为不同的个体加以分析。事实上，在古文献中，动词与介词“乎”连用带宾语的例子很多，而仅有“几乎”“似乎”成为副词。

“乎$_2$”则明显不同，由于它是以附加成分附着于某类形容词、副词之后，因而理论上讲，只要性质相似，都可与“乎”组合构成一个新词，这类词的出现一定是批量的，而不是个别的。

（三）从构词语素及所构成词语的性质看，二者也有明显不同。“几乎”一词，“几”是以动词性语素参与构词，所构成词语为副词；而“乎$_2$”前的语素本就为副词性的，加上“乎”之后仍为副词。

由于“乎$_1$”不是以附加成分的性质参与构词，且不具有类推性，不符合词缀的性质，故并非副词后缀。

与“乎$_1$”相似的还有一个“其”，张振羽《“尤其”的词汇化及相关问题》（2009）一文详细探讨了“尤其”的成词过程，他指出（2009：51）：

> 程度副词“尤其”是由副词“尤”与指代词“其”通过跨层连用词汇化而成的，它是句法位置、韵律规则、词汇双音化、使用频率以及认知等因素共同作用的必然结果。“尤其”萌芽于唐五代，形成于宋元，完全成熟于清代。

从其考证过程来看，这个结论是可信的，但他同时认为（2009：51）：

> 受共同因素的影响，在近代汉语中产生了一批副词词尾，如“～乎（几乎、似乎）”“～自”“～复”等，它们有着与“其”类似的虚化轨迹。

这个观点就有问题了：诸家所举由“自”“复”构成的附加式早在中古时期即已产生并成熟，其产生是因为“自”“复”处于某一类语境中，意义虚化，再与副词性语素组合，构成附加式合成词①，它们与“尤其”“几乎”“似乎”根本不同类，后者都是个案，由跨层结构逐渐发展成词，不具有能产性，所以各家探讨的此类“其”基本限于“极其”“尤其”，“乎”基本限于“几乎”“似乎”。

上述二家的考察涉及词缀来源的考察方法。从目前的研究来看，词缀一般来自意义较虚的语素，或由意义较实的语素虚化而来。其成词的基本特点是：大量出现于相类似的语言环境，附着于某种或几种性质相类似的词根，构成一批附加式合成词；而不是与某个特定语素组合而逐渐成词。据此，考察词

---

① 经过几年的研究，我们改变了之前的看法，认为“自”“复”并非词缀。详参“自”“复”条。

缀的来源，应当置于一类相似的语言现象中，而不能从个案考察出发。如果一个词具有清晰的由非词组合而逐步成词的过程，就目前的构词理论来说，不太可能是附加式。

诸如“几乎、似乎、尤其、极其”这类由原处不同层次的跨层组合而构成的词，在汉语中有一定的数量，有组合后某个语素意义变虚的情况，也有两个语素意义都很实在的组合，如“不但”“所以”“何曾”等，由于组合前两个语素处于不同层次，因此用传统的构词法分析就存在问题。不过，我们又不能因为其特殊，而将这些词排除在构词方式探讨之外。有学者已经就此问题作过探讨，俞理明先生《汉语词汇中的非理复合词——一种特殊的词汇结构类型：既非单纯词又非合成词》(2003:86—87)将跨层组合独立出来作为一类，就是比较好的解决办法。

老(前缀)

“老”作为词缀，研究者颇多，如王力(2003:220—223)、董为光(2002)、王海英(2002)、郭作飞(2004;2005;2005a)、蒋宗许(2009:118—121)、王云路(2010:279—280)等。王力先生(2003:220—221)说：

> 词头“老”字来源于形容词“老”字，最初是表示年老或年长的意思，后来由这种形容词“老”字逐渐虚化为词头。词头“老”字可以用于人和动物两方面。这两种“老”字都是在唐代产生的。

蒋宗许(2009:118—121)亦对“老”的形成过程及使用情况作了分析，并举了一些用例。王云路先生(2010:279—280)针对《汉语大词典》(下简称《大词典》)所举“老”的四类前缀及两类后缀作了简要分析。

就中古汉语来说，纳入词缀的主要有“老”与一些动物名的组合，如“老鼠、老虎、老鸦”等；与姓氏的组合，如“老石”“老元”等。另有“老兄、老弟”等词。这些组合中的“老”的词缀性质我们以为需要讨论。

一、“老”与动物名的搭配

关于“老鼠”“老虎”类“老”与动物名的组合，大多学者认为是毫无疑问的词缀，而董秀芳《汉语词缀的性质与汉语词法特点》(2005:13)提出了不同看法，她说：

> 实际上，词缀必须具有一定的词法意义，其使用应具有一定程度的规则性和周遍性。一些不表义的成分不一定是词缀，如“老鼠、老虎、老鹰、老师、老百姓”中的“老”在不少语言学论著中被当作词缀来举例，但是这些词中的“老”说不出什么词法意义，所附着的成分也很不相同，无法找到明确的规则来说明这样的“老”可以附着在什么样的指人或指动物的名词前面，因此，这样的“老”不属于词缀，它所构成的词也是有限的。

我们亦不赞同将与部分动物名组合的“老”认定为词缀。除了这类组合不具周遍性外，其产生时代以及古人的相关论述亦能说明这一点。先看“老鼠”：

老鼠

(1)蝙蝠，自关而东谓之服翼，或谓之飞鼠，或谓之**老鼠**，或谓之仙鼠，自关而西秦陇之间谓之蝙蝠。(西汉扬雄《方言》卷八)

此句中“老鼠”指蝙蝠，并非现代的老鼠，但其得名当与老鼠有关，现代一些方言中仍称其为“夜老鼠”。唐白居易《山中五绝句·洞中蝙蝠》：“千年鼠化白蝙蝠，黑洞深藏避网罗。”可证鼠与蝙蝠的关系。

(2)晋太康中，会稽郡彭蜞及蟹皆化为**老鼠**，大食稻，为灾。始成者有肉而无骨。(唐徐坚《初学记》卷二九引东晋干宝《搜神记》)

(3)乃扣齿为天鼓，咽唾为醴泉，马屎为灵薪，**老鼠**为芝药。(南朝梁释僧佑《弘明集》卷八)

(4)沈约因劝酒，欲以释之。颖达大骂约曰：“我今日形容，正是汝**老鼠**所为，何忽复劝我酒！”(《南史·齐宗室列传·颖达》)

以上三例“老鼠”当即现代的老鼠，至少在晋南北朝时期这个词已经产生是没有问题的。“老鼠”一词中“老”的功能，早在宋代即有学者提及：

(5)又鼠类最寿，俗谓之**老鼠**是也，若老鹳、老鸱、老乌之类以“老”称，亦如此。(北宋陆佃《埤雅》卷一一)

这种看法明李时珍亦有提及：

(6)老鼠　时珍曰："此即人家常鼠也，以其尖喙善穴，故南阳人谓之雏鼠。其寿最长，故俗称老鼠。其性疑而不果，故曰首鼠。岭南人食而讳之，谓为家鹿。"(明李时珍《本草纲目》卷五一)

有学者认为，鼠类寿命并不长，故认为这种看法不成立，而事实上，在古代并无对鼠类寿命进行科学研究的情况下，流俗认为其寿长并进而以"老"命名并非不可能，而文献中记载鼠长寿亦可见到，如：

(7)鼠寿三百岁，满百岁则色白，善凭人而卜，名曰仲，能知一年中吉凶及千里外事。(东晋葛洪《抱朴子·内篇》卷三)

(8)遂令村人具油镬，乃言："己是千年老鼠，若魇三千人，当转为狸。然所魇亦未尝损人，若能见释，当去此千里外。"(唐戴孚《广异记·天宝彍骑》)

如果陆佃所述可靠，"老鹳""老鸥""老乌"等词中的"老"当亦非词缀。

老鸦

(9)此是天上老鸦鸣，人间老鸦无此声。(唐顾况《乌夜啼》;[1]119)

"老鸦"即"老乌"，见上文论述。

老虎

(10)彼山间有一老虎，生于二子。老虎不得食，寻复命终。(西晋安法钦《阿育王传》卷五)

(11)隋益州响应山寺释法进，不知氏族，为辉禅师弟子，常于竹林坐禅，有四老虎绕于左右。(唐释道世《法苑珠林》卷八四)

(12)老虎穴中卧，猎夫不敢窥。(北宋苏辙《湖阴曲》;[1]119)

以上三例中"老虎"是指老的虎还是泛指老虎很难断定。我们要说的是，虎为百兽之王，体型巨大，故有"大虫"之名，而"老"与"大"意义相近，经常连用。清和邦额《夜谭随录·回煞五》："秦人谓'大'为'老'。有张老嘴者，又号老胆。以口大胆大而得名也。"再加上"老"有表敬义，用于称呼威风十足的虎也是很自然的事。

二、"老兄""老师"组合

老兄

(13)若开门归顺,自可不失富贵,将佐小大,并保荣爵,何故苟困士民,自求齑脍,身膏斧镬,妻息并尽,老兄垂白,东市受刑邪?(《宋书·殷琰传》)

(14)王司州尝乘雪往王螭许。司州言气少有牾逆于螭,便作色不夷。司州觉恶,便舆床就之,持其臂曰:"汝讵复足与老兄计?"(《世说新语·汰侈》第3条)

(15)裕恶之,因挼五木久之,曰:"老兄试为卿答。"(《晋书·刘毅传》)

(16)敬宣惧祸,以告武帝。帝笑曰:"但令老兄平安,必无过虑。"后领冀州刺史。(《南史·刘敬宣传》)

(17)即索大瓮,以火围之,起谓兴曰:"有内状勘老兄,请兄入此瓮。"(唐张鷟《朝野佥载》卷六)

(18)洛中佳境应无限,若欲谙知问老兄。(唐白居易《和敏中洛下即事》)

(19)十样蛮笺出益州,寄来新自浣溪头。老兄得此全无用,助尔添修五凤楼。(北宋韩浦《以蜀笺寄弟洎》)

"老兄"用例在中古较多,有些能看出年纪大,有些则看不出,但这并不影响对"老"的定性:我们认为"老"与"兄"的搭配不是利用其年老义,而是利用其表尊重的功能。与之相对的是,一直到唐代,我们才发现一个"老弟"用例:

(20)画中留得清虚质,人世难逢白鹤身。应见茅盈哀老弟,为持金箓救生人。(唐鲍溶《杨真人箓中像》)

这个"老"当表年纪衰老,与现在用于称呼的"老弟"有别。

老师

(21)田骈之属皆已死,齐襄王时而荀卿最为老师。(《史记·孟子荀卿列传》)

很多学者都认为，“老师”一词中“老”不表示年纪大，故而当为词缀。这种看法存在一些问题，“老”不表年纪大，还有可能表其他意义。上举用例中“老师”或许有年纪大的含义，但更突出的是学问大、受尊重。唐代的一些用例亦如此，如：

(22)故自贤士大夫、老师宿儒、新进小生，闻先生之死，哭泣相吊。（唐韩愈《施先生墓铭》）

(23)纷纷藉藉相乱，六经与百家之说错杂，然老师大儒犹在。（唐韩愈《读荀》）

(24)帝病阴阳家所传书多谬伪浅恶，世益拘畏，命才与宿学老师删落烦讹，掇可用者为五十三篇，合旧书四十七，凡百篇，诏颁天下。（《新唐书·吕才传》）

在这些用例中，“老师”与“宿儒”“大儒”“宿学”对应，“老师”之义很明显。“老师”发展到后来泛称传授文化、技艺的人，但其有学问（相对学生）、受尊重这一点并未改变，所以“老”的功能并未改变。与“老师”相似的还有“老爷、老总、老板、老天、老红军、老八路、老大人、老大姐、老大哥、老太公、老太爷”等。

三、“老”与姓氏的组合

(25)曜手持一绢谓武都曰：“此是老石机杼，聊以奉赠。自此以外，并须出于吏人。吏人之物，一毫不敢辄犯。”（《北史·儒林传上·石曜》）

(26)一篇长恨有风情，十首秦吟近正声。每被老元偷格律，苦教短李伏歌行。（唐白居易《编集拙诗成一十五卷因题卷末戏赠元九、李二十》）

“老”与姓氏的组合唐代之前用例不多。我们知道，表年老和尊重是“老”的基本功能，“老”与姓氏的组合中，这两种功能都有，以年老为主，但这种老当属相对概念。这从现代汉语可以感知：现代汉语，“老”“小”一般对应使用，“老＋姓氏”常用于年纪小者称呼年纪大者，其表敬功能似乎不明显，但如果称呼年纪大于己者为“小＋姓氏”则存在明显不敬。回到中古时期，这些用例出现前，并无“老”虚化为词缀的痕迹，用例中也看不出“老”不表年老或尊重义，特别是第二例，“老”与后句的“短”对文，不能排除其为意义实在的形容词，所以将它们看作词缀证据不足。

综观唐前"老"的组合及用例，我们认为词缀"老"并未形成。不过到后代，随着使用量的增加，"老"的意义及色彩逐渐淡化，进而发展为前缀，其搭配及相关用例可参看蒋宗许《汉语词缀研究》(2009:118—121)。

然(后缀)

"然"可作后缀，当无异议，但"～然"类词很多，哪些是附加式，哪些不是，还需讨论。

王兴才文《"然"的词尾化考察》(2009a:47)认为：

> "然"字既可用作形容词词尾，又可用作副词词尾。虽同用作词尾，但各自的语法化途径却并不同。形容词词尾是"然"用在"如/若＋AP＋然"的句法环境中，由"然"的拟象功能意义逐渐演变而来；副词词尾则是因"然"可及性降低带来"然"降格为词内成分，"×然"的固化成词使"然"进一步虚化所致。

王兴才文认识到"～然"类形容词、副词中，"然"有两种不同来源，颇具慧眼，对两类"然"的发展分析也有独到之处，然而我们认为王兴才文对由"然"构成的副词的分析仍有可商榷之处。

王兴才文所提及的由"然"构成的副词包括：虽然、不然、既然、纵然、尽然、徒然、必然、果然、忽然、蓦然、卒然、断然、公然、固然、决然、适然、依然、定然、刚然、猛然、当然、概然、竟然、仍然、诚然(这其中有些王兴才文已着力探讨，还有些引自杨荣祥《近代汉语副词研究》(2005:125—126)而未加分析)，我们认为这些词的来源并非如王兴才文所说完全由词组固化成词，而且由词组固化成词的"～然"不能简单以词缀定性"然"。以下就这两点展开讨论。

一、"～然"类副词的来源考察

王兴才文所讨论的"～然"类副词，其来源可分三类：

第一类，由词组固化成词。包括"虽然、不然、既然、必然、果然①、固然、诚

---

① "果然"有两个，一个表腹饱满状，形容词，这是由"果"与词尾"然"组合而成的；现代汉语中的"果然"则由词组固化成词。

然、尽然、当然、适然”。从我们的考察来看，这些词都能找到成词之前的词组形式，而且用例一般都很多，由词组到词一般经历了较长的历史时期，成词后的意义或多或少还能看出“然”原为代词的痕迹。这类词的成词过程王兴才文第二部分有细致探讨，此不赘。

第二类，由后缀“然”附加于前一语素而成词。有些本为形容词，后发展出副词用法；还有一些直接作副词；另有个别词本为形容词，王兴才文误判为副词。包括“徒然、忽然、蓦然、卒然、断然、公然、决然、猛然、依然、概然”。这类词中的“然”与形容词后缀“然”当属同类，而王兴才文论述时，未将它们剥离出来。为了清楚认知此类词的成词过程，以下逐一考察。

徒然

文献中可见表“仅仅如此”的词组“徒然”，但用例很少，如：

(1)今君相楚二十余年，而王无子，即百岁后将更立兄弟……君又安得长有宠乎？非**徒然**也，君贵用事久，多失礼于王兄弟，兄弟诚立，祸且及身，何以保相印江东之封乎？(《史记·春申君列传》)

王兴才文所举作为副词的“徒然”义为“白白地”：

(2)何况不见得这源头道理，便紧密也**徒然**不济事。(南宋黎靖德《朱子语类》卷一一四；[36]51)①

这种用法当来自形容词“徒然”，先看文献用例：

(3)毁誉之来，皆不**徒然**，不可不思。(《后汉书·窦融列传》)

此“徒然”义为凭空的，偶然的，它是由后缀“然”与形容词“徒”直接组合而成的形容词，与表仅仅如此的词组“徒然”明显不同。

(4)言君明臣贤，所以致治，非**徒然**也。(《汉书·魏相丙吉传赞》“览

① 王文将此“徒然”看作副词，我们觉得此例中的“徒然”很难说就是副词，将它解作“枉然”“空然”，与“不济事”同义并列，相互补足并无不可。当然，两解性更可证明副词“徒然”由形容词引申而来。

其行事，岂虚乎哉”颜师古注）

颜注以“徒然”解释“虚”，其为附加式形容词的性质非常明确。同类的例子还有：

(5)功名自来无意，富贵浮云何济，于我亦徒然。（元赵雍《水调歌头》）

(6)生既已矣，未有补于当时；死亦徒然，庶无惭于后世。（《明史·王叔英传》）

作副词表“白白地”的“徒然”明显由此引申而来。

(7)瞻彼景山，徒然望慕。（南朝梁任昉《为范始兴作求立太宰碑表》）

(8)男儿仗剑酬恩在，未肯徒然过一生。（唐杜荀鹤《乱后宿南陵废寺寄沈明府》）

“徒然望慕”犹空望慕、白白望慕；“徒然过一生”犹虚度此生，白白地过一生。此二例中的“徒然”带有明显的描绘性特征。

“空然”与“徒然”同义，亦经历了同样的发展演变过程。其本义为空虚貌，如：

(9)光曜不得问而孰视其状貌：窅然空然。终日视之而不见，听之而不闻，搏之而不得也。（《庄子·知北游》）

引申作副词，徒然义，如：

(10)食罢自知无所报，空然惭汗仰皇扃。（唐韩愈《和水部张员外宣政衙赐百官樱桃》）

(11)平生《白头吟》，空然发悲调。（明何景明《恽功甫悼亡》诗之二）

忽然

“忽”有疾义，《左传·庄公十一年》：“桀纣罪人，其亡也忽焉。”杜预注：“忽，速貌。”《楚辞·离骚》：“忽奔走以先后兮，及前王之踵武。”王逸注：“忽，疾貌。”“然”与“忽”组合，从一开始就以后缀的形式参与构词，表迅疾义，形容词，文献中无表“忽然这样”的词组用法。如：

(12)人生天地之间,若白驹之过隙,**忽然**而已。(《庄子·知北游》)

(13)视其死亡**忽然**,人虽有疾,临死啼呼,罪名明白,天地父母不复救之也,乃其罪大深过,委顿咎责,反在此也。(《太平经》卷四五)

由迅疾义引申用作副词,如:

(14)更始时,天下乱,平弟仲为贼所杀。其后贼复**忽然**而至,平扶侍其母,奔走逃难。(《后汉书·刘平列传》)

此例"忽然"与动词之间用"而"连接,可看作由形容词向副词的过渡状态。

(15)天门郡有幽山峻谷,而其土人有从下经过者,**忽然**踊出林表,状如飞仙,遂绝迹。(西晋张华《博物志》卷一〇)

(16)须臾,胡僧**忽然**自倒,若为所击者,便不复苏。(唐刘餗《隋唐嘉话》卷中)

(17)景清送出房门,**忽然**想起一事。(明冯梦龙《警世通言》卷二一)

这些用例中的"忽然"与现代汉语中的用法就没什么区别了。《现代汉语词典》(第7版)"忽然"条下释作"表示情况发生得迅速而又出乎意料",可见它与表迅疾义的形容词"忽然"的关系。

卒然

副词,同"猝然"。与"忽然"一样,"卒然"亦没有词组用法,它是由"卒"与后缀"然"直接组合而成,可作形容词,如:

(18)岐伯曰:"气之离脏也,**卒然**如弓弩之发,如水之下岸,上于鱼以反衰,其余气衰散以逆上,故其行微。"(《黄帝内经·灵枢经·动输第六十二》)

(19)天地之间,祸福之至,皆有兆象,有渐不**卒然**,有象不猥来。(东汉王充《论衡》卷二二)

可作副词,如:

(20)**卒然**问焉而观其知。(《庄子·列御寇》)

(21)若朋友交游,久不相见,**卒然**相睹,欢然道故,私情相语,饮可五

六斗径醉矣。(《史记·滑稽列传》)

(22)车服**卒然**来,涔阳作游子。(唐王昌龄《赠宇文中丞》)

二者有明显的相承关系。

决然

副词,必然、一定义。"决然"组合未见表"必然这样"的词组用法,这个副词是由"决"与后缀"然"直接组合而成的形容词引申而来。如:

(23)公而不党,易而无私,**决然**无主,趣物而不两,不顾于虑,不谋于知,于物无择,与之俱往。(《庄子·天下》)

此"决然"为坚决果断义,"决然无主"即坚决果断无偏主。它例尚有:

(24)阁下乃谓可以蹈远大之途,及制作之门,**决然**而不疑,介然而独德,是何收采之特达,而顾念之勤备乎?(《柳宗元集》卷三六《启》)

(25)臣伏愿我皇上乾纲独断,奋振天威,毅然**决然**。(清平步青《霞外攟屑·掌故·陈侍御奏折》)

"决然"又可修饰动词,如:

(26)六载抽毫侍禁闱,可堪多病**决然**归。(唐吴融《阌乡寓居》诗之一)

(27)恐遂汩没,故**决然**舍去,求天下奇闻壮观,以知天地之广大。(北宋苏辙《上枢密韩太尉书》)

主观上的"坚决果断"与客观事理上必然、一定相应,故又引申作副词,表必然义,如:

(28)东宫之位非庐陵王不可,立武三思**决然**不得。(《梁公九谏·第五谏》)

(29)居今之世,若欲尽除今法,行古之政,则未见其利,而徒有烦扰之弊。又事体重大,阻格处多,**决然**难行。(《朱子语类》卷一〇八)

(30)我小生**决然**不敢受。(元刘君锡《来生债》第一折)

这些用例中的“决然”，很容易感知与坚决义的联系。

断然

副词“断然”与“决然”义近，发展过程也相似。它由“断”与后缀“然”直接组合而来，可作形容词，分明义，如：

(31)由此言之，性情之辩，**断然**殊异。（北齐李概《达生丈人集序》）

(32)班固著《汉书》，制作之工，如《英》《茎》《咸》《韶》，音节超诣……然至《后汉》中所载固之文章，**断然**如出两手。（南宋洪迈《容斋三笔·〈后汉书〉载班固文》）

又有“坚决、果断”义，如：

(33)吾无意于庶几，而足下师心陋见，**断然**不疑，系决如此，足以独断。（三国魏嵇康《难〈宅无吉凶摄生论〉》）

“断然不疑”，即果断不迟疑。此例《大词典》解作“绝对”，恐不当。可修饰动词，如：

(34)世之信鬼神者，皆谓实有在天地间；其不信者，**断然**以为无鬼。（《朱子语类》卷三；[36]53）

(35)己有过，便**断然**改之，如雷之勇，决不容有些子迟缓。（《朱子语类》卷七二）

(36)以未定之说，而**断然**自谓得圣人之旨，安能使后世必信哉？（金王若虚《〈论语〉辨惑三》）

又引申为一定、必定义。如：

(37)他若听见是我，**断然**住了。（明吴承恩《西游记》第六三回）

(38)此事决非别人干得，**断然**是孙行者弼马温狗奴才小儿！（明董说《西游补》第三回）

依然

“依然”用例很多，但未见“依”与代词“然”的组合。其最早出现于汉代，为形容词，如：

(39)故今之人称五帝三王者，**依然**若犹存者，其法诚德，其德诚厚。(《大戴礼记·盛德》)

(40)圣人爱百姓而忧海内，及后世之人，思其德，必称其人，故今之道尧舜禹汤文武者犹**依然**，至今若存。(《大戴礼记·用兵》)

这两个"依然"乃依稀、仿佛貌，"然"均无所代，为形容词后缀。这种用法后代沿用，如：

(41)今巡抚届此，不殊代邑，举目**依然**，益增旧想。(《北史·李贤传》)

(42)时辈千百人，孰不谓汝妍。汝来江南近，里闾故**依然**。(唐韩愈《示爽》)

(43)桃花流水**依然**在，不见当时劝酒人。(唐曹唐《刘阮再到天台不复见仙子》)

(44)行乏憩予驾，**依然**见汝坟。(唐孟浩然《行至汝坟寄卢征君》；[36]53)

(45)才寻绎一宿，便能作图解释，允恭览之，**依然**记其旧法，与才正同，由是才遂知名。(《旧唐书·吕才传》)

(46)蜂分蚁争今不见，故窠遗垤尚**依然**。(北宋王安石《光宅寺》)

《大词典》将上举例(40)《大戴礼记·盛德》、例(43)唐曹唐诗例释为依旧，我们认为不当，可比较以下"依稀"诸例：

(47)陶潜旧隐**依稀**在，好继高踪结草堂。(唐杜荀鹤《送友人宰浔阳》)

(48)月从山上落，河入斗间横。渐至重门外，**依稀**见洛城。(唐郭良《早行》)

(49)忆昔当年富贵时，如今头脑尚**依稀**。(唐张保胤《又留别同院》)

(50)败垣危堞迹**依稀**，试驻羸骖吊落晖。(唐罗隐《经故洛阳城》)

例(47)与例(43)近；例(48)与例(44)近；例(49)与例(45)近；例(50)与例

(46)近。

“依然”作副词表依旧正由此义引申而来,《大词典》之所以误解,正是由于二者在语义上存在密切的相承关系,因而在特定句子中,难以准确辨别。

蓦然

由“蓦”与后缀“然”直接组合成副词,带有明显的描绘色彩,如:

(51)城营内,乌鸟**蓦然**惊。内有奸臣连外贼,提防苦战血成坑,谋叛害英明。(唐易静《兵要望江南·占乌》)

(52)四大违和常日事,不劳君等**蓦然**惊。(《敦煌变文集新书·维摩诘经讲经文》)

(53)当时**蓦然**倒在床上,已自叫唤不醒了。(明凌濛初《初刻拍案惊奇》卷二〇)

猛然

由“猛”与后缀“然”直接组合成副词,带有明显的描绘色彩,如:

(54)云胡白昼中,开眼而死坐!**猛然**风雨生,一叱万邪挫。(南宋郑思肖《十三砺》)

(55)**猛然**心地热,透香汗,我欲向南窗一醉眠。(元高明《琵琶记》第二二出)

(56)我见他阁泪汪汪不敢垂,恐怕人知;**猛然**见了把头低,长吁气,推整素罗衣。(元王实甫《西厢记》第四本第三折)

(57)周侗正在疑惑,**猛然**抬起头来,见那壁上写着几行字。(清钱彩《说岳全传》第四回)

公然

由“公”与后缀“然”直接组合而成的副词,表公开、无顾忌,如:

(58)子如性既豪爽,兼恃旧恩,簿领之务,与夺任情,**公然**受纳,无所顾惮。(《北齐书·司马子如传》)

(59)母极骂云:“死野狐魅!你**公然**魅我一女不足,更恼我儿。吾夫妇暮年,唯仰此子,与汝野狐为婿,绝吾继嗣耶!”(唐戴孚《广异记·韦明

府》)

(60)夜作诏书朝拜官,超资越序曾无难。**公然**白日受贿赂,火齐磊落堆金盘。(唐韩愈《永贞行》)

(61)着紫的妇人见思温,四目相睹,不敢**公然**招呼。(明冯梦龙《喻世明言》卷二四)

上述各例"公然",均用以修饰动词,表动作的方式,具有很强的描绘性。

概然

"概然"有"概"与代词"然"的组合,一概如此义,但用例很少,且出现较晚,《大词典》即引清代用例:

(62)兰岩曰:"富贵则趋附之,贫贱则违避之,俗情**概然**。"(清和邦额《夜谭随录·崔秀才》)

作为一个词,"概然"早在上古即已出现:

(63)是其始死也,我独何能无**概然**。(《庄子·至乐》)

陈鼓应注:"概,即慨,感触哀伤。"很明显这个词是形容词,与"慨然"同,其组合由"概"附加后缀"然"而成,后代沿用。

(64)《瞻彼洛矣》,则**概然**有击楫之志;杭彼《河广》,则跃然有焚身之思。(南宋罗大经《鹤林玉露·乙编》卷三)

(65)杨春芳,灵寿人,十二年教谕,坦率有长者风,拜谒上官皆长揖,**概然**曰:"老青衿宁能向乡里小儿折腰乎!"。(《(康熙)平阳府志》卷二〇)

王兴才文举有一个"概然"的例子:

(66)贾石**概然**许了。(《话本选集·沈小霞相会出师表》;[37]53)

这个"概然"并非副词,它与上举附加式形容词"概然"并无不同,而且《喻世明言》卷四〇所引即作"慨然"。我们在文献中未见表一概、完全义的副词"概然"。

现代汉语中由后缀"然"构成的附加式副词还有很多,"贸然""倏然""俨然”“骤然”等都属此类。这类词大多数带有很强的描绘色彩，在文中修饰动词，表动作的情态、方式。有少数即便看不出描绘性，但文献用例还是能清楚反映它们由形容词逐步发展为副词的过程。

第三类，无成词前的词组用法，因而与第一类由词组而固化成词的“～然”不同；也缺乏明显的描绘色彩，并且文献中未见由形容词发展而作副词的痕迹，因此与第二类由后缀“然”构成的附加式“～然”亦有别。这类词包括：定然、仍然、竟然、刚然、纵然。

仔细考察，我们认为，这些词当中有些可能是受“～然”类词的影响，通过同义语素替换而模仿构词，如“定然”，可能是模仿“必然”而成词；“仍然”，可能是模仿“依然”而成词；“竟然”，可能是模仿“居然”而成词①。这类词的构词方式可根据其源词定性。以下探讨一下“刚然”。

刚然

“刚然”的构成可从“刚刚”的性质加以探讨。“刚刚”作为“刚”的重叠形式，在文献中有描写性的用法，其后可接“的”“地”，如：

(67)一百万秦兵尽皆折了，俺两个**刚刚的**逃出命来。（元李文蔚《破苻坚蒋神灵应》）

(68)真个好本事，手段高，俺却**刚刚地**只敌的他住。（明施耐庵《水浒传》第一七回）

此二例为“仅仅”义。

(69)你好好儿的赔我们的鱼罢！刚才一个鱼上来，**刚刚儿的**要钓着，叫你唬跑了。（《红楼梦》第八一回）

此为“才”义。

“刚然”与“刚刚”义同，因而有可能是后缀“然”与“刚”的直接组合，以体现与“刚刚”相类的描写性。若如此，它亦当为以“然”为后缀的附加式。当然这只是笔者的推测，尚需验证，故我们未将它置于第二类。

① “居然”本为显然义，为由“然”构成的附加式形容词，引申发展为副词，表竟然、出乎意料。

“纵然”是如何成词尚待考察，从意义及用法来看，其结构当归属于第一类。

第三类词不是独立于第一、第二类的第三种成词方式，这类词可根据成词之由的研究归入第一或第二类当中。

二、“然$_2$”的性质探讨

王兴才文将形容词后缀“然”称为“然$_1$”，副词后缀“然”称为“然$_2$”。从上文的分析可以知道，“然$_1$”与“然$_2$”的确定不能以处于形容词还是副词中为标准，“然$_1$”当指直接附加于前一语素而成词的“然”；“然$_2$”则指由词组发展成词本为指示代词的“然”。

“然$_1$”以无实义的语素形式附于另一个语素之后，定性为后缀没有问题，但“然$_2$”则明显不同，它是以意义实在的词与另一词组合成短语，再合成为一个词，每一个“～然$_2$”都有其独立的成词过程。基于“然$_2$”参与构词的特点，我们认为将它定性为后缀，将“～然$_2$”定性为附加式似有不妥。

其实，将由词组甚至位置相邻并无直接层次关系的两个词固化成一个词的个案词语定性为附加式的并非王兴才文一家。杨荣祥(2002:66)指出：副词词尾“乎”的来源可能有两个，一个来源于介词“乎”，构成“几乎”“似乎”两个副词。他同时举例简单分析了二词由形容词“几”、动词“似”与介词“乎”在句中位置相连，后经重新分析而成词的过程。杨荣祥(2002:69—70)在谈及副词词尾“其”时，认为“极其”一词中，“极”本为动词，“其”则为指示代词，后经重新分析而成副词。麻爱民(2010:63—67)详细考察了“几”“乎”由两个词经句法重新分析而凝固成一词的过程，他同样认为“‘乎’也相应地可以看作副词词尾”；张振羽(2009:51—56)论证了“尤其”由副词“尤”与指示代词“其”通过跨层连用而词汇化的过程，并将它与词尾“自”“复”等联系起来，认为这个“其”是近代汉语中产生的副词词尾。

诸家如此定性，原因可能有二：第一，这些词当中，“然”“乎”“其”意义很虚，这符合词缀无实义的特点；第二，“然”“乎”“其”等有作后缀的用法①，出于惯性思维，在它们无实义的前提下，很自然地将它们看作后缀了。

---

① 此处提及“其”可作后缀是学界的通常看法，我们并不如此看待，参后文“其”字条。

我们认为，仅凭这两点是不足以证实它们为词缀的。首先，“然$_2$”，“几乎”“似乎”中的“乎”（下称“乎$_2$”），“极其”“尤其”中的“其”（下称“其$_2$”）与通常所说的形容词词缀“然”“乎”“其”是有区别的，是完全不同的两个东西，这也是诸家将包含这三个语素的个案词语拿出来具体考察它们成词过程的原因。故而，“然”“乎”“其”可作词缀，对“然$_2$”“乎$_2$”“其$_2$”是否为词缀没有证明作用。如此一来，各家将“然$_2$”“乎$_2$”“其$_2$”定性为后缀的唯一根据，就是它们在词中意义很虚。换句话说，诸家确定词缀的唯一标准就是共时平面上词素无实义，而这种无实义的判定，则多采取去掉某个语素之后意义是否改变的方法。这种处理方式在理论与实践上都有问题。

我们知道，由词组或跨层结构逐步固化成词的过程，实际上是各构词语素的语素义逐步融合为一体的过程，当它成词之后，各语素义与它在词组或跨层结构中的意义必然会有所不同，各语素在词义中所发挥的作用也有区别。但必须认识到，成词后的意义是各语素义共同作用的结果，而不是其中的某个语素原有意义的继承。以“既然”为例，成词前“既”为已经义，副词；“然”为这样义，代词。成词后“既然”成为连词，与原有语素无论意义还是词性都不相同，这种连词用法是由它原有意义以及所处的句法环境共同作用而发展来的。巧合的是，“既”正好有单用表既然的用法，“然”也有作形容词后缀的用法，学者们发现将“然”去掉后，“既”的意义与“既然”相同，因而将“然”定为词缀。“不然”与“既然”就有些区别，成词前“不”为副词，“然”为代词，词义与句法环境共同作用，使“不然”合成为连词。然而，“不”单用并没有连词“不然”的用法，“然”的意义在“不然”中还有明显的保留。对这个词，学者们甚至未经基本的检验，就将它定性为附加式了。再看“几乎”，成词前“几”为动词，接近义，“乎”为介词，与“于”相当。成词后，“几”不再为接近义，“乎”也不再与“于”相当。作为一个整体，“几乎”成为一个副词，只不过偶然与“几”原有的表“接近”的用法相当①。但要知道，这种用法是“几”与“乎”在特定语境中经

① 事实上，“几”与成词后的“几乎”还是有区别的。“几”可用于动词前，与“几乎”义近，但它的后面可添加“于”，如《新唐书·罗让传》：“父丧，几毁灭。”《南史·戴颙传》：“颙十六遭父忧，几于毁灭，因此长抱羸患。”“几乎”作为一个词，其后则不能再加“于”，应当说就是“乎”在其中发挥了作用。当今学者在判断一个词中某个语素是否有实义时，常简单地通过去掉某语素词义是否变化为标准，这样得出的结论往往并不可靠。

重新分析后得来的，两个语素对于它的形成都发挥了作用，它不是“几”附加后缀“乎”而来。

再看另两个相似而定性完全不同的词例。“然而”一词，“然”本为代词，“而”为转折连词，二词在句中相连但不属一个层次。成词后，“然而”用作连词，它的意义与“而”表转折的用法相同，若以去掉某个语素意义不变为检验标准，“然”也是无实义的语素。可是到目前为止，还未见有学者将这个“然”定性为前缀。究其原因，“然”本无前缀的用法，故而人们未受惯性思维的影响，而对它进行了理性分析。换句话说，学者们将“然$_2$”“乎$_2$”“其$_2$”定性为后缀，更多是受到它们本有后缀用法的影响，这种判断不是建立在理性分析的基础上。“国家”一词，表国而不表家，“家”在这个词中不表义；另外，“家”也有后缀用法，这与上举“然$_2$”“乎$_2$”“其$_2$”类词亦相似。若依“然 2”的定性标准，这个词中的“家”也应当是后缀。然而，语言学界并没有如此定性。究其原因，是因为我们认识到这个词在成词之前，是由“国”与“家”两个语素并列组合在一起，而不是以无实义的后缀“家”附加于“国”之上。这种通过探求成词前两个语素的关系来确定一个词构词方式的办法，才是判定构词方式的根本。

诸多语言学者，如王绍新(1992:170—186)、韩陈其(2002:42—46)、董秀芳(2005:13—18)、蒋宗许(2009:49—64)、王云路(2010:275—278)等，都对词缀的判定标准作过探索，提出了诸如词缀意义较虚、有类推构词能力、具有定位性和粘着性等判定标准。应当说，这些标准在判定词缀的过程中发挥了重要作用。但我们认为，这些探索多立足于共时平面，所提标准只是词缀特征的外在表现，是词缀的必要条件，而非充分条件。判断一个词是不是附加式，如同判断其他类型的构词方式一样，需要看它的成词过程，看它是不是以附加的方式成词。以下我们试将“然$_2$”类词与“然$_1$”类词的成词过程作一比较，以见其区别：

根据王兴才的研究，“然$_1$”类词的成词过程如下：“然”用于“若/如＋AP＋然”的句法环境中，词义逐渐虚化和脱落，发展成后缀“然$_1$”，再附加于某个语素，构成附加式合成词；其构词特点是先有意义很虚的“然$_1$”，再有“～然$_1$”类词，也正因此，这类词可类推构成很多词。“然$_2$”类词的成词过程与此完全不同，每一个词都是作为一个独立个体，由最初的词组，在特定语言条件下独立发展，继而成词。这些“然”不是以无实义的后缀，而是以意义实在的指示代词形式，与副词组合成短语，再固化成词。在成词之前，没有“然$_2$”的存在，也正因此，它不具备“然$_1$”所具有的类推构词能力。基于此，我们认为“然$_2$”并非词缀。

“几乎”“似乎”“极其”“尤其”几个词中的“乎$_2$”与“其$_2$”本为介词和代词，因用于形容词“几”、动词“似”“极”及副词“尤”之后，当句法条件发生变化时，引起重新解读，从而成词。每个词都有其独特的发展过程，其成词条件也各不相同，它们不是通过附加的方式成词，自然就不能看作附加式，“乎$_2$”与“其$_2$”当然也不是词缀了。

“然$_2$”“乎$_2$”“其$_2$”不是词缀，那么由它们构成的词该如何定性呢？

“然$_2$”类词的定性比较简单，它们在成词之前本属一个层次，“～”与“然$_2$”之间有明确的结构关系，成词之后，其构词方式自然与成词前相应，故“虽然、不然、既然、必然、果然、固然、诚然、尽然、当然、适然”等，均为偏正式复合词。① “几乎”“似乎”“极其”“尤其”四个词比较特殊，它们本为跨层结构，不属于同一层次，因而两个词素无直接结构关系。语言中这类词并不少见，如“不但”“从而”“否则”“何必”“然而”“因而”“在乎”“所以”等，已有学者对此类词的构词方式进行了探讨，如俞理明先生（2003：86—87）即提出“跨层次凝合词”的概念。俞先生将这类词独立出来单独定性的做法真实反映了这些词的来源，是恰当而且必需的。在没有其他研究成果之前，可以依照俞先生的定名，称这些词为“跨层次凝合词”。

如（后缀）

“如”用作形容词后缀，产生时代很早，是较典型的词缀。蒋宗许先生（2009：149—151）举有多例，此引几例：

(1)突如其来如，**焚如**，**死如**，**弃如**。（《易·离·九四》；[1]149）

(2)孔子于乡党，**恂恂如**也，似不能言者。（《论语·乡党》；[1]149）

① 王云路先生（2010：399—404）《中古汉语词汇史》中提到紧缩式复音词，其中有一类是由词组成词，脱落其中一个语素含义，如“事须、理须、法须、义须”，成词后均表必须，另一个语素义脱落，与“然$_2$”类亦有相似点。

(3)高后女主摄位,而海内晏如。(《汉书·诸侯王表》;[1]150)

(4)我思缠绵未纾,感时悼逝凄如。(西晋陆机《上留田行》;[1]150)

(5)怀恋结好,心焉怅如。(西晋挚虞《答杜育诗》;[1]150)

(6)性忠梗,出言无私,立朝肃如也。(唐许嵩《建康实录》卷二;[1]150)

(7)萧如也,料行囊如水,只有新诗。(南宋李曾伯《沁园春》;[1]150)

一般认为"如"用作后缀与"然"相当,张博(1992:58—73)对先秦时期"如、若、然、尔、焉"等后缀的用法作了全面考察,他发现"如""若"在使用上有互补关系,且由它们构成的附加式只能充当谓语,而"然"构成的词则可充当状语、谓语、主语、定语、补语等诸多成分,二者存在较明显差异。

关于其来源,蒋宗许(2009:151)认为:

"如"语音近于"若",同为日母,若,铎部;如,鱼部。阴入可以对转。由于"若"被借作后缀,"若""如"语音既相近,且义项也颇多雷同,于是,"如"也被借作后缀。

张博(1992:63)则认为后缀"如""若"乃由表象似义的动词虚化而来。"如"从动词虚化为后缀,文献证据不是很充分,但其功能上的特点似乎可以支持张博的看法。

"如"是文献中的常用词,有些"～如"组合,"如"可能有实义,需要加以辨别,我们看下面这个用例:

(8)吉甫作颂,穆如清风。(《诗·大雅·烝民》;[1]149)

此例蒋宗许先生将"穆如"看作附加式,我们以为不当,此诗毛亨传:"清微之风,化养万物者也。"郑笺云:"穆,和也,吉甫作此工歌之,诵其调和人之性,如清风之养万物然。"从郑笺可以明确知道"如"乃动词,象似义。另就张博(1992)的研究,附加式"～如"在先秦仅作谓语,这个使用特点亦可佐证此例"如"并非后缀。

若(后缀)

"若"用作后缀,其功能与"然"相当,上古即已使用,蒋宗许先生(2009:

147—149)举有诸多用例,此选引几例:

(1)出涕沱若,戚嗟若。(《易·离·六五》;[1]147)

(2)桑之未落,其叶沃若。(《诗经·卫风·氓》;[1]147)

(3)于是二子愀然改容,超若自失。(《史记·司马相如列传》;[1]147)

(4)山郡披风方穆若,花时分袂更凄然。(唐刘兼《送文英大师》;[1]148)

(5)民充国亦富,粲若有条理。(北宋欧阳修《送朱职方提举运盐》;[1]148)

同"如"一样,有实义的"若"也可能会误解为词缀,或出现难以判定的问题,我们看以下用例:

(6)翕如翔云会,忽若惊风散。(西晋棘腆《赠石崇》;[1]148)

句中"如""若"是像似义动词还是充当词尾,值得商榷,从文义看,"翕如"和"忽若"并非修饰后面的"翔云会"和"惊风散",相反,"翔云会"与"惊风散"是用以描写"翕"与"忽",二句均表迅速义,用以描写分离。《初学记》引用时将它与李充《送许从诗》并列,其文作:

(7)【归云征　惊风散】李充《送许从诗》曰:"来若迅风欢,逝如归云征。离合理之常,聚散安足惊。"棘腆《赠石崇诗》曰:"翕如翔云会,忽若惊风散。分给怀离析,对乐增累叹。"(《初学记》卷一八)

李充诗与棘腆诗虽有不同,但亦可部分佐证"如""若"之义。

(8)掩窗寂已睡,月脚垂孤光。披衣起周览,飞露洒我裳。山川同一色,浩若涉大荒。(北宋苏轼《牛口见月》;[1]148)

此例中"浩若"是否为附加式同样值得商榷,从诗文可知,"浩"不是用以修饰"涉大荒",而是用以描写同一色之山川,而"涉大荒"则用以比喻浩大,故"若"解作像似义似更合理,可比较以下用例:

(9)乃有昆明池乎其中,汤汤浣浣,滉漾渊漫,浩若河汉,日月丽天,出

入乎东西。(西晋潘岳《西征赋》)

(10)攀梯上甓级,小憩得危亭。一览尽寥廓,四山耸寒青。**浩若**凌太虚,**翩如**逐遐征。(南宋尤袤《驻目亭》)

第一例,"若"乃像似义,"若河汉"用以描写"浩",比较明显。第二例,"凌太虚""逐遐征"亦以比喻的方式描写"浩"与"翩","若"与"如"亦当为像似义。

关于"若"之来源,蒋先生(2009:148)认为:"若"本义是择菜,活跃于口头无疑,于是或引申或借用在先秦就产生了众多义项,口语性再加上频繁的使用、众多的义项为其虚化而作词缀创造了条件。而张博(1992:63)则认为由表像似义的动词发展而来。

头(后缀)

"头"可作后缀,学界认识较一致。从其虚化过程看,"头"是由表头部、顶端位置,进而发展为意义宽泛的方位词后缀,再泛化为其他类型的词缀。先看几个表头部、顶端位置的"头"的组合用例:

里头

(1)苞日夜号泣,不肯去,被欧打,不得已庐住门外,旦夕洒埽进养。父怒之,又庐于**里头**,晨昏不废。(东晋袁宏《后汉纪》卷一一)

此"里头"并非方位词"里"与"头"的组合,"里"乃里巷义,"里头"即现今的村头、村口。

路头、道头、陌头

(2)谨按:汝南汝阳彭氏墓**路头**立一石人,在石兽后。(东汉应劭《风俗通义》卷九)

(3)每以樵箬置**道头**,辄为行人所取,明旦亦复如此,人稍怪之,积久方知是朱隐士所卖,须者随其所堪多少,留钱取樵箬而去。(《宋书·隐逸传·朱百年》)

(4)时穆之闻京城有叫声,晨出**陌头**,属与信会,直视不言者久之。(《南史·刘穆之传》)

关于道、陌之“头”，东汉刘熙《释名・释典艺》有载：“碑，被也，此本王莽时所设也，施其辘轳，以绳被其上以引棺也。臣子追述君父之功美，以书其上，后人因焉。无故建于道陌之头显见之处，名其文就谓之碑也。”

床头

(5)至二十左右，方复就观小说，往来者见床头有数帙书，便言学问，试就检，当何有哉。(《宋书・王微传》)

(6)魏武将见匈奴使，自以形陋，不足雄远国，使崔季珪代，帝自捉刀立床头。(《世说新语・容止》第1条)

中古时期，相关的组合还有“卧头、席头、阶头、肆头、斋头、梁头、滩头、溪头、洲头、曲岸头、杖头、柱头、树头、杪头、卷头、瓮头、田头”等①。

当“头”置于方位词之后时，有些意义较实，仍表端义，如：

东头、西头、南头、北头

(7)蔡司徒在洛，见陆机兄弟住参佐廨中，三间瓦屋，士龙住东头，士衡住西头。(《世说新语・赏誉》39条；[1]208)

(8)晋孝武帝太元十六年正月，鹊巢太极东头鸱尾，又巢国子学堂西头。(《宋书・五行志三》)

(9)辂曰：“君北堂西头，有两死男子，一男持矛，一男持弓箭，头在壁内，脚在壁外。”(《三国志・魏书・方伎传・管辂》)

(10)牛首，池名也，在上林苑西头。(《汉书・司马相如传》“濯鹢牛首”颜师古注引魏张揖注)

上述第一例中“东头”“西头”分别指太极殿靠东的一端和国子学堂靠西的一端；第二例中，“东头”即东端的一间，“西头”指西端的一间，这两间房相对三间瓦屋来说，正是它的两头。第三例中的“北堂西头”，指北堂靠西的一端，文中所说两男子“头在壁内，脚在壁外”清楚地说明了这一点。第四例“上林苑西头”当指上林苑靠西的一端。

① 在具体用例中，有些表物之头端，有些表方位。

(11)近黎阳南故大金堤,从河西西北行,至西山**南头**,乃折东,与东山相属。(《汉书·沟洫志》)

(12)长安城东出**南头**第一门霸城门,民见门色青,名曰青城门,或曰青门。(《三辅黄图》卷一)

(13)为天有眼兮何不见我独漂流?为神有灵兮何事处我天南海**北头**?(东汉蔡琰《胡笳十八拍》)

(14)房有四星,其间有三道。春夏南行,南头第一星里道也。秋冬北行,**北头**第一星里道也。与日同道者,谓中央道也。(《汉书·李寻列传》"间者,月数以春夏与日同道"颜师古注引孟康曰)

(15)东面有三门。**北头**第一门曰"建春门",汉曰"上东门"。(北魏杨衒之《洛阳伽蓝记·序》)

"南头"即南端,"北头"即北端。

上头

(16)下两重子黑,**上头**一重子白,皆是白汁,满似如浓,即须收刈之。但对梢相答铺之,其白者日渐尽变为黑,如此乃为得所。若待上头总黑,半已下黑子尽落。(《齐民要术·杂说》)

句中的"上头"指长有子的荞麦的上端。

下头

(17)栽石榴法:三月初,取枝大如手大指者,斩令长一尺半,八九枝共为一窠,烧**下头**二寸。(《齐民要术》卷四)

"下头"指枝条朝下的头部。

前头

(18)舳,船后持舵处也。舻,船**前头**刺棹处也。言其船多,前后相衔,千里不绝也。(《汉书·武帝纪》"舳舻千里"颜师古注引李斐曰)

船有船头、船尾,句中的"船前头",即指船前之头部。
当它不再特指物之头端部位时,意义变虚,可置于名词之后,如:

道头、心头、肩头

(19)于七日头，乘大白象，于四**道头**街巷里陌，处处劝化。(三国吴支谦译《撰集百缘经》卷六；[1]207)

(20)半夜灯前十年事，一时和雨到**心头**。(唐杜荀鹤《旅馆遇雨》；[1]208)

(21)每把金襕安席上，更将银缕挂**肩头**。(《敦煌变文校注·妙法莲华讲经文》；[1]208)

"道头"犹路上；"心头"犹心上；"肩头"犹"肩上"。此类"头"虽有虚化，但表方位的意义仍很实在，将其看作词缀，似不恰当。

亦可用于方位词之后，如：

上头、前头

(22)犯**上头**四恶，复行是六事。(东汉安世高译《佛说尸迦罗越六方礼经》；[1]207)

(23)语贾客言："不疲极也？载是水草，竟何用为？近在**前头**，有好水草，从我去来，当示汝道。"(北魏吉迦夜共昙曜译《杂宝藏经》卷三)

(24)愿随仙女董双成，王母**前头**作伴行。(唐项斯《送宫人入道》)

句中"前头"相当于前面、前边。赵湜先生(1985:104)认为，位于方位词之后的"头"是"端"义或"边"义，这种"头"虽经虚化，却仍含有表位置的词汇意义，在古今汉语中都不能算作词尾。我们很赞成这个观点，因为与之相似的其他表方位的词，如"边""面"等都发生了由实到虚的变化过程，现代汉语也未将它们看作词缀。

(25)东方千余骑，夫婿居**上头**。(《汉乐府·陌上桑》；[1]207)

这个用例中的"上头"当为近义复合，用同"上首"，《大词典》释作"排列在前，序次在先"，甚当。可比较以下用例：

(26)夫五行者，**上头**皆帝王，其次相，其次微气。(《太平经》卷六九)

(27)是离车摩诃男是沙门瞿昙弟子，此是沙门瞿昙白衣弟子，毘耶离中最为**上首**。(南朝宋求那跋陀罗译《杂阿含经》卷三)

初头、后头

(28)菩萨持**初头**意,近阿耨多罗三耶三菩,若持**后头**意近之。(东汉支娄迦谶译《道行般若经》卷六;[39]111)

(29)佛言:"**初头**意、后来意,是两意无有对。"须菩提言:"后来意、初头意无有对,何等功德出生长大?"佛言:"譬如然灯炷,用初出明然炷?用后来明然炷?"须菩提言:"非**初头**明然炷,亦不离初头明然炷,亦非后明然炷,亦不离后明然炷。"(《道行般若经》卷六;[39]111)

"初头"与"前头"义近,"后头"与之相对。"初头"亦有同义复合的可能,我们看下面这个用例:

(30)若不转失气者,此但**初头**硬,后必溏,不可攻之。(东汉张仲景《伤寒论》下编;[2]286)

此例中"头"亦指初始,这从《伤寒论》中的另一则描述可以知道:

(31)阳明病,若中寒者,不能食,小便不利,手足濈然汗出,此欲作固瘕,必大便**初硬**后溏。(上编)

唐孙思邈《千金翼方》亦有相关的转引材料:

(32)不大便六七日,小便少者,虽不大便,但**头坚**后溏,未定成其坚,攻之必溏。(卷九)

(33)若不转失气者,此但**头坚**后溏,不可攻之。(卷九)

由表方位进而用于时间,意义更加虚化,如:

夜头、晚头、晓头

(34)今日已晚,**夜头**停宿。(日圆仁《入唐求法巡礼行记》卷一;[1]208)

(35)上庙参天今见在,**夜头**风起觉神来。(唐王建《华岳庙二首》;[1]208)

(36)廿三日**晚头**,开元寺牒将来。(《入唐求法巡礼行记》卷一;[1]208)

(37)廿四日,春节破阵乐之日。于州内球场设宴。**晓头**,直岁典座引

向新罗院安置。(《入唐求法巡礼行记》卷二;[1]209)

(38)肩高项缩发崔嵬,攘臂群儒斗酒杯。听得歌声人尽笑,**夜头**旗帜**晓头**催。(唐崔致远《乡乐杂咏·月颠》)

这种用法的"头",可看作词缀,但其表方位的功能还有保留。唐五代之后,"头"缀的使用更加广泛,可与名词词根、动词词根、形容词词根组合,构成名词,如"木头,石头、苗头、名头、彩头、由头、念头、甜头、准头"等,可参蒋宗许(2009:212)。

当前有关词缀"头"的研究还存在一些不足,多数研究者在认定其可作词缀的基础上,以简单举例为主,而少有深入考察。对当前的研究成果分析之后,我们发现除上举部分表方位的组合存在定性分歧外,还存在不少处理有误的个案,以下根据"头"的用法分类考辨。

一、表人或动物之头

前头、后头

(39)前行看后行,齐着铁裲裆。**前头**看**后头**,齐着铁鉦鉾。(南朝梁佚名《企喻歌》;[34]229)

此例中的"前头""后头"并非方位词与"头"组合表处所。它们实指人头,意义非常实在,这从以下两点可以看出,第一,"前头看后头,齐着铁鉦鉾"与前一句"前行看后行,齐着铁裲裆"对应严密,"前行""后行"指前后的行列,意义实在,与之对应的"前头""后头"亦当如此。第二,从文义看,"鉦鉾"指头盔,为头所戴之物,这正与"前头""后头"中的"头"相应,所谓"前头看后头",即从前面的头一直看到后面的头。

辔头

(40)南市买**辔头**,北市买长鞭。(北魏佚名《木兰诗》,[42]104)

赵湜先生认为句中"辔头"是"毫无问题的词尾'头'",我们认为这种看法是有问题的。"辔"本指马缰绳,而《木兰诗》中的"辔头"则指马笼头。唐慧琳《一切经音义》卷一四:"秋辔,马勒也。"西汉史游《急就篇》卷三"辔勒鞅韅靽羁韁”,颜师古注:“在首曰辔,亦谓之勒。”《尔雅·释器》:“辔首谓之革。”郝懿行义疏指出“辔”何以表“勒”:“是辔、勒异物,自东晋时,后赵避石勒名,呼马勒为辔,于是溷‘辔’与‘勒’为一物。”东汉刘熙《释名·释车》则揭示了“勒”之得名之由:“勒,络也,络其头而引之。”马笼头又叫“络头”,盖因其络于马头,“笼头”之名亦因其套于马头。由此可以推知,“辔头”亦如此而来,这里的“头”实指动物之头,意义非常实在,其结构为支配式。

与“辔头、络头、笼头”同类的是一组由动词素与“头”组合而成的名词,如:

络头、幧头、帕头

(41)络头,帕头也,……幧头也。自关以西秦晋之郊曰络头,南楚江湘之间曰帕头,自河以北赵魏之间曰幧头。(西汉扬雄《方言》卷四)

三词指古代男子束发的头巾,“络头”与表马笼头的“络头”所指不同,但组合方式是一致的。

包头、套头

(42)可怜寿儿从不曾出门,今日事在无奈,只得把包头齐眉兜了,锁上大门,随众人望杭州府来。(明冯梦龙《醒世恒言》卷一六)

(43)有一半人戴制帽,其余的是毡窝,瓜皮帽,乃至缠着黑色白色的套头。(沙汀《磁力》)

此二词亦表头巾,二词的构成与“络头”等词相同。

绡头

(44)建武中,征为议郎,以病去职,遂将妻子居邑池。复被征,不得已,乃着短布单衣,榖皮绡头,待见尚书。(《后汉书·周党传》)

即帕头。东汉刘熙《释名·释首饰》:“绡头,绡,钞也;钞发使上从也。或曰帕头,言其从后横陌而前也。”

枕头

(45)譬如踠綖枕头,枕其上即为减,这(适)举头便还复如故。(东汉

支娄迦谶《阿閦佛国经》卷上；[39]112）

(46)帝及后往视，见大蜘蛛、大蛷螋从枕头出，求之不见。（《北史·隋秦王俊传》）

“枕头”亦当归属支配式，因睡觉时用以垫高头部而得名。

盖头

(47)（两新人）并立堂前，遂请男家双全女亲，以秤或用机杼挑盖头，方露花容。（南宋吴自牧《梦粱录·嫁娶》）

“盖头”亦属支配式，指妇女结婚时用以蔽面的巾子。

(48)人饷魏武一杯酪，魏武啖少许，盖头上题“合”字以示众。（《世说新语·捷悟》第2条；[1]208；[2]286）

例中的“盖头”似指杯盖，但并不能确定“头”为词缀，因为从早期的用例来看，“盖头”大多为动宾结构，“头”可指人头，也可指器物顶端，如唐孙思邈《备急千金要方》卷七：“下米置净席上，以生布拭之，勿令不净，然后炊之。下饙，以余药汁浸饙，调强弱更蒸之，待饙上痂生，然后下于席上，调强弱冷热如常酿酒法，酝之瓮中，密盖头。”“盖头”完全有可能由此而引申作名词。再有，器物之盖很常用，但文献中再无用“盖头”表示者，这也让我们怀疑此“盖头”表“盖”的可靠性。古时杯盖的形制我们不知道，或许“盖”亦如它物有特定的顶端亦未可知。

脱头

(49)雀儿已愁，责在淹流。迁延不去，望得脱头。（《敦煌变文校注·燕子赋》；[1]208）

文献中此类“脱头”未见其他用例，我们以为其结构当与“脱身”同，“头”用以代“身”。

齐头

(50)若更堪齐头行者，每统五队，横列齐行，后统次之。（唐李靖《卫公兵法辑本》卷中；[2]286）

(51)生时不共作荣华，死后随车强叫唤。**齐头**送到墓门回，分你钱财各头散。(《王梵志诗·生时不共作荣华》;[1]209)

“齐头”本指头相齐，引申指一齐。上举第一例，“头”之义还比较实在，而第二例则整体性更强。“齐头”的性质还可通过“齐首”感知：

(52)叔于田，乘乘鸨。两服**齐首**，两骖如手。(《诗经·郑风·大叔于田》)

(53)称贷之家皆**齐首**而稽颡曰：“君之忧萌至于此，请再以拜献堂下。”(《管子·轻重丁》)

(54)后宫**齐首**歌唱，声入云霄。(《西京杂记》卷一)

(55)山河既分丽，**齐首**乳青阳。(唐陈陶《草木言》)

前两例“首”意义较实在，而后两例则整体性强，当解作一齐，《大词典》引第三例，释作一齐仰头，似不必要。

聚头

(56)烹羊煮众命，**聚头**作淫杀。(《寒山诗》56首;[1]209)

“聚头”指会聚，其得义与结构同“聚首”，此举二例以比勘：

(57)与之游者，周草窗、施梅川、徐雪江、奚秋崖、李商隐，每一**聚首**，必分题赋曲。(南宋张炎《词源》卷下)

(58)儿童伴翁喜，**聚首**话桑麻。(南宋陆游《孟夏方渴雨忽暴热雨遂大作》)

二、用表头形物

膝头

(59)一种着指节约，一种在胫，一种在**膝头**。(东汉安世高译《道地经》;[39]111)

(60)(沔)水中有物，如三四岁小儿，鳞甲如鲮鲤，射之不可入。七八月中，好在碛上自曝。膝头似虎掌爪，常没水中，出**膝头**，小儿不知，欲取弄戏，便杀人。(北魏郦道元《水经注》卷二八;[33]228;[1]208)

有学者举此二例，认为“头”为词缀。我们认为“膝头”一词中，“头”的意义当由其本义引申指头形物。[①] “膝头”连用，早在东汉刘熙的《释名·释形体》中即已出现：“膝头曰膊。膊，围也，因形团圜而名之也。”《释名》虽然是在解说“膊”的得名之由，但也揭示了“膝头”一说的由来：盖因膝盖为圆形，与“头”相似，故有此称。上举二例与《释名》中的“膝头”并无区别。“头”的这种用法文献中并不少见，参以下诸例。

葱头

(61)作酸羹法：用羊肠二具，饧六斤，瓠叶六斤，葱头二升，小蒜三升，面三升，豉汁、生姜、橘皮，口调之。(《齐民要术》卷八)

“葱头”指葱呈头形的鳞茎。

拳头

(62)耕田人打兔，跖履人吃臛，古语分明，果然不错，硬努拳头，偏脱胳膊。(《敦煌变文集·燕子赋》)

(63)师拈问僧：“一语之中须具得失两意，作摩生道？”僧提起拳头云：“不可唤作拳头。”师不肯，自拈起拳头曰：“只为唤作拳头。”(《祖堂集》卷一〇)

“拳头”得名当为手五指向内弯曲握拢呈头形。

日头

(64)暗去也没雨，明来也没云。日头赫赤赤，地上丝氲氲。(唐张鷟《朝野佥载》卷四)

(65)醉后吟哦动鬼神，任意日头向西落。(唐吕岩《长短句》)

王力先生(2015:154)说：“‘日头’的称呼在明代以前就有了的……这恐怕是象形上出来的，因为‘日’形象‘头’，所以叫做‘日头’。”

---

① 王云路先生认为“膝头”之“头”指具体事物或抽象事物的边缘、顶端，非为词缀。见《中古汉语词汇史》977页。

乳头

(66)又方,灸两乳头三壮。(东晋葛洪《肘后备急方》卷三)

“乳头”指乳房上圆球形的突起,因其为头形而得名。

钵头

(67)到灶下看时,钵头内有炊下的饭,将来锅内热一热。(明凌濛初《二刻拍案惊奇》卷一三)

“钵头”当因钵形似头而得名。需要注意的是,王力先生在《汉语史稿》(2003:229)中还举有一个充当词缀的“钵头”用例:

(68)两边角子羊门里,犹学容儿弄钵头。(唐张祜《容儿钵头》)

这个“钵头”实指传自西域的唐代乐舞,与器皿全无关系。这一点南宋叶廷珪《海录碎事》卷一六已经指出:“明皇宫中有容儿弄钵头、邠娘羯鼓、耍娘歌、悖挐儿舞,张祜各有诗。”关于钵头舞,唐段安节《乐府杂录·鼓架部》有介绍:“钵头,昔有人父为虎所伤,遂上山寻其父尸。山有八折,故曲八叠。戏者被发素衣,面作啼,盖遭丧之状也。”又作“拨头”,元马端临《文献通考》卷一四七:“拨头,出西域,胡人为猛兽所噬,其子求兽杀之,为此舞以象也。”钵头舞中舞者被发素衣,“钵头”之名或与被发摇头有关也未可知。将表乐舞的“钵头”看作附加式尚需证据。王力先生引此例,估计是将“钵头”误作器物了。

蒜头

(69)庄客重新摆设,先搬出一碟剥光的蒜头……然后搬出菜蔬果品,鱼肉鸡鸭之类。(《水浒传》一〇二回)

“蒜头”指呈头形的蒜的鳞茎。

窝窝头

(70)褚一官早张罗着送出饭来,又有老爷、公子要的小米面窝窝头,黄米面烙糕子,大家饱餐一顿。(清文康《儿女英雄传》第一七回)

“窝窝头”又称“窝头”,盖因其为头形,下部有窝而得名。

上举各组合，因所表之物为头形，故称“～头”，但它们也有区别：乳头、蒜头、葱头等，所指的是乳、蒜、葱中的似头形的部分，而日头、拳头、膝头、钵头，因整体象头，故所指为事物之整体。也正因此，从现代语感来看，后一类中的“头”去掉也不会改变词义，故在“头”成为后缀之后，容易重新以附加式解读这些词。但就中古时期来说，如果没有其他更可靠的用例证实后缀“头”已经形成，是不能认定“膝头”为附加式的。

三、表物之头部、顶端部分

车轴头

(71)刮取<u>车轴头</u>脂作饼子，着疮上。(《齐民要术》卷六；[1]208)

有学者将例中的“头”看作后缀。此解有误，从句义看，这里的“车轴头”当指车轴的两端，因为只有车轴的两端安车轮的地方，才有油脂，“头”的意义非常实在。“车轴头”指车轴之两端从古注中也可以看出。西汉扬雄《方言》卷九“车轊”，郭璞注：“车轴头也。”《资治通鉴·周纪四》：“初，燕人攻安平，临淄市掾田单在安平，使其宗人皆以铁笼傅车轊。”胡三省注：“车轴头谓之轊。”同样解释“轊”，另外两家有所不同。《广雅·释器》：“轅，轊也。”王念孙疏证：“车轴两耑谓之轊。”南朝宋鲍照《芜城赋》：“当昔全盛之时，车挂轊，人驾肩。”李善注引《说文》曰：“轊，车轴端。”李善所引在《说文》中实作“軎”，《说文·车部》：“軎，车轴耑也，从车象形，杜林说。轊，軎或从彗。”两相比照，“车轴头”中的“头”指车轴之端非常明确。

笔头、嘴头

(72)尚书右丞陆余庆转洛州长史，其子嘲之曰：“陆余庆，<u>笔头</u>无力<u>嘴头</u>硬。一朝受词讼，十日判不竟。”(唐张鷟《朝野佥载》卷二；[2]286)

“笔头无力嘴头硬”指书写能力强而说话能力较差。古代以毛笔书写，笔头与笔管分离，笔头承担书写功能，故常用来表书写，如：

(73)黄金印绶悬腰底，白雪歌诗落<u>笔头</u>。(唐白居易《赠楚州郭使君》)

(74)渌汗平铺洞庭水，<u>笔头</u>点出苍梧云。(唐顾况《嵇山道芬上人画山水歌》)

(75)羽翼便从吟处出，珠玑续向笔头生。（唐方干《赠孙百篇》）

“笔头”组合中“头”的功能可通过“笔端”看出，如：

(76)刑罚无平，在方进之笔端，众庶莫不疑惑，皆言孙宏不与红阳侯相爱。（《汉书·杜业传》）

(77)文则琳琅堕于笔端，武则钩铬摧于指掌，心苞万篇之诵，口播涛波之辩，犹无补于土崩，不救乎瓦解也。（《抱朴子·外篇》卷五）

(78)笼天地于形内，挫万物于笔端。（西晋陆机《文赋》）

(79)高祖时诏臣曰：“平尔雅志，正尔笔端，书而不法，后世何观。”（《北史·李彪传》）

(80)虽事异钻皮，文非刺骨，犹复因兹舌杪，成比笔端，上可以投畀北方，次可以论输左校，变为丹赭，充彼舂薪。（《梁书·王僧孺传》）

“嘴头”的用法与“笔头”相似，因说话时主要通过舌之端的摇动而发声，故而常用“舌端”表说话，“嘴头”可看作“舌端”的俗语化，以下举几例“舌端”用例以体会：

(81)是以君子避三端：避文士之笔端，避武士之锋端，避辩士之舌端。（《韩诗外传》卷七）

(82)询祖词情艳发，早著声名，负其才地，肆情矜矫，京华人士，莫不畏其舌端。（《北齐书·卢文伟传》史臣曰）

(83)是时游夏辈，不敢措舌端。（唐元稹《和乐天赠樊著作》）

骨头

(84)复有众生，常为狱卒热烧铁钉，钉人百节骨头，钉之已讫，自然火生，焚烧身体，悉皆燋烂。（东汉安世高译《佛说罪业应报教化地狱经》；[39]112）

有学者将句中“骨头”定性为附加式。按：此经为疑伪经，将其确定为汉代所译不甚合适，我们考察了佛典，在隋代之前未见现代用法的“骨头”，中土文献亦无用例；再有，《佛说佛名经》卷三〇引有此内容，无“骨头”二字，这表明“骨头”可能并非是与“百节”相并列的成分，若如此，“百节骨头”或当指百节骨之端。①

这种用法的“头”还有很多，以下举几例易误解的组合：

眉头

(85)世云尧眉八采，不然也，直两**眉头**甚竖，似八字耳。(《抱朴子·内篇》卷二〇)

(86)帝知其虚，驰遣主书吴喜公抚慰之，又答曰：“梁山风尘，初不介意，君臣之际，适足相保，聊复为笑，伸卿**眉头**。”(《宋书·王玄谟传》)

上两例中的“眉头”指眉毛靠鼻子的一端，而另一端则称为眉尾，以下用例可为佐证：

(87)(眉)头起尾下者，懦弱。**眉头**交者，贫薄少兄弟不得力。(《月波洞中记》卷下)

指头

(88)杭树，状似梅。子如**指头**，赤色，似小柰，可食。(《尔雅·释木》“杭，檕梅”郭璞注)

(89)生下田，苗似龙须而细，根如**指头**，黑色，可食。(《尔雅·释草》“芍，凫茈”郭璞注)

二例中的“指头”均用以比圆形的果子，故当特指手指前端的部分，而不是整个手指。

木头

(90)以柏木黄心致累棺外，故曰黄肠；**木头**皆内向，故曰题凑。(《汉书·霍光传》“便房、黄肠题凑各一具”颜师古注引苏林曰)

① 东晋帛尸梨蜜多罗译《佛说灌顶随愿往生十方净土经》卷一一：“父母计其应还归家，往到市所，取猪羊骨头蹄膏血，果蓏杂谷持散家中。”此例中“骨头”并非一词，“骨”“头”“蹄”乃并列成分。元魏婆罗门瞿昙般若流支译《正法念处经》卷六四：“复次，修行者观身循身观。头肉中有几骨耶？彼以闻慧或以天眼见：髑髅骨头有四分，额骨、颊骨合有三分，鼻骨一分……”此例前有“头肉”，后有“髑髅骨头”，两相比照，“头”当指人头。

此例表树木之一端非常明确。

锄头

(91)一切但依此法，除虫灾外，小小旱，不至全损。何者？缘盖磨数多故也。又锄耨以时。谚曰："锄头三寸泽。"此之谓也。(《齐民要术·杂说》)

中古时期"锄头"仅此一例，指"锄"之头部。东汉刘熙《释名·释用器》："锄，助也，去秽助苗长也。齐人谓其柄曰橿，橿然正直也。头曰鹤，似鹤头也。"由此可见锄确有"头"与"柄"之分。

石头

(92)罗阅祇国有灵鹫山，胡语云耆阇崛山，山是青石，石头似鹫鸟。阿育王使人凿石，假安两翼两脚，凿治其身，今见存。远望似鹫鸟形，故曰灵鹫山也。(北魏郦道元《水经注》卷一)

此例有异文，一本"石头似鹫鸟"作"头似鹫鸟"，"石头"指石之顶端义甚明。中古时期还有很多"石头"用指石头城。

舌头

(93)天，豫司兖冀以舌腹言之，天，显也，在上高显也；青徐以舌头言之，天，坦也，坦然高而远也。(东汉刘熙《释名·释天》)

此"舌头"与"舌腹"对举而言，指舌之头部义甚明。

四、表物之残余的用法

纥头

(94)京师人谓粗屑为纥头。(《汉书·陈平传》颜师古注引晋灼曰；[1]208)

有学者举有此例，认为"纥头"为附加式。按：这里的"纥头"指的是粗屑，也就是物的残余部分，这是"头"的引申义之一。盖"头"由本义引申表物的一端，而一端相对整个物来说，只是其一的一小部分，也就是物的残余。"头"的这一义项《汉语大字典》(下简称《大字典》)、《大词典》都有收录。早期文献中由这样的"头"构成的组合还有：

麻头、麻枲头、竹头、零头

(95)自古书契多编以竹简，其用缣帛者谓之为纸。缣贵而简重，并不便于人，伦乃造意，用树肤、麻头及敝布、鱼网以为纸。(《后汉书·蔡伦列传》)

(96)俗不种桑，无蚕织、丝麻之利，类皆以麻枲头贮衣。(《齐民要术·序》)

(97)时造船，木屑及竹头悉令举掌之，咸不解所以。(《晋书·陶侃传》)

(98)且置零头，举将成数，算起君须识。(南宋刘克庄《乳燕飞》;[1]209)

这种用法的"头"一直保留到现代汉语中，"线头""砖头""布头""铅笔头"等即其例，《现代汉语词典》也收录了这个义项。

五、其他几个易误解的词语

下面几个词同类者不多，故汇集于此，分别阐释。

问头、话头

(99)臣有一个问头，陛下若答得，即归长安。(《敦煌变文集·唐太宗入冥记》;[1]208)

(100)僧曰："和尚为什么在学人肚里?"师云："还我话头来。"(《祖堂集》卷一;[1]209)

"问头"即问题，"话头"即话题，而"头"与"题"义近，这正是"头"意义及功能的体现。

宣头

(101)虽自官家明有宣头，不得隐藏师僧，且在某衙府回避，乞(岂)不好事。(《敦煌变文集·韩擒虎话本》;[42]106;[23]63;[1]208)

有学者将"宣头"看作附加式，然而考察"宣头"的由来，可以发现这种看法并不正确。我们看北宋沈括《梦溪笔谈》卷一中的一段记载：

予及史馆检讨时，议枢密院札子，问宣头所起。予按唐故事，中书舍人职堂语诏，皆写四本：一本为底，一本为宣。此宣谓行出耳，未以名书也。晚唐枢密使自禁中受旨，出付中书，即谓之宣。中书承受，录之于籍，谓之宣底。今史馆中尚有故宣底二卷，如今之《圣语簿》也。梁朝初置崇政院，专行密命。至后唐庄宗复枢密使，使郭崇韬、安重诲为之，始分领政事，不关由中书直行下者，谓之宣，如中书之敕。小事则发头子，拟堂帖也。至今枢密院用宣及头子，本朝枢密院亦用札子，但中书札子，宰相押字在上，次相及参政以次向下；枢密院札子，枢长押字在下，副贰以次向上：以此为别。头子唯给驿马之类用之。

从上文可知，晚唐时由枢密使自禁中受诏，出付中书省，即称为“宣”，至五代后唐时，则不由中书省，直接发至枢密院。如果所命之事较小则称“头子”，也就是“宣头”。“宣”与“头子”在文献中均有用例：

(102)己卯，徙成德节度使范延光为天雄节度使，代汉琼；徙潞王从珂为河东节度使，兼北都留守；徙石敬瑭为成德节度使。皆不降制书，但各遣使臣持<u>宣</u>监送赴镇。(《资治通鉴·后唐纪八》)

(103)太祖怒，即日以<u>头子</u>命文珂代守恩为留守，而守恩方诣馆谒，坐于客次以俟见，而吏驰报新留守视事于府矣。(《新五代史·王建立传》)

“头子”为“宣”之一种，“宣头”即“宣”中之“头子”，“宣”不是动词，“头”也不是后缀。

坐头

(104)王中郎举许玄度为吏部郎。郗重熙曰：“相王好事，不可使阿讷在<u>坐头</u>。”(《世说新语·轻诋》31 条；[40]439；[1]208)

句中的“坐头”，徐震堮《世说新语校笺》(1984)、杨勇《世说新语校笺》(2006)均未解释。余嘉锡《世说新语笺疏》(2007：706)则采用另一版本作“坐”，并在校文中指出：“‘在坐’，景宋本‘坐’下有‘头’字。”其他学者多认为“坐头”为附加式合成词，“头”为名词后缀。这样理解，再加上版本中的异文，似乎更坐实了“坐头”即“坐(座)”,“在坐头”即“在坐(座)”。张万起(1993:82)的观点稍有不同,他认为这个“头”置于名词后表示处所,并未完全虚化,仍有一定的实在意义,相当于“前面”或“旁边”,这样“坐头”即座前、座旁。

无论将“坐头”解释成座,还是座前、座边,都会造成文句的理解困难,因为“不可使阿讷在坐(座)”与“王中郎举许玄度为吏部郎”语义上缺少联系,两个不甚相干的话题何以会放在一起表示轻诋呢?

我们认为“坐头”实指八座之首,也就是王中郎推举许玄度所要担任的“吏部郎”。“吏部郎”何以称为“坐头”?这需从当时的职官说起,我们看《晋书·职官志》的记载:“列曹尚书,案尚书本汉承秦置,及武帝游宴后庭,始用宦者主中书,以司马迁为之,中间遂罢其官,以为中书之职。……后汉光武以三公曹主岁尽考课诸州郡事,改常侍曹为吏部曹,主选举祠祀事;民曹主缮修功作盐池园苑事;客曹主护驾羌胡朝贺事;二千石曹主辞讼事;中都官曹主水火盗贼事;合为六曹。并令仆二人,谓之八座。……及魏改选部为吏部,主选部事,又有左民、客曹、五兵、度支,凡五曹尚书、二仆射、一令为八座。及晋置吏部、三公、客曹、驾部、屯田、度支六曹,而无五兵。咸宁二年,省驾部尚书。四年,省一仆射,又置驾部尚书。太康中,有吏部、殿中及五兵、田曹、度支、左民为六曹尚书,又无驾部、三公、客曹。惠帝世又有右民尚书,止于六曹,不知此时省何曹也。及渡江,有吏部、祠部、五兵、左民、度支五尚书。祠部尚书常与右仆射通职,不恒置,以右仆射摄之,若右仆射阙,则以祠部尚书摄知右事。”

这段话详细记载了列曹尚书自秦至晋的发展变化,其中有两点值得注意:

第一,“八座”之名。盖自后汉光武时,六曹尚书另加令仆二人,即称八座。至魏,五曹尚书、二仆射及一令合称八座。至晋,未专门提及八座,但“八座”之名并未消失。如:

(105)元帝诏曰:“温峤不拜,……其令三司八座、门下三省、外内群臣,详共通议如峤比,吾将亲裁其中。”(《晋书·礼志中》)

(106)尚书夏侯骏谓朱整曰:“国家乃欲诛谏臣!官立八座,正为此时,卿可共驳正之。”(《晋书·庾旉传》)

又作“八坐”:

(107)如复天假之年,蒙陛下行苇之惠,适可薄存性命,枕息陋巷,亦

无由复厕八坐，升降台阁也。(《晋书·纪瞻传》)

(108)晋西朝八坐、丞、郎，朝晡诣都坐朝，江左唯旦朝而已。八坐、丞、郎初拜，并集都坐交礼。迁，又解交。汉旧制也。今唯八坐解交，丞、郎不复解交也。(《宋书·百官志上》)

(109)至康帝建元元年，太史上元日合朔，朝士复疑应却会与否。庾冰辅政，写刘劭议以示八坐。(《宋书·礼志一》)

第二，吏部郎在八座中的位置。上文中，自后汉光武帝有"八座"之名起，但凡列举各曹，吏部均置于首位。这并不是随意为之，关于吏部郎于诸曹郎中所处的地位，唐李林甫《唐六典》卷二《尚书吏部》所述甚明："吏部郎中，后汉置之，职在选举。魏、晋用人，妙于时选，其诸曹郎功高者迁为吏部郎。其吏部郎历代品秩皆高于诸曹郎。魏、晋、宋、齐吏部郎品第五，诸曹郎第六。"唐杜佑《通典》卷二三《职官典》引《华谭集·尚书二曹论》亦有相关论述："刘道真问薛令长在吴何作。答曰：'为吏部尚书。'问曰：'吴待吏部，何如余曹?'答曰：'并通高选，吏部特一时之俊。'刘曰：'晋魏以来俱尔。独谓汉氏重贼曹为是，吴晋重吏部为非。'"

据此，吏部郎因居八座尚书之首，故有"坐头"之称。而《世说新语·轻诋》中，当王中郎推举许玄度为吏部郎时，郗重熙直言不可让阿讷(许玄度)居吏部郎一职(在坐头)，以此示其轻诋。

争头

(110)争头觅饱暖，作计相啖食。(《寒山诗》92首；[1]209)

有学者将"争头"看作附加式，我们以为可商。"头"本指人之头部，引申指居首、居先的位置，"争头"即争取先首的位置，义同"争先"。可作动词，如：

(111)晴色水云天合影，晚声名利市争头。(唐齐己《寄吴国知旧》)

(112)银山铁壁千万重，争头竞角夸清雄。(南宋丘处机《自金山至阴山纪行》)

第二例"争头"与"竞角"对应义同。文献中另有同义的"争头角"用例，如：

(113)法怀斟下红霞丹，束手不敢争头角。(唐张瀛《赠琴棋僧歌》)

(114)竞名利，**争头角**，若蝇蜗。（元朱庭玉《梁州第七·妓门庭》）

“争头”亦可修饰动词，上举用例即如此，此再举二例：

(115)大众，许多尊宿，**争头**竞买，也要运出自己家财。（南宋赜藏《古尊宿语录》卷二八）

(116)我若东说西说，则**争头**向前采拾。（北宋释道原《景德传灯录》卷一一）

“争头”与“争先”的结构及意义相当，可比较“争先”用例：

(117)劳苦之事则**争先**，饶乐之事则能让，端悫诚信，拘守而详。（《荀子·修身》）

(118)四方诸侯，飞奏盈箧，竞请致讨，**争先**出军。（《旧唐书·王承宗》）

当头

(119)财主忽然死，争共**当头**哭。（《寒山诗》233首；[1]209）

(120)欲似鸟作群，惊即**当头**散。（《王梵志诗·天下浮逃人》；[2]286）

有学者将“当头”看作附加式，并认为“当头”乃“当即”义。我们以为“当头”与“当先”义同，“头”之义与“争头”之“头”同，我们看以下用例：

(121)父母俱八十，儿年五十五。**当头**忧妻儿，不勤养父母。（《王梵志诗·夫妇生五男》）

此例同出《王梵志诗》，“当头”显然为当先、首先义，而不能解作“当即”，再看前举二例，解作当先、争先亦无问题。相似的用例还有：

(122)倒把角弓呈一箭，满山狐兔**当头**行。（唐张祜《戏颜郎官骑猎诗》）

分头

(123)廿六日，**分头**令取碇及觅桅料之材。（日圆仁《入唐求法巡礼行

记》卷二；[2]286)

这里的“头”指方面。《现代汉语词典》(第7版)释“分头”作“若干人分几个方面”。相似的“头”的用例如：

(124)此只说得一头。(《朱子语类》卷七六)

散头

(125)三魂无倚住，七魄散头飞。(《王梵志诗·使者门前唤》；[1]209)

“散头”犹“分头”，分别、各自义。

“头”可作词缀，但同时也是义项众多、功能多样的语素，具体组合中“头”是意义实在的成分，还是词缀，需要特别注意，而一些同形组合更需注意鉴别，以免误解。

焉(后缀)

“形容词＋焉”可用于韵文也可用于散文，其在句中的位置也比较灵活，作为形容词后缀的性质应当可以确定。此引蒋宗许文(2009)所举数例：

(1)我心忧伤，惄焉如捣。(《诗经·小雅·小弁》；[1]166)

(2)颜渊喟然叹曰：“仰之弥高，钻之弥坚；瞻之在前，忽焉在后。”(《论语·子罕》；[1]166)

(3)遭无妄之卦运，直百六之灾阸。三难异科，杂焉同会。(《汉书·谷永传》；[1]166)

(4)道汪法师，识行清白，风霜弥峻，卓尔不群，确焉难拔。(南朝梁慧皎《高僧传》卷七；[1]166)

(5)汲汲焉毋欲速也，循循然毋敢惰也。(南宋朱熹《论语训蒙口义序》；[1]167)

蒋先生(2009：167—168)同时谈及词缀“焉”的形成过程：“焉”本鸟名，借用作兼词，因其常用于叙述句末，因而又同时表达了停顿的语气。其意义略等于一个介词和一个指示代词相加，相当于“于是”。因为指示代词“焉”常用于句末，有时其指代作用往往不太明显或处于可有可无之间，这样就几乎成了一个纯语气词。当虚义的“焉”和一个单音或复音词结合，语音上贴附于前而成为一个独立的音步时，这时的“焉”便当视为后缀了。

这种分析可能有问题，事实上，“焉”表然义并不限于形容词后的词缀成分，请看以下用例：

(6)焉，犹然也。(《礼记·三年问》“焉使倍之”郑玄注、陆德明释文)

(7)焉，亦然也。(《礼记·三年问》“焉使弗及也”孔颖达疏)

(8)焉，犹然也。(《诗经·卫风·氓》“亦已焉哉”陈奂传疏)

(9)焉，犹然也。(《诗经·唐风·采苓》“胡得焉”陈奂传疏)

另有“焉”“然”异文①：

(10)焉，唐石经作然。(《诗经·鄘风·定之方中》“终焉允臧”王先谦《三家义集疏》)

如此看来，“焉”用作形容词词缀相当于“然”，或许并非由语气词附于形容词之后而形成。

有关“焉”缀的来源，张博(1992:64)曾有过考察：他发现“焉”缀词和“然”缀词在语义范围和语法功能方面比较接近，尤其是二者同根的情况很多，这说明作为词缀的“焉”和“然”关系很近，“焉”是影母元部字，“然”是日母元部字，二者古音相近，因此推测“焉”缀来源于“然”缀，但“焉”缀同时还受到句尾语气词“焉”的影响。

洪波(1991:41)考察了上古汉语中“焉”的用法，他认为：“焉”作谓语不是“焉”本身固有的用法，而是假借为“然”，在句中与动词“如”“若”构成“如……焉”“若……焉”格式。

从“然”的词尾化过程来看，“如……然”这一格式发挥了重要作用(参“然”字条)，由此可以推知，“如……焉”“若……焉”在“焉”发展为词尾的过程中亦当发挥重要作用，而此类“焉”正为“然”之借。

---

① 这种异文可能是同义换用，也有可能是“焉”“然”互假。

有(前缀)

蒋宗许先生在谈及词缀“有”时,涉及三个类别:一类是“有+名词”的组合(2009:79—81),另一类是“有+形容词”的组合(2009:81—86),第三类是“有”与表谦敬的动词的组合。王云路先生(2010:325)亦将“有”定性为名词、形容词、动词前缀。我们认为第一类是真正的词缀,第二、三类则非为词缀,以下分别论之。

一、“有”与名词的组合

与“有”组合的名词主要为国名、族名,另外还有少数普通名词。这种搭配早在上古时即已产生,不仅存在于《诗经》类韵文中,《尚书》类散文亦有,应当说这种搭配是一种比较成熟、比较普遍的用法。如:

(1)罔俾阿衡,专美**有商**。(《尚书·说命下》)

(2)我不可不监于**有夏**,亦不可不监于**有殷**。(《尚书·召诰》)

(3)天惟时求民主,乃大降显休命于成汤,刑殄**有夏**。(《尚书·多方》)

(4)济济有众,咸听朕命,蠢兹**有苗**,昏迷不恭。(《尚书·大禹谟》;[1]80)

(5)启与**有扈**,战于甘之野,作《甘誓》。(《尚书·甘誓》)

(6)其**有众**咸造,勿亵在王庭,盘庚乃登进厥民。(《尚书·盘庚中》)

(7)乃盘游无度,畋于**有洛**之表,十旬弗反。(《尚书·五子之歌》)

(8)**有穷**后羿,因民弗忍,距于河。(《尚书·五子之歌》)

(9)明昭**有周**,式序在位。(《诗经·周颂·时迈》)

(10)实颖实栗,即**有邰**家室。(《诗经·大雅·生民》)

(11)望瑶台之偃蹇兮,见**有娀**之佚女。(屈原《离骚》;[1]80)

(12)**有娀**方将,帝立子生商。(《诗经·商颂·长发》)

(13)豺虎不食,投畀有北。有北不受,投畀**有昊**。(《诗经·小雅·巷伯》;[1]80)

这些组合中的“有”该作何解,看法多样,主要包括以下几种:

1. 王引之曰："有，语助也，一字不成词，则加'有'字以配之。"杨树达、裴学海承其说。白兆麟(1991:139—142)认为是音节助词，起增足音节，调谐节奏、舒缓语气的作用，又认为它的独立性很强，不是词头。

2. 王力(2003:217)认为：上古名词的前面往往有类似词头的前附成分，例如"有"字，它经常是加在国名、地名、部落名的前面。蒋宗许(2009:83)赞同这一观点，同时将王引之的观点与此联系起来，认为王引之所说的语助，其实质就是前缀。

3. 吴国泰(1963:261)认为："有""伊"二字，双声相通。有训伊者，如有夏、有商、有周、有北、有昊、有众、有僚、有梅是也。伊者，据此谓彼之词，世俗言则为那或那个也。李宇明(1982:105—106)认为："有"是一个表特指的指示词，它的语法作用是加在名词前面，将泛指变为特指。

4. 黄奇逸(1981:53—55)认为：所有古国名前之"有"字，均要解为有无之"有"。

5. 秦建民、张懋镕(1985:286—287)认为：当训为国家之"国"，"有"与"域""或"通。蔡英杰(1997:84—86)、陈凌(2007:28—30)说同。

6. 萧旭(2007:64—66)认为："'有'与'于'一声之转，'于'训大，'有'亦训大。有夏、于夏犹言大夏，跟后世大宋王朝、大清帝国的称呼是一样的。古人质朴，不独于本国前以'大'呼之，于别国亦称'大'。"

上述各家的分析有一定的道理，但似乎又不足以让人信服：

"有"与名词的组合，多出现于国名或族名等特定类别的名词前，普通名词虽然也有一些，但相对其庞大数量来说，明显太少。而且，确属"有"与普通名词的组合，普通名词在义类上也有一定的规律。认为"有"是凑足音节或词头者，无法解释"有"与名词的组合为什么会有这样的限制。

认为"有"同"伊"表指代的看法使文义显得累赘，且上古《诗经》及《尚书》中，"伊""其"等很常用，却不见"伊""其"等有相类的搭配。

"有"表"国"义有文献证据，似乎可以解释"有"与表国名的组合，但"有"与族名及其他名词的组合则难以解释，更重要的是，《诗经》、《尚书》中有"国""邦"等表国义的词，却未见一例"国周""邦周""国夏""邦夏""国殷""邦殷"的用法。还有学者指出，商代表国用"方"，然而甲骨文中"方"与国名的组合均位于其后，并无所谓的"方夏""方周"等用法。

相对来说，释“有”为大，不仅文献有征，且能解释大多数“有”与名词的组合，似乎最为合理，只是早期文献如《诗经》、《尚书》中，找不到同性质的形容词置于国名、族名前构成相类组合的确凿用例。

各种说法众说纷纭，由于上古的文献材料所提供的证据不够充分，很难得出确然不疑的结论，不过这并不影响我们对后期“有”与名词搭配的性质判定。因为从古人的注释来看，至少在汉代起，“有”已经被看作一个无义的成分，紧附于国名、氏族名，而成为一个整体。我们看以下一些古注：

(14)有周，周也。(《诗经·大雅·文王》“有周不显，帝命不时”毛亨传)

(15)有娀，契母也。(《诗经·商颂·长发》“有娀方将，帝立子生商”毛亨传)

(16)洛水之表，水之南。(《尚书·夏书》“畋于有洛之表，十旬弗反”孔安国注)

(17)汤既革夏，亦惟天大立，安治于殷。(《尚书·多士》“亦惟天丕建，保乂有殷”孔安国注)

(18)言王当视夏殷，法其历年，戒其不长。(《尚书·召诰》“我不可不监于有夏，亦不可不监于有殷”孔安国注)

(19)有果，亦国名也。(《逸周书》卷八“昔有果氏，好以新易故，故者疾怨，新故不和”西晋孔晁注)

(20)有仍，古诸侯也。(《左传·昭公二十八年》“昔有仍氏生女”杜预注)

(21)有穷，国名。(《左传·襄公四年》“夏训有之曰：‘有穷后羿’”杜预注)

(22)有鬲，国名，今平原鬲县。(《左传·襄公四年》“靡奔有鬲氏”杜预注)

(23)有施，喜姓之国。(《国语·晋语一》“昔夏桀伐有施，有施人以妹喜女焉”韦昭注)

(24)有苏，己姓之国。(《国语·晋语一》“殷辛伐有苏，有苏氏以妲己女焉”韦昭注)

(25)有娀,国名。(《楚辞·离骚》"见有娀之佚女"王逸注)

(26)有扈,浇国名也。(《楚辞·天问》"胡终弊于有扈,牧夫牛羊"王逸注)

(27)有莘,国名。(《楚辞·天问》"成汤东巡,有莘爰极"王逸注)

(28)有仍,国名,后缗之家。(《史记·吴太伯世家》"逃于有仍"贾逵曰)

(29)有虞,帝舜之后。(《史记·吴太伯世家》"有过又欲杀少康,少康奔有虞"贾逵曰)

与上举注释相应的是,"有+国名、族名"组合的古注,未见单独释"有"者。此足以说明,汉时起,人们已经将"有"看作无实义但又紧附于国名、族名前的成分了。

汉之后,除了原有组合的继承使用,又出现了一些新的"有"的组合,其特点很鲜明:第一,"有"基本限于与朝代名组合,组合数量总体不多,这是受朝代数量的限制;第二,组合具有普遍性,但凡汉之后的朝代名,基本都有相应的"有~"组合;第三,组合用量较多,多用于四六言等讲求节律的句式,散文中亦常见。此举汉至唐之间的用例:

有汉

(30)发源有汉,迄于大梁,运历六代,岁渐五百。(南朝梁僧佑《出三藏记集》卷二)

(31)河间王躬求幽隐,兴礼乐,盖有汉之所以兴也。(南朝梁萧绎《金楼子》卷四)

(32)四百告终,有汉所以高揖;黄德既谢,魏氏所以乐推。(《梁书·武帝本纪上》)

(33)自有汉以后,置立坛祠,先朝以其至顺可归,用立寺宇。(《魏书·释老志》)

有魏$_1$

(34)大晋继三皇之踪,蹈舜禹之迹,应天顺时,受禅有魏,宜一用前代正朔服色,皆如虞遵唐故事。(《晋书·世祖武帝纪》)

有吴

(35)孙伯符委事仲谋,终开**有吴**之业。(《晋书·秃发利鹿孤载记》)

(36)子独未闻大吴之巨丽乎?且**有吴**之开国也,造自太伯,宣于延陵。(西晋左思《吴都赋》)

(37)是以**有吴**云兴,而邵侯龙见,遂风腾海堣,电继荆楚。(西晋陆云《祖考颂》)

有晋

(38)自**有晋**之季,文章竞为浮华,遂以成俗。(《北史·苏绰传》)

(39)直班讳之典,爰自汉世,降及**有晋**,历代无爽。(《南齐书·王慈传》)

(40)自**有晋**倾沦,暨登国肇号,亦几六十余载,物色旗帜,率多从黑。(《魏书·礼志一》)

有宋

(41)昔金德既沦,而传祚于我**有宋**,历数告终,寔在兹日,亦以水德而传于齐。(《南齐书·高帝纪上》)

(42)克隆天保,永祚于**有宋**。(《宋书·武帝纪下》)

有齐

(43)观夫**有齐**全盛,控带遐阻,西苞汾、晋,南极江、淮,东尽海隅,北渐沙漠。(《北齐书·后主帝纪》)

(44)**有齐**之末,主暗时昏,周平东夏,继以威虐。(《隋书·房陵王勇传》)

有梁

(45)问我良之安在,钟厌恶于**有梁**。养傅翼之飞兽,子贪心之野狼。(《北齐书·颜之推传》;[1]80)

(46)逮**有梁**之兴,君临天下,江左建国,莫斯为盛。(《北史·许善心传》)

有陈

(47)至**有陈**受命,运接乱离,虽加奖励,而向时之风流息矣。(《南史·文学传》)

(48)**有陈**窃据江表,逆天暴物。(《隋书·高祖纪下》)

有魏$_2$

(49)洎乎**有魏**,定鼎沙朔。南包河、淮,西吞关、陇。(《北史·文苑传》)

(50)皇矣上天,降鉴惟德,眷命**有魏**,照临万国。(《魏书·高允传》)

有隋

(51)自古废嫡立庶,覆族倾宗者多矣,考其乱亡之祸,未若**有隋**之酷。(《隋书·文四子传》)

(52)我**有隋**之始,便欲创兹怀、洛,日复一日,越暨于今。(《隋书·炀帝纪上》)

有唐

(53)尚书,古之纳言,**有唐**以来,多用旧相居之。(唐刘肃《大唐新语》卷七)

(54)凡百卿士,敬承朕言,克赞我天人之休期,光我**有唐**之勋业。(《旧唐书·睿宗本纪》)

基于"有"与朝代名组合在汉之后组合及意义上的特点,我们认为应当将此类"有"定性为前缀。

二、"有"与形容词的组合

蒋宗许先生(2009:81—82)还举有"有＋形容词"的组合,认为"有"为前缀。我们不赞同这种看法。

"有"与形容词组合用以状物之貌,在《诗经》中有大量用例,毛传及郑笺或针对单个形容词,或针对句子释义,仅"有觉"一例毛传将二者合在一起加以解释,如:

(55)**扁扁**,乘石貌。(《诗经·小雅·白华》"**有扁**斯石,履之卑兮"毛

亨传）

(56)**敦**犹专专也。(《诗经·豳风·东山》"**有敦**瓜苦，烝在栗薪"毛亨传）

(57)忧心**忡忡然**。(《诗经·邶风·击鼓》"不我以归，忧心**有忡**"毛亨传；[1]81)

(58)日出**照曜**，然后见其如膏。(《诗经·桧风·羔裘》"羔裘如膏，日出**有曜**"毛亨传）

(59)大矣！天之视天下，**赫然**甚明。(《诗经·大雅·文王之什·皇矣》"皇矣上帝，临下**有赫**"郑玄笺）

(60)**炜**，赤貌。(《诗经·邶风·静女》"彤管**有炜**，说怿女美"毛亨传）

(61)明星尚**烂烂然**，早于别色时。(《诗经·郑风·女曰鸡鸣》"子兴视夜，明星**有烂**"郑玄笺；[1]81，[2]325)

(62)**且**，多貌。胥，皆也。诸侯在京师未去者，于显父饯之时，皆来相与燕，其笾豆且然，荣其多也。(《诗经·大雅·韩奕》"笾豆**有且**，侯氏燕胥"郑玄笺）

(63)**翩翩**，在路不息也。(《诗经·大雅·桑柔》"四牡骙骙，旟旐**有翩**"毛亨传；[1]82)

(64)**靦**，姡也。(《诗经·小雅·何人斯》"**有靦**面目，视人罔极"毛亨传）

(65)**阿然**美貌，**难然**盛貌，有以利人也。(《诗经·小雅·隰桑》"隰桑**有阿**，其叶**有难**"毛亨传；[1]82)

(66)**违**，离也。(《诗经·邶风·谷风》"行道迟迟，中心**有违**"毛亨传）

(67)大钟曰庸，**斁斁然**盛也，**奕奕然**闲也。(《诗经·商颂·那》"庸鼓**有斁**，万舞**有奕**"毛亨传）

(68)**颁**，大首貌。(《诗经·小雅·鱼藻》"鱼在在藻，**有颁**其首"毛亨传）

(69)**那**，安貌。(《诗经·小雅·鱼藻》"王在在镐，**有那**其居"郑玄笺）

(70)**嘒**，众星貌。(《诗经·大雅·云汉》"瞻卬昊天，**有嘒**其星"毛亨传）

(71)**有觉**，言高大也。(《诗经·小雅·斯干》"殖殖其庭，**有觉**其楹"

毛亨传①;[1]81)

有些句子中,毛传或郑笺还将“有”解作有无之“有”,如:

(72)有倬其道,有倬然之道者也。(《诗经·大雅·韩奕》“有倬其道,韩侯受命”毛亨传)

(73)有菀然枝叶茂盛之柳,行路之人岂有不庶几欲就之止息乎。(《诗经·小雅·菀柳》“有菀者柳,不尚息焉”郑玄笺②)

(74)阪田,崎岖墝埆之处,而有菀然茂特之苗。(《诗经·小雅·正月》“瞻彼阪田,有菀其特”郑玄笺)

“有”与形容词的组合有以下特点:“有”之后的形容词有状貌功能,且形式比较单一。总体来说,毛传及郑笺均未将“有”与形容词看作一个整体,这与“有”与国名的组合不同。上古时代,“有”的这种用法基本限于《诗经》,其他文献包括同为诗歌的《楚辞》均未见使用;汉之后,“有+形容词”的组合基本限于四言诗中,无论是组合本身,还是组合的意义,都出于对《诗经》的模仿,也就是说“有”与形容词的组合在后代没有任何发展③。

基于以上特点,我们认为“有”还是看作句中衬音成分比较合适。

三、“有”与表谦敬的动词的组合

蒋文在举“有”作形容词前缀用例时,还举了一些“有”与表谦敬义动词的组合,如:

有请

(75)自虚又曰:“适来朱将军再三有请和尚新制,在小生下情,寔愿观宝。”(《太平广记》卷四九〇;[1]82)

(76)青衣道:“奉娘娘法旨,有请星主赴宫。”(《水浒传》四二回;[1]82)

---

① 此例郑玄笺作:“觉,直也。”单释“觉”,而未释“有觉”。

② 此例毛亨传作:“菀,茂木也。”亦未将“有”与“菀”看作一词。

③ 这个结论来自我们的调查,这里未举例。《诗经》中此类足句成分在后代用法基本限于模仿,可参看下文“伊”“云”条的论述。

有烦

(77)下官在此专待,有烦太守亲往山寨报知,着令准备迎接。(《水浒传》八二回;[1]82)

有玷

(78)我竟要续貂,又恐有玷。(《红楼梦》七六回;[1]82)

蒋文(2009:85)认为:

在中古而下直到近代汉语乃至现代汉语中,"有(二)"(即上举第二类"有"与形容词的搭配用法)除极少模仿先秦用法的例子外,出现了与单音动词组合的用法,而所组合的动词也有规律,基本上都有着谦敬的义蕴。加上"有"字,除协调音节外,也同时加强了原动词的谦敬色彩。我们认为,这正是"有(二)"类化的事实。

认为"有"与动词搭配表谦敬的用法是"有(二)"类化而来,未得其实。"有"与动词的组合早已有之,有单音,也有双音,从结构来看,动词当为"有"的宾语,我们看以下用例:

有请

(79)将有请于人,必先有入焉。(《国语·晋语四》)

(80)尹铎为晋阳,下,有请于赵简子。(《吕氏春秋·似顺》)

(81)监军曰:"某有请,请崔膺。"建封曰:"如约。"逡巡,建封又曰:"某亦有请,却请崔膺。"(《太平广记》卷二〇二)

(82)开元二十四年,员外郎李昂性不容物,乃集贡士与之约曰:"文之美恶,悉之矣。考校取检,存乎至公。如有请托于人,当悉落之。"(《太平广记》卷一七八)

上举例(75)的"有请"用法与此数例用法并无不同."有请和尚新制"仍是一种请求,只是将请求内容附于"请"后。

有烦

(83)及密至,中山王过县,欲求刍茭薪蒸,密笺引"高祖过沛,宾礼老幼，桑梓之供，一无烦扰，伏惟明王孝思惟则，动识先戒，本国望风，式歌且舞，诛求之碎，所未闻命”。自后诸王过，不敢**有烦**。（《三国志·蜀书·杨戏传》“祁、汰各早死”裴松之注引《华阳国志》）

“有烦”与前文“一无烦扰”相应。

有玷

（84）诚**有玷**于徽猷，史氏所不敢蔽也。（《太平御览》卷九六引谢灵运《晋书》）

（85）使千载之下，哀其不遇，追咎执事，**有玷**清尘。（《北史·王孝籍传》）

有辱

（86）食士不均，地壤不修，使孤**有辱**于国，是子之罪；临敌不战，军士不死，**有辱**于诸侯，功隳于天下，是孤之责。（东汉赵晔《吴越春秋·勾践伐吴外传第十》）

有求

（87）昔伯夷、叔齐让国守分，不食周粟，遂饿而死，岂可复谓**有求**于世而怨望哉。（《楚辞·离骚》王逸《叙》）

从上举用例可以看出：第一，它们与蒋文所说的“有”表谦敬的用法存在密切联系，“有”与动词组合表谦敬的用法当由此发展而来；第二，这些组合中的“有”与其后的动词显然属支配关系。

薛宏武等（2011）对“有请”一词的来源及发展的细致考察证实了我们的观点，他们发现“有请”正来自上述搭配，乃动宾词组发展成词。他们同时认为（2011：14），“有请”词汇化后，“有”仍在语法化，其存在义经历时发展而被遗忘，从而成为附着成分。基于“有”具有表客气的语法功能，人们又将其重新理解为主观词缀，“有请”也相应地由动宾结构被重新分析为派生结构。

需要说明的是，薛文所说的词缀与我们所说的词缀有根本区别。“有请”发展成词后语素义进一步融合，“有”显然不是以词缀的身份缀于词根之前，自然不能归入词缀。再有此类“有”并不具有类推构词能力，几个带有表客气用法的组合，基本都经历了由词组而成词的阶段。

另外，“有请、有烦、有玷”等词本身是否带谦敬义，亦值得讨论。我们看“有玷”用例：

(88)诏曰：“孔门四科，德行为贵。言念近岁，偷薄成风，务扇朋游，以图进取，潜相诟病，指摘瑕疵，**有玷**士伦，颇伤俗化。”（元马端临《文献通考》卷三〇）

(89)因奸臣快其私愤，肆加诬谤，**有玷**盛德。（《文献通考》卷一九四）

(90)你衾私自赶来，**有玷**风化，是何道理？（《全元杂剧·郑光祖·迷青琐倩女离魂》第二折）

当“有玷”用于他人而非自己时，即无谦敬意味，换句话说，这个词的谦敬意味只是语境义，而非词语本身所具有。

四、“有”与表相似、如同类的双音词的组合

王云路先生(2010:309—310)另举有“有”与表相似、如同类的词构成的双音组合，认为“有”在其中含义完全虚化，可看作词缀。其所举组合用例包括：

有似

(91)故其清明象天，其广大象地，其俯仰周旋**有似**于四时。（《荀子·乐论》;[2]310）

(92)为国之法，**有似**理身，平则致养，疾则致攻。（东晋袁宏《后汉纪》卷二一;[2]310）

有类

(93)粥色白如凝脂，米粒**有类**青玉。（《齐民要术》卷九;[2]310）

有若

(94)哀感二仪，山神怆然，为作大响，**有若**雷震。（三国吴康僧会译《六度集经》卷二;[2]310）

(95)测答曰：“性同鳞羽，爱止山壑，眷恋松筠，轻迷人路。纵宕岩流，**有若**狂者，忽不知老至，而今鬓已白，岂容课虚责有，限鱼慕鸟哉！”（《南齐书·高逸传·宗测》;[2]310）

有同

(96)主上与先武帝，非唯昆季，有同鱼水。(《南齐书·宗室传·遥昌》;[2]310)

有如

(97)逖遂率部曲百余家，北度江，誓曰:"祖逖若不清中原而复济此者，有如大江!"(《世说新语·赏誉》43条刘孝标注引《晋阳秋》;[2]310)

(98)信言不爽，有如皎日。(《宋书·殷琰传》;[2]310)

(99)公子曰:"所不与舅氏同心者，有如白水。"(《左传·僖公二十四年》;[2]310)

(100)天下文簿板籍，入副其省，万机严秘，有如尚书外司。(《南齐书·倖臣传序》;[2]310)

(101)天下望治，有如饥渴。(南宋胡铨《戊午上高宗封事》;[2]310)

(102)太宗不悦，曰:"日或不蚀，卿将何以自处?"曰:"有如不蚀，则臣请死之。"(唐刘餗《隋唐嘉话》卷中;[2]310)

"有如"用例中前三例表盟誓，第四、五例表比喻，第六例表假设。

我们以为上举用例中"有似、有类、有同"与前举"有请""有劳"等同类，均为支配结构，文献中"有＋V＋于"的用例可为佐证，如:

(103)溺者非不笑也，罪人非不歌也，狂者非不武也，乱世之乐，有似于此。(《吕氏春秋·大乐》)

(104)雁乃有类于长者，长者在民上，必施然有先后之随，必俶然有行列之治，故大夫以为贽。(西汉董仲舒《春秋繁露》卷一六)

(105)寻览乐篇，有《思归引》，倪古人之情，有同于今，故制此曲。(西晋石崇《思归叹并序》)

至于"有如"，情况比较复杂，潘玉坤(2012)、毕然(2023)有过深入考察。表盟誓的"有如"，"如"当为从随义，至于"有"，潘玉坤认为是助动词，表意愿;毕然认为是表存在义的动词，与"无"相对。表比喻的"有如"，潘玉坤(2012)认为"有"表存在，"如"表举例;毕然(2023)认为"有"的动词性已趋弱，可视为引进类指结构的标记，"如"承担"有如"结构的主要意义。表假设的"有如"，潘玉坤(2012)未加讨论,毕然(2023)认为是一个双音节复合词,但具体来源,由于语料较少,尚难断明。

我们认为:就来源来说,表盟誓和比喻的“有”均为有无之“有”,动词,在发展成词的过程中,“有”与“如”意义自然会发生融合,不必以成词之后的语素义而将其定性为引进类指结构的标记。

者(后缀)

王云路先生(2010:333)提出“者”往往与表示时间的单音词结合,作为后附加成分,并举有“今者、来者、顷者、曩者①、昔者、往者”等例。

事实上有关时间词之后的“者”的性质一直存在另外一些说法,《大词典》“者”字条义项5指出:“助词,用在表时间的名词后面,表示停顿。”《大字典》亦将“者”看作助词,但将它与动词、形容词等之后表人、事、物的“者”归于同类。王力先生(2003:294)亦将“者”与动词、形容词等之后表人、事、物的“者”归于同类,但认为这个“者”是代词。

我们认为,时间词后的“者”意义很虚,而用以表人、事、物的“者”则意义实在②,故将二者归于同类显然不当。那么“者”到底该看作表停顿的助词,还是该看作后附加成分呢?

要解决这个问题,必须考察“～者”是否具有词的功能。我们知道,时间名词“～”单用时常充当状语及定语:作为状语,可用于主语之前,也可置于主语之后;作定语,则多置于中心语之前。如果“～者”作为一个整体在句中的位置及功能与“～”相同,则表明“～者”已经成词,这时的“者”就不再是独立的助词,而是一个构词成分。为此我们特别考察了“～者”组合在文献中的用法,并与时间词的功能作对照,以确定其性质。以下分条逐一说明:

比者

(1)比者水旱不节,边人食寡,政失于上,人受其咎。(《后汉书·明帝

① 王文有一“襄者”,当为“曩者”之误。

② 表人、事、物的“X者”去掉“者”之后意义性质均发生了变化,而时间词后的“者”去掉则无影响,可见“者”的功能有明显区别。

纪》）

（2）晞曰："朝廷**比者**疏远亲戚，宁思骨血之重。"（《北齐书·王晞传》）

（3）**比者**以来，边民扰动，互有反逆，无复为害，自取诛夷。（《宋书·索虏传》）

"比者"乃最近义。第一例置于句首，第二例置于主语之后，第三例与"以来"构成固定搭配，"比者"的整体性非常明显。

古者

（4）**古者**日在北陆而藏冰，西陆朝觌而出之。（《左传·昭公四年》）

（5）鲁哀公问于孔子曰："吾闻**古者**有夔一足，其果信有一足乎？"（《韩非子·外储说左下》）

（6）臣闻**古者**之士，可与得之，不可与失之；可与进之，不可与退之。（《晏子春秋·谏上第一》）

（7）**古者**之兵，戈矛弓矢而已，然而敌国不待试而诎。（《史记·礼书》）

第一例置于句首，第二例置于谓语之后，均作状语；第三、四例充当定语，与中心语连接紧密。

间者

（8）老臣**间者**殊不欲食，乃强步，日三四里，少益嗜食，和于身也。（《史记·赵世家》）

（9）臣闻**间者**以来，刑狱转繁，多力者，则广牵连逮，以稽年月。（《晋书·虞预传》）

"间者"义同"近者"。第一例置于主语之后；第二例与"以来"构成表时间的组合。

（10）言**间者**何久阔不相见，以逢诸葛故也。（《汉书·诸葛丰传》"间何阔，逢诸葛"颜师古注）

此例颜注以"间者"注"间"，一方面体现二者的一致性，另一方面也可表明

"间者"的整体性。

今者

(11)今者韩国小而恃大国,主慢而听秦魏,恃齐荆为用,而小国愈亡。(《韩非子·饰邪》)

(12)卫嗣君之时,有人于令之左右,县令有发蓐而席弊甚,嗣公还令人遗之席,曰:"吾闻汝今者发蓐而席弊甚,赐汝席。"(《韩非子·内储说下》)

(13)臣今者见吴王,告以救鲁而伐齐,其心畏越。(东汉赵晔《吴越春秋·夫差内传第五》)

(14)今者之计,宜屈己伸人,托命归汉,东西俱举,尔乃可克定师党耳。(三国魏文钦《与郭淮书》)

(15)我皇孝性自天,追慕罔极,故有今者丧除之议。(《北史·李彪传》)

例(11)位于句首,例(12)(13)置于主语之后,三例均作状语;例(14)(15)作定语。

近者

(16)近者陆子优繇,《新语》以兴;董生下帷,发藻儒林。(《汉书·叙传上》)

(17)而近者以来,更任太史,忘礼敬之大,任禁忌之书,拘信小故,以亏大典。(《后汉书·蔡邕传》)

"近者"犹最近。第一例置于句首,充当状语;第二例与"以来"搭配,构成表时间的组合,整体性较强。

曩者

(18)对曰:"曩者志入而已,今则怯也。"(《左传·襄公二十四年》)

(19)宗元曩者齿少心锐,径行高步,不知道之艰以陷乎大厄。(唐柳宗元《上门下李夷简相公陈情书》)

(20)今诸君徒见曩者之易,未睹当今之难。(《三国志·魏书·武帝

纪》裴松之注引《魏书》)

(21)是以石勒因曩者之弊,遇皇纲暂弛,遂陵跨神州,翦覆上国。(东晋庾阐《为郗道徽檄青州文》)

“曩者”乃过去义,例(18)位于句首,例(19)位于主语之后,充当状语;例(20)(21)用于中心语前,充当定语。

乃者

(22)至朝时,帝让参曰:“与窋胡治乎?乃者我使谏君也。”(《汉书·曹参传》)

颜师古注:“乃者,犹言曩者。”“乃者”作为一个整体出现于颜注中,可以佐证其词语性质。

(23)陛下乃者潜龙养德,幽隐屈厄,即位之元,紫宫惊动,历运之会,时气已应。(《后汉书·郎顗传》)

(24)然乃者以来,犹有饿死衢路,无人收识。(《魏书·高祖孝文帝纪下》)

第一例置于主语之后;第二例与“以来”构成表时间的组合,“乃者”的整体性非常明显。

顷者

(25)想东阳诸妹当复平安,不审顷者情事渐差耶?(东晋王献之《杂帖》)

(26)又有心欲改葬父祖,以顷者务崇俭约,初不有言,近垂困,说此意,情亦愍之。(《晋书·武元杨皇后传》)

(27)冀疾患差,末秋初冬,必思与诸君一佳集,遣无益,快共为乐,欲以少日补顷者之惨蹙也。(东晋王羲之《杂帖》)

(28)而顷者以来,不遵旧典,无功小人皆有官爵,富之骄之而复害之,非爱人重器,承天顺道者也。(《后汉书·张纲传》)

例(25)(26)“顷者”置于其他成分之后,充当状语;例(27)作定语;例(28)

与“以来”搭配构成表时间的组合,“顷者”的整体性非常明显。

前者

(29)前者穰侯之治秦也,用一国之兵而欲以成两国之功。(《韩非子·初见秦》)

(30)及乂杀怿,专断朝政,以维兄弟前者告怿,征维为散骑侍郎,纪为太学博士、领侍御史。(《魏书·宋维传》)

(31)敦之逆谋,履霜日久,缘札开门,令王师不振。若敦前者之举,义同桓文,则先帝可为幽厉邪?(《晋书·郗鉴传》)

例(29)置于句首,例(30)用于主语之后,二例均充当状语;例(31)用作定语。

日者

(32)干象曰:“前时王使邵滑之越,五年而能亡越,所以然者,越乱而楚治也。日者知用之越,今亡之秦,不亦太亟亡乎!”(《韩非子·内储说下》)

(33)高祖谓鉴曰:“日者皇纲中弛,公已早竭忠诚。今尔朱披猖,又能去逆从善。”(《北齐书·平鉴传》)

“日者”乃往日义,用例较少,未见定语用法。但此二例均与“今”对文,可从侧面证实“日者”的整体性。

往者

(34)臣闻往者秦有十失,其一尚存,治狱吏是也。(西汉刘向《说苑》卷五)

(35)迁安南督军后,辂乡里乃太原,问辂:“君往者为王府君论怪云:‘老书佐为蛇,老铃下为乌。’此本皆人,何化之微贱乎?为见于爻象出君意乎?”(东晋干宝《搜神记》卷三)

(36)观往者得失之变,故作《孤愤》、《五蠹》、《内外储》、《说林》、《说难》十余万言。(《史记·韩非列传》)

(37)故圣世之良干,乃闇俗之罪人也;往者之介洁,乃末叶之羸劣也。

(《抱朴子·外篇》卷一八)

例(34)位于谓语动词之后,充当宾语句的状语;例(35)位于主语后,作状语;例(36)(37)作定语。

先者

(38)先者人民离散,主司猥多,至于督察,实难齐整。(《魏书·公孙邃传》)

(39)先者以国处边荒,境连猛狄,同人无咎,被发左衽。(《隋书·高昌传》)

(40)以先者地震,山崩水出,于是改元曰地节,欲令地得其节。(《汉书·宣帝纪》"地节元年春正月,有星孛于西方"颜师古注引应劭曰)

此三例均作状语,其中第三例位于介词"以"之后。"先者"常用于指在前的人、事、物,表时间的用法较少,故用法相对单一。

向者

(41)扁子曰:"向者休来,吾告之以至人之德,吾恐其惊而遂至于惑也。"(《庄子·达生》)

(42)汉见之甚欢,谓宫曰:"将军向者经虏城下,震扬威灵,风行电照。然穷寇难量,还营愿从它道矣。"(《后汉书·臧宫传》)

(43)先主谓曰:"向者之论,阿谁为失?"(《三国志·蜀书·庞统传》)

(44)故废向者之怒而复常。(《庄子·德充符》"我怫然而怒,而适先生之所,则废然而反"郭象注)

例(41)位于句首,例(42)居于主语之后,二例均作状语;例(43)(44)作定语。

昔者

(45)昔者诸侯事吾先君,皆如不逮。(《左传·宣公十七年》)

(46)臣昔者不知所以治邺,今臣得矣,愿请玺复以治邺,不当,请伏斧锧之罪。(《韩非子·外储说左下》)

(47)臣闻昔者大任娠文王不变,少溲于豕牢,而得文王不加疾焉。

（《国语·晋语四》）

（48）昔者之虑也，非今日之虑也；昔者之爱人也，非今之爱人也。（《墨子·大取》）

（49）故虽昔者之帝王，其所贵其臣者，如此而已矣。（西汉贾谊《新书》卷九）

例（45）位于句首，例（46）位于主语后，此二例充当状语；例（47）位于谓语动词后，充当宾语句的状语；例（48）（49）作定语。

属者

（50）属者使府宾介，每有登朝，本使殊以为荣、自喜知人，且明公选。（《旧唐书·赵憬传》）

（51）属者突厥倾国入朝，陛下不即俘江淮变其俗，而加赐物帛，悉官之，引处内地，岂久安计哉？（《新唐书·李大亮传》）

“属者”犹最近，用例较少。此二例位于句首，充当状语。

我们对表时间的“～者”组合进行了较全面的考察，可以发现：1.多数组合用例较多，且用法与表时间的“～”基本相同，“～者”显然具有词的特性，故将“者”看作独立的助词或代词显然不当。2.很多“～者”组合的先秦用例多位于句首充当状语，其后存在停顿，与独用的“～”功能上存在一定差异，这体现出“者”正由表停顿的助词向词内成分发展。

那么这个“者”是否可定性为词缀呢？我们认为答案是肯定的。首先，“者”属无实义成分。从其源头看，由于单音节的时间名词独立性较弱，为了突出时间，故引进“者”置于单音节时间词之后用表停顿。由于这种组合符合汉语双音构词的特点，加上意义上与单独的时间名词并无区别，故在使用中逐渐与时间词凝固成一词，“者”表停顿的功能消失，纯用以构词。第二，此类“者”与表时间的名词组合具有普遍性，从上文所举例来看，表时间的单音名词一般均可与它搭配。也就是说这个“者”具有类推构词能力。

有关表时间的“～者”组合有几个问题需要注意：

第一，“者”除了可作时间名词的后缀，还常用作代词，置于形容词、动词、动词词组或主谓词组等之后，指代人、事、物，从而与表时间的“～者”同形。若

不注意,有可能造成误解。我们看以下三个用例:

(52)后生可畏,焉知来者之不如今也。(《论语·子罕》;[2]334)

(53)往事既已谬,来者犹可追。(三国魏嵇康《述志诗》;[2]334)

(54)悟以往之不谏,知来者之可追。(晋陶渊明《归去来兮辞》;[2]334)

我们认为三例中的"来者"均非表时间:例(52)相当于"后生",指后人。例(53)"来者"对应"往事",指未来之事。例(54)"来者"似乎与"以往"相对指时间,实则不然,这句话出自《论语·微子》:"楚狂接舆歌而过孔子曰:'凤兮!凤兮!何德之衰?往者不可谏,来者犹可追。已而,已而!今之从政者殆而!'""往者"指过去之事,"来者"则指未来之事①,与例(53)意义相当。其他同形结构还有一些,如:

(55)往者余弗及兮,来者吾不闻。(《楚辞·远游》)

此"往者"指过去之圣贤,王逸注云:"三皇五帝,不可逮也。后虽有圣,我身不见也。"

(56)先者难为知,而后者易为攻也。先者上高,则后者攀之;先者踰下,则后者蹶之。(《淮南子·原道训》)

"先者"指在前的人、事、物,与"后者"相对。

第二,王先生(2010:333)认为,与"者"构成的双音时间词可以作副词,也可以作名词。这种看法当因"～者"既可作状语,又可作定语,而事实上,这两种功能均为时间名词所有,故无需将二者看作不同词类。

子(后缀)

"子"可充当后缀,论及者甚多,如王力(2003:223)、洪诚(1964)、骆晓平(1990)等。蒋宗许先生(2009:172—178)举有诸多用例,并对其产生时代、虚

① 我们检索了一些文献,未见"来者"表时间。当然由于考察资料有限,不能确定它没有表时间的用法。

化过程进行了论述。本文无新的补充，现将其部分观点引出：1."子"缀的产生年代：王力、洪诚先生认为"子"缀成熟于西汉，但所举例有问题，对于后缀"子"产生的年代，目前基本上已达成共识，认为是在东汉。2."子"是如何发展来的："子"作后缀，当是由其本义逐渐虚化而来，"子"本义为小儿，可兼指男女，因为有子为可喜可贺，故引申出尊称义，又因为"子"本义指小儿，于是乎引申而有"小"义，从专指表小儿而到泛指其他动植物之子；又因小则不足道，不足道则自然微贱。

以下再引蒋文所举数例：

(1)譬若**狗子**，从大家得食，不肯食之，反从作务者索食。(东汉支娄迦谶译《道行般若经》卷四；[1]172)

(2)**鹞子**经天飞，群雀两向波。(《乐府诗集·横吹曲辞五·企喻歌辞一》；[1]172)

(3)**茄子**，九月熟时摘取。(《齐民要术》卷二；[1]172)

(4)何物**汉子**，我与官，不肯就。(《北齐书·魏兰根传》；[1]173)

(5)**妹子**虽不端严，手头裁缝最巧。(《敦煌变文校注·丑女缘起》；[1]173)

(6)路边有一**树子**，石头云："汝与我斫却，这个树碍我路。"(《祖堂集》卷五；[1]173)

"子"是一个常用词，意义多样，因而在具体用例中常被错误定性为词缀，蒋文考辨了一些存在争议的组合及用例，我们发现他所举用例中亦有几例存在问题，在此加以辨析：

鸟子

(7)**鸟子**飞行在于虚空，宁有恐耶？(西晋竺法护译《文殊师利现宝藏经》卷上；[1]172)

单看此句，似乎"鸟子"指鸟，然观其前文可以发现，"鸟子"当指鸟之子：

须菩提曰："未曾有也，甚难及。文殊师利！新学菩萨闻是说，而不恐畏？"文殊师利曰："唯，须菩提！有四事，师子之子闻师子吼，而不怖惧，衣毛不竖。何等为四？一者，其种姓真；二者，为师子所生；三者，蒙尊者所育；四者，不着诸有。是为四。如是行者，为如来种诚谛菩萨也，如来所生，为法所进，过于弟子、缘觉之上，则非其类。彼闻说一切法，终不恐惧，在所讲说，一切所语，而无畏懅，衣毛不竖，心不懈怠，亦无疑怯。又，须菩提！鸟子飞行在于虚空，宁有恐耶？”

此段文字，用师子之子闻吼而不恐怖，以回应“新学菩萨闻是说，而不恐畏”之疑，“鸟子飞行在于虚空，宁有恐耶”是利用鸟之子为譬，进一步申说。

石子

(8)唯时吞**小石子**，**石子**下，辄复断酒脯杂果。(《古小说钩沉·冥祥记》;[1]172)

蒋文举有此例，并在文中(2009:176)分析说：

我们举列的“子”后缀有“(小)石子”，也许读者会产生疑问，笔者是这样认识的：如就单独的“石子”来说，肯定的不当归为后缀，但在当句中，前有“小”修饰，则其“小”的意义已不由“子”承担了，其意犹言“石头”，故亦当为后缀。

蒋文的分析似有问题，“石子”一词中，“子”指小而硬的块状物或粒状物，其构成与“棋子”相当。至于“小”本是相对概念：相对于一般的石头，“石子”属较小者，但石子相互间也会有大小之别，故有小石子、大石子之称。

秋胡子

(9)**秋胡子**，娶妇三日，会行仕宦。(西晋傅玄《秋胡子》;[1]172)

蒋文举此例，将“秋胡子”看作附加式。按：秋胡子即秋胡，《列女传》卷五记有其人其事。这个“子”非为词缀，而是古人对男子的尊称、美称，《谷梁传·宣公十年》：“秋，天王使王季子来聘。其曰王季，王子也；其曰子，尊之也。”范宁注：“子者，人之贵称。”

桃子

(10)有一女来，各持三五**桃子**。(《古小说钩沉·幽明录》;[1]172)

现代汉语中“桃子”为附加式，但从早期文献用例看，“桃子”特指桃实，“子”并非词缀，我们看以下用例：

(11)《神异经》曰：“东北有树，高五十丈，叶长八尺，名曰“桃”。**其子**径三尺二寸，小核，味和，食之令人短寿。”(《齐民要术》卷一〇)

(12)又曰：云台山有桃一树，三年一花，五年一实，悬绝无底之谷。惟赵升乃自掷取得**桃子**，余者无能取之，治应胃宿。(《太平御览》卷六七四)

第一例，“其子”表明桃实称“子”；第二例，“桃子”亦指桃实，而且句中有“花”“实”单用，“子”正与“实”相应。

(13)桃花四散飞，**桃子**压枝垂。(唐姚合《杏溪十首·杏溪》)

(14)姮娥月桂花先吐，王母仙**桃子**渐成。(唐吕岩《七言》)

此二例“子”表子实义更明：第一例“子”与“花”对应；第二例亦“子”“花”对应，且“桃”与“子”不在一个音步上，“子”显然不是词缀。

(15)偏桃，出波斯国，波斯国呼为婆淡。树长五六丈，围四五尺，叶似桃而阔大。三月开花，白色。花落结实，状如**桃子**而形偏，故谓之偏桃。(唐段成式《酉阳杂俎》卷一八)

此例讲偏桃实状如“桃子”，桃子显然特指桃之实，联系上举第(11)例，“子”亦当指实。

回头看例(10)，此“桃子”显然指桃实，故将“子”定性为词缀似不合适。

(16)王辅嗣注《易》，笑郑玄云：“老奴甚无意。”于时夜分，忽闻外阁有着屐声，须臾即入，自云是郑玄，责之曰：“君年少，何以穿凿文句，而妄讥诮**老子**邪?”极有怒色，言竟便退。(《古小说钩沉·幽明录》；[1]172)

“子”可置于一些词之后泛指人，就此例来看，前有“老奴”，后有“君年少”，故“老子”当指老人，“子”看作词缀亦不合适。

另曹翔《“鬼子”释义考辨》(2007:68—71)一文谈及附加式合成词“鬼子”的成词过程，而其观点涉及附加式成词的问题，这里试加讨论。

曹文(2007:69)指出：

> “鬼子”是鬼的后代，所以还是鬼，故“鬼子”也借作通称使用，在修辞学上，这叫做借代——以部分代全体。这种用法起初是临时的修辞艺术，但相沿成习，用得多了，便固化为词，这就是任学良《汉语造词法》上所说的“修辞造词法”。……当“鬼子”表示通称义“鬼”时，“子”就虚化为词缀了，纯粹表示语法意义（名词的词缀）和感情色彩，其结构方式也由初始的偏正式变成了附加式。“子”在秦汉时期就有了虚化的趋势，魏晋南北朝时完成了虚化的过程，如“婢子、小姑子、门子、汉子、狱子”等。“鬼子”之“子”的虚化很有可能是受到类推的影响。但是，根据我们收集到的例证推知，“鬼子”之“子”的虚化可能是在初唐时期才完成。

曹文认为表“鬼”义的“鬼子”来自表“鬼儿子”的“鬼子”，时间为初唐。我们认为，“鬼子”是由“鬼”与词缀“子”直接组合而来，它与表“鬼儿子”的“鬼子”并无直接关系。以下试作分析。

首先，表“鬼儿子”的“鬼子”的性质及其使用情况不足以使“子”虚化。

从结构来看，表“鬼儿子”的“鬼子”与其说是词，还不如说是词组，“鬼”与“子”的组合十分松散。我们考察了唐前的中土文献及佛典，发现：中土文献中“鬼子”仅曹文所举《世说新语》及《广博物志》所引《幽明录》中 2 例，均表“鬼之子”；佛典中“鬼子”连用虽较多，但多以“鬼子母”的形式出现，以下是《大正藏》中唐前用例的相关统计：“鬼子母”82 例，由于“鬼子母”在佛教中有特定含义，并非“鬼子”与“母”的自由组合，因此它不能算作“鬼子”用例；“饿鬼子”4 例，其结构当为“饿鬼”与“子”的组合，与我们所说的“鬼子”有别；“鬼子”12 例，其中 4 例为重出，实际仅 8 例，分别为：

(17)尔时，毕陵伽**鬼子**夜啼。毕陵伽鬼子母为其子说偈呵止言：“毕陵伽**鬼子**，汝今莫得啼……”毕陵伽鬼子母说是偈时，毕陵伽**鬼子**啼声即止。（南朝宋求那跋陀罗译《杂阿含经》卷四九）

(18)时，富那婆薮鬼母说是偈时，**鬼子**男女随喜默然。（《杂阿含经》卷四九）

(19)鬼子母前读是七遍，乃吉，合号利离**鬼子**。王得福德，为然七灯，乃烧香散华。（苻秦失译《佛说大金色孔雀王呪经》）

(20)鬼子母及五百**鬼子**周匝围绕。（隋释宝贵合昙无谶译《合部金光

明经》卷五)

(21)佛告阿难:"王舍大城有一女人,恶鬼所持名旃陀利,彼鬼昼夜作丈夫形来娆此女,鬼精着身生五百鬼子。汝忆是事不?"(东晋竺难提译《请观世音菩萨消伏毒害陀罗尼咒经》)

(22)是旷野比丘不受鬼神语,因斫树故,伤鬼子臂。鬼作是念:"不应专辄杀出家人,当往白佛。"(南朝齐僧伽跋陀罗译《善见律毘婆沙》卷一五)

以上8个"鬼子",前4个出自同经同卷,其中前3个所指完全相同;例(17)—例(20)的6个"鬼子",句中均有"鬼子母""鬼母"同现,而在佛经中,当"鬼子母"与其子同时出现时,很多情况下,不用"鬼子"而用"子"或"其子",这说明,"鬼子"实际是非常松散的临时性组合。例(21)(22),从文意也能明显看出"鬼子"即"鬼之子",其组合亦很松散。

曹文(2007:69)指出,"鬼子"由表"鬼儿子"义"借作通称使用……相沿成习,用得多了,便固化成词"。然而摆在我们面前的语言事实却是:从表"鬼儿子"的"鬼子"出现到表"鬼"义的完成,数百年间仅出现十余个组合松散的"鬼子"用例,从中看不到由表"鬼儿子"的词组向表"鬼"的词过渡的一点迹象。说表"鬼"义的"鬼子"来自表"鬼儿子"的"鬼子",实在让人难以置信。

其次,从"鬼子"表"鬼儿子"和"鬼"的时间看,"子"缺少独立虚化的条件。

表"鬼儿子"的"鬼子"在中土文献中最早见于《世说新语》,佛典中要早一点,出现于东晋;"鬼子"表"鬼"则出现于初唐。而"子"作为词缀在魏晋南北朝时已经完成了虚化过程,到唐代则完全成熟,具有很强的构词能力,唐代以及之前的文献中大量出现的以"子"作为词缀的词,如"奴子、汉子、蛤子、豆子、燕子、婢子"等可以证实这一点。曹先生在文中论证"鬼子"含有"小"义,或许是希望搭建起表"鬼儿子"义的"鬼子"与表"鬼"义的"鬼子"之间的桥梁。然而,事实证明,唐代以前的文献中并不存在这样的例证。(曹文举有两例含有"小"义的"鬼子"用例,但属解读失误,详参刘传鸿2008)。更重要的是,就语言的发展来说,当"子"作为词缀已经完成虚化并发展成熟之后,"鬼子"中的"子"不可能也没必要脱离大的语言环境,孤立地再次虚化为词缀。

二、非词缀

初

蒋宗许先生(2009:117)认为,“初”由裁衣之始,泛化为一切事物的开始,后来发展成为表示日次的前缀,并举有数例:

(1)初七及下九,嬉戏莫相忘。(《古诗为焦仲卿作》;[1]116)

(2)我于尔时为六师故,从初一日至十五日,现大希有神通变化。(北凉昙无谶译《大般涅槃经》卷三〇;[1]117)

(3)初二初三初四初五日,金人节次移文,督立邦昌。(南宋丁特起《靖康纪闻》;[1]117)

此类“初”的性质,存在不同看法,《现代汉语词典》(第7版)即将它看作意义实在的语素,义项3“第一个”义项下,《词典》在列举“初伏”“初旬”之后,另列举了“初一”和“初十”,并在括号中作了解释,“初一”是“农历每月的第一天,等于第一个一,区别于‘十一、二十一’”,“初十”是“农历每月的第十天,等于第一个十,区别于‘二十、三十’”。柳士镇先生(1992:196—197)看法与此相似,他认为:“(‘初’字加于每月前十日)从形成之始时的语义看,它们还不是表示每月上旬各日间的顺序,而是表示与中旬、下旬同日之间的顺序。”柳先生的证据是《古诗为焦仲卿妻作》中有“初七及下九”,“初”与“下”形成对文。

以上观点各存在一些问题。

首先,将表日次的“初”定性为词缀,必须面对这样一些问题:一月三十天,何以只有前十天用“初”,而后则不用?更重要的是,这“前十天”正好可与一月的中十天、后十天形成对应,仅仅是巧合,还是这个“初”确实是出于对应而使用?估计后者的可能性更大。

再看《现代汉语词典》,与“初伏”相对的是“中伏”“末伏”,与“初旬”相对的是“中旬”“下(末)旬”,“初”与“中”“下(末)”对应以区别“伏”“旬”非常明显,而每月的三十天是由一到三十按序排列,“十一”“二十一”并非“一”,文献中也未见“十一”为“第二个一”、“二十一”为“第三个一”的用法，哪来以“第一个一”区别“第二个一”“第三个一”呢？

柳先生由“初七与下九”是“初”“下”对文，进而认定“初”加数字表示与中旬、下旬同日之间的顺序，而事实上“初七”与“下九”可能仅表示一月中特定的二日，“初”与“下”并无对文关系。退一步说，即便是对文，也得不出“初七”是与“十七”“二十七”相对应的结论，因为“下九”是与“上九”“中九”相对的概念，分别指每月的十九、二十九和初九，这一观念反映了古人对阳数“九”的认识，与各日在每月中的位置、顺序并无关系①。

我们认为“初一”之“初”来自“初旬”之“初”。以下试论之。

一月分三旬的观念古已有之，前十日为上旬，又称初旬，与中十日的中旬、后十日的下旬或末旬形成对应。《管子・宙合》：“岁有春秋冬夏，月有上下中旬，日有朝暮，夜有昏晨，半星辰序，各有其司。”《尚书大传》卷三：“凡六沴之作，岁之朝，月之朝，日之朝，则后王受之；岁之中、月之中、日之中，则公卿受之；岁之夕、月之夕、日之夕，则庶民受之。”郑玄注：“上旬为月之朝，中旬为月之中，下旬为月之夕。”三国吴竺律炎共支谦译《摩登伽经》卷下《观灾祥品》：“月初旬动，害于商人。中旬动者，害豪胜人及童幼者。下旬地动，为灾尠少。”《魏书・食货志》：“七月之始，十月初旬，令州郡纲典各受租调于将所，然后付之。”

初旬之下又有十日，可直接由数字与“日”组合表示，如《汉书・五行志中》：“九月二日，陨霜杀稼，天下大饥。”《后汉书・方术传上・任文公》：“时天大旱，白刺史曰：‘五月一日，当有大水，其变已至，不可防救，宜令吏人豫为其备。’”《梁书・王亮传》：“又今月十日，御饯梁州刺史臣珍国，宴私既洽，群臣并已谒退，时诏留侍中臣昂等十人，访以政道。”

中旬、下旬各日分别由十一到三十表示，与初旬十日之名并不会混淆，而且三旬中的对应各日之间并未以“初”“次”等排序，故认为“初一”至“初十”是为了区别于中旬、下旬对应各日的看法不能成立。那么是什么原因造成了初旬十日使用“初”与数字的组合呢？我们认为与词汇双音化的需求相关：中旬

① “初”是与“次”“二”“末”“中”“下”“高”等相对的概念，“初七”若真有对应，其形式也应当是“次七”“二七”“中七”“末七”之类，而不会是“十七”“二十七”。

十日所用数字为双音节，最符合汉语表达方式，为了与它相适应，上旬、下旬也作了一定的调整：下旬“二十一”至“二十九”由三音节构成，古人选用二十的合体字“廿”表示，组成“廿～”的形式；初旬十日均为单音节，古人所采用的方式是利用其上位概念“初旬”的“初”与数字搭配，“初一”即初旬第一日，这样做既满足了双音化的要求，又可体现与中旬、下旬的对应。当然这种调整只是一种备选，事实上很长一段时间，表初旬十日，“数＋日”的用例都要多于“初＋数”的用例。

以上看法在现代汉语中也能得到部分验证。现代的中学分为两个阶段：初级中学，高级中学。初级中学分三个年级，可直接称一年级、二年级、三年级，但由于高中年级亦有一年级、二年级、三年级，为了避免混淆，故将其上位概念纳入以区别，分别称作初中一年级、初中二年级、初中三年级，简称初一、初二、初三，高中三个年级则称高一、高二、高三。需要注意的是：这里的“初”“高”来自于“年级”的上位概念“学校”的分级，“年级”自始至终并无“初”“高”之分。

两相比照，可以发现二者的同与异：

第一，“旬”与“日”的关系与“中学”与“年级”的关系一样，都是上下位的关系，“中学”中的各“年级”没有分层级，“旬”中的各“日”也没有分层级，故这个“初”只能来自其上位概念，也就是“初级中学”和“初旬”。

第二，初中三个年级引入“初”，是为了区别相同名称的高中年级，而初旬十日不会与中旬、下旬的十日相混淆，因而引入“初”的原因有所不同，详见上文所论。

蒋宗许先生(2009:118)在论述词缀“初”时，还对“第”与“初”的用法作了对比，认为“第”所接续的数词几乎可以是任意的，成百上千都可以，而“初”却只是用在初一至初十这一时间段中，文献中决无十日以后的时间加“初”的例子。“第”后的数词往往再接续各类名词，其序数的对象是颇为自由的，而“初”后则只能接续“日”。

明白了“初”的性质，这些现象都很好解释。“初”只用在初一到初十这一时间段，因为这个“初”指的是初旬，过了初十，便属于中旬。“初＋数”后接续的名词少于“第＋数”组合是因为初一至初十是与中旬、下旬相应的“初旬”范围下十个子项，因这个子项的单位是“日”，故在这个范围中只能与“日”搭配。

正如表“年级”的初一、初二、初三，乃上位词“初级中学”下的子项，故只能搭配名词“年级”。事实上，“初”一般直接与可分段或可分级的名词搭配，如初春，与仲春、暮春对应；初伏，与中伏、末伏对应；初等，与中等、高等对应。“第”则不能与名词直接组合，只能与数词组合构成表序数的词，而序数词与名词组合则没什么限制。

另外蒋文中还有两处可以商榷：

(4)漏传**初五**点，鸡报第三声。(唐白居易《和梦得冬日晨兴》；[1]117)

蒋文举此例作为“初”作前缀的用例，很明显是将这个“初五”当作了初五日，当为误解。这个用例中“五点”当作一读，指五更，相似用例如：

(5)漏传**五点**班初合，鼓动三声仗已端。(唐王建《和胡将军寓直》)

(6)嗟尔残月匆相疑，同光共影须臾期。残月晖晖，太白睒睒。鸡三号，更**五点**。(唐韩愈《东方半明》)

例(4)中的“初五点”即“刚五更”。

蒋先生提出(2009:118)：

> 就古代典籍看，除诗歌中因为字数的限制用“初X日”外，通常口语中一般不再后续“日”，如果后续，也多是连续几个“初X”如上例(10)[即本文例(3)]而后加“日”以明之。

事实上文献用例并无这样的限制，文献中“初～日”的用法大量存在，史书、笔记、医籍、佛典等文言及口语文献中都能见到。现代汉语仍有此种用法。如：

(7)譬如日月，从**初一日**，至十五日，清净圆满。养育太子，亦复如是，渐渐增长。(隋阇那崛多译《佛本行集经》卷一一)

(8)去年十月**初三日**，离寺至浙，至西苏州，知日本国有使进献，有大和尚相从，故此寻访。(日圆仁《入唐求法巡礼行记》卷一)

(9)开元十三年十二月**初二日**，以“鄭”“鄚”文相似，始单用“莫”字。(北宋王溥《唐会要》卷七一)

(10)宋淳熙三年十一月初三日,孝宗皇帝召对便殿。(《古尊宿语录》卷四八)

当

"当"作后缀,多有学者论及,如张永言(1964)、蒋宗许(2004b)、万久富等(2006)、王云路(2002a;2010)等。蒋宗许先生(2004b:72—76;2009:194—202)在例举诸多用例后,详细分析了后缀"当"的形成过程及原因;万久富等(2006:233—238)举了大量例证,详细揭示了中古词尾"当"的形成、成熟和消亡过程;王云路先生(2010:296—300;335—343)则细致分类,并分别例举了充当名词、动词、副词、形容词后缀的"～当"用例。

"当"在古今汉语中是一个常用词,在部分组合中用法确实比较特殊,然而综观诸家所举组合,可以发现"当"作为后缀,搭配十分广泛,且构成名词、动词、形容词、副词、连词等诸多词类,实在让人难以置信。事实上,细细体会各组合以及诸家所举用例,可以发现很多被定性为附加式的组合存在问题。以下结合"当"的意义,联系相关组合,分类加以分析。

一、"当"之对等、相当义与相关争议用例

(一)"当"有对等、相当义

"当"有对等、相当义,乃其常义。《礼记·王制》:"小国之上卿,位当大国之下卿,中当其上大夫,下当其下大夫。"孔颖达疏:"据经文,小国卑于大国,故知小国之卿在大国之卿下。"《吕氏春秋·孟夏》:"行爵出禄,必当其位。"高诱注:"当,直也。"清魏源《圣武记》卷五:"然有舟师之便,而又有缅夷之梗,利害亦适相当也。"由此引申有匹配义,如《汉书·司马相如传上》:"及饮卓氏,弄琴,文君窃从户窥,心说而好之,恐不得当也。"颜师古注:"当谓对偶也。"

(二)诸家所举用例辨析

般当

(1)忽见宝树数千林,花开异色无般当。(《敦煌变文集·降魔变文》;

[19]75;[2]323)

(2)牙上各有七莲华,华中玉女无**般当**。(《敦煌变文集·降魔变文》;[2]323)

王云路先生(2010:323)指出:

> "般"有比并之义。《敦煌变文集·降魔变文》:"六师自道无般比,化出两个黄头鬼。"此以"般比"同义连言,就是比。蒋礼鸿师《敦煌变文字义通释》:"'般'就是《孟子·公孙丑上》'若是班乎'的'班',赵岐注:'班,齐等之貌。'"

"般"的这个义项正与"当"之对等、相当义同,故不能排除"般当"为同义复合的可能。

配当

(3)谓百人为卒,五人为伍,皆须修治,预为**配当**。(《周礼·地官·乡师》"修其卒伍"贾公彦疏;[2]323)

(4)犹若一则称配大一,二则称配二仪,但本义不然,浪为**配当**。(《礼记·学记》"言及于数"孔颖达正义;[2]323)

"配当"与"般当"用法相应,亦当为同义复合。

诸家未举的"对当"亦有此用法:

对当

(5)横行天下无**对当**,将知万国总还同。(《敦煌变文集·伍子胥变文》)

(6)上下撤花波**对当**,行间铺锦草和真。(《敦煌变文集·捉季布传文》)

"对当"还有倒序词"当对":

(7)王长史宿构精理,并撰其才藻,往与支语,不大**当对**。(《世说新语·文学》42条)

二、“当”之承受、承当义与相关争议用例

(一)“当”有承受、承当义

“当”有承受、承当义，亦其常义，如《庄子·让王》：“大王反国，非臣之功，故不敢当其赏。”南朝宋鲍照《拟古诗》之三：“羞当白璧贶，耻受聊城功。”

(二)诸家所举用例辨析

禁当

(8)慨君王圣怒难分辨，便是老性命滴溜在眼前。这场羞辱怎禁当，好交我低首无言。(元杨梓《霍光鬼谏》第二折；[19]75)

“禁”与“当”一样，亦有承受义。《齐民要术》卷七：“先能饮好酒一斗者，唯禁得升半，饮三升大醉。”唐杜牧《边上闻笳》诗之一：“游人一听头堪白，苏武争禁十九年?”北宋苏轼《汲江煎茶》：“枯肠未易禁三椀，坐听荒城长短更。”“禁当”当属同义复合。①

祇当

(9)其地内除地子一色，余有所着差税，一仰地主祇当。(敦煌文献伯3153号《唐天复四年(公元904年)贾元子出租土地契》；[2]322)

(10)其舍一买已后，中间若有亲姻兄弟兼及别人称为主已者，一仰旧舍主张义全及男粉子、友子祇当还替，不干买舍人之事。(《敦煌资料》第一辑斯3877号《唐乾宁四年(公元897年)张义全卖宅舍契》；[2]322)

“祇”有承当义，西晋陆云《九愍·修身》：“端周诚以恪居，祇后命而自寅。”唐韦应物《使云阳寄府曹》：“夙驾祇府命，冒炎不遑息。”唐宋之问《伤王七秘书监寄呈扬州陆长史通简府僚广陵以广好事》：“一祇贤良诏，遂谒承明宫。”“祇当”亦属同义复合，它还可写作“知当”：

(11)立契(已后)，或有人㤔吝园林舍宅田地等，称为主记者，一仰僧张月光子父知当。(《敦煌社会经济文献真迹释录》第二辑据伯3394号录

① 王云路先生(2010:324)亦认为“禁当”可看作并列结构。

《唐大中六年(公元852年)僧张月光、吕智通易地契》;[2]322)

(12)(若身)东西不在,一仰保人段与子**知当**代还。(敦煌文献斯1291号《曹清奴便豆麦契》;[2]322)

(13)如后牛若有人识认,称是寒盗,一仰主保**知当**,不干卖(买)人之事。(敦煌文献斯1475号《寅年令狐宠宠卖牛契》;[2]322)

(14)如身东西不在者,一仰妻儿及保人**知当**。(《吐鲁番出土文书》第六册《唐总章元年(公元668年)左憧熹买草契》;[2]322)

诸家未举而与上举组合同类的尚有"承当、担当、招当"等词:

承当

(15)和尚曰:"不辞向你道,恐已后无人**承当**。"(《祖堂集》卷四)

(16)王君卿云:"'疎影横斜水清浅,暗香浮动月黄昏。'此林逋《咏梅》,然杏与桃李皆可用也。"坡云:"可则可,只是杏花桃李不敢**承当**。"(南宋曾慥《类说》卷五七)

(17)这般事件我**承当**,不要你多说多言空着忙。(清陈端生《再生缘》第一五回)

担当

(18)孟子终日言仁义,而与公孙丑论一段勇如此之详,又自发为浩然之气,盖**担当**开廓不去,则亦何有于仁义哉!(南宋陈亮《甲辰秋答朱元晦秘书书》)

(19)及观孟子"堂高""侍妾""般乐"之言,则知必有所为而发,亦可以见孟子英迈之禀。人若无此等资禀,于道终无**担当**也。(明黄绾《明道编》卷六)

招当

(20)阎魔王,亲断决,一一**招当**敢抵揭。(南朝宋释智严《十二时》)

"招当"犹招承,"当"亦承当义。"承当""担当"现代汉语仍在使用,其为同义复合比较明显。

三、"当"之判决、断案义与相关争议用例

(一)"当"有判决、断案义

"当"有判决、断案义,《史记·蒙恬列传》:"高有大罪,秦王令蒙毅法治之。毅不敢阿法,当高罪死,除其宦籍。"《汉书·杨恽传》:"廷尉当恽大逆无道,要斩。"颜师古注:"当谓处断其罪。"

(二)诸家所举用例辨析

断当

(21)已共此山私**断当**,不须转辙重移文。(唐陆希声《阳羡杂咏·弄云亭》;[2]323)

此例"断当"乃处理义,在句中可解作商议,其义来源于表判决、处理的"断当",我们看以下用例:

(22)大理推得其伪,将处雄死罪,少卿戴胄奏法止合徒。陛下曰:"我已与其**断当**讫,但当与死罪。"(唐吴兢《贞观政要》卷二)

(23)既云常赦不免皆赦除之,此非直赦其有罪,亦是与天下**断当**,许其更新。(《旧唐书·孙伏伽传》)

"断当"当为同义复合。

奏当

(24)上奏畏却,则锻炼而周内之。盖**奏当**之成,虽咎繇听之,犹以为死有余辜。(《汉书·路温舒传》;[2]296)

(25)有乞恩者,使与**奏当**文书俱上,朕将思所以全之。(《三国志·魏书·明帝纪》;[2]296)

王云路先生释"奏当"为奏文、判决书,并将"当"看作词缀。从用例来看,"奏当"多与断案有关,联系"当"之判决、断案义,我们认为"奏当"亦由"当"之此义参与组合,例(24)颜师古注即指出"当谓处其罪也"。

勘当

(26)差使推光,款书是光书,款语非光语。前后三使推,不能决。敕令差能推事人**勘当**取实,佥曰张楚金可,乃使之。(唐张鷟《朝野佥载》卷五;[2]323)

(27)且谋反大逆,法无容免,请勒就台**勘当**,以明国法。(唐刘肃《大唐新语》卷二)

句中"勘当"亦与审理案件有关,可解作勘察审理,"当"并非词缀。

处当

(28)廷尉,卿一人,中二千石。本注曰:掌平狱,奏当所应。凡郡国谳疑罪,皆**处当**以报。(《后汉书·百官志二》;[2]322)

(29)若便同之臣妾,亦情所未安。其皆依礼典,**处当**务尽其宜。(《三国志·魏书·三少帝纪》;[2]322)

(30)莹既至洛阳,特先见叙,为散骑常侍,答问**处当**,皆有条理。(《三国志·魏书·薛综传附子莹》;[2]322)

(31)死罪及除名,罪证明白,考掠已至,而抵隐不服者,**处当**列上。(《陈书·沈洙传》;[2]322)

"处当"犹处理、处置,有些用于办案,有些用法泛化。

勾当

(32)事无大小,士彦一委仲举,推寻**勾当**,丝发无遗,于军用甚有助焉。(《北史·序传》;[2]297)

(33)周考功令史袁琰,国忌,众人聚会,充录事**勾当**。遂判曰:"曹司繁闹,无时暂闲。不因国忌之辰,无以展其欢笑。"合坐嗤之。(唐张鷟《朝野佥载》卷四)

(34)应可某官,充户部巡官,**勾当**河南、淮南等道两税,余如故。(唐元稹《赵真长户部郎中兼侍御史等制》;[2]296)

(35)新妇向来专心为**勾当**,以后之事,不敢预知。①(唐张鷟《游仙

① 王云路先生认为句中"勾当"为名词,我们认为或当为动词,"为"乃介词,"勾当"指为十娘与少府牵线。

窟》;[2]297)

(36)时俯及关宴,钧未办醵率,挠形于色。仆辄请罪,钧具以实告。对曰:"极细事耳。郎君可以处分,最先合**勾当**何事?"(五代王定宝《唐摭言》卷八;[2]297)

(37)王令检簿,检讫,云:"甚善甚善,既无**勾当**,即宜还家。衣裳得无襄坏耶?"(《太平广记》卷三八二;[2]297)

(38)想着那曲江池上**勾当**,真是可笑。(明王九思《曲江春》第四折;[2]297)

王云路先生(2010:296)揭示了"勾当"一词中"勾"之得义之源:

"勾"有检验处理事情义,唐颜师古《匡谬正俗》卷八:"今之官书文按,检覆得失,为之勾,音構,何也?答曰:'……其讫了者,即以朱笔钩之,钩字去声,故为構音耳。'"

而从上举用例可以清楚看出,动词"勾当"经历了断案、处理政务,进而发展为处理一般事务的过程,其名词义亦有相似的发展过程,故我们认为"勾当"一词"当"亦由判决、断案义参与组合。

四、"当"之应当义及相关争议用例

(一)"当"有应当义

"当"表应当为其常义,《晏子春秋·杂上四》:"昔者婴之所以当诛者宜赏,今所以当赏者宜诛,是故不敢受。"《三国志·蜀书·诸葛亮传》:"今南方已定,兵甲已足,当奖率三军,北定中原。"唐杜甫《前出塞》诗之六:"挽弓当挽强,用箭当用长。"

(二)诸家所举用例辨析

诸家所举附加式组合,有很多属此类,有些构成同义复合,如:

应当

(39)诸浮数脉,**应当**发热,而反洒淅恶寒,若有痛处,当发其痈。(东汉张仲景《金匮要略》卷中;[2]339)

(40)佗曰:"君病根深,**应当**剖破腹。然君寿亦不过十年,病不能相杀

也。”(《后汉书·方术传下·华佗》;[2]339)①

“应当”即应该,至今常用。“当”与“应”均有此义。王云路先生(2010:339)认为:

我们不能否认,“应当”可以属于并列结构,在许多情形下可以对应出现。……但统观中古汉语的许多例证,我们似乎可以把“应当”与以下诸例等同看待。(即看作附加式)

我们认为“应当”当看作同义复合,“当”与“应”表应当早已有之,且为其常用义,不仅如此,在同时代“应当”的倒序词“当应”亦大量使用,如:

(41)尔时,长者告左右一人曰:“汝往至世尊所。到已,头面礼足,持我声而白世尊云:‘优婆迦尼长者白世尊曰:夫贤者之法当持几戒?又犯几戒非清信士?当应食何等食?饮何等浆?’”(东晋僧伽提婆译《增壹阿含经》卷二〇)

(42)裕得书叹息,以示诸佐曰:“事人当应如此!”(《魏书·韩延之传》)

(43)呜呜晓角霞辉粲,抚剑当应一长叹。(唐李绅《南梁行》)

须当

(44)彼其得佛,吾必得也。须当受决,而佛去焉。(三国吴康僧会译《六度集经》卷三;[2]338)

(45)朱小四你这厮!有人请唤。今日须当你这厮出头!(《京本通俗小说·西山一窟鬼》)

“须当”义为应当,必须,有语义轻重之别,但其基本义是一致的,很多情况下,译成“应当”或“必须”均可。“须”“当”单用亦如此,张相《诗词曲语辞汇释》卷一:“须,犹应也,必也。”南朝宋谢灵运《初发石首城》诗:“游当罗浮行,息必庐霍期。”此句“当”“必”相对为文,“当”即“必”义。

其倒序词“当须”用例极多,且长期与“须当”并存使用,如:

---

① 王先生举有五例,其他三例与此二例用法无别,且不难辨析,为省篇幅,此不一一列出。

(46)征西将军郭淮与泰谋所以御之,泰曰:"麹城虽固,去蜀险远,当须运粮。"(《三国志·魏书·陈泰传》)

(47)戴胄有干局,明法令,仕隋门下省录事。太宗以为秦府掾,常谓侍臣曰:"大理之职,人命所悬,当须妙选正人。用心存法,无过如戴胄者。"(唐刘肃《大唐新语》卷四)

以上用例,"当须"与"须当"义无分别,可见二者当为同义复合。

该当

(48)论起理来,自然该当让你。(清李渔《奈何天·闹封》;[2]341)

(49)便拿这项银子都花在老太太身上,也是该当的。(《红楼梦》第一一〇回)

"该当"即"应该"。"当"单用有此义,见上文。"该"单用亦有此义,《正字通·言部》:"该,俗借为该当之称,犹言宜也。凡事应如此曰该。"清刘鹗《老残游记》第十六回:"我们这时该睡了。"此义现代汉语仍在使用。"该"的"应该"义产生相对较迟,所以"该当"亦出现较晚。其倒序词"当该"亦有用例,如:

(50)一日,参政谓夫人道:"女儿长成,分当该嫁。"(《包龙图判百家公案》卷一)

(51)南宫适谢过子牙。子牙曰:"你乃周室元勋,身为首领,初阵失机理当该斩;奈魏贲归周,乃先凶而后吉。"(《封神演义》六八回)

"当该"表"应当"义的用例相对较少,这一方面与"该"的"应该"义产生较晚有关;另一方面"当该"的另一义"当班、值班"也限制了它的使用。但是,在这种情况下仍有倒序词用例的存在,足以说明"当"与"该"同义复合能力之强。

宜当

(52)吾为众长,宜当明虑,择地而游。(三国吴康僧会《六度集经》卷三;[2]339)

(53)是故佛子,仁者善哉,宜当班宣,现在学行;令此道地,缘修所归;使诸会者,各得开解。(西晋竺法护译《渐备一切智德经》卷一;[2]339)

(54)太祖诘群臣,群臣咸言**宜当**密之。(《三国志·魏书·董昭传》;[2]339)

“宜当”即应当,乃同义复合,它亦有同义倒序词“当宜”,如:

(55)鉴师曰:“我庐于灵岩寺之西庑下且久,其后游长安中,至今十年矣,幸得与子相遇。今将归故居,故来告别。然吾子尉于东越,道出灵岩寺下,**当宜**一访我也。”(《太平广记》卷九七)

与“应当”“该当”同类的尚有“合当”,此词诸家未举,亦属同义复合词,应当义。

合当

(56)如臣**合当**避亲,臣不敢陈乞在京差遣。(北宋曾巩《明州奏乞回避朱明之状》)

这个词亦有同义倒序词“当合”,如:

(57)端详这文册,那厮乱纲常**当合**败。便万剐了乔才,还道报冤仇不畅怀。(元关汉卿《窦娥冤》第四折)

听当

(58)时汉中守兵不满三万,诸将大惊,或曰:“今力不足以拒敌,**听当**固守汉、乐二城,遇贼令入,比尔间,涪军足得救关。”(《三国志·蜀书·王平传》;[2]337)

(59)睿答曰:“贤圣及先儒初无疑怪此者,以其缘人情而恕之。降在小功不税,自正也,非不相识者也。**听当**依就,莫不厌也。”(西晋淳于睿《答淳于纂问生不及祖父母不税服》;[2]337)

(60)佛言:“自今已去,**听当**在众中立说戒。犹故不闻,应在众中敷高座,极令高好,座上说戒。”(姚秦佛陀耶舍共竺佛念等译《四分律》卷三六;[2]337)

(61)太子即自惟念:“我前有要愿,在所布施不逆人意。今不与者,违我本心。若不以此象施者,何从当得无上平等度意。**听当**与之,以成我无

上平等度意。”(西秦圣坚译《太子须大拏经》;[2]337)

有学者以“只可、允许”释“听当”,并以“当”为词缀。仔细体会文义,我们认为“听当”犹应当,例(58),“听当固守汉、乐二城”显然当解作应当固守汉乐二城。例(60)似乎当解作允许,然而从下文“应在众中敷高座”看,“听当”仍应解作应当。“当”于组合中意义十分显明,“听”表此义或由其听允义引申而来。

有些组合相对松散,如:

不当

(62)厉王乃驰走阙下,肉袒谢曰:“臣母**不当**坐赵事。”(《史记·淮南衡山列传》;[2]337)

(63)计吾兄弟,**不当**仕进。(北齐颜之推《颜氏家训·终制》;[2]337)

“不当”即“不该”“不应”,“当”显然不是词缀。

想当

(64)知德孝故平平,**想当**转得散力,每耿耿不忘怀。足下小大佳否?(东晋王羲之《杂帖》;[19]73)

(65)熙表故未出,不说说荀侯疾患,**想当**转佳耳。(东晋王羲之《杂帖》;[19]73)

有学者以“想来、或许”释“想当”,并认为“当”为词缀。按:“想当”即想来应当、想来会,“当”表推测,“当”的功能可通过去除“想”加以验证。

理当

(66)言及先人,**理当**感慕。(《颜氏家训·风操》;[2]336)

(67)予告之曰:“高祖为泗水亭长,送徒骊山,所提剑**理当**三尺耳。”(西晋崔豹《古今注》卷上)

“理当”犹依理应当,“当”亦应当义。

法当

(68)风湿相搏,一身尽疼痛,**法当**汗出而解。(东汉张仲景《金匮要略》卷上;[2]335)

(69)趺阳脉微弦,**法当**腹满,不满者必便难,两胠疼痛,此虚寒从下上也,当以温药服之。(《金匮要略》卷上;[2]335)

(70)李固曰:"地者阴也,**法当**安静。"(《后汉书·五行志四》;[2]335)

(71)融四岁,与兄食梨,辄引小者。人问其故,答曰:"小儿,**法当**取小者。"(《世说新语·言语》第3条刘孝标注引《融别传》;[2]335)

"法当"与"理当"义同,"当"亦应当义。

乃当

(72)王中郎尝问刘长沙曰:"我何如苟子?"刘答曰:"卿才**乃当**不胜苟子,然会名处多。"王笑曰:"痴!"(《世说新语·品藻》53条;[19]73)

(73)器械既充,众方粗足,方于前后,**乃当**有优。(南朝宋谢灵运《上书劝伐河北》;[19]73)

此二例"乃"表判断,"当"乃应当义,主要作用为使语气委婉。

(74)妇则得活,夫默然而惭。妇人奸诈**乃当**如是也。(三国吴康僧会译《旧杂譬喻经》卷上;[32]236)

此例有学者以"竟然"释"乃当","当"为词缀,可商。此例以妇诈其夫为喻,得出"妇人奸诈乃当如是"的结论,"乃当"犹"就应当"。

诚当

(75)寻敕曰:"江谧寒士,**诚当**不得竞等华侪。然甚有才干,堪为委遇,可迁掌吏部。"(《南齐书·江谧传》;[19]72)

"诚当"犹诚然应当、确实应当,"不得"犹不可。相似的"诚当"用例如:

(76)积敝之后,易致中兴,**诚当**沛然思惟善道。(《后汉书·李固传》)

"诚应"亦有同样的用法:

(77)然乔亦不得以虓之非,专威辄讨,**诚应**显戮以惩不恪。(《晋书·刘乔传》)

尚当

(78)勋德盖世,尚当有让,况民凡鄙,而可寇窃耶?(东晋王献之《辞中书令》;[20]73)

有学者释"尚当"为尚且,从文句看可通,但不能因此认定"当"为词缀,因为文句前后文存在事理上的逻辑关系:即便勋德盖世者也应当有让,"当"解作应当完全可通。同类用法的"尚当"还有他例:

(79)蕃曰:"我故大臣,有罪,州郡尚当先请,今约敕儿客无素,幸皆坐之,何谓乃欲相及?"(东汉应劭《风俗通义》卷七)

例(79)包含这样的事理:作为故大臣,即便有罪,州郡也应当先请。"尚当"犹尚且应当。同义的"尚应"亦有用例,可为佐证:

(80)他囚争取之,狱卒意藏刃,破视,内有字两行云:"法尚应舍,何况非法。"(唐段成式《酉阳杂俎·续集》卷七)

(81)禄厚而不知耻者尚应慊恨,官崇而能自省者岂不忧惭?(南宋李焘《续资治通鉴长编》卷五三)

"尚当"还可解作"还应当",如:

(82)因《史记》之误,而造徐姬之姓,而灭冥一事,又不知其误于何书,尚当详察之。(清徐时栋《徐偃王志》卷六)

犹当

(83)王右军闻而大笑曰:"使安期有此性,犹当无一豪可论,况蓝田邪?"(《世说新语·忿狷》第2条;[2]339)

"犹"有仍、尚义,《诗·卫风·氓》:"士之耽兮,犹可说也。"《左传·隐公元年》:"蔓草犹不可除,况君之宠弟乎?"唐杜牧《泊秦淮》诗:"商女不知亡国恨,隔江犹唱《后庭花》。"此例"犹当"与表尚且应当义的"尚当"同义,只是"当"表推测。

(84)久劳苦,尝辍业投笔叹曰:"大丈夫无他志略,犹当效傅介子、张

骞立功异域，以取封侯，安能久事笔研间乎？”（《后汉书·班超传》）

这个用例亦尚且应当义，但“当”表事理上应该。

(85)攸语妻曰：“吾弟早亡，唯有遗民；今当步走，担两儿尽死，不如弃己儿，抱遗民。吾后**犹当**有儿。”妇从之。（《世说新语·德行》28条刘孝标注引王隐《晋书》；[2]340）

此例“犹当”犹还会。“当”亦表推测，意义比较实在。

(86)小大佳也，贤兄如**犹当**小佳，然下不断，尚忧之。（东晋王羲之《杂帖》；[19]73）

(87)仆时行以十一日而不保(除)，如比日便成委顿，今日**犹当**小胜，不知能转佳不？（东晋王羲之《杂帖》；[19]73）

此二例有学者以“还”释“犹当”，认为“当”为词缀。按：如此解释，句意难通。由于前后文语境的限制，以及文句本身可能存在讹误，我们对文意的把握亦不太确定，故以下仅试作推测：我们以为“犹”或可解作“已”，“犹”表已义《大字典》《大词典》已发，此不赘；“当”乃应当义，“犹当”与“已当”义同，“当”表推测，例(86)中“如”乃似乎义，亦表推测，“如犹当小佳”义为似乎应当已经稍有好转。例(87)“今日犹当小胜”义为今日应当已经稍有好转。可比较相同用法的“已当”：

(88)义军初克京城，脩司马刁弘率文武佐吏来赴，帝登城谓曰：“郭江州已奉乘舆反正于寻阳，我等并被密诏诛逆党，今日贼玄之首**已当**枭于大航。诸君非大晋之臣乎？”（《南史·宋本纪上·武帝》）

另外，“犹”似亦可解作似、如，“当”亦应当义，表推测：例(86)“如犹”义同“犹如”，“如犹当小佳”义为“好像应当稍有好转”或“好像稍有好转”“应当稍有好转”，“好像”与“应当”都表推测，故可省去其一；例(87)同解。可比较“似当”用例：

(89)今之沙门坐有二法，昔之祇洹**似当**不然。（南朝梁释僧佑《弘明集》卷一二）

这样解读乃基于《杂帖》中“似”“如”的相关用法，可比较以下用例：

(90)八日羲之顿首，多日不知君问，得一昨书，知君安善，为慰。仆**似**小差而疲剧，昨若耶观望，乃苦舆上隐痛，前后未有此也。(东晋王羲之《杂帖》)

(91)再昔来热，**如**小有觉，然昼故难堪。知足下患之，云故以围棋，是不为患，吾其尔无佳。(东晋王羲之《杂帖》)

(92)献之比日**如**复小胜，因夜行忽复下，如欲作癖。(东晋王献之《杂帖》)

自当

(93)太子起坐，更适阴阳，但服汤二旬而复故，故天下尽以扁鹊为能生死人。扁鹊曰：“越人非能生死人也，此**自当**生者，越人能使之起耳。”(《史记·扁鹊仓公列传》;[2]342)

有学者以“本来”释“自当”，并以“当”为词缀。我们认为“自当”即本应该。这一点从同记此事的另一文献用例可以知晓：

(94)天下闻之，皆曰：“扁鹊能生死人。”鹊辞曰：“予非能生死人也，特使夫**当生者活**耳。”(西汉刘向《说苑》卷一八)

五、“当”之必定义及相关争议用例

(一)“当”有必、定义

“当”可用作副词，必定义，裴学海《古书虚字集释》卷六：“当，犹定也，必也。”《史记·扁鹊仓公列传》：“(臣)以为肥而蓄精，身体不得摇，骨肉不相任，故喘，不当医治。”南朝宋谢灵运《初发石首城》：“游当罗浮行，息必庐霍期。”北宋苏轼《乞开杭州西湖状》：“若湖渐浅狭，水不应沟，则当劳人远取山泉，岁不下二十万功，此西湖之不可废者五也。”“当”的这种用法有些表客观上必然会发生，有些表主观推测必定会发生。

(二)诸家所举用例辨析

必当

(95)吾今若当不称彼者，则负言信，彼**必当**还，与我作仇。(旧题三国

吴支谦译《撰集百缘经》卷八；[2]335)

(96)想君小时，**必当**了了。(《世说新语·言语》第3条；[19]72；[2]335)

(97)既亦知时流**必当**逐己，乃遄疾而去。(《世说新语·方正》53条；[2]335)

(98)简之悟其意，谓弟虔之曰："刘下邳频再来，**必当**有意。"(《宋书·刘康祖传》；[19]72)

(99)我新有天下，夷虏不识运命，**必当**动其蚁众，以送刘昶为辞。(《南齐书·垣崇祖传》；[2]335)

"必当"乃必然、一定义，为同义复合，同义的倒序词"当必"亦有用例，可以佐证，如：

(100)对曰："臣自知**当必**族灭，不敢多污染人，诚冀陛下一觉悟而已。"(《后汉书·寒朗传》)

(101)本来相迎，如闻许智藏将至，其人若到，**当必**相苦，为之奈何？(《北史·许智藏传》)

会当

(102)巨石**会当**竭，芥子岂云多。(东晋竺僧度《答苕华》；[19]73)

(103)公猎，好缚人士，**会当**被缚，手不能堪芒也。(《世说新语·规箴》25条；[2]336)

(104)人生在世，**会当**有业，农民则计量耕稼，商贾则讨论货贿。(《颜氏家训·勉学》；[2]336)

"会"有应当、必定义，东汉宋子侯《董娇娆》诗："终年会飘堕，安得久馨香？"《玉台新咏·古诗为焦仲卿妻作》："吾已失恩义，会不相从许。"唐刘餗《隋唐嘉话》卷上："太宗曾罢朝，怒曰：'会杀此田舍汉！'""会当"乃同义复合，与"必当"同义。有学者以"究竟、终竟、终究"释"会当"，并以"当"为词缀，我们不赞同这种观点。

(105)浮生**会当**几，欢酌每盈衷。(《宋诗》卷九鲍照《望孤石》；[19]73)

句中“会当”仍为“必当”义，“几”当为终、尽义，《庄子·齐物论》“适得而几矣”，郭象注：“几，尽也。至理尽于自得也。”《庄子·齐物论》“三子之知几乎”，郭象注：“几，尽也。夫三子者，皆欲辩非己所明以明之，故知尽虑穷，形劳神倦，或枝策假寐，或据梧而瞑。”“浮生会当几”犹“浮生必当尽”。

要当

(106)我今要当舍其身命以救诸龙。(三国吴支谦《菩萨本缘经》卷下；[33]236)

(107)我与季虽无素故，士穷相归，要当以死任之，卿为何言？(《后汉书·冯鲂传》；[2]338)

(108)天地反覆，未可知也。本所争者非私怨，王家事耳。与足下州里人，今虽小违，要当大同，欲相与善语以别。邂逅万一不如意，后可复相见乎！(《三国志·魏书·董卓传》裴松之注引《九州春秋》；[2]338)

(109)欲求仙者，要当以忠孝和顺仁信为本。(《抱朴子·内篇》卷三；[2]338)

(110)自臣涉道，情虑荒越，疹毒交缠，常虑性命陨越，要当躬先士卒，身驰贼庭，手斩凶丑，以摅莫大之衅。(《宋书·毛修之传》；[33]236)

(111)其人顾谓济曰：“枉不可受，要当讼府君于天！”(南朝梁殷芸《小说》卷八；[33]236)

(112)乐令善于清言，而不长于手笔。将让河南尹，请潘岳为表。潘云：“可作耳，要当得君意。”(《世说新语·文学》70条；[20]73)

(113)恭祖秃马绛衫，手刺倒贼，故文旷得斩其首。以死易勋，而见枉夺。若失此勋，要当刺杀左兴盛。(《南齐书·崔慧景传》；[2]338)

(114)功业要当垂永久，利名那得在须臾。(唐牟融《寄周韶州》；[2]338)

“要”有必定义，清刘淇《助字辨略》卷四：“要，犹须也，当也。”《世说新语·文学》86条：“孙兴公作《天台赋》成，以示范荣期云：‘卿试掷地，要作金石声。’”唐王建《寒食忆旧》：“京中曹局无事多，寒食贫儿要在家。”“要当”乃同义复合词，有些用例中表客观必须，犹一定要、必须，如例(107)，“要当以死任之”即一定要以死担保；有些表主观推测必然，可译作必当，必将，一定会，如例(112)

“要当得君意”即必定得君意。

“要当”为同义复合，还可从其倒序词“当要”的用例得到验证，如：

(115)毗沙门问言：“欲何所求?”诵者言：“当日日遣一夜叉来，当要役使我，于百由旬内凡有所须当随我愿，我所乐去处要当随意。”(北宋天息灾译《大方广菩萨藏文殊师利根本仪轨经》卷一五)

句中“当要”“当”“要当”义同。

(116)于是一家欢跃，竞持所有金帛，以遗妇人。妇人曰：“此犹未也，当要进一服药，非止尽除痼疾，抑亦永享眉寿。”(《太平广记》卷三〇六)

(117)诸公数日看文字，但就文字上理会，不曾切己。凡看文字，非是要理会文字，正要理会自家性分上事。学者须要主一，主一当要心存于这里，方可做工夫。(《朱子语类》卷一二一)

(118)孩儿，你那里知道，俺为臣者当要赤心报国，岂记私仇也呵！(元高文秀《保成公径赴渑池会》)

但当

(119)命如凿石见火，居世竟能几时？但当欢乐自娱，尽心极所熙怡。(《汉乐府·满歌行》;[19]72)

(120)湿痹之候，小便不利，大便反快，但当利其小便。(东汉张仲景《金匮要略》卷上;[2]335)

(121)颜回乐陋巷，许由安贱贫。伯夷饿首阳，天下归其仁。何患守贫苦，但当守明真。(《魏诗》卷二阮瑀《诗》;[19]73)

(122)前使君忠贯昊天，操逾松竹。郎君但当端坐画一，以荷析薪。若天运不与，幅巾待命，以下从使君。(《南齐书·张冲传》;[2]335)

(123)有酒但当饮，立即相看老。(《王梵志诗·人生能几时》;[2]335)

以上诸“但当”犹只应、只须。

(124)夫晓至要得真道者，诚自甚稀，非仓卒可值也。然知之者，但当少耳，亦未尝绝于世也。(《抱朴子·内篇》卷十四;[19]73)

此例“但当”似只能解作“只”，但“当”字宝颜堂本、崇文本作“谓”，且如此用法的“但当”极少，故将此例“当”作为词缀例似缺少说服力。

唯当

(125)陛下光辅已来，政刑允辑。天下任重，万机事殷，失之毫厘，差以千里，**唯当**勤修德政，以赛天谴。(南朝梁释慧皎《高僧传》卷五；[2]337)

(126)戴会稽如是便发，分别怅然。一得名士，**唯当**有此君耳。(西晋陆云《与杨彦明书》；[19]73)

(127)**唯当**千劫后，方成无价珠。(《梁诗》卷二七萧砻《迎舍利》；[19]73)

(128)**唯当**有一犊，留持赠后人。(南朝陈阴铿《罢故章县诗》；[32]236)

(129)征南将军、中山王英统马步七万，络绎继发，量此蚁寇，**唯当**逃奔。(《魏书·田益宗传》；[32]236)

以上用例，诸家以“唯、唯有、只有”释“唯当”，并将“当”看作词缀。这种解释并无问题，但应当知道，“唯有、只有”实即必须、应当，“当”在其中有其特定功能，或表客观应当，如例(125)，“唯当勤修德政”即必须勤修德政；或表主观推测，如例(126)，“唯当有此君”犹“必定有此君”。与之同义的“唯应”可佐证“当”之功能：

(130)若至尊自应举哀外族于朝堂，是也。自若不举哀，**唯应**从太后远出朝堂。(唐杜佑《通典》卷八一)

(131)今三军之事，在于明公，**唯应**达命任理，以保元吉。(《北史·房豹传》)

句中“唯应”亦当解作“只有、必须”。

(132)(微)终日端坐，床席皆生尘埃，**唯当**坐处独净。(《南史·王微传》；[32]236)

此例有学者将“唯当”归入上举各例类，我们以为有误，句中“当”乃动词，与“坐处”搭配，指与坐处相应的地方。

正当

(133)范汪谓冰曰:“顷天文错度,足下宜尽消御之道。”冰曰:“玄象岂吾所测,正当勤尽人事耳。”(《晋书·庾冰传》;[32]234)

(134)益曰:“君风神不凡,然非凌烟、麒麟所宜置。正当袒肩荷担如来乃称耳!”(北宋惠洪《禅林僧宝传》卷二四;[32]234)

(135)琳之不许,璩之固陈,琳之谓曰:“我触忤宰相,正当罪止一身尔,汝必不应从坐,何须勤勤邪!”(《宋书·孔琳之传》;[32]234)

有学者认为,例中“当”已从表示“将要”义的助动词,转变为一个附加成分。我们认为,此三例“当”均应当义,文中有相应线索可寻:第一、二例“当”与前文“宜”相应,第三例“当”与后句“应”相应。“正当”可解作“只应当”。

(136)郡中典农闻之曰:“此神正当是狸物耳。”(东晋干宝《搜神记》卷一七;[32]233)

(137)他日,二人来,妻劝公止之宿,具酒肉。夜穿墉以视之,达旦忘反。公入曰:“二人何如?”妻曰:“君才致殊不如,正当以识度相友耳。”公曰:“伊辈亦常以我度为胜。”(《世说新语·贤媛》19条;[20]73;[32]234)

(138)陋闻之曰:“桓公正当以我不往故耳。亿兆之人,无官者十居其九,岂皆高士哉!我疾病不堪恭相王之命,非敢为高也。”(《晋书·隐逸传》;[32]234)

(139)魏文帝在天游园,以金卮置侯上,命公卿射中者即赐之。贵一发而中。帝笑曰:“由基之妙,正当尔耳。”(《周书·宇文贵传》;[32]234)

此数例“正当”于句中表推测,必然义,其得义可参看上“唯当”条。“当”之功能可以通过去除“正”加以验证。

(140)常朝旦问讯。郗家法:子弟不坐。因倚语移时,遂及财货事。郗公曰:“汝正当欲得吾钱耳!”(《世说新语·俭啬》第9条;[19]73;[32]234;[2]340)

(141)乃曰:“司马公正当欲夺吾权耳。吾得以侯还第,不失为富家翁。”(《晋书·高祖宣帝纪》;[32]234)

此二例中"当欲"乃一词，义同欲、将欲，"正当欲"义为只是要，同类的"当欲"用例如：

(142)时显宗为东海公，年十二，在幄后言曰："吏受郡敕，**当欲**以垦田相方耳。"(《后汉书·刘隆传》)

(143)人等**当欲**事师，当求善能知真道者，不当事耶伪伎巧耶知骄奢也。(《老子想尔注》)

(144)楚少时欲隐居，谓济曰："**当欲**枕石漱流。"(《晋书·孙楚传》)

(145)帝方革变，深善其对，笑曰："任城**当欲**为魏子产也。"(《北史·任城王云传》)

还有一个"正当"用例比较特殊：

(146)三乘佛家滞义，支道林分判，使三乘炳然。诸人在下坐听，皆云可通。支下坐，自共说，**正当**得两，入三便乱。(《世说新语·文学》37条；[32]233)

此例"正当"犹"只能"，与独用"正"义有别，"能"当为"当"之功能的体现，不过文献中这种用法很少①。

政当

(147)今还都，必无过忧，**政当**作散官，不失富贵也。(《南齐书·晋安王子懋传》；[19]73；[2]340)

(148)僧远问僧绍曰："天子若来，居士若为相对？"僧绍曰："山薮之人，**政当**凿坏以遁，若辞不获命，便当依戴公故事耳。"(《南齐书·高逸传·明僧绍》；[2]340)

此二例"政当"亦当解作必然，"当"之功能可通过去掉"政"感知。

独当

(149)苕苕山头柏，冬夏叶不衰。**独当**被天恩，枝叶华葳蕤。(《晋

① 下文"岂当"条可揭示"当"有能义的发展过程。

诗·清商曲辞·神弦歌·姑恩曲》;[19]73)

有学者将此例“独当”定性为附加式合成词。按:此例出自诗歌,理解相对较困难。我们以为“当”用表推测,“独当被天恩,枝叶华葳蕤”犹“必定是承受天恩,枝叶花才会如此茂盛”,“独当”乃必定义,其用法与“唯当”同,可参看。散文中的“独当”亦有此类用法:

(150)何至凶顽之人,**独当**假仁义以济其奸乎?(东晋孙盛《老子疑问反讯》)

(151)夫王者不怒民不与己相避,天神何为**独当**责之?(《论衡》卷二四)

下例“独当”用法稍有不同:

(152)愚人无知,以为终古**独当**有之,不知迺万户之委输,皆当得衣食于是也。(《太平经》卷六七)

“以为终古独当有之”即“以为只应当终古有之”。“独当”犹只应当,仍表推测,但语气相对表必定义的“独当”要弱一些。

便当

(153)可惜千金身,从来不惧罪。见善不肯为,值恶**便当**憙。(《王梵志诗·世间何物亲》;[2]341)

“值恶便当憙”犹遇到恶事则必高兴,“当”乃必义。此再举二例:

(154)孔融鲁国男子,明日**便当**拂衣而去,不复朝矣。(《后汉书·杨彪传》)

(155)谦喜曰:“卿谓可尔,**便当**是真可尔。”(《宋书·武帝纪》)

自当

(156)依贤义不恐,近暴**自当**穷。(西晋傅玄《杂诗》;[2]341)

(157)赤眉无谷,**自当**来降。(《东观汉记》卷九;[2]341)

(158)健将杀之,雄止之曰:“儿长成**自当**修改,何至便如此。”(《魏

书·苻生传》;[2]341)

(159)料得父时假贳文疏,谓族子紘曰:“彼有,**自当**见还;彼无,吾何言哉!”悉火焚之。(《南齐书·文学传·崔慰祖》;[2]341)

(160)王今见听还去,供养终其年寿,**自当**还来。(北魏吉迦夜共昙曜译《杂宝藏经》卷二;[2]341)

“自当”乃自然会,“自”乃自然义,“当”为必定义,二语素均表据事理必然会发生某事,“自”与“当”意义相近。

故当

(161)十八岁当一小发,服此散,亦行复差。若不得此药,**故当**死。(《三国志·魏书·华佗传》;[2]336)

(162)桓果语许云:“阮家既嫁丑女与卿,**故当**有意,卿宜察之。”(《世说新语·贤媛》第6条;[2]336)

(163)答曰:“君家中郎、我家太尉、阿平、胡毋彦国。阿平**故当**最劣。”(《世说新语·品藻》15条;[32]237)

(164)计临贺**故当**不应翻覆言语,自生寒热也。(《宋书·二凶传》;[32]237)

(165)疫鬼曰:“有上官,何得自由。母可急作绛帽,**故当**无忧。”(《隋书·五行志下》;[32]237)

以上“故当”乃必然义。万久富等(2006:237)将“故当”看作附加式,同时指出:“故”是“自然”“似乎”的意思,表示断定或者推测的语气。事实上“当”表断定或推测亦其常见用法,上举诸例,去掉“故”完全不影响表达,可证“当”并非无义的词缀成分。

(166)《感逝赋》愈前,恐**故当**小不?(西晋陆云《与兄平原书》;[19]73)

(167)《吊蔡君》清妙不可言,《汉功臣颂》甚美,恐《吊蔡君》**故当**为最。(《与兄平原书》;[19]73)

此二例“当”亦表推测,但语气要弱,“故当”犹仍然应当。“当”的功能通过去掉“故”可明显感知。

岂当

(168)祇域生而把针药,弃尊荣位,行作医师,但为一切命,此乃天之医王,岂当妄耶?(东汉安世高译《佛说奈女祇域因缘经》;[32]234)

(169)弟白王曰:"应死之人,虽未命绝,与死无异,岂当有情著于五乐,游意服饰间耶?"(后秦竺佛念译《出曜经》卷六;[32]235)

(170)又,贤者! 闲居尚无钵,岂当复有受食缘乎?(南朝宋翔公译《佛说濡首菩萨无上经》卷下;[32]235)

(171)世人多不举女,贼行骨肉,岂当如此而望福于天乎?(《颜氏家训·治家》;[32]235)

(172)然则作者为文、为诗,格亦可见,岂当善于彼而不善于此邪?(唐司空图《题柳柳州集后》;[32]235)

(173)下官凡人,非有达概异识,俗外之志,实囙羸疾,常恐奄忽,故少来无意于人间,岂当有心于崇达邪?(《宋书·谢庄传》;[32]235)

(174)以正下愚,犹知此事不可复成,况明将军左右明智用谋之士,岂当不见此数哉?(《三国志·蜀书·法正传》;[32]235)

(175)是时,猎者闻鹿所语,惊怪甚奇! 即答鹿曰:"一切世人尚无至诚,况汝鹿身? 从死得去,岂当还期? 终不放汝。"(西晋竺法护译《鹿母经》;[32]235)

(176)作《女诫》七篇,有助内训……欲人定志专心之言也。舅姑之心,岂当可失哉?(《后汉书·列女传》;[32]235)

万久富等(2006:235)分析指出:

上举8例(当为9例)从字面来看,似可译作"哪里应该"、"难道将要"两种意思,然而结合上下文细加揣摩,讲话者所表述的中心意义是"难道",并不包含"应该"或"将要"的意思。这一点与"正当"第二组用例相似。这里"岂当"有些已经从词组转化为附加式双音合成词了。其意义的发展轨迹可以这样表示:哪里应该→怎么可能→难道会→难道。还有一部分例子中,其语义停留在"难道会"阶段,上举书证4中"岂当"一句,《颜氏家训译注》直接译成："难道会论及有关经书的问题吗?"①正确！这类用法在中古佛经中还有较多用例。

按:上举数例"岂当"均可解作怎么可能,如第一例,"岂当妄耶"可解作"怎么可能欺骗你呢",其他可类推。例(171),万文译作"难道这样做了还能指望上天赐福吗",似乎"岂当"解作难道,然而仔细分析,可以发现译文中"还能"并无对应成分,而这正是"当"的功能体现。另外,即便有些例句可直接用"难道"为释,也不能得出"岂当"为附加式的结论,万文所分析的词义发展轨迹揭示了这个词是在使用中意义逐渐发展融合,"当"并非作为词缀成分附加于"岂"之后。

宁当

(177)文王笑曰:"我宁当复不知此耶?"(《三国志·魏书·钟会传》;[19]73)

(178)民间君子,犹内不负心,外不愧影,上不欺天,下不食言,岂况古之真人,宁当虚造空文,以必不可得之事,诳误将来,何所索乎!(《抱朴子·内篇》卷三;[2]337)

(179)(和熹邓后)七岁读《论语》,志在《书》《传》,母常非之曰:"当习女工,今不是务,宁当学博士耶?"(《东观汉记》卷六;[2]337)

有学者以"难道"释"宁当",并以"当"为词缀。我们认为"当"并非无义的词缀成分,前二例"宁当"可译作怎么可能,第三例可译作"难道要",其用法可参看"岂当"条,另与此对应的"宁应"亦有用例,如:

(180)怀珍曰:"萧君局量堂堂,宁应负人此绢!吾方欲以身名托之,岂计钱物多少。"(《南齐书·刘怀珍传》)

下例用法有所不同:

(181)男儿宁当格斗死,何能怫郁筑长城。(东汉陈琳《饮马长城窟行》;[19]73;[32]236)

① 我们在万文中未找到相对应的文例,当属疏误。

(182)**宁当**一心奉持经典,若以衣食供养诸佛。(西晋竺法护译《正法华经》卷一〇;[32]237)

(183)僧达慨然曰:"大丈夫**宁当**玉碎,安可以没没求活!"(《南史·王僧达传》;[32]237)

万久富等(2006:237)指出:

"要当"与"宁当"近义,"要"和"宁"作为单音词,都是表示希望、意愿的两个情态副词,分别与虚化的构形成分"当"合成,构成了两个附加式合成词,可分别译为"一定要""宁愿"。

事实上"当"与"要"亦义近(参"要当"条),"当"之义可通过去除句中"宁"加以验证:"男儿当格斗死""当一心奉持经典""大丈夫当玉碎"即完全可通,实在无法得出"当"不为义的结论。

何当

(184)处仕晋为御史中丞,多所弹纠。氐人齐万年反,乃令处距万年。伏波孙秀欲表处母老,处曰:"忠孝之道**何当**得两全?"乃进战。(《世说新语·自新》15条刘孝标注引《晋阳秋》;[19]73)

此例"何当"表怎么可能,与"岂当"义同,参"岂当"条分析。

定当

(185)将持比飞燕,**定当**谁可怜。(南朝梁王训《应令咏舞》;[19]73;[2]335)

有学者以"究竟"释"定当",认为"当"为词缀,如此解确实可通,但据此得出"当"为词缀则可商榷。事实上,"当"可解作"会",用表推测,"定当谁可怜"解作"究竟谁会更可爱"亦全无问题。"定当"还有其他用例,如:

(186)度十五日必济江,故二日知问,须信还知,**定当**近道迎足下也。(东晋王羲之《杂帖》)

(187)段达胁姬威曰:"东宫罪过,主上皆已知之。已奉密诏,**定当**废立。君能告之,则大富贵。"(《北史·隋宗室诸王传》)

（188）自家见了，尚自魂迷；他人睹之，**定当**乱意。（《敦煌变文校注·维摩诘经讲经文》）

此三例"定当"犹一定会，"当"亦表推测。

的当

（189）谩为楚客蹉跎过，却是边鸿**的当**来。……终寻十八高人去，共坐苍崖养圣胎。（唐齐己《寄南岳诸道友》；[2]340）

有学者以"的确、确实"释"的当"，并以"当"为词缀。按："的"有定义，"的当"或当解为定当、必定义，文句以边鸿必定来，以表自己必当修道之决心。

殊当

（190）见使至，兴宗因谓曰："领军**殊当**忧惧。"法荣曰："领军比日殆不复食，夜亦不眠，常言收已在门，不保俄顷。"（《宋书·蔡兴宗传》；[2]337）

（191）孝伯曰："魏主言太尉、镇军并皆年少，分阔南信，**殊当**忧邑。若欲遣信者，当为护送。"（《宋书·张畅传》；[2]337）

此二例有学者以"非常、十分"解释"殊当"。仔细体会文句，可以发现二句所言都是推测："领军殊当忧惧"犹"领军必定十分忧惧"，"殊当忧邑"犹"必定十分忧愁"，这种推测正是"当"之功能的体现。需要注意的是，程度副词"殊"与"当"的语序与今不同，而这在古文献中并不少见。

上举很多搭配组合松散，"当"未承担主体功能，所以很多情况下解作无义的词缀似乎没有问题，然而，如果我们采取另一种检测方式：去掉"当"前的成分，可以发现"当"的功能可以明显感知。

为当

（192）今须摩提女为满富城中满财长者所求为婚，**为当**可与？**为当**不可与？（三国吴支谦译《须摩提女经》；[19]73）

（193）"我有小儿，始欲觅婇，未有定处。卿此小女可为婚匹。"邠池言："事不宜尔。"满财自怨："何以故事不宜尔？**为当**门望不齐？**为当**居生不等？"（三国吴支谦译《须摩提女经》；[32]237）

(194)殷仲堪《常用字训》亦引服虔《俗说》,今复无此书,未知即是《通俗文》,为当有异?近代或更有服虔乎?不能明也。(《颜氏家训·书证》;[2]342;[32]237)

(195)宋熙寺慧令谘曰:"……而言不生即生,生即不生。为当体中相即?为当义中相即?"(南朝梁萧统《令旨解二谛议》;[32]237)

(196)但迁徙之日,为当使人?为当使鬼?(南朝梁武帝《答陶弘景书》;[2]342)

(197)又云宜先定圣心,所以应会之道,为当唯照无相邪?为当咸睹其变耶?(东晋释僧肇《答刘遗民书》)

上举用例,"为当"用表选择,"当"是否为词缀成分呢?我们看下面这个用例:

(198)单于使咸报曰:"当从塞内还之邪,从塞外还之邪?"(《汉书·匈奴下》)

这个"当"亦用于选择问句中①。与"当"功能相当的"将"亦有此功能,如:

(199)将子有亡国之事,斧钺之诛而为此乎?将子有不善之行,愧遗父母妻子之丑而为此乎?(《庄子·至乐》)

(200)若所市于人者,将以实笾豆,奉祭祀,供宾客乎?将炫外以惑愚瞽乎?(明刘基《卖柑者言》)

我们以为"为当"组合表选择,是由"当"表推测的功能参与组合。

六、"当"之将来义及相关争议用例

(一)"当"有将来义

"当"表"将"乃其常用义,《仪礼·特牲馈食礼》:"佐食当事,则户外南面。"郑玄注:"当事,将有事而未至。"西晋张华《博物志》卷三:"时西王母遣使乘白鹿,告帝当来,乃供帐九华殿以待之。"

---

① 由于阅读量有限,且受检索条件的限制,目前我们没有找到更多用例。

(二)诸家所举用例辨析

长当

(201)**长当**从此别,且复立斯须。(西汉李陵《与苏武三首》;[19]73)

(202)愿能同四忍,**长当**出九居。(南朝梁萧纲《望同泰寺浮图》;[19]73)

“长当”即“长将”,“长当从此别”犹“将长从此别”,“长当出九居”犹“将长出九居”。

方当

(203)兄文**方当**日多,但文实无贵于为多。(西晋陆云《与兄平原书》;[19]73)

(204)上坐便言:“**方当**乖别,必欲言其所见。”(《世说新语·规箴》14条;[2]335)

(205)由对曰:“**方当**有荐木实者,其色黄赤。”(《后汉书·杨由传》)

(206)但伤诸女**方当**适人,而不渐训诲,不闻妇礼,惧失容它门,取耻宗族。(《后汉书·列女传》)

“方”有将义,《诗·秦风·小戎》:“方何为期,胡然我念之?”马瑞辰通释:“方之言将也。”东汉荀悦《汉纪》卷四:“信方斩,叹曰:‘悔不用蒯通之言,为女子所执。’”“方当”乃同义复合,文献中同义的“方将”用例极多,此举一例:

(207)有一丈夫**方将**厉之,孔子使人并涯止之曰:“此悬水三十仞,圜流九十里,鱼鳖鼋鼍不能居也,意者难可济也。”(《孔子家语》卷二)

“方当”组合,“当”还可用表推测,“方当”犹将必义,如:

(208)幼以戚属召见,孝武谓谢庄曰:“此小儿**方当**为名器。”(《南齐书·江敩传》;[2]336)

(209)妾遇新缣,自然心伏;妻闻裂帛,**方当**含笑。(北周庾信《谢赵王赉丝布启》;[2]335)

甫当

(210)自谓永终身,志气**甫当**舒。何意中见弃,弃我就黄垆。(三国魏吴质《思慕诗》;[19]73)

(211)过去当来今现在佛天中天,皆为人中尊,悉于其中作佛,**甫当**复出索佛道者,皆当于其中得佛道。(东汉支娄迦谶译《道行般若经》卷二;[2]336)

“甫当”犹甫将,正要、正将义,可比较“甫将”用例:

(212)肇自岐年,王佐之目已表;**甫将**丱岁,弼谐之寄更宣。(东魏《元显墓志》)

(213)或年**甫将**立,或岁未强仕。(隋江总《让吏部尚书表》)

(214)夫报楚王而值晋衅,命之阨也甚。**甫将**避难以归故邪,岂复就晋耶!(明王逢年《天禄阁外史》卷八)

将当

(215)郭景纯过江,居于暨阳。墓去水不盈百步,时人以为近水,景纯曰:“**将当**为陆。”(《世说新语·术解》第7条;[2]336)

“将当”即将要,这个词看作同义复合显然更加合理。

特当

(216)操题其主者背以徇曰:“行小斛,盗军谷。”遂斩之,仍云:“**特当**借汝死以厌众心。”(《世说新语·假谲》第3条刘孝标注引《曹瞒传》;[19]73)

有学者以“特别”“特地”释“特当”,并以“当”为词缀。按:“特当”可解作“特将”,可比较“特将”用例:

(217)陛下诚能行臣所陈,则怀宝抱璞之徒,**特将**竭力致身,以趋圣世。(东晋袁宏《后汉纪》卷二一)

行当

(218)**行当**折摇,思复念之。(汉佚名《妇病行》;[2]337)

(219)**行当**糜烂尽,坐共灰尘灭。(唐王绩《古意》;[2]338)

(220)**行当**蒙顾问,吴楚岁频饥。(唐刘长卿《送王端公入奏上都》;[2]338)

“行”有将义,《商君书·算地》:“民胜其地务开,地胜其民者事来,开则行倍。”高亨注:“行,将也。”南宋吴曾《能改斋漫录》卷一二:“(旁舍生)乃谋于妻,以女鬻于商人,得钱四十万,行与父母诀,此所以泣之悲也。”“行当”乃同义复合,将要义。

终当

(221)摩可浓,巷巷相罗截,**终当**不置汝。(南朝宋佚名《华山畿》;[2]340)

(222)焕曰:“本朝将乱,张公当受其祸。此剑当系徐君墓树耳。灵异之物,**终当**化去,不永为人服也。”(《晋书·张华传》)

“终当”犹终将,可比较“终将”用例:

(223)吴起、二陈之畴,**终将**无所展其才干。(《晋书·慕容儁载记》)

适当

(224)或**适当**自雨,恶君求之,遭遇其时。(《论衡》卷十五;[2]341)

句中“适”表正好,“当”乃将要义。

还当

(225)云移莲势出,苔驳锦文疏。**还当**谷城下,别自解兵书。(《陈诗》卷一阴铿《咏石诗》;[2]336)

“还当”之“当”当为将义。另“当”还可充当介词,引介处所,此处亦不能排除这种可能。

何当

(226)**何当**大刀头,破镜飞上天。(《玉台新咏》卷一〇《古绝句四首》其一;[32]235)

(227)故见鄙姿,逢君辉光。身远心近,**何当**暂忘。(东晋干宝《搜神记》卷一六;[32]235)

(228)褚季野问孙盛:"卿国史**何当**成?"孙云:"久**应**竟,在公无暇,故至今日。"(《世说新语·排调》25 条;[32]235)

(229)一去数千里,**何当**还故处。(《乐府诗集》卷二五《紫骝马歌辞》;[32]235)

(230)"兄**何当**还?"答曰:"织女暂诣牵牛,吾去后三千年**当**还耳。"(东晋陶渊明《七月七日夜咏牛女》;[32]235)

(231)红妆几时尽,荡子**何当**来。(南朝梁简文帝《晓思诗》;[32]235)

(232)聪大怒曰:"吾为万机主,将营一殿,岂问汝鼠子乎!不杀此奴,沮乱朕心,朕殿**何当**得成邪!"(《晋书·刘聪载记》;[32]235)

(233)泰始七年,伯玉又梦太祖乘船在广陵北渚,见上两掖下有翅不舒。伯玉问**何当**舒,上曰:"却后三年。"(《南齐书·荀伯玉传》;[32]235)①

(234)**何当**共剪西窗烛,却话巴山夜雨时。(唐李商隐《夜雨寄北》)

以上"何当"可解作何时,万久富等(2006:236)对其性质作了分析,他指出:

"何当"一词中,作为表"将要"义的助动词"当"虚化后,原有的意义,已转入到一般疑问词"何"之中,使"何当"在整体上具有了"何时"义。或者可以说,在词组阶段,当一般疑问词"何"与助动词"当"组合后,即转化为代时间的疑问语词了。一旦"当"虚化为词尾,"何"在整体上自然可指时间。构成了"何当=何时"这一等式。"谁当"中"当"的虚化则没有这样的过程。我们还注意到,就在"何当"通行的这段时期,"何时"、"当何时"、"何时当"的用法是屡见不鲜的,区别在于"何时"可表过去时间、现在时间、将来时间,而"何当"则一般只表示将来时间,这可能与"何当"作短语阶段时"当"表示将来的语义有关系。至于"当何时"与"何时当"则显然是词组,其结构不同于"何当"。……如果从用例

① 万文举有 11 例,此将宋代之后用例省去。

的多少和用例的语料类型来分析，应该说“何当”的使用频率、适用范围远远不及“何时”，这一点可以说明“当”作为中古新生词尾的某种特殊性。

从其分析来看，“何当”来自“何时当”，“当”原表将来。既如此，将“当”定性为词缀就需要注意以下两个问题：第一，“当”的将来义有没有消失？从“何当”多限于表将来时间来看，“当”的功能显然仍然存在。事实上，在以上所举很多用例中，“何当”解作“何时将”都没有问题。另上举(228)例及(230)例很值得我们注意，(228)例前问“何当成”，后答“久应竟”，(230)例前问“何当还”，后答“去后三千年当还”，这种对应亦可佐证“当”的功能并未消失。第二，“何当”是“何时当”在使用中简缩而成，并无普遍性，且不具有类推性，因此，即便“当”不为义，亦不能因此而将其定性为词缀。

蒋宗许先生另举有两个“何当”用例：

(235)何当此子，竟早陨灭，戏言遂验乎？(《三国志·魏书·朱建平传》；[1]194)

(236)且伦、秀凶虐，动加诛夷，欲立威权，自当显戮，何当逼令自裁？(《世说新语·贤媛》17条刘孝标注；[19]73)

例(235)，何当，《三国志》实作“何意”，蒋宗许(2009:197)先生认为乃后人不知“何当”犹“为何”而臆改，我们以为未必：我们利用《中国基本古籍库》作了检索，发现宋代之前的《太平御览》、《册府元龟》引均作“不意”，作“何当”明代之后方始出现；另外，“何当”多表何时将，而此例中的用法未见他例，故“何当”更可能为“何意”之误。例(236)，“何当”原文实作“何为”，蒋文误录。

乃当

(237)适得孔彭祖书，得其弟都下七日书，说云子暴霍乱亡，人理乃当可耳，惋惋。(东晋王羲之《杂帖》；[19]73)

此例有学者以“究竟”释“乃当”，“当”为词缀，并认为“可”当是“何”之误字，犹言“为何”。我们看以下两个用例：

(238)岂谓奄失此女，悠惜深至，恻切心怀。婕哀念当可为心。(东晋王献之《杂帖》)

(239)云顿首顿首：天灾横流，祸害无常，何图永曜，奄忽遇此。凶问卒至，痛心摧剥，奈何奈何！想念笃性，哀悼切裂，当可堪言。(西晋陆云《吊陈永长书》)

此二例与例(237)语境相似，“当可”当解作“将如何”，例(237)中的“当可”亦可如此解。

(240)刘道锡云是炳之所举，就道锡索嫁女具及祠器，乃当百万数，犹谓不然。(《宋书·谢方明传》；[32]236)

此例万久富等(2006:236)亦以“竟然”释“乃当”，可商。句中“当”乃动词，抵、值义，可比较以下二例：

(241)汉以一斤金为千金，当一万钱也。(《史记·项羽本纪》“吾闻汉购我头千金”张守节正义)

(242)其珠价当百万，吾惧怀宝越乡，因剖肉而藏焉。(《太平广记》卷四〇二)

七、“当”之恰当、合适义与相关争议用例

(一)“当”有恰当、合适义

“当”有恰当、合适义，《礼记·乐记》：“古者天地顺而四时当，民有德而五谷昌。”孔颖达疏：“当，谓不失其所。”陆德明释文：“当，丁浪反。”唐吴兢《贞观政要》卷五：“夫淫泆盗窃，百姓之所恶也。我从而刑罚之，虽过乎当，百姓不以我为暴者，公也。”

(二)诸家所举用例辨析

适当

(243)昔萧何镇守关中，足食成军，亦适当耳。(《三国志·魏书·钟繇传》；[2]328,341)

(244)高下适当，轻重得宜。(北宋苏轼《十八大罗汉赞》；[2]328,

341）

“适当”即合适，看作同义复合显然更加合适。

允当

（245）诚能赏罚**允当**，……则士思果毅，人乐奋命。（《抱朴子·外篇》卷二四；[2]328）

（246）文瓘至官，旬日决遣疑事四百余条，无不**允当**。（《旧唐书·张文瓘传》）

“允当”即公平、合适，亦为同义复合，文献中有同义倒序词“当允”，可以佐证：

（247）每见世人有好论人物者，比方伦匹，未必**当允**，而褒贬与夺，或失准格。（《抱朴子·外篇》卷五〇）

谐当

（248）这桩事，却有些不**谐当**，邻舍们都知了，来打和哄。（明冯梦龙《喻世明言》卷三；[2]329）

“谐当”犹合适、恰当，亦为同义复合。

妥当

（249）进了大门，望西一拐，便是三间客厅，铺设也还**妥当**。（清刘鹗《老残游记》第三回；[2]329）

（250）外面的人因那媳妇子不**妥当**，便都说妖怪爬过墙吸了精去死的。（《红楼梦》卷一〇二；[2]329）

“妥当”乃稳妥恰当义，亦为同义复合。

稳当

（251）此说甚为**稳当**，切更思之。（唐韩愈《答侯生问〈论语〉书》；[2]328）

（252）子贡所以请问其次者，盖谓自省见得有未**稳当**处。（南宋朱熹

《答范伯崇书·子贡问士》)

“稳”有妥当义,唐杜甫《长吟》:“赋诗新句稳,不觉自长吟。”“稳当”即“稳妥”,乃近义组合。

停当

(253)臣等以九月十九日发武昌,以二十四日达夏口,辄简卒搜乘,**停当**上道。(《晋书·庾亮传》;[2]328)

(254)夫子言文质彬彬,自然**停当**恰好,不少了些子意思;若子贡文犹质,质犹文,便说得偏了。(《朱子全书》卷一四)

“停当”犹妥当,亦当为同义复合。

切当

(255)房璘至人家,凡阅四筵,摘其品物,互征古事,一一**切当**。(唐冯贽《云仙杂记·品物互征古事》;[2]328)

(256)为文叙事要在**切当**,不必引证以求奇也。(南宋陈鹄《耆旧续闻》卷五;[2]328)

“切当”犹贴切、恰当,同义复合。

恰当

(257)禽兽畜牲强盗奴狗既不足以骂人,则当以何者骂人乃为**恰当**。(明李贽《寒灯小话》;[2]329)

“恰当”亦为同义复合。

正当

(258)左朝奉郎叶衡、右迪功郎孙伯虎,文章清古,议论**正当**。(南宋陈亮《与周参政书》;[2]328)

(259)所论《春秋》诸家及胡文定作传之旨,极为**正当**。(清顾炎武《答俞右吉书》)

(260)但这也须自己有**正当**的主见。(鲁迅《书信集·致徐懋庸》)

此三例“正当”乃正确恰当义，属近义复合。

顺当

(261)今日清早起开铺，就算着这一卦，好不顺当！我也不起卦了。(元王晔《桃花女》楔子；[2]328)

(262)因见小人勤谨，安排的好菜蔬，调和的好汁水，来吃的人都喝彩，以此买卖顺当。(《水浒传》第一〇回)

“顺当”可以重叠，如：

(263)及至拿出贾琏名片，知道是贾府的，就顺顺当当地放他过去。(周汝昌《红楼真梦》六一回)

“顺当”犹顺利。

便当

(264)幸喜本日刮的是北风，所以向东向西都是旁风，使帆很便当的。(清刘鹗《老残游记》第一回；[2]341)

“便当”与“顺当”义近。

“顺当”与“便当”二词，虽没有直接使用妥当义，但妥当、恰当则顺，故我们认为“当”乃因此而参与组合。

了当

(265)臣深体国事之急，愤激于怀，是以承命出征，不暇辞请，今来并已收复了当。(南宋岳飞《奏乞罢制使职事状》；[2]323)

(266)玄德吩咐了当，乃统马步军三万，离徐州望南阳进发。(明罗贯中《三国演义》第一四回；[2]323)

(267)我和你明日饭罢去寺里，只要证明忏疏，也是了当一头事。(《水浒传》第四五回；[2]323)

(268)雨意云情了当，岭头驾动河车。(元萧廷芝《西江月》)

(269)这里些子，是衲僧性命根本，更总不消得如许多葛藤，只消道个忽悟水因，自然了当。(南宋圜悟克勤《碧岩录》卷八)

“了当”有完结义，同时也有妥当义，故我们认为“当”乃以妥当义参与组合，这个词使用中可能偏重于“了”，但不能因此认为“当”为词缀成分。

隐当

(270)言语宏大无隐当也。(《庄子·逍遥游》“大而无当”，唐陆德明《释文》引司马彪注；[2]321)

有学者以“凭靠”释“隐当”，并将“当”看作词缀。按：此句出自注文，“隐当”显然针对文中“大而无当”之“当”而释，义甚实在。三先谦《庄子集解》：“释文：‘丁浪反。’按：当，底也。《淮南·本经训》：‘留于口，则其言当。’《齐俗训》：‘晋平公出言而不当。’注：‘当，合也。’此谓接舆之言夸大，而于情理无所合也，故下言‘不近人情’焉。”我们认为“隐当”即“稳当”，参上“稳当”条。

(271)远望千里烟，隐当在欢家。欲飞无两翅，当奈独思何？(《宋诗·清商曲辞·乌夜啼》；[2]321)

有学者认为此例“隐当”为隐藏义。从前后文看，我们认为“隐”当为揣度义，《管子·禁藏》：“是故君子上观绝理者以自恐也，下观不及者以自隐也。”尹知章注：“隐，度也。”“当”则表推测，“隐当在欢家”犹揣度千里烟处应当为欢之家。

文献中还有“的当”一词，诸家未举，亦属上举类别：

的当

(272)细观息象明白，次观穴情的当，然后以斩法施之，则上下左右自成体段。(唐杨筠松《葬法倒杖》)

(273)此日会中歌的当，此时筵内赞和谐。(《敦煌变文集新书·维摩诘所说经讲经文》)

(274)这僧礼拜，末后僧却作舞，大光云“这野狐精”，不是转这僧，毕竟不知的当。(南宋圜悟克勤《碧岩录》卷一〇)

(275)后来吕省元做《宣和讲篇》，说得宣和过失最是的当。(《大宋宣和遗事·亨集》)

“的”有准确义，“的当”即准确恰当。

八、“当”表假设用法及相关争议用例

(一)“当”可用表假设

“当”可用表假设,《墨子·法仪》:“然则奚以为治法而可?当皆法其父母奚若?”孙诒让间诂引王引之曰:“‘当’并与‘倘’同。”北宋苏洵《权书下·六国》:“向使三国各爱其地,齐人勿附于秦,刺客不行,良将犹在,则胜负之数,存亡之理,当与秦相较,或未易量。”

(二)诸家所举用例辨析

若当

(276)善友太子击鼓唱令:“汝等诸人,谁欲入海?入者默然;若当恋着父母、兄弟、妇儿、阎浮提乐者,从此还归,莫为我故。”(失译《大方便佛报恩经》卷四;[2]342)

(277)诸龙问言:“我等若当离王少时,命不得存。”(三国吴支谦译《菩萨本缘经》卷下;[2]342)

“若当”犹如果、假如,乃同义复合。其同义倒序词“当若”亦有用例,如:

(278)故当若天降寒热不节,雪霜雨露不时,五谷不孰,六畜不遂……此天之降罚也,将以罚下人之不尚同乎天者也。(《墨子·尚同中》)

另有一个用例需要讨论:

(279)若当灸,不过一两处,每处不过七八壮,病亦应除。若当针,亦不过一两处,下针言:“当引某许,若至,语人。”(《三国志·魏书·方技传·华佗》;[2]342)

有学者将例中“若当”看作一词,我们认为“若”表假设,“当”乃应当义。此文后有一句相似的描述:“若病结积在内,针药所不能及,当须刳割者,便饮其麻沸散,须臾便如醉死无所知,因破取。”“当须刳割者”即与“当针”“当灸”相应。

设当

(280)此地初无水至,**设当**有水至此,此之众宝、饮食衣被、婇女五乐,何由而有?(旧题后汉康孟详译《佛说兴起行经》;[2]342)

(281)今若不与,则违本要;**设当**与者,非我所有。(三国吴支谦译《菩萨本缘经》卷上;[2]342)

(282)佛言:"**设当**毁失四重之禁,以权消罪,众患悉除。是族姓子,为菩萨道,无有罪衅。"(西晋竺法护译《慧上菩萨问大善权经》卷上;[2]342)

(283)夫人言:"**设当**我身有变易者,大王有愁忧乎?"(东晋僧伽提婆译《增壹阿含经》卷六;[2]342)

此数例"设当"犹假使。另有一例需要讨论:

(284)太阴为病,脉弱,其人续自便利,**设当**行大黄芍药者,宜减之,以其人胃气弱易动故也。(东汉张仲景《伤寒论》上编;[2]342)

此例有学者将"设当"看作一词,我们以为"当"亦应当义,其用法可参看上例(279)。

九、"当"用作"党"及相关争议用例

诸家还举有置于人称代词或人名之后充当后缀的"当",王云路先生(2010:299)认为这种"当"或为"党",我们赞同这种看法:

吾当

(285)知远怒将洪信喝:"匹夫开眼觑**吾当**。"(金《刘知远诸宫调》;[19]75)

(286)寡人呵万里烟尘,你也合嗟讶。就势儿把**吾当**唬,国家又不曾亏你半掐。(元白朴《梧桐雨》第三折;[19]75)

"吾当"犹吾辈,吾侪,可比较"吾党"用例:

(287)何时临涧柳,**吾党**共来攀?(唐贾岛《石门陂留辞从叔謩》诗)

(288)究**吾党**之所为,盖不至于灭四千年之文物。(严复《论世变之亟》)

伴当

(289)若到人家里,见了那好古玩,好器皿,琴棋书画,他家里倒有,我家里倒无,教那**伴当**每借将来。(元武汉臣《生金阁》第一折;[19]75)

(290)日在荒郊野店之中,两个**伴当**齐生起病来。(清李渔《玉布团》卷四;[19]75)

(291)莫不他同买卖是新**伴当**?(元孟汉卿《魔合罗》第四折)

可比较"伴党"用例:

(292)于是众贾共思量言:"我等**伴党**,尽是亲属,如何可杀?"(南朝齐求那毗地译《百喻经·杀商主祀天喻》)

(293)**伴党**六个贼,劫掠法财珠。(《寒山诗》第272首)

臣当

(294)愿其陛下,造其战书,**臣当**敢送。(《敦煌变文集新书·汉将王陵变》;[11]85;[2]299)

此例王先生采用江蓝生等(1997:85)的看法,认为"臣当"即臣,我们以为或可商榷。"当敢"乃文献常用词,犹将敢,如:

(295)导闻之,曰:"王茂弘驽痾耳,若卞望之之岩岩,刁玄亮之察察,戴若思之峰岠,**当敢**尔邪!"(《晋书·卞壸传》)

(296)今乃迫于情礼,岂暇缄藏?倘鉴幽情,**当敢**披露。(《太平广记》卷四九二)

例(294)如此解全无问题。另《敦煌变文集》有多例"臣当"连用,"当"均有实义。

吾当

(297)汝且向前,**吾当**即至。(《敦煌变文集·大目乾连冥间救母变文》;[11]85)

此例王云路先生认为用同"吾党",我们认为"当"乃将义,"即"乃立刻义,此类用法的"当即"十分常见,如:

(298)刘幽求已共臣作定谋计讫,原以身正此事,赴死如归。臣既职典禁兵,若奉殿下命,**当即**除翦。(《旧唐书·刘幽求传》)

(299)绍流涕曰:"佶遣臣贡奉,无虑五十万,**当即**至。"(《新唐书·王绍传》)

陵当

(300)王陵谓灌婴曰:"下手斫营之时,左将丁腰,右将雍氏,各领马军百骑,把却官道,水切不通。**陵当**有其一计,必合过得!"灌婴谓王陵曰:"请大夫说其此计!"(《敦煌变文集·汉将王陵变》;[11]85;[2]299)

从文句可知,"陵当有其一计"并非指说话之时有一计,而是下手斫营之时,换句话说,"有其一计"乃将来之事,故此例"当"或表将义。

十、唐五代后的一些特殊组合

诸家所举用例中,还有一些唐五代兴起、主要用于口语性较强的文献中的组合,"当"似乎无义。可构成动词,如:

(301)纵由**算当**更无人,应是三宝慈悲力。(《敦煌变文校注·大目连冥间求母变文》;[2]323)

(302)食即众厨飡,童儿更**护当**。(《王梵志诗·佐史非台补》;[2]323)

(303)近日书来,寒暄而已,苦没忉忉言语。便认得、听人**教当**,拟把前言轻负。(北宋柳永《击梧桐》;[19]75)

(304)维摩卧疾于方丈,佛敕文殊专**问当**。(《敦煌变文校注·大目连冥间救母变文》;[19]75)

(305)他日君来相**问当**,南溪溪北北山前。(南宋杨万里《和张器先十绝》;[19]75)

(306)僧云:"如何是第二月?"师曰:"也要老兄**定当**。"(《抚州曹山元证禅师语录》;[19]75)

(307)如今必有辨浮沉、识深浅底汉,试出来**定当**水脉看。(南宋普济《五灯会元》卷七;[19]75)

(308)但得新妇来管当家事，复何所觊。（元赵孟頫《二哥贴》；[19]75）

“算当”犹算计、考虑；“护当”即护卫、保护；“教当”乃教、教唆义；“问当”乃问候、问讯义；“定当”犹定，确定。①

可构成名词，如：

(309)自逞说喽罗，聪明无益当。（《寒山诗》第153首；[2]296）②

(310)生促死路长，久住何益当。（《王梵志诗·不见念佛声》；[2]296）

(311)翁翁感叹少年郎，这人时下别无向当，久后是一个潜龙帝王。（金《刘知远诸宫调》；[19]75）

(312)岂知你故人名望，也不问别来无恙；放下一张饭床，上面都没摆当。（元佚名《冻苏秦》三折；[19]75；[2]296）

(313)猪有猪圈，羊有羊棚，后生无些样当，弗见更个面光。（明冯梦龙《山歌·歪缠》；[19]75）

(314)这老残既无祖业可守，又无行当可做，自然“饥寒”二字渐渐的相逼来了。（清刘鹗《老残游记》第一回；[2]296）

“益当”犹利益、好处；“向当”犹言去处；“摆当”犹摆设；“样当”犹样子；“行当”犹职业、工作。

可构成副词，如：

(315)你父平王，至当无道，与子娶妇，自纳为妃。（《敦煌变文集·伍子胥变文》；[2]340）

(316)小子子胥，深当不孝。（《敦煌变文集·伍子胥变文》；[2]340）

(317)“如今若见远公，实当不识。”善庆曰：“既言不识，疏抄从甚处得

---

① 此释义采用举例者的看法，下名词类、副词类同。

② “益当”更多为松散组合，常用表“更应当”，如：《金史·古里甲石伦》：“有司议罪如此，汝其悉之，益当戮力，以掩前过。”《钦定大清会典事例》卷二一：“今御门听政之初，益当寅畏小心。”

来。"道安答曰："向远公上足弟子云庆和尚处得来。"善庆曰："若觅诸人，**实当**不是；若觅远公，只这贱奴便是。"（《敦煌变文集·庐山远公话》；[2]340）①

（318）三姑，我着你晒一晒，**真当**不肯。（元佚名《货郎旦》第二折；[2]340）

（319）**真当**骚，**真当**骚，大门阁落里日多阛介两三遭，小阿奴奴好像寺院里斋僧来个便有分，我情郎好像撑船哥各人有路各人摇。（明冯梦龙《山歌》卷一）

（320）昨日这伙子斫头的们只是不听我说，**白当**的叫他带累的我吃这们一顿亏。（清西周生《醒世姻缘传》第二一回；[2]341）

（321）你只说他老实，**白当**叫他做出来才罢。（《醒世姻缘传》第四〇回）

"至当"犹极其；"深当"犹十分、非常；"实当"犹实在、确实；"真当"犹真地；"白当"即白白地，平白无故。

以上这些组合与诸家所举中古用例存在明显不同，它们多用于口语性较强的文献中，"当"意义较虚，其来源及性质尚需考察，其中有些似乎是助词。这些用法是由"当"虚化而来，还是单纯以"当"记音，尚不清楚。由于本书主要研究中古汉语词缀，而此类用例多始见于近代汉语，故在此不作讨论。

第

"第"与数词组合表数之序古今都十分常见，对"第"的定性也比较一致："第"为前缀，表次序，如《现代汉语词典》、王力《汉语史稿》(2003：256—257)。蒋宗许先生(2009)亦持此观点，他举了很多用例，并进行了深入细致的分析。此引其中几例：

---

① 早期"实当"连用，组合松散，多表"确实应当"义。如《太平经》卷四七："今天地实当有仙不死之法，不老之方，亦岂可得耶？"隋杨广《敕度一千人出家》："而德化弗弘，刑罚未止，万方有罪，实当忧责。"

(1)光武帝，建平元年十二月甲子生于济阳宫后殿第二内中。(《论衡》卷二；[1]114)

(2)羊去，下语曰："我以第一理期卿，卿莫负我。"(《世说新语·宠礼》第6条；[1]114)

(3)不造第二，云何得造第三重屋。(南朝齐求那毗地译《百喻经·三重楼喻》；[1]115)

(4)乡园不见重归鹤，姓字今为第几仙。(唐元结《枯井》；[1]115)

(5)高宗天皇大圣大弘孝皇帝讳治，字为善，太宗第九子。(《新唐书·高宗纪》；[1]115)

蒋先生认为"第"之古字为"弟"，并分析了其变为词缀的过程(2009:116)："第"通常义为次第，等级，到了汉代，次第的意义逐渐淡化，常用在数词前边，表示某一概念的顺序，汉末魏晋而下，"第"用在数词前作为数序前缀的特点更加突出，等级次第的意义一般不再有了，而且不再像初期如《史记》中数词后不带名词，在汉末时，数词后往往带上了名词。这是很重要的一次演变，因为有了名词在后头，序数的性质更确定了。

蒋先生的论述未提及"第"作动词的用法，而这对于"第"的认识很重要，以下试作讨论。"第"本义为次第义，《广雅·释诂三》："第，次也。"《左传·哀公十六年》："楚国第，我死，令尹司马，非胜而谁？"东汉班固《白虎通义》卷一："侯者百里之正爵，上可有次，下可有第，中央故无二。五十里有两爵者，所以加勉进人也。"由此引申，"第"可作动词，表依据一定的标准编排次序，如《国语·周语下》："由是第之：二曰太蔟，所以金奏赞阳出滞也。三曰姑洗，所以修洁百物，考神纳宾也……"《管子·度地》："凡一年之事毕矣，举有功，赏贤，罚有罪，迁有司之吏而第之。"《尚书·洪范》"天乃锡禹《洪范》九畴"孔安国注："天与禹洛出书，神龟负文而出，列于背，有数至于九，禹遂因而第之，以成九类。"《周礼·春官宗伯》"以岁时序其祭祀"郑玄注："序，第次其先后大小。"南朝梁释僧佑《出三藏记集》卷七："昔传此时，有所不出，会将炎来，更从谘问，受此偈等，重得十三品，并校往古，有所增定，第其品目，合为一部三十九篇。"此种用法的"第"之后也可接数词，表排列的位次，如《史记·萧相国世家》："平阳侯曹参身被七十创，攻城略地，功最多，宜第一。""宜第一"即应当排在第一位，

“第”乃动词。《史记·陈丞相世家》:“于是孝文帝乃以绛侯勃为右丞相,位次第一;平徙为左丞相,位次第二。”①

书籍篇目中常用第一、第二编次,古代学者对其来源作了分析,《周礼·天官》“天官冢宰第一”,贾公彦疏:“第一者,第,次也,一者数之始也。次第之中处一,故云第一也。”《谷梁传·隐公元年》“春秋谷梁传隐公第一”,杨士勋疏:“《说文》‘第’训次。谓次第之一,当其中,故谓之第一。”这种分析揭示了第一、第二等与表编排次序的动词“第”的关系,也体现了“第”与数词组合由词组融合为词的重要过程。因形式一样,词组与词有时很难区别,而当它的后面带上了名词之后,则标志着转化的正式完成,这也是蒋宗许与王力都强调“第～”之后出现名词的原因。不过,“第”与数词的组合实际上并不是特别紧密,现代汉语中我们可以针对其中的数来提问,如:“你考了第几名。”“几”用以替代数字,而不是“第+数”这一组合整体。另外,当数字不再是单音节时,从语感上也可明显感知组合的松散。

再来审视一下“第”的性质。“第”本为次序义,用作动词表编排数之序,与数词组合发展成表序的数词,无论怎么看,“第”的意义都很实在,与通常所说的词缀不表实义明显不合,何以大家都将它看作词缀呢?可能与它与数词组合可无限类推且位置固定有关。而事实上,由于数词的性质太过一致,这种类推并无特别意义,因为从理论上讲,能与“一”搭配的任何语素,与“二”“三”“四”等搭配一般也不会有问题。

毒

朱庆之先生(1992:146—148)认为语言中有些“毒”主要起扩充音节作用,并举有诸多用例。蒋宗许先生(2009:178—180)在举例的基础上,直接将“毒”定性为词缀,他指出:

> 上列的“X毒”双音词(指蒋文所举组合,详见下文)都应该是后缀式

① 此二例《汉语史稿》(2003:256—257)作为动词用例,而蒋宗许(2009:116)则作为“汉代次第意义逐渐淡化,用在数词前边,表示某一概念的顺序”的论据。与“第”作动词用例相较,我们更赞同《汉语史稿》的看法。

双音词，因为其中的“毒”既不表义，且与词根紧密贴合在一起。不过，这种组合它只见于汉译佛典中，并未对中土文献产生影响，其间原因不好解释；再者，中古的许多词缀是由实词而渐次虚化形成，而“毒”何以成为一个构词语素亦不明就里。或许，这是一个西北方言的记音词，与“毒”的词义本不相联系。

上述看法存在两个问题：第一，从两家所举用例看，“毒”的意义非常实在，分别表痛苦、忧愁与怨恨义，并非后缀；第二，“毒”是一个地地道道的中土成分，两家所举由“毒”构成的组合大多在中土文献及佛典中都有使用。以下我们结合“毒”之语素义，针对蒋文所举组合分类加以阐释。

一、“毒”之痛苦义及相关争议用例

（一）“毒”有痛苦义

《说文·屮部》：“毒，厚也，害人之草，往往而生。”徐灏笺：“毒之本义为毒草，因与笃同声通用而训为厚耳。”“毒”本义为有毒之草，引申可指毒害，毒害必使其对象痛苦，故“毒”有痛苦义。《广雅·释诂二》：“毒，痛也。”王念孙疏证：“《大雅·桑柔篇》：‘宁为荼毒。’郑笺以‘荼毒’为‘苦毒’，陆机《豪士赋序》‘身猒荼毒之痛’，是荼、毒皆痛也。”《广韵·沃韵》：“毒，痛也，苦也。”

（二）诸家所举此类用例辨析

悲毒

（1）见人众号慕，皆与悲毒俱。（西晋竺法护译《方等般泥洹经》上；[3]146；[1]178）

此“悲毒”为悲痛义，这个词在汉代的中土文献中即已出现，如：

（2）怊怅，恨貌也。言己终抚我情，寂漠不言，然怊怅自恨，心悲毒也。（《楚辞·七谏·哀命》“然怊怅而自悲”汉王逸注）

此例王逸以“悲毒”对释“悲”。

（3）言己远扬精诚，虽欲自竭尽，终无从达，故女媭牵引而责数之，为己太息悲毒，欲使屈原改性易行，随风俗也。（《楚辞·九歌·云中君》“女

婵媛兮为余太息"王逸注)

此例"悲毒"亦为悲痛义。"悲毒"在中土文献及佛典中都很少用,此再举佛典中二例,以证其义。

(4)比丘闻其所说,心生悲毒,泣泪满目。(南朝宋求那跋陀罗译《杂阿含经》卷二三)

(5)于是首不能俯,视唯天外。骤雨飘风,流入鼻口。饮食渗漱,非意艰辛。岂直亲邻轻鄙,亦乃自怀悲毒。(唐法藏集《华严经传记》卷四)

酸毒

(6)各各号哭哀,益令我酸毒。(西晋竺法护译《方等般泥洹经》卷上;[3]146)

(7)于是化子现怀瞋怒,杀化父母,其逆罪子遥见化子害化父母,啼哭酸毒,不能自胜。(西晋竺法护译《文殊师利普超三昧经》卷下;[3]146)

(8)为一小鸽,酸毒乃尔。(后秦鸠摩罗什译《众经撰杂譬喻》卷上;[3]146;[1]178)

"酸"单用有悲痛、痛苦义,《正字通·酉部》:"酸,悲痛亦曰酸。"西晋陆机《感时赋》:"矧余情之含瘁,恒睹物而增酸。"此指感情之悲痛。西晋竺法护译《弘道广显三昧经》卷四:"呜呼世尊!吾等受此苦痛无数地狱之酸,六火围绕,烧炙苦毒。"此指肉体之痛苦。"酸毒"同义连文,在汉代的中土文献中即已出现,如:

(9)飘飖殆危,靡安措足。思在蓬蒿,林有朴樕。然常无缘,悲愁酸毒。(西汉刘安《屏风赋》)

此"酸毒"即痛苦义。他例如:

(10)遂令将军结怨天下,吏人酸毒,道路嗟叹。(《后汉书·朱穆传》)

"酸毒"在佛典中用例稍多,此再衍一例,以证其义。

(11)有铁嘴鸟立其头上,啄其两目,苦痛万端,悲号酸毒。(后秦佛陀耶舍共竺佛念译《佛说长阿含经》卷一九)

苦毒

(12)父今何为特见苦毒?(三国吴支谦译《菩萨本缘经》卷中;[3]146)

(13)呜呼世尊!吾等受此苦痛无数地狱之酸,六火围绕,烧炙苦毒。(西晋竺法护译《弘道广显三昧经》卷四;[3]146;[1]179)

(14)譬如有人拘闭牢狱,楚痛苦毒,然后得出。(东晋竺昙无兰译《佛说寂志果经》;[3]146)

上举"苦毒"为辛苦、痛苦义,佛典中多用。而中土文献在汉代即有用例,如:

(15)言哀我之生,不当昭明之世,举贤之时,独蒙苦毒而遇罪过也。(《楚辞·九叹·愍命》"哀余生之不当兮,独蒙毒而逢尤"王逸注)

王逸以"苦毒"释"毒",二者同义,均表痛苦。他例尚有:

(16)曹公忧国家之危败,愍百姓之苦毒,率义兵为天下诛残贼。(《三国志·魏书·凉茂传》)

(17)或僚吏奸赃,部内劫盗者,无问轻重,悉禁地阱中,寝处粪秽,令受苦毒。(《北史·田式传》)

(18)俺身丧番城,又遭此残害,着俺魂魄不宁,好生苦毒,枉做了这一世英雄也呵!(元朱凯《昊天塔》第一折)

"苦毒"还有同义倒序词"毒苦",佛典中早有用例,如:

(19)追命所生,或在乐处,或入毒苦,然后乃悔。(东汉支娄迦谶译《佛说无量清净平等觉经》卷四)

(20)人帝应当知,我今甚毒苦。(后秦鸠摩罗什译《大庄严论经》卷三)

中土文献亦有用例,只是时间较晚,如:

(21)于是捶打铁臼,备诸毒苦,饥不给食,寒不加絮。(《太平广记》卷一二〇)

(22)穷军毒苦,不能尽言。(明唐顺之《条陈蓟镇补兵足食事宜》)

另外,"苦毒"与"毒苦"还可作动词,怨恨义,如:

(23)今天下所以苦毒王氏,归心皇汉者,实以圣政宽仁故也。(《后汉书·索卢放传》)

(24)不以其道去贫贱如何?毒苦贫贱,起为奸盗,积聚货财,擅相官秩,是为不以其道。(《论衡》卷九)

"苦"与"毒"都有怨恨义,《古诗十九首·生年不满百》:"昼短苦夜长,何不秉烛游?""苦夜长"即恨夜长。"毒"表怨恨义见下文第三部分。

"苦毒"在中土文献及佛典中均有大量用例,但佛典中用例更多;相对而言,"毒苦"用例则要少得多。

酷毒

(25)我不惜命,念盲父母年既衰老,两目复盲,一旦无我,无所依仰。以是烦恼,自酷毒耳。(西秦圣坚译《睒子经》;[3]147;[1]179)

"酷"有痛苦义。西晋欧阳建《临终》:"上负慈母恩,痛酷摧心肝。"吕延济注:"酷,苦。"南朝梁任昉《百辟劝进今上笺》:"皇天后土,不胜其酷。"张铣注:"酷当痛也。"二者组合,构成同义复词,表痛苦,上例"酷毒"即为此义①。此种用法的"酷毒"在佛典及中土文献中都有很多用例,中土文献最早出现于汉代,后代文献沿用,如:

(26)积恶致灾天困我,今月七日失阿爹。念此酷毒可痛伤,当以重币用相偿,请为诸君说事状。(东汉戴良《失父零丁》)

(27)遭天凶运,奄至陨没,逆党遘恶,并害三子,冤魂酷毒,莫不悲酸。(《晋书·淮南忠壮王允传》)

(28)则天又令洛州长史宋元爽、御史中丞霍献可等重加详覆,亦无所发明。逮系狱数百人,不胜酷毒,递相附会,以就反状。(《旧唐书·姚璹传》)

① 朱庆之先生将上例"酷毒"释为摧残,联系"酷毒"的其他用例,我们认为解作痛苦更加合适。

“酷”“毒”还可由二语素的残酷、狠毒义复合，表残酷义。佛典及中土文献均有用例：

(29)或为王法，收系着狱，酷毒掠治，戮之都市。(三国吴支谦译《佛说八师经》)

(30)其主长者，甚怀瞋恨。还归在家，鞭挞酷毒，不与水草。(西晋竺法护译《生经》卷四)

(31)回首面内，各怀性命之图；黄发稚齿，咸兴酷毒之叹。(《隋书·炀帝纪下》)

(32)懿宗性酷毒，奏庄初怀犹豫，请杀之，敕依。(唐张鷟《朝野佥载》卷二)

“酷毒”亦有同义倒序组合“毒酷”，只是用例较少：

(33)元之对曰：“自垂拱已来，被告身死破家者，皆是毒酷自诬而死。告者特以为功，天下号为罗织。”(北宋王钦若《册府元龟》卷三一五)

(34)讣音之来，衰绖走哭。上天降罚，何尔毒酷。(元李存《俟庵集》卷二三)

(35)为官为吏，心莫毒酷，常行公正，久远之福。(明陈全之《蓬窗日录》卷七)

第一例为痛苦义；后二例为残酷义。

痛毒

(36)天化为病人，在于道侧。身瘦腹大，躯体黄熟。咳嗽呕逆，百节痛毒。(东汉竺大力共康孟详译《修行本起经》卷下；[3]147；[1]179)

(37)婆罗门言：“我年老耄，正有一子，舍我终亡，悲怜痛毒。”(东汉昙果共康孟详译《中本起经》卷下；[3]147)

“痛毒”即痛苦，中土文献中同样有用例：

(38)自往者大狱已来，掠考多酷，钻钻之属，惨苦无极。念其痛毒，怵然动心。(《后汉书·章帝纪》)

(39)召胤考问，胤为太子隐曰：“杨竺向臣道之。”遂共为狱。竺不胜

痛毒，服是所道。（《三国志·吴书·陆胤传》裴松之注引《吴录》）

(40)司马虽笃疾久，顷转平除，无他感动，奄忽长逝。痛毒之甚，惊惋摧恸，痛切五内，当奈何奈何！省书感哽。（东晋王羲之《杂帖》）

《大词典》释此词为痛苦之甚，将"毒"看作程度副词，其误从上举王羲之《杂帖》"痛毒之甚"可以看出。

"痛毒"亦有倒序词"毒痛"，用例很多，在东汉即出现于中土文献，后代沿用，如：

(41)从者击亭卒数下，亭长闭门，收其诸生人客，皆厌毒痛。（东汉应劭《风俗通义》卷七）

(42)犯冒王怒，触突帝禁，伏于两观，陈诉毒痛，然后登金镬，入沸汤，糜烂于炽爨之下，九死而未悔。（《后汉书·寇荣传》）

(43)胡巫受充意指，妄作蛊状，太子特忿，且欲得其情实，故以火炙之，令毒痛耳。（《汉书·戾太子据传》"乃斩充以徇，炙胡巫上林中"，颜师古注）

佛典中同样早有用例：

(44)天地之间，五道分明。恢廓窈窕，浩浩茫茫。转相承受，善恶毒痛。身自当之，无有代者。（东汉支娄迦谶译《佛说无量清净平等觉经》卷四）

(45)烧骨已烧髓，烧炙甚毒痛。（西晋法立共法炬译《大楼炭经》卷一）

另外文献中还有"惨毒"亦属此类组合，蒋文未举：

惨毒

(46)嗟离思之难忘，心惨毒而含哀。（三国魏曹植《九愁赋》）

(47)念当隔山河，执觞怀惨毒。（西晋孙楚《之冯翊祖道诗》）

"惨毒"乃悲痛、痛苦义，佛典中亦有用例：

(48)饥寒怨憎，轻躁褊狭。忧愁惨毒，嫌责罪负。（后秦鸠摩罗什译

《灯指因缘经》）

(49)窃见大业末年，天下丧乱，二仪惨毒，四海沸腾。（唐彦琮撰《唐护法沙门法琳别传》卷上）

恋毒

(50)鸣呼感恋毒，佛将般泥洹。（西晋竺法护译《方等般泥洹经》上；[3]147）

此例比较特别，“感恋”当为一词，文献常用，如：

(51)吴郡沈丰为郡主簿，太守第五伦母老不能之官，伦每至腊节，常感恋垂泣。（《唐欧阳询《艺文类聚》引谢承《后汉书》）

(52)父早亡，母何氏改醮。密时年数岁，感恋弥至，烝烝之性，遂以成疾。（《晋书·李密传》）

(53)王后复生中印度，马人感恋悲鸣，因号马鸣焉。（南宋普济《五灯会元》卷一）

“毒”乃痛苦义，“感恋毒”与上举“感恋垂泣”用法相当。蒋宗许先生未举此组合，当亦认为“恋毒”并非一词。

二、“毒”之忧愁义及相关争议用例

(一)“毒”有忧愁义

“毒”有忧愁义，东汉张衡《思玄赋》：“增烦毒以迷惑兮，羌孰可为言已。”刘良注：“毒，忧也。”“毒”的这个义项与痛苦亦紧密相关，忧愁本身即是心灵上的痛苦。

(二)诸家所举此类用例辨析

蒋文所举由这一义项的“毒”与其他语素构成的同义或近义组合包括：

烦毒

(54)魔大惶怖，心中不宁。观见菩萨已在树下，清静无欲，精思不懈，心中烦毒，饮食不甘，妓乐不御。（东汉竺大力共康孟详译《修行本起经》卷下；[3]146；[1]179）

(55)内怀嫉妒,心中烦毒。(西晋竺法护译《月光童子经》;[3]146)

此"烦毒"为烦忧义,中土文献用例不多,但早在汉代即有用例:

(56)言己怀忠直之志,独悁悒烦毒,无所发我愤懑,泄己忠心也。(《楚辞·哀时命》"独便悁而烦毒兮,焉发愤而抒情"王逸注)

它例尚有:

(57)曾烦毒以迷或兮,羌孰可与言己?(《后汉书·张衡传》)

(58)思慕烦毒,欲诣陵瞻侍,以尽哀愤。(《晋书·礼志中》)

佛典表此义的用例亦不多,此再举一例:

(59)瞿姨圣女,为于太子,受大苦恼,其心烦毒。(隋阇那崛多译《佛本行集经》卷一九)

"烦"与"毒"在痛苦义上亦同,故同义复合后又可表痛苦义,如:

(60)数以耎脆之玉体,犯勤劳之烦毒,非所以全寿命之宗也,又非所以进仁义之隆也。(《汉书·王吉传》)

(61)(通)居一年而得病,恍惚惊悸,竟体剥烂,状若火疮。有细白虫,日去升余。瘆痛烦毒,昼夜号叫。(唐释道世《法苑珠林》卷一八)

另外"烦"本为热头痛,故"烦毒"在医书中用例较多,此不举例。

忧毒

(62)末后生男,其年七岁,得病便亡。其忧毒,卧不安席,不复饮食。(东汉昙果共康孟详译《中本起经》卷下;[3]147)

(63)我自念一身,而忧毒五家,以是笑耳。(西晋失译《五母子经》;[3]147;[1]179)

(64)重思累息,忧念愁怖,横为非常、水、火、盗贼、怨家、债主焚漂劫夺,消散磨灭,忧毒忪忪,无有解时。(三国魏康僧铠译《无量寿经》卷下;[3]147)

"忧毒"乃忧愁义,例(63)为使动用法,"忧毒五家"即使五家忧愁。其在中土文献中最早出现于汉代：

(65)惟郁郁之**忧毒**兮，志坎壈而不违。(《楚辞·九叹》)

(66)言己心中**忧毒**，而无所告语，众皆谄谀，无可与议忠信也。(《楚辞·哀时命》"心郁郁而无告兮，众孰可与深谋"王逸注)

第一例"忧毒"与"郁郁"同为忧愁义；第二例王注用"忧毒"释"郁郁"，其义非常明确。

"忧毒"在中土文献中较少见，佛典中用例稍多，此再衍二例：

(67)是时国内有婆罗门，居富多宝，老无儿子。祷祠尽力，末后生男。其年七岁，得病便亡。其父**忧毒**，卧不安席，不复饮食。(东汉昙果共康孟详译《中本起经》卷下)

(68)沙门言："汝杀人子，令其母愁忧懊恼死，故来为汝作子。前后七反，是汝怨家，欲以**忧毒**杀汝。汝试往视棺中死女，知复好不。"(后秦鸠摩罗什译《众经撰杂譬喻》卷下)

"忧毒"亦有同义倒序词"毒忧"，只不过用例极少，我们仅在中土文献中发现一例：

(69)国以民为根，民以谷为命，命尽则根拔，根拔则本颠。此最国家之**毒忧**，可为热心者也。(东汉崔寔《政论》)

悒毒

(70)我亦用是故，悲叫增**悒毒**。(西晋竺法护译《方等般泥洹经》卷上；[3]148；[1]179)①

"悒"有忧愁义，《楚辞·天问》："武发杀殷何所悒？载尸集战何所急？"洪兴祖补注："悒，忧也，不安也。""悒毒"同样为同义复词，只是这个词不见于中土文献，而在佛典中亦仅此一例。

文献中还有"愁毒"一词亦属此类，蒋文未曾提及。

---

① 蒋文引作"郁毒"，而《方等般泥洹经》中实作"悒毒"。

愁毒

(71)惟我忧思,意愁毒也。(《楚辞·九怀·危俊》"惧吾心兮懤懤"王逸注)

(72)腹中如乱丝,愦愦适得去,愁毒已复来。(南朝宋佚名《华山畿》)

(73)嗟我抱愁毒,残年自羁囚。(北宋王安石《用王微之韵和酬即事书怀》)

佛经中亦有用例:

(74)慕魄曰:"不可不可,我以畏厌地狱勤苦,愁毒万端。"(东汉安世高译《佛说太子慕魄经》)

(75)尔时弊魔甚大愁毒。(三国吴支谦译《弊魔试目连经》)

上举"愁毒"乃忧愁义。"愁"与"毒"均有怨恨义,二者组合,亦可表怨恨:

(76)而今枝叶宾客,布列职署,或年少庸人,典据守宰,上下忿患,四方愁毒。(《后汉书·杨秉传》)

(77)京禍忮贪克,峻条令,为炮熏刳斮法,下愁毒,为军中所逐,走藤州。(《新唐书·南蛮传中·南诏下》)

《大词典》解"愁毒"作"愁苦怨恨",从语境看,似不如解作怨恨好。"愁毒"亦有同义倒序词"毒愁",只是用例极少,如:

(78)昨旦与书,疾,故示毒愁,当增其疾。(东晋王羲之《阮光禄帖》)

《大词典》收此词,释为极度忧愁,误解了"毒"之义。

三、"毒"之憎恶、怨恨义及相关争议用例

(一)"毒"有憎恶、怨恨义

《广雅·释诂三》:"毒,恶也。"王念孙疏证:"凡相憎恶亦谓之毒。《缁衣》云'唯君子能好其正,小人毒其正'是也。"《广雅·释言》:"毒,憎也。"《汉书·李广利传》:"四人相谓:'郁成,汉所毒,今生将,卒失大事。'"颜师古注:"毒言毒恨。"《后汉书·冯衍传》:"恶丛巧之乱世兮,毒纵横之败俗。"李贤注:"毒,恨也。""毒"之憎恨、厌恶义与痛苦义相关,盖痛苦自然引起憎恨与厌恶。

(二)诸家所举此类用例辨析

恚毒

(79)佛知其意,于其室内,以道神力,灭龙恚毒。(三国吴支谦译《太子瑞应本起经》卷下;[3]146;[1]179)

此“恚毒”为怨恨义,中土文献未见,佛典则有较多用例,此再举其二:

(80)菩萨觉之,即自誓曰:“吾宁就汤火之酷,菹醢之患,终不恚毒加于众生也。”(三国吴康僧会译《六度集经》卷五)

(81)佛复告最胜曰:“今此大众,多有忉利天帝与阿须伦共斗……各各共斗,怀其怨结,各有恚毒,不能舍离。”(姚秦竺佛念译《十住断结经》卷九)

“恚毒”在佛典中还有同义倒序词“毒恚”:

(82)菩萨辄以诸佛忍力之福,迮灭毒恚,慈悲愍之,追而济护。(《六度集经》卷五)

(83)妄生瞋忿,毒恚弥深。(南朝齐求那毗地译《百喻经·猕猴喻》)

患毒

(84)人于世间喜持杖恐人,以手足加痛于人,喜斗乱别离人,己所不喜强持与人,从是得五恶。何等五?一者,自欺身,亦为人所患毒。(失译《分别善恶所起经》;[3]146)

(85)昔有四姓取两妇,大妇日日以好饭供养沙门,沙门日往取饭,小妇患毒之。(失译《旧杂譬喻经》卷下;[3]146;[1]179)

此“患毒”为憎恶义。“患”单用亦有此义,《广雅·释诂三》:“患,恶也。”《国语·晋语五》:“灵公虐,赵宣子骤谏,公患之,使鉏麑贼之。”韦昭注:“患,疾也。”《后汉书·袁术传》:“初,术在南阳,户口尚数十百万,而不修法度,以钞掠为资,奢恣无厌,百姓患之。”此“患”亦憎恶义。

“患毒”同义复合,在汉代即有用例,后代沿用,如:

(86)诸家患毒,亲属中外皆远去矣。(《太平经》卷一一四)

(87)自太子登以下咸**患毒**之，而壹反获封侯宠异，与春秋时公子遂专任雨雹同应也。(《宋书·五行志四》)

(88)思话十许岁时，未知书，好骑屋栋，打细腰鼓，侵暴邻曲，莫不**患毒**之。(《南史·萧思话传》)

"患毒"还有倒序词"毒患"，只是用例极少①：

(89)贵宾异母弟大倪、小倪，皆粗险薄行，好为劫盗，侵暴乡里，百姓**毒患**之。(《魏书·郑羲传》)

郁毒

(90)若欲施若已施而不**郁毒**无有悔者，是为思惟度无极。(东汉安玄译《法镜经》;[3]147;[1]179)

(91)若被形截，心无**郁毒**，终不为苦想也。(三国吴支谦《大明度经》卷一;[3]147)

(92)知是男子，自视其形变成女人，惭愧**郁毒**自放深山，遂不敢归经逾数年。(三国吴康僧会译《旧杂譬喻经》卷下;[3]147)

(93)出入行步，恒怀愁愦，心中**郁毒**，悉欲发狂。(西晋竺法护译《月光童子经》;[3]148)

"郁"有怨恨义，《吕氏春秋·侈乐》："故乐愈侈而民愈郁。"高诱注："郁，怨。"西晋潘岳《射雉赋》："郁轩翥以余怒，思长鸣以效能。"徐爰注："郁，暴怒也。"又有忧愁义，《楚辞·九叹·惜贤》："愿假簧以舒忧兮，志纡郁其难释。"王逸注："郁，愁也。""郁毒"组合，根据语境不同，可表怨恨，如上举《法镜经》例；亦可表忧愁，如：

(94)凡人为恶，不能自觉也。愚痴快意，后受**郁毒**者，有前行。(姚秦竺佛念译《出曜经》卷一一)

中土文献中"郁毒"常用于医书，表郁积之毒，此不举例。

---

① "毒患"还可作名词，祸患义，另"患毒""毒患"在医书中使月较多，因与本篇无涉，故不赘。

憎毒

(95)今者大家，独见**憎毒**。(西晋竺法护译《生经》卷四;[3]148;[1]179)

此“憎毒”为憎恨义，佛典中仅见上举《生经》一例，中土文献也很少见，但汉代即有用例，如：

(96)君子独处守正，不桡众枉，勉强以从王事则反见**憎毒**谗诉。(《汉书·刘向传》)

文献中还有一些类似同义组合，各家未曾提及：

怨毒

“怨毒”乃怨恨义，早在上古即有用例，后世沿用，如：

(97)今足下功力，非数痛加于秦国，而**怨毒**积恶，非曾深凌于韩也。(《战国策·赵策一》)

(98)红阳侯立独不得为大司马辅政，立自疑为长毁谮，常**怨毒**长。(《汉书·淳于长传》)

(99)志说方曰：“昔董卓无道，焚烧洛阳，**怨毒**之声，百年犹存，何为袭之！”(《晋书·卢志传》)

(100)今虽接以恩礼，其**怨毒**之意必未遽忘。(北宋苏辙《论西边警备状》)

佛典中同样有用例：

(101)诸离车言：“此是奇事，我以厚施，反生**怨毒**。”(东晋佛陀跋陀罗共法显译《摩诃僧祇律》卷二九)

(102)行者处于欲界，多瞋怒害，斗诤**怨毒**种种诸害，慈心力故无能伤损。(姚秦鸠摩罗什译《禅法要解》卷上)

“怨毒”亦有倒序词“毒怨”，不过出现较晚，且用例较少：

(103)履非其位，刑人不服，且生**毒怨**。(南宋李衡《周易义海撮要》

卷三）

(104)治狱过严，至招**毒怨**。（明张镜心《易经增注》卷三）

恨毒

(105)张奂见欺竖子，扬戈以断忠烈。虽**恨毒**在心，辞爵谢咎。（《后汉书·张奂传论》）

(106)抚膺**恨毒**，逝矣奈何！哀哀母氏，蒸蒸圣慈。（西晋潘岳《阳城刘氏妹哀辞》）

(107)马氏费坏了些气力，**恨毒**不过，狠打了一场才罢。（明凌濛初《二刻拍案惊奇》卷三五）

(108)**恨毒**已极，兹来报仇耳。（清东轩主人《述异记·蛇鬼》）

“恨毒”乃怨恨义，仅见于中土文献，用例不多。相对来说，其同义倒序词“毒恨”用例更早更多，如：

(109)而贾谊为梁怀王傅，王堕马薨，谊不食，**毒恨**而死。（《史记·日者列传》）

(110)先是，中常侍唐衡兄玹为京兆虎牙都尉，郡人以玹进不由德，皆轻侮之。岐及从兄袭又数为贬议，玹深**毒恨**。（《后汉书·赵岐传》）

佛典中亦有“毒恨”用例，但较少见，如：

(111)于时弊魔怀**毒恨**心，垂泪白佛：“唯世尊，我本愿欲使如来早般泥洹……”（西晋竺法护译《佛说方等般泥洹经》卷下）

(112)我昔编其须，脱命于毫芒。至今数十载，**毒恨**不可忘。（《佛鉴禅师语录》卷二）

忿毒

(113)遭王莽篡盗，征求无厌，胡夷**忿毒**，遂以背叛。（《后汉书·班超传》）

(114)曹丕篡弑，湮灭汉室，窃据神器，劫迫忠良，酷烈无道。人鬼**忿毒**，咸思刘氏。（《三国志·蜀书·先主传》）

此"忿毒"为怨恨义，佛典中亦有用例：

(115)佛灭度后出家学道，正法欲灭，于大劫中，有恶劫起，烦恼炽盛，众生恚怒，忿毒交诤。(东晋佛驮跋陀罗译《大方广佛华严经》卷五四)

(116)或有怨家怀忿毒，推落险峻大高山。(唐般若译《大方广佛华严经》卷一六)

《大词典》收有此词，释为极其忿恨，误解了"忿"与"毒"的关系。"忿毒"亦有倒序词"毒忿"，只是用例极少，如：

(117)百计伺获，欲相中害。危彼安身，恣其毒忿，畅情为快。(隋灌顶撰《观心论疏》卷三)

(118)落坑虎形不可亲，毒忿生来爱陷人。(五代王朴《太清神鉴》卷四)

四、两个较特殊的组合

老毒

(119)何以故为碎？身老毒故。(东汉安世高译《阿含口解十二因缘经》；[3]147；[1]179)

遍检文献，"老毒"仅上述一个用例。由于语境提供的线索有限，难以确定其义。但"老"常与痛苦等相伴，则是常识。西晋白法祖译《佛般泥洹经》卷上："佛言：天下有四痛。……何等为四？生痛，老痛，病痛，死痛。"因此"老毒"组合中，"毒"亦当为痛苦义。

瞋毒

(120)时莲花实闻是语已，瞋毒炽盛，极生忿恚。(三国吴竺律炎共支谦译《摩登伽经》卷上；[3]147；[1]179)

"瞋毒"为佛教专有名词，乃三毒之一，丁福保《佛学大辞典》："三毒，又曰三根：一、贪毒，引取之心，名为贪。以迷心对于一切顺情之境，引取无厌者。二、瞋毒，恚忿之心名为瞋。以迷心对于一切违情之境起忿怒者。三、痴毒，迷闇之心名为痴。心性闇钝，迷于事理之法者。亦名无明。"也正因此，"瞋毒"基本出现于佛典或与之相关的典籍中，如：

(121)但以一啖食众生因缘，能远离一切佛法，有如是种种过患。贪毒亦如是，**瞋毒**亦如是，痴毒亦如是。三毒等分，皆同过患，相与宜深自觉察，善思方便。（唐释道宣《广弘明集》卷二六）

“瞋毒”亦可写作“嗔毒”：

(122)答曰：“汝须心勇猛精进对三毒发其三誓愿，誓断一切恶。对于**嗔毒**，誓修一切善。对于痴毒，誓(度)一切众生。对于贪毒，以能断能修著。”（唐慧光《大乘开心显性顿悟真宗论》）

以上我们全面考察了诸家所举由“毒”构成的各组合，并引入了一些他们未举的相关组合，从中可以发现：

1. 从产生时间看，上举组合中的大多数在中土文献中的用例要早于或不晚于佛典，而参与组合的“毒”的词素义则产生更早；从使用范围看，大多数组合既用于中土文献，也用于佛典，只是多数组合在佛典中的用例相对较多①。由此可见，“毒”是一个产生并发展于中土文献，进而为佛典所使用的构词成分。蒋宗许先生认为“它(毒)只见于汉译佛典中，并未对中土文献产生影响”的看法不能成立。

2. 与“毒”组合的各语素，表现出鲜明的语义特征，其中“悲”“酸”“苦”“酷”“痛”“惨”为痛苦义；“烦”“忧”“悒”“愁”为忧愁义；“恚”“患”“郁”“憎”“怨”“恨”“忿”为怨恨义。这三个义项密切相关：忧愁是痛苦的一种状态，而怨恨则是由忧愁和痛苦而引起的心灵反应。也正因此，上举语素很多兼具其中的两个甚至三个义项。我们认为，这种组合的特殊性基本排除了上举“～毒”组合为附加式的可能。试想有哪一个词缀，会要求所附实语素的意义同属一个或几个相关义类呢？我们甚至认为，这种组合的特殊性可以作为排除附加式的标准之一。

① 佛典中用例较多，可能有两个原因，第一，“～毒”的口语性较强，这从汉代王逸注文使用了很多“～毒”组合可大致看出；第二，“～毒”组合的意义与佛典包含大量受苦受难的内容相合。

3.“毒”具有痛苦、忧愁、憎恨三个义项，有确凿的古代训诂学证据，也有明确的文献例证，且语义发展线索非常清晰。另外，上举“～毒”组合，一半以上有同义倒序组合存在①，这两点足以说明：上举第一至第三部分的“～毒”实为同义复合，而非附加式合成词。

而

蒋宗许先生(2009:164)认为：“而”本义为胡须，通常借作连词、代词，进而借作后缀。“而”作后缀，其特点是主要用于单音形容词或副词之后，其词法意义与后缀“然”无别。蒋文还举有一些用例。

从蒋文所举例来看，“然”均可代替“而”，似乎“而”的功能与“然”相同，然而细细考察之后，我们认为简单地将“而”看作词缀可能有问题，因为其所举部分用例中的“而”并非词缀，而且依据这些用例，联系“而”的功能，其他一些用例似乎也可重新分析。以下试加论述。

呱呱而

(1)启呱呱而泣。(《尚书·益稷》;[1]162)

此例中，“呱呱”用以描摹哭泣之声，与形容词有别，“而”不可解作“然”，而是用以连接“呱呱”与“泣”，表修饰关系。这种功能是“而”的常用功能，可参看以下用例：

(2)孔子以问吾，吾语之，言此非善祥也。孔子乃怆然而泣。(《抱朴子·内篇》卷二〇)

(3)平子怅然而问之曰：“子将并粮推命以夭逝乎？”(东汉张衡《髑髅赋》)

(4)其后贼忽然而至，平扶侍其母，奔走逃难，抱仲遗腹女而弃其子。(《东观汉记》卷一七)

① “～毒”的倒序组合用例一般远少于“～毒”，这其中“毒”为入声字当是主要原因。王云路先生通过调查认为：“并列式中最有可能影响构词词序的是声调，即按照平上去入的顺序。”参《中古汉语词汇史》244页。

(5)言竟，倏然而灭，乃改为天安寺。(《魏书·刘骏传》)

这些用例中“而”之前是以“然”构成的附加式合成词，用以修饰“而”之后的动词，“而”显然起连接作用，而非词缀。

我们再看蒋文中所举的另外一些组合及用例：

倏而、忽而、霭而

(6)闲襟超已胜，回路倏而及。(唐王湾《奉使登终南山》；[1]163)

(7)及夫倏而聚，忽而散，霓裳羽旆相零乱。(唐张何《早秋望海上五色云赋》；[1]163)

(8)行云递崇高，飞雨霭而至。(唐杜甫《雨》；[1]163)

这些用例中，“而”前为形容词，与“而”后的动词为修饰关系，这一点与前文所举“～然＋而＋动词”的结构并无实质不同，而且这些形容词单用修饰动词很常见，我们不禁要问：这些句中的“而”为什么就与前“～然＋而＋动词”结构中的“而”的功能有如此大的差异呢？

再看以下用例：

咽而

(9)风云凄其带愤，石泉咽而下怆。(南朝齐孔稚珪《北山移文》；[1]163)

蒋文认为“咽而”与“凄其”对应，“而”“其”均为后缀，这种看法似有问题。上举用例属汉魏六朝骈文，其来源是《楚辞》，此类文体以六字、七字为主，句中常用“而”“其”“之”“兮”“以”等连接前后文，或凑足字数，如①：

(10)日月忽其不淹兮，春与秋其代序。(《楚辞·离骚》)

(11)老冉冉其将至兮，恐修名之不立。(《楚辞·离骚》)

(12)苟余心其端直兮，虽僻远之何伤。(《楚辞·九章·涉江》)

① 薛恭慕《〈楚辞〉中形容词副词的后缀》(《中国语文》1980年第6期)亦将《楚辞》中置于形容词副词后的“而”“其”“之”“以”等定性为后缀；胡朝勋《〈楚辞〉语间“其”字考释》(《古汉语研究》1991年第2期)予以批驳。

(13)秋草荣其将实兮,微霜下而夜降。(《楚辞·七谏》)

此数例“其”或置于形容词后,或置于名词、动词之后,“其”前面的成分与后面的成分关系亦有多种,而且“其”还可与“而”“之”等对文,其所承担的功能决非词缀,而是起连接或凑足音节的作用。再看其他文献用例:

(14)怅俯仰而自怜,志荒咽而摧威。(东汉繁钦《愁思赋》)

(15)时霜凄而淹野,寒风肃而川逝。草木纷而摇荡,鸷鸟别而高厉。(东汉应玚《西狩赋》)

(16)五行倏而竞骛兮,四节纷而电逝。谅暑往而寒来,十二月而成岁。(西晋傅玄《大寒赋》)

(17)日月会于析木兮,重阴凄而增肃。在中冬之大寒兮,迅季旬而逾蹙。(西晋傅玄《大寒赋》)

(18)音踯躅于唇吻,舌将舒而复回。鼓砰砰以轻投,箫嘈嘈而微吟。(西晋陆机《鼓吹赋》)

(19)长茎舒而增茂兮,密叶布而重阴。(西晋傅玄《柳赋》)

(20)鱼矜鳞而并凌兮,鸟登木而失条。(《后汉书·张衡传》)

(21)繁霜凝而旦委,松风凄而暮来。悲马鸣之不反,望龙树而心哀。(南朝梁梁元帝《光宅寺大僧正法师碑》)

(22)日杳杳以霾春,风凄凄而结绪。(《梁书·高祖贵嫔传》)

(23)泪未悲而自堕,语未咽而无宣。(南朝梁沈炯《归魂赋》)

(24)胸既咽而思鸠杖,闷欲死而想仙杯。(南朝陈陈暄《食梅赋》)

(25)霜霰落兮山谷寒,木叶下兮丘陇残。风飕飗而吟树,泉幽咽而悲湍。(隋杨广《隋秦孝王诔》)

(26)岂止三荆之变色,非惟四鸟之分巢。遽一朝而云逝,曷何去而何止。(隋杨广《隋秦孝王诔》)

上举用例有诸多“而”,或置于单音节形容词之后,或置于双音节形容词之后,还有置于动词、名词之后者,另外,在对称句式中,还与“以”“之”等对文,其功能亦当属连接或足句,而非词缀。

蒋文中还举有一些“～而”置于句末的用例:

凄而、怆而、怅而、远而

(27)人亦有言,靡日不思。矧伊嬿婉,胡不凄而。(三国魏王粲《赠士孙文始》;[1]163)

(28)跋涉山川,千里告辞。杨子哭岐,墨氏感丝。云乖雨绝,心乎怆而。(西晋张载《述怀》;[1]163)

(29)静言孔念,中心怅而。(东晋陶渊明《荣木》;[1]163)

(30)中心怅而,似风雨,落花知。(南宋辛弃疾《婆罗门引·用韵别郭奉道》;[1]163)

(31)把酒时伸奠,汨罗空远而。(唐褚朝阳《五丝》;[1]163)

这些用例中"～而"似乎为词无疑,"而"属词缀似乎也不容置疑,不过考察"而"的用法,其用于句末作语气词亦属常见,如:

(32)俟我于著乎而,充耳以素乎而,尚之以琼华乎而。(《诗经·齐风·著》)

(33)已而已而,今之从政者殆而!(《论语·微子》)

(34)鬼犹求食,若敖氏之鬼,不其馁而!(《左传·宣公四年》)

(35)唐棣之华,偏其反而。岂不尔思?室是远而。(《论语·子罕》)

(36)我虽鄙耇,心其好而,我徒侃尔,乐亦在而。(《汉书·韦贤传》)

例(36),颜师古注:"而者,句绝之辞。"如此一来,我们似乎也不能排除位于句末的"而"为句末语气词的可能。

蒋文还举有《诗经》中的三个用例:

舒而

(37)舒而脱脱兮。(《诗经·召南·野有死麕》;[1]162)

此例毛传曰:"舒,徐也,脱脱,舒迟也。"郑笺:"贞女欲吉士以礼来,脱脱然舒也。"

颀而

(38)颀而长兮,抑若扬兮。(《诗经·齐风·猗嗟》;[1]162)

此段文字孔颖达疏原文曰:"其形状颀然而长好兮,然而美者,其额上扬广兮。"疏毛传曰:"'若'犹'然'也,此言'颀若长兮',《史记·孔子世家》称孔子说文王之状,云'黯然而黑,颀然而长',是之为长貌也,今定本云'颀而长兮','而'与'若'义并通也。"

突而

(39)未几见兮,突而弁兮。(《诗经·齐风·甫田》;[1]162)

此段文字,郑玄笺:"见之无几何,突尔加冠为成人也。"孔颖达疏原文曰:"未经几时,而更见之突然已加冠弁为成人兮。"疏毛传曰:"此言'突若弁兮',指言童子成人加冠而已,不主斥其一冠也。'若'犹'尔'也,故笺言'突尔加冠为成人'。《猗嗟》'颀若',言'若'者皆'然''尔'之义,古人语之异耳,定本云'突而弁兮',不作'若'字。"

从例(37)的注来看,"而"似乎不当解作"然";例(38)就孔疏来看,似存在分歧:疏原文时以"颀然而长好"对释"颀而长",疏传文时,则直言"而"与"若"通,其根据则是有异文作"突若弁兮",但从"黯然而黑,颀然而长"来看,"而"并不能排除是用以表连接。例(39)无论是郑笺还是孔疏似乎都确定"而"即"若",不过还是可以另作解读:单个形容词"突"以"突尔""突然"解之并无问题,孔疏所解更多地是建立在有异文作"若"的基础上。

综合上述分析,我们发现"而"是否作词缀单从蒋文所举用例,并不能得出肯定的结论,因此有必要从另外角度加以考察。而考察的关键在于"形容词+而"是否成词,如果"而"为连词或句末语气词,则"形容词+而"非词。反之如果"形容词+而"所构成的是如同"~然"类的形容词,则其当具有相似的功能。我们主要从以下几个方面进行了研究:

第一,"~然""~尔"类形容词除了作状语、谓语外,还有一个常用功能——作定语,如:

(40)我知言,我善养吾浩然之气。(《孟子·公孙丑上》)

(41)帝既有仁圣之明,气势形体,天然之姿,固非人之敌,翕然龙举云兴,三雨而济,天下荡荡,人无能名焉。(《东观汉记》卷一)

(42)假望怀介然之节,洁去就之分,又不贰其志矣。(东晋袁宏《后汉

纪》卷二）

(43)是时凶臣逢纪，妄画蛇足，曲辞谄媚，交乱懿亲。将军奋**赫然**之怒，诛不旋时。我将军亦奉命承旨，加以淫刑。(《三国志·魏书·袁绍传》裴松之注引《汉晋春秋》)

(44)至于天姿夙成，实有**卓然**之美。宜在容养，录善掩瑕，训尽义方，进退以渐。(《宋书·庐陵孝献王义真传》)

(45)御云乘龙者，生死之道也。**杳然**之灵者，常乐永净也。(南朝梁释僧佑《弘明集》卷七)

(46)一驾汾阳，便有**窅然**之志。(《梁书·武帝本纪上》)

(47)盖以亲尽不毁，宜致天灾，**炯然**之征，不可忽也。(《旧唐书·礼仪志五》)

(48)初无忠告**侃尔**之训，一朝屠戮，谗其不意，岂大人经国笃本之事乎！(三国蜀费祎《甲乙论》)

(49)子有成父者，出仕于齐，获狄荣如、孙湫、违难为莱大夫，遂禀天素**皓尔**之质，兼苞五才九德之茂。(三国《赠司空征南将军王基碑》)

(50)子以**眇尔**之身，介乎重围之里。(西晋潘岳《马汧督诔》)

(51)其葬送之具，务从省约，以彰王**卓尔**之美。(东晋袁宏《后汉纪》卷九)

(52)夫含气之伦，其神无方；**蠢尔**之类，其质无常。(南朝梁释僧佑《弘明集》卷一三)

(53)**俄尔**之间，风波即静。(北周庾信《周大将军闻嘉公柳遐墓志铭》)

(54)自阮放之官，野王之职……**确尔**之志，亦何易得。(《梁书·刘遵传》)

而"形容词＋而"似未见这样的功能。这表明此类结构作为形容词的功能是受限的，是什么原因造成了这样的限制呢？我们认为"形容词＋而"可能并非一词。

第二，"～然""～尔"类形容词作谓语，其后还可以接语气词"矣""也"等，如：

(55)则人臣莫敢妄言矣，又不敢**默然**矣，言默则皆有责也。(《韩非子·南面》)

(56)至于陷溃创伤者，靡岁或宁，而汉之塞地**晏然**矣。(《后汉书·南匈奴传》)

(57)其后黄巾遂盛，朝野崩离，纲纪文章**荡然**矣。(《后汉书·党锢传序》)

(58)杜是累朝元老，圣上英明，复委用之，非**偶然**也。(南唐尉迟偓《中朝故事》下卷)

(59)故其死也，无远近亲疏，凡知其为人者，皆为之悲，而至今言者尚为之**慨然**也。(北宋曾巩《戚元鲁墓志铭》)

(60)自觉兆一身通赤，如火之炎，无复表里，表里皆**炯炯然**也。(北宋张君房《云笈七签》卷三一)

(61)唯七厉叙贤，归以儒道，虽文非拔群，而意实**卓尔矣**。①(南朝梁刘勰《文心雕龙·杂文》)

“形容词＋而”位于句末时，其后则未见另加语气词的现象，究其原因，我们认为，“而”本身就是语气词，故而不再另加语气词。如果“形容词＋而”是组合紧密的形容词，当不会有此限制。

基于上述论述，我们认为，众多位于形容词后的“而”并非词缀，而是充当连词及语气词，它们并未组合成词。当然这样说并不排除部分组合在使用中已经成词，以及部分用例在特定语境中为一词的情况。如“俄而”，上古时即有众多用例，且用法灵活，显然成词。“忽而”在近代汉语中亦成词，用例多，整体性强，在现代汉语中仍在使用。这两个组合之所以能成词，与“俄”“忽”表时间有关系，由于表时间，它们与动词之后的成分联系相对较松散，独立性较强，再加上“而”作为连接成分，功能淡化，故而与前面的成分构成一个双音组合，进而成词。

① “～尔”组合后接语气词者用例较少。

复

20世纪80年代后期至21世纪初，刘瑞明、蒋宗许等先生与姚振武先生就“复”能否充当词缀展开了热烈讨论，之后“复”可充当词缀被大多数人所接受。蒋宗许先生(2009:38—46)对“复”的讨论有详细的介绍，同时他(2009:188—194)还举有诸多用例，并分析了“复”的产生时代、使用特点等。近几年，我们对“复”的讨论进行了重新审视，发现被定性为词缀问题很多，故专门对“复”的功能与性质进行了考察，我们认为，“复”是一个功能多样的语言成分，将其定性为词缀证据不足。因相关讨论篇幅巨大，我们将另文展示。以下仅将考辨结论略加介绍，每个类别举一个用例：

我们共搜集到诸家所举“复”充当词缀的用例393例，除去存在疑问的6例，实际讨论387例，依据“复”在组合中的意义及功能，归入17类：

一、作动词，表回复、回应

涉及4例，多因忽略“复”之动词义而致误，如：

(1)永平中为郎，典校秘书，专笃志于博学，以著述为业。或讥以无功，又感东方朔、杨雄自谕以不遭苏、张、范、蔡之时，曾不折之以正道，明君子之所守，故**聊复**应焉。(《汉书·叙传》;[24]47;[25]215)

有学者将句中“聊复”看作一词，“复”为词缀，可商。从文句可知，“聊复应”乃针对“或讥以无功”而作的回应，“复”有回复、回应义，“复应”组合，解作“回应”完全可通。

二、表已发生动作的重复

涉及33例，如：

(2)夫续为劫，王人所得，腰断其命，共妇生埋。人贪我身有妙瓔珞，开冢取之，并将我去。复经少时，王伺捉得，断贼伴命，**合复**埋之。埋之不固，夜虎发食，因复得出。(南朝梁宝唱《经律异相》卷七;[3]150)

有学者释“合复”为“一起，一块儿”，并以“复”为音节成分，当误。从上文不难发现，在“合复埋之”之前，曾发生过“共妇生埋”之事，也就是说，此“埋”乃再次发生，故用“复”实属自然，至于“合”，乃埋之方式，“合复埋之”犹合在一起又埋了她。下文“因复得出”之“复”亦承上文“开冢取之”而言，表再次出来。

三、表未实现的或经常性的动作、状态的重复或继续

涉及30例，如：

(3)久不作文，多不悦泽，兄为小润色之，可成佳物，愿必留思。四言五言非所长，颇能作赋，为欲作十篇许小者，以为一分生于愁思，**遂复**文。(西晋陆云《与兄平原书》；[14]299)

“遂复文”承前“久不作文”，“复”明显表动作行为再次发生。

四、表动作不重复或不继续

涉及60例，如：

(4)时夏月，暴雨卒至，舫至狭小，而又大漏，殆**无复**坐处。王曰：“胡威之清，何以过此！”即启用为吴兴郡。(《世说新语·德行》27条；[27]214；[34]6；[7]31)

诸多学者将句中“复”看作词缀，可商。针对此类用例，我们只需要看一看此船之前是否“有坐处”即可，答案显然是肯定的，而且从文句可知，即便是下暴雨而又大漏的情况下，也只是“殆无复坐处”。

五、表两事相同

涉及33例，如：

(5)七月七日，北阮盛晒衣，皆纱罗锦绮。仲容以竿挂大布犊鼻幝于中庭。人或怪之，答曰：“未能免俗，**聊复**尔耳！”(《世说新语·任诞》第10条；[24]47；[25]214；[34]6；[7]828①)

有学者将句中“复”定性为词缀，可商。“复”之义从前后文可明显看出：北阮富，七月七日盛晒纱罗锦绮之服，而阮咸虽穷，也将自己的大布犊鼻幝晒于中庭，这一举动实为模仿北阮，“聊复尔耳”即指此，“复”用指阮咸与北阮所做

① 董志翘等(2019:828)未明言“复”为词缀，但释“聊复”为姑且。

事相同。

六、表动作或状态持续不变

涉及 26 例，如：

(6)五百弟子，佥言佛神。迦叶内伏，恪惜名称，聊复贡高："大道人实神。虽尔，未如我已得阿罗汉也！"（东汉昙果共康孟详译《中本起经》卷上；[3]151；[2]344）

有学者释"聊复"为"姑且、暂且"，并以"复"为音节成分或词缀。我们以为"聊复"之"复"乃仍然义，表动作、状态的持续。这从前文对迦叶的描述可以看出："有梵志，姓迦叶氏，字郁俾罗，年百二十，名声高远，世人奉仰，修治火祠，昼夜不懈。好学弟子，有五百人。迦叶二弟，宗师其兄，谓为得道。各有弟子，皆居下流。迦叶自念：'吾名日高，国内注仰，术浅易穷，穷则名颓，当作良策，全国大望。'……迦叶由此，功名日隆。"这段话展示了"功名日隆"的迦叶形象，从中不难看出其"贡高"。由于迦叶得到民心，世尊前往降之，展现诸多神奇，迦叶虽然心内已伏，但恪惜名称，因而仍然保持骄傲的姿态。

第二到第六类均属"复"之常见用法，研究中产生误判主要有以下原因：1.阅读粗疏，忽略上下文线索；2.语境隐含，未作挖掘推理；3.语境缺失，未以常义解读；4.对"复"的这些常用功能使用特点了解不够，纠结于对功能影响不大的细枝末节；5.忽略了一些较明显的同义复合。

七、表动作、状态先后相继

涉及 34 例，如：

(7)许允妇是阮卫尉女，德如妹，奇丑。交礼竟，允无复入理，家人深以为忧。……既见妇，即欲出。妇料其此出，无复入理，便捉裾停之。（《世说新语·贤媛》第 6 条；[25]215）

刘瑞明（1989a：215）指出：

有"奇丑"的原因，后当言许允不会入新房，"复"字必是词尾。后文叙，经桓范巧劝，"许便回入内。既见妇，即欲出。妇料其此出，无复入理，便捉裾停之。"因为由入而欲出，所以此"无复入理"就是不会再进来，"复"

字是副词。

《世说新语笺注》(2019:765)“交礼竟,允无复入理”译作“新婚交拜礼完毕后,许允不打算再进新房去”。

初一看,刘说甚有道理,然而看了《笺注》的译文,似乎亦甚顺畅。究其原因,在于“复”的功能解读:“交礼竟,允无复入理”实际包含了前后相继的两个动作:交礼、入洞房,“复”用于此,正用以连接,只是后一动作未发生,故而采用否定形式。现代汉语中,这种用法的“不再”仍见使用,如“他吃完了饭,不再出门”。刘文误将表接续功能的“复”解读作表动作重复或延续功能的“复”,自然会觉得无法说通。

此类用法的特点是:1.动词一般不同,但通常由同一主体发出;2.主要凸显时间上前后相承,当句中没有相应的时间词时,可以加入“接着”;3.比较接近于顺承关系的复句或句群。

八、表两个动作反复交替

有2个用例属此类,如:

(8)寂寞首阳山,白云空复多。(唐李颀《登首阳山》;[12]73;[13]107;[6]181;[18]30;[1]189)

有学者将句中“空复”看作附加式,或将“复”看作语助成分,似可商榷。“空复多”或当解作“空又多”,“复”用以连接两个交替发生的动作。诗歌中,“白云”可与“空”搭配,表白云消失,如:

(9)水□滴残青□瘦,石脂倾尽白云空。(唐徐仲雅《句》)

(10)古坛青草合,往事白云空。(唐张乔《题终南山白鹤观》)

(11)醉眠芳草合,吟起白云空。(唐陈光《题陶渊明醉石》)

(12)使君无一事,心共白云空。(北宋范仲淹《萧洒桐庐郡十绝》)

“多”与“空”意义相对,表白云的消失与增多,而“复”用以连接,表动作的循环。由于此例为诗歌,前后文语境不足,我们的解读只是推测。

九、表动作、状态、情况累积

涉及20例,如:

(13)我既年老,又盲无见,虽欲自去,私情甚难。王爱太子,隆倍异常,须臾离目,有怀悒迟。今闻与我共入大海,**傥复**见拒,咎我不少。(北魏慧觉译《贤愚经》卷九;[3]153)

有学者以"或者"释"傥复",并将"复"看作音节成分,可商。句中"傥"表假设,"复"表累积,"我既年老,又盲无见""王爱太子,隆倍异常"与"见拒"并举,共同成为"咎我不少"之因。"傥复见拒"义为"如果再拒绝的话"。句中"傥"的使用并未改变"复"的功能。

此类用法的特点是:一般并举几种情况,先举一项,在此基础上添加另外一项或多项,"复"用以连接,并举项之间一般构成并列关系。

十、表选择

涉及 3 例,如:

(14)郗重熙与谢公书,道:"王敬仁闻一年少怀问鼎。不知桓公德衰,**为复**后生可畏?"(《世说新语·排调》39 条;[34]7)

"为复"犹"还是",很明显表选择。有学者以"复"为词缀,然而"复"单用即可表选择,且"复"与"还"正相对应,显然不当如此处理。将此类用法的"复"看作词缀,多受"复"为词缀观点影响而致误。

十一、表意义更进一层

涉及 59 例,如:

(15)桓公曰:"同盘尚不相助,**况复**危难乎?"敕令免官。(《世说新语·黜免》第 4 条;[24]48;[25]214;[17]462;[6]181;[34]7)

"复"用于句中,表意义上更进一层,"复"所引进成分"危难"相对"同盘"明显存在递进关系。"况复"犹"更何况",《世说新语笺注》(2019:983)注 3 释"况复"为"何况",译文作"何况在危难之际呢",其实此句译作"更何况还在危难之际呢",更能体现句义,而"更"及"还"正是"复"义之体现,使用"复"一方面表意义上更进一层,另一方面可以加强语气。"复"的功能可以通过以下四方面感知:

1. 与"复"同义的"更"可与"况"组合,用法相同,如:

(16)生所习见,老如忘之;况更异世,阴胎系蔽。(东晋竺昙无兰译《佛说见正经》)

(17)现在苦身尚应厌舍,况更求受当来苦身!(唐玄奘译《大般若波罗蜜多经》卷三二六)

(18)益部去帝乡四千里,平昔英俊,怠于进趍,况更贼乱之余,例乏资生之计,乡老之荐,声响久绝。(南宋江少虞辑《宋朝事实类苑》卷五七)

2."况复"组合中,"况"与"何况"相当,"何况复"亦可组合使用,如:

(19)十字之文,颠倒相配;字不过十,巧历已不能尽;何况复过于此者乎!(南朝宋沈约《答陆厥书》)

(20)假有项籍之气,袁绍之基,而皆泯智任情,终以破灭,何况复出其下哉!(《旧唐书·魏元忠传》)

(21)尔时,世尊复告阿难:"若有众生于诸佛所一发信心,如是善根终不败亡,何况复作诸余善根?"(北齐那连提耶舍译《大悲经》卷三)

(22)彼人获得如是果报,所有一切诸不善相,虚受应供诸饮食等,作不善业当堕地狱。不能持彼清净戒行,何况复得阿罗汉果?(北宋法护译《佛说大乘菩萨藏正法经》卷二二)

3."何况更"亦可组合使用,如:

(23)摩那婆,如是众生计不合受七日臭秽投弃恶食,何况更受净妙食也。(隋阇那崛多译《大法炬陀罗尼经》卷一九)

(24)四海尽为兄弟,何况更同臭味。(《敦煌变文集·燕子赋》)

4."复"可单独与"尚"搭配使用,用法相同。如:

(25)遵曰:"我尚如是,汝等立鉴,复能几时!"(《晋书·石遵传》)

(26)教曰:"鼠被害,尚不能忘怀,今复以鼠损人,无乃不可乎?"(《世说新语·德行》37条)

无论是意义,还是同义的"况更",以及扩展的"何况复""何况更"的用例,都表明"况复"之"复"并非词缀。

十二、表程度的加深

涉及21例，如：

(27)子云叹曰："此人后生无比，遂不为世所称，亦是奇事。"于是闻者**稍复**刮目。(《颜氏家训·慕贤》;[10]69;[6]180;[2]344)

有学者将例中"稍复"定性为附加式，我们以为不然。"闻者稍复刮目"指闻者听到子云所叹之后，相对之前态度的变化，"稍复刮目"犹渐更刮目，"复"用于比较句，表程度的加深，义同"更"，此条下王利器集解(1996:136)引赵曦明曰："裴松之注《吴志·吕蒙传》引《江表传》:'吕蒙谓鲁肃曰：士别三日，即更刮目相待。'""更刮目相待"与"复刮目"义同。

此类用法的特点是：句中一般存在相对明确的比较，可直接或通过前后文找到比较对象。

十三、表转折

涉及6例，如：

(28)佛告阿难："过去久远阿僧祇劫，此阎浮提有四河水、二大国王，一王名曰婆罗提婆，晋言梵天，独据三河，人民炽盛，**然复**儜弱。"(北魏慧觉译《贤愚经》卷八;[3]151)

有学者将例中"然复"之"复"看作音节成分，可商。正常情况下，与"人民炽盛"相承者乃强壮，而现实却是"儜弱"，"复"所引进情况与本该有的情况存在反差，意义上存在转折。"然复"即"却又"。

此功能由"复"的递进功能及返回义发展而来，文献中有很多独用用例。此类用法以转折关系为标志，解读并不困难，误判多因不了解此功能而导致。

十四、表出乎意料

涉及16例，如：

(29)宣武与简文、太宰共载，密令人在舆前后鸣鼓大叫。卤簿中惊扰，太宰惶怖求下舆。顾看简文，穆然清恬。宣武语人曰："朝廷间**故复**有此贤。"(《世说新语·雅量》第25条;[25]214;[6]181;[22]123;[2]343;

[34]6)①

有学者以“故复”为附加式合成词，并释“故复”作“确实”，从前后文来看，明显不通。《世说新语笺注》(2019:411)释“故复”作“仍然，还”②，译文作“朝廷中原来还有如此贤能的人”，我们比较赞同《笺注》的译文，但认为此句主要用表出乎意料，“复”用于句中，表意义的转折与推进，同时加强语气。

此用法由其表转折与递进功能发展而来，文献中有很多与“不意”等搭配的独用用例，了解了这一功能，很多误判例可轻松解读。

十五、加强反问语气

涉及27例，如：

(30)人道多故，欢乐恒乏。遨游此世，**当复**几时？(西晋陆云《与杨彦明书》；[15]299)

有学者将“当复”看作附加式，可商。“当复几时”犹还能有多久，“复”用于反问句中，加强语气，同时兼表动作的延续。“复几时”是文献常用搭配，可比较以下用例：

(31)已矣乎！寓形宇内**复几时**！曷不委心任去留，胡为乎遑遑欲何之？(《晋书·陶潜传》)

(32)在世**复几时**，倏如飘风度。(唐李白《古风》)

(33)遵曰：“我尚如是，汝等立鉴，**复几时**！”(《太平御览》卷一二〇引《晋书》)

(34)我今齿发弊，强健**复几时**？(南宋陆游《自警》)

此四例“复几时”均独用，可解作“还有多久”，而前二例与《与杨彦明书》例句义大致相同，均用以反问还能活多久，“复几时”显然无别，此亦可证“当复几时”之“复”并非词缀。另将“当”去掉，可以发现亦不影响文义的表达，只是文句不够委婉而已，此亦佐证“复”并非依附于“当”的词缀成分。

① 刘瑞明认为“故”通“固”，“固复”为确实义。

② “故复”若解作仍然，当为同义复合。

此用法与“复”表意义推进功能相关，文献中独用用例很多，且句式有明显特征，误判多因不了解此功能引起。

十六、表追问语气

涉及2例，如：

(35)作是语已，田主欢喜，问鹦鹉言：“汝取此谷，**竟复**为谁？”（北魏吉迦夜共昙曜译《杂宝藏经》卷一；[3]150）

有学者以“究竟”释“竟复”，并将“复”看作音节成分，可商。句中“竟”乃究竟、到底义，用于疑问句，表示进一步追问，而“复”亦有此功能，这也正是其可与“竟”搭配使用的原因。文献中“复为谁”有相似用法，可以比勘：

(36)木兰抱杼嗟，借问**复为谁**。欲闻所戚戚，感激强其颜。（唐韦元甫《木兰歌》）

(37)朝闻惊禽去，日暮见禽归。瑶琴坐不理，含情**复为谁**？（北宋欧阳修《拟玉台体七首·落日窗中坐》）

此二例中“复为谁”均表追问，“复”用以加强语气，与到底、究竟相近，而《杂宝藏经》中“复为谁”如此解亦无问题①。

此功能有很多独用用例，句式特征明显，较容易判断。

十七、表委婉语气

涉及11例，如：

(38)问言：“氈为称尊者意不？”答言：“**为复**可耳。”（东晋佛陀跋陀罗共法显译《摩诃僧祇律》卷一一；[3]153；[2]345）

有学者以“为复”为附加式，可商。此“复”主要用表语气，常与“可耳（尔）”搭配，表还可以、还好，有把事情往小里、低里、轻里说的意味，“复可耳（尔）”前常有“为”“乃”“或”等其他词搭配，可比较以下用例：

① 《杂宝藏经》例还有一种可能：文句暗含鹦鹉取谷首为自己的预设，而“竟复问谁”在此预设下提问，义为“到底还为谁”，表动作行为的重复。

(39)今尚得坐起,神意**为复可耳**。(东晋王羲之《杂帖》)

(40)然疾根聚在右髀,脚重痛不得转动,左脚又肿,疾候极是不佳,幸食眠意事**为复可可**,冀非臧病耳。(东晋王献之《杂帖》)

(41)琅邪王处仲为鸿胪卿,谓曰:“鸿胪丞差有禄,卿常无食,能作不?”脩曰:“**为复可耳**。”①(《世说新语·文学》18条刘孝标注引《名士传》)

(42)吾服食久,犹为劣劣,大都比之年时,**为复可耳**。(唐张彦远《法书要录》卷一〇)

(43)晞曰:“銮驾巡狩,**为复可尔**,若轻有驱使,恐天下失望。”(《北齐书·王晞传》)

(44)纯银乘具,**乃复可尔**,何以作镫亦是银?(《南齐书·庐陵王子卿传》)

(45)俄而孝征复谓城中人曰:“韦城主受彼荣禄,**或复可尔**,自外军士,何事相随入汤火中耶。”(《北史·韦叔裕》)

“尚可”“尚复可”亦有此用法,如:

(46)佛告须深:“**此尚可耳**,若于正法、律盗密出家,盗受持法,为人宣说,当受苦痛倍过于彼。”(南朝宋求那跋陀罗译《杂阿含经》卷一四)

(47)曼坻益更愁毒言:“不见两儿,**尚复可耳**,太子不应,益令我迷荒。”(西秦圣坚译《太子须大拏经》)

此类用法意义很虚,目前未见独立用例,理解比较困难。

更

王云路先生(2010:361—362)指出“更”可作副词后缀,并举有“反更、忽更、少更、颇更、切更、益更、弥更”等组合,同时指出“益更”“弥更”看作并列式双音词亦可。她在文中未提及“更”演变为词缀的过程。

从我们的调查看,“更”的功能较多,它与副词的组合大致分为两类,一类副词与“更”同义,这类组合相对紧密;另一类副词与“更”意义有别,这类组合

① 此例“为复”《晋书·阮修传》引作“亦复”。

一般非常松散,“更”的意义在上下文中往往能清楚地看出。以下依据王先生所举用例中“更”的功能,分别举例说明:

一、“更”之更加义及相关争议用例

(一)“更”有更加义

“更”表更加义为其常义,如《战国策·韩策一》:“与之,即无地以给之;不与,则弃前功,而后更受其祸。”《敦煌变文集·捉季布传文》:“季布闻言心更大。”

(二)诸家所举此类用例辨析

益更

(1)自步阐以后,**益更**损耗。(《三国志·吴书·陆抗传》;[2]362)

(2)伯父茂度每譬止之,敷**益更**感恸,绝而复续。(《宋书·张敷传》)

“益”与“更”均有更加义,二者组合仍表更加,看作同义复合显然更加恰当,这一点“益更”的同义倒序用法可以佐证,如:

(3)然为性多秽,一种此物,数年不绝;耘锄之功,**更益**劬劳。(《齐民要术》卷二)

(4)臣闻河南、河北蝗虫,顷日**更益**繁炽,经历之处,苗稼都损。(《旧唐书·韩思复传》)

弥更

(5)传写既多,**弥更**浅俗。(唐颜师古《汉书叙例》;[2]362)

(6)处卑**弥更**妍,常安岂悲坠。(西梁萧詧《咏履诗》)

(7)丙寅,以明堂制度历代不同,汉、魏以还,**弥更**讹舛,遂增损古今,新制其图。(《旧唐书·高宗本纪下》)

“弥”之更加义乃其常义,二者组合意义不变,当属同义复合。“弥更”亦有倒序词“更弥”可以佐证:

(8)以啄去害,啄**更弥**剧。(唐齐己《啄木》)

(9)今检《史记》,始皇乃是有始无终,老**更弥**凶。(《旧唐书·吕才传》)

颇更

(10)经数年后，竦身举臂，遂超出涧上，即得还家，颜色悦泽，**颇更**聪慧。洎食谷，啖滋味，百日复其本质。(《古小说钩沉》辑《幽明录》;[2]361)

“颇更聪慧”犹更加聪慧，“更”乃更加义，“颇”可表程度深，与“更”之更加义相近，故二者组合，可看作近义复合。

少更

(11)孝嗣答曰:“绕黄山，款牛首，乃盛汉之事。今江南未旷，民亦劳止，愿陛下**少更**留神。”(《南齐书·徐孝嗣传》;[2]362)

“少更”用例很少，此处用同“稍更”，更加义。“稍”有甚义，用表程度深，如《文选·江淹〈恨赋〉》:“紫台稍远，关山无极。”吕延济注:“稍远，极穷也。”唐柳宗元《与崔策登西山》:“谪居安所习？稍厌从纷扰。”《旧唐书·王叔文传》:“而叔文颇任气自许，粗知书，好言事，顺宗稍敬之，不得如伾出入无间。”

“稍更”组合可表更加义，如:

(12)然乌丸、鲜卑**稍更**强盛，亦因汉末之乱，中国多事，不遑外讨，故得擅汉南之地，寇暴城邑，杀略人民，北边仍受其困。(《三国志·魏书·乌丸传》)

(13)践境之礼，感分结意，情在终始。后以袁氏之嫌，**稍更**乖刺。更以同盟，还为雠敌。(《三国志·吴书·刘繇传》)

(14)二公体调，大抵欲同，就中郎君**稍更**闲雅，逼近康乐。(元文辛房《唐才子传》卷三)

“少更”“稍更”组合用法与“颇更”相当。

另有一些同类组合，诸家未提及:

转更

(15)岭之东首山下有石穴，东北洞开，高广四五丈，入穴**转更**崇深，穴中有水。(北魏郦道元《水经注》卷一二)

(16)卓**转更**很愎，闻谏辄怒。(《晋书·甘卓传》)

(17)季舒素好图籍,暮年转更精勤。(《北齐书·崔季舒传》)

"转"有更加义,南朝齐求那毗地译《百喻经·就楼磨刀喻》:"如是数数往来磨刀,后转劳苦。"《北史·刘昉传》:"初平尉迟迥,暂临相州,已有反心,彰于道路。朕即遣人代之,不声其罪。入京之后,逆意转深。""转更"乃同义复合,文献中有同义倒序词"更转",如:

(18)敢(感)得五色云现,人更转多,无数听众,踏破讲筵,开启不得。(《敦煌变文集新书·庐山远公话》)

愈更

(19)及妊娠,愈更嫉妒,乃置药食中。夫人中食,觉而吐之,瞑眩者数日。(《三国志·魏书·钟会传》裴松之注)

(20)轨屡言帝失于武帝,帝谓预其事,愈更衔之。(《北史·尉迟运传》)

"愈"与"更"同义,"愈更"乃同义复合,文献中有倒序词"更愈",如:

(21)帝复问曰:"吾梦摩钱文,欲令灭而更愈明,此何谓邪?"(《三国志·魏书·周宣传》)

倍更

(22)时仇迦离心生瞋嫉,倍更忿盛。(北魏吉迦夜共昙曜译《杂宝藏经》)

(23)顷者,诈谕三川,灭释两税,及其得地,倍更加征,其罪三也。(后蜀何光远《鉴诫录》卷一)

"倍"有加倍、更加义,如《北齐书·神武纪上》:"于是士众咸悦,倍愿附从。"唐王维《九月九日忆山东兄弟》:"独在异乡为异客,每逢佳节倍思亲。""倍更"乃同义复合,文献中有同义倒序词"更倍",如:

(24)服酒时若得散服,得力更倍速。(唐孙思邈《备急千金要方》卷一四)

深更

(25)臣与嚣往为知交,今闻与来歙书,深更怨臣,自计无负于嚣。(东晋袁宏《后汉纪》卷五)

(26)晔政谓圣明留察,故深更恭慎,而莫见其际也。(《南史·沈约传》)

(27)迦叶闻已,深更感伤,思集法藏,据教治犯。(唐玄奘《大唐西域记》卷九)

“更”表更加,“深”表程度,与“更”义近,二者的组合关系与“颇更”相类。

二、“更”之“又、再”义及相关争议用例

(一)“更”有“又、再”义

“更”有“又、再”义,功能比较多,可表动作的重复或延续,或表动作或状态持续不变,表动作、状态先后相继等,如《左传·僖公五年》:“在此行也,晋不更举矣。”《史记·平准书》:“于是为秦钱重难用,更令民铸钱。”

(二)诸家所举此类用例辨析

忽更

(28)豫章有大樟树,大三十五围,枯死积久。永嘉中,忽更荣茂。(《宋书·符瑞志》;[2]361)

(29)郡西亭有古树,积年枯死,翔至郡,忽更生枝叶,咸以为善政所感。(《南史·褚翔传》)

上举二例“忽更”组合松散,“忽”表忽然,“更”表事情再次发生,相当于又、再,可比较以下二例:

(30)佛图调曰:“佛树中枯,其来时更生枝叶。”(北魏郦道元《水经注》卷一)

(31)廙为鄱阳太守,有枯樟树更生,王敦表劝进。中宗曰:“皓兽应瑞而来臻,樟树久枯而更荣。”(南朝齐臧荣绪《晋书》卷一五)

从例(28)(29)文句可知,树是在先有枝叶然后枯死的前提下重新生出叶子，而“忽”表生叶突然，“忽更”很明显是两个词，“更”并非后缀。

“忽更”组合在不同语境下意义有所不同，如：

(32)鄯善王广奉超礼敬甚备，后忽更疏懈。(《后汉书·班超传》)

(33)时遇西风，既济半江中，忽更东风。(南朝宋何法盛《晋中兴书》卷七)

此二例中，现有情况与之前的情况不同，但没有重复，这个“更”为改义。此种用法的“更”文献中有例，如《汉书·高帝纪下》：“齐王信习楚风俗，更立为楚王。”颜师古注曰：“更，改也。”

切更

(34)愈昔注解其书，而不敢过求其意。取圣人之旨而合之，则足以信后生辈耳。此说甚为稳当，切更思之。(唐韩愈《答侯生问〈论语〉书》;[2]362)

(35)汝书言待盖草堂并庵，此不急之务，不是汝去时议定，且只修房，钱紧急，因何又却及此？吾此书到，切更勿议盖也。(《欧阳修集》卷一五三《书简卷十》)

此二例“切更”亦属松散组合，“切”表务必，“更”表再，第一例“切更思之”犹务必再想想；第二例是在接到来信说要“盖草堂并庵”的前提下的回信，要求收到信后务必不要再谈盖屋之事，“更”表再义非常明显。

此类用法的“更”常与同义语素组合构成同义复合词，如：

又更

(36)图惭，又更谮郃曰：“郃快军败，出言不逊。”(《三国志·魏书·张郃传》)

(37)既斩候一人，又更斩它首六十八。(《汉书·樊哙传》“却敌先登，斩候一人，首六十八级，捕虏二十六人”颜师古注)

文献中有同义倒序组合“更又”，如：

(38)余更又赠诗一首，其词曰：“今朝忽见渠姿首，不觉殷勤着心口。”

（唐张鷟《游仙窟》）

(39)筑成台榭，种成花柳，更又教成歌舞。（南宋杨炎正《鹊桥仙·寿稼轩》）

犹更

(40)虽得善方，犹更求无已，以消工弃日，而所施用，意无一定，此皆两有所失者也。（《抱朴子·内篇》卷六）

(41)一碟毡根数十皴，盘中犹更有红鳞。（唐薛昭纬《谢银工》）

“犹更”亦属同义复合，还、又义，表意义更进一层。

复更

(42)《禹贡》九州，方今天下九州也，在东南隅，名曰赤县神州。复更有八州，每一州者四海环之，名曰裨海。（《论衡》卷一一）

(43)八月初，天晴时，摘叶薄布，晒令干，可以染绛。必候天晴时，少摘（六）叶，干之；复更摘。（《齐民要术》卷五）

“复更”乃同义复合，第一例表意义更进一层，第二例表动作的继续。“复更”亦有同义倒序词“更复”，如：

(44)故有二章，其一曰：薤上朝露何易晞，露晞明朝更复落，人死一去何时归。（《文选·陆士衡〈挽歌诗〉》李善注引西晋崔豹《古今注》）

(45)今州郡新服，正须绥抚，不宜更复加兵，摇动百姓。（《梁书·陈庆之传》）

重更

(46)讲《般若经》者多说五时，一往听受，似有条理，重更研求，多不相符。（南朝梁释僧佑《出三藏记集》卷八）

(47)稽考史籍，便紊旧章，遂令去岁之中，晦仍月见。重更寻讨，果差一日。（《旧唐书·历志二》）

此二例“重更”乃近义复合，这个词亦有同义倒序词“更重”，如：

(48)若病不解，当更重发汗，汗出多则亡阳。（唐孙思邈《备急千金要

方》卷九)

(49)净簸择,细磨。罗取麸,更重磨,唯细为良,粗则不好。(《齐民要术》卷七)

此类用法的"更"与其他副词的松散组合亦很常见,如:

辄更

(50)璧所以留者,以财币尽辄更造。(东汉班固《白虎通义》卷七)

(51)岁一解角于山中石间,人或得之,则须刻木色理形状,令如其角以代之,犀不能觉,后年辄更解角着其处也。(《抱朴子·内篇》卷一七)

"辄更"连用,"更"一般表重复,上举二例即如此,"辄更"是较明显的两个词。

不更

(52)大夫功成受封,得备八妾者,重国广继嗣也。不更聘大国者,不忘本適也。(东汉班固《白虎通义》卷九)

(53)《三代世表》言五帝三王皆黄帝子孙,自黄帝转相生,不更禀气于天。(《论衡》卷二九)

(54)初,官军未入之间,牧犍使人斫开府库,取金银珠玉及珍奇器物,不更封闭。(《魏书·沮渠牧犍传》)

"不更"组合松散,"更"多表"复"义,上举三例即如此。

欲更

(55)是时有人上书言人所以贫困者,货轻也,欲更铸钱。(东晋袁宏《后汉纪》卷二一)

(56)又以台所给仗多不能精,启请东冶锻工欲更营造,敕并给之。(《南史·侯景传》)

"欲更"乃松散组合,"更"表动作再次发生。

即更

(57)臣意即灸其足蹶阴之脉,左右各一所,即不遗溺而溲清,小腹痛

止。即更为火齐汤以饮之，三日而疝气散，即愈。（《史记·扁鹊仓公列传》）

(58)烧白石作白灰，既讫，积着地，经日都冷，遇雨及水浇，即更燃，烟焰起。（西晋张华《博物志》卷四）

(59)辩才云："檀越闲即更来。"（唐张怀瓘《书断》卷三）

"即更"乃松散组合，第一例"更"表动作接续，后二例表动作再次发生。

三、"更"之"反而"义及相关争议用例

(一)"更"有反而义

"更"有反而义，《战国策·赵策二》："臣以失令过期，更不用侵辱教，王之惠也。"鲍彪注："更犹反。侵辱，刑也。言已宜服刑，王反不刑而教之。"《史记·游侠列传》："少时阴贼，慨不快意，身所杀甚众……及解年长，更折节为俭，以德报怨，厚施而薄望。"

(二)诸家所举用例辨析

反更

(60)而亮反裘负薪，里尽毛殚，刖趾适屦，刻肌伤骨，反更称说，自以为能。（《三国志·魏书·明帝纪》裴松之注引《魏略》；[2]361）

(61)沙门虽云俗外，反更束于教，非情性自得之谓也。（《世说新语·轻诋》25条；[2]361）

(62)云何如来慈心若此，提婆达多，反更恶骂？（北魏吉迦夜共昙曜译《杂宝藏经》卷二；[2]361）

此三例"反更"乃反而义，由于"反"与"更"均有此义，故看作同义复合显然更加合适。文献中另有"方更"用法相同：

方更

(63)磐不肯出狱，方更牢持械节，狱吏谓磐曰："天恩旷然而君不出，何也？"（《后汉书·度尚传》）

(64)而琛尝不陈奏，方更往来，中外影响，致其谈誉。（《北史·甄琛传》）

(65)及一朝病发，和缓不救，**方更**诽谤医药无效，神仙无灵。(唐孙思邈《备急千金要方》卷二七)

“方”有反而义，《周书·文帝纪上》：“(高欢)但以奸志未从，恐先泄漏，乃密白朝廷，使杀高乾，方哭对其弟，称天子横戮。”北宋司马光《乞未禁私市先赦西人第二札子》：“万一激怒西人，致生边患，兵连祸结……岂不危哉！而执政方以为西人微弱，不敢动，数遣来使，诚心内附，置之度外，不以为虞。”上举三例“方更”均反而义，乃同义复合。

副词与“更”连用组合较多，或同义复合，或构成松散搭配，“更”意义实在，并非词缀。我们认为“更”在文献中并无词缀的用法。

即

蒋宗许先生(1992a:81)指出：敦煌变文中“即”有一种特殊用法，它常常附着于虚词之后，凑足双音节，不再具有词汇意义，其特点跟词尾“自”和“复”大略相同。蒋先生在文中列举了“遂即、便即、乃即、虽即、或即、忽即、实即”七个组合，并进行了分析论证。2009年，他在《汉语词缀研究》(2009:273—275)一书中重新阐述了这种观点，并以“即”为例(2009:60)探讨词缀的确定方法。

笔者仔细研读了蒋先生的文章，并考察了敦煌变文及其他文献中“即”的用法，认为：“即”在各组合中使用了其作为副词、连词的固有功能，而非附加于副词或连词之后充当后缀；以确定“即”为后缀的方法确定其他词缀，将会带来诸多问题。以下我们根据各组合中“即”的功能并结合蒋文的论证试加分析。

一、“即”之连接前后相承两件事的功能，兼及相关争议用例

(一)“即”可连接前后相承的两件事

“即”用以连接前后相承的两件事，相当于便、就，为其常义，如《汉书·高祖帝纪上》：“雍齿雅不欲属沛公，及魏招之，即反为魏守丰。”《后汉书·任延传》：“绀少子尚乃聚会轻薄数百人，自号将军，夜来攻郡。延即发兵破之。”“遂”“便”“乃”在这一义项上与“即”同义，如《左传·僖公四年》：“四年春，齐侯以诸侯之师侵蔡。蔡溃，遂伐楚。”《庄子·达生》：“若乃夫没人，则未尝见舟而便操之也。”刘淇《助字辨略》卷四引此文曰：“便，即也。”《史记·项羽本纪》：

"度我至军中，公乃入。"

敦煌变文中这样用法的"即""遂""便""乃"亦非常多，此各举其一：《伍子胥变文》："王闻魏陵之语，喜不自升(胜)，即纳秦女为妃，在内不朝三日。"①《佛说阿弥陀经讲经文》："王见聪惠，博达多心，遂封赏一邑，充为捧(俸)禄。"《佛说阿弥陀经讲经文》："忏悔已了，此受三归，复持五戒，便得行愿相扶，福智圆满，将永佛果，永晓(免)轮回。"《维摩诘经讲经文》："临辞华弟(第)，乃命家童，捧数合之香花，擎几般之幡盖。"

(二)诸家所举此类用例辨析

遂即

(1)龙蛇塞路，拔剑荡前；虎狼满道，**遂即**张弦。(《敦煌变文集新书·伍子胥变文》；[16]81)

(2)子胥蒙他教示，**遂即**拜谢鱼人。(《敦煌变文集新书·伍子胥变文》；[16]81)

(3)川中又遇一家，墙壁异常严丽，孤庄独立，四迥无人，不耻八尺之躯，**遂即**叩门乞食。(《敦煌变文集新书·伍子胥变文》；[16]81)

(4)于是三女**遂即**进步向前，咨白父王。(《敦煌变文集新书·破魔变文》；[16]81)

(5)须达既奉敕旨，心中非甚忧惶，**遂即**归家，攒眉蹙頞。舍利弗见其忧惧，仪貌改常，遂即惊嗟。(《敦煌变文集新书·降魔变文》；[16]81)

(6)郭欢无神灵覆荫，**遂即**见身，从灵床上起来，具说委由。(《敦煌变文集新书·搜神记》；[16]81)

蒋先生(1992a:81)指出：

"遂即"连文，若仅看字面，似乎也能讲成"于是就"，但我们纵横考较，发现这种构词形式本身便很特殊，先秦两汉，未见类似的"遂"后缀有"即"字者，六朝也似没有；如果认为"遂即"连文是变文中的通例，这也难以成立，因为变文中，"表示动作行为在时间上和前一件事的接续关系"的副词

---

① 本部分变文文例均取自潘重规《敦煌变文集新书》。

"遂"后不缀"即"字者比比皆是。再就行文而论,以上列举的"即"都显得多余……若"遂即"是副词连用,则拖泥带水,不伦不类。

考同义的"遂即"组合,北魏即有用例:

(7)有顷,水泉奔出,众称万岁。乃扬水以示之,虏以为神,遂即引去。(北魏郦道元《水经注》卷二)

(8)掘断连冈,流血成川,城因倾阤,遂即倾败。(《水经注》卷三九)

之后用例更多,如:

(9)他日,此帅随例来参,贵乃问云:"商人烧烽,何因私放?"烽帅愕然,遂即首服。(《周书·齐炀王宪传》)

(10)有一猎师,游行山野,遥见王仙,谓是白乌,遂即射之。(隋阇那崛多译《佛本行集经》卷五)

(11)也云雕一见他这样栽倒,就知把他打中,遂即转身回来,要结果他的性命。(清《续小五义》一〇九回)

文献中还有意义完全相同的倒序词"即遂",且在汉代即已出现:

(12)闻汉出兵谷助呼韩邪,即遂留居右地。(《汉书·匈奴传下》)

其他文献亦有众多用例,如:

(13)祇域白太后:"王病可治,今当合药。……愿屏左右。"太后即遂遣青衣黄门出。(南朝梁宝唱《经律异相》卷三一)

(14)(祐陵)仍以金带一条挂其上,石即遂可移。(南宋王明清《挥麈录·余话》卷二)

"即遂"的用例比"遂即"要少,特别在宋代之后很少使用,这是因为"遂即"这一词形更符合复音词语素排列的调序原则①。

蒋先生(1992a:81)认为:"遂即"组合中"即"显得多余,若"遂即"理解成"副词连用,则拖泥带水,不伦不类"。我们不同意这种说法:"遂""即"用于连

① 关于"调序原则"参王云路《中古汉语词汇史》245页。商务印书馆2010年。

接前后相承的两件事，意义及功能完全相同，复合成“遂即”“即遂”，与单用“遂”“即”并无不同，故而不存在多余之说。事实上，“遂”“即”“乃”“便”均可两两复合，且大多数在变文中都有用例。详见下文。

便即

(15)芦中忽见一人，**便即**摇船就岸。(《敦煌变文集新书·伍子胥变文》;[16]82)

(16)军官食了，**便即**渡江。(《敦煌变文集新书·伍子胥变文》;[16]82)

(17)见他宅舍鲜净，**便即**兀自占着。(《敦煌变文集新书·燕子赋》;[16]82;[1]274)

(18)迷闷之中，**便即**含笑，此即名为孝顺之男。(《敦煌变文集新书·庐山远公话》;[16]82)

(19)净能一见慕之，**便即**留意……长年廿，便入道门。(《敦煌变文集新书·叶净能诗》;[16]82)

(20)信闻放归，心生欢喜，**便即**来还，忘却放鬼使边取好头手。(《敦煌变文集新书·搜神记》;[16]82)

蒋先生(1992a:82)分析说：

> 上例之“即”，均可略去，略去后不仅意义无别，而且更觉简炼。我们以为，这些“即”都是词尾，试以(9)(11)[即上(17)(19)例]辨析之。(9)说雀儿强占燕子巢穴，“便即兀自占着”，等于说“便兀占着”，译成白话便是“就径自霸占了”或“就公然地霸占了”。“兀自”的“自”是词尾，“兀自”犹“兀然”，“便即”与“兀自”骈列同型，“即”亦是词尾。……例(11)“便即”与“便”对用，“即”为词尾尤明。

其实，《燕子赋》中“便即”与“兀自”功能完全不同，“兀自”用以修饰动词“占”，相当于公然①；而“便即”则起连接作用，表后一事紧接前一事发生，二词虽然相连，但并非骈列，由“自”作词尾推断“即”亦为词尾难以成立。《叶净能

① 其实“兀自”之“自”是否为词尾亦需商榷，我们将另文讨论。

诗》中"便即留意"与"便入道门"结构相似，或可得出"便即"与"便"同义，怎能得出"即"为词尾的结论呢？

同义的"便即"早在魏晋时即已产生并沿用，且用例极多，如：

(21)小吏不与国同心者，率入十一月得死罪贼，不问曲直，**便即**格杀，虽有疑罪，不复谳正。(《后汉书·鲁恭传》)

(22)时德乐正，闻其教诏，**便即**经行。(三国吴康僧会译《六度集经》卷六)

(23)抚院扰过之后，**便即**相辞出来。(清李伯元《官场现形记》第七回)

其同义倒序词"即便"亦有极多用例，变文中即有数十例，此举其一：

(24)大王见说上事，**即便**归宫，处分彩女频(嫔)妃，伴换太子，恒在左右，不离终朝。(《敦煌变文集新书·八相变》)

它在魏晋时即已产生并沿用，如：

(25)后庐江贼迸入弋阳界，堂勒兵追讨，**即便**奔散。(《后汉书·王堂传》)

(26)说是语已，**即便**还去。(三国吴支谦译《菩萨本缘经》卷中)

(27)梁材候老爷的信写完、封妥，收拾了当，**即便**起身。(清文康《儿女英雄传》第三回)

蒋文(1992a:82)依据这些用例中的"即"均可略去，从而断定其为词尾。事实上，"便即"中的"便"同样可以略去而意义不变，其倒序词"即便"同样如此。究其原因，"便"与"即"本为同义词，组合构成同义复合词，其功能与单用"便""即"并无不同，至于使用哪一个，主要取决于字句和谐的需要。

乃即

(28)知他窠窟好，**乃即**横来侵。(《敦煌变文集新书·燕子赋》；[16]83；[1]273)

(29)玄石至家，**乃即**醉死。(《敦煌变文集新书·搜神记》；[16]83；[1]273)

同义的“乃即”早在魏晋时即已产生并沿用，但用例不多，如：

(30)郡县所收送，皆放遣，乃即相率还降。(《三国志·魏书·赵俨传》)

(31)复于异时，博士才打，种种呵责，乃即啼泣，归向母边，具陈上事。(唐义静《根本说一切有部毘奈耶出家事》卷三)

(32)韦皋乃即开门，先请苏玉入城，受其诏书。(明天然痴叟《石点头》第九回)

其同义倒序词“即乃”在变文中亦有用例，如：

(33)仆射闻吐浑王反乱，即乃点兵，鏨凶门而出，取西南上把疾路进军。(《张义潮变文》)

它在梁代即已出现并沿用，如：

(34)子言：“我力能淹。”到王所言：“今来对义。”即乃说偈。(南朝梁宝唱《经律异相》卷四〇)

(35)尔时世尊，即乃舒其清净舌相，遍覆面轮。(北宋法护《佛说除盖障菩萨所问经》卷一六)

(36)是日恰好使者至，说刘裕有召，即乃驰还京师，入见刘裕。(明杨尔增《东西晋演义》三〇九回)

文献中除了“即”与“遂、便、乃”可组合成词之外，“遂、便、乃”之间亦可两两复合成词，其中“便乃、乃便、遂乃、遂便”在敦煌变文中都有用例，此各举其一：

(37)太子闻知，亦加不悦，便乃还宫。(《太子成道经》)

(38)慈耶得患先身故，后乃便至阿娘亡。(《董永变文》)

(39)一自娘娘崩背，思量无事报恩，遂乃投佛出家，获得神通罗汉。(《目连缘起》)

(40)白庄闻语，然而信之，遂便散却手下徒党。(《庐山远公话》)

“乃遂、便遂”在其他文献中有用例，此各举其一：

(41)而无知、连称、管至父等闻公伤,**乃遂**率其众袭宫。(《史记·齐太公世家》)

(42)母言:"汝实是鬼也,我怀汝时,夜梦见鬼,与我共会,便有汝耳。"王**便遂**寤,改不杀人。(南朝梁宝唱《经律异相》卷二九)

有时甚至还有三字连言者,如:

(43)**便遂乃**揭却一幕,捉得知更官健,横驼竖拽,到王陵面前。(《敦煌变文集新书·汉将王陵变》)

(44)有说由心惑乱,**遂乃便**生时处定解。(唐义静《成唯识宝生论》卷二)

(45)闻此教已,**遂即便**发无上正等菩提之心。(唐不空译《大乘瑜伽金刚性海曼殊室利千臂千钵大教王经》卷五)

(46)若能一念回光,**便乃即**同诸圣。(北宋昙秀辑《人天宝鉴》)

"遂、便、乃、即"单用连接前后相承的两件事,意义及功能完全相同;两两之间构成"遂即、即遂、便即、即便、乃即、即乃、便乃、乃便、遂乃、乃遂、遂便、便遂"等6组12个具有倒序关系的组合,意义及功能与单用时别无二致;再加上一些同义的三字连言组合的存在,无不说明,"遂即、便即、乃即"以及上举其他组合是毫无疑义的同义复合。

蒋文所举"忽即"中的"即"亦用于连接前后相承的两件事:

忽即

(47)二足者,人生在世,有身智浮名为二足,**忽即**有口(身)而无知(智),**忽即**有智而无身。(《敦煌变文集新书·庐山远公话》;[16]83)

(48)子胥祭了,发声大哭,感得日月无光,江河混沸。**忽即**云昏雾暗,地动山摧。(《敦煌变文集新书·伍子胥变文》;[16]83)

(49)乃送食来,语其夫曰:"有何异事?"**忽即**发被看之,乃有一胡人床上而卧。(《敦煌变文集新书·搜神记》;[16]83)

第一例"忽"通"或","忽即"即"或即",用以列举(参黄征、张涌泉《敦煌变文校注》卷二263页及下文"或即"一词的分析),其用法与后二例有别。以下着重分析后二例中的“忽即”。

“忽即”连用，佛典中有较多用例，如：

(50)身中出火，还耶维已，而般泥洹，忽即燿灭，无有烟炭。(西晋竺法护译《佛升忉利天为母说法经》卷下)

(51)起此念时，其身五系，即还缚之，五欲功德，忽即散灭。(隋阇那崛多译《起世经》卷八)

(52)王闻此语，忽即惊起，合掌赞言……(唐道世《法苑珠林》卷一八)

相对来说，中土文献用例较少，如：

(53)母死月余，献亦暴死。三日心暖，家人不敢便葬，忽即起活。(北宋张君房《云笈七签》卷一二〇)

仔细体会上述各例，“即”的前后文仍为前后相承的两件事，使用“忽”只是强调后一件事发生的迅疾和突然。以上举例(51)为例，句中“其身五系，即还缚之”与“五欲功德，忽即散灭”均承“起此念”而言，强调二事紧承发生，“其身五系，即还缚之”中的“即”正是这一功能的体现。同样，“五欲功德，忽即散灭”中的“即”仍表此功能，我们不能因为有了“忽”的存在，就将它看作后缀，事实上，去掉“忽”之后，如果不考虑字数不协，“五欲功德，即散灭”完全成立。

不仅“即”可如此用，与“即”同义的“便”“乃”也可与“忽”构成用法相同的组合，如：

忽便

(54)时阿耨达并余龙王及诸眷属，自乘神力，踊升虚空，兴香之云，忽便普布。(西晋竺法护译《佛说弘道广显三昧经》卷一)

(55)又前妇者，已有一男，而彼梵志，于其中间，忽便命终。(东晋瞿昙僧伽提婆译《中阿含经》卷一六)

(56)邻有张生者，亦以病卒三日也。忽便起坐，既行，乃径往孙氏家。(《太平广记》卷一三三)

例(56)“忽便起坐”与上举例(53)《云笈七签》中“忽即起活”相类，亦可证“忽即”与“忽便”实同。

忽乃

(57)其后半岁，累获六枚，悉焚之，唯一枚得而复逸，逐之，忽乃入粪土中。(唐戴孚《广异记·苏丕女》)

(58)常行日中，不见其影。或云昌容能炼其形者也，忽乃冲天而去。(前蜀杜光庭《墉城集仙录》卷六)

“即、便、乃”可用于连接前后相承的两件事，而上举组合所处语境均属此类。虽然在翻译时，“忽即、忽便、忽乃”可以用“忽然”对译，但这并不能说明“即、便、乃”的连接功能不复存在，事实上，“即、便、乃”单用连接前后相承的两件事，也不是非译不可。另外，上举各用例去掉“即、便、乃”前的“忽”，如果不考虑字句和谐，完全可以成立，只是不能体现事情发生的突然性罢了。基于此，我们认为，“忽即”组合中“即”的连接功能并未消失，它并非仅用以凑足音节的后缀。

二、“即”之连接具有转折或平列关系的句子功能，兼及相关争议用例

(一)“即”可以连接具有转折或平列关系的句子

“即”除了作副词，连接前后相承的两件事之外，还可用作连词，表多种句式关系。详见下文分析。

(二)诸家所举此类用例辨析

虽即

(59)长者！园虽即好，林木芙疏，多有酒坊猖婬之室，长众生之昏闇，滋苦海之根源，此处不堪，别须选择！(《敦煌变文集新书·降魔变文》；[16]82；[1]273)

(60)十念弥陀虽即少，功德沾施福不轻。(《敦煌变文集新书·难陀出家缘起》；[16]82)

(61)虽即寿年长远，还无究竟之多；虽然富贵骄奢，岂有坚牢之处？(《敦煌变文集新书·维摩诘经讲经文》；[16]82；[1]273)

蒋先生(1992a:82)分析说：

以上“虽即”都是“虽然”的意思，均可以“虽然”置换，例(15)[即上举

(61)例]更是昭然豁然。

诚然，变文中“虽即”均可解作“虽然”，而(61)例中的对应更说明“虽即”与“虽然”同义，但这并不能说明“虽即”之“即”等同于“然”而为后缀。

事实上谈及“虽即”，我们不能忽视另一个词“虽则”，它同样表虽然，且用例更早更多，如：

(62)虽则云然，尚猷询兹黄发，则罔所愆。(《书·秦誓》)

(63)审得其人，以承大将军之明，虽则山泽之人，无不感德，思乐为用矣。(《后汉书·冯衍传》)

(64)城邑百数，各别君长，进止往来，不相禀命。虽则画野区分，总称笯赤建国。(唐玄奘《大唐西域记》卷一)

变文中亦有用例，如：

(65)天地路殊，久隔互不相见。虽则日夜思忆，无力救他。(《目连变文》)

(66)此间虽则人行义，彼处多应礼不殊。(《王昭君变文》)

我们知道，“即”与“则”音近义通，常可通用，关于这一点，发之者甚多，如《诸子评议·墨子一》“即举其事速成矣”，俞樾按：“即、则古通用也。”《汉书·韩安国传》：“千里而战，即兵不获利。”刘淇《助字辨略》卷五引此文曰：“此即字，犹则也。”吴昌莹《经词衍释》卷八：“即，则也，古同声而通用。《史记·项羽纪》：‘徐行即免死，疾行则及祸。’即、则对文，‘即’实‘则’义。”

变文中“即”与“则”的使用亦能体现这一点，《太子成道经》：“大臣云：‘主忧则臣辱，主辱则臣死。’”同记此事的《悉达太子修道因缘》作：“忽有大臣奏云：‘主忧即臣辱，不如臣则死。’”《太子成道经》：“遂遣车匿问之，‘则君一人如此，诸人亦然？’”下文近似的句式作：“即此一个人死，诸人亦然？”《父母恩重经讲经文》：“忧则共戚，乐即同欢。”《维摩诘经讲经文》：“视慈云则普垓三界，施利济即广度四生。”此二例“则”“即”对文同义。《双恩记》：“太子曰：‘然即如此，不敢违王。欲拟上闻，请乞一愿。’”“然即”即“然则”，这种用法在早期文献中即可见到，《论衡》卷一四：“然即天之不为他气以谴告人君，反顺人心以非应之，犹二子为赋颂，令两帝惑而不悟也。”刘盼遂案：“‘即’与‘则’通，‘然即’亦

'然则'也。"

另外，我们对潘重规先生《敦煌变文集新书》中的"即"与"则"用例作了统计，发现"即"有998个用例，而"则"仅140个用例。用例如此悬殊，可能与变文所用方言习惯使用"即"有关。

基于"即"与"则"的密切关系，以及"虽即"与"虽则"用法意义完全相同，我们认为，"虽即"组合中，"即"与"则"相当，"虽即"即"虽则"。那么"即"与"则"在"虽即""虽则"组合中是何种性质呢？

考连词"则"，很早即可单用表转折，如《吕氏春秋·任地》："操事则苦，不知高下，民乃逾处。"西晋傅玄《扶风马钧序》："巧则巧矣，非尽善也。"变文中亦有用例，如《唐太宗入冥记》："催子□□(玉答)曰：'得则得，在事实校难。'"作为与"则"通用的"即"，也有表转折的用法，变文中即有多例，此举其二，《庐山远公话》："善庆口即不言，心里思量，我忆昔在庐山之日……"《太子成道经》："殿下位即尊高，病相亦皆如是。"他例如唐长孙无忌《唐律疏议》卷一一："诸有所请求者，笞五十；谓从主司求曲法之事。即为人请者，与自请同。"金董解元《西厢记诸宫调》卷三："瘦即瘦，比旧时越模样儿好否?"此例与上举《扶风马钧序》"巧则巧"、《唐太宗入冥记》"得则得"用法完全相同，从中也可看出"则"与"即"的关系。

"虽即"在其他文献中也有用例，且有意义相同的倒序词"即虽"，以下举《唐律疏议》中的用例以作比较。先看"虽即"用例：

(67)及受财而不枉法者，谓**虽即**因事受财，于法无曲。(卷三)

(68)御膳以下阑入，**虽即**持杖及越垣，罪亦不加。(卷七)

再看"即虽"：

(69)议曰：婢为主所幸，因而有子；**即虽**无子，经放为良者：听为妾。(卷一三)

(70)"赌饮食者，不坐"，谓**即虽**赌钱，尽用为饮食者，亦不合罪。(卷二六)

"即"单用可表转折，"虽即"组合有同义倒序形式"即虽"，再加上同义的"虽则"的使用，无不证明"虽即"组合中"即"仍发挥着表转折的连词功能，而非仅用以凑足音节的后缀。

或即

(71)(魔女)合玉指而礼拜重重,出巧语而诈言切切。或擎乐器,或即吟哦;或施窈窕,**或即**唱歌。(《敦煌变文集新书·维摩诘经讲经文》;[16]83;[1]273)

(72)有时拗眼烈睛,**或即**高声应对。(《敦煌变文集新书·父母恩重经讲经文》;[16]83;[1]273)

蒋宗许(1992a:83)先生指出:

例(20)[即(71)例]描绘魔女们的不同情态,"或即"与"或"对用,其"即"但助音节耳;例(21)[即(72)例]对偶为文,为避复前言"有时",后换用同义词"或",为了字数整齐,便给"或"带上了词尾"即"。

此种用法的"或即"其他文献亦有用例,如:

(73)将诣果林,盛种种果,**或即**噉食,或取汁饮。(隋达摩笈多译《起世因本经》卷七)

(74)凡人饮酒,洽醉狂咏便作,**或即**斗死,或则相伤贼害,或缘此奸淫,或缘兹高堕,被酒之害,不可胜记。(唐朱法满《要修科仪戒律钞》卷一四)

(75)会即事同一家,不会万别千差。一半吃泥吃土,一半食麦食麻。**或即**降龙伏虎,**或即**搋蚬捞虾。(《古尊宿语录》卷二一)

"或则"有完全相同的用法,上举《要修科仪戒律钞》例中"或即"即与"或则""或"对举使用,它例如:

(76)世亲才见十地,即为论释,**或则**未穷广文,**或则**知见有异,未全克定。(唐澄观《大方广佛华严经疏》卷四)

(77)夫贪吏临民,其损甚大,**或则**屈法,**或则**滥刑,或因公以逼私,或缘事以行虐,使民受弊甚于蠹焉。(《续资治通鉴长编》卷三二)

"或即""或则"中的"即"与"则"是否为"但助音节"的词缀呢?我们以为并

非如此，以下试论之。

考“即”与“则”单用，可用于并列分句中，表对情况的列举和对比，文献中用例甚多，此举变文为例。《双恩记》：“莫若入大海内，拜谒龙王，求摩尼宝珠，与众生利益，要饭即雨饭，要衣即雨衣，要金银即雨金银，要珠玉即雨珠玉。”《长兴四年中兴殿应圣节讲经文》：“远即成佛度人，近即安民治国。”《庐山远公话》：“当立即有，不立即还无；当信即有，不信即还无。”此三例“即”分别出现于并列的各分句中。有时“即”只出现于某个或某些分句中，如《双恩记》：“多即我能施满足，少时他不为添陪。”《捉季布传文》：“闲来每共论今古，闷即堂前话典坟。”①

与“即”音近义通的“则”在变文中亦有相同用法，多分别出现于并列的各分句中，如《父母恩重经讲经文》：“逐日则长随恶伴，终朝则不近好[人]。”《祇园图记》：“必要如此，诸佛弟子共我角其神力，强则任致，弱则不许。”也有出现于某个或某些分句中的用例，如《韩擒虎话本》：“限百日之内，有使臣诏来，进一日亡，退一日则伤。”《父母恩重经讲经文》：“约束时直要谛听，嗔骂则莫生祇对。”

不仅如此，“乃”亦有此种用法，分别出现于各分句的用例如《降魔变文》：“六师乃悚惧恐惶，太子乃不胜庆快处，若为？”也有单现于某个分句者，如《伍子胥变文》：“饿乃芦中餐草，渴饮岩下流泉。”

“即”“则”“乃”还可对举使用，如《伍子胥变文》：“凶即请自当，吉则知吾意。”《伍子胥变文》：“君乃先辱不轻，妾即后嫌不受。”《长兴四年中兴殿应圣节讲经文》：“出乃百壁(辟)欢忻，入则六宫瞻敬。”

相同用法的“而”可帮助确定“即”“则”“乃”的连词性质：《长兴四年中兴殿应圣节讲经文》：“闻半偈而捐舍全身，求一言而祇供千载。”《长兴四年中兴殿应圣节讲经文》：“至焉所化，广大如斯，振摇而不异云雷，沃润而还如春雨。”

将“即”与“则”的上述用法与“或即”“或则”的用法作一比较，可以发现：它们均用于平列结构中，在列举功能上并无二致；不同之处在于，“或即”“或则”句中“或”的指代对象不明，而未用“或”的句子，“即”“则”前的成分往往直接说

---

① 蒋文认为此例“即”为衬词。其实将此句式与上举“即”同现于各分句的用例以及下文“则”的用法作一比较，可以发现，它实起连接作用。

出。这种不同只是“即”“则”前成分的差异，而不涉及“即”“则”本身，“忽即”“忽则”组合中“即”“则”的连接功能并未消失，自然也就不是后缀了。

三、“即”之表强调、加强肯定语气的用法，兼及相关争议用例

（一）“即”有表强调、加强肯定语气的用法

“即”可表强调，加强肯定语气，相当于“是、就是”，乃其常义，如《史记·项羽本纪》：“梁父即楚将项燕。”

（二）诸家所举此类用例辨析

实即

(78)禅堂迮(窄)隘，**实即**难留；幽冢非宽，无门受纳。(《敦煌变文集·维摩诘经讲经文》；[16]82；[1]273)

(79)今欲据法科绳，**实即**不敢咋呀。(《敦煌变文集·燕子赋》；[16]82；[1]273)

蒋宗许先生认为“实即”相当于实在，“‘实即’之‘即’无义，有如现代汉语‘实在’之‘在’”。

此种用法的“实即”在其他文献中亦有用例，只是较少见，如：

(80)着绮罗，挂绫绢，殓入棺中虚坏烂。分毫善事不曾修，**实即**令人哀悯见。(《敦煌曲子词·十二时普劝四众依教修行》)

(81)每读《尚书·洪范》，至“遵王之义”，三复兹句，常有所疑。据其下文，并皆协韵。惟“颇”一字，**实即**不伦。(北宋王溥《唐会要》卷七七)

“实即”解作“实在”没什么问题，但“即”是否就是不表义的词缀呢？我们认为需要慎重，因为文献中可以看到与“实即”用法相同的“实乃”“实为”“实是”的用例，而且现代汉语中还有“实在是”与之相应。

(82)功坚易于折枯，摧强甚于汤雪，偃骸积尸，野成京观，获将献俘，千有余级。**实乃**殊机异诡，应时克捷也。(北魏《元端墓志》)

(83)上悦，登望久之，敕曰：“此岭不足须固守，然京口**实乃**壮观。”(《南史·萧正义传》)

(84)又巴丘湖,沅湘之会,表里山川,**实为**险固,荆蛮之所恃也。(《晋书·杜预传》)

(85)吾昔为幽司所使,**实为**烦碎,今已自解。(《南史·沈僧昭传》)

(86)高峰入云,清流见底,……夕日欲颓,沈鳞竞跃,**实是**欲界之仙都。(南朝梁陶弘景《答谢中书书》)

(87)如斯苦切,**实是**难陈。(《敦煌变文集·太子成道变文》)

上举"实乃""实为""实是"以及变文中的"实即",都可以用"实在是"对译,如"实即不敢咋呀"可译作"实在是不敢违拗";"如斯苦切,实是难陈"可译作"像这样的痛苦,实在是难以陈说"。

"实即"与"实乃""实为""实是"用法相同,当非偶然。我们知道,"即"可用于表强调,加强肯定语气,相当于"是、就是","乃""为""是"①均有相似用法,它们与"实"组合后,并未丧失这种强调功能,自然也就不能将"即"定性为词缀了。而且若将"即"看作词缀,与之用法相同的"乃""为""是"又该如何处理呢?

四、其他"即"的用例辨析

蒋文(1992a:83—84)在论证变文中的"即"与六朝而下的词缀"自""复"特点基本相同时,举了敦煌变文中四个作为衬词的"即"的用例:

(88)善业感招生胜处,业缘重**即**却沉沦。(《敦煌变文集新书·金刚般若波罗蜜经讲经文》;[16]84)

(89)闲来每共论今古,闷**即**堂前话典坟。(《敦煌变文集新书·捉季布传文》;[16]84)

(90)闷**即**交伊合曲,闲来即遣唱歌。(《敦煌变文集新书·维摩诘经讲经文》;[16]84)

(91)如今看**即**证蓰(菩提),不可交却堕落。(《维摩诘经讲经文》;[16]84)

---

① 《现代汉语词典》(第7版)"乃"的第一个义项解释为"是、就是、实在是","实在是"这一释义正是其强调功能的体现。《大词典》"是"字义项8"表示加强或加重肯定语气,……在加强肯定语气中又含有的确、实在的意思",亦表现出"是"的这一功能。

蒋先生认为上述第一例“业缘重即”犹言“业缘重”，加一“即”字特为整齐罢了。二、三例“闷即”与“闲来”相对，第四例“看即”与“交却”应合，“来”“却”都是语辞，故“即”字亦为语辞。

上举四例“即”确有使字句和谐的功能，但并非衬词，它在各句中仍保留有其固有语法功能：

前三例均属“即”连接平列结构的用法（“则”亦有此种用法，详见第二部分“或即”下论述），其特点是：各分句所述情况相反或相对，以表列举或对比，一般“即”同时出现于各分句，也有单独出现于某个分句之中的情况。以第三例来说，从字面上看，似乎“闷即”与“闲来”对应，实则前后两句都有“即”字，在句中对应使用，起连接作用，“闷”真正对应的是“闲来”。一、二例亦属此类，只是出于字句整齐的考虑，“即”仅出现于其中一个分句罢了。

第四例，“交却”之“却”并非语辞，“却”实“再”义，这从文句可以知道：“持世告假帝释曰：‘我修行日久，悟法分明，不可取你人情，交我再沉恶道。况此之女等，三从备体，五障缠身。他把身为究竟身，便把体为究竟体。我所以弃如灰土，自力修行，如今看即证菩提，不可交却堕落。’”“不可交却堕落”即对应“不可取你人情，交我再沉恶道”而言。那么“如今看即证蒦（菩提）”中的“即”又是什么意思呢？我们认为这个“即”是其最普通的用法，“便、就”义，“看即”连用，相当于现代汉语中的“眼看就”，变文中还有其他用例，如：

(92)记取今朝相劝语，这身**看即**是无常。（《维摩诘经讲经文》）

(93)王曰：“夫人气色，命有五朝，**看即**与朕不得相见。”（《欢喜国王缘》）

“看即”还可作“看看即”，如：

(94)人身病，似枯树，苦恼灾危成积聚。**看看即**是落黄泉，何处令人能久住。（《维摩诘经讲经文》）

“看则”也有同样的用法，如：

(95)莫为久住，**看则**去时。虽论有顶之天，总到无常之地。（《破魔变文》）

还可作“看看则”，如：

(96)玉漏相传，二更四点，临入三更，看看则是斫营时节。(《汉将王陵变》)

“看看便”亦有相似用法：

(97)广现百般希有事，看看便是振春雷。(《维摩诘经讲经文》)

蒋文(1992a:84)还探讨了后缀“即”的起源，认为先秦两汉文献，未曾发现其端倪，六朝时，《世说新语》中有3例近是，分别为：

(98)初桓南郡、杨广共说殷荆州，宜夺殷觊南蛮以自树。觊亦即晓其旨，尝因行散，率尔去下舍，便不复还。(《德行》41条)

(99)桓公入蜀，至三峡中，部伍中有得猿子者。其母缘岸哀号，行百余里不去，遂跳上船，至便即绝。(《黜免》第2条)

(100)谢安年少时，请阮光禄道白马论。为论以示谢，于时谢不即解阮语，重相咨尽。(《文学》24条)

第二例，“便即”乃同义组合，前文已经分析，此不赘。其他两例中的“即”乃当时、立即义：第一例“即晓其旨”指殷觊“当时就知道他们的意思”，但他并未表现出来，而是趁行散时离开而不还，“即晓”与之后“行散离去”所间隔的时段正用以体现其有涵养；第三例“即解”与“即晓”义近，“于时谢不即解阮语”“即”紧扣“于时”，指当时谢安没立即明白阮光禄之论①，因而才会有下文的“重相咨尽”。“即”的这种用法在文献中很常见，如：

《左传·僖公二十四年》：“蒲城之役，君命一宿，女即至。”《三国志·蜀书·谯周传》：“颍川以陛下远征，故奸猾起叛，未知陛下还，恐不时降；陛下自临，颍川贼必即降。”《宋书·王球传》：“时群臣诏见，多不即前，卑疏者或至数

① 蒋文认为由“重相咨尽”可证明“不即解”决不是“不马上(或“立即”)懂得”的意思，否则“重相咨尽”便文意不协，而阮也就不必感慨系之了。我们认为这里的“即”所指的“马上”是指谢刚拿到阮论之时，正因为当时没马上明白，所以他才要“重相咨尽”，而阮所感慨的正是他的索解能力。蒋文用“不马上(或“立即”)懂得”来对译“不即解”不合现代汉语习惯，解作“没马上明白”则顺畅得多。

十日，大臣亦有十余日不被见者。唯球辄去，未尝肯停。”《敦煌变文集新书·燕子赋》：“既有上柱国勋收赎，不可久留在狱，宜即适放，勿烦案责。”

上举用例中的“即”多置于副词后，前后文语境能明显揭示“即”之义。文献中还有更多的“即”，所处语境不能明确限定其含义，这种情况下，如果用“即”的既有意义去解释并无问题，最稳妥的解决办法，还是应当以其既有意义来处理。依照此原则，我们考察了大量文献，得出的结论是：副词、连词与“即”构成的组合，难以有效佐证“即”有词缀的用法。

五、“即”的词缀性质探讨的实践意义

以上我们逐一分析了蒋文所举变文中用为后缀的“即”的组合，并系联考察了与之结构及意义类似的其他组合，以及变文及其他文献中“即”的使用，我们认为：在这些组合中，“即”主要发挥了其副词及连词的连接及强调功能，虽无实在的词汇意义，但作为虚词的语法功能并未消失，因此“即”并非后缀。

另外，“即”的后缀性质的探讨，可为词缀研究提供一些启示：

第一，一般认为，词缀不负载词汇意义，因而各家常以“义虚”作为词缀的重要鉴别标准①。这个标准对有实在意义的实词来说没什么问题，但作为本无词汇意义而仅发挥语法功能的虚词来说，就不能适用。以“即”为例，它在“～即”组合中符合“义虚”标准，但不能因此将其定性为词缀，因为它单用作副词或连词时，在很多情况下亦仅表语法功能，而无词汇意义，构成“～即”组合后，这些组合使用语境与“即”单用时并无不同，“即”在句中的既有语法功能并未消失。

第二，学者们常利用去掉某个语素之后意义是否改变作为检验词缀的方法。这种方法有一定的作用，但局限性很大，除了同义复合词不能适用之外，其他一些结构的合成词也有不适用的可能，而由无词汇意义仅表语法功能的虚词构成的组合②更多属此类。以本篇所举“忽即、忽便、忽乃”来说，“即、便、

① 蒋先生在《汉语词缀研究》一书第一、二章对前人研究作过综述，提出“词缀是高度虚化的构词成分”的看法，并以上文所讨论的“即”的组合为例。参该书60页。

② 这种组合很多只是临时组合而并未成词，“忽即”“实即”即属此类。

乃"单用连接前后相承的两件事，本就是可译可不译的成分①，与"忽"组合后，仍然如此，我们固然可译成"忽然"，但译成"忽然就"也未尝不可。再如"或即"，"即"单用连接平列结构时，"即"无实义，在现代汉语中亦无对应成分，由它构成的"或即"组合，自然也不会有实义，这样以去掉"即"意义是否改变来检验，当然不能说明问题。

第三，学者们在论证某个词为附加式时，常采用类比系联的方法，如蒋文在论证"即"为后缀时，将它与"自""复"联系起来以证其性质。我们认为类比的方法确实重要而有效，但类比的使用必须符合"类"的要求。以"即"与"自""复"来说，它们在词汇意义、语法功能、与副词连词的组合能力以及组合出现和使用时代等方面均有明显差异②，这样的类比能在多大程度上说明问题，值得商榷。相对来说，将"遂即""便即""乃即"与"即遂、即便、即乃、便乃、乃便、遂乃、遂便、乃遂、便遂"等作类比，将"实即"与"实乃、实为、实是"作类比，将"然即"与"然则"作类比则要合适得多，因为无论作为单个语素还是所构成的组合，它们都具有很大共性。

第四，蒋先生在文中特别强调，后缀"即"的使用是为了凑足双音节，以使字句和谐整齐，似乎这一点也可帮助确定"即"的词缀性质(这是笔者阅读时的体会，也许并非蒋先生本意)。其实，附加构词固然是词汇双音化的重要手段，但绝不是唯一手段，事实上，同义复合远比附加式重要，而使用只表语法意义的虚词也完全可以达到组合(有些并未成词)双音化、并使文句和谐整齐的目的。

加

王云路先生(2010:268—275)谈及附加式来源时提出"加"可作动词前缀及副词、形容词后缀，并举有相关用例。先看其所举前附加式动词用例：

(1)乃复使使持节具告以诏商状，曰："田横来，大者王，小者乃侯耳；

---

① 以现代汉语为例，"他吃完饭，便走了出去"与"他吃完饭，走了出去"意义上并无多大区别。

② 此主要依据蒋文的观点。蒋文认为"'即'作后缀的现象出现在变文中，很少例外"，而且变文中的此类组合也仅限于文中所举7个组合。参《汉语词缀研究》274页。

不来，且举兵加诛焉。”（《史记·田儋列传》；[2]268）

(2)蔺相如亦曰：“请以秦之咸阳为赵王寿。”秦王竟酒，终不能加胜于赵。赵亦盛设兵以待秦，秦不敢动。（《史记·廉颇蔺相如列传》；[2]269）

(3)今司隶校尉尊妄诋欺，加非于君，朕甚闵焉。（《汉书·匡衡传》；[2]268）

(4)今陛下既不纳天下之言，又加戮焉。（《汉书·梅福列传》；[2]268）

(5)羌戎服其义勇，不敢加害，送还汉阳。（《后汉书·盖勋传》；[2]268）

(6)案扬州刺史元显：凶暴之性，自幼加长，犯礼毁教，发蒙如备。（《全晋文》卷一一九桓玄《讨元显檄》；[2]269）

(7)而后爱憎之人，缘事加诬，伪生节目。（《三国志·魏书·公孙度》裴松之注引《魏略》；[2]269）

(8)古之守臣，有朘人之财，危人之生，而又害贤人者，内必弃于其人，外必弃于诸侯，从而后加伐焉，动必克矣。（《全唐文》卷五八二柳宗元《辩侵伐论》；[2]269）

(9)尔纵不能面缚请罪阙下，亦当尽敬天子之使，乃敢反加辱乎！（《金史·忠义传一·粘割韩奴》；[2]269）

再看后附加式副词用例：

(10)昔李陵为汉将，军败不还，而降匈奴。司马迁不加疾恶，为陵游说，汉武帝以迁有良史之才，欲使毕成所撰，忍不加诛，书卒成立，垂之无穷。（《三国志·吴书·韦曜传》；[2]270）

(11)夫谨敕之人，身不蹈非，又有为吏正直，不避强御，而奸猾之党横加诬言者，皆知赦之不久故也。（《后汉书·王符传》；[2]270）

(12)臣之愚意，以为凡言诽谤者，谓实无此事而虚加诬之也。至如孝武皇帝，政之美恶，显在汉史，坦如日月。是为直说书传实事，非虚谤也。（《后汉书·儒林传·孔僖》；[2]270）

(13)朕察奂愚诈，诏送兴祖还都，乃惧奸谋发露，潜加杀害。（《南齐书·王奂传》；[2]271）

(14)高氏素严,详每有微罪,**常加**责罚,以絮裹杖。(《魏书·北海王详传》;[2]271)

(15)六师既两度不如,神情**渐加**羞恧,强将顽皮之面,众里化出水池。(《敦煌变文集·降魔变文》;[2]272)

(16)咸即驰启建安王,王即以上闻,敕遣僧佑律师专任像事,王乃深信,**益加**喜踊。(南朝梁释慧皎《高僧传》卷一三;[2]272)

再看后附加式形容词用例:

(17)有司**详加**宽惠,更立科品。(《宋书·明帝纪》;[2]274)

(18)志恬江海,行高尘俗者,在所**精加**搜括,旼以名闻。(《宋书·明帝纪》;[2]274)

(19)守宰**明加**劝课,务急农桑,庶鼓腹含哺,复在兹日。(《陈书·世祖本纪》;[2]274)

(20)司空李冲之贵宠也,邕以少年端谨,出入其家,颇给按磨奔走之役。冲亦**深加**接念,令与诸子游处。(《魏书·恩幸传·赵邕》;[2]274)

(21)子骞兄弟,先帝钟爱,含怨既往,**枉加**屠酷。(《宋书·前废帝纪》;[2]274)

王先生所举副词形容词组合还有"亟加、每加、咸加、少加、面加、将加、数加、始加、动加、犹加、广加、亲加、复加、转加、手加、必加、特加、潜加、善加、大加、就加"等,限于篇幅,此不一一列举。

王灿龙先生(2010:40—46)对副词与"加"的组合性质提出了不同看法,他从"加"在"加+V"结构中的句法地位、单音节副词"adv."与"加+V"的句法关系等角度加以考察,认定二者并未成词,"加"自然不是词缀。我们亦认为"加+动词"与"副词、形容词+加"这两类结构中的"加"不当看作词缀,只是我们考察的角度及论述的重点与王灿龙文有所不同,故不揣浅陋,详加展示。

王先生所述两类由"加"构成的组合在现代汉语中并未消失,如"加害"一词,《现代汉语词典》即有收录,而副词、形容词与"加"的组合,用例也很多,如"以后要多加注意""这个问题暂时不加讨论"等。第二类"加",《现代汉语八百词(增订本)》(2000:294)有过讨论,该书将它归于与"加以"同义的形式动词:

表示对某一事物施加某种动作。必带双音节动词宾语。“加以”是个形式动词，真正表示动作的是后面的动词。后面动词的受动者常常在前面。

注意：“加以”前面如用副词，必须是双音节的；单音节副词后面不能用“加以”，只能用“加”。

不加研究|多加注意

形式动词意义很虚，动作的表达主要由后面的动词来承担，但它毕竟与词缀不同。据当代学者研究，与“加”同义的形式动词“加以”在使用上具有以下特点：其后所带的动词宾语必须是及物动词，但这个及物动词又具有一些特殊性：它不能带宾语、补语、动态助词、状语，不能重叠。①

上举位于副词、形容词之后的第二类“加”究竟是词缀还是独立的形式动词，有必要加以考察，以明其性质。

以下我们将全面考察唐五代之前副词、形容词与“加”组合的使用特点，并将它与现代的形式动词“加”的功能相比照，以确定第二类中的“加”的性质。选择唐五代之前的文献是出于研究面的广泛性及量的适中性。我们所使用的语料检索系统是《汉籍检索系统(四)》。文中副词、形容词与“加”的组合用“～加”表示。

一、“～加”组合所接词语的性质

“～加”组合在文献中所接词语有以下几类：

(一)后接名词

(22)以此酒服方寸匕，日三益佳，**常加**甘草十两佳。(唐孙思邈《备急千金要方》卷一二)

---

① 相关研究如陈永莉《形式动词后带宾语的多角度研究》(《安徽教育学院学报》2006第2期)、《形式动词构成的句式及其与“V+O”句式的变换——兼论变换前后的语用差异》(《语言研究》2006年第3期)；刁晏斌《形式动词“加以”三题》(《锦州医学院学报(社会科学版)》2004第2期)、《试论现代汉语形式动词的功能(《宁夏大学学报(人文社会科学版)》2004年第3期)。也有全面研究的成果，如上海师范大学2009杨虹的硕士学位论文《现代汉语形式动词研究》等。

(23)寻见庄帝从阊阖门入,登太极殿,唱万岁者三,百官**咸加**朝服谒帝,唯顺集书省步廊西槐树下,脱衣冠卧。(《北史·拓跋顺传》)

(24)常服白叠,以象牙为屩。若露发,则**不加**缨络。(《北史·真腊国传》)

上举诸例,"加"明显为动词,与本文所要讨论的词缀及形式动词无关。

(二)后接形容词

渐加

(25)六师既两度不如,神情**渐加**羞恧,强将颁皮之面,众里化出水池。(《敦煌变文集新书·降魔变文》)

(26)因此得病,**渐加**羸瘦。(《敦煌变文集新书·王昭君变文》)

(27)于是诏天下举秀才、孝廉。而考试章条**渐加**繁密。至于升进德行,未之能也。(唐封演《封氏闻见记》卷三)

(28)尔来**渐加**侈靡,皆为上列所据,向之下第举人,不复预矣。(五代王定宝《唐摭言》卷三)

上举"渐加"根据语境不同,有的表更加,如例(25);有的既可表逐渐,译为更加也未尝不可,如例(26)—(28)。其实表逐渐义的词与表更加义的词意义相通,盖因事物的逐渐变化必然导致程度的改变,因此,此类词常可组合构成同义复合词,或表逐渐,或表更加,下面一例是"渐加"与"渐更"的对应:

(29)昔者四方未定,常以德义为心。旋以海内无虞,**渐加**骄奢自溢。(唐吴兢《贞观政要》卷二)

唐王方庆《魏郑公谏录》卷一所引以"渐更"代替"渐加"。"渐加"与"渐更"一样可译为逐渐,但译为"更加"也没问题。

转加

(30)十月怀耽弟子,昼夜身心不安;形容日日衰羸,即渐**转加**憔悴。(《敦煌变文集新书·父母恩重经讲经文》)

(31)更添音乐,百般悦乐太子。其太子闻乐,**转加**不乐。(《敦煌变文集新书·悉达太子修道因缘》)

与“转加”同义的是“转更”，如：

(32)父王闻说，亦与愁忧。更添音乐，百般悦乐[太子。太子]闻乐，转更愁忧。(《敦煌变文集新书·太子成道经》)

此例“转加”与上例“转更”义同。“转加”与“渐加”的功能相似，可表渐渐，亦可表更加，第一例“转加”当表渐渐，与“日日”相对应，而第二例则表更加。“转”单用亦可表此二义，南朝齐求那毗地译《百喻经·就楼磨刀喻》：“如是数数往来磨刀，后转劳苦。”唐韩愈《贺雨表》：“青天湛然，旱气转甚。”《大词典》即将“转”的渐渐与更加义置于一个义项下。

倍加

(33)瘦骨倍加寒，徒为厚缯纩。(唐陆龟蒙《记事》)

(34)太子奏大王曰：“西门观看，不见别余，见一病儿，倍加劣瘦。”(《敦煌变文集新书·太子成道经》)

(35)单于闻道汉使来吊，倍加喜悦，光依礼而受汉使吊。(《敦煌变文集新书·王昭君变文》)

“倍”单用有更加的意思，如《北齐书·神武纪上》：“于是士众咸悦，倍愿附从。”唐王维《九月九日忆山东兄弟》：“独在异乡为异客，每逢佳节倍思亲。”因而位于形容词或情感动词前表程度的“倍加”当看作同义复合词。而这种用法与“倍加＋动词”的用法有些区别，可作比照：

(36)又京师者，四方之腹心，国家之根本，其百姓实宜倍加忧恤。(唐韩愈《御史台上论天旱人饥状》)

此例中“忧恤”的宾语在“倍加”前出现，“忧恤”为及物动词。

益加

(37)亮果复挑战，高祖乃奋怒，将出应之，毗仗节中门而立，高祖乃止，将士闻见者益加勇锐。(《世说新语·方正》第5条刘孝标注引《晋阳秋》)

(38)而鲁元益加谨肃，帝愈亲待之。(《北史·卢鲁元传》)

(39)医工又与黄土汤阿胶散,**益加**闷乱,卒至不济。(唐孙思邈《备急千金要方》卷一二)

(40)因锁闭堂中四十余日,**益加**爽秀,寰方惊骇焉。(前蜀杜光庭集《墉城集仙录》卷一〇)

这些"益加"均为更加义,乃"益"与"加"的同义复合。

深加

(41)外祖会稽盛孝章,汉末名士也,**深加**忧伤,每抚慰之,曰:"汝并黄中冲爽,终成奇器,何为逾制,自取殄灭邪!"(《宋书·自序》)

(42)今闻将军伐楚,臣等熹贺不胜。遥助快哉,**深加**踊跃。(《敦煌变文集·伍子胥变文》)

"深"与"加"意义相近,组合后表程度之深,与之相类的词还有"深更",如:

(43)臣与嚣往为知交,今闻与来歙书,**深更**怨臣,自计无负于嚣。(东晋袁宏《后汉纪》卷五)

(44)迦叶闻已,**深更**感伤,思集法藏,据教治犯。(唐玄奘《大唐西域记》卷九)

"深益"亦与之同义,如:

(45)令婢然烛,而火悉已灭,婢空还,夫人**深益**叹恨。(《太平广记》卷一〇三)

更加

(46)诸有百疾之在目者皆愈,而**更加**精明倍常也。(《抱朴子·内篇》卷一五)

(47)宫人奏大王曰:"太子还宫,**更加**愁闷。"(《敦煌变文集·太子成道经》)

(48)哭之以(已)毕,心神哀失,懊恼其夫,掩从亡没。叹此贞心,**更加**愤郁。(《敦煌变文集·孟姜女变文》)

此种用法仅限几个组合,通过以上分析,可以发现,后接形容词的"～加",

两个语素均意义相同或相近,乃同义复合词,这类“加”与词缀或形式动词亦无关。

(三)后接动词,又有几种情况

1.接单音节动词

(49)帝大怒而起,手诏付廷尉,**将加**戮,累日方赦之。(《晋书·周顗传》)

(50)年五岁,太武北巡,帝从在后,逢虏帅桎一奴,**将加**罚。(《北史·魏本纪·高宗文成帝》)

(51)臣谓选部之法,敝于不变。今若刺史、县令精核其人,则管内岁当选者,使考才行,可入流品,然后送台,**又加**择焉。(《新唐书·张九龄传》)

(52)登性温恕,家僮为马所踶,笞折马足,登知,**不加**责。(《新唐书·归登传》)

当“～加”处于此类语境中时,由于韵律的作用,我们更习惯于将“加”与后面的动词看作一个组合,这种组合即本文所提出的第一类,我们将在后文加以讨论。

2.后接双音节动词

由于韵律的作用,“～加”处于同一音步,句子的核心动作由“～加”之后的动词完成,而“～加”则起修饰作用,此即为本文所说的第二类“加”的组合,在文献中占“～加”组合的绝大部分,表现出鲜明的特点:

首先,“～加”所接动词均为及物动词,无不及物动词的用例。前文所举数例均如此,此举其中较特殊者:

(53)经曰:马有四百八病,盖在调冷热之宜,适牧放之性,**常加**休息,不可忽视之也。(唐李筌《神机制敌太白阴经》卷七)

“休息”本为不及物动词,但与“常加”连接后,则用作及物动词,“常加休息”指人常让马休息。

(54)六坊之内徙者,**更加**简练,每一人必当百人,任其临阵必死,然后

取之，谓之百保鲜卑。(《隋书·食货志》)

“简练”常作形容词，但在此句中却是及物动词，挑选义，“更加”之前的“六坊之内徙者”为其宾语。

(55)如有容隐，兼许卖物领钱人纠告，其行头、主人、牙人，**重加**科罪。(《旧唐书·食货志》)

“科罪”为支配式，本身已经包含有支配对象“罪”，因而在使用时一般不带宾语。但上句中，“科罪”则另有宾语“行头主人牙人”在“重加”之前出现。

其次，“～加”后所接动词绝大多数为单个双音节动词，且不带任何成分，但也有特例，如：

(56)诸州有犯十恶者，刺史不须从坐，但令**明加**纠访科罪，庶可肃清奸恶。(唐吴兢《贞观政要》卷八)

(57)上谓播云：朕下诏求贤良，当躬亲阅试，亦遣使臣黜陟，**广加**搜访闻荐，擢其能者用之，冀以傅理。(《旧唐书·关播传》)

(58)仍请门下省勒甲库令史，每过选时，**常加**检点收拾。(北宋王溥《唐会要》卷八二)

(59)但看礼度接待、行步笑语、精神自在异于众人，贵人一见**便加**爱重保护，原其显达者是也。(《月波洞中记》卷上)

以上各例接两个并列双音节动词，这种情况出现时代较晚，当是接单一双音节动词成熟之后的一种扩展，而且用例很少。

(60)谓可颇加赏赐，略与所献相当，**明加**晓告以前世呼韩邪、郅支行事。(《后汉书·南匈奴传》)

此例“以前世呼韩邪、郅支行事”为晓告之宾语，似乎比较特别，其实“晓告”应当有两个宾语，一个是晓告的对象，一个是晓告的内容，例中“晓告”的对象未出现在“晓告”之后，但在前文中能找到，这符合“～加”的使用特点，而“晓告”的内容应当用冒号隔开，即标点作“明加晓告：‘以前世呼韩邪、郅支行事。’”故此例应当排除于“～加”后动词带宾语的用例之外。

(61)余恐古强、蔡诞、项曼都、白和之不绝于世间，好事者省余此书，可以少加沙汰其善否矣。(《抱朴子·内篇》卷二〇)

此例“少加”所接动词之后另带宾语。不过“少加”是比较特殊的组合。少、加都可表程度，而且在渐渐义上亦相通，“少加”可与“少益”相比照：

(62)老臣间者殊不欲食，乃强步，日三四里，少益嗜食，和于身也。(《史记·赵世家》)

“少益”有解作稍稍更加者，其实看作同义复词，表渐渐、越来越更加恰当，如此用法的“稍益”亦有用例，如：

(63)降及孝成，复加恤问，稍益衰微，不绝如线。(《汉书·高惠高后文功臣表》)

(64)张角等遭赦不悔，而稍益滋蔓，今若下州郡捕讨，恐更骚扰，速成其患。(《后汉书·杨赐传》)

(65)岭南从事卢传素寓居江陵。元和中，常有人遗一黑驹，初甚蹇劣，传素豢养历三五年，稍益肥骏。(《太平广记》卷四三六)

完全无疑义的“～加”后动词带宾语者，有以下二例：

(66)长吏亲躬，无使贫弱遗脱，小吏豪右得容奸妄。诏书既下，勿得稽留，刺史明加督察尤无状者。(《后汉书·章帝纪》)

(67)上叱之曰：“吾家朝堂，干汝何事？敢迫吾骑从！”则天闻而特加宠异之。(《旧唐书·玄宗本纪》)

不过这种用法的特殊性从与之相关的几个统计数字可见一斑，我们检索到先秦至五代“～加宠异”8例，仅此例带宾语；“宠异之”的搭配30例，仅此一例用“～加”。另外，唐郑綮《开天传信记》记有与例(67)相似的内容，其文作：“尝于朝堂叱武攸暨曰：‘朝堂，我家朝堂，汝得恣蜂虿而狼顾耶！’则天闻而惊异之。”

连带上举“少加”“深加”二例，我们在《汉籍检索系统(四)》先秦到唐五代的数以万计的“～加”接双音节动词的用例中仅发现4例带宾语的用法，这4个用例并不是全部，但估计这类用例不会超过10例，因此“～加”之后接动词并带宾语只能算是特例了。

第三，“～加”所带动词虽不带宾语，但这个动词的作用对象，也就是动作的承当者，却会在“～加”之前以某种形式出现，如：

(68)九卿位亚三公，行则鸣玉。孝明永平**始加**扑罚，非古制也。(《东观汉记》卷一七)

(69)而今长吏多杀伐致声名者，**必加**迁赏；其存宽和无党援者，辄见斥逐。(《后汉书·李固传》)

例(68)“扑罚”的对象是“九卿”，例(69)“迁赏”的对象是“长吏多杀伐致声名者”，它们均在“～加”之前出现。

(70)吏有过咎，罢遣而已，**不加**耻辱。(《后汉书·秦彭传》)

(71)褴褛杖策，被褐负笈者，虽文艳相雄，学优融玄，同之埃芥，**不加**接引。(《抱朴子·外篇》卷一六)

(72)爱敬人物，后来才俊未为时知者，侍坐之次，**转加**谈引，时人以此称之。(《北史·广阳王建子嘉传》)

(73)帝以家冤自理，辞旨慷慨，荣感而免之，**益加**敬待。(《周书·文帝纪上》)

例(70)，“耻辱”乃侮辱义，其对象是“有过咎”之“吏”；例(71)，接引的对象是“虽文艳相雄，学优融玄”的“褴褛杖策，被褐负笈者”；例(72)，“谈引”的对象是“后来才俊未为时知者”；例(73)，“敬待”的对象是“帝”。

被看作附加式副词和形容词的“～加”在使用时只能接及物动词且一般不带宾语、补语，这是什么原因呢？我们认为这是“加”在起作用。

处于“～加”后接动词组合中的“加”来自施加义，属给予义的三价动词，其基本模式是：施事＋加＋当事＋受事。① 受事可为物，施加于当事，这时“加”的动词性很强，如：

(74)与之彼狃，又将请地他国。他国且有不听，不听，则知伯**必加**之

① 参范晓/朱晓亚《三价动作动词形成的基干句模》，来源于CSSCI学术论文网，全文阅读链接：http://www.csscipaper.com/linguistics/yuyanwenzixuegailun/116202_4.html

兵。(《韩非子·十过》)

“兵”为受事,施加于当事“之”。受事也可为动作,这时整个句子的核心动作由这个表受事的动词表达,而当事则为这个动作的承担者,“加”的动词性减弱,如:

(75)明年,从诣马圈,上疾势遂甚,瘳瘳不怡,每加切诮,又**欲加**之鞭捶,幸而获免。(《北史·徐謇传》)

“又欲加之鞭捶”这个分句中,“鞭捶”是整个句子的实质性动作,“之”则为“鞭捶”的承担者。不过,由于“施加”表示对事物的处置,而在语言应用中,既然要处置某个事物,一般先要交待处置之由,这时“加”的当事即已出现,“加”之后若再出现当事,将使语句重复拖沓,所以在文献中最常见到的是“加”之后不再出现当事的用例,如:

(76)燕君怒其使者,**将加**诛焉。(《抱朴子·内篇》卷五)

“加”的当事“其使者”在表达“将加诛”的原因时已经提及,故“加”之后不再出现。其实上举《北史·徐謇传》中“加”之后的“之”即有重复之嫌,其前“每加切诮”即未用“之”。

早期“加”后多接奖惩类动词,这些动作均可施加,因此“加”仍保留有动词性,这一点由以下用例可以看出:

(77)今立春之后,火卦用事,当温而寒,违反时节,由功赏不至,而刑罚**必加**也。(《后汉书·郎顗传》)

将“刑罚”置于“必加”前,“加”的动词性更加明显。当“加”之后的动词出现次类变化,不可施加时,“加”的动词性更弱,成为形式动词,如:

(78)褴褛杖策,被褐负笈者,虽文艳相雄,学优融玄,同之埃芥,**不加**接引。(《抱朴子·外篇》卷一六)

“～加”之后所接动词为双音,主要是出于韵律的和谐。由于“加”之前有单音副词,构成一个双音组合,后接双音动词之后,则构成符合汉语表达习惯的四字结构。反之,当后接为单音动词时,则会重新分析。

了解了“～加”后接动词的来源，其使用上的特点或限制就很容易分析：由于“加”之当事必须存在，又是“加”后动词动作的承担者，因此“加”后接动词必须是及物动词。而这个当事在意义上是及物动词的作用对象，但在形式上却充当“加”的直接宾语（虽然由于前文已经出现经常省略），故而及物动词后就不能再出现宾语。另外，“加”意义虽然很虚，但其作为句子谓语中心词的地位并未改变，而且保留了动词的特性，故副词、形容词等修饰性成分置于“加”之前。本文所讨论的“～加”中的“～”即是用以修饰“加”的成分，用谓词性连词“而”“以”等也可以连接，如：

(79)秋八月甲申，帝临朝堂，考百司**而加**黜陟。（《北史·魏本纪·世宗宣武帝》）

(80)宰府孝廉，士之高选，不可求以虚名，但当察其真伪，**以加**黜陟。（东汉蔡邕《答诏问灾异八事》）

反过来，“加”之后所接动词因处于宾语的位置，虽然是句子所表动作的主要承担者，但还是丧失了一些动词功能：不能带宾语一方面是因为动作的施加对象以“加”的当事的形式出现于前，另一方面就是这个动词部分功能的丧失，动词后不带补语、动词前不带状语也是这个原因。

将后接双音动词的“～加”与形式动词“加”对照，我们认为“加”不是词缀，而是充当谓语核心词的形式动词。

二、“～加”组合的紧密度考察

从先秦至唐五代文献的考察情况来看，“～加”连用后接双音及物动词的用例非常多，具体到某一搭配亦是如此，如“将加、特加”等，均有上百用例。不过这些组合结合得并不紧密，我们将“～加”看成一个组合，不是因为语义的紧密融合，而是因为语流中的音步，也就是韵律。这从以下例子可以清楚感知：

(81)士开见人**将加刑戮**，多所营救，既得免罪，即命讽喻，责其珍宝，谓之赎命物。（《北史·和士开传》）

(82)帝大怒而起，手诏付廷尉，**将加戮**，累日方赦之。（《晋书·周顗传》）

比较二例，我们发现，“将加刑戮”与“将加戮”意义并无根本区别，然而在分析时，第一例以“将加”为一个组合，第二例则以“加戮”为一个组合，究其原因，正是出于韵律的考虑。这说明“加”与它前后语素的关系极其松散，从某种意义上说，无论是“将加”还是“加戮”，都不能算是一个词。相类的例子还有很多，如：

(83)帝时侍侧，大怒，**将加极罚**，太后笑而释之。(《北史·文成文明皇后冯氏传》)

(84)年五岁，太武北巡，帝从在后，逢虏帅桎一奴，**将加罚**。(《北史·魏本纪·高宗文成帝》)

“将加极罚”与“将加罚”意义相近，出于韵律的考虑，第一例以“将加”作一个组合，第二例则以“加罚”为一个组合。

(85)上乃休诸将于洛阳，分军士于河内，数置酒，会诸将，**辄加赏赐**。(东晋袁宏《后汉纪》卷五)

(86)欲规府人及商胡富人财物，诈一台符，诳诸豪等，云**欲加赏**。(《魏书·元暹传》)

“辄加赏赐”与“云欲加赏”都指赏赐，但是“辄加”组合，还是“加赏”组合，纯由它们在句中所处的音步决定。

(87)游食之徒，咸令附业，考核勤惰，行其诛赏，观察能殿，**严加黜陟**。(《宋书·文帝本纪》)

(88)宰府孝廉，士之高选，不可求以虚名，但当察其真伪，**以加黜陟**。(东汉蔡邕《答诏问灾异八事》)

第一例“严加”可看作一个组合，属于本文所讨论的副词、形容词与“加”的组合；第二例“以加”可看作一个组合，“以”为连词而非副词或形容词。此例亦可证明，“加”的组合对象纯由韵律决定，而不是构成较固定的附加式词语。

相似的用例还有：

(89)而郡国举吏，**不加简择**，故先帝明敕在所，令试之以职，乃得充选。(《后汉书·和帝纪》)

(90)今若刺史、县令精核其人，则管内岁当选者，使考才行，可入流

品，然后送台，又加择焉。（《新唐书·张九龄传》）

(91)故道德著闻者，竭诚敬仰；戒行亏犯者，深加责罚。（唐玄奘《大唐西域记》卷四）

(92)登性温恕，家僮为马所踶，笞折马足，登知，不加责。（《新唐书·归登传》）

另外以下一些用例也可体现"～加"组合的松散性，以及"加"的独立性：

(93)属荆、郢新附，南寇窥扰，又诏崇持节与州郡经略，加慰喻。（《北史·柳崇传》）

此例中"加"后为一个双音节动词，故"加"处于独立地位。

(94)天子加慰遣焉。（唐韩愈《凤翔陇州节度使李公墓志铭》）

此例"加"之前后都为双音词，"加"在韵律上处于独立地位。这个例子也说明"加"的独立性。当然由于这两个句子未能构成四字组合，因而韵律上不甚和谐，故而文献中用例并不多。

(95)齐王宪以为种类既多，又山谷阻绝，王师一举，未可尽除，且当翦其魁帅，余加慰抚。（《周书·异域传上》）

此例中"加"之前为代词"余"，这个"余"又是慰抚的对象，从意义上说不能与"加"组合，但同样是韵律的作用，"余加"同处一个音步，构成一个韵律组合。而且，由于构成四字结构，所以语感上非常正常。

(96)二十一年，坐境内旱，百姓饥，诏加赈给，而遵考不奉符旨，免官。（《宋书·营浦侯遵考传》）

(97)款至之诚，望不空返，所白如允，愿加采纳。（《梁书·诸夷传》）

(98)兼以风云叶律，气象光华，属览休辰，思加奖劝。（《梁书·武帝本纪下》）

(99)属徐、兖大水，人多饥饿，鉴表加赈恤，人赖以济。（《北史·拓跋鉴传》）

(100)仁轨具论其弊，请加慰赉，以鼓士心。（《新唐书·刘仁轨传》）

此五例“加”前为动词,“诏加”“愿加”“思加”“表加”“请加”同处一个音步,但意义并未融合在一起。

(101)臣前上言,故镇北将军领河东太守安阳亭侯王邑,巧辟治官,犯突科条,事当推劾,检实奸诈,被诏书当如所纠。以其归罪,**故加**宽赦。(《三国志·魏书·锺繇传》裴松之注引《魏略》)

此例中“加”之前为连词“故”,独立性很强,与“加”看作一个组合,只是因为韵律的原因。

三、“～加”组合功能考察

若“～加”为后附加式合成词,则整个组合的功能与单用“～”时相当,然而文献考察的结果却不是这样:作为形容词的“～”,一般可以充当谓语、状语、定语、补语;作为副词的“～”,作状语应当是其最常用功能,但其充当状语时,可以修饰动词,有些还可以修饰形容词,而且动词不应当有及物与不及物、带不带宾语的限制。然而“～加”组合却只能置于双音及物动词之前,而且要求这个后接动词不能带宾语、补语、状语等成分。

考虑到单用一个副词或形容词与“～加”在音节上不一致,可能会影响其功能。所以,我们特地选择几组双音形容词、副词以作比较:

(102)人君欲爱民令寿考,治国令太平,当**精心**凿道意,教民皆令知道真,无令知伪道耶知也。(《老子想尔注》)

(103)熙开之,乃《扁鹊镜经》一卷,因**精心**学之,遂名震海内。(《南史·张融传》)

(104)宫人奏大王:“今日太子非常喜悦。”太子与妻耶输倍加**精心**。(《敦煌变文集新书·悉达太子修道因缘》)

(105)母东海郝夫人,讳智湛,**精心**佛法,及终,有异焉。(北宋张君房《云笈七签》卷一〇七)

例(102)“精心”作状语修饰动词,动词后带宾语;例(103)用法同;例(104)作谓语;例(105)活用作动词。

(106)明年春,羌封僇、良多、滇那等酋豪三百五十五人率三千落诣顛

降。当煎、勒姐种犹自屯结。(《后汉书·段颎传》)

(107)义熙十一年,京都所在大行火灾,吴界尤甚。火防甚峻,犹自不绝。(《宋书·五行志三》)

(108)七十人年犹自希,何须更作千年约。(《敦煌变文集新书·无常经讲经文》)

(109)然小丹之下者,犹自远胜草木之上者也。(《抱朴子·内篇》卷四)

(110)世宗使武士提以入,浑抗言曰:"将军今日犹自礼贤耶!"(《北齐书·李浑传》)

例(106)(107)"犹自"后接不及物动词;例(108)接形容词;例(109)(110)接及物动词,且带宾语。

(111)活血润燥丸　治大便风秘,血秘,常常燥结。(金李东垣《兰室秘藏》卷下)

(112)耳珠朝口贵。诗曰:轮廓分明分外奇,耳珠朝口禄无亏。常常红润主清贵,年少登科众共知。(《月波洞中记》卷下)

(113)是疾也,江南之人,常常有之,未始以为忧也。(唐韩愈《祭十二郎文》)

(114)我自去人间,常常属念亲友,若瞽不得忘视也。(《太平广记》卷三七八)

例(111)"常常"修饰不及物动词,例(112)修饰形容词,例(113)(114)修饰及物动词,且带宾语。

"～加"与普通双音形容词、副词功能上有如此大的差异,揭示出"～加"并非普通形容词、副词。那么"加"在这些组合中到底是何性质呢?我们认为:它是一个在句中充当谓语核心词,但意义较虚,同时保留部分源功能的形式动词。

四、"加"与单音动词的组合性质

上文的分析已经涉及到"加～"组合,特别是考察"～加"结合紧密度一节,我们揭示了"加～"的来源:由于"加"之后所接为单音动词,因而在分析时出于韵律的原因，重新分析，从而造就了诸多“加～”的组合，也正因此，“加”之后所接动词同样要求为及物动词，而且这个动词一般不能带宾语、补语，同时不能受状语的修饰。换句话说，这个“加”与“～加”组合中的“加”性质一样，仍充当形式动词。

“加～”组合中还有一些较特殊的类别：“加”与表赏罚类的词组合，这时“加”表施加、给予义，动词性很强，后面的赏罚类词充当“加”的宾语，其后还可跟施加对象，甚至赏罚的具体内容。如：

加赏

(115)明圣之世，国多贤人，故唐虞之时，可比屋而封，至功成事就，则加赏焉。（《汉书·王莽传上》）

(116)末世田单，驱强齐之众，报弱燕之怨，收城七十，迎复襄王，襄王加赏于单，使东有掖邑之封，西有菑上之虞。（《三国志·魏书·董昭传》裴松之注）

(117)琬闻胡去，惶扰无复计，呼褚灵嗣等谋之，并不知所出，唯云更集兵力，加赏五阶，或云三阶者。（《宋书·邓琬传》）

加赐

(118)期疾病，使使者存问，加赐医药甚厚。（《东观汉记》卷九）

(119)逵母常有疾，帝欲加赐，以校书例多，特以钱二十万，使颍阳侯马防与之。（《后汉书·贾逵传》）

“加赐”的用法与“加赏”相当。

加诬

(120)为子娶妇，恨其生资不足，倚作舅姑之尊，蛇虺其性，毒口加诬，不识忌讳。（《颜氏家训·涉务》）

(121)会楚王玮将讨骏，观受贾后旨宣诏，颇加诬其事。（《晋书·孟观传》）

(122)去八年，奴听教加诬周龙烧草，廷尉遂奏族龙，一门八口并命。（《晋书·刑法志》）

句中"诬"作"加"的宾语，其性质可参看下例：

(123)而奸猾之党，又**加**诬言，皆知赦之不久，则且共横枉侵冤，诬奏罪法。（东汉王符《潜夫论》卷四）

加戮

(124)其后终以逆命，没又**加戮**，是其应也。（《宋书·五行志一》）

(125)干宝以为狂华生枯木，又在铃阁之间，言威仪之富，荣华之盛，皆如狂华之发，不可久也。其后王敦终以逆命**加戮**其尸。（《晋书·五行志一》）

"加戮"的性质可参看下例：

(126)故颠颉虽勤，不免违命之刑，杨干虽亲，犹**加**乱行之戮，夫岂不爱，王宪故也。（《三国志·蜀书·法正传》裴松之注）

加非

(127)今司隶校尉尊妄诋欺，**加非**于君，朕甚闵焉。（《汉书·匡衡传》）

(128)尚医奉御彭君庆以巫觋小伎超授三品，奈何轻用名器，**加非**其人。（《旧唐书·柳泽传》）

加害

(129)震前后所上，转有切至，帝既不平之，而樊丰等皆侧目愤怨，俱以其名儒，未敢**加害**。（《后汉书·杨震传》）

(130)元吉因密请**加害**太宗，高祖曰："是有定四海之功，罪迹未见，一旦欲杀，何以为辞？"（《旧唐书·李元吉传》）

基于以上论述，我们认为"加"并未发展为词缀，它与副词、形容词以及动词的组合很松散。

家

研究词缀"家"的学者较多，如吕叔湘(1955)、王力(2003:230)、刘瑞明

(1988;1988a)、王云路(2005;2010:287—290)、蒋宗许(2009:241—247)等。蒋宗许、王云路两家近出,对前人的研究成果作了辨析,同时提出了一些新的看法。蒋宗许在例举了"肾家、胃家、肺家、心家、脾家、自家、侬家、他家、儿家、旧家、伊家、措大家、主人家、火家、谁家、你家、俺家、怎生家、一会家、每日家、女孩儿家、人家"等附加式合成词的用例之后,结合吕叔湘、王力等先生的看法,对词缀"家"的形成作了分析,其基本观点是:"家"本指家庭,引申指学派,如"法家""儒家";引申表示某种职业中的佼佼者,如"五行家""堪舆家"等;引申表示从事某种职业的人,如"陶家""屠家""冶家"等。用于代词后组成"此家""是家",以及姓氏或某一方面某一类别的名词之后,如"刘家""尔朱家""敌家"。或附在朝代名后、行政区划或政府机构后,如"州家""台家""梁家""晋家"。他认为(2009:246),"朝代名后的'家',我们觉得,视为后缀似不致太过河汉"。(蒋文并未举此类词,可见他只是将这类词看作过渡。)

王云路先生(2010:287—290)对学界误认作词缀的"家"的组合作了辨析,她认为两类"家"不能看作词缀:第一,"朝代名称+家"结构中的"家",与我国历史上家天下的观念密切相关,因而这个"家"与其本义居所、家庭密切联系,意义实在。第二,用于动词、名词之后,表示从事某种职业或具有某种技能的人的"家",意义就是人,因而是有实义的。她同时还提出三类由"家"构成的附加式,其中部分与蒋文同。

我们认为相关论述还有一些问题需要解决,以下结合蒋、王二先生的观点,提出我们的看法。

一、关于"火家"的问题

(1)《诗》所谓"天生烝民,有物有则"。是故人身体形貌皆有象类,骨法角肉各有分部,以著性命之期,显贵贱之表,一人之身,而五行八卦之气具焉。故师旷曰"赤色不寿",火家性易灭也。(东汉王符《潜夫论》卷六;[38]29;[2]287)①

① 王文仅引有"故师旷曰'赤色不寿',火家性易灭也"一段。

王文引此例认为"火家"即火,"家"为词缀。

就《潜夫论》来说,"火家"乃承前文"五行"而来,与自然界的火并不一样。而事实上,五行在古人的认识中常与人及王朝等相应,以下文例可以证实这一点:

(2)季康子问于孔子曰:"旧闻五帝之名,而不知其实,请问何谓五帝?"孔子曰:"昔丘也闻诸老聃曰:天有五行,水火金木土,分时化育,以成万物。其神谓之五帝。古之王者,易代而改号,取法五行,五行更王,终始相生,亦象其义。故其为明王者,而死配五行。是以太皞配木,炎帝配火,黄帝配土,少皞配金,颛顼配水。"……康子曰:"如此之言,帝王改号于五行之德,各有所统,则其所以相变者,皆主何事?"(在木家而尚赤,所以问也。)①孔子曰:"所尚则各从其所王之德次焉。(木次火,而木家尚赤者,以木德义之著,修其母兼其子。)夏后氏以金德王,色尚黑,大事敛用昏,戎事乘骊,牲用玄;殷人用水德王,色尚白,(水家尚青而尚白者,避土家之尚青)大事敛用日中,戎事乘翰,牲用白;周人以木德王,色尚赤,大事敛用日出,戎事乘騵,牲用骍。此三代之所以不同。"康子曰:"唐虞二帝,其所尚者何色?"孔子曰:"尧以火德王,色尚黄,舜以土德王,色尚青。"(土家宜尚白,土者四行之主,王于四季五行用事,先起于水,色青,是以水家避土,土家尚白。)(《孔子家语》卷六)

(3)帝王各以其行之盛而祖,以其终而腊。火生于寅,盛于午,终于戌,故火家以午祖,以戌腊。(《后汉书·礼仪志中》"季冬之月,星回岁终,阴阳以交,劳农大享腊"李贤注引高堂隆曰)

上举文句中的"火家"当指属火之王朝,"木家""土家""水家"亦属此类,如此"家"与"王朝+家"的组合并无实质区别。《潜夫论》中的"火家"当指属火之人。我们认为将此类与五行相应的"~家"看作附加式似可商榷。

二、五脏六腑类词与"家"的组合

(4)肾家偏虚,不能藏精,故精血俱出也。(隋巢元方《诸病源候论》卷

① 括号中为王肃注文,下同。

四;[1]241)

(5)后重吐之,**胃家**虚烦,咽燥欲饮水,小便不利,水谷不化,面目手足浮肿。(《诸病源候论》卷七;[1]241;东汉张仲景《金匮要略》卷中;[2]287)

(6)今此毛水者,乃**肺家**停积之水,流溢于外。肺主皮毛,故余经未伤,皮毛先肿,因名毛水也。(《诸病源候论》卷二一;[1]241)

(7)若**心家**有热,结于小肠,故小便血也。(《诸病源候论》卷二七;[1]241)

(8)至七八日,虽暴烦下利,日十余行,必自止,以**脾家**实,腐秽当去故也。(《伤寒论》上编;[2]287)

(9)遇佳味,**脾家**不和。(唐李商隐《杂纂·恼人》;[1]241)

(10)僧说客尘来眼界,医言风眩在**肝家**。(唐白居易《眼病二首》[1]241)

王文举了“胃家”与“脾家”,蒋文则举有“肾家、胃家、肺家、心家、脾家”等词,认为“家”为词缀。从文义及用法来看,这些词确实与“肾、胃、肺、心、脾”等无异,似乎“家”完全无义,属典型的词缀。但如此理解仍有问题:人的身体器官很多,为什么只有这几个器官与“家”组合并大量使用,而诸如“手”“耳”“鼻”“舌”等则不能与“家”组合呢?①

我们认为这与古人的认识有关,人的身体有五脏六腑,包括心、肺、脾、肝、肾、大肠、小肠、胃、胆、膀胱、三焦。其中“心、肺、脾、肝、肾、胃、胆”均可与“脏(藏)”或“腑”组合以表其名,与“脏”的组合现仍常用,此举与“腑(府)”搭配的用例:

(11)其毒气在于**心腑**而烦者,则令人闷而欲呕。(唐王焘《外台秘要方》卷三)

(12)且府有高下,而**肺府**系在天上,中接土府,名之大肠,为传导之府

---

① 我们调查了中国基本古籍库,发现还有“骨家”“肠家”“眼家”“胆家”等组合,但用例极少。“骨家”共两个用例,分别出自《九真中经》及《司牧安骥图》;“肠家”一例,出于《九真中经》,此二书并未归于医书类。“眼家”一例,出自《外台秘要方》。“胆家”用例稍多,但出现于明代及之后的文献,而且胆也是五脏六腑类器官。

也。(《外台秘要方》卷三八)

(13)今先补**脾腑**,病退身温,不哽氣是也。(《小儿卫生总微论方》卷十三)

(14)热病汗不出,出不至足,呕胆吐血,善惊,不得卧。伏毒在**肝腑**、足少阳者,死。(西晋王熙《脉经》卷七)

(15)或**肾府**有虚,则心肺俱热,使小便赤而涩也。(《外台秘要方》卷三八)

(16)肾虚则上热,热盛则心下满,口干燥,饮随呕吐,**胃府**不和。(《外台秘要方》卷三七)

(17)**胆腑**者,主肝也。肝合气于胆,胆者中清之腑也。(唐孙思邈《备急千金要方》卷一二)

(18)**小肠腑**者,主心也。舌,是其候也。心合于小肠。小肠者,受盛之腑也,号监仓吏。(《备急千金要方》卷一四)

脏、腑之义来自藏、府,因其有一定的空间,具有包容功能,故有此称,《周礼·天官·疾医》:"参之以九藏之动。"贾公彦疏:"正藏者五,谓五藏:肺、心、肝、脾、肾,并气之所藏。"清徐灏《说文解字注笺·广部》:"府,人身亦有出纳藏聚,故谓之五府六藏,俗别作腑脏。"而这一特点正与"家"之义相类,故我们认为这些脏器与"家"组合,很可能是用意义相近的"家"替换"脏"或"腑"。

蒋文另举有几个用例:

(19)七十二日**肝家**旺,已外十八**土家**荣。(唐李石《安骥集》卷二;[1]242)

(20)汗出火黄汤煎热,**火家**见水得除痊。(《安骥集》卷六;[1]242)

"土家"指脾脏,"火家"指心脏,"土""火"乃"脾""心"的五行属性,故称。这两个组合的性质与上举"脾家""心家"等相同。

(21)五十三难**髓家**风,四脚难移骨节慵,本是**骨家**相传染,想应此病也难攻。(《安骥集》卷二;[1]242)

我们利用《中国基本古籍库》作了检索,"髓家"仅此一例,"骨家"用例稍多,但相较其他脏器的搭配,明显要少。《安骥集》中大量使用"家"与五脏的搭配，这个用例中“髓家”“骨家”可能是类推的结果，但由于其不符合“脏”“腑”这一条件，故并未推广开来。

三、医书中一些病状与“家”的组合

王文举了很多“家”附在病症病因之后构成的组合，如：

(22)疮家虽身疼痛，不可发汗，汗出则痉。(东汉张仲景《金匮要略》卷上；[38]29；[2]287)

(23)夫失精家少腹弦急，阴头寒，目眩发落，脉极虚芤迟，为清谷亡血，失精……桂枝加龙骨牡蛎汤主之。(《金匮要略》卷上；[38]29)

(24)衄家不可汗，汗出必额上陷，脉紧急，直视不能眴，不得眠。(《金匮要略》卷中；[38]30；[2]287)

(25)喘家作桂枝汤，加厚朴、杏子佳。(东汉张仲景《伤寒论》上编；[38]30；[2]287)

(26)腹满，舌痿黄，燥不得睡，属黄家。(《金匮要略》卷中；[2]287)

(27)呕家本渴，渴者为欲解，今反不渴，心下有支饮故也，小半夏汤主之。(《金匮要略》卷中；[38]30)

同属此类者还有“痉家、风家、亡血家、中寒家、淋家、支饮家、饮家、冒家、汗家”等。蒋文未将此类组合纳入词缀。

乍一看，这些“～家”当指“患有～病的人”，但王先生认为不当如此理解，并作了辨析(2005:30)：

书中行文常将病症名称置于句首，然后描述病症的特点，包括脉象等诸方面，再指出对症应用的汤药是什么。如：

(28)心下有支饮，其人苦冒眩，泽泻汤主之。(《金匮要略·痰饮咳嗽病脉证并治第十二》)

(29)黄疸病，小便色不变，欲自利，腹满而喘，不可除热，热除必哕。哕者，小半夏汤主之。(《金匮要略·黄疸病脉证并治第十五》)①

再来对照以上的例子，就会发现有词缀“家”的病症名称与无词缀

① 此二例王文未标序号。为了下文表述方便，在此对引例形式作了调整，并添加了序号。

“家”的病症名称作主语，二者在行文上并无二致，因而就不能说无词缀“家”的是病症名称，有词缀“家”的就是患有该病的病人。

王先生还举了两个用例说明“家”不表人：

(30)腹满，舌痿黄，燥不得睡，属黄家。(《金匮要略》卷中；[38]30)

(31)先呕却渴者，此为欲解；先渴却呕者，为水停心下，此属饮家。呕家本渴，今反不渴者，以心下有支饮故也，此属支饮。(《金匮要略》卷中；[38]30)

她同时分析说(2005：30)：

例8[即上举例(30)]的意思是：有腹满、舌痿黄、燥不得睡这些症状的，属于黄病。例9[即上举例(31)]更明显，前半句说“此属饮家”，后半句说“此属支饮”，则“饮家”“支饮”均是病名，“家”为词缀明矣。

然而综观此类“～家”用例，我们认为这种看法仍有值得商榷的地方，因为许多用例可以证明将“家”看作患病的人并无问题。

(32)太阳病，先下而不愈，因复发汗，以此表里俱虚，其人因致冒。冒家汗出自愈。(东汉张仲景《伤寒论》上编)

将此句与例(29)《金匮要略·黄疸病脉证并治第十五》“黄疸病”句作一比较，可以发现二句结构类似，而“冒家”的用法正与“哕者”相类。

(33)太阳病关节疼烦，脉沉而缓者，为中湿。病者一身尽疼，发热，日晡即剧，此为风湿。(西晋王熙《脉经》卷八)

“太阳病”下的描述与“病者”下的描述相类，可见将病证置于句首的句式并不排斥患病者置于句首的句式。而且细读文句可以发现，即便病症名置于句首，其描述内容还是指患此病的人，这一点很多句子都能鲜明体现，如：

(34)刚痉为病，胸满口噤，卧不着席，脚挛急，其人必齘齿，可与大承气汤。痉病发其汗已，其脉浛浛如蛇暴。腹胀大者，为欲解。脉如故，反伏弦者，必痉。(《脉经》卷八)

句中“其人”“其汗”“其脉”，所指正是患病之人。

(35)诸病黄家，但利其小便；假令脉浮，当以汗解之，宜桂枝加黄耆汤主之。(《金匮要略》卷中)

“诸病黄家”当指各类患黄病的人，“家”指人显而易见。

(36)瓜蒂散方：瓜蒂(一分熬黄)，赤小豆(一分煮)，右二味杵为散，以香豉七合煮取汁，和散一钱匕，温服之，不吐者少加之，以快吐为度而止(亡血及虚者，不可与之)。(《金匮要略》卷上)

(37)右二味，各别捣筛，为散已，合治之，取一钱匕。……诸亡血虚家，不可与瓜蒂散。(东汉张仲景《伤寒论》上编)

(38)瓜蒂一两，炒黄，赤小豆一两，右㕮咀，每服三钱，水盏半，入豉一合，同煎至六分，去滓温服，以吐得快为度。亡血体虚者，不可服。(朝鲜金礼蒙《医方类聚》卷四十三)

(39)右捣罗，拌匀再罗，每服一钱，以香豉一合，热汤一盏，煮作稀糜，去滓，取汁调散，温顿服之，不吐者，少加服之，快吐乃止。诸亡血虚人不可服。(明朱橚等《普济方》卷一七)

以上各例所述显为一事，而从“亡血及虚者”“诸亡血虚家”“亡血体虚者”“诸亡血虚人”的对应使用，可以知道“家”即“者”“人”，这正与“家”在当时的常用义相合。

(40)阳明病口燥，但欲漱水不欲咽者，必衄。衄者不可攻其表，汗出必额上急而紧，直视不能徇，不得眠。失血者不可攻其表，汗出则寒慄而振，脉紧发热。(《太平圣惠方》卷一〇)

(41)阳明病口燥，但欲漱水不欲咽者，此必衄。衄家不可攻其表。汗出额上，脉急而紧，直视而不能眴，不得眠。亡血不可攻其表。汗出则寒慄而振。脉浮紧发热。(唐王焘《外台秘要方》卷二)

(42)阳明病口燥，但欲饮水不咽入者，此必衄，衄家不可攻其表，汗出额上陷，直视不得眠，不能眴。又云：亡血家不可攻其表，汗出则寒栗而振。(朝鲜金礼蒙《医方类聚》卷三四)

此三例所述亦同,从对应看,“衄者”与“衄家”相应,“失血者”“亡血”“亡血家”相应,鉴于“家”与“者”义近,认定“衄家”即“衄者”,“亡血家”即“亡血者”当无问题,同时从“亡血”参与对应可以看出,此类句式既可用患此病的人,亦可直接用病名。

(43)太阳病,发热恶寒,热多寒少,**脉微弱者**,无阳也,不可发汗。**咽喉干燥者**,不可发汗。 **亡血**不可发汗,发汗则寒栗而振。 **衄家**不可发汗,汗出必额上陷,脉急紧,直视不能眴,不得眠。 **汗家**不可发汗,发汗必恍惚心乱,小便已,阴疼,宜禹余粮丸。 **淋家**不可发汗,发汗必便血。 **疮家**虽身疼痛,不可发汗,汗出则痓。 **下利**不可发汗,汗出必胀满。(东汉张仲景《伤寒论》下编)

文中“脉微弱、咽喉干燥、亡血、衄、汗、淋、疮、下利”均为病症,而就搭配看,“脉微弱、咽喉干燥”与“者”组合,“亡血、下利”单独使用,“衄、汗、淋、疮”则与“家”组合,这种现象说明医书中的描述是多样的,“家”理解为“者”并无问题。

王云路先生(2005:30;2010:288)还排除了将“家”理解为“……症”“……病”的可能,认为上举“呕家、衄家、亡血家、中寒家、淋家、支饮家、饮家、黄家、冒家、汗家”等组合中,“家”前的成分单用即可指病名,有的出现在篇名中,有的出现在文中的具体阐述里。“家”并无词汇意义,只是用来标明整个词是病症名称而已。为了证明这一点,王文还举了《金匮要略·痉湿暍病脉证治第二》中的三个“湿家”用例:

(44)**湿家**身烦疼,可与麻黄加术汤发其汗为宜,慎不可以火攻之。([38]31;[2]288)

(45)**湿家**之为病,一身尽疼,发热,身色如熏黄也。([38]31;[2]288)

(46)**湿家病**,身疼发热,面黄而喘,头痛鼻塞而烦,其脉大,自能饮食,腹中和无病,病在头中寒湿,故鼻塞,内药鼻中则愈。([38]31;[2]288)

王文认为例(45)可排除“家”是“患……病的人”的意思。《金匮要略》中有“风之为病”“淋之为病”“黄汗之为病”等,风、淋、黄汗都是病症名称,则“湿家”也应该是病症名称。第三例“湿家病”这种称呼,无论“家”是“患……病的人”

的意思，还是“……病”的意思，“湿家病”都不成词，因而“家”只能是词缀。

我们全面考察了诸如“～家之为病”“～家病”这类组合，发现除金代成无己《伤寒明理论》卷二有一例“呕家之为病”外①，其他“～家”组合均无相似用例，这体现出“湿家”的特殊性，我们认为有两种可能：第一，“湿家”与“风、淋、黄汗”等同类，为病名，但与“呕家”“失精家”等则非同类；第二，“湿家之为病”一句中“家”有可能是一个误字或衍字。至于例(46)，只要将“病”与后文连读即可，医书中“人＋病＋症状”的用例甚多，如：

(47)人年五六十，其病脉大者，痹侠背行，若肠鸣，马刀侠瘿者，皆为劳得之。(《金匮要略》卷上)

(48)妇人年五十所，病下利数十日不止，暮即发热，少腹里急，腹满，手掌烦热，唇口干燥，何也？(《金匮要略》卷下)

(49)妇人病饮食如故，烦热不得卧，而反倚息者，何也？(《金匮要略》卷下)

另外我们还考察了《伤寒论》及《金匮要略》中此类“～家”及“～”的用法，发现其中一些用法也存在较明显区别，我们看以下用例：

(50)夫失精家少腹弦急，阴头寒，目眩，发落，脉极虚芤迟，为清谷、亡血、失精。脉得诸芤动微紧，男子失精，女子梦交，桂枝加龙骨牡蛎汤主之。(《金匮要略》卷上)

“失精家”显为名词，作主语，而“失精”在《金匮要略》中有 4 例单独使用[例(50)即有 2 例]，均为动词，这种改变显然是“家”在起作用。同类的还有“呕”“衄”等，如“呕”共 51 例，其中“呕家”4 例、“呕者”5 例、“欲呕者”1 例，用作名词，充当主语；1 例“呕吐”用于标题，另有 1 例与“诸”搭配，用于总结；其他正文中独用的“呕”或“呕吐”，动词性均很强。“衄”计 12 例，除 1 例“衄家”用作名词外，其他均为动词。这种差异的存在，当是与“者”用法相当的“家”在起作用。

① 此例明代的《普济方》及《医方类聚》亦有引用。这个用例距《金匮要略》时代久远，且仅一个用例，很可能只是对“湿家之为病”的模仿。

我们认为，医籍中病证名与“家”的组合中，“家”当解作“患……病的人”，虽然有少量用例以现代眼光来看似有问题，但不能排除古今表述的差异以及个别用例中存在文句的讹误。

总结：东汉时代，“家”的意义较为实在，其虚化的过程并未完成，上文所举三类“家”看作词缀均有值得商榷的地方，而解作“家”之常义则均可说通，故我们认为此三类“家”看作意义实在的构词成分比较妥当。

四、置于表人的名词、代词后，整个词义与“家”前的成分相当

(51)夸道**自家**能走马，团中横过觅人看。(唐王建《宫词》;[1]241)

(52)以此萦牵，等伊来、**自家**向道。(北宋柳永《法曲第二》;[1]242)

(53)**侬家**自有麒麟阁，第一功名只赏诗。(唐司空图《力疾山下吴村看杏花》;[1]241)

(54)人人尽道黄葵淡，**侬家**解说黄葵艳。(北宋晏殊《菩萨蛮》;[1]242)

(55)忽见居士到来，尽被**他家**呵责。(《敦煌变文校注·维摩诘经讲经文》;[1]241)

(56)远道冥冥断寂寥，**儿家**不惯长头别。(《敦煌变文校注·伍子胥变文》;[1]241)

(57)好个**主人家**，不问因由便去嗏。(南宋辛弃疾《南乡子》;[1]242)

(58)便直饶、**伊家**总无情，也拚了一生，为伊成病。(北宋欧阳修《洞仙歌令》;[1]242)

(59)主人瞋小，欲向东风先醉倒。已属**君家**，且更从容等待他。(北宋苏轼《减字木兰花·赠小鬟琵琶》;[1]242)

(60)手取金钗把门打，君瑞问：“是**谁家**?”(金董解元《西厢记》三折;[1]242)

(61)人家盖一个门楼，**措大家**又献言语。(北宋龚鼎臣《东原录》卷一五;[1]242)

蒋文另举有宋代之后的“俺家、小乞儿家、咱家、两口儿家、老人家、女孩儿家”等组合。

“家”可用于表学派，进而发展指某类职业中的佼佼者，再引申指普通人，相关的组合非常多，如“丹家（炼丹的方士）、州家（指刺史）、占家（以占候为职业的人）、内家（宫女）、仇家（仇人）、仗家（指宫廷仪卫人员）、仙家（仙人）、使家（观察使）、保家（保人）、幸家（帝王宠幸的宦官）、倡家、债家（债主）、伤家（受伤之人）、僧家（僧人）、商家（商人）、干家（很能干的人）、专家（在学术、技艺等方面有专门研究或特长的人）、对家（对手）、天家（天子）、哀家（孀居的太后的自称）、律家、形家（旧时以相度地形吉凶，为人选择宅基、墓地为业的人）、脚家（脚夫）、田家（农夫）”等。置于表人的名词、代词后的“家”当来自于此。①

基于此类“家”之来源，我们认为有必要对其性质加以辨析。从上举“丹家”“州家”等组合可以看到，当“家”前的成分非指人时，“家”在组合中的意义很实在，而当“家”前的成分指人时，由于整个组合的意义与“家”前的成分意义相当，似乎“家”就不再表义，而发展成为词缀了。那么我们必须面对这样一个问题：此类组合中的“家”是因为“家”前的成分表人而掩盖了“家”的意义，还是“家”本身无义。这一点通过比较意义相近的“人”的组合可以得到答案：

谁人　谁家

(62)凡人主必信。信而又信，**谁人**不亲？（《吕氏春秋·贵信》）

(63)已闻乡里催织作，去与**谁人**身上着。（唐王建《簇蚕辞》）

(64)十娘咏曰：“眼心俱忆念，心眼共追寻。**谁家**解事眼，副着可怜心？”（唐张鷟《游仙窟》）

(65)他题的名姓儿别，语话儿差，空着我担个没来由牵挂，这不识羞的汉子你是**谁家**？（元无名氏《鸳鸯被》第二折）

吾人　吾家

(66)天下云云，岂独**吾人**之尤，君何激刺之过乎？（《后汉书·文苑传上·崔琦》）

(67)**吾人**淹老病，旅食岂才名。（唐杜甫《入宅》诗之三）

(68)**吾家**好隐沦，居处绝嚣尘。践草成三径，瞻云作四邻。（《寒山诗》第 4 首）

① 有关“家”意义变化过程，可参蒋宗许《汉语词缀研究》245—246 页。

咱人　咱家

(69)火伞当空暑气多，因何，因何不共泛清波？有十里香风芰荷，**咱人**向彩画的船儿上坐，伴如花似玉娇娥。(元赵显宏《昼夜乐·夏》)

(70)既为男子身，须入世俗机。所事堪宜，件件可**咱家**意。(元钟嗣成《一枝花·自序丑斋》)

同属此类的对应还有很多，如：倡人、倡家，僧人、僧家，君人、君家等。

“人”置于表人的代词“谁、吾、咱”之后构成的组合同样与它前面的成分所表义相同，“人”在这些组合中似乎也是无义的词缀成分，但我们并未如此处理，那么“家”是否也可同样处理呢？

当然，我们也必须看到二者的不同，“家”与表人成分构成的组合在数量上要比“人”与表人成分构成的组合多得多，这是“家”类推构词能力的表现，这可能也是诸家将“家”定性为词缀的原因之一。

五、多置于双音词后，意义无明显规律

(71)**一回家**和衣睡，**一回家**披衣坐。(金董解元《西厢记》三折；[1]242)

(72)凭着我**六文家**铜镘，博的是这三尺金鳞。(元李文蔚《燕青博鱼》二折；[1]243)

(73)哎哟天阿，**怎生家**博得个一科一第。(元孟德耀《举案齐眉》三折；[1]243)

蒋文另举有“一会家、昼夜家、每日家”等组合，“家”所结合的对象性质无明显规律，但一般为双音节。

与之相类的还有另一个“价”字，其例如：

(74)追悔当初孤深愿。**经年价**、两成幽怨。(北宋柳永《凤衔杯》；[1]247)

(75)要见时时便是，**一向价**、只作寻常。(北宋柳永《满庭芳》；[1]247)

(76)引将蜂蝶燕和莺，**成阵价**、忙忙走。(北宋柳永《红窗迥》；[1]247)

(77)**一年价**、把酒风花月。便山遥水远分吴越。(南宋朱敦儒《踏歌》;[1]248)

(78)这场烦恼捻著嚎,**晓夜价**、求天祝地。(南宋石孝友《夜行船》;[1]248)

(79)形留神往,**镇日价**、忘食应忘寐。(南宋葛长庚《菊花新》;[1]248)

(80)日高花气扑人来,**独自价**、伤春无绪。(南宋严仁《一落索》;[1]248)

蒋文还举有元明清时代的诸多组合,如"每日价、一个价、一回价、长长价、一会价、几年价、一群价、几番价、一番价、整块价、几遍价、大碗价、一霎价、泼天价、两番价、一谜价、一会价、一日价、几度价"等,并举有明清小说中一些用在词组或短语后作语气词的用例,如"绞肠刮肚价、如糖似蜜价、天崩地裂价、不住声假"。

蒋宗许先生对此类用法的"家""价"均有论述,他指出

(家)在宋元后再进而类化作时间词后缀如"一会家"、"昼夜家"等,数量词后缀如"三遍家"、"六文家"、"一回家"、"五个家"等。(2009:246—247)

"价"作后缀晚于"家",始于宋词。它应是后缀"家"的音近替代字。盖因为"家"是平声字,有时不合词律的要求,于是换用"价"字来协律。后来则相沿成习,不完全是韵律的关系,如小说以及戏曲中的对白类便是如此。再,初始时主要作时间词的后缀,后来便有如上之类的推衍泛化,但仍以作表示时间的词类为主,且多是附在数量结构如"一会"、"几番"等之后。(2009:250)

蒋先生将"家"与"价"看作同一成分,甚当,但认为此类用法的"家"来自于前几类"家",且"价"是"家"的音近替代字,则可商榷:首先,这种用法的"家"与前几类"家"从搭配形式及组合意义来看,差别甚大,看不出它们之间的联系。第二,从用例看,此类用法"价"相对"家"使用更早、用例更多。第三,如果"价"是"家"的借音字,无法解释它为何没有与"家"相当的用于代词、名词后表人的用法。

我们认为,此类用法的"价""家"与前几类"家"无关,这个成分当以"价"为

主字，但属记音，“家”亦为记音字，但相对“价”来说明显处于弱势。相对来说，将此类用法的“家”看作“价”的音近替代字或许更合适一些。

蒋先生将此类“价(家)”看作词缀，但综观此类“价”的用法，看作助词似乎更加合适，有关这一点可参看《大词典》对“价”的处理。因此类“价”产生于宋代，本文不再详论。

另蒋文举有下面这个用例：

(81)心绪浇油，足**趔趄家**前后，身倒偃门左右。(《元曲选·绯衣梦》二折；[1]242)

这个用例“家”与“门”对应，当为名词，与本文所讨论“家”“价”无关。

来

“来”作词缀，论及者甚多，如董志翘等(1994：333—334)、董秀芳(2002：303—306)、蒋宗许(2009：213—216)、梁银峰(2009)、王云路(2010：290—295)、何亮(2012；2015)等，诸家在讨论的同时，举有诸多用例，综合来看，其主体用法是“来”置于名词、代词、动词之后，构成双音组合表时间，如：

(1)此二德者，**古来**君臣所共愿也。(东汉王符《潜夫论》卷八)

(2)后值倾覆，受任于败军之际，奉命于危难之间，**尔来**二十有一年矣。(三国蜀诸葛亮《出师表》)

(3)某**学来**三十年，自来作文字说义理无限，其有是者皆只是亿则屡中。(《张载集·经学理窟·自道》)①

有关此类组合中的“来”的来源，主要有两种看法：董志翘等(1994：334)、梁银峰(2009)认为由“以来”缩略为有实义的“来”，再虚化为词缀；蒋宗许(2009：215)认为“‘来’的通常意义表去来之‘来’，从魏晋而后即有虚义用法，且开始和表时间的单音节名词组合，作为后缀而组成表时间的复音词”。蒋先生只谈及魏晋而后“来”有虚义的用法，但这个虚义如何来，又虚到什么程度，

① 有些学者仅将表时间的“X”与“来”构成的一些特殊组合看作附加式，还有些学者则较宽泛，将一些较松散的组合亦看作附加式，详见下文分析。

则未加说明。

我们赞同此类"来"来自"以来"组合的缩略,因诸家论述较简略,以下我们通过文献用例的细致考察,分析此类组合中"来"的来源及意义特色,并对其性质进行分析。

一、表时间的"以来"

上古汉语中,"以来"即可与其他成分组合构成"(自、从)～以来"①结构,用以表时间。根据"～"的性质不同,可分三类:

1."～"表过去的一个时点,"～以来"表自那个时点往后延续的时段,可用"～以后"对译。如:

(4)何世有职焉?**自襄以来**,未之改也。(《左传·哀公十三年》)

(5)齐桓公问于管子曰:"**自燧人以来**,其大会可得而闻乎?"管子对曰:"燧人以来未有不以轻重为天下也……"(《管子·揆度》)

此二例"以来"前为表人的名词,在组合中指两人执政时的时点。第二例前用"自燧人以来",后用"燧人以来",省略了介词"自"。

(6)**自鄢以来**,晋不失备,而加之以礼,重之以睦,是以楚弗能报而求亲焉。(《左传·昭公五年》)

此例"以来"前的"鄢"为表地点的名词,在组合中指鄢之战发生的时间。

(7)**自上世以来**,莫不降仁,国家之昌,国家之臧,信仁。(《大戴礼记·诰志》)

(8)羽起陇亩之中,三年,遂将五诸侯灭秦,分裂天下而封王侯,政由羽出,号为"霸王",位虽不终,**近古以来**未尝有也。(《史记·项羽本纪》)

此二例"以来"前为表过去时段的名词,在组合中表这个时段开始时的时点。

① 上古"～以来"组合常与介词"自、从"等搭配使用,汉代以后,省略介词的用法逐渐增多。另"以"常可写作"已"。

(9)**自是以来**，诸用秦者皆应、穰之类也。(《韩非子·定法》)

(10)**自此以来**，公卿大夫士吏彬彬多文学之士矣。(《汉书·儒林列传》)

此二例“以来”前为代词，指代某件事，在组合中指这件事发生的时点。

(11)**威王初即位以来**，不治，委政卿大夫。(《史记·田敬仲完世家》)

(12)功效卓尔，**自左内史初置以来**未尝有也。(《汉书·薛宣列传》)

此二例“以来”前为主谓短语，表事情的发生，在组合中即指这件事发生的时点。

(13)**自有生民以来**，未有孔子也。(《孟子·公孙丑上》)

(14)臣愚以为圣主富于春秋，**即位以来**，未有惩奸之威……(《汉书·王商列传》)

此二例“以来”前为动词短语，同样表一件事情的发生，在组合中即指这件事发生的时点。

一般认为，“以来”用以表时间，指从过去某时直到现在的时间段，《大词典》、《现代汉语词典》(第7版)均如此解释。这种看法适用于文献中的多数用例，但并不准确。“以来”表时间，“以”起连接作用，承担词汇意义的是语素“来”。作为动词，“来”表由彼及此、由远及近的位置移动，这种位置移动只限定了运行方向及最终目的地，并未要求必须到达这个目的地，也就是说移动可能已经到了终点“此”，也可能只是到达路途当中的某个点。“以来”表时间，继承了表位置移动的“来”的用法：由过去向现在只是一个方向，至于是否已经到现在，要根据具体语境来确定。由于说话者一般均立足于现在谈现实中的事，因此，“以来”用例大多表自过去到现在的时段，但如果语境表明未到现在，“以来”也可以表从过去某一时点到过去另一时点的时段，如：

(15)秦地被山带河以为固，四塞之国也。**自缪公以来**至于秦王，二十余君常为诸侯雄，岂世世贤哉？(《史记·秦始皇本纪》)

(16)帝桀之时，**自孔甲以来**而诸侯多畔夏，桀不务德而武伤百姓，百姓弗堪。(《史记·夏本纪》)

此二例中的“以来”均未延续到现在：第一例“以来”之后有“至于”表到达的时点“秦王”；第二例“帝桀之时”表明了到达的时点，事实上即便没有这四个字，从“诸侯多畔夏”也可以知道“以来”所指的时段不会超过夏朝。“以来”在这些用例中仍可解作“以后”。

2.“～”为一个延续至今的时段，“以来”组合即表这个特定的时段，由于“以来”组合与“～”所表时段相同，因此“以来”可以省去不译。如：

(17)诚**岁余以来**，所苦加侵，日日益甚，不胜大愿，愿乞骸骨，归自治养。(《汉书·元后传》)

(18)**间者以来**，阴阳不调，菑害并臻，元元蒙辜。(《汉书·董贤传》)

这种用法在上古很少见，但东汉之后用例渐多，如：

(19)**自数世以来**，政多恩贷，……(东晋袁宏《后汉纪》卷二一)

(20)臣**比年以来**，数陈便宜。(《后汉书·皇甫规传》)

“以来”的这种用法与第一种用法一脉相承，仍然指过去至今的一个时段，只不过表达方式有了改变。

3.“以来”与“今”组合，表从今往后的时段。如：

(21)昭侯曰：“吾**自今以来**知行法矣，寡人奚听矣?”(《韩非子·外储》)

(22)**自今以来**，无有忠于其君，忠于其君者将烹。(《吕氏春秋·上德》)》

“以来”与“今”搭配的用法，与前二者有明显区别，它不再表示由过去某时点朝现在的方向延续的时段，而是指从现在开始往后延续的时段，不过在表从某时点往后延续这一点上，它们仍具有一致性。

二、“来”与“以来”组合的对应

大约从东汉开始，“来”可与多音节及单音节成分结合，构成多种搭配，以表时间。这种用法在唐代达到顶峰。我们发现，文献中有很多“～来”，都可找到完全同义的“～以来”的对应用例。①

① 鉴于本文所讨论的“来”在唐代已经发展成熟，且后代基本无新的发展，考虑到篇幅，除非特别需要，本文一般不举唐后的用例。

(一)“来”所构成的三音节及以上组合与“以来”组合的对应

比年来/比年已来

(23)然**比年来**,国家卫士,不堪攻战,岂为其少邪?(唐王方庆《魏郑公谏录》卷一)

(24)窃见**比年已来**,良苗尽于蝗螟之口,杼柚空于公私之求。(东晋袁宏《后汉纪》卷二一)

数年来/数年以来

(25)高昌**数年来**朝贡脱略,无藩臣礼。(《旧唐书·西戎传》)

(26)**数年以来**,秋稼不熟,人食不足,仓库空虚,国无畜积。(《后汉书·鲁恭传》)

顷日来/顷日以来

(27)决大事正自难,**顷日来**欲使人闷,闻卿此谋,意始得了。(《晋书·王彪之传》)

(28)是以**顷日以来**,诸子戎服,夜持兵仗,绕汝庐舍,伺便将发。(《魏书·寔君传》)

少年来/少年以来

(29)**少年来**好书,偶爱闲静,开卷有得,便欣然忘食。(《宋书·陶潜传》)

(30)我**少年以来**,阅要人多矣。(《北史·王晞传》)

《南史·陶潜传》“少年来”作“少来”,可见“少来”与“少年来”的关系。

即位来/即位以来

(31)我**即位来**,未有谏者,所以赏之。(唐吴兢《贞观政要》卷二)

(32)威王初**即位以来**,不治,委政卿大夫。(《史记·田敬仲完世家》)

数十年来/数十年以来

(33)今顿识既往,**数十年来**存亡、得失、哀乐、好恶,扰扰万绪起矣。

（《列子》卷三）

(34)**数十年以来**，重其道归烦挠，故时止勿奏事。（《东观汉记》卷一九）

有苍生来/有苍生以来

(35)顾长康画，**有苍生来**所无。（《世说新语·巧艺》第7条）

(36)谢安深重之，以为**有苍生以来**未之有也。（《晋书·顾恺之传》）

(二)“来”所构成的双音节组合与“以来”组合的对应

比来/自比以来、比以来

(37)**比来**天下奢靡，转相仿效，而徐公雅尚自若，不与俗同，故前日之通，乃今日之介也。（《三国志·魏书·徐邈传》；[2]292）

(38)**比来**恶梦，定知不活。（东晋干宝《搜神记》卷一；[2]292）

(39)**自比以来**，源流清洁，纤鳞呈形。（《宋书·符瑞志下》）

(40)又经病疮，肘膝烂尽。**比以来**三十余载，泛玩众书万余矣。（南朝梁萧绎《金楼子》卷六）

“比”可作名词，表较近的时间，犹近日、近来，另文献中还有“比年以来”等用法与“比来”对应。

近来/近者以来、自近以来

(41)及至都，复曰：“**近来**人情何如？”（《晋书·谢鲲传》）

(42)而**近者以来**，更任太史，忘礼敬之大，任禁忌之书，拘信小故，以亏大典。（《后汉书·蔡邕传》）

(43)（叔翻）**自近以来**，偏颇懈怠。（《北史·广陵王羽传》）

“近来”与“近者以来”“自近以来”义同。另有“近日以来”“近时以来”等对应形式。

间来/间者以来、间岁以来

(44)然天性褊狭，羞于卜筮者。**间来**候师王叔茂，请往迎之。（东晋干宝《搜神记》卷三；[2]292）

(45)吾既常羸,**间来**体中亦恒少赖。(西晋陆云《与杨彦明书》)

(46)**间者以来**,阴阳不调,菑害并臻,元元蒙辜。(《汉书·董贤传》)

(47)**间岁以来**不登,民生未复。(东汉荀悦《汉纪》卷一)

"间"可作名词,近来义,"间来"犹"近来","间者以来"与之义同。另有"间岁以来"这种搭配,"间来"在特定语境下亦可表其义。

顷来/自顷以来、顷者以来

(48)如闻茂**顷来**少知悔昔之非,欲修善将来。君子与其进,不保其往也。(《三国志·魏书·乐陵王茂传》;[1]213)

(49)关西诸郡,颇习兵事,**自顷以来**,数与羌战……(《后汉书·郑太列传》)

(50)故亡逃之科,宪令所急,至于通行饮食,罪致大辟。而**顷者以来**,莫以为忧。(《后汉书·陈忠传》)

"顷"亦近来义,名词,"顷来"与"自顷以来""顷者以来"义同。"顷来"另有"顷间以来""顷年以来""顷月以来"等对应形式,特定语境下亦可同义。

少来/自少以来

(51)吾**少来**如此,岂可一朝而变。(《宋书·沈怀文传》)

(52)我**自少以来**,无侵世物。(北魏吉迦夜共昙曜译《杂宝藏经》卷一〇)

"少"可指少年之时,"少来"即自少年以来,与"自少以来"同义。文献中另有"从少以来""少年以来"等对应形式。

幼来/自幼以来

(53)勒以告诸奴,诸奴亦闻之,因曰:"吾**幼来**在家恒闻如是。"(《晋书·石勒载记》;[1]213)

(54)弟子又**幼来**耽玩,今亦有数帖自随。(唐张彦远《法书要录》卷三)

(55)跋陀**自幼以来**,蔬食终身。(南朝梁释僧佑《出三藏记集》卷一四)

例(54)“幼来”《书断》卷三引作“自幼来”。“幼来”与“自幼以来”同义。

古来/自古以来、从古以来

(56)天下良辰美景，赏心乐事，四者难并。今昆弟友朋，二三诸彦，共尽之矣。古来此娱，书籍未见，何者？(《宋诗》卷三谢灵运《拟魏太子邺中集序》；[2]290)

(57)志业于好，讲礼于等，示威于众，昭明于神，自古以来，未之或失也。(《左传·昭公十三年》)

(58)从古以来，贤者避世，有居止舞泽者，有居民间闭口不言，有隐居卜筮间以全身者。(《史记·日者列传》)

“古来”与“自古以来”“从古以来”同义，另有“往古以来”等对应形式。

昔来/从昔以来、乃昔以来

(59)昔来闻死苦，何言身自当！(《北魏诗》卷一元子攸《临终》；[2]291)

(60)睒摩迦从昔以来，慈仁孝顺，供养父母。(北魏吉迦夜共昙曜译《杂宝藏经》卷一)

(61)故圣上览乃昔以来礼典旧章，开国光宅，显兹太原。(《晋书·太祖文帝纪》)

“昔”乃往昔、过去义，“昔来”与“从昔以来”“乃昔以来”同义。

汉来/自汉以来

(62)此水汉来本无名矣，直以浅貌目之，或当即以洦为名乎？(《颜氏家训·勉学》)

(63)古者名官职不言曹，自汉以来，名官尽言曹，吏言属曹，卒言侍曹，此殆天意也。(《宋书·符瑞志上》)

梁银峰(2009:415—416)认为只有那些兼具时点属性和时段属性的“X”跟“来”组合才能成词，那些只具时点属性的“X”，由于在语义上相对明确，因而不能跟“来”组合成词。他同时举有表人名和朝代名的“文”“商”两个专有名词，不能跟“来”组合成词。而从“汉来”组合看，这种看法当有问题。①

春来/自春以来

(64)御池水色**春来**好，处处分流白玉渠。（唐王建《宫词一百首》）②

(65)鲜卑寇边，**自春以来**，三十余发。（《后汉书·鲜卑传》）

“春来”与“自春以来”意义相同。另有“自春来”“自此春来”等对应形式。

尔来/自尔以来

(66)后值倾覆，受任于败军之际，奉命于危难之间，**尔来**二十有一年矣。（三国蜀诸葛亮《出师表》）

(67)今年正月繁霜，**自尔以来**，率多寒日，此亦急咎之罚。（《后汉书·郑兴传》）

“尔”为代词，指代过去的某个时点，“尔来”与“自尔以来”同义。文献中另有表近来义的“尔来”，如：

(68)叔舅欲饮我，社瓮**尔来**尝。（唐杜牧《郡斋独酌》）

(69)**尔来**贼盗往往有，劫杀贾客沉其艘。（北宋王安石《收盐》）

梁银峰(2009:417)将例(68)中的“尔来”看作表“自尔以来”的“尔来”的引申，我们以为不当，二义之间看不出联系，“尔”可用作“迩”，“尔来”可用作“迩来”，文献中同义的“迩来”用例甚多，“尔来”看作“迩来”显然更加合理。

生来/从生以来、自生以来

(70)兵真凶事，**生来**初不见习，顷观之，正自使人意恶。（西晋陆云《与兄平原书》）

(71)努力自念，**从生以来**，功效所进，解先人承负。（《太平经》卷一一〇）

(72)鼎对曰：“臣宗族分派，南北孤绝，**自生以来**，未尝访问。”（《隋

---

① 我们不是太清楚梁文所说的“词”的确切含义，就“汉来”来说，算不上严格意义上的词，但它与梁文所说的“古来”并无本质区别。

② 文献中“春来”常表春天来到，有时很难区分。

书·韦鼎传》）

“生来”与“从生以来”“自生以来”同义。另外还有“生年以来”“生平以来”“自生以来”等对应形式。

众多意义相同的“来”与“以来”组合体现出二者的密切联系，鉴于“以来”组合早于“来”，我们认为，“来”当由“以来”缩略而来。

三、“～来”组合的意义分析

由“来”构成的三字及以上组合，因“来”前的成分较复杂，传递的信息较多，且词组性质明显，无论是形式还是意义都与“以来”组合接近。相对来说，双音组合中的“来”似乎与“以来”的差别要大得多，最突出的表现就是很多双音组合中，“来”似乎不表义。然而仔细分析，我们发现“来”并未脱离“以来”的意义范畴。以下根据“来”前语素的性质，对常见的双音“～来”组合，特别是各家举以为附加式词例的组合加以分析（学者们所举用例有些出自诗文，表义不甚明了，故我们在选用文例时，特别挑选了一些散文用例）。

诸家在描写分析时，通常会根据“～来”的性质分类描写，由于对象不同、目的不同，且存在理解差异，分类亦有区别，如梁银峰（2009）分四类，分别为：A类，“～”是时间词性语素和方位词性语素，如“古来、本来、比来、迩来、向来、夜来、原来”等；B类，“～”是介词性语素，如“从来、由来、自来”等；C类，“～”是副词性或具有状语功能的语素，如“后来、将来、未来”等；D类，“～”是认知动词性语素或言说动词性语素，如“想来、算来、看来、听来、说来”。何亮（2015）分三类，分别为：1.“未然性副词成分＋来”，包括“方来、将来、后来、当来、未来、甫来”等词，“来”的位移义具体实在。2.“起点性表时成分＋来”，如“古来、昔来、比来、顷来、近来、尔来、失来、亡来、死来、学来、汉来、宋来、由来、从来”等，源自“自～以来”格式，体现“观察者在动”的时间认知方式，“来”获得时段标志意义。3.“显性时间义成分＋来”，如“今来、昨来、秋来、年来、向来、间来、适来、少来、朝来、夜来、晚来”等，出现于“来”发展为词缀之后。

我们的研究主要针对诸家所举充当附加式的“X来”组合，与何亮的研究较接近，但认为他所分2、3两类有不当之处：其所说起点性表时成分与显性时间义成分很多情况下同时存在，二者并无明显区别。故以下依据我们的理解重新分类描写。

(一)“来”与名词的组合

旧来

“旧”可作名词,表过去、往昔,“旧来”组合表自过去往后延续的时段。可延续至今,如:

(73)流水本自断人肠,坚冰旧来伤马骨。(隋卢思道《从军行》;[1]213)

(74)是时新筑之城,粮仗未集,旧来乏水,众情大惧。(《北齐书·平鉴传》)

(75)凡风皆由旧来有风气,所以方中不得不用桂心附子。(唐王焘《外台秘要方》卷三〇)

上举三例中的“伤马骨”“乏水”“有风气”绝非专指过去,“旧来”相当于自过去至今。有时候延续到过去的某一时点,如:

(76)文宣末年多酒,浚谓亲近曰:“二兄旧来不甚了了,自登祚已后,识解顿进……”(《北齐书·永安简平王浚传》;[1]213;《北史·神武皇帝十五男传·文宣皇帝》;[2]292)

(77)旧来偏得君王意,今日无端宠爱轻。(唐魏奉古《长门怨》)

例(76)“自登祚已后”表明“旧来”延续的时点为“登祚”,例(77)“今日无端宠爱轻”表明“得君王意”未延续到现在,因此“旧来”仅指过去的时段。由于“旧”本身可泛指过去,所以当“旧来”所表时段未延续到现在时,其意义与“旧”正好相合,“来”似乎是不表义的词缀。事实上,“来”省去不译而不影响意义的表达是有条件的:“来”之前的语素“旧”为可表过去时段的时间名词,而文句中事情的发生恰好未延续到现在。下文很多组合,均有这一特点。

向来

“向”可作名词,表过去、往昔,“向来”可表自过去延续至今的时段,如:

(78)尊夫人向来复何如?为何所患?甚悬情。(东晋王羲之《杂帖》)

有时未延续到现在,则专指过去的某一时段,这时其意义与“向时”或“向”

相当，如：

(79)凡所至寺观、台阁、林亭，或歌或咏之处，**向来**名公诗板潜自撤之，盖有愧于数公之咏也。(后蜀何光远《鉴诫录》卷七)

有时过去的时段离现在不远，则指刚才，如：

(80)昨反想至。**向来**快雨，想君佳，方得此雨为佳，深为欣嘉。(东晋王羲之《杂帖》;[2]293)

(81)孙问深公："上人当是逆风家，**向来**何以都不言？"(《世说新语·文学》30条;[2]293)

(82)沛国刘琎，尝与兄瓛连栋隔壁，瓛呼之数声不应，良久方答；瓛怪问之，乃曰："**向来**未着衣帽故也。"(《颜氏家训·兄弟》;[2]293)

(83)**向来**吟秀句，不觉已鸣鸦。(唐韩翃《酬程延秋夜即事见赠》;[2]295)

诸家所举"向来"作词缀例均属此类，其实这种用法与上表自过去延续至今时段的"向来"用法并无本质区别，只是这个时段较短而已。

昨来

"昨"可指昨天，亦可泛指过去，与"来"搭配，表自"昨"往后延续的时段，有些延续至今，有些延续到过去的某一时点，如：

(84)一向寒山坐，淹留三十年。**昨来**访亲友，太半入黄泉。(《寒山诗》49首)

(85)母死，家人以小儿犹恶，不令其知。小儿疑之，问云："母尝数问我病，**昨来**觉声羸，今不复闻，何谓也？"(《南齐书·孝义传·杜栖》;[2]291)

(86)及朝士滥祸，帝益忧怖，诏逸昼夜陪侍，常寝御床前。帝曾夜中谓逸曰："**昨来**举目唯见异人，赖得卿，差以自慰。"(《魏书·杨逸传》;[2]291)

(87)**昨来**朱颜子，今日白发催。(唐李白《对酒》;[1]213)

例(84)(85)"昨来"指自"昨"延续至写诗和说话时，例(86)指朝士滥祸时至帝曾经于夜中说话时，例(87)指过去某一时间到过去另一时间呈现朱颜的时段。可比较“自昨”“自昨来”用例：

(88)自昨蒙恩授西京国子监教授，方再辞免，准朝旨，令乘递马赴阙。祇命而来，未获进见，遽有此除。(《续资治通鉴长编》卷三七一)

(89)臣近日帘前同进呈文字，窃见三省所奏，为修河欲只作减水河，于元料合用人夫裁减分数，自昨来都水监丞及都省两次几减一半以上。(《续资治通鉴长编》卷四一六)

何亮(2015:123)将“昨来”看作“显性时间义成分＋来”，认为“来”作为词缀附加于“昨”之上，而仔细分析“昨来”用例，可以发现这个词仍表自昨往后延续的时段，文献中“自昨”“自昨来”的用例虽迟于“昨来”，但可佐证“昨来”解作自昨往后延续的时段并无问题。

另有“古来”“昔来”的意义及用法与“旧来”“向来”相当，参上文第二部分。

适来

(90)颜依言而往，果见二人围棋，频置脯，斟酒于前。其人贪戏，但饮酒食脯。不顾数巡，北边坐者忽见颜在，叱曰：“何故在此?”颜惟拜之。南面坐者语曰：“适来饮他酒脯，宁无情乎?”(东晋干宝《搜神记》卷三；[2]293)

(91)适来鉴貌辨色，观君与凡俗不同。(《敦煌变文集·伍子胥变文》)

(92)马上黄金鞍，适来新赌得。(唐贯休《杂曲歌辞·少年行》之三)

“适”可作名词，表时间，指过去不久的时段。“适来”可延续至说话时，如例(90)，“饮他酒脯”的行为即延续到说话时；更常指现在之前不远的时段，相当于“刚才”，如例(91)；有时可能离现在稍远，相当于近来，如例(92)。

顷来

(93)臣慨然曰：“君以此试，顷来始乃有称之者。”言常人正自患知之使过，不知使负实。(《世说新语·赏誉》46条；[2]293)

(94)顷来诸事，卿何由知?(北魏慧觉译《贤愚经》卷七；[2]293)

(95)告琳，顷来闻汝与诸友生讲肄《书传》，滋滋昼夜，衎衎不怠。(西

汉孔臧《与子琳书》）

(96)胜事宛然怀抱里，**顷来**新得谢公诗。（唐钱起《和慕容法曹寻渔者寄城中故人》）

(97)**顷来**北都富室，竞以第宅相尚，今因迁徙，宜申禁约，令贵贱有检，无得逾制。（《北史·韩显宗传》）

“顷”指离现在较近的过去，根据具体语境的不同，可指近日，也可指近月，甚至近年。“顷来”组合，表自较近的过去往后延伸的时段，其义与“自顷以来”“顷者以来”“顷月以来”“顷年以来”等相当（可参看上文第二部分），可用“近来”对译。

“比来”“近来”“间来”的用法及意义与“适来”“顷来”大致相当，参上文第二部分。

小来

(98)**小来**重意气，学剑不学文。（《梁诗》卷一〇《战城南》；[2]292）

(99)时诸童子**小来**习乐，不堪一食，至于夜半患饥，高声大唤啼哭言：“与我食来，与我食来。”（姚秦佛陀耶舍共竺佛念译《四分律》卷一七；[2]292）

(100)此人既是国师之子，复是悉达**小来**朋伴，拊尘游戏。（隋闍那崛多译《佛本行集经》卷五二；[2]292）

(101)**小来**习性懒，晚节慵转剧。（唐杜甫《送李校书二十六韵》；[1]213）

(102)耶娘**小来**不教授，如今争识文与书。（唐林楚翘《五更转》）

“小”指幼年这一时段，“小来”表自幼年以来往后延续的时段，可延续到说话时，解作“自小以来”；或“从小”，如上举例(98)—(100)。可延续到过去某一时点，而未延续至现在，如例(101)(102)，“晚节”“如今”与“小来”对应。

“少来”“幼来”与“小来”意义及用法相当，参第二部分。何亮(2015:123)将“少来”看作“显性时间义成分＋来”，实际上“自少以来”早有用例，且“少来”与其意义并无本质区别。

老来

(103)子孙不能识其情,惟云大人**老来**恶性,不可谘谏。(唐孙思邈《千金翼方》卷一二)

(104)若头发**老来**胜者不宜寿,髭须少白不宜寿,眉耳生长毫者至寿。(《月波洞中记》卷上)

"老"作名词,指老年这一时段,这个时段会一直延续到生命的终结;同时也可表由中年进入老年的时点①。"老来"指进入老年之时往后延续的时段。

夜来

(105)不知**夜来**下意竟乏,新故之际,致叹良深。(东晋王羲之《杂帖》;[2]291)

(106)**夜来**坐几时,银汉倾露落。(南朝宋鲍照《夜听妓》;[2]291)

(107)勒欲试澄,夜冠胄衣甲,执刀而坐,遣人告澄云:"**夜来**不知大将军何所在。"(《晋书·佛图澄传》)

(108)**夜来**枝半红,雨后洲全绿。(唐张说《岳阳早霁南楼》)

(109)元佐思**夜来**所餐之物,意甚不安,乃呕吐,视之,尽青泥也。(《太平广记》卷四七一;[2]291)

"夜"指天黑至天亮之间的时段,也可表入夜这一时点。"夜来"可指自入夜之时往后延续至说话时的时段,相当于入夜以来或入夜后,如上举前四例,其中第四例"来""后"对文义近。亦可表夜这一时段,相当于夜里,如第五例。同义的"自夜来"亦有用例,只是较迟:

(110)某启。承出城劳顿,晚来喜佳裕。拙疾特辱问念,感愧曷已。**自夜来**益注泄,今且苶然,遂召张康诊,云"热中伤冷,当和阴阳,偏用热药,所以难效"。(北宋欧阳修《与刘侍读(原父)二十七通》)

(111)黄耳定从秋后到,白头新**自夜来**生。(金元好问《怀益之兄》)

① "老"在"老来"组合中既可看作名词,也可看作动词,相对来说,动词性更强。因组合意义与"少来""小来"接近,故置于此。

(112)诗酒共寻前日约，风阴新自夜来晴。(金元好问《仆射陂醉归即事》)

何亮(2015:123)将“夜来”归入“显性时间义成分＋来”，认为“来”以词缀附于“夜”后，而与“起点性表时成分＋来”相区别，而从上文分析可以看出，“夜来”与“自夜来”意义上并无多大区别，虽然“自夜来”用例较迟，但它的存在足可体现“夜来”一词中的“来”的功能与性质。

(113)时信都令家妇女惊恐，更互疾病，使辂筮之。辂曰：“君北堂西头，有两死男子，一男持矛，一男持弓箭，头在壁内，脚在壁外。持矛者主刺头，故头重痛不得举也。持弓箭者主射胸腹，故心中县痛不得饮食也。昼则浮游，夜来病人，故使惊恐也。”(《三国志·魏书·方技传·管辂》；[2]291)

这个用例中“来”看作动词似更合适。文例中有些“夜来”组合“来”表时间还是作动词较难区分，需要注意。

《大词典》另举有“夜来”表昨天的用例，似可商榷：

(114)笑捻粉香归洞户，更垂帘幕护窗纱，东风寒似夜来些。(北宋贺铸《浣溪沙》)

(115)你便是月明和尚，夜来八月十五日你不出来，今日八月十六日你可出来。(元无名氏《度柳翠》第二折)

(116)总管夜来劳神费力了一日一夜，人也尚自当不得，那匹马如何不喂得他饱了去。(《水浒传》第三四回)

例(114)“夜来”当指夜深之时，与“楼角初销一缕霞”所指“傍晚”相对，可比较以下两例：

(117)歌白雪，醉流霞。晚寒寒似夜来些。(南宋刘学箕《鹧鸪天·赋雪》)

(118)采摘浮杯如戏水，晚香淡似夜来些。(南宋张炎《瑶台聚八仙·咏鸳鸯菊》)

此二例均以“晚”与“夜来”相对照。

例(115),从文句中的"月明和尚"及"月过十五"可知"夜来"所指当为夜,"夜来八月十五日"即"八月十五日夜来"。

例(116),乃夜里捉到秦明、天亮后花荣对秦明所说之言,文句中的"一日一夜"指说话之前的一整夜及白天,"夜来"当针对"夜"而言,虽然文句似有矛盾,但解作"昨天"亦明显不顺。

(119)天色渐明了,士兵起来烧汤。武松洗漱了,那妇人也下楼来,看着武松道:"叔叔,夜来烦恼。"武松道:"嫂嫂,我哥哥端的什么病死了?"那妇人道:"叔叔却怎地忘了?夜来已对叔叔说了,害心疼病死了。"(《水浒传》第二六回)

此例梁银峰(2009:417)将第二个"夜来"解作"昨天",似亦可商。妇人说武大害心疼病的准确时间不明,但从前文叙述看,应当离夜不远或夜里,更重要的是,此句第一个"夜来"很明显指"夜里",后一"夜来"相承使用,实无必要另作他解。再有,小说并非科技作品,表述上有其随意性,上举《水浒传》两例被解作昨天的"夜来",均为夜过之后天明时所说,认为"夜"不表"夜"实难让人信服。

晚来

(120)使人曰:"顿首君,我昔有以向南,旦遣桓唤,欲闻乡事。晚来患动,不获相见。"……遂辞而退。须臾天晓……(《魏书·鹿念传》;[2]291)

(121)好是渔人,披得一蓑归去,江上晚来堪画。(北宋柳永《望远行》;[1]214)

"晚"常用指傍晚、黄昏之时,又可指夜晚,"晚来"表自晚以来、傍晚之后、入夜以后,上举二例均当如此解。

(122)春潮带雨晚来急,野渡无人舟自横。(唐韦应物《滁州西涧》;[1]214;[2]295)

此例中"来"或当解作动词,动词"来"与"雨"搭配用例甚多。文献中"晚来"类搭配,"来"的性质需要辨别。

朝来

(123)吾有两儿，皆尚微细，**朝来**未食，须望我耳。(三国吴康僧会译《六度集经》卷二；[2]291)

(124)**朝来**采摘倦，讵得久盘桓。(隋孔德绍《赋得涉江采芙蓉》；[2]291)

(125)初不答，直高视，以手版拄颊云："西山**朝来**致有爽气。"(《世说新语·简傲》13条；[1]213；[2]291)

"朝"乃早晨义，"朝来"可表自早晨往后延续到现在，如上例(123)(124)，亦可指早晨这一时段，如例(125)。

晓来

(126)彩云阴复白，锦树**晓来**青。(唐杜甫《暮春题瀼西新赁草屋》)

(127)满地残红宫锦污，昨夜南园风雨。小怜初上琵琶，**晓来**思绕天涯。(北宋王安国《清平乐》；[1]214)

"晓来"的用法与"朝来"相似。

秋来

(128)损惠野鸭一双，**秋来**未得，始是尝新，远能分遣，但深佩耶。(东晋王羲之《杂帖》)

(129)舞席**秋来**卷，歌筵无数尘。(《玉台新咏·徐陵〈走笔戏书应令〉》)

(130)唯有河边雁，**秋来**南向飞。(北周庾信《重别周尚书》；[2]291)

(131)夜后戍楼月，**秋来**边将心。(唐戎昱《塞下曲》；[1]213)

(132)惫色**秋来**草，哀吟雨后蝉。(唐元稹《献荥阳公诗五十韵》)

"秋"表与"夏"相交的时点，也可表夏与冬之间的时段。"秋来"指入秋之时往后延续的时段，可延续至说话时，也可延续到之前的某一时段，相当于入秋以来、入秋以后，上举各例均当如此解，例(131)(132)"来"与"后"对文，"来"之义更明。同义的"自秋以(已)来""自秋来"亦有用例，如：

(133)**自秋已来**，讨贼之形颇露。(《晋书·杜预传》)

(134)**自秋已来**,忽尔安疹,坐朝既阙,逾旬未瘳。(《旧唐书·懿宗本纪》)

(135)而**自秋以来**,老母卧病,郡既僻小,绝无医药,逮冬至之后,方得渐安。(北宋欧阳修《与杜正献公世昌七通》)

(136)**自秋来**,忽患腰脚,医者云脾元冷气下攻,遂勉从教诲食肉。(《与杜正献公世昌七通》)

(137)**自秋来**、多病意无聊,不作渭川游。(南宋吕胜己《八声甘州·怀渭川作》)

何亮(2015:123)将"秋来"归入"显性时间义成分+来",上举诸多同义"自秋以(已)来""自秋来"的用例表明,"秋来"与何亮所说的"古来"等"起点性表时成分+来"并无多大区别。

"春来""夏来""冬来"的用法及意义与"秋来"相当,但"夏来""冬来"的用例明显少于"春来""秋来"。

年来

(138)镜中辞旧识,灞岸别新知。**年来**木应老,只为数经离。(《隋诗》卷一〇释才智《送别》;[2]290)

(139)**年来**白发欲星星,误却生涯是一经。(唐严维《书情献相公》)

(140)又岂知、名宦拘检,**年来**减尽风情。(北宋柳永《长相思·京妓》;[1]214)

"年来"常表今年以来、年后,指过年之时向后延续至今的时间段。可比较下例:

(141)虽然,吾**自今年来**,苍苍者或化而为白矣。(唐韩愈《祭十二郎文》)

此例与例(139)义近,"年来"与"自今年来"义同。

(142)别后官三改,**年来**岁六周。(北宋徐铉《寄饶州王郎中效李白体》)

此例"来"与"后"对文义近,"年来岁六周",指至过年之后离别已满六年。

今来

(143)不知从事今在州，得假归耳，想今来得行，有缘侍面耳。(西晋陆云《与陆典书书》;[1]213)

(144)昔时应春色，引渌泛清流。今来承玉管，布字改银钩。(隋薛道衡《咏苔纸》)

(145)且今来禾菽被野，人马无忧，坐足有粮，行即得众。(唐温大雅《大唐创业起居注》卷二)

(146)臣深体国事之急，愤激于怀，是以承命出征，不暇辞请，今来并已收复了当。(南宋岳飞《奏乞罢制置使职事状》)

“今”可表包括最近的过去以及现在在内的时段，“今来”亦表最近延续至今的时段，其意义与“今”相当，上举三例即可如此解。

(147)今来汝等众人，但得府库之物，纳于库中公用，其余所得之资，并从均分。(《水浒传》八二回)

此例“今来”表自今以后，与第一部分所举“自今以来”相当，但用例很少。

(148)眇默轨路长，憔悴征戍勤。昔迈先徂师，今来后归军。(南朝宋颜延之《还至梁城作》;[1]213)

蒋宗许先生认为句中“昔迈”指过去，“今来”指现在。按：此句《文选》吕向注：“昔迈谓前此使时在北伐之前师也，今来盖至后军也。”联系前文“憔悴征戍勤”，我们认为“来”与“迈”均当为动词。

本来

(149)诸佛正法无合散，其性本来常寂灭。(东晋佛驮跋陀罗译《大方广佛华严经》卷五)

(150)况我今四十，本来形貌羸。(唐白居易《白发》)

(151)身非菩提树，心镜亦非台。本来无一物，何处有尘埃？(《祖堂集》卷二;[2]292)

“本”有本初、原初义，“本来”指自本原以来，文献中有对应的“从本以来”

“从本来”：

(152)云何菩萨不当作吾我想？从本际以来不可见故；乃至众生有寿命想，**从本以来**亦不可见故。(西晋无罗叉译《放光般若经》卷四)

(153)诸法**从本来**，常自寂灭相。(后秦鸠摩罗什译《妙法莲华经》卷一)

例(149)与例(153)内容相同，可见“本来”与“从本来”的关系。

先来

(154)此寺**先来**贫虚，都无一物。(《敦煌变文校注·庐山远公话》；[1]214)

(155)丁谧画策，使爽白天子发诏转宣王为太傅，外以名号尊之，内欲令尚书奏事，**先来**由己，得制其轻重也。(《三国志·魏书·诸夏侯曹传·曹爽》)

(156)因告之曰：“此牛**先来**有病，小用便发，君不须也。”(《北史·孟信传》)

(157)此山**先来**未有塔庙，禅师将欲接引四生，永辞沸镬，拯拔群品，远离炎炉。(北魏《中岳嵩阳寺碑》)

此数例“先来”均指自当初延续到说话时。“先”有当初、先前义，“先来”即自先以来，其意义与“本来”接近。何亮(2012：172)认为“先来”由偏正式动词词组发展而来，我们以为可商。文献中还有“从先已来”的用法：

(158)诸估客等即答王言：“此月爱者**从先已来**，实不与我马之价直。”(失译《辟支佛因缘论》卷上)

(159)近住者，从初已来为令其心于外不散，亲近念住故。调顺者，**从先已来**于散乱因色等法中，起过患想增上力故，调伏其心令不流散故。(唐玄奘《大乘阿毘达磨杂集论》卷一〇)

与“本来”“先来”相类的还有“元来”“原来”。

(160)合欢桃核终堪恨，里许**元来**别有人。(唐温庭筠《南歌子》)

"元来"产生较迟，应当是"本来"换用同义语素而构成，"原来"出现更迟，与"元来"为同词。

以上为"来"与表时间的名词组合，它也可与普通名词搭配，如：

乱来

"乱"作名词，指战乱、动乱。与"来"组合，指自战乱、动乱发生之时起往后延续的时段，如：

(161)秦甸**乱来**栖白没，杼山空后皎然亡。（唐齐己《答献上人卷》）

(162)**乱来**城不守，战后地多芜。（唐王贞白《金陵》）

此二例"来""后"对文义近。文献中有很多"～乱"与"以来"的组合，可帮助理解"乱来"，如：

(163)**自大乱以来**，十数年矣，民之欲安，甚于倒悬，然而暴乱未息者，何也？（《三国志·魏书·袁涣传》）

(164)**自丧乱以来**，十有余载，编户凋亡，万不遗一。（《陈书·世祖本纪》）

（二）"来"与代词的组合

"来"也可与代词组合，但较少见，除前文所举"尔来"外（参第二部分），另有"此来"搭配：

此来

(165)妇人云："我自秦人，随蒙恬筑长城，恬多使妇人，我等不胜其弊，逃窜至此。初食草根，得以不死。**此来**亦不知年岁，不复至人间。"（唐戴孚《广异记·秦时妇人》）

"此"指代过去的某一时点，"此来"指自那个时点往后延续的时段，上例指自妇人"逃窜至此"延续到说话时这一时段。

（三）"来"与动词的组合

"来"与动词组合表时间，十分常见，其性质与"来"与名词、代词表时间并无本质区别，如：

别来

“别”有离别义，而离别往往对应一个时点，故与“来”组合可表离别之时起往后延续的时段，如：

(166)别来已三岁，望望长迢递。（唐韩愈《除官赴阙至江州寄鄂岳李大夫》）

(167)乱后故人少，别来新话多。（唐韦庄《赠薛秀才》）

第二例“来”与“后”对文义近。另有“离来”，与“别来”的意义及用法相同，但用例较少。

病来

“病”有生病义，生病可对应一个时点，“病来”组合表自生病之时起往后延续的时段，如：

(168)吾病来不办行动，潜不可耳，终年缠此，当复何理耶？（东晋王羲之《杂贴》）

(169)男女病来声喘喘，父娘啼得泪汪汪。（《敦煌变文校注·故圆鉴大师二十四孝押座文》；[1]214）

亡来

动词“亡”可表死亡、灭亡、逃亡、丢失等义，这些动作均可对应一个时点，“亡来”组合用表这一动作发生的时点往后延续的时段，如：

(170)亡来今已四年，为鬼所枉杀。（旧题陶渊明《搜神后记·徐玄方女》）

(171)晋朝灭后无中散，韩国亡来绝上卿。（唐谭用之《约张处士游梁》）

(172)空中白言：“彼二人者，亡来七日。”（东汉昙果共康孟详译《中本起经》卷上）

(173)此吾贮玉液之壶，亡来数十甲子，甚喜再见。（北宋张君房《云笈七签》卷一一六）

例(170)表死亡之时延续至今;例(171)表灭亡之后延续的时段,“来”与“后”对文同义;例(172)表自逃亡之时往后延续的时段;例(173)表自丢失之时往后延续的时段。

“死来”“没来”与“亡来”第一义相同,用法亦相类。“生来”与“亡来”意义相反,但用法相当,参第二部分。

醉来

“醉”有醉酒义,“醉来”组合表醉酒之时起往后延续的时段,如:

(174)**醉来**信手两三行,醒后却书书不得。(唐许瑶《题怀素上人草书》)

(175)神清骨竦意真率,**醉来**为我挥健笔。(唐戴叔伦《怀素上人草书歌》)

“醉来”的使用很有特点:说话者一般处于清醒后,而所发生之事则在醉酒状态下,因此这个词常用以表醉酒到酒醒这一时段。

文献中另有“渴来”“饥来”,与“醉来”意义不同,但用法相当。

学来

“学”有学习义,可对应开始学习这一时点,“学来”表自这个时点往后延续的时段,如:

(176)山林诸道士,一名为阿兰,二名为迦兰,**学来**积年,四禅具足,获致五通。(东汉竺大力共康孟详译《修行本起经》卷下;[2]295)

“学来积年”指自学习以来已经多年。

贫来

“贫”通常作形容词,但在“贫来”组合中,使用变穷这一义项,故当定性为动词,“贫来”指自变穷之时起往后延续的时段,如:

(177)病后倦吟啸,**贫来**疏友朋。(唐李中《闲居言怀》)

(178)刘桢病后新诗少,阮籍**贫来**好客稀。(唐韦庄《旅中感遇寄呈李秘书昆仲》)

此二例“来”均与“后”对文。文献中还有“自贫来”的用法，如：

(179)**自贫来**多务，研敩沈潜，缄卷巾牍，奄逾十载。(南朝宋朱广之《谘顾欢夷夏论》)

此例因用了介词“自”，表义明确。

寒来

“寒”可用表天变冷，“寒来”指自天寒时起往后延续的时段，如：

(180)**寒来**弥懒放，数日一梳头。(唐白居易《适意二首》)

(181)**寒来**知马疾，战后觉人凶。(唐贯休《古塞下曲七首》)

第二例“来”“后”对文义近。另文献中有“热来”“凉来”“晴来”等组合，与“寒来”意义及用法均相似，此不详举。

闲来

“闲”有空闲义，但在“闲来”组合中，指由忙变闲，故当定性为动词，“闲来”指自空闲时起往后延续的时段，如：

(182)冉冉老去过六十，腾腾**闲来**经七春。(唐白居易《雪中晏起偶咏所怀兼呈张常侍、韦庶子、皇甫郎中》)

(183)寻知乱后尝辞禄，共喜**闲来**得养神。(唐罗隐《得宣州窦尚书书因投寄二首》)

第二例“来”与“后”对文。

圆来

“圆来”组合中，“圆”表由不圆到圆，故当定性为动词，“圆来”指自月变圆时起往后延续的时段，如：

(184)阳春唱后应无曲，明月**圆来**别是珠。(唐黄滔《酬杨学士》)

此例“来”“后”对文。

文献中动词与“来”构成的相类组合还有很多，如“嗔来、穿来、炊来、浮来、忆来、雨来、照来”等,“来”多与“后”对应使用,组合用例均表自某一动作发生之时起往后延续的时段。

梁银峰(2009:414)指出:

> 志村良治(1995:74)曾经注意到,“来”从六朝初期开始显示出词尾惯用倾向,但他把“来”看作副词词尾,而且把它与由谓词性“X”构成的“X来”混在一起讨论(如“悲来”、“忧来”、“老来”、“乱来”、“归来”、“别来”等),这显然是不可取的。

从上述动词用例分析可以看到,谓词性语素与“来”构成的组合与时间词与“来”构成的组合性质上并无根本区别:“来”都来自表时间的“以来”,构成的组合均表某一时段,故将二者结合起来讨论并无问题。

四、诸家所举有另外来源的几个“～来”

学者们在例举附加式“～来”时,还举有“将来”“当来”“方来”“由来”“都来”等组合,它们另有来源,与上文所讨论的“来”不同。

将来

(185)演之曰:“身昔为州职,诣领军谢晦,宾主坐处,政如今日。卿**将来**或复如此也。”(《南齐书·文学传·丘灵鞠》;[2]294)

“将来”由偏正短语发展而来,最初为将要来到义,如:

(186)君之止,子之罪也。今君**将来**,子何俟?(《国语·晋语三》)

(187)二三子引车避,有人**将来**,必相我者也,志之。(《韩诗外传》卷九)

当它作定语时,意义整体化,如:

(188)又况乎干有国之纪,而使**将来**者妄举措哉!(东晋袁宏《后汉纪》卷一三)

此例中的“将来”可解作将要来到,也可以解作未来义。

(189)奈何距以来厌之辞,疏以无日之期,消往昔之恩,开**将来**之隙!

(《汉书·匈奴传》)

(190)纳雄桀之士,询忠智之谋,要**将来**之心,待从横之变。(《后汉书·冯衍传》)

第一例"将来"与"往昔"对应,它与现代表时间的"将来"已没有区别,但它与词组"将来"的关系还是很明显。第二例中的"将来"亦当看作一个词。

"方""当"均有将义,"方来""当来"与"将来"义同,它们的构造方式亦同,相关文例可明显感知:

当来①

(191)过去**当来**今现在佛天中天,皆为人中尊,悉于其中作佛,甫当复出索佛道者,皆当于其中得佛道。(东汉支娄迦谶译《道行般若经》卷二;[2]294)

(192)只要**当来**圆佛果,不辞今日受艰辛。(《敦煌变文集·妙法莲华经讲经文》;[2]294)

方来

(193)箕子、孔子,并睹未有,所由见**方来**者,贤圣同也。(《论衡》卷二六;[2]294)

(194)(王孙圣)博学彊识,通于**方来**之事,可占大王所梦。(东汉袁康《越绝书·外传记吴王占梦》)

(195)向使因设外戚之禁,编著甲令,改正后妃之制,贻厥**方来**,岂不休哉!(《后汉书·皇后纪序》)

由来

(196)王子敬病笃,道家上章应首过,问子敬:"**由来**有何异同得失?"(《世说新语·德行》39条;[2]293)

(197)计临贺故不应翻覆言语,自生寒热也。此姥**由来**挟两端,难可

① 梁银峰(2009:413)将"当来"看作副词性语素与词缀"来"的搭配,而将"将来"看作偏正短语融合而来(2009:418),似可商榷。何亮(2015:117—118)将"当来"与"将来"归为一类,甚当。

孤保，正尔自问临贺，冀得审实也。（《宋书·二凶传》；[2]293）

“由来”“从来”的来源有诸多学者讨论，匡鹏飞（2010）认为“从来”由“从……来”缩略而来，陈昌来等（2010）则认为由“所由来”“所从来”省缩而来。我们赞同陈昌来的观点，陈文论之甚详，此不赘。

都来

(198)其数**都来**多少？经：千二百五十人俱。（《敦煌变文集·佛说阿弥陀经讲经文》；[2]294）

(199)一切时中莫乱斟酌，会与不会**都来**是错。（唐慧然《镇州临济慧照禅师语录》；[2]294）

“都来”与前所举表时间的“来”的搭配有明显不同，看不出二者之间的联系，而梁银峰（2009：413—414）将它与表时间的“古来”类组合看作同一类别，缺乏依据。

我们以为“都来”当由表汇总义的动词“都”与表趋向的“来”组合而成，请看以下用例：

(200)百岁**都来**多几日，不堪相别又伤春。（唐罗隐《送顾云下第》）

(201)五言五百篇，七字七十九。三字二十一，**都来**六百首。（《寒山诗》270首；[21]418）

(202)七十去百岁，**都来**三十春。（唐齐己《七十作》）

(203)一电光，何太疾，百年**都来**三万日。（唐吕岩《寄白龙洞刘道人》）

上举用例“都来”带有明显的动词性，犹汇总起来，上举例（198）亦为此种用法。梁银峰（2009：419—420）谈及“想来”“算来”类词的形成途径，“都来”与“算来”相近，其形成途径亦当同，可参看。

当“都来”用于动词前时，它的动词性变弱，逐渐发展为副词性成分，意义上仍有汇集起来义，如：

(204)所以道声前抛不出，句后不藏形。尽乾坤**都来**是你当人个体，向什处安眼耳鼻舌？（《祖堂集》卷九）

(205)尽十方世界**都来**是金刚不坏之体,唯怕牯羊角。(《祖堂集》卷十;[22]418)

此二例“都来”前有“尽乾坤”“尽十方世界”,二者即为“都来”之对象,例(199)用法相同。此类用法的“都来”可用“总体说来”对译,亦可直接译作“都”,基于其来源,将“来”看作词缀并不合适。

(206)日日**都来**总不织,夜夜调机告吉祥。(《敦煌变文校注·董永变文》;[1]214)

这个用例需要注意,从文义及前后句对应看,“来”当为动词,来到义,“都来”的这种用法文献用例很多,需要加以鉴别。

总来

(207)父、阿娘、眷属,远近邻舍,**总来**惊讶,曰:“不可思议。这个儿子养来到十六,并不曾见他语话,又不曾见他过门前桥。”(《祖堂集》卷三)

浑来

(208)师云:“汝**浑来**不肯。或有人问,汝作摩生对?”(《祖堂集》卷七)

上举用法的“总来”“浑来”用例极少,缺少独立发展的文献脉络,看作“都来”的模仿更加合适。

忆来

(209)咫尺画堂深似海,**忆来**唯把旧书看,几时携手入长安?(唐韦庄《浣溪沙》;[1]214)

此“忆来”与动词搭配“来”表自某一时点往后延续时段的用法不同,其结构当为动词与表趋向的“来”搭配,可参梁银峰(2009:419—420)。

赋来

(210)**赋来**诗句无闲语,老去官班未在朝。(唐张籍《赠王秘书》;[1]214)

此例“来”亦非表时间的用法，“来”置于动词“赋”后表结果，“赋来”犹“赋得”。

聿来

(211)束发好怡衎，弱冠颇流薄。素想终勿倾，**聿来**果丘壑。(南朝宋孝武帝刘骏《游覆舟山》;[2]294)

(212)**聿来**岁序暄，轻云出东岑。(南朝宋王僧达《答颜延年》;[2]294)

王云路先生释“聿来”为近来，并将其定性为附加式双音词，但不够确定。我们以为二例“聿来”当为《诗经》“爰及姜女，聿来胥宇”的模仿，“聿”为语气词，“来”为动词来到义。

另蒋宗许(2009:213—215)还举了一些元代之后的“～来”组合，如“特来”“怎生来”“约来”“一来”①等，这些“来”或与上古汉语中即已存在的语助词“来”有关，与表时间的“来”性质不同。

五、表时间的“～来”组合中“来”的性质

双音“～来”组合具有一般词语所要求的双音形式，且很多组合用例较多，同时，“来”与名词、代词、动词组合表时间还具有类推能力。另外，与“以来”组合相比，双音“～来”组合除了表自过去延续至现在的时段，还有很多表未延续至今的时段。特别是当“～”为表时段的时间词，而“～来”所延续的时段正好与“～”所表时段重合时，“～来”可用“～”解释，“来”似乎不再表义。“～来”组合的这些特点与附加式有一定的相似性，这可能是学界将“来”定性为词缀的主要依据。

双音“～来”组合确实存在词汇化的倾向，“来”在组合中也确实存在一定的虚化，这在时间名词与“来”的组合中表现得特别明显，但它仍然保留了“以来”的主要功能，表现为：

1.“以来”可与多种成分组合表时间，这些成分有些是表时间的名词，还有很多与时间无关，“来”同样如此。组合中有些“～”为表时间的名词，不用

① 《现代汉语词典》(第7版)“来”义项12将用于数词之后列举理由的“一来”“二来”之“来”看作助词，我们认为较为合理。

“来”亦可表时间,但从上文的分析可以看出,很多情况下,“～来”与“～”所表时间并不一致,这说明“来”并非可有可无的附加成分;由普通名词、代词、动词等与“来”构成的“～来”,与“～”意义明显不同,它们之所以能表时间,正是“来”继承了“以来”表时间往后延续的功能。有争议的是可直接解作“～”的“～来”组合,“来”在这些组合中似乎是可有可无的词缀,但从上文的分析可以知道,这些“～来”仍表时段,只是因为“～”亦可表时段,而且在特定语境中二者正好相合,故可以解作“～”罢了,这些特定用例并不能得出“来”不表义的结论。再说,定性“～来”组合,不能仅根据少数特例,而忽视更多的普通用例。

2.“以来”组合均用以表时段,而不能表时点,“～来”组合同样如此。这可通过“来”与动词的组合加以验证。当动词表可延续的动作时,特定情况下可解作“～时”,如“醉来、渴来、饥来、病来”等;若所表动作不可延续,“～来”在任何情况下均不可解作“～时”,如“死来、亡来”等就不可表死时、亡时。

3.除“今”与“以来”组合可表自今以后的现在和将来,“以来”组合均表过去的某一时段或自过去延续到现在的时段,其终点至迟是现在,不能延续到将来,“～来”组合同样如此。除“今来”可表自今之后的将来外,其他“～来”组合均表过去往后延续的时段,其最晚节点是现在,而无表将来的用法。有学者在谈“～来”组合时,列举了“将来”“方来”等词,这些词与本文所谈的表时间的“～来”来源不同,详见上文。

4.“以来”组合多表自过去某一时点往后延续的时段,“以来”可对译成“以后”,“～来”组合与此相似。当“～”表时点时,“～来”同样表自这一时点往后延续的时段,一般可用“后”对译,上举诸多诗歌用例“来”与“后”对文使用也说明了这一点。

据此,我们认为:表时间的“来”由“以来”缩略而来,它可与多音节成分组合,更常与单音的名词、代词、形容词、动词组合构成表时段的双音结构。与多音节成分的组合,因提供的语义信息较多,且与“以来”组合形式更接近,“来”与“以来”的关系比较明确;与单音节成分的组合,因形式上更接近词语,且单音成分提供的语义信息有限,再加上多用于韵文,且所表时段未延续至今的情况较多,因而整体性增强,部分掩盖了与“以来”的关系。而事实上,这种“来”仍然保留了“以来”的主要功能,将它定性为词缀并不恰当。

其

蒋宗许先生认为"其"既可作前缀，亦可作后缀。前缀部分，他在例举《诗经》中的用例后指出(2009:113—114)：

> "其"，是"萁"的本字，被借作指代词，这是在先秦的常见意义，进而虚化，或作副词，或作助词。作助词时，有时仅仅作为一个音节成分而或前或后附着于一个表示某种情状的单音词，使该单音词成为一个复音形容词，用以表示某种具体的情状。

后缀部分，蒋文认为(2009:158—159)：

> "其"作后缀，基本上是和一个单音形容词组合成双音词，而后用以表示某种具体的情状，这一点与后缀"然"略同。不过，它与"然"后缀也有一些不同，如前章所论"其"既可作前缀，也可作后缀，而"然"只作后缀，这是它强过"然"的地方。但是，"其"缀的组合范围则相对狭窄，"然"前的词根可以是单音的，也可以是复音的，不仅可以和形容词组合，还可以和动词组合。就典籍中的总体面貌看，"其"后缀的见次率远低于"然"，先秦时仅见于《诗经》，后世并无大的发展，少许的用例大都是先秦用法的袭用与模仿。

蒋文将置于形容词前或后的"其"看作前缀或后缀，认为"其"的功能相当于形容词的重叠，我们不赞同这种观点，以下试加分析。

一、《诗经》中无实义的"其"的用法

蒋先生所说的"其"作词缀的用法源于《诗经》，而《诗经》中无实义的"其"的用法灵活多样，并非仅限于形容词前或后，以下以音步为标准分别例举：

(一)"其"置于形容词前

(1)击鼓**其镗**，踊跃用兵。(《邶风·击鼓》;[1]112)

(2)北风**其凉**，雨雪**其雱**。(《邶风·北风》;[1]112)

(3)北风**其喈**，雨雪**其霏**。(《邶风·北风》;[1]112)

(4)静女**其姝**，俟我于城隅。(《邶风·静女》;[1]112)

(5)静女**其娈**，贻我彤管。(《邶风·静女》;[1]112)

(6)桑之落矣，**其黄**而陨。(《卫风·氓》;[1]113)

(7)有鸟高飞，亦傅于天。彼人之心，于何**其臻**。(《小雅·菀柳》;[1]113)

(8)宾之初筵，温温**其恭**。(《小雅·宾之初筵》;[1]113)

蒋文所举搭配尚有"其濛、其湛、其祁、其紑、其觩、其搜、其明"。

(二)"其"置于动词前

(9)蟋蟀在堂，岁聿**其逝**。今我不乐，日月**其迈**。(《唐风·蟋蟀》)

(10)今者不乐，逝者**其亡**。(《秦风·车邻》)

(11)既见君子，云何**其忧**。(《唐风·扬之水》;[1]112)①

(12)八月**其获**，十月陨萚。(《豳风·七月》)

(13)朝隮于西，崇朝**其雨**。女子有行，远兄弟父母。(《鄘风·蝃蝀》)

(三)"其"置于代词前

(14)谁能执热，逝不以濯？**其何**能淑，载胥及溺。(《大雅·桑柔》)

(15)心之忧矣，**其谁**知之？**其谁**知之，盖亦勿思。(《魏风·园有桃》)

(四)"其"置于语气词前

(16)温温恭人，维德之基。**其维**哲人，告之话言，顺德之行。**其维**愚人，覆谓我僭。(《大雅·抑》)

(五)"其"置于形容词后

(17)絺兮绤兮，**凄其**以风。(《邶风·绿衣》;[1]157)

(18)兄弟不知，**咥其**笑矣。(《卫风·氓》;[1]157)

(19)中谷有蓷，**暵其**干矣。(《王风·中谷有蓷》;[1]157)

(20)有女仳离，**嘅其**叹矣。(《王风·中谷有蓷》;[1]157)

---

① 蒋宗许(2009:112)释"其忧"作忧忧，指忧愁的样子，我们以为"忧"乃动词。

(21)言念君子,**温其**如玉。(《秦风·小戎》;[1]157)

蒋宗许(2009:157)所举此类组合尚有“啜其、浏其、坎其、嘤其、翩其、芸其、肆其、殷其”等。

(六)“其”置于副词后

(22)**终其**永怀,又窘阴雨。(《小雅·正月》)

(23)捷捷幡幡,谋欲谮言。岂不尔受,**既其**女迁。(《小雅·巷伯》)

(24)秋日凄凄,百卉具腓。乱离瘼矣,**爰其**适归。(《小雅·四月》)

(25)**岂其**食鱼,必河之鲂。**岂其**取妻,必齐之姜。(《陈风·衡门》)

(26)降福既多,周公皇祖,**亦其**福女。(《鲁颂·閟宫》)

(七)“其”置于动词后

(27)**出其**东门,有女如云。虽则如云,匪我思存。(《郑风·出其东门》)

(八)“其”置于名词后

(28)萚兮萚兮,**风其**吹女。叔兮伯兮,倡予和女。(《郑风·萚兮》)

(九)“其”置于代词后

(29)扬之水,不流束薪。**彼其**之子,不与我戍申。(《王风·扬之水》)

(30)羔裘晏兮,三英粲兮。**彼其**之子,邦之彦兮。(《郑风·羔裘》)

(31)**何其**处也?必有与也。**何其**久也?必有以也。(《邶风·旄丘》)

(32)不知我者,谓我士也骄。彼人是哉,子曰**何其**?(《魏风·园有桃》)

(33)君子于役,不日不月。**曷其**有佸?(《王风·君子于役》)

(34)维天之命,于穆不已。于乎不显,文王之德之纯。假以溢我,**我其**收之。(《周颂·维天之命》)

(35)伊嘏文王,既右飨之。**我其**夙夜,畏天之威,于时保之。(《周颂·小毖》)

(36)**谁其**尸之?有齐季女。(《召南·采蘋》)

(37)**予其**惩,而毖后患。(《周颂·小毖》)

(十)"其"置于语气词后

(38)君子秉心,**维其**忍之。心之忧矣,涕既陨之。(《小雅·小弁》)

(39)物其多矣,**维其**嘉矣。(《小雅·鱼丽》)

(十一)独立的"其"

(40)无竞维人,四方**其**训之。有觉德行,四国顺之。(《大雅·抑》)

(41)我将我享,维羊维牛,维天**其**右之。(《周颂·我将》)

上举各类"其",有些被学界定性为语气词,而与形容词组合的"其"则被定性为词缀,认为其功能相当于形容词的重叠。事实上形容词表达重叠的描写功能,并不需要重叠或利用其他成分。换句话说,我们无法单从《诗经》中的用例来确定形容词前后的"其"就是词缀,而其他组合中的"其"则性质不同。有些学者在全面考察《诗经》中的"其"的用例之后,提出了不同看法,如李夏树(1981)、周崇谦(1995)、白平(1996)、骆锤炼等(2007)、陈丽敏(2009)等,他们的看法各有特点,鉴于《诗经》的文体特点,我们很难断定谁对谁误。因此纠结于《诗经》中的用例无法解决问题。判断"其"是否为词缀,还需看后代的用例。

二、"其"与形容词搭配在后代文献中的使用情况

我们对"其"的相类用法在后代文献的使用情况作了一些调查,发现这些用例基本限于韵文之中,且大多数仿照《诗经》,如:

(42)善旌弗卷,谏鼓**其镗**。(南朝梁简文帝《大法颂》)

(43)音不衰而得度,响**其镗**而有制。(唐柳宗元《记里鼓赋》)

(44)黄旗翻翻鼓**其镗**,画角呜咽吹斜阳。(南宋陆游《入荣州境》)

(45)若夫岁聿云暮,上天**其凉**。(西晋陆云《寒蝉赋》)

(46)北风何**其凉**,雨雪雰不止。(北宋李廌《史次仲钱子武与余在报恩寺纳凉分题各以姓为韵》)

(47)霰雨驳洒,皓雪其霏。(东晋庾肃之《雪赞》)

(48)汤汤其逝,惟海是造。(东汉王延寿《桐柏庙碑》)

(49)送乐有章,灵轩其逝。(《旧唐书·音乐志三》)

(50)是以隤山厥饶,水贡其获,苴竹浮流,龟鳖碛竹。(西汉扬雄《蜀都赋》)

(51)旷览千古,治乱纷其;旷览四海,民隐难知。(清乾隆《旷览台作歌》;[1]158)

(52)思言君子,温其如玉。(三国魏郭遐叔《赠嵇康》;[1]157)

(53)温其玉润,油然云起。(《洺州南和县澧水石桥碑》)

(54)祥光长赫矣,佳号得温其。(唐王昌龄《四时调玉烛诗》)

(55)温其博雅之资,卓尔纯明之识。(《宋朝大诏令集存》卷三四)

(56)忾其长息,忽不觉生之为重。(《梁书·王僧孺传》)

(57)嗟行伊久,慨其永叹。(西晋曹摅《答赵景猷》;[1]157)

(58)犹豁其流而冰开,殷其响而雷奋。(唐张彦远《法书要录》卷五)

(59)四军齐作,殷其如阜。(唐韩愈《元和圣德诗》)

(60)除坛西郊,坎其击鼓。(《宋史·乐志十二》)

(61)嘤其鸣矣,乱我心曲。(北宋王安石《示道光及安大师》)

(62)翩其反而,互为戎首。(《晋书·刘乔传》)

(63)闻疾驰简,其命未返,翩其讣书,来自番禺。(唐柳宗元《祭万年裴令文》)

(64)顷年事遒尽,容发衰谢,芸其黄矣,零落无时。(北周王褒《与周弘让书》)

(65)卿士庶僚,烂其充庭。(西晋左棻《纳杨后赞》)

(66)神具醉止,烂其容光。(《宋史·乐志十二》)

(67)虽葭莩而拥朱轮,冠盖车马,烂其盈门,盖亦幸耳。(南宋李纲《日者赋》;[1]158)

(68)钦圣若旦暮,怀贤亦凄其。(南朝宋谢灵运《初发石首城》)

(69)凄其零露,疯焉秋草。(北周庾信《伤心赋》)

(70)客有归欤叹,凄其霜露浓。(唐李颀《望秦川》)

(71)忽其解郡印,他人来此居。(唐白居易《题西亭》;[1]157)

(72)**懿其**休风，是煦是吹。父子熙熙，相宁以嬉。(唐柳宗元《贞符》;[1]158)

上举组合属各家所言之附加式，然而从文献用例来看，它们多用于四字句，很多句子直接出自《诗经》，或对《诗经》句式加以改造，基本限于韵文中使用，散文则很少见，这说明此类组合并未真正进入言语层面，它们只是《诗经》原有用法在特定文体中的模仿，将此类“其”定性为词缀说服力不够。另从我们的调查看，“温其”“凄其”的用例较多，且使用较自由，虽然它们仍多用于韵文，但看作词当无问题，只是它们应当定性为典故词，而非附加式合成词。其他大多数组合在使用上都有很大限制，且用例很少，将它们看作能自由运用的词语是困难的。

三、从《楚辞》中的相关用法看“其”的性质

蒋文在举词缀用例时，还举了一些较特殊的“形容词＋其”用例：

(73)故人**凄其**相悲，同祖行于今夕。(东晋陶渊明《自祭文》;[1]157)

(74)微霜**凄其**薄入，凝露**灿其**朝坠。(东晋江逌《述归赋》;[1]157)

(75)旗才转而漂杵，锋未至而骖伤。前锋**纷其**易帜，后骑决其沙囊。(南朝梁简文帝《七励》;[1]157)

(76)窈而深，**廓其**有容；缭而曲，如往而复。(唐韩愈《送李愿归盘谷序》;[1]157)

(77)当天时之晚秋兮，风露**惨其**既至。(北宋张耒《后涉淮赋》;[1]158)

之所以说这类用例特殊，是因为这样的用例在《楚辞》中即有很多，而且可以帮助我们进一步认识此类“其”的性质①。以下举例说明：

(78)雾露蒙蒙其晨降兮，云依斐而承宇。虹霓**纷其**朝霞兮，夕淫淫而淋雨。(《楚辞·哀时命》)

(79)霰雪**纷其**无垠兮，云霏霏而承宇。(《楚辞·九章·涉江》)

---

① 胡朝勋《〈楚辞〉语间“其”字考释》(《古汉语研究》1991年第2期)已对薛恭慕将《楚辞》中置于形容词副词后的“其”定性为后缀予以批驳。

(80)深固难徙，更壹志兮。绿叶素荣，**纷其**可喜兮。(《楚辞·九章·橘颂》)

以上三例都有“纷其”，单看例(80)，似乎与《诗经》中的用法相同，看作词缀没有问题，然而再看例(78)(79)，从前后句的对应可以发现“其”与“而”的功能应当相同，《楚辞》中的更多用例都可说明“其”的性质，如：

(81)燕翩翩**其**辞归兮，蝉寂漠**而**无声。(《楚辞·九辩》)

(82)飘风屯**其**相离兮，帅云霓**而**来御。(《楚辞·离骚》)

(83)岁曶曶**其**若颓兮，时亦冉冉**而**将至。(《楚辞·九章·悲回风》)

(84)白日晼晚**其**将入兮，明月销铄**而**减毁。(《楚辞·九辩》)

(85)秋草荣**其**将实兮，微霜下**而**夜降。(《楚辞·七谏》)

(86)肠纷纭**以**缭转兮，涕渐渐**其**若屑。(《楚辞·九叹·远逝》)

以上用例，“其”都在形容词后，但形容词都是双音节，同时前后两句话形成较整齐的对应，“其”与“以”“而”的作用相当，主要用于前后两部分间，表连接或停顿，事实上这种成分并非必不可少，从某种意义上说，它更多的是为了满足句式对字数的要求。

(87)日月忽**其**不淹兮，春与秋**其**代序。(《楚辞·离骚》)

(88)老冉冉**其**将至兮，恐修名**之**不立。(《楚辞·离骚》)

(89)苟余心**其**端直兮，虽僻远**之**何伤。(《楚辞·九章·涉江》)

(90)命天阍**其**开关兮，排阊阖**而**望予。(《楚辞·远游》)

(91)身被疾**而**不闲兮，心沸热**其**若汤。(《楚辞·七谏》)

以上用例中的“其”与“而”“之”等功能相当，而“其”前后成分的关系有并列，也有主谓。将这些用法的“其”与《诗经》比较可以发现，处于形容词、动词前的“其”前后之间亦多为主谓关系，换句话说“其”的功能完全有可能与《楚辞》中上举用例用法相同。“其”只是用以凑足音节的成分而已。

四、由“其”构成的其他的几个组合

蒋先生还举有另外几个组合，它们同“其”与形容词的组合存在明显差异，以下略加分析：

必其

(92)必其欲得磨勘，请检《山海经》中。(《敦煌变文校注・燕子赋》；[1]158)

(93)何期凤凰不嗔，乃被[多事]鸿鹤责数！你亦未能断事，到头没多词句。必其依有高才，请乞立题诗赋。(《敦煌变文校注・燕子赋》)

例中“必其”表假设，文献少用。“必”与“其”独用均有这种用法，此举“其”之用例：《诗・小雅・小旻》：“谋之其臧，则具是违；谋之不臧，则具是依。”《吕氏春秋・慎势》：“汤其无郼，武其无岐，贤虽十全，不能成功。”《敦煌变文集・搜神记变文》：“安曰：‘此怪大恶！君须急速还家，去舍三里，披发大哭。’其家人大小闻哭声，并悉惊怖，一时走出往看。合家出后，四合瓦舍忽然崩落。其不出者，合家总死。”基于此，不能排除“必其”同义复合的可能性。

说其、有其

(94)有一群贼，姓白名庄，说其此人，少年好勇。(《敦煌变文校注・庐山远公话》；[1]158)

(95)未审国相之家，儿女有其多少？(《敦煌变文校注・降魔变文》；[1]158)

此二例为“动词＋其＋宾语”句式，这种句式，“其”通常与后面的宾语搭配，起限制作用，但上举二例中，“其”与“此人”“多少”似乎无法搭配，将其定性为动词后缀，或许是这种原因。然而，全面考察敦煌变文中“其”的用法，或许会得出不同结论，我们看下面这个用例：

(96)是时夫人诞生太子已了，无人扶接。其此太子东西南北各行七步，莲花捧足。(《敦煌变文集新书・太子成道经》)

句中“其此太子”亦与今之搭配习惯不符，但“其”显然无法定性为词缀。再看下面这段文字：

(97)是时夫人诞生太子已了，无人扶接。[其此太子]，东西南北，各行七步，莲花捧足。其太子便乃一手指天，一手指地，口云道：“天上天下，唯我独尊。”大王闻之，非常惊讶，我是金轮王，王四天下……忽有一仙人向前揭榜，云称："我善能解相。"大王闻说，即诏相师，号名阿斯陀仙人。**其仙人**蒙诏，直至殿前。大王**告其仙人**曰："朕生一子，与世间不同，有殊异相，不委是凡，不委是圣？请愿仙者，与朕相之。"遂令宫人**抱其太子**，度与仙人，**其仙人**抱得太子，悲泣流泪。大王见仙人雨泪，便问仙者："朕生贵子，欢喜非常，仙人悲泣，有何事也？"**其仙人**答曰："大王乞不怪怒，缘此孩子先证无上菩提之时，我不遇逢，所以悲泣。"(《敦煌变文集新书·太子成道经》)

这段话中的"其"按照汉语习惯，很多都显多余，如"告其仙人""抱其太子"，"其"似乎可看作动词后缀，然而对照上下文之"其仙人""其太子"用例，可以发现，"其"仍当看作指示代词。

敦煌变文中"其"的这种搭配十分常见，据此，我们认为蒋文所举用例中的"其"当为指示代词，而非动词后缀。

尤其、极其

(98)建安自古多俊髦，徐子磊落**尤其**豪。(北宋秦观《徐得之闲轩》；[1]158)

(99)也是被他炼得气清，皮肤之内，肉骨皆已融化为气。其气又**极其**轻清，所以有飞升脱化之说。(《朱子语类》卷六三；[1]158)

蒋文将二词定性为以"其"为后缀的附加式，并将它们与《诗经》中的用法结合起来。事实上，这两个词是由跨层组合逐渐融合而成，因此不能与《诗经》以及沿用《诗经》用例的用法相等同，也不应当看作词缀。二词的成词过程可参张振羽(2009)，二词的性质可参看前文"乎"条下的论述。

更其

(100)浙东的吏治，比起那浙西来**更其**不如。(清李伯元《官场现形记》一三回；[1]158)

"更其"乃更加义，这个词产生于清代，主要用于通俗小说中，它与"其"的其他用法看不出多少联系，来源不清，考虑到明清小说用词用字的复杂性，考虑到这个词的个案特性，我们认为将其定性为词缀证据不足。

切

“切”作后缀的用法，首先由朱庆之先生(1992:144—146)揭示，蒋宗许先生(2009:204—206)重加申明，并举了14个例证，他同时认为(2009:206)：

> “切”作后缀，似只见于中古文献中，其原因是受汉译佛典影响使然。中古而后便不再有。

仔细分析诸家所举文例，考察“切”在文献中的使用情况，并系联同类组合，我们认为诸家所举“切”的组合并非附加式，而且同类组合并不限于中古文献，更谈不上受汉译佛典的影响。以下依据蒋文所举文例，依据组合意义分类分析。

蒋文所举14个例证，共有11个组合，一类为动词，包括“催切、逼切、感切$_1$①”；一类为形容词，包括“恻切、悲切、酸切、苦切$_1$②、苦切$_2$、感切$_2$、隐切、贫切、抽切”。“切”在这些组合中根据意义的不同可分为六类，以下逐一分析。

一、“切”之迫、近义及相关争议用例

(一)“切”有迫、近义，“逼”“催”与之同义

“切”有迫、近义，《广韵·屑韵》：“切，近也，迫也。”唐慧琳《一切经音义》卷二七：“切已，《广雅》切，近，又亦迫也。”《后汉书·襄楷传》：“今年岁星久守太微，逆行西至掖门，还切执法。”李贤注：“切谓迫近也。”“逼”与“切”义同，《说文新附·辵部》：“逼，近也。”《尔雅·释言》：“逼，迫也。”“催”亦有逼迫义，《玉篇·人部》：“催，迫也。”《广韵·灰韵》：“催，迫也。”“切”“逼”“催”三词与“迫”同义，四词两两组合，构成“逼切、切逼、催切、迫切、切迫、逼迫、迫逼、逼催、催逼、催迫、迫催”等同义复合结构，表逼迫义。其中“逼迫、迫逼、逼催、催逼、催迫、迫催”作为同义复合结构当无疑义，且《大词典》多已收录，本文不作

① 蒋文所举“感切”有两个义项，一表感化，本文以“感切$_1$”表示；一表悲伤，本文以“感切$_2$”表示。

② 蒋文所举“苦切”有两个义项，一表痛苦，本文以“苦切$_1$”表示；一表恳切率直，本文以“苦切$_2$”表示。

讨论，以下着重探讨诸家所举与“切”相关的几个组合。

(二)诸家所举此类用例辨析

逼切

(1)又于毛孔，出生一切妙色身云，割截手足及诸支体，捶打**逼切**，呵责恶骂。（西秦圣坚译《佛说罗摩伽经》卷下；[3]145）

(2)外道自言是婆罗门而**逼切**他，所以者何？为祠祀故，杀牛羊水牛及余种种众生。佛作是说：“若**逼切**众生，不名婆罗门。”（北凉佛陀跋摩共道泰译《阿毗昙毗婆沙论》卷四十；[3]145；[1]205）

(3)正欲道实，恐畏不是。正欲不道，复为诸女，**逼切**使语。（三国吴支谦《撰集百缘经》卷八）

(4)诏书**逼切**，不得已，解巾之郡。（《后汉书·韦著传》）

(5)粲素静退，每有朝命，多不即从，**逼切**不得已，然后方就。（《宋书·袁粲传》）

此五例为逼迫义。

(6)其后命终，堕饿鬼中，常为饥渴所见**逼切**。（三国吴支谦译《撰集百缘经》卷五；[3]144；[1]204）

(7)时世诸人民，饥饿所**逼切**。（后秦鸠摩罗什译《佛藏经》卷下；[3]144）

此二例可解作“折磨”，此义当为逼迫义之引申。“逼切”还有倒序组合“切逼”，如：

(8)我自谓重彼不极，邂逅有急相**切逼**，窜于针孔以自匿。（西晋傅咸《小语赋》）

(9)大司马臣德文及王妃公主，情计**切逼**，并狼狈请命。（《宋书·武帝本纪中》）

(10)若有众生为无量亿种种诸苦恼、饥渴**切逼**，有称地藏菩萨名者，悉能令彼饮食充足，灭诸苦恼，置涅盘道，皆得快乐。（失译《大方广十轮经》卷一）

(11)有斯三义**切逼**身心,得无憔悴也。(唐善导集记《观经序分义》卷二)

上举用例中“切”易被理解成表程度的副词,然而和上举“逼切”用例比较,并无不同。另外,唐释道世《法苑珠林》卷五四中的一处异文也可证实“切逼”与“逼切”的关系:“一人百千年,万亿苦切逼。”例中“切逼”,宫内省图书寮本作“逼切”。

催切

(12)诸债主辈,竞见剥脱,日夜**催切**,忧心不释。(北魏慧觉等译《贤愚经》卷一〇;[3]145)

(13)贫穷负债,债主剥夺,日夜**催切**,天地虽旷,容身无处,故避此苦。(南朝梁宝唱《经律异相》卷一三;[3]145;[1]205)

“催切”的用例较少,此再举几例:

(14)自赤溪至故市,内以围阐,外以御寇,昼夜**催切**,如敌以至,众甚苦之。(《三国志·吴书·陆抗传》)

《资治通鉴·晋纪一》亦有此文,胡三省注:“切,迫也。”

(15)是诸魔众,互相**催切**,各尽威力,摧破菩萨。(南朝宋求那跋陀罗译《过去现在因果经》卷三)

(16)允持疑不为,频诏**催切**,允乞更一见,然后为诏。(《北史·高允传》)

文献中未见同义倒序组合“切催”的使用。

迫切

(17)一切诸阴起,三相所**迫切**。(东晋佛陀跋陀罗译《达摩多罗禅经》卷上;[3]145)

(18)以三者揆之,殆非人情,疑有所**迫切**,过误失言,文吏蹑寻,不得转移。(《汉书·文三王传》)

(19)后安帝亲谗,废免邓氏,令郡县**迫切**,死者八九人,家至破坏。(《后汉书·五行志》)

此三例可解作逼迫。

(20)况知咸给事中,恐为司隶举奏宣,而公令明等**迫切**宫阙,要遮创戮近臣于大道人众中。(《汉书·薛宣传》)

此例为逼近义。

(21)病者,众痛**迫切**,存亡无期,故曰病也。(后秦佛陀耶舍共竺佛念译《佛说长阿含经》卷一;[3]145)

(22)予处穷困,饥寒**迫切**,无可奈何。(南宋沈作喆《寓简》卷二)

此二例可解作折磨。

"迫切"还可作形容词,表紧急,一直沿用至今。

(23)广汉知事**迫切**,遂自将吏卒突入丞相府,召其夫人跪庭下受辞,收奴婢十余人去,责以杀婢事。(《汉书·赵广汉传》)

(24)而州县督输,星火**迫切**。(《新唐书·张廷珪传》)

(25)这是对敌斗争的政治大攻势,同时也是消除隐患、保卫胜利果实的**迫切**行动。(陈残云《山谷风烟》第三一章)

表紧急的"迫切"由表紧急义的"迫""切"组合而成,虽然与表逼迫义的动词"迫切"有别,但二者的联系还是很明显。

朱庆之先生(1992:145)在谈及用于动词、形容词后扩充音节的"切"时,举有"迫切"用例,而蒋文则删去之,并在文中提到(2009:205):

切,《说文·刀部》:"刌也。"其义指用刀断物,引申指迫切、一切、恳切、深切、确切等等。

由此可见,他认为"迫切"一词中"切"并非词缀。遗憾的是,蒋文未将"迫切"与"逼切""催切"联系起来加以类比,否则便不会得出"逼切""催切"为附加式的结论。

"迫切"同样有同义倒序组合"切迫":

(26)身生诸苦受,逼迫乃至死。……能舍身诸受,身所生苦恼,**切迫**乃至死。(南朝宋求那跋陀罗译《杂阿含经》卷一七)

(27)或从胁肋探其内藏而取食之，苦痛**切迫**，啼哭号呼。(《杂阿含经》卷一九)

此二例与表折磨义的“逼切”用法相同。

(28)将战，尚召治中别驾曰：“今后无转输，前有强敌，吏士捷获已多，缓之则不肯力战，急之则事情**切迫**，潜有逃窜。”(东晋袁宏《后汉纪》卷二二)

(29)比称提楮币，州县奉行**切迫**，故因坐减陌被估籍者众，乞与给还。(《宋史·黄畴若传》)

此二例为紧急义。

“切”与“逼”“催”“迫”在迫、近义上同义，组合构成“逼切、催切、迫切”，与单用时意义相同，且“逼切”“迫切”还有同义的倒序组合，这些都说明“逼切、催切、迫切”实为同义复合结构，而非以“切”为后缀的附加式合成词。

二、“切”之批评、指责义及相关争议用例

(一)“切”有批评、指责义

“切”有责义，《论语·子路》“切切偲偲”，刘宝楠正义：“凡以物相摩谓之切，故切有责训。”《史记·三王世家》：“陛下让文武，躬自切，及皇子未教。”《后汉书·陈忠传》：“时三府任轻，机事专委尚书，而灾眚变咎，辄切免公台。”李贤注：“切，责也。”“切”的这一义项与相近或相关语素构成众多组合，其义或轻或重，轻者接近于劝戒，重者则近于责备。如：

讥切

(30)福孤远，又**讥切**王氏，故终不见纳。(《汉书·梅福传》)

(31)宫掖不急之费，大存减省，左右纵恣之徒，必加禁约，数**讥切**宠要，献替帷扆。(《北齐书·张雕传》)

(32)绍圣、元符间，拓地进筑而敛不及民，熙丰旧人矜伐其美。然陈瓘**讥切**曾布，以为转天下之积耗之西边，邦本自此拨矣。(南宋叶适《上宁宗皇帝札子》之三)

(33)编修洪亮吉上书永理，**讥切**朝政，永理上闻，上治亮吉罪。(《清

史稿·成哲亲王永理传》)

此数例“讥切”乃劝谏义。

指切

(34)骃为主簿,前后奏记数十,**指切**长短,宪不能容。(《后汉书·崔骃传》)

(35)应制之岁,李吉甫为宰相当国,宗闵、僧孺对策,**指切**时政之失,言甚鲠直,无所回避。(《旧唐书·李宗闵传》)

(36)公奋不顾身,**指切**时事。(明归有光《〈玉岩先生文集〉序》)

句中“指切”犹指责。

刺切

(37)方其在布衣之中,已有经天下之志,对嘉祐之问,则**刺切**明主;议熙宁之法,则违逆权臣,人之所难,行而甚易。(北宋陈师道《代贺门下苏侍郎启》)

(38)孤僻负气,讥诃古今,人必**刺切**,径情伤物,以是吴人訾之。(清李光地《榕村集》卷三三)

“刺切”犹讽谏。《大词典》释作“恳切讽谏”,误解了“切”之义。

训切

(39)但存方寸地,留与子孙耕。余孩稚时,闻田野传诵,已识其趣;出游四方,所至闾巷无不道此相**训切**。(南宋叶适《留耕堂记》)

(40)昨在西湖书院,见诸生有不衣冠上堂者,严**训切**之,盖士习之轻侻罢浮久矣。(清卢文弨《抱经堂文集》卷一九)

“训切”犹训责、训戒。《大词典》释作“恳切训勉”,同样未明“切”之义。

同类组合尚有“讦切、箴切、督切、讽切、诋切、规切、谏切、究切”等,有些产生于中古,有些产生于近代。

(二)诸家所举此类用例辨析

感切$_1$

(41)先主愍其若斯,群僚大会,使倡家假为二子之容,效其讼阋之状,酒酣乐作,以为嬉戏,初以辞义相难,终以刀杖相屈,用**感切**之。(《三国志·蜀书·许慈传》;[1]204)

从文义可知,先主以倡家演戏,就是为了达到触动进而劝责的目的,例中的"感切"乃触动劝责义,为相关义的组合,比较松散,用例较少("感切"多表感伤,见下文"感切$_2$")。

动切

(42)道里中某子某弟成坏近事,曰:"此我所知也。"又逆论其远者,数为危语以**动切**之。(南宋叶适《故太硕人臧氏墓志铭》)

"动切"与"感切$_1$"同义,用例同样很少。

三、"切"之悲伤义及相关争议用例

(一)"切"有悲伤义

"切"之悲伤义,《大字典》、《大词典》已收,文献中的用例也可证实这一点。南朝梁萧纲《叙南康简王薨上东宫启》:"岂谓不幸,独隔昭世,异林有悲,飞鸣斯切。"《北史·列女传》:"既而上表求哀,词情甚切,上愍然为之改容。"唐骆宾王《夏日游德州赠高四》:"泣魏伤吴起,思赵切廉颇。"唐孟郊《闻砧》:"杜鹃声不哀,断猿啼不切。"唐王维《过始皇墓》:"更闻松韵切,疑是大夫哀。"唐刘禹锡《答杨八敬之绝句》:"饱霜孤竹声偏切,带火焦桐韵本悲。"唐段成式《酉阳杂俎》卷一五:"魅哀祈,声甚切,惠恪呼家人斫之。"上举用例语境都能明确揭示"切"之义。

"切"的这一义项当来自"切切"。《诗经·桧风·素冠》"我心蕴结兮",毛传:"援琴而弦,切切而哀作。"西汉刘向《说苑》卷一九:"闵子三年丧毕,见孔子,孔子与之琴,使之弦,切切而悲。"东汉蔡邕《济北相崔君夫人诔》:"切切丧主,瘠羸衰哀。"南朝梁江淹《伤爱子赋》:"形惸惸而外施,心切切而内圮。"唐崔融《韦长史挽词》:"冥冥多苦雾,切切有悲风。"唐林楚翘《相府莲》:"夜闻邻妇泣，切切有余哀。”南宋柴元彪《水龙吟》：“有哀雁声声，愁蛩切切，悄悄地、听人语。”“切切”原用以描绘声音的悲凄，进而引申泛指悲凄貌。与上举“切”的用例作一比较，可以发现，“切”与“切切”的使用语境大致相同，二者的关系显而易见。

表此义的“切”多与表悲哀义的语素组合，构成复合词，如：

凄切

(43)管声已流悦，弦声复**凄切**。(南朝梁何逊《日夕望江山赠鱼司马》)

此例中“凄切”乃悲凄义，与上举《说苑》中表琴声的“切切”用法相同。

(44)家人于手中得胡书，读云：“在地下常受诸罪，不得托生，可为造经相救。”词甚**凄切**。(唐戴孚《广异记·阿六》)

(45)归去转**凄切**，这生死深恩要唧结。(明梁辰鱼《浣纱记·得赦》)

“凄切”的性质可从以下用例看出，

(46)横笛短箫**凄复切**，谁知柏梁声不绝。(南朝陈江总《梅花落》)

(47)星汉纵复斜，风霜**凄已切**。(《太平广记》卷三二六)

(48)五弦并奏君试听，**凄凄切切**复铮铮。(唐白居易《五弦弹》)

(49)**凄凄还切切**，戍客多离别。(唐长孙佐辅《横吹曲辞·关山月》)

(50)其初**切切凄凄**，或高或低，乍似玉女调玉笙，众管参差而不齐。(北宋欧阳修《鬼车》)

(51)君不见丝上繁音枝上月，**切切凄凄**无尽时。(清姚光烈《聘时罗》)

“凄”与“切”可分开、可重叠，重叠后还可倒序，由此可见，“凄切”当为并列式组合。

哀切

(52)凤惧，称病就第。乃上书乞骸骨，辞旨甚**哀切**。(东汉荀悦《汉纪》卷二五)

(53)花笺五幅，皆无双真迹，词理**哀切**，叙述周尽。(唐薛调《无双传》)

(54)又滕昙恭年五岁，母杨氏患热，思食寒瓜，土俗所不产，昙恭衔悲**哀切**。(明胡应麟《少室山房笔丛·史书占毕五》)

(55)倾吐**哀切**沉痛的情怀，一般宜用音调迫促低沉的韵辙。(李元洛《谈诗歌的韵律》)

“哀切”乃悲哀义。可分开使用，还有重叠用法，如：

(56)《九歌》哀而艳，《九章》**哀而切**。(清沈德潜《说诗晬语》卷上)

(57)说着，泪流满面，吩咐张华，买办祭物，并香烛纸马之类，自己又**哀哀切切**的，做了一篇祭文。(清李百川《绿野仙踪》第五九回)

(58)琴仙于是**哀哀切切**写了几封信与子玉、子云、蕙芳诸人，要他们专人来接他回去。(清陈森《品花宝鉴》第五九回)

怨切

(59)厥后以乱离隔绝，有人自西川传得者，无由知，但呼为《剑南神曲》。其音**怨切**，诸曲莫比。(唐窦弘余《〈广谪仙怨〉序》)

(60)思温因求其异，随而正之，声韵涵古，又多**怨切**，时人莫之闻也。(《太平广记》卷一四九)

“怨切”乃悲切义。也有“切”置于前一语素者，如：

切怛

(61)父系三年，中心**切怛**，食不甘味，尝苦饥渴，昼夜感思，忧父不活。(东汉赵晔《吴越春秋·王僚使公子光传》)

(62)逢天之戚，不获延祚，痛心绝望，**切怛**永慕。(东汉蔡邕《陈留太守胡公碑》)

(63)云顿首顿首：哀怀**切怛**，贤弟永曜，早丧俊德，酷痛甚痛，奈何！(西晋陆云《吊陈永长书》)

“切怛”还有倒序形式“怛切”，如：

(64)爰暨门人,相与叹述君德,追痛不永,**怛切**情憀,无不永怀。(东汉蔡邕《东留太守胡硕碑》)

切伤

(65)睹斯兮嫉贼,心为兮**切伤**。(《楚辞·九思》)

(66)意中**切伤**,忧悲楚也。(《楚辞·九怀》"心怆怆兮自怜"王逸注)

(67)天不憖遗一老,永保余一人,早世潜神,哀悼**切伤**。(东晋袁宏《后汉纪》卷三〇)

"切伤"亦有倒序形式"伤切":

(68)司空薨,痛悼不能去心。又得表草,虽在危困,不忘王室。尽忠忧国,省益**伤切**。(西晋司马炎《省录裴秀表草诏》)

(69)及葬,后主自制志铭,辞情**伤切**。卒章曰:"嗟乎!天不与善,歼我良臣。"(《陈书·司马申传》)

另:例(67)《三国志·魏书·文帝纪》裴松之注引"切伤"作"伤切"。

切痛

(70)言已独处山野,块然守此山曲,心为**切痛**,长叹而已。(《楚辞·哀时命》"块独守此曲隅兮,然欿切而永叹"王逸注)

(71)贤愚**切痛**,海内伤惧。(《后汉书·黄琼传》)

(72)怀愤激以**切痛**,苦回忍之在心。(三国魏曹植《九愁赋》)

"切痛"亦有倒序形式"痛切":

(73)尚书令唐林上疏曰:"窃见免大司空丹策书,泰深**痛切**。君子作文,为贤者讳。"(《汉书·师丹传》)

(74)譬如有人新丧父母,深生**痛切**。(唐玄奘译《大般若波罗蜜多经》卷三四八)

以上用例表感情上的悲痛。

(75)其日,便得胸腹**痛切**,妨损饮食,大用羸露,攻治万端,不为愈。

（东汉应劭《风俗通义》卷九）

（76）我等今时，诸苦逼身，**痛切**难堪。（唐义净译《根本说一切有部毘奈耶杂事》卷九）

此为身体上的痛苦。

置于前一语素的此类组合，“切”常被理解为修饰后一语素的程度副词，如《大词典》收“切怛”释作“深切悲伤”，收“切痛”，释作“极为伤痛”。我们并不否认“切”在诸多与动词、形容词的组合中表程度，特别是魏晋之后表现得尤为明显，但就上举文例而言，似不当如此处理，这从各组合与其倒序形式及其他相类组合的用例比较可以看出，而王逸注以“切伤”对释“怆怆”，以“切痛”释“欷切”，“切伤”有异文作“伤切”，更是有力佐证。

同类组合尚有“楚切、恓切、惨切、戚切、欷切、悄切、恸切、惋切、咽切、痌切”等。

(二)诸家所举此类用例辨析

恻切

（77）牧马于路，役车低昂，怆恨**恻切**，我独西行。（东汉刘桢《遂志赋》；[1]204）

（78）心**恻切**以兴思，思有感于圣明。（西晋傅咸《桑树赋》）

（79）长悲离短意，**恻切**吟空庭。（南朝梁江淹《伤内弟刘常侍》）

（80）即有慈母含哀，友兄抱痛，发愤请命，词旨**恻切**，则如之何？（明陈绛《金罍子》卷一一）

“恻”有忧伤义，《说文・心部》：“恻，痛也。”《广雅・释诂三》：“恻，悲也。”“恻切”与上举各组合性质及意义均相同，只是用例较少，如例（80），“词旨恻切”与上举“词旨哀切”用法完全相同。“恻切”亦有倒序形式“切恻”，如：

（81）名实相副，有始有卒。□□人善，痛兮**切恻**。（《全后汉文・堂邑令费凤碑》）

（82）省己**切恻**，不论彼非。习离恶友，远逆良善。（西晋竺法护译《佛说弘道广显三昧经》卷一）

此二例“切恻”与“恻切”语义完全相同。

悲切

(83)凭上书……辞甚**悲切**,上恻然感寤。(东晋袁宏《后汉纪》卷一四;[1]205)

(84)仲举与赵郡李概交款,概死,仲举因至其宅,为五言诗十六韵以伤之,词甚**悲切**,世称其美。(《北齐书·荀仲举传》)

(85)他见了太守,想着平日知重之恩,越哭得**悲切**起来。(明凌濛初《初刻拍案惊奇》卷三〇)

(86)古巷蛩吟,小窗雁语,触景成**悲切**。(清陈维崧《念奴娇·十四夜对月同王阮亭员外》)

“悲切”乃悲伤义。与“凄切”一样,“悲”“切”也可分开,可重叠,重叠后还可倒序,如:

(87)又云:古诗其源出于《国风》,陆机所拟十二首,文温以丽,意**悲而切**,惊心动魂,几于一字千金。(南宋何溪汶《竹庄诗话》卷三)

(88)你待散时我不散,**悲悲切切**男儿汉。(元关汉卿《包待制智斩鲁斋郎》)

(89)跟着他入牢内,使尽我这贼见识。哭哭啼啼,**切切悲悲**。(元高文秀《黑旋风双献功》第三折)

酸切

(90)时诸释女宛转,无复手足,悲号**酸切**,苦毒缠身。(失译《大方便佛报恩经》卷五;[3]145;[1]205)

(91)盖出罔已之悲,以陈**酸切**之事。(南朝宋谢灵运《宋庐陵王诔》)

(92)募出周遍,无有应者,时王忧愁,**酸切**恳恻。(北魏慧觉等译《贤愚经》卷一;[3]145)

(93)及后主薨,后自为哀辞,文甚**酸切**。(《陈书·后主沈皇后传》)

(94)督师览书恸哭,作字安慰,极其**酸切**。(明蒙正发《三湘从事录》)

“酸”有悲伤义,西晋陆机《感时赋》:“矧余情之含瘁,恒睹物而增酸。”

《文选·颜延之〈宋文皇帝元皇后哀策文〉》："遥酸紫盖，眇泣素轩。"张铣注："酸，悲也。"唐韩愈《贺册尊号表》："衔酸抱痛，且耻且惭。""酸切"亦为同义复合，悲哀义，在佛典及中土文献中均有较多用例。"酸切"亦有重叠用例，如：

(95)是谁呵，**酸酸切切**，向俺耳边呼。（明孟称舜《柳枝集》）

感切$_2$

(96)顾瞻情**感切**，恻怆心哀伤。（《文选·枣道彦〈杂诗〉》）

(97)时贤者阿难，闻说是语，悲悼愦闷，益增**感切**。（北魏慧觉等译《贤愚经》卷六；[3]145；[1]205）

(98)尔时一切诸来大众，天龙药叉健达缚人非人等，皆从座起，顶礼佛足，悲号**感切**，涕泪交流。（唐玄奘译《大乘大集地藏十轮经》卷七）

(99)尚书正为女儿骸骨无寻，又且女婿将到，伤痛无奈，忽见裴家苍头有书到，愈加**感切**。（明凌濛初《初刻拍案惊奇》卷五）

"感"亦有悲伤义，《广雅·释诂二》："感，伤也。"《文选·张衡〈东京赋〉》："蒸蒸之心，感物曾思。"李善注引《广雅》曰："感，伤也。""感切"组合同样表悲伤义，佛典及中土文献中均有较多用例。

苦切$_1$

(100)时诸释女各称父母兄弟姊妹者，或复称天唤地者，**苦切**无量。（失译《大方便佛报恩经》卷五）

(101)复次叫唤地狱，其诸狱卒取彼罪人掷大铁瓮中，热汤涌沸而煮罪人，号咷叫唤，**苦切**辛酸。（后秦佛陀耶舍共竺佛念译《佛说长阿含经》卷一九）

(102)地狱**苦切**，难可度也。（失译《杂譬喻经》；[3]145；[1]205）

(103)此八名为大地狱，严炽**苦切**难忍受。（隋阇那崛多等译《起世经》卷四）

"苦切$_1$"的用法与"痛切"相似，上举前二例用以描绘叫唤之悲伤，后二例用以描绘地狱之痛苦。

隐切

(104)帝又问:"司马迁以受刑之故,内怀**隐切**,著《史记》非贬孝武,令人切齿。"(《三国志·魏书·王肃传》;[1]205)

"隐切"比较特殊,这个组合用例极少,佛典中未见,中土文献中还有另外一例:

(105)璜遂使人飞章言邕、质数以私事请托于郃,郃不听,邕含**隐切**,志欲相中。(《后汉书·蔡邕传》)

我们考察发现,"隐"单用并无愤恨义,因而"隐切"一词中"切"不太可能是后缀。那么"隐切"到底是何种结构呢?我们推测有两种可能:1."隐"有痛苦、悲伤义,《广韵·隐韵》:"隐,痛也。"《春秋谷梁传·庄公四年》:"吾女也,失国,故隐而葬之。"范宁注:"隐,痛也。"《楚辞·九章·悲回风》:"孰能思而不隐兮,照彭咸之所闻。"王逸注:"隐,忧也。"这个词可能与"痛切""悲切"等一样,先同义复合表悲痛,进而引申出愤恨义。2."切"自上古时起常组合成"切齿"以表愤怒、痛恨,上二例中的"隐切"组合,"隐"乃隐藏义,而"切"则由"切齿"发展出愤恨义。不过这两种看法目前还未能验证。

四、"切"之恳切、率直义及相关争议用例

(一)"切"有恳切、率直义

"切"有恳切、率直义,如《史记·万石张叔列传》:"建为郎中令,事有可言,屏人恣言,极切。"唐韩愈《与孟尚书书》:"孟子虽贤圣,不得位,空言无施,虽切何补。"表此义的"切"与同义、近义或类义语素组合构成众多并列式复合词,如:

刚切

(106)歆又证岁将饥凶,指天画地,言甚**刚切**,坐免归田里。(《后汉书·侯霸传》)

(107)爽信清河之诉,云图不可用。礼上疏自辨,辞颇**刚切**。(《资治通鉴·魏纪七》)

"刚切"乃刚正率直义。

谠切

(108)谟为宰相,议事天子前,它相或委抑规讽,惟谟**谠切**无所回畏。(《新唐书·魏谟传》)

(109)孤始受禅,任义方以风宪,乃能力振朝纲。词皆**谠切**,可宣示朝野,赐义方衣一袭,以旌直言。(《南唐书·张义方传》)

“谠切”乃率直义。“切”还可置于前一语素,如:

切直

(110)数岁,**切直**廉平,赵王贤之。(《史记·田叔列传》)

(111)臣闻明主不恶**切直**之言以纳忠。(唐陈子昂《谏灵驾入京书》)

(112)其志忠,故其辞感激而**切直**。(明刘基《〈犁眉公集〉序》)

“切直”乃恳切率直义。

切悫

(113)数纳忠言,陈政,论议**切悫**。(《后汉书·承宫传》)

(114)衍闻明君不恶**切悫**之言,以测幽冥之论。(《后汉书·冯衍传》)

“切悫”乃恳切义。

同类组合尚有“方切、丹切、梗切、謇切、剀切、慨切、牢切、虔切、惓切、挺切、悻切、真切、诚切、挚切、忠切、肫切、切正、切挚”等。

(二)诸家所举此类用例辨析

苦切2

(115)(郑弘)数陈窦宪势太盛,放权海内,言**苦切**,为宪不容。(东晋袁宏《后汉纪》卷一二)

(116)棱知从兄敦骄傲自负,有罔上心,日夕谏诤,……每言**苦切**。敦不能容,潜使人害之。(《晋书·王棱传》)

此二例“苦切”用以表进谏恳切率直,从使用语境可以看出其与上举“刚切”“谠切”等大致相同。“切”也常单用表此义,如《史记·万石张叔列传》:“建为郎中令,事有可言,屏人恣言,极切。”《汉书·王嘉传》:“孝成皇帝时,谏臣多言燕出之害，及女宠专爱，耽于酒色，损德伤年，其言甚切，然终不怨怒也。"《晋书·卢谌传》："元帝之初，末波通使于江左，谌因其使抗表理琨，文旨甚切，于是即加吊祭。"《旧唐书·柳冕传》："冕言事颇切，执政不便之，出为婺州刺史。"

(117)云何恶口？若人出言粗犷**苦切**，他人闻已，不喜不悦，是名恶口。(后秦昙摩耶舍共昙摩崛多译《舍利弗阿毘昙论》卷二七；[3]145；[1]205)

此例蒋文释作"刻薄"，事实上，它与上举表恳切率直义的"苦切"并无根本不同，说话时过于率直，对别人的缺点直言不讳，不加掩饰，自然不为人所喜。

五、"切"之表程度深的用法及相关争议用例

(一)"切"可表程度深

"切"表程度深，为其常义，东汉袁康《越绝书》卷七："今万乘之齐，私千乘之鲁，而与吴争强，臣切为君恐。"东晋王珉《杂帖》："珉顿首顿首；此年垂竟，悲怀兼割，不自胜，奈何奈何！寒切，体中比何似，甚耿耿！"唐韩愈《答魏博田仆射书》："又蒙不以文字鄙薄，令撰庙碑，见遇殊常，荷德尤切。"南宋曾觌《醉落魄》："情深恨切，忆伊消没些休歇。"《宋史·真德秀传》："端平元年，召为户部尚书，入见，上迎谓曰：'卿去国十年，每切思贤。'"清李伯元《文明小史》一二回："有两个初次出门，思家念切。"此类"切"可与同义成分构成同义复词，如：

深切

(118)歆乃移书太常博士，责让**深切**，为朝廷大臣非疾。(东汉刘歆《〈遂初赋〉序》)

(119)孝武忿诞**深切**，凡诞左右腹心同籍期亲并诛之，死者千数。(《南史·刘诞传》)

(120)直学士孙大鼎曰："太宗初平宋，以康王在南，知人心每有故国之思，**深切**虑之，岂是不要耶？"(南宋宇文懋昭《大金国志》卷二四)

"深切"还有倒序词"切深"：

(121)勇锐闭房犹着酒，**切深**疾恶反伤和。(北宋陈师道《送检法赵奉议》)

笃切

(122)崔思恋**笃切**,始见梦寝。乃吐情实告兄。(明冯梦龙《情史》卷二一)

沉切

(123)李太白之歌行,祖述《骚》、《雅》,下迄梁陈七言,无所不包,奇中又奇,而字字有本,讽刺**沉切**,自古未有也。(清冯班《钝吟杂录·古今乐府论》)

(二)诸家所举此类用例辨析

贫切

(124)时彼珠师以**贫切**故,无由得珠,更复瞋打。(后秦鸠摩罗什译《大庄严论经》卷一一;[3]145;[1]205)

中土文献未见用例,佛典中亦仅一个用例,例中"切"用于形容词"贫"之后表程度,"贫切"即贫穷之甚。

六、"切"之切割义及相关争议用例

(一)"切"有切割义

"切"可读作 qiē,表切割义,乃其本义,《说文·刀部》:"切,刌也。"《广雅·释诂三》:"切,割也。"《礼记·少仪》:"牛与羊鱼之腥,聂而切之为脍。"唐白居易《轻肥》:"果擘洞庭橘,鲙切天池鳞。"切割加于人,则会疼痛,故"切"可用表人之痛苦,如唐长孙佐辅《陇西行》:"四月草不生,北风劲如切。""切"与"割""剥"义近,常与它们组合,以表内心的痛苦,如:

(125)今中宇虽宁,边虏未息,营就之功,务在从简,举言寻悲,情如**切割**。(《宋书·文帝路淑媛传》)

(126)东望灵宇,五情哽咽,**割切**哀慕。(西晋陆云《吊陈伯华书》)

(127)我内愤伤,心**切剥**也。(《楚辞·九怀》"余深愍兮惨怛"王逸注)

(128)中情恚恨,心**剥切**也。(《楚辞·九辩》"慷慨绝兮不得"王逸注)

(二)诸家所举此类用例辨析

抽切

(129)时诸太子闻是语已,身体肢节筋脉**抽切**,譬如人噎,又不能咽,复不得吐。(失译《大方便佛报恩经》卷二;[3]145;[1]205)

(130)尔时会中有一菩萨,名曰月爱,曾已薰一习大悲行海,见是事已,身体捍动,筋脉**抽切**,悲感势恼。(唐跋驮木阿译《佛说施饿鬼甘露味大陀罗尼经》)

“抽切”在佛典中仅此二例,朱庆之先生(1992:145)引第一例,释作抽搐,然而文献中另有“抽切”用例则不能如此解,如:

(131)天不慭遗,奄焉不永,哀痛**抽切**,震恸于厥心。(《梁书·萧宏传》)

(132)羲之顿首,月半,感慕**抽切**。改月,感慕抽痛,当奈何。(唐张彦远《法书要录》卷三)

此二例表感情上的痛苦,其中第二例“抽切”与“抽痛”对应使用,二者同义甚明。不仅如此,我们还在文献中看到“抽痛”的以下用例:

(133)治脚气缓弱、皮肉顽痹、关节**抽痛**、骨热烦疼、头旋目眩……方。(《太平圣惠方》卷四五)

(134)阳者风毒在府,病发即身胫热,筋脉**抽痛**。(北宋董汲《脚气治法总要》卷上)

此二例中的“抽痛”无论从语境还是搭配,都与上举佛典中“抽切”相同,据此,我们认为佛典中的“抽切”亦与“抽痛”同义。

文献中还有“抽割”“抽剥”二词,与“抽切”表内心痛苦的用法相同:

抽割

(135)天不慭遗,奄见薨落,哀慕**抽割**,震动于厥心。(南朝梁任昉《齐竟陵文宣王行状》)

(136)故永阳大太妃,礼数有殊,德行惟光,训范蕃嗣,式盛母仪。即

远戚期，悲怀**抽割**，可详典故，以隆嘉谥。（南朝梁徐勉《永阳太妃墓志铭》）

（137）密迹金刚作是语已，恋慕世尊，愁火转炽，五内**抽割**，心膂磨碎。（失译《佛入涅盘密迹金刚力士哀恋经》）

（138）太妃丧庭，廓然靡寄，悲痛感摧，五内**抽割**。（《晋书·哀帝纪》）

上举四例“抽割”表内心痛苦义甚明。

抽剥

（139）告诱静媛、静仪、静婔：此晦便当假葬，永痛**抽剥**，心情分割，不自胜。（东晋王廞《与静媛等疏》）

（140）祸故无常，尊翁尊婆倾背，哀慕**抽剥**，不能自胜。（唐朱法满《要修科仪戒律钞》卷一五）

此二例“抽剥”亦表内心的痛苦。

将“抽切”与“抽割、抽剥”及前举“切割、割切、切剥、剥切”等系联比较，不难发现，“抽切”一词中“切”实表切割义，与“抽”组合，通过人体遭受“抽”“切”以比喻身体或心灵上的痛苦，佛典中“筋脉抽切”即指筋脉如遭抽切般的疼痛①，“切”在组合中当读作 qiē。

“切”除了具有上举六类义项及相关组合外，还可表恰当、合适义，构成“精切、浅切、确切、允切、的切、恰切、妥切、适切、贴切、简切、新切、典切、端切、该切、果切、儆切、稳切、显切、雅切”等组合；表急切、严厉义，构成“急切、绞切、峻切、苛切、紧切、遽切、焦切、渴切、热切、躁切、毒切、狠切、酷切、强切、劲切”等组合，“切”的这些义项《大字典》、《大词典》已发，且诸家所举附加式词例中无此类组合，这里不再展开。

以上我们结合“切”的固有意义的分析，采用同类系联的方法，分类考察了诸家所举由“切”构成的诸多组合，可以看出：1.“切”是义项众多、构词能力很强的构词语素，诸家所举各组合中的“切”都有实在意义，它们并非词缀。2.诸家所举组合多用于中古，但还有一些延续至近古甚至现代，更重要的是，与这

---

① 这种用法现代汉语仍在使用，如“心如刀割”，即以刀割之痛比喻内心的痛苦。

些组合同类的相关组合并不局限于中古。3.诸家所举组合及同类组合大多并用于佛典与中土文献，而且“切”的各义项都与其本义相关，说“切”的使用受佛典影响缺乏证据。

另外，还有一点值得注意：本文所举由“切”构成的双音组合，“切”常位于后一语素，即便是同义复合，也少有同义的倒序形式，“切”的这种组合特点主要由两个因素决定：语音上，“切”为入声字，置于后一语素位置，符合并列式双音词语素排列的调序原则①；意义上，“切”常用于形容词或动词前表程度，上举很多词实际上都有倒序形式，但“切”多被理解为表程度的修饰语。

取

“V 取”组合，有些“取”意义较虚，无法以实义解释，针对此类“取”的性质，存在诸多看法。

一、有关“取”的性质的几种主要观点

（一）“取”充当词缀

蒋宗许（2009：225—229）、王云路（2010：311—316）将意义较虚“V 取”组合看作附加式，而他们主要参考了曹广顺（1995：61—71）的意见，曹广顺的看法又基于刘坚等（1992：83—94）。以下就曹广顺的看法略加介绍，他认为：

“取”最初为实义动词，表“取得”，充任连动式后一动词，早期“取”前动词一般是获得义动词，“取”是及物动词，如：

（1）余营诸王皆年齿尚幼，可**夺而取**之。（《晋书·刘聪载记》）

由于“V 取”这个连动式是通过 V 的行为达成“取”的行为，所以逐渐发展为动结式，“取”成为结果补语，仍表获得，如：

（2）桐郎复来，保乃**斫取**之，缚着楼柱。（《古小说钩沉·祖台之志怪》）

入唐后 V 扩大到无获得义的动词，“取”虚化为动态助词，表示动作行为的

① 并列双音词语素排列的“调序原则”参王云路《中古汉语词汇史》245 页。

完成或状态的持续，如：

(3)一声歌罢刘郎醉，**脱取**明金压绣鞋。(唐李郢《张郎中宅戏赠》)

继而在动态助词的基础上，又演化出词缀用法，如：

(4)不信比来长下泪，开箱**验取**石榴裙。(唐武则天《如意娘》)

曹先生指出，作为词缀的用法有两个特点：都是陈述一些未然的事件；都带有祈使、劝诱的意思。

(二)"取"为泛义动词，与前面动词构成特殊的同义复合

刘瑞明(1995)举了很多"取V"的用例，并将它们与"V取"联系起来，否定了张相将"取"解作助词"着、得"的看法，同时对刘坚等(1992：83—94)的观点提出质疑。他认为，"取"当为泛义动词，与它前后的动词构成同义复合。刘敬林(2006)观点同。

(三)"取"为动相补语

吴福祥(2001；2002)针对"取"字作为补语标记的来源问题分析了"取"字的语法化历程："取"由取得义动词，发展为动相补语，如：

(5)我今以手掌盛取少少汁饮而活于命。(北凉昙无谶译《佛本行经》卷二四)

进而继续虚化，可分为两类：

1. 在动态动词之后演变成完成体助词，如：

(6)一声歌罢刘郎醉，**脱取**明金压绣鞋。(唐李郢《张郎中宅戏赠》)

2. 在静态动词之后演变成持续体标记，如：

(7)若遇丈夫皆调御，任从**骑取**觅封侯。(唐秦韬玉《紫骝马》)

唐宋时期，"取"由完成体助词演化为补语标记，如：

(8)**合取**药成相待吃，不须先作天上人。(唐张籍《赠施肩吾》)

吴先生未提及"取"充当词缀的问题。

洪波等(2005)在曹广顺、吴福祥的基础上,进一步提出:曹广顺所论作为动态助词的"取"不是体标记,而是动相补语,这种结论主要通过"取"与"了""着"的比较而得来,它们存在以下差异:A 搭配差异,"取"只与自主动词搭配,而"了""着"没有这种限制;B 事件情状差异,"了"表示完成,"V 了"表已然,而"V 取"表示未然行为;C"了""着"与被动句不排斥,而"取"排斥被动句;D"取"排斥受事成分充当句子主语,而"了""着"没有这样的限制。曹广顺所论词缀的"取",是一个助词,它附着在动词后面,表示该动作行为是说话人的一种愿望,可以称为意愿助词,理由有二:A"取"不是必有的,当句子中有别的成分表示说话人的主观意愿时,"取"就不出现;B"取"不仅可以加在单音节动词之后,也可以加在双音节动词之后。

(四)完成体标记

杜轶(2015:332)认为唐五代动词后"取"有三种性质:连动式的第二个动词、补语和完成体标记。唐五代的完成体标记"取"只能出现在表祈使义的未然语境里,隐含动作实现的必要性,不强调动作实现的可能性。杜轶所认定的完成体标记包括洪波等(2005)所说的两类动相补语以及意愿助词。其看法与洪波等无实质性差异。

(五)我们的评价及观点

"取 V""V 取"组合较多,且有很多用例,用法较复杂。以下结合用例,谈谈我们的看法。

首先,我们不赞成将"取 V"与"V 取"看作同义复合的看法。

从刘瑞明文所举位于前位的"取"的用例看,"取"在文献中确属泛义动词,在特定的语言环境中可作不同的解释,但考其词义内涵,不外乎两大类:

一类表从无到有的过程或结果,相当于获取、得到,如《孟子·告子上》:"舍生以取义。"刘瑞明文认为"取"相当于成、实现、表现,其实这里的"取"与"舍"相对为文,"取"并未脱离获取义这一内涵。《楚辞·天问》:"女歧无合,夫焉取九子?"这个"取"固然可以用"生"对译,但无论解作什么,"取"只是表达由无到有的"得"。西晋张协《杂诗》之一:"取志於陵子,比足黔娄生。"刘瑞明认为"取志"犹仿志、效志。其实这个"取"仍表达"志"由无到有。《史记·张释之传》:"其子曰张挚,字长公,官至大夫,免,以不能取容当世,故终身不仕。""取容当世”中的“取容”实为一种较常见的搭配，其通常格式为“取 V 于”，“取”乃获得义，“取容”即获容、得容。东晋王羲之《杂帖》：“朱处仁今何在，往得其书信，遂不取答。今因足下答其书，可令必达。”此例多位学者有举，认为“取答”即答，当误。此例正确标点为“往得其书，信遂不取答。”“取答”即取回信。

一类表采取、施行某种行为。如《荀子・王制》：“之所以接下之人百姓者，则好取侵夺，如是者危殆。”“取”乃采取、施行义，后面的动词乃其宾语。西汉刘向《说苑》卷一〇：“取虐于人者，趋祸之路也。……无取虐于人，则称为君子。”刘瑞明文认为“取”乃复说“虐”。我们认为“取”仍为采取、施行义，“取虐”即行虐。

刘瑞明文在阐述此类观点时，将“取”与“为”“作”等联系起来，其实“行”也可归于此类。这些词可与动词组合，刘瑞明文认为这些词与后面动词乃同义复合，我们认为不确，这些词与后面的动词当构成动宾结构，以刘瑞明文所举“为微服行”为例，用今天的话来说，相当于“作了一次微服私访”，很明显“作”与后面的成分为动宾关系，而非并列。与此相类的还有“为别”“取别”等，我们现在还可以说“作了一次悲壮的分别”，文献中“为……别”很是常见。

我们认为：“取 V”组合，“取”与之后的动词属动宾结构，“取”当看作形式动词（详参“为”字条）。“V 取”组合，我们的看法接近洪波（2005），不认同词缀说。因曹广顺、洪波等、杜轶的分析已很完备，以下主要针对主词缀说者所举用例进行分类辨析。

二、诸家所举用例意义及用法辨析

（一）“取”表获取义

此类用法“取”义较实，诸家所举用例中仅有一个用例或属此类：

斫取

（9）<u>**斫取**</u>青光写楚辞，腻香春粉黑离离。（唐李贺《昌谷北园新笋》；［2］313）

有学者认为例中“斫取”即“斫”，“取”为词尾。此看法或源于对诗句的常规理解。“斫取青光写楚辞”一般解作“刮去竹上青皮，而写楚辞于其上”（参《大词典》“青光”条）。

按:此解可疑。首先,从文句看,"斫取"未见表斫去者,"取"通常表获取,与"去"表义相反;再有,"斫取"解作斫,亦无法体现"斫去"这一结果。我们利用汉籍检索系统(四)考察了"斫取"用例,均指斫而取之,如:

(10)有人以斧**斫取**其首,鱼时死矣。(三国吴康僧会译《六度集经》卷一)

(11)烦君**斫取**西庄柳,扶起春风十万条。(北宋黄庭坚《张仲谋家堂前酴醾委地》)

此例亦当如此解。"青光"指竹之青皮还是青竹,文献无相关用例佐证,但从下句描写竹"腻香春粉"来看,"青光"指代青竹的可能性更大。

(二)"取"表结果

唤取

(12)欲知画能巧,**唤取**真来映。(南朝梁庾肩吾《咏美人看画应令》;[1]225)

(13)孝征心行虽薄,奇略出人,缓急真可凭仗。且其双盲,必无反意,请**唤取**问其谋计。(《北齐书·祖珽传》;[2]313)

(14)倩何人**唤取**,红巾翠袖,揾英雄泪?(南宋辛弃疾《水龙吟》;[1]226)

(15)**唤取**谪仙平章看,过苕溪尚许垂纶否?(南宋张元干《贺新郎》;[2]313)

(16)又**唤取**、玉奴归去,余香空翠被。(南宋王沂孙《花犯》)

上举各例"唤取"之"取"当表结果,用例中"唤"的对象由无到有比较明显,"唤取"与"唤得"义近,可比较以下二例:

(17)**唤得**园人来借问:"园主当今是阿谁?我今事切须相见,火急具说莫迟违。"(《敦煌变文集·降魔变文》)

(18)欲明不待灯火起,**唤得**官船过蛮水。(唐王建《荆门行》)

吹取

(19)如何一瑞车书日,**吹取**青云道路平。(唐罗邺《春风》)

(20)九万里风鹏正举,风休住。蓬舟**吹取**三山去。(南宋李清照《渔家傲》;[2]313)

(21)把酒祝东风,**吹取**人归去。(南宋王灼《碧鸡漫志》卷二)

(22)鼓声**吹取**急,离觞须举白。(南宋赵善括《霜天晓角·送林兴国之任》)

上举“吹取”组合,“取”均引入结果,其用法与“吹得”相近,可比较以下用例:

(23)暖风**吹得**游人醉,直把杭州作汴州。(南宋林升《题临安邸》)

(24)醉香茵,晚风频。**吹得**酒痕,如洗一番新。(南宋方岳《江神子》)

(25)这人人和柳浑相类,花飞**吹得**人心碎,柳眉不转蛾眉系。(元白朴《寄生草》)

写取

(26)《益部耆旧传》今送,想催驱**写取**耳,慎不可过淹留。(东晋王献之《杂帖》;[1]225)

有关“写取”,杜轶(2015:342)有过分析,她指出:

“写取○”的意思相当于现代汉语的“抄录、摹写”,用“取”字作补语,意思相当于现代汉语表结果义的趋向补语“下来”,隐含“复制”义,补充说明“写”的时候存在一个参考的对象,“写”的施事把这个参考的对象“取下来”。

识取

(27)勉你信余言,**识取**衣中宝。(《寒山诗》第285首;[2]313)

(28)**识取**自家城郭,莫谩寻他州郡。(北宋释道原《景德传灯录》,卷三〇)

(29)洞山曰:“任摩你和尚遍天下尽是舍利去,总不如当时**识取**石室行者两句语。”(《祖堂集》卷五)

“识取”犹记住,“取”表结果比较明显。

记取

(30)**记取**江州司马,坐中最老。(北宋黄庭坚《品令》;[1]226)

(31)都待笙歌散了,**记取**留时霎。(北宋晏几道《六幺令》;[2]313)

“记取”犹记得、记住,“取”表结果十分明显。

认取

(32)知性便知天,当处便**认取**,更不可外求。(《河南程氏遗书》;[1]226)

(33)石阙莫教苔藓上,分明**认取**晋公题。(唐司空图《题裴晋公华岳庙题名》)

(34)直须**认取**浮生理,不要贪阗(填)没底坑。(《敦煌变文集·妙法莲华经讲经文》)

“认取”犹认得,“取”表结果。

听取

(35)城傍猎骑各翩翩,侧坐金鞍调马鞭。胡言汉语真难会,**听取**胡歌甚可怜。(《敦煌曲子词·何满子》;[2]313)

(36)平阳不独容宾醉,**听取**喧呼吏舍声。(唐刘禹锡《酬乐天斋满日裴令公置宴席上戏赠》)

“听取”犹“听到”,“取”表结果。

管取

(37)吴侬一队好儿郎,只要船行不要忙。着力大家齐一拽,前头**管取**到丹阳。(南宋杨万里《竹枝歌》;[1]226)

(38)兆主三军轻命战,**管取**交战我军赢,青焰不宜兵。(唐易静《占怪象》)

“管取”后之对象即结果,故“取”仍表结果。

呼取

(39)肯与邻翁相对饮,隔篱**呼取**尽余杯。(唐杜甫《客至》;[2]313)

(40)隔篱**呼取**,举杯对影,有唱更凭谁和。(南宋李弥逊《永遇乐》)

此二例用法相同,"呼取"犹叫得,"取"表结果,"呼取"后省略表人宾语。

(三)所举组合用于未然句中,表主观愿望

此类组合,"取"的用法最虚,诸家所举亦多属此类,如:

看取

(41)不信妾肠断,归来**看取**明镜前。(唐李白《长相思》;[1]226;[2]313)

(42)下士钝暗痴,顽皮最难裂。直待血淋头,始知自摧灭。**看取**开眼贼,闹市集人决。死尸弃如尘,此时向谁说。(《寒山诗》第243首;[2]313)

我们看另外两例"看取"用法:

(43)别君能几日,**看取**鬓成丝。(唐岑参《稠桑驿喜逢严河南中丞便别》)

(44)一朝成白首,**看取**报家人。(唐张说《岭南送使二首》)

此二例"看取"犹看到,"取"表"看"的结果。前二例则与此不同,它们均用于表未然的语句中,表达希望对方看某事。据诸家研究,这种未然及愿望正是"取"在发挥作用,故"取"并非词缀。以下用例用法相同,不再一一分析:

问取

(45)请君**问取**东流水,别意与之谁短长。(唐李白《金陵酒肆送别》;[1]226)

(46)凭谁**问取**归云信,今在巫山第几峰。(北宋晏几道《鹧鸪天》;[1]226)

学取

(47)小于潘岳头先白,**学取**庄周泪莫多。(唐元稹《六年春遣怀》;[1]

226)

(48)若要欲得眼亲逢,**学取**经文便合同。(《敦煌变文集·佛说观弥勒菩萨上生兜率天经讲经文》)

听取

(49)歌声苦,词亦苦,四座少年君**听取**。(唐白居易《相和歌辞·短歌行二首》;[1]226)

(50)古歌旧曲君休听,**听取**新翻杨柳枝。(唐白居易《杨柳枝》;[1]226)

惜取

(51)劝君莫惜金缕衣,劝君**惜取**少年时。(唐杜秋娘《金缕衣》;[2]313)

(52)岩叟又奏乞弃葭芦、吴堡等寨,云:"自开熙河兰会,于国家有何所益?惟见耗竭生灵,供馈不已。从来已费用者千百万,今更不可言,悔已无及,但愿**惜取**今日已后无穷之费。"(《续资治通鉴长编》卷三九三)

验取

(53)不信比来长下泪,开箱**验取**石榴裙。(唐武则天《如意娘》;[1]225)

斗取

(54)人间谁敢更争妍,**斗取**红窗粉面。(北宋苏轼《西江月》;[1]226)

赌取

(55)合是赌时须**赌取**,不妨回首乞闲人。(唐冯衮《掷卢作》;[1]226)

收取

(56)美人倚栏独语,悲叹久之。注视不易,双环笑曰:"憨措大,**收取**眼。"(唐裴铏《传奇》;[1]226)

发明取

(57)汝既有如是奇特当阳出身处,何不**发明取**?(南宋普济《五灯会

元》卷七;[1]226)

上举第三类用法的“V取”,解作V全无问题,似乎是确然不疑的词缀,但通过诸多用例的集中分析,以及与相关用法的比较分析,可得出“取”并非词缀的结论。这提醒我们,在考察某个语言成分的功能时,必须要有综合的观念,不能简单地以去除某个成分词汇意义有无变化作为标准。

生

一、有关词缀“生”的现有研究

“生”做词缀,谈及者甚多,如蒋礼鸿(1981:38)、袁宾(1992:163—168)、刘瑞明(1987:42—45;2006:126—146)、石锓(1994:18—21;1996:41—43)、曹广顺(1995:119—124)、冯叔仪(1994:24—26)、蒋宗许(2009:219—225)、王云路(2010:330—331)等,主要集中在两个方面:

(一)词缀“生”的功能

其中石锓、刘瑞明先生的分析较细致系统,基本观点如下①:

1.用做形容词词尾,形容词可以是单音节的,也可以是双音节的。且“生”做形容词词尾时,常出现在“太+形容词+生”的格式中。如:

(1)借问形容何**瘦生**,只为从来学诗苦。(五代王定宝《唐摭言》卷十二;[31]41)

(2)幸自**可怜生**,要须得个护身符子作什摩?(《祖堂集》卷三;[31]41)

(3)张郎太**贪生**,一箭射两垛。(唐张鷟《游仙窟》;[31]41;[1]219)

---

① 刘瑞明先生在谈“生”缀时还提到的元代产生的“生生”及现代汉语方言中的“生”,我们觉得“生生”带有明显的描绘性,形式上又与“生”不同,是否为同一成分尚待研究。至于现代方言中的“生”,来源众多,性质复杂,不加区别地置于“生”缀下讨论,似有不当。基于本文主要分析“(太)+形容词+生”结构的性质,上举两类并不影响讨论,且时代较迟,为了不使文章过于复杂,本文未将其纳入讨论。

2.用作名词词尾,使名词具有形容词功能,表某种状态。如:

(4)有僧在师身边叉手立,师云:"太俗生!"僧又合掌,师云:"太**僧生**!"僧无对。(《祖堂集》卷十六;[31]41)

3.接于动词和动词性结构之后,表状态,相当于"……的样子"。如:

(5)洞山问:"他屋里有多少典籍?"师曰:"一字也无。"进曰:"争得与摩**多知生**?"(《祖堂集》卷五;[31]41)

(6)师云:"还见老僧也无?"对云:"见。"师云:"见**何似生**?"对云:"似一头驴。"(《祖堂集》卷十八;[31]41)

(7)师向老宿曰:"这个行者,何不教伊?大**无礼生**!"(《祖堂集》卷四;[31]41)

4.放在疑问代词之后,构成"怎生、若生、甚生、何似生、作么生"等词,充当状语、定语、主语、谓语,如:

(8)新结同心香未落,**怎生**负得当初约。(南唐冯延巳《鹊踏枝》;[31]41)

(9)**甚生**队仗:白月才沉,红日初生。(《敦煌变文集·太子成道经》;[31]41)

(10)佛告会中无尽意,这个修行**何似生**?(《敦煌变文集·妙法莲花经讲经文》;[31]41)

(11)**作摩生**是和尚本分事?(《祖堂集》卷三;[31]41)

5."生"作副词词尾,构成"好生、怪生、甚生、偏生"等词。如:

(12)这都是不曾**好生**去读书。(《朱子语类》卷十四;[33]42)

(13)道是兰溪水较宽,兰溪欲到**怪生**难。(南宋杨万里《下横山滩头望金华山》;[31]42)

(14)僧云:"某甲**甚生**怕怖。"(《古尊宿语录》卷三二)

(15)**偏生**这拐子又租了我的房舍居住。(《红楼梦》第四回;[31]43)

(二)词缀“生”的来源

有学者认为,“生”来自于中古时期读音相近的词缀“馨”,如刘盼遂(1928)、蒋礼鸿(1987:42—43)、石锓(1994:20—21)、蒋宗许(2009:222—224)等,不过刘坚等(1992:286)、曹广顺(1995:123—124)等持怀疑态度,他们认为,“馨”在魏晋多用于代词以及一些词组之后,像唐代用于形容词之后者未见,所以,在“馨”到“生”的转化过程中,这种功能上的突变是如何发生的,尚需要进一步地研究和挖掘。

各家在研究时,一般均将“生”的五种用法不加区别地统于词缀“生”之下,我们认为这样做很不合适,因为“生”的五种用法存在一些根本区别:第 2 种用法用例很少,名词在“太……生”的组合中,实际取得了形容词的功能;第 3 种用法,“多知”与“无礼”表面看是动词性结构,实际表达的是形容词的功能,“何似”虽与形容词有别,但在句中同样做谓语。前三种用法中,无论“生”前是形容词、名词还是动词,它们与“生”构成的组合在功能上都相近,且基本限于句末位置,以“太……生”的形式为常见,故 1、2、3 种用法可归于同一类型,本文以“(太)+形容词+生”表示,这里的“形容词”兼包名词和动词。第 4 种用法,与“生”组合的疑问代词与形容词在功能上明显不同,所构成的组合在句中位置灵活,功能多样,与前三类亦有显著区别;第 5 种用法,与“生”组合的副词虽与形容词有相似之处,但从所构成的组合看,它们主要作状语,位置、功能与前四种亦有明显区别,因而 4、5 两种当分作两类分别对待,第 4 种我们以“疑问代词+生”表示,第 5 种以“副词+生”表示。

我们不赞同各家将第 1 类“(太)+形容词+生”组合中的“生”定性为词缀的处理方式,本文将重点研究此类组合中“生”的性质及来源。

二、“(太)+形容词+生”组合考察

(一)“(太)+形容词+生”组合中“形容词+生”不具有词的特性

综观“(太)+形容词+生”的用例,我们认为,“形容词+生”并不具有词的特性。以下试论之。

第一,也是最主要的,“形容词+生”与普通形容词在语义上无别,但在语法功能上却明显不同:它们在句中位置固定,一般均处于煞句位置,充当谓语,例外者极少。我们对“形容词+生”的组合进行了较全面考察,发现“憨生”“瘦

生”二词有少量例外，但都有原因。

“憨生”是“（太）＋形容词＋生”形式的最早用例，出自唐初：

（16）时诏虞世南草《征辽指挥德音敕》于帝侧，宝儿注视久之，帝谓世南曰：“昔传飞燕可掌上舞，朕常谓儒生饰于文字，岂人能若是乎？及今得宝儿，方昭前事。然多憨态，今注目于卿，卿才人，可便嘲之。”世南应诏为绝句曰：“学画鸦黄半未成，垂肩亸袖**太憨生**。缘憨却得君王惜，长把花枝傍辇行。”上大悦。（《大业拾遗记》引虞世南《应诏嘲司花女》诗；[1]219）

例中前用“憨生”，而后句对应却使用“憨”，说明“憨生”并非组合紧密的词。不过，这件事的影响特别大，后代文献多记其事，如《全唐诗话》卷一、《诗话总龟前集》卷一八、《情史》卷五、《艳异编·正集》卷九等，“（太）憨生”也常作为典故而使用，如：

（17）意态**憨生**元自好。学画鸦儿，旧日遍他巧。（南宋辛弃疾《蝶恋花·用前韵送人行》）

（18）看尽春风不回首，宝儿元自太**憨生**。（金元好问《杏花杂诗八首》）

文中“学画鸦儿”“宝儿”揭示此二例正用虞世南诗之典，“憨生”也因此典故而成词，因而使用上不再限于句末。

“瘦生”的成词途径与此相似，其连用首见于李白诗《戏赠杜甫》：

（19）白才逸气高，与陈拾遗齐名，先后合德。……故戏杜曰：“饭颗山头逢杜甫，头戴笠子日卓午。借问别来**太瘦生**，总为从前作诗苦。”盖讥其拘束也。（唐孟棨《本事诗·高逸第三》；[1]219）

此事后代文献亦多有征引，如《鹤林玉露》卷六、《六一诗话》、《诗话总龟前集》卷六、《尧山堂外纪》卷二六等。“瘦生”因而成为一个典故词，如：

（20）直想**瘦生**如饭颗，竟从痒处得麻姑。（元张雨《题范德机编修东坊稿后》）

此例显然使用了《戏赠杜甫》中的典故，这从“饭颗”的使用可以看出。即便如此，文献中“瘦生”还是多以“太瘦生”的形式出现于句末，真正可自由应用的“瘦生”很少见。

我们知道，“生”前的形容词单用时，位置自由，并无限定于句末的要求，何以与“生”组合之后，就一定要出现于句末？试想，有哪个词缀有必须出现于句末的要求呢？合理的解释就是“生”并非词缀，而是其他要求处于句末的成分。诸家在谈及词缀“生”时，多未注意其限于句末的特点，究其原因，是因为诸家多不加区别的将“生”的五类组合笼统处理，由于有能够自由运用的“好生”“偏生”“怎生”“作么生”等词的存在，自然不能得出“生”限于句末的结论。

再有，常规的形容词除了作谓语之外，还可作定语、状语，而“形容词＋生”构成的组合基本限于充当谓语，少有例外，我们不禁要问，是什么原因限制了“形容词＋生”作定语、状语的功能呢？究其原因，还是因为“生”必须出现于句末的要求。曹广顺先生(1995:121)认为“形容词、名词、动词加‘生’以后，其功用主要是作谓语、状语、定语，功能没有超出形容词的范围”，这种结论是建立在将“好生、偏生、怎生、作么生”等与“(太)＋形容词＋生”组合不加区别的处理、而且将各个组合句法功能简单相加的基础上：“形容词＋生”作谓语，“好生”等作状语，“怎生、作么生”等作状语、定语①，于是得出结论，“形容词＋生”具有形容词作定语、状语、谓语的功能。而事实上，“(太)＋形容词＋生”构成的组合并不具有定语、状语的功能。

第二，从形式上看，文献中除了单音词加“生”构成的双音组合，还有很多双音词后接“生”构成的组合，如：

(21)雪窦头上太**孤峻生**，末后也漏逗不少，若参得透见得彻，自然如醍醐上味相似。(南宋圜悟克勤《碧岩录》卷一)

(22)云：“忽然百味珍馔来时作摩生？”师云：“太与摩**新鲜生**！”(《祖堂集》卷七)

(23)屏后有老女云：“和尚太**无厌生**。”师闻其言，异探而拔之云：“饭犹未得，何啧无厌？”(《祖堂集》卷一六)

---

① 其实“作么生”还可作主语，这已经超出了形容词的功能，可见它与“形容词＋生”的不同。

(24)问："归根得旨时如何?"师云："太慌忙生。"(《古尊宿语录》卷一四)

(25)师云："你与么不得。"代云："得与么狼籍生。"(《古尊宿语录》卷一八)

(26)进云："又太不慈悲生。"(《古尊宿语录》卷二三)

(27)曰："说甚七佛，千佛出世也救某甲不得。"师曰："太懵懂生!"(南宋普济《五灯会元》卷五)

其他尚有"廉纤生、孤危生、绵密生、深远生、羸瘦生、尊贵生、迂曲生、无礼生、不定生、吝惜生"等。

我们知道，汉语中的词以双音节形式为主，因而一些单音节词往往加上词缀构成双音词，以满足词语音节的需要，而上举组合中"生"前已经是双音形式，有何必要再缀上"生"组合成并不符合汉语习惯的三音节词呢？是不是缺少"生"会影响其表达功能呢？事实并非如此，因为文献中"太＋形容词"用例也有很多，且表达效果与"太＋形容词＋生"并无不同，如：

(28)这僧太懞懂，要剿绝此话，更问道："只个洎不迷己意旨如何?"(南宋圜悟克勤《碧岩录》卷五)

(29)临济入门便喝，太杀轻薄。(《古尊宿语录》卷一一)

(30)师代云："也太尊贵。"(《祖堂集》卷六)

(31)师云："僧家何太粗率，临行之际，喧恸如斯。"(《祖堂集》卷六)

两相比较，可以发现，双音形容词之后是否用"生"，对语义的表达并无影响。换句话说，在双音词后再添加词缀"生"，实在是蛇足之举，是古人水平太低，还是后人理解有误？值得思考。

第三，说"形容词＋生"组合并非为词，从文献用例也可看出端倪：

(32)问："学人拟作佛时如何?"师云："大煞费力生。"云："不费力时如何?"(《古尊宿语录》卷一三)

(33)扫地次，道吾曰："太区区生。"师曰："须知有不区区者。"(南宋普济《五灯会元》卷五；[1]220)

(34)屏后有老女云："和尚太无厌生。"师闻其言，异探而拔之云："饭

犹未得，何啧无厌？”（《祖堂集》卷一六）

(35)师问黄檗：“笠子太小生？”黄檗云：“虽然小，三千大千世界总在里许。”（《祖堂集》卷一六）

(36)大中云：“太粗生。”檗云：“这里什么所在，说粗说细？”（南宋圜悟克勤《碧岩录》卷二）

(37)师云：“见何似生？”对云：“似一头驴。”（《祖堂集》卷一八）

上举诸例均为前后相承的对话，后句的应答，均使用了未带“生”的形容词或动词，构成如下对应：“费力生/费力”“区区生/区区”“无厌生/无厌”“小生/小”“粗生/粗”“似生/似”。为什么后句所用词语要拆破原有的词语而去掉词缀“生”呢？合理的解释就是“生”与它前面的形容词原本就不是一个词。

文献中有一个反例：

(38)师云：“太钝生。”进曰：“不是钝生，直下进向无门时如何？”（《祖堂集》卷二〇）

此例前后对话均使用了“钝生”，似乎说明它是一个不可分割的词，但是需要注意的是，后句中“钝生”仍处于句末位置，更重要的是，这句话还有异文：

(39)师曰：“太钝生。”僧曰：“不是钝根，直下进句无门时如何？”（北宋释道原《景德传灯录》卷一二）

基于上述三点，我们认为“(太)＋形容词＋生”组合中，“形容词＋生”并非为词，因此，“生”自然不能看作词缀。

(二)“(太)＋形容词＋生”组合中“生”的性质及来源

我们认为“(太)＋形容词＋生”组合中，“生”当为语气助词，根据如下：

第一，从位置上看，“(太)＋形容词＋生”处在煞句的位置。事实上，“生”前的形容词、名词、动词词义并没有变化，也没有用于句末的要求。究其原因，是因为“生”要求用于句末，而这正与句末语气助词的特点相符。

第二，从“生”所出现的语境看，各句所表达的语气基本一致，主要表强调、感叹。其中由“(太)＋形容词＋生”构成的组合，强调、感叹语气明显，无需赘言。其他不用“太”的例子亦多明显表强调、感叹语气，如：

(40)师云："你与么不得。"代云："得与么**狼籍生**。"(《古尊宿语录》卷一八)

句中"与么"为这么义，强调意味十分明显。

(41)僧云："和尚得恁么**忉忉生**？"(《古尊宿语录》卷六)

"恁么"与这么、这样义同，修饰形容词，同样起突出强调的作用。

(42)你诸人幸是**可怜生**，担带负物作什么？(《古尊宿语录》卷三六)

(43)待得南楼三弄彻、君试看，比从前、更**瘦生**。(南宋赵与洽《摸鱼儿》)

上举二例中形容词前的"幸是""更"都起到突出强调的作用。

形容词前的这些词与句末语气词"生"配合，使句子带有强调感叹的意味。事实上单用这些词或单用"生"都可表达这种语气，二者搭配使用，则更凸显了这种语气。

曹广顺先生(1995：123)早就指出"生"具有接近于事态助词"了"的用法①，他在列举"日出太早生""大煞费力生""太不道速生""太多知生"等用例后指出：

> 这组例句中"生"基本上都是加在动词组成的主谓词组上，而这些词、词组在和"生"组合之后，又都成为句子或分句，也就是说，"生"实际上是加在了句子或分句之末。我们知道，句子是用来表述事物的情况、状态的，而"生"的作用也是如此，这样，如同跟在形容词之后的"生"一样，跟在句子后面的"生"也具有了一种认定、强调事物、状态的作用，其功能和意义，就从构词成分趋向于语法成分转化，类似于事态助词"了"。

我们赞同曹广顺先生对"日出太早生""大煞费力生""太不道速生""太多知生"等结构中"生"的功能及性质的分析，同时我们认为，"(太)＋形容词＋生"与这些结构并无不同，因为"生"前的成分"(太)＋形容词"同样是自足的句子或分句。我们看下面两个用例：

---

① 从句子表强调、感叹的语气看，"生"解作"呀""啦"似乎更好。

(44)上堂,良久有僧出礼拜,师云:"**太迟生**。"僧应诺。(《古尊宿语录》卷一五)

"太迟"承僧良久出拜而言,虽然很短,但并不妨碍其成为独立的句子,"生"看作句末语气词毫无问题。

(45)有僧在师身边叉手立,师云:"**太俗生**!"僧又合掌,师云:"**太僧生**!"僧无对。(《祖堂集》卷一六)

曹广顺先生(1995:121)认为由于"生"的使用,使名词"俗""僧"具备了形容词的功能。我们认为,即便不用"生","俗"和"僧"同样可以表达形容词的功能,因为它们在句中充当谓语,而且受副词"太"修饰①。"太俗""太僧"虽然很短,但并不影响独立成句的功能,"生"解作语气词完全可通。

语气词"生"从何而来,是诸家关心的事。前文说过:有学者认为"生"来自中古的词缀"馨",也有学者表示质疑,认为"馨"与"生"的功能相差太大。我们认为,"生"与"馨"相关,但二者并不存在源流关系,不过它们有共同的源头"许"。

"许"与"馨"语音相通,且用法上存在紧密对应,如:尔许/尔馨;宁许/宁馨;如许/如馨;如……许/如……馨。"许"与"馨"的关系学者多有论及(如董志翘等 1994:568),本人亦撰文讨论过二者的关系及"许""馨"的性质(参下文"馨"条),此不赘。

"许"自中古时起还可作语气助词,表感叹,如:

(46)**奈何许**! 天下人何限,慊慊只为汝。(南朝宋佚名《华山畿》)

(47)昨日何悠悠,场中**可怜许**。(《寒山诗》第 131 首)

(48)檗却问:"更有一人居何国土?"师曰:"**可惜许**!"(南宋普济《五灯会元》卷三)

董志翘等(1994:568)探讨了"许"表语气词之源:"许"作为句尾表感叹的语气词,盖由其古音决定的,"许"上古为"晓"母"鱼"部,音如[xǐa],中古为

① 这种用法在现代汉语中也很常见,如:"你这个人太阿 Q 了。"

“晓”母“语”韵，音如[xǐo]，均合表感叹之语气。

“生”与“许”语音上同样可通，且其作语气助词的功能正与“许”的上述功能相应，文献中一些对应用例亦可体现二者的关系：

(49)不怨兰情薄，可怜许彩云漂泊。（北宋贺铸《夜游宫》）

(50)刻惜许多过时了，可怜生是我来迟。（南宋黄公绍《望江南》）

此二例“可怜许”“可怜生”无论是位置还是用法都相似，它们虽不在句末，但之后都有一个停顿，只是出于词牌的要求未加点断而已，“许”“生”相当于语气词“啊”。

(51)实是可怜许，冥冥不见日。（唐庞蕴《诗偈》）

(52)国师曰：“幸自可怜生！须要觅个护身符子作么?”（南宋普济《五灯会元》卷二）

(53)五云处处可怜许，明朝道向亵中去。（唐陈陶《西川座上听金五云唱歌》）

(54)风流椿树可怜生，长与柳枝桃叶、共青青。（南宋赵彦端《虞美人》）

此四例两两相对，“许”与“生”用法亦相同，均可译作“啊”。

(55)诸相未知何似许，文中应有唱将罗。（《敦煌变文集新书·金刚般若波罗蜜经讲经文》）

(56)佛告会中无尽意，这个修行何似生?（《敦煌变文集新书·妙法莲华经讲经文》）

此二例中“何似许”与“何似生”的用法亦相同。

(57)病侵老境可怜许，春入故园何似生。（北宋贺铸《呈李之仪》）

此例“许”与“生”对文使用，功能相同。

与“馨”一样，“生”的出现当是顺应“许”在方言中的音变，其大量使用且多以“(太)＋形容词＋生”的形式出现，可能是受到“太瘦生”“太憨生”两个典故的影响。

三、"生"构成的另两类组合

以上我们详细论证了"（太）＋形容词＋生"组合中"生"的性质及来源，我们认为：各组合中"形容词＋生"并不具有词的性质，因此"生"不能看作词缀。基于"生"用于句末的位置特点及所出现语句均表强调感叹语气，"生"当定性为表强调、感叹语气的语气助词，其来源是中古与"生"语音相通、用法相似、表感叹语气的语气助词"许"。

"生"还有另外两类用法："疑问代词＋生"构成"怎生、作么生、甚生"等组合；"副词＋生"构成"好生、偏生、甚生"等组合①。这些组合的词语性质是明确的，我们不能排除"生"为词缀的可能，因为"生"作为语气词意义很虚，完全有可能发展为词缀。不过简单地下这样的结论是危险的，因为"生"也有可能另有来源，以"副词＋生"组合构成的"好生、偏生、甚生"为例，这些词都可表程度，如：

(58)雪峰指动叶，视之，师对曰："绍卿甚生怕怖。"（北宋释道原《景德传灯录》卷一八）

(59)又见家中好生不济，无心守耐。（《京本通俗小说》卷一五）

(60)俺媳妇儿呵，脸搽红粉偏生嫩，眉画青山不惯颦。（元王仲久《救孝子》第二折）

"好、偏、甚、生"单用均可表程度，如：

(61)风儿又起，雨儿又煞，好愁人天色。（南宋石孝友《西地锦》）

(62)老聃之役，有庚桑楚者，偏得老聃之道。（《庄子·庚桑楚》）

(63)吾闻申生甚好仁而强，甚宽惠而慈于民。（《国语·晋语一》）

(64)生憎帐额绣孤鸾，好取门帘帖双燕。（唐卢照邻《长安古意》）

因此三个词是同义复合，还是以"生"为词缀的附加式合成词尚需深入

① 刘瑞明先生(2006)还谈及元代产生的带有后缀"生生"的"～生生"类词，并列举了现代方言中大量的由"生"构成的词。我们认为这些词中的"生"的性质和来源同样需要深入研究，其中根据特点区别对待当是必须遵循的原则。因为刘文中所举的"生"很复杂，包括了诸多性质完全不同的方言成分，应当不是一个简单的后缀就能包容。

研究。

四、诸家所举争议用例探讨

各家在讨论“生”作词缀时，一般均举有很多用例，其中有一些意义实在的“生”被误当作无实义的词缀处理，刘瑞明先生(2006)有过梳理，但仍有可商榷者，以下择其要者略作辨析。

两处生

(65)海鲸露背横沧溟，海波分作**两处生**。(唐元稹《侠客行》;[31]41;[29]128;[1]219)

有学者将句中“生”看作词缀。我们认为“生”乃普通动词，产生义。海波本不存在，因海鲸露背，故分作两处而产生。“波”与动词“生”的搭配很常见，如：

(66)流水淘沙不暂停，前波未灭后**波生**。(唐刘禹锡《杂曲歌辞·浪淘沙》)

(67)问：“无风为什么往往**波生**。”(《古尊宿语录》卷三七)

文献中未见“两处生”作为词语的其他用例。

骤生

(68)天气**骤生**轻暖，衬沉香帷箔。(北宋宋祁《好事近》;[31]42;[29]127;[1]220)

有学者将“骤生”看作附加式。其实此例中的“生”解作动词并无不可，文献中“生”与“暖”的动宾式搭配很常见，如：

(69)一阳**生暖**。见庚岭、梅初绽。(宋无名氏《品令》)

(70)冻水消痕，晓风**生暖**，春满东郊道。(北宋柳永《古倾杯》)

(71)楚畹飞香兰结佩，蓝田**生暖**玉连环。(南宋朱敦儒《浣溪沙》)

另外，我们在文献中未曾发现“骤生”明确作为一词的其他用例。

乍生

(72)柳下碧粼粼，认曲尘**乍生**，色嫩如染。(南宋王沂孙《南浦》;[31]42)

有学者以“乍生”为附加式，当属误解。句中“乍生”乃初生义，“曲尘”指酒曲上所生菌，呈淡黄色，“曲尘乍生”以酒曲上初生之菌比喻柳树掩映下的水色。下面这个用例亦可证“乍生”之义：

(73)新绿**乍生**时，孤村路、犹忆那回曾到。(南宋张炎《南浦》)

“新绿乍生”即新绿初生。

(74)可是春来偏倦绣，**乍生**儿。(南宋张元干《春光好》;[29]127)

此例中“乍生儿”当指忽然产下一儿，这从下句“加文褓、初试班衣”可知，“生”亦非词缀。

冰生

(75)热泉可煮鸡豚，冰泉常若**冰生**。(鲁迅《古小说钩沉·幽明录》;[29]133;[1]219)

有学者认为“冰生”为附加式，可商。首先，例中“生”看作普通动词并无不可，“若冰生”即如同有冰产生。“冰”与“生”的搭配文献常见，如：

(76)坚**冰生**绿潭，又客三千里。(唐储光羲《贻阎处士防卜居终南》)

(77)幽涧**冰生**，鸿鸣逐旅。(《敦煌变文集新书·苏武李陵执别词》)

其次，此例不甚可靠，现存文例实出自宋代类书《太平御览》，而《初学记》卷七引此句时，则作“冷泉常若冰”，不能排除“生”为衍字。第三，《幽明录》的时代远早于诸家所说的“生”缀的产生时代，对待可大大提前某一语言现象产生时代的用例应当慎重，而从上述一、二两点的分析来看，将此例中的“生”看作词缀无疑是不合适的。

光生

(78)看取宝积拄杖子，黑漆**光生**，两头相副。(南宋普济《五灯会元》

卷一九;[1]220)

有学者认为“光生”为附加式,似误。“黑漆光生”指拄杖因涂有黑漆而生光,这从以下二例可以看出:

(79)我有一条拄杖,寻常将何比况?采来不在南山,亦非昆仑西嶂。拈起满目**光生**,放下骊龙缩项。(《五灯会元》卷一六)

(80)蓦召大众曰:“莫谓棒头有眼明如日,上面**光生**尽是漆。”(《五灯会元》卷一九)

《五灯会元》还有另两例“光生”用例,均为生光义:

(81)今朝尘尽**光生**,照破山河万朵。(《五灯会元》卷一九)

(82)喜则满面**光生**,怒则双眉陡竖。(《五灯会元》卷一九)

啄生

(83)僧见雀儿**啄生**,问师:“为什么与摩忙?”(《祖堂集》卷一六;[5]121;[31]41)

有学者认为“啄生”一词中,“生”为动词词尾,刘瑞明(2006:131)有过辨正,他认为“啄生”指啄食生命。王闰吉(2011:472—473)考证认为,“啄生”中的“生”实指禅典中常用的术语“生饭”。

棱生

(84)瘦**棱生**骨怎支,软兀刺气怎舒。(明孟称舜《桃花人面》第五出;[29]134;[1]221)

明代还有一个用例:

(85)床头相对病多娇,瘦影**棱生**骨半销。(明孟称舜《娇红记》四五出)

有学者认为“棱生”为附加式。按:两个“棱生”均用以描写瘦,并与骨相关,不禁让人联想起“瘦骨嶙峋”一词。文献中还有“瘦骨棱棱”,如:

(86)他屋里的,**瘦骨棱棱**的,一天愁到黑,愁米、愁柴又愁盐。(周立

波《暴风骤雨》第一部）

与此相应，还有“瘦骨嶙嶙”，如：

(87)两只**瘦骨嶙嶙**的长手，亲昵昵地抚摸着站在她身前寸步不离娘的宝娃的头。（柳青《创业史》第一部题叙）

考虑到“棱生”与“嶙峋”音近义通，我们认为“棱生”当为“嶙峋”的音变形式。

亲生

(88)哥哥也，你须是搭救你**亲生**妹。（元李行道《灰阑记》第四折；[29]134）

有学者认为“亲生妹”即“亲妹”，“生”为词缀。我们认为，此解过于拘泥语素义。“亲生”作为一词很常用，多指自己所生育或生育自己的人，故而文献中常见亲生儿女、亲生母亲等搭配。使用中“生”这个动作逐渐淡化，“亲生”主要突出有直系的血缘关系，因而文献中也可见到“亲生父亲”等用法。至于“亲生妹”“亲生兄弟”，当是这种用法的延伸，它与亲生儿女、亲生父母的关系显而易见，因此我们认为，“亲生妹”与“亲生儿女”中的“亲生”并不是两个不同的词。

俊生

(89)只因你青春**俊生**，俺小姐心肠不硬。（元白朴《东墙记》第二折；[29]134；[1]221）

有学者认为“俊生”为附加式。按：此例引用有误，“俊生”实作“后生”，指小伙子，与词缀无关。另外，我们在文献中找到了两例“俊生”：

(90)况且青头白脸一个**俊生**走出来，如今做了个妇人，把什嘴脸去见人？（明陆人龙《三刻拍案惊奇》二一回）

(91)西风起了姐心悲，寒夜无郎契介个亏，另外里东村头西村头南北两横头二十**俊生**闲来搭，借我伴过子寒冬还子渠。（明冯梦龙《情经》卷上）

但此二例均有异文作“后生”，考虑到“俊”与“後”字形相近，此二例中的“俊生”很可能亦是“后(後)生”之误。即便不是，“俊生”亦当指俊俏后生，“生”意义实在。

偏生

(92)武宣程羁，**偏生**未被举，家常使种葱。后连理树生于园圃。(鲁迅《古小说钩沉·幽明录》;[29]133;[1]219)

有学者认为句中“偏生”即后代表偏偏义的“偏生”。本人愚钝，不敢确定“武宣程羁偏生未被举”之义，故而不敢断言其误①。但对此看法存有一些疑问:“偏生”用例多见于元代，唐宋则未见使用，何以在南朝的《幽明录》中会出现一个孤例。再有此例现存于宋代类书《太平御览》中，在此之前未见相关记载，出现如此反常的语言现象，其可靠性到底有多少?

安生

(93)我们若吃了师父，他肯甘心?来那门前炒闹，莫想能得**安生**。(《西游记》第三三回;[29]134)

有学者认为“安生”为附加式，恐不当。“安生”早在汉代即可搭配使用:

(94)奸吏猾民并侵，众庶各不**安生**。(《汉书·食货志下》)

(95)使元元之民**安生**乐业，则泽被万世，传之子孙，施之无穷。(《汉书·严助传》)

这些用例或许尚未成词，但《西游记》中的用例在意义上明显与它们存在相承关系。

长生

(96)汝**长生**不知事尚书、侍郎，我老翁不识字，无可教汝。(唐张鷟《朝野佥载》卷五;[29]134;[1]219)

---

① 我们以为“偏生”当为“侧生”义，亦即庶出，可比较《世说新语·豪爽》第10条:“桓石虔，司空豁之长庶也。小字镇恶。年十七八未被举，而童隶已呼为镇恶郎。”

有学者认为“长生”为附加式，我们认为可商榷。首先这个“长生”在句中为表时间的名词，与形容词“长”并不是一回事，文献中亦未见表此义的“长生”作谓语、补语的用例。其次，“长生”表长久生存、寿命很长，是汉语中的一个常用词，用例数不胜数，而这个意义与上举用例中表长时间的“长生”很难说没有关系，我们更倾向于认为表长时间义的“长生”由表长久生存、寿命很长的“长生”引申而来。

附：吴语“数量＋生”结构来源考

吴语中“生”用于数量结构之后有表与数量有关的某种状态的词缀用法（本文以“数量＋生”代指此结构），论及者甚多，如曹耘（1987）、朱彰年等（1996）、石汝杰等（2005）、王敏红（2008）、周志锋（2012）、崔山佳（2012；2016；2018）、白维国（2015）等。2021年，崔山佳先生发表《吴语后缀“生”的演变》，将此种用法上推到宋代，同时详细描写了这种用法在现代吴语中的演变，并认为“‘数量＋生’的这种用法，是‘形容词/名词/动词＋生’用法的一种扩展”（2021：183）。笔者对“生”充当词缀的用法作过研究，细读崔文，很受启发，但对其中所举部分近代汉语用例的解读有些不同看法，同时联系文献中的一些用例，对“生”的来源有了一些新的想法，在此不揣浅陋，撰写成文，以求教于诸方家。

一、部分用例解读讨论

在探讨“生”的源头时，崔文举了一些宋至民国的用例，其中有数例解读可以商榷，以下试加分析：

(1)何故？渠无所在，渠无名字，渠无面孔。才起一念追求如微尘许，便隔<u>十生五生</u>。（南宋普济《五灯会元》卷一八，崔山佳2021：181，崔文例21）

这个用例诸多学者将其看作“数量＋生”结构，并认为“十生”“五生”表示事物量的状况，如刘志生（2000：110）、王敏红（2008：75）等。我们认为，此二“生”实为名词，指一生、一辈子，“十生”“五生”与“隔”搭配，表时间，这种用法在佛典中十分常见，如东晋瞿昙僧伽提婆译《增壹阿含经》卷二三：“尔时，我忆宿命之事，一生、二生、三生、四生、五生、十生、二十、三十、四十、五十、百生、千生，成败之劫，皆悉分别。”唐如理集《成唯识论述记义演》卷一〇：“又或隔生五生，或隔百千生等，十二支为缘即不定，不定者为不依次第也。”明袾宏辑《禅关策进》：“纵此生不悟，但信心不退，不隔一生两生，更无不获开悟者。”

(2)此时劳氏调理病人尚没钱，那有钱雇人下田？这田弄得<u>一片生</u>，也不知个苗，分个草，眼见秋成没望了。（明陆人龙《型世言》第三三回，崔山佳 2021:180，崔文例 7)

从文义看，这里“一片生”并非指将田弄成一片，其用法与“数量＋生”的用法存在明显不同。我们以为，“生”当为形容词，充当“得”的补语，其义与“熟”相反，指田地未开垦种植，文献有相关用例，如元王祯《农书》卷二：“耕地之法，未耕曰生，已耕曰熟。”《宋史・食货志上四》：“今日荆襄屯田之害，以其无耕田之民而课之游民，游民不足而强之百姓，于是百姓舍己熟田而耕官生田。”

(3)若子孙化子孙，财从<u>**两处生**</u>，财既是<u>**两处生**</u>，宜<u>**两处求**</u>，或与人同求，大吉。（明佚名《断易天机》第一部分，崔山佳 2021:179，崔文例 2)

崔文(2021:179)指出：“‘财从两处生’，是‘从两处＋生’，是状中结构，‘生’是动词，作谓语；而后一句的‘财既是两处生’，‘数量＋生’中的‘生’已经明显是后缀。”这种解读当有问题，后一句“既是两处生”显然承前一句“财从两处生”而言，只是省略了介词“从”，“两处生”的性质并无变化，后“两处求”亦承“两处生”而言。

(4)卦有<u>**两样生**</u>：有从两仪四象加倍<u>**生**</u>来底；有卦中互换，自<u>**生**</u>一卦底。（《朱子语类》卷六七，崔山佳 2021:180，崔文例 5)

此例“生”显然不是崔文所说的“数量＋生”结构，“两样生”与后文“从两仪四象加倍生”及“自生一卦”相应，指卦的生成，“两样生”指卦有两种生成方式。

(5)至角则随间数<u>**生起**</u>角柱。若十三间殿堂，则角柱比平柱<u>**生**</u>高一尺二寸(平柱谓当心间两柱也，自平柱叠进，向角渐次<u>**生起**</u>，令势圜和，如逐间大小不同，即随宜加减，他皆仿此)①；<u>**十一间生**</u>高一尺；<u>**九间生**</u>高八寸；

① 括号中文字为原文附注，崔文未引。因其有利于文句理解，故此引出。

七间生高六寸；五间生高四寸；三间生高二寸。（北宋李诫《营造法式》卷五，崔山佳 2021：180，崔文例 3）

（6）其檐自次角柱补间铺作心，椽头皆生出向外，渐至角梁：若一间生四寸；三间生五寸；五间生七寸。（《营造法式》卷五，崔山佳 2021：180，崔文例 4）

此二例“数词＋间＋生”均非“数量＋生”结构，第（5）例“十一间生高一尺”之“生”乃承前文“至角则随间数生起角柱”而言，“生”即“生起”，其义为十一间殿堂角柱生起的高度比平柱高一尺，“高一尺”指角柱比平柱高的尺寸，“十一间”与“如逐间大小不同，即随宜加减”相应。后“九间生”“七间生”等均当如此解读。《营造法式》卷四有相似用例：“凡平坐，四角生起，比角柱减半。（生角柱法，在柱制度内。）”第（6）例用法与第（5）例亦相似，“若一间生四寸”承“椽头皆生出向外”而言，指如果是一间的话，则向外生出椽头四寸，“生”乃“生出”义。

（7）明堂不觉微微醉，脸上红霞两片生。（清陈端生《再生缘》第三九回，崔山佳 2021：180，崔文例 16）

此例“生”乃动词，产生义，“脸上红霞两片生”即“红霞两片生脸上”，或“脸上生红霞两片”，指左右两边脸因为酒醉变红，好像生了两片红霞。《再生缘》第二回另有一个相似用例，可以证实这种看法：“连叫两声吾好丑，险些晕倒白龙驹。红云两片生双颊，怒气千重上二眉。”“红云两片生双颊”与“脸上红霞两片生”意义全同，只是语序有所调整。其他文献亦有相似用例，如北宋苏轼《寓居定惠院之东杂花满山有海棠一株土人不知贵也》诗：“朱唇得酒晕生脸，翠袖卷纱红映肉。”清丁绍仪《听秋声馆词话》卷六：“一缕柔情，薄晕潮生脸。”清庚岭劳人《蜃楼志全传》第二一回：“关情处，红生脸际，春透眉头。”

（8）转眼间，果见那双头人匆匆前来，向玉卮娘行了一个礼。众人看了他两个头是并排生的，真是怪不可言。（民国佚名《上古秘史》第九一回，崔山佳 2021：180，崔文例 20）

“并排生”乃并排生长义，《上古秘史》第一二二回另有一个用例可以佐证其义：“一日，再向西走，忽然又遇见一种异人。一个胆颈上并生两个头，又共生四只手。”句中“并生”即“并排生”。“并排”修饰动词在清代、民国小说以至于现代汉语中均十分常见，如清无垢道人《八仙得道》第五三回：“（白氏）见丈夫跪在跛足道人身旁，已知是丈夫的师父到了，忙也抛了女红，跑了出来，和丈夫并排跪下。”清韩邦庆《海上花列传》第五二回：“琪官爬上大床，并排铺了两条薄被，请素兰宽衣，分头各睡。”《上古秘史》第七一回：“这日晚间，舜砍了许多细竹，断成无数竹管，管口用细小之竹塞住大半，再用小竹叶片嵌在塞子中间，共总二十三管，并排平列，用木板夹住。”北大 ccl 语料库：“海椰树的公树和母树总是并排生长，但是树根却纠缠在一起。”

(9)我有解，假如新人、新郎，那里是一处生的？（明邓志谟《凤头鞋记》第十一出，崔山佳 2021:180，崔文例 10）

此例“一处生”指生于一处，出自于一处，这从此句话上文可以知道：“（副）双双瓦雀行书案，沙上凫雏伴母眠。（小）二鸟名不本自一处，是连合来的，不准，请饮酒。（副）我有解，假如新人新郎，哪里是一处生的？却是连合来者，如何不准？”此“一处生”与“本自一处”相应义同。“一处生”还可表生长于一处，与此例用法相近，如朝鲜金礼蒙《医方类聚》卷一七四：“若有十数头作一处生者，即用大蒜研成膏，作薄饼铺头上，聚艾于蒜饼上烧之，亦能活也。”明兰陵笑笑生《金瓶梅词话》第八三回：“我与他好似并头莲一处生，比目鱼缠成块。”

另有两个用例是否为“数量＋生”结构难以确定，它们可以另作解读：

(10)姑姨姊妹一家生，抹粉涂脂把席登。（禅宗语录通集《宗鉴法林》卷四七，崔山佳 2021:180，崔文例 18）

“姑姨姊妹”存在血缘关系，可以看作一家人，因此“一家生”可解作生于一家。可比较以下用例：南朝宋沮渠京声译《佛说五无反复经》：“我弟亦尔，因缘和会，同一家生，随命长短，生死无常，合会有离。”明代抱瓮老人编《今古奇观》卷三六：“只有兄弟们，生于一家，从幼相随到老，有事共商，有难共救，真像手足一般，何等情谊！”“一家”与“姊妹”搭配亦有较多用例，如南宋赵彦端《鹊桥仙・二色莲》：“一家姊妹，两般梳洗，浓淡施朱传粉。”清佚名《隔帘花影》第一一回：“师师笑道：‘一家姊妹们，收了何妨？只央你沈哥哥替你早寻一家好亲，还要谢他哩。’”清雪樵主人《双凤奇缘》第八〇回：“因前有昭君，后有赛昭君续姻报仇，始终异兆，总不外忠、孝、节、义四字，青史标名，人人钦仰，千古奇女子，出于一家姊妹，故云‘双凤奇缘’。”

(11)其妇闻了哭倒在地道：“他怎的待我，我忍得丢了去嫁。且有这块肉在此，只当他在一般。你们要我嫁，我就吊死了，与他**一块生**去。”(明桃源醉花主人《别有香》第四回，崔山佳 2021:180，崔文例 9)

此例“生”可解作“生活”。民间迷信思想认为，人死之后，会投生到另一世界，故此妇人言自己吊死了，与她的丈夫一块生活去。

二、“数量＋生”结构的来源

“数量＋生”结构与唐五代时“(太)憨生”类“形容词＋生”结构无论是意义还是功能都存在很大差异，二者应当不存在源流关系。而通过对崔文所举部分“数量＋生”用例的重新解读以及文献中“数量＋生成”用法的考察，我们对“数量＋生”结构的来源有了一些新的看法，以下试加论述：

(12)红大道：“怎的叫石女儿？等我摸。”便一摸去，如个光烧饼，**一片生**的。(明无名氏《一片情》第六回，崔山佳 2021:180，崔文例 8)

(13)碧叶参差**一片生**，不知何处斗歌声。潇潇暮雨沧江黑，才见渔灯几点明。(清汪文柏《新芦》)

(14)看见那人是**两块生**的脸，满面是血，披头散发。(清心远主人《二刻醒世恒言》第一二回，崔山佳 2021:180，崔文例 12)

(15)在房中仔细一看，他虽在厢楼上做房，后来又借他一间楼堆货，这楼却与妇人的房间同梁合柱，**三间生**，这间在右首，架梁上是空的，可以扒得。(明陆人龙《型世言》第六回，崔山佳 2021:18C，崔文例 6)

(16)依着你的主意，人也差不多**两节生**了。①(明姚子翼《祥麟现》第一二出，崔山佳 2021:180，崔文例 11)

(17)说到最后，他又道：“我还有一件心法，肯将三分重介**一块生**个白银谢我，一发话向你道。”(明顾思义《余慈相会》)②

---

① 此处另有校本作：“依着你的主意，人也差不多成灰了。”

② 此例承周志锋先生见告，特表谢意。

崔文将(12)(14)(15)(16)例均看作"数量＋生"的结构，这样理解固然可行，但我们更倾向于将"生"看作动词：例(12)—(14)陈述对象"女体""叶""脸"均为可生之物，故"生"可解作"生长"，"一片""两块"指长成的状态，"一片生"即"长成一片"，"两块生"即脸长成两块，"生"的意义比较实在；例(15)—(17)，"房"与"人""白银"为不可生长之物①，"生"的意义有所虚化，主要用表所呈现的状态，但由于句中没有其他动词，因而还是能明显感知"生"的动词性，"三间生"指楼"以三间的形式建成"，"两节生"指人成为两节，"一块生"指三分重的银子"制成一块"。"生"的性质可通过以下"生成"用例感知：

(18)然大地本**一片生成**，而有动不动之异，理尤不可解也。(明谢肇淛《五杂组》卷四)

(19)若两岸小水，亦自西向东，水底即有石骨硬土，亦是两边龙脚，非渡水也，龙能渡大江大河，不能渡山谷之小溪小涧，即溪涧石骨连片，或如**一块生成**，亦是两边龙脚相连，并非渡水。(明周景一《山洋指迷》卷四)

(20)扯开御封，把双手去揭那篚盖时，却似**一块生成**，全然不动。(明罗贯中《三遂平妖传》第一回)

(21)众将上前一看，这飞钹合在**一处生成**，没有痕缝。要想拉开，任你刀砍斧劈，只是不动。(清佚名《薛丁山征西》第二五回)

(22)画眉但患上翅相仿，犹如万选青铜钱。下者飞时有如雀，**两片生成**已交搭。(清金文锦《画眉谱》)

这里的"生成"为动词，与数量词组合，不是强调动作，而是表物所呈现的状态。"一片生成""一块生成""一处生成"指物生成为一体，"两片生成"指成两片。

(23)见行者不能阻当，八成不知轻重，倘然亵污梵言，其罪不校，即忙抛下菩提数珠一夥，念动法语，将经柜**一块生成**。(明佚名《续西游记》第五回)

(24)自此一片起来，四下里慢慢黑云团圈接着，与起初这覆顶的混做

① 这里"人"作"两节生"，不是指人自然生长，而是指外力使其成为两节。

一块生成了，雷震数声，甘雨大注。（明凌濛初《初刻拍案惊奇》卷三九）

此二例与上举用例稍有区别，文句体现了生成过程，故“生成”的动作性较强。

将此数例与例(12)—(17)比较，可以发现“生”“生成”与数量词的关系相当，换句话说，例(12)—(17)的“生”均可解作“生成”①。不仅如此，崔文所举清末传教士文献中的一些“数量＋生”用例与上举“生成”用例亦存在明显联系：

(25)渠上面像杯，像球，像花，要用金子**一块生**。②（出埃及记 25:31，崔山佳 2021:181，崔文例 26）

(26)以弗上面织出个花带要搭以弗一样织法，**一块生**，都用金钱、蓝、红，搭细麻布做。（出埃及记 28:8，崔山佳 2021:181，崔文例 27）

(27)从灯柽出个权，两权下面有一个球，**十块生**，六权都是一样。（出埃及记 37:21，崔山佳 2021:181，崔文例 28）

(28)也弗单只为个一国百姓死，也要收集个些散开上帝个儿因拨渠许做**一个生**。（约翰 11:52，崔山佳 2021:180，崔文例 30）

(29)个体里衣裳吃缝，因为从上到下做**一件生**。（约翰 19:23，崔山佳 2021:181，崔文例 31）

以上用例中的“生”均可解作“生成”，例(25)，“要用会子一块生”不是说用一块金子，而是指“像杯，像球，像花”的东西用金子“一块生成”，其用法与前例(17)相当；例(26)，“一块生”指织成一块；例(27)“十块生”指球做成十块，“十块生”解作“十块生成”全无问题；例(28)(29)与上例(24)结构相似，“一件生”即“一件生成”，“一个生”即“一个生成”。

---

① “生”与“生成”存在使用上的对应，如“天生”可说成“天生成”。清文康《儿女英雄传》第一〇回：“这位十三妹姑娘是天生的一个侠烈机警人，但遇着济困扶危的事，必先通盘打算一个水落石出，才肯下手。”清云江女史《宦海钟》第四回：“那女学生更是天生成的一串珠喉，又圆又脆。”

② 可比较下例：“一种叫琅玕树，高大绝伦，枝、叶、花三项都是玉生成的，青葱可爱。”“玉生成”与“用金子一块生成”结构相似，只是未使用数量结构，但“生”与“生成”的性质相似则可确定。

例(12)—(17)、例(25)—(29)这些可以两解的用例的存在，鲜明地体现出表生长或呈现某种状态的"数量＋生(动词)"结构与"数量＋生"结构之间的源流关系。而"生"的进一步虚化则是因为其他实义动词的引入：上举例句用"生"或"生成"，主要表现事物所呈现的状态，而未交待使其呈现这种状态的动作方式。出于表达精细准确的需要，引入实现方式的动词是很自然的事，如：

(30)渠就会分出<u>两号生</u>，像看羊主子分出绵羊山羊。(马太25:32，崔山佳2021:181，崔文例22)

现代方言中亦有相似用例，如：

(31)一张钞票拨夷揪勒<u>一团生</u>。一张钞票被他揪成团儿了。(崔山佳2021:182，崔文例39)

(32)几家新房子起勒<u>一埭生</u>。几家新房盖成一行的样子。①(崔山佳2021:182，崔文例40)

(33)几个小囡坐勒<u>一排生</u>。几个小孩坐成一排的样子。(崔山佳2021:182，崔文例36)

(34)囡儿子呀囡儿子，等你爹爹回转来，请来东庄王木匠，把一间房子隔做<u>五间生</u>。(《中国谚语集成·浙江卷》，崔山佳2021:183，崔文例52)

上举诸例，"数量＋生"前都添加了使其呈现数量词所表状态的动词"分""揪""起""坐""隔"，这些动词意义实在，动作性强，在句中充当谓语。它们的引入，使"生"丧失动词性，虚化为表呈现某种状态功能的后附成分，上举方言例对译成普通话都用了一个"成"字，正是其功能的体现。这些用例中的"生"与表生成义的动词"生"的关系还是比较容易感知，如果将主要动词去掉，它们与前举例(12)—(17)、例(25)—(29)的用法即很接近。

当"数量＋生"结构式用作定语、状语时，"生"更加虚化，如：

(35)搿两个人色<u>一堆生</u>读书格好朋友，有船水、水船格情意，本来应

① 普通话对应文句完全可以不用"样子"，"盖成一行"已经能够表达状态。

该互相帮助，妞想到侬拨我卖了，真当令我伤心啊。（清范寅《越谚》，崔山佳 2021：180，崔文例 13）

(36)当初个航船来得高大，这个曹龙朱客人才是长大汉子，房舱里却坐得下，照式目下这种航船只好做**两段生**了困个哉！（清山阴黄子贞松筠《双球珠》第一一回，崔山佳 2021：180，崔文例 15）

(37)沟沿上有**一簇生**个茜。沟沿上有一簇一簇的荠菜。（崔山佳 2021：182，崔文例 41）

这些用例"数量＋生"组合仍表状态，这是"生"语法功能的体现；而译文时，无需"成"的参与，表明"生"已经发展成表特定功能的标记，它与源词之间的关系已经很难感知了。

虚化之后的"数量＋生"使用更加灵活多样，呈现多种样态，崔先生(2021)有细致描写，此不赘述。

三、结语

近代汉语中有很多数量词与"生"搭配的用例，数量词与"生"的关系亦有多种。而吴语中"数量＋生(词缀)"组合乃由表状态关系的"数量＋生(动词)"组合发展而来，数量短语用表生成的状态，动词"生"最初为生长义，之后意义泛化，引申为"生成""呈现"义。这种表达式未能体现呈现状态的行为方式，出于表达更加精细准确的需要，又引入了表实行方式的实义动词，而"生"的动词性则因之丧失，成为主要发挥表达状态功能的成分；当这种结构式充当定语、状语时，"生"的意义更加虚化，发展成与词缀相当的成分，但其表状态的功能仍有保留。

从现有文献用例看，此类"生"当从明代开展虚化，清代方始成熟。早期"数量"与"生"的搭配，"生"多为意义实在的动词。由于文献中存在较多与"数量＋生"同形的其他结构，且部分存在意义上的联系，因而容易混淆，阅读时需细加辨析，以免误读。

试

魏晋南北朝之后的韵文中，"试"常与单音动词连用，构成同处一个音步的"试 V"组合，如：

(1)一夜安足苦,**试去**视沧浪。(《晋诗》卷二一杨羲《右英夫人所喻》;[2]308)

(2)**试采**一枝归,愿持因远别。(南朝梁何逊《折花联句》;[1]133)

(3)**试取**西山药,来观东海田。(南朝梁庾肩吾《道馆》;[1]133)

(4)佳人早插髻,**试立**且徘徊。(《陈诗》卷四陈后主《梅花落》;[2]308)

(5)**试听**紫骝歌乐府,何如騄骥舞华冈。(唐张说《舞马千秋万岁乐府词》;[1]133)

(6)**试问**夜如何?夜已三更,金波淡,玉绳低转。(北宋苏轼《洞仙歌》;[2]307)

上举用例,蒋宗许、王云路二先生将"试 V"组合定性为以"试"为前缀的附加式,蒋宗许先生(2009:134)指出:

当汉魏而下词汇双音化进程加快,于是这个"试"字有时便粘附在动词前而作前缀,其演变途径与前缀"为"基本相同。略有差异的是,前缀"试"的构词能力比前缀"为"更强一些。……再,从上边我们援引的例子不难看出,前缀"试"基本上是在韵文中运用,其衬音的作用十分明显,这一特点与中古产生的许多词缀相同。

王云路先生(2010:307)指出:

"试"也是一个抽象而适应性广的动词,因而可以与众多单音节动词组合。

二位先生均认定"试 V"组合中"试"为前缀,且基本限于韵文中使用(蒋先生直接指出这一点,王先生虽未明说,但所举例均为韵文)。而事实上,"试"与动词的组合并非仅用于韵文,散文中也有很多用例,如:

(7)臣一见,而能令王坐而天下致名宝。而臣窃怪王之不**试见**臣,而穷臣也。(《战国策·赵策四》)

(8)公曰:"寡人所好者音也,愿**试听**之。"(《论衡》卷二二)

(9)疑其井水殊赤,乃**试掘**井左右,得古人埋丹砂数十斛。(东晋葛洪

《抱朴子·内篇》卷一一)

(10)何以核之?陛下**试取**所告状,酌其虚实者,付令推,微讯动以探其情,所推者必上下其手,希圣旨也。(《旧唐书·索元礼传》)

为什么二家只将韵文中的“试V”定性为词缀呢?二位先生未曾明说,但原因可以推知:散文中的“试”是有实义的,它不符合词缀意义较虚的特点。不仅如此,仔细体会散文中的“试V”组合,可以感知,这种组合并不紧密,很多情况下,看作词组更加合适。既如此,我们不得不面对这样两个问题:韵文中的“试”是真没有意义,还是因为语言过于简略,我们的感知有问题?韵文中的“试V”结合紧密度如何,它们是否就是结合紧密的词呢?以下我们从三个方面综合加以考察。①

一、“试”的词义发展

要了解韵文中“试”的意义有无,首先得了解“试”的意义发展变化。《说文·言部》:“试,用也。”“试”与名词性成分搭配,意义实在,如《诗经·小雅·大东》:“私人之子,百僚是试。”毛传:“是试,用于百官也。”《礼记·缁衣》:“子曰:‘好贤如《缁衣》,恶恶如《巷伯》,则爵不渎而民作愿,刑不试而民咸服。’”郑玄注:“试,用也。”

引申表尝试义,如《易·无妄》:“无妄之药,不可试也。”唐杜甫《去矣行》:“未试囊中餐玉法,明朝且入蓝田山。”这种用法的“试”可与动词搭配使用,表尝试某一动作,由于具体动作由后一动词承担,因而“试”的动作性降低,意义虚化,如《吕氏春秋·爱类》:“墨子曰:‘请令公输般试攻之,臣请试守之。’”

有时候并不是真的尝试,而只表示一种委婉,一般用于请求别人同意自己做某事或请求对方做某事,如《后汉书·郑太传》:“如有不信,试为明公略陈其要。”《黄帝内经·素问·征四失论篇第七十八》:“试言得失之意,所以得之,所以失之。”《列子》卷一:“虽然,夫子尝语伯昏瞀人。吾侧闻之,试以告女。”

继续虚化,表试着,姑且,与“聊”同义,这种“试”在韵文中常与“聊”对文,如南朝梁王僧孺《登高台》:“试出金华殿,聊登铜雀台。”南朝梁萧子范《后堂听

---

① 朱诚(2001:76)针对王云路先生(1999:375)将“试”看作词缀提出了商榷,但论证较简略。

蝉》:“试逐微风远,聊随夏叶繁。”①唐王绩《薛记室收过庄见寻率题古意以赠》:“东川聊下钓,南亩试挥锄。”唐王维《老将行》:“试拂铁衣如雪色,聊持宝剑动星文。”

以上所分析的“试”的意义有两点需特别注意:一、“试”与动词的结合,有时并不是真的尝试,而只表示一种委婉;二、“试”可与“聊”同义,表试着、姑且。

二、“试”与动词组合的意义及组合紧密度考察

前文说过,散文中有很多“试 V”组合,“试”的意义虽有虚化,但并非附加于词根的词缀,而且“试”与动词的组合很松散,那么韵文中的“试 V”组合又如何呢,以下我们通过具体用例加以分析:

试望

(11)去帆若不见,**试望**白云中。(南朝梁何逊《赠韦记室黯别》;[1]133;[2]308)

有学者将句中“试望”看作附加式。其实细细体会这句话,可以发现,“试”承前句假设而言,解作“试着”,意义顺畅,并非无实义的附加成分。可比较以下用例:

(12)任城当死,死后二百日外,君亦不免。若其不信,**试看**任城家。(《北史・拓拔熙传》)

我们再看其他“试望”的例子:

(13)**试望**平原,蔓草萦骨,拱木敛魂。(南朝梁江淹《恨赋》)

(14)惜别浮桥驻马时,举头**试望**南山岭。(唐李颀《少室雪晴送王宁》)

(15)维舟**试望**,故国渺天北。(南宋姜夔《惜红衣》)

以上各例中的“试”,或可解作试着,或可解作“聊”,因为句中的主要动词由“试”后的动词承担,“试”不译似乎也可以。由于各句句式凝练,语境所提供

① 此例蒋宗许(2009:133)将“试”看作词缀;王云路(2010:308)将“试”解作姑且或尝试,甚当。

的信息不足，难以准确把握“试”之义，但我们可以通过一些特殊用例，感受“试”的意义及性质：

(16)登桥**试长望**，望极与天平。(唐颜真卿《登平望桥下作》)

(17)停杯**试北望**，还欲泪沾襟。(唐贾至《岳阳楼宴王员外贬长沙》)

(18)商丘**试一望**，隐隐带秋天。(唐高适《宋中别司功叔，各赋一物得商丘》)

(19)**试向疏林望**，方知节候殊。(唐姚伦《感秋》)

相对“试望”，“试长望”“试北望”“试一望”“试向疏林望”仅在动词“望”前添加了限制或修饰性成分，它们所表达的核心意义与“试望”并无不同，这些组合可看作“试望”的扩展。“试”在各组合中，无论是结构还是意义，都是独立的，解作“试着”或“聊”，完全可通，当然，不译也不会改变句子的总体意义。但必须认识到：“试”可以不译，只是因为“试”不是句中的主要动词。基于此，我们认为“试望”组合中，“试”是一个完全独立、有词汇意义的成分，而不是附加于动词的前缀。

试听

(20)**试听**铙歌曲，唯吟君马黄。(《陈诗》卷六谢燮《陇头水》；[2]308)

此例中的“试”解作“试着”亦无不可，整句诗是让人试着听听“紫骝歌乐府”，以与“騄骥舞华冈”作比较。

再看其他“试听”用例：

(21)五弦并奏君**试听**，凄凄切切复铮铮。(唐白居易《五弦弹》)

(22)隔墙**试听**歌一曲，乃是资贤宅里人。(南唐徐铉《月真歌》)

(23)闲寻桂子，**试听**菱歌，湖上晚来凉好。(南宋朱敦儒《苏武慢》)

以下用例可帮助确定“试听”组合的性质：

(24)丈人**试静听**，贱子请具陈。(唐杜甫《奉赠韦左丞丈二十二韵》)

(25)如君所言诚有是，君**试从容听**我语。(唐白居易《霓裳羽衣歌》)

(26)久嗟尘匣掩青萍，见说除书**试一听**。(唐李涉《送杨敬之倅湖南》)

(27)**试细听**、莺啼燕语,分明共人愁绪,怕春去。(南宋袁去华《剑器近》)

与“试听”相比,“试静听”“试从容听”“试一听”“试细听”只是在“试”与“听”之间添加了一个修饰成分,各组合所表核心意义与“试听”相同,它们同样可看作“试听”的扩展。这些用例同样说明,“试听”是一个松散组合,而非结构紧密、粘附性强的附加式合成词,其中“试”当解作试着或聊、姑且。

“试听”不仅在韵文中多见,散文中同样有很多用例,如:

(28)**试听**臣言,其术足使三军之众,诛一人无失刑,父不敢舍子,子不敢舍父,况国人乎?(《尉缭子·制谈第三》)

(29)余在广州,购得白鹦鹉,译者盛称其能言。**试听**之,能蕃语耳。(北宋朱彧《萍洲可谈》卷二)

(30)盖愚臣平日之所学,惟陛下无惮烦而**试听**之。(《续资治通鉴长编》卷四〇八)

这些例中的“试”,有些尝试义较浓,而有些则仅表委婉,在句中可解作试着或姑且,不译也不会影响句子的意义的表达。将它们与韵文中的“试听”比较,可以发现,最大的不同就是散文中前后文比较详细,可以明确感知“试”的意义。

试上、试登、试陟

(31)**试上**江楼望,初逢山雨晴。(唐张九龄《晚霁登王六东阁》;[1]133)

(32)**试登**西楼望,一望头欲白。(唐岑参《题铁门关楼》)

(33)思览万物表,**试登**千仞冈。(北宋晁说之《寓兴》)

(34)**试陟**江楼望,悠悠去国情。(唐崔湜《江楼夕望》)

(35)闲随少年去,**试上**大堤游。(唐杨巨源《襄阳乐》)

这三个组合意义相近,有学者举例(31),认为“试上”为附加式。以下用例可佐证此看法不当:

(36)望水**试登山**,山高湖又阔。(唐李治《寄朱放》)

(37)见胡鞍之似练,知汉剑之如霜。**试登高**而极目,莫不变而回肠。(唐卢照邻《明月引》)

(38)百尺连云起。**试登临**、江山人物,一时俱伟。(南宋戴复古《贺新郎》)

(39)晴明**试登陟**,目极无端倪。(唐孟浩然《登望楚山最高顶》)

(40)攀萝**试一上**,依然有遗迹。(北宋王禹偁《望日台》)

从韵律上讲,“试登山、试登高”二组合中“试登”并不处在同一音步中,从意义上讲,“登山、登高”为支配式双音词,因而这两个组合中“试”是一个相对独立的成分,“试登”不能看作一个词。将它们与上举“试上江楼望、试登西楼望、试陟江楼望、试上大堤游”作一比较,可以发现“试登山、试登高”与“试上江楼、试登西楼、试陟江楼、试上大堤”结构全同,只是“登、上、陟”后的宾语前者为单音,后者为双音罢了。由此带来的不同分析,说明被看作附加式的“试登、试上、试陟”只不过是因诗歌韵律而构成的松散组合。

“试登临、试登陟”稍有不同,“登临、登陟”为两个动词性语素构成的并列式复音词,其组合相对“登山、登高”更加紧密,这两个组合中,“试登”绝不可看作一个词,另一方面,从意义上看,“试登临、试登陟”与“试上江楼望”“试登西楼望”中的“试上”“试登”意义上并无不同,这同样说明,学者们所认定的附加式合成词“试上”“试登”并非真正的词语。

“试一上”相当于在“试上”之间添加了一个限制性成分,并不改变其基本意义,但它的存在表明“试上”组合的松散性。

从意义上看,上举各例中的“试”解作试着或聊、姑且并无不可,“试登、试陟、试上”组合中的“试”并非词缀。

试诵、试吟

(41)穷愁应有作,**试诵**《白头吟》。(唐杜甫《奉赠王中允》)

(42)**试诵**谪仙清俊句,浩然天地与神游。(元黄公望《山人观瀑》;[1]134)

(43)**试吟**青玉案,莫羡紫罗囊。(唐杜甫《又示宗武》)

“试吟”“试诵”同义,有学者举例(42),认为“试诵”为附加式,其实这里的

“试”解作“试着”完全没有问题，可比较以下用例：

(44)苏颋年五岁，裴谈过其父。颋方在，乃<u>**试诵**</u>庾信《枯树赋》，将及终篇，避“谈”字……(唐张鷟《朝野佥载》卷四)

(45)时有颖者何岸，高不敏见，既去复入，谓曰：“蒙君厚惠，感荷奚言，然某偶忆短李相公诗，落句一联，深叶主人盛德也。”陈曰：“<u>**试诵**</u>之。”(《太平广记》卷二五七)

从搭配上看，“试诵庾信《枯树赋》”“试诵之”与“试诵谪仙清俊句”都是“试诵”后接宾语的结构，它们的不同只是在于散文中前后语境提供的信息充分，能确定“试”表尝试、试着义，而诗句因语境信息较少，无法确定“试”的意义，但我们并不能排除它表试着的可能。

从组合的紧密度上看，上举散文中的用例十分松散，那么诗句中的又如何呢？请看以下用例：

(46)欲知字字惊神鬼，一气秋时<u>**试夜吟**</u>。(唐刘威《欧阳示新诗因贻四韵》)

(47)讲学<u>**试诵论**</u>，阡陌勤耕桑。(南宋尤袤《全唐诗话》卷一)

(48)兄来<u>**试讴吟**</u>，句法渐翘秀。(北宋苏辙《次远韵》)

(49)君来<u>**试吟咏**</u>，定作鹤头侧。(北宋苏轼《宿望湖楼再和》)

“一气秋时试夜吟”一句，“试夜吟”与“试吟”在核心意义上并无不同，只不过“吟”前插入了一个限制性成分，这同样说明“试吟”组合松散。“讲学试诵论”一句，无论意义还是韵律，以及与后句的对应，都当以“诵论”为一个组合。“兄来试讴吟”“君来试吟咏”两句，“讴吟”“吟咏”与“吟”完全同义，所构成的组合“试讴吟”“试吟咏”在意义上也没有区别，但这两个组合，只能以“讴吟”“吟咏”为词，绝不可切分作“试吟”或不作切分。这些用例的存在以及它们与“试诵”“试吟”的关系同样说明，“试”是一个独立的成分。

试问

(50)可怜天上桂花孤，<u>**试问**</u>姮娥更要无。(唐佚名《桂花曲》)

(51)请君<u>**试问**</u>东流水，别意与之谁短长。(唐李白《金陵酒肆留别》；

[2]307)

(52)昨夜雨疏风骤,浓睡不消残酒。**试问**卷帘人,却道海棠依旧。(南宋李清照《如梦令》;[2]307)

此三例"试问"同属一个音步,符合诸家所说的附加式,但仔细体会,可以发现"试"解作"试着"并无不可。

散文中的"试问"有很多表"为测试而问","试"的意义实在,如:

(53)绰与询一时名流,或爱询高迈,则鄙于绰,或爱绰才藻,而无取于询。沙门支遁**试问**绰:"君何如许?"(《晋书・孙绰传》)

也有意义较虚的,如:

(54)寡人度其母,能知子善恶。**试问**其母,听其所欲杀活。(《列女传》卷五)

(55)景先夜乘城,忽闻堑中有小儿呼萧丹阳,未测何人,声声不绝。**试问**谁,空中应云:"贼寻当平,何事严防?"(《南史・新吴侯景先传》)

这两例"试"与上举诗句中的"试"相类。

(56)为见行舟**试借问**,客中时有洛阳人。(唐卢象《寄河上段十六》)

(57)凭轩**试一问**,张翰欲来归。(唐孟浩然《登岘山亭,寄晋陵张少府》)

"试借问"与"试一问"的意义与前举同属一个音步中的"试问"意义并无根本不同,但"试"与"问"却分属两个词,这表明,"试问"只是一个松散组合,而非真正的词语。

"试问"大量应用于韵文及散文,在使用过程中发展出表反问的意义,如:

(58)**试问**朝中为宰相,何如林下作神仙。(唐张令问《与杜光庭》)

(59)**试问**夹山头点后,几人真个解离钩。(清释漪云《船子和尚拨棹歌・续机缘集》)

在口语中常用于质问,如:"试问你这么说有什么根据?"这种用法其实是"试"表委婉功能的体现,而且这种组合仍比较松散。

“试V”组合有很多都有对应的散文用例，或有能表明其组合松散的韵文用例，为节省篇幅，以下我们仅作例举而不加分析，以体会“试V”组合的意义及组合的紧密度：

试开

(60)登临**试开**笑口，看垂垂短发，破帽休飘。(南宋张炎《瑶台聚八仙》)

(61)**试开**旧箧衣频换，才着新裘体更轻。(清乾隆《始裘》；[1]134)

此二例符合诸家所说的附加式，有学者即举第二例。

(62)**试开**眼下视，此龙渐低。(《太平广记》卷四二一)

(63)你诸人**试开**口看。(南宋普济《五灯会元》卷一二)

(64)千里犹残旧冰雪，百壶且**试开**怀抱。(唐杜甫《苏端、薛复筵简薛华醉歌》)

(65)**试开**胸探取，尤比颤酥香。(辽王鼎《焚椒录》)

例(62)(63)为散文用例，可帮助理解“试开”中“试”之义。例(64)(65)为韵文扩展例。

试看

(66)**试看**披鹤氅，仍是谪仙人。(北宋苏轼《临江仙·赠王友道》；[1]133)

(67)君**试看**之，若有朱者，我言验矣。(唐戴孚《广异记·李元平》)

(68)建恃无杖痕，且对众，因袒背以示涓曰：“请足下**试看**，有遭杖责而肌肉如是耶？”(北宋陶岳《五代史补》卷一)

(69)不知谁得巧，明旦**试相看**。(唐祖咏《七夕》)

(70)谁言南海无霜雪，**试向愁人两鬓看**。(唐裴夷直《忆家》)

例(66)属诸家所说的附加式，例(67)(68)为散文用例，例(69)(70)为韵文扩展例。

试访

(71)**试访**淮海使,归路成数千。(南朝梁江淹《秋至怀归》;[1]132)

(72)醉墨不容尘土污,凭君**试访**寺家楼。(南宋陆游《醉题》)

(73)末见一人,穷悴蓝缕,坐诸肆后。**试访**,曰:"浙人陈彦也。"(南宋蔡绦《铁围山丛谈》卷三)

(74)雨余荷锄**试一访**,颖颖竞脱毛囊锥。(北宋陈淳《和丁祖舜绿笋之韵》)

例(71)(72)属诸家所说的附加式,例(73)为散文用例,例(74)为韵文扩展例。

试览

(75)**试览**镜湖物,中流到底清。(唐孟浩然《与崔二十一游镜湖,寄包、贺二公》)

(76)率缘路之便,**试览**春之秀。(清乾隆《题云岫轩》;[1]134)

(77)后之君子**试览**逸旨,而耳吾曩梦。(北宋邵雍《梦林玄解》卷二九)

(78)明公**试览**其文,知其非求于世者也。(明归有光《震川集》卷六)

(79)游人**试一览**,临玩果忘疲。(唐卢照邻《宿晋安亭》)

(80)愿言**试历览**,闻见欲以广。(北宋梅尧臣《送张圣民学士知登州》)

例(75)(76)属诸家所说的附加式,例(77)(78)为散文用例,例(79)(80)为韵文扩展例。

试倚

(81)**试倚**凉风醒酒面,雁字来时,恰向层楼见。(北宋晏几道《蝶恋花·庭院碧苔红叶遍》;[1]133)

(82)**试倚**危楼,将远恨,卷帘看。(南宋赵鼎《行香子·草色芊绵》)

(83)某推开这吊窗,我**试倚**栏观看咱。(元无名氏《刘玄德醉走黄鹤楼》第三折)

(84)**试倚**楼极目,千山拱翠,舟横沙觜,江迷城脚。(南宋陈允平《一

寸金·次周美成韵》）

例(81)(82)属诸家所说的附加式，例(83)为散文用例，例(84)为韵文扩展例。

试寻

(85)**试寻**残菊处，中路候渊明。（南宋辛弃疾《临江仙·醉宿崇福寺寄祐之弟，祐之以仆醉先归》）

(86)拟把菱花一半，**试寻**高价皇州。（南宋张孝祥《木兰花》）

(87)**试寻**斯证，可以有悟矣。（南朝梁沈约《均圣论》）

(88)其子**试寻**之，其家妇果娠，乃作襁褓以候之。（《太平广记》卷三八八）

(89)**试寻**香嚼蕊，醉折繁枝。（南宋袁去华《长相思》）

例(85)(86)属诸家所说的附加式，例(87)(88)为散文用例，例(89)为韵文扩展例。

试思

(90)秦庭野鹿忽为马，巧伪乱真君**试思**。（唐李端《杂歌》）

(91)岂惟明日难重持，**试思**此会何尝有。（北宋欧阳修《小饮坐中赠别祖择之赴陕府》）

(92)律管吹灰，术甚微妙，绝来既久，吾思所不至，卿**试思**之。（《北史·信都芳传》）

(93)稽阴大邑，久无良宰，卿文士之内，**试思**其人。（《南史·褚玠传》）

(94)但**试寻思**阶下树，何人种此我看花。（唐鞠信陵《酬谈上人咏海石榴》）

(95)频聚散，**试思量**，为谁春草梦池塘。（南宋辛弃疾《鹧鸪天·送欧阳国瑞入吴中》）

(96)密约幽欢**试思忖**。教人又、怎生安稳。（北宋晁端礼《遍地花》）

例(90)(91)属诸家所说的附加式，例(92)(93)为散文用例，例(94)—(96)

为韵文扩展例。

试携

(97)**试携**子侄辈,披榛步荒墟。(东晋陶渊明《归园田居》之四;[1]132)

(98)**试携**银烛,斜照绿波中。(南宋赵彦端《临江仙·赏芙蓉》)

(99)时登楼野望,**试携**此诗于酒畔诵之,诵罢浮一大白,亦快事也。(清吴仰贤《小匏庵诗话》卷四)

(100)欲问玉京知远近,**试携**手,上高台。(南宋叶梦得《江城子·大雪与客登极目亭》)

例(97)(98)属诸家所说的附加式,例(99)为散文用例,例(100)为韵文扩展例。

试作

(101)薛君堂悬山水字,请我**试作**山水诗。(北宋梅尧臣《薛九公期请赋山水字诗》)

(102)酒空人散寂无声,为君**试作**苏门啸。(南宋陆游《野饮》)

(103)吾愦愦不能堪,**试作**一谜,当思解之,以释毒闷。(《魏书·咸阳王禧传》)

(104)郎官谓卿为虎,岂羊质虎皮乎?**试作**虎状。(《南史·羊侃传》)

(105)敕令彼僧**试作**剑轮,不成。(日圆仁《入唐求法巡礼行记》卷三)

(106)石墨聊书赋,铅华**试作**妆。(南朝梁萧纲《药名诗》)

例(101)(102)属诸家所说的附加式,例(103)—(105)为散文用例,例(106)为韵文扩展例。

试取

(107)**试取**西山药,来观东海田。(南朝梁庾肩吾《道馆》)

(108)**试取**东下直一金之剑,更熟锻炼,足其火,齐其铦,犹千金之剑也。(《论衡》卷二)

(109)姑曰:"皆自作也。**试取**鱼子来咬着,宁有许闹事!"(唐李肇《唐

国史补》卷上）

例(107)属诸家所说的附加式，例(108)(109)为散文用例。

试语

(110)此心谁复识，**试语**洞山人。（北宋苏辙《次韵洞山克文长老》）

(111)**试语**孤怀，岂无人与共幽怨。（南宋王沂孙《齐天乐·四明别友》）

(112)**试语**看花诸君子，但如今、俯仰成前度。（南宋刘辰翁《金缕曲·绝江观桃座间和韵》）

(113)子夏曰："刳心去智，商未之能。虽然，**试语**之有暇矣。"(《列子》卷二）

(114)怜子之诚，违先师之记。子平生所得，**试语**我。（南宋普济《五灯会元》卷一七）

(115)主人曰："**试语**今日所见。"(南宋曾敏行《独醒杂志》卷九）

例(110)—(112)属诸家所说的附加式，例(113)—(115)为散文用例。

试遣、试令

(116)君王**试遣**回胸臆，撮骨锯牙骈两肋。（唐元稹《望云骓马歌》）

(117)**试令**取一毫，亦乏寸公镊。（北宋王安石《用前韵戏赠叶致远直讲》）

(118)**试令**子弟学诸许，还家不用剑阁铭。（北宋苏辙《次韵子瞻游罗浮山》）

(119)藻美之，**试遣**左右践遐衣裾，欲观其举措。(《北史·柳遐传》)

(120)业兴犹被笑，**试遣**公去，当着被骂。(《北史·李业兴传》)

(121)韦**试令**踏地惊之，虫伏地如灭，细视地上，若石脉焉。（唐段成式《酉阳杂俎·续集》卷三）

例(116)—(118)属诸家所说的附加式，例(119)—(121)为散文用例。

需要说明的是，由于使用频率、使用习惯等不同，并不是每个"试 V"组合都能找到对应的散文用例或韵文扩展形式，但通过上举诸多用例的分析，我们仍然可以得出这样的结论:第一,韵文中的“试 V”与散文中的并无实质不同,它们组合十分松散,看作一个词更多的是出于韵律考虑。这一点从各家所举韵文例中“试 V”所处的位置也可看出:五言诗“试 V”基本位于一、二字,三、四字未见,七言位于一二或三四字,五六字未见,究其原因,正是因为从韵律上,处于五言三四字的“试”与“V”多不在一个音步上。第二,韵文中被看作附加式的“试 V”组合,并不能排除“试”有试着、姑且义。同样的“试 V”组合,我们感觉散文中“试”意义实在,韵文中无义,原因在于散文前后文语境详尽,而韵文语言过于简略,所提供的语境不充分,再加上主要动作由“试”后的动词承担,因而造成感知差异。基于上述两点,我们认为韵文中的“试”与散文一样,是一个独立的成分,而非附加于“V”的动词前缀。

三、从现代汉语看“试”的性质

蒋宗许先生(2009:134)认为,在现代汉语中,除“试问”外似很难看到同类的“试 V”结构。这个论断是建立在误认为“试”无义的基础上。事实上现代汉语中“试”与动词的组合非常自由,只是现代汉语动词多为双音节,且其组合很少用于韵文,“试”的意义一般较明显,故而误认为这类结构已经消失。《现代汉语词典》(第 7 版)所收词中,“试想、试问、试看”三个组合“试”的意义较虚,其中包括了蒋先生所说的“试问”。从意义上看,“试”在其中主要表委婉、礼貌,这从《现代汉语词典》的释义可以看出;从组合的紧密度上看,三个词都可以扩展,“试想”可扩展为“试想想”“试想一想”,“试看”可扩展为“试请看”,“试问”可扩展为“试请问”,如:

(122)**试想想**汤玛士夫妇的情况。(《检讨挫折和失败,从而成长才能让你屹立不倒》)

(123)所以你现在当给予我以忠告!**试想一想**,痛苦,快乐,生命,死亡杂聚于一个人身上,试想一想你已成为幽怨的歌唱者了——你现在猜测到么?(《索妃·密罗致格理门·布兰达洛书》)

(124)梁先生对法治的看法在解放后是否有所变化呢?**试请看**下面的论述。(陈景良《论梁漱溟的法文化观》)

(125)**试请问**,当网络工程师或运维部门的网络监控值班人员,面对一张如此复杂的网络拓扑图,却不能找出整个网络故障的真正原因,那将

会是一个怎样的情形？(《网络拓扑的背后》)①

现代汉语的“试V”用例同样说明，“试”与动词的组合十分松散，“试”并非无意义的附加成分。

以上我们对“试V”组合结合的紧密度以及“试”在其中的意义作了考察，我们认为，韵文与散文中的“试V”组合并无根本不同，它们多为结合松散的临时组合，“试”在其中地位独立，意义实在，因而并非词缀。

“试”被定性为词缀，以及对“试”的性质的考察，可为当前的词缀研究提供一些启示及帮助：

第一，既然是词缀，用以佐证的组合理所当然要为词，然而正是这理所当然，很容易让人忽视对所举组合的性质考察。从目前的研究看，忽视是否为词的考察绝不仅仅出现在“试”的研究上。

第二，疑似词缀构成的组合是否为词，目前多依靠语感来判定，然而语感受主客观因素影响太大，很容易出现问题，因此必须寻找科学的验证方法。

第三，现代汉语验证词的方法，如扩展法，可帮助判定某个组合是否为词。古代汉语不能象现代汉语一样自由扩展，但可在文献中寻找扩展形式。以“试望”为例，文献中“试长望”“试北望”“试一望”“试向疏林望”的存在说明“试望”可以扩展，从而表明“试望”并非结合紧密的词。

第四，所考察成分的特殊性也可帮助词缀的判定。以“试”为例，它与动词的组合在散文、韵文中都很常见，何以在韵文中是无义的词缀，而在散文中却为有实义的词根？这种反常情况提醒我们，或许我们的判断存在问题。事实上当前词缀研究中这类反常情况并不少见，有很多被定性为附加式的词仅出现于诗歌等韵文中，让我们不得不考虑这些组合的真正性质。

手

学术界论及后缀“手”者，以举例说明为主，如蒋宗许(2009:229—230)、王云路(2010:362—365)等，而葛佳才(2003)则著文专门讨论了后缀“手”的虚化过程。他在文中详细分析了“手”在“应手”“随手”组合中意义的变化，认为

① 以上用例来自网络。

“手”的意义虚化大致经历了如下演变(2003:85):表示人发出动作行为的主要部位→称代某种与手有关的具体动作行为→总称由手发出的一类动作行为→虚化为时间副词词尾。

葛文对“应手”“随手”的成词过程考察很到位,但他的分析也有问题:在“随手”“应手”的使用过程中,“手”的意义逐渐虚化,那么“应”和“随”的意义又有什么变化呢?是不是随着“手”的虚化,“应”和“随”就由介词变成了时间副词,产生了迅速义?当然不是,“应”和“随”早就有表迅速的意义,无需再由此途径重新产生。如果承认表迅速义的“应手”“随手”来自介宾词组“应手”“随手”,那么此义的得来只有一个解释:“应手”“随手”是作为整体共同产生表迅速的意义,而不是如葛先生所分析的,“手”在组合中逐渐变为词缀。其原理正如葛文(2003:84)所指出的:

> “应手”、“随手”在句中也联系着前后两个动词:前一个是由手发出的具体的动作行为,后一个是由这一动作行为引起的与之相应的结果,“应手”、“随手”在连接前后两个动作行为的同时,也传达了前一动作行为得到回应或反馈的及时和迅速。

其实“应手”“随手”的词义发展完全符合由词组到词的词义变化规律,作为词组,每一个组成部分都是独立的词,因此意义实在而独立,在成词的过程中,各组成部分的意义必然会逐渐融合,形成一个新的意义,这个新的意义绝不是两个语素义的简单相加。就“应手”“随手”来说,成词之后,“手”不再是指具体的手,“应”和“随”也不再是原来的介词“应”和“随”了,它们是作为一个整体共同表义。

基于此种认识,我们认为:既然认定成词的“应手”“随手”来自介宾词组“应手”与“随手”,那么其结构就不应当分析为附加式,我们应当根据其来源将它们定性为支配式。

由此扩展,在考察各家所举词例之后,我们对后缀“手”的存在持怀疑态度。以下根据各家所举包含后缀“手”的双音词所表现出的特点,分类分析。

一、“应手”“随手”类

“应手”“随手”由介词短语发展而来,其成词过程葛文已经分析得很清楚,此不赘。二词用例很多,影响很大,由此类推产生了很多意义相同的词,这种类推是利用与“应”“随”同义的语素替换“应”或“随”而构成。如：

当手

(1)当手毙僵,应弦倒越。(三国魏刘劭《赵都赋》;[9]86;[1]229)

此例“当手”与“应弦”对文,“当手”与“应手”的最初形式并无不同。如此用法的“当手”用例非常少,此例或是为避复而用“当”替换“应”,“当手”的词组性质还很明显。

寻手

“寻”有“随”义。《三国志·魏书·夏侯玄传》:“令发之日,下之应也,犹响寻声耳。”《资治通鉴·魏纪四》:“懿不从,故寻亮。”胡三省注:“寻者,随而蹑其后也。”“寻手”乃类推“随手”而来,其例如:

(2)春耕寻手劳,秋耕待白背劳。春既多风,若不寻劳,地必虚燥。(《齐民要术》卷一;[1]229)

(3)其碎者,割讫,即地中寻手纠之。(《齐民要术》卷三)

(4)余立身以来,三遭热痢,一经冷痢,皆日夜百余行,乃至移床就厕,其困笃如此。但率意自治者,寻手皆愈。(唐孙思邈《备急千金要方》卷四九)

“寻手”与“随手”的同一性从下例亦可看出:

(5)刘德,彭城人也,少以医方自达,众疾于虚劳尤为精妙,疗之随手而愈。(南朝齐臧荣绪《晋书》卷九)

就手

“就”与“随”在随从义上同义。《玉篇·京部》:“就,从也。”南宋陆游《老学庵笔记》卷五:“则公非不能歌,但豪放不喜裁翦以就声律耳。”“就手”的用例如:

(6)上幸秦桧第问疾,桧朝服拖绅,无一语,惟流涕淋浪,而上亦为之堕泪,就手解红帕赐桧拭泪。(南宋徐梦莘《三朝北盟会编》卷二一九)

(7)李逵见他两个赶来,恐怕争功坏了义气,就手把赵能一斧,砍做两

半，连胸膛都砍开了。(《水浒传》第四二回；[2]364)

逐手

“逐”有“随”义。《庄子·胠箧》“故逐于大盗”成玄英疏：“逐，随也。”“逐手”的用例如：

(8)黄金**逐手**快意尽，昨日破产今朝贫。(唐李白《醉后赠从甥高镇》)

(9)烧作灰，和腊月猪脂傅之，**逐手**便差。(唐孙思邈《备急千金要方》卷一五)

比较例(9)与例(5)，可见“逐手”与“随手”的关系。

缘手

“缘”与“随”在沿着、随从义上同义。“缘手”的用例如：

(10)二叔业四五万，燕客**缘手**立尽。(明张岱《陶庵梦忆》卷八)

(11)馈谢有所入，**缘手**即散之。(《明史·杨一清传》)

趁手

“趁”亦有“随”义，南宋戴侗《六书故·人九》：“趁，随及也。”唐白居易《初到洛下闲游》：“趁伴入朝应老丑，寻春放醉尚粗豪。”“趁手”的用例如：

(12)巴豆三十枚连皮碎，水五升，煮取三升，去滓，绵沾以拭肿上，**趁手**消，勿近口。(朝鲜金礼蒙《医方类聚》卷一九〇)

东晋葛洪《肘后备急方》有相似记载：

(13)又方：水煮巴豆，以布沾以拭之。姚云，巴豆三十枚，合皮㕮咀，水五升，煮取三升，日五拭肿上，**随手**即减。(卷三)

两相比较，“趁手”与“随手”的关系可见一斑。

(14)金貂贯酒，乐事可为须**趁手**。(北宋韦骧《减字木兰花·劝饮酒》)

此例中“趁手”意义的整体性更强。需要注意的是，“趁”单用是没有及时、迅速义的，这与附加式明显不同，也反映出“手”在词义形成中的重要性。前文“随手”“寻手”之所以会让人感觉“手”为无义的词缀，只是因为“随”与“寻”恰好有随即、迅速义。

“趁手”还有随意义，如：

(15)低棋趁手下。(唐李商隐《杂纂·少思算》)

(16)用园中锄锹趁手一挖，挖出一个大银锞子。(清李绿园《歧路灯》第九七回)

跟手

“跟”与“随”亦同义，《正字通·足部》：“跟，俗谓随行曰跟。”“跟手”的用例如：

(17)谁知先生前脚出去，军门跟手就断气。(清李伯元《官场现形记》第四九回)

(18)他老婆下了机器，量三升米，跑到井上去淘了，跟手就到灶下煮饭。(清姬文《市声》第一回)

循手

“循”有“随”义，《淮南子·泛论》“而循俗未足多也”高诱注：“循，随也。”“循手”用例很少，它是仿照“随手”而构成的临时组合，如：

(19)忆枝在场中，循手纳卷之作——俗所谓“卷后诗”者，均蒙非常逾分之评。(清洪弃生《寄鹤斋选集·文选·诗话》)

“随手”除了表时间迅速外，还有“随意”义，如：

(20)学母无不为，晓妆随手抹。(唐杜甫《北征》)

这是“随”的听任义与“手”组合而来。与此相类的词有：

信手

“信”有听任义，《荀子·哀公》：“故明主任计不信怒，闇主信怒不任计。”“信手”的用例如：

(21)醉来**信手**两三行,醒后却书书不得。(唐许瑶《题怀素上人草书》)

(22)低眉**信手**续续弹,说尽心中无限事。(唐白居易《琵琶行》;[2]363)

(23)中山僧表坚,面多瘢痕,偶溪中得石,如鸡子。夜觉凉冷,**信手**磨面,瘢痕尽灭。(唐冯贽《云仙杂记》卷四)

(24)巴东诗句澶州策,**信手**拈来尽可惊。(南宋陆游《秋风亭拜寇莱公遗像》;[2]363)

放手

"放"亦有听任、放纵义,《新唐书·陇西恭王博义传》:"骄侈不循法度,伎妾数百,曳罗纨,甘粱肉,放于声乐以自娱。""放手"的用例如:

(25)刈葵莫**放手**,**放手**伤葵根。(唐杜甫《示从孙济》;[2]364)

顺手

"顺"有听任义,如《墨子·非儒下》:"不可!夫儒,浩居而自顺者也,不可以教下。""顺手"的用例如:

(26)师师见了大惊,**顺手**将这曲儿收放妆盒内。(《大宋宣和遗事·亨集》)

(27)被王庆就势扭捽定,只一交,把女子攧翻。刚刚着地,**顺手儿**又抱起来。(《水浒传》第一〇四回)

肆手

"肆"亦有放任义。南朝梁任昉《奏弹刘整》:"理绝通问,而妄肆丑辞;终夕不寐,而谬加大杖。""肆手"的用例如:

(28)若郑樵则师心妄驳,戴侗则**肆手**影撰,又字学之不幸也。(明杨慎《〈六书索隐〉序》)

纵手

"纵"有放纵、听任义,《世说新语·雅量》第5条:"魏明帝于宣武场上,断

虎爪牙,纵百姓观之。”“纵手”的用例如:

(29)纵手自剪棘,结茅当石空。(《永乐大典》卷一三〇七五)

任手

“任”亦有放纵、听任义,《商君书·弱民》:“上舍法,任民之所善,故奸多。”“任手”的用例如:

(30)杯觞引满从衣湿,墙壁书多任手顽。(唐姚合《酬卢汀谏议》)

上述很多词,如“当手”“缘手”“循手”“肆手”“纵手”“任手”等,用例都很少,不可能也无必要如“应手”“随手”一样,由词组而成词。它们来自使用者对已有词语的类推模仿,这是词语产生的重要途径,在现代汉语中仍然很常见。就这些词的结构来说,应当依其源词“随手”“应手”分析为支配式,而不能反过来将“随手”“应手”分析为附加式。

二、“合手”类

合手

“合手”可表手掌相合,并引申有合力、协力,这个“合手”与后缀无关。各家所说的与后缀相关的是表工具顺手的“合手”,如:

(31)老者说:“华壮士你试一试,我这后院里有地方。要不合手,再叫伙计挫挫。”(清郭小亭《济公全传》第八九回)

(32)众人答应,各人毛腰拿起各人的合手军刃。有一个拿起大枪的,就有拿起一把大刀的。(清佚名《大八义》第一六回)

工具都要用手拿,“合手”即适合于手的使用,因此“手”并非后缀。“合手”还引申出和谐义,如:

(33)知道这小孩子同自己共事经过危险已有许多次,两人十分合手。(沈从文《黑夜》;[2]364)

与“合手”相类的还有“称手”“趁手”“衬手”“顺手”“可手”等,这些词的前一个语素与“合”一样,都有适合义,而使用语境无不与“手”密切相关。

称手

“称”有适合义，唐汪遵《郢中》：“莫言《白雪》少人听，高调都难称俗情。”“称手”的用例如：

(34)早来得笔绝佳，不图若此之精，其精如此，岂常有耶？然久无称手者，乍得，甚快意，多感多感。(《欧阳修集》卷一四九)

(35)国王笑道：“可败坏门面！我这里有的是鞭简瓜锤，刀枪钺斧，剑戟矛镰，随你选称手的拿一件去。”(《西游记》第二九回)

趁手

“趁”表适合义，乃用作“称”。“趁手”的用例如：

(36)悟空跳下来，接在手中，使了一路，放下道：“轻，轻，轻！又不趁手！再乞另赐一件。”(《西游记》第三回)

顺手

“顺”可表适合义，《论衡》卷三〇：“文贵夫顺合众心，不违人意，百人读之莫谴，千人闻之莫怪。”“顺手”的用例如：

(37)张顺带的半月镰刀，李俊携一对分水虎头钩，万一遇着甚事，使用时自也顺手。(《古本水浒传》第二〇回)

(38)写泥金字，不可用毫笔……缘受金多，能徐下，令金色平满，软滑顺手。(清沈初《西清笔记·纪职志》;[2]364)

可手

“可”亦有“适合”义，《荀子·正名》：“故可道而从之，奚以损之而乱？”杨倞注：“可道，合道也。”“可手”的用例如：

(39)方圆适意，洪细可手。(《艺文类聚》卷六九引晋张翰《杖赋》)

(40)翰弯弓三石余，矢尤长大，虢为之造可手弓矢。(《资治通鉴·晋纪十八》)

第二例胡三省注曰：“可手，便手也。”

三、“断手”“毕手”类

“断手”“毕手”用例较少，二词无论是构成还是意义都与“住手”相近，因此可通过考察成词途径完整的“住手”，以见“断手”与“毕手”的性质。

住手

(41)每沸，辄益两杓。尤宜缓火，火急则焦气。盆中汁尽，量不复溢，便下甑。一人专以杓扬之，勿令住手，手住则饧黑。(《齐民要术》卷九)

(42)右四味为末，别治桃人，以醇苦酒四升内铜铛中，炭火煎，取二升，下大黄、桃人、蛀虫等，搅勿住手。(唐孙思邈《备急千金要方》卷四)

此二例中“住手”为动宾词组，文中有“扬”“搅”这样明显用手的动词，“住手”即停止这些动作。

(43)又常以冷水射之，渍冷石熨之，日夜勿止，待差，住手。(唐王焘《外台秘要方》卷二四)

此例“住手”与动作“熨”的位置较远，“住手”的整体性更强。

(44)从今日以后，更有文字来，我也不信，差使人来，我也不见。你且说与州主，一任你们忠孝，出战亦得，守城亦得，我只是不住手攻打也。(南宋徐梦莘《三朝北盟会编》卷六一)

句中的动词“攻打”所表示的动作已经不似“扬”“搅”那样与手直接相关，而且“住手”的功能也发生了变化，它已经由词组融合成词。

(45)妻子道:“贫莫与富斗。打起官司来，我们先要银子下本钱，那里去讨? 不如做个好人住手，他财主每或者还有不亏我处。”(明凌濛初《二刻拍案惊奇》卷三一)

此例中的“住手”指停止与人争斗，与“手”没什么关系。作为一个词，“住手”的使用更加自由，完全摆脱了语素“手”的限制。

“住手”经历了由词组而逐渐成词的过程，使用语境也在不断变化，我们不能因此认定一部分“住手”为附加式，而另一部分为支配式。因为这些“住手”是一脉相承、逐步发展的。

与“住手”直接相关的是第一个语素与“住”同义的“停手”“歇手”“罢手”“辍手”“绝手”：

停手

(46)右二味，先煎杏仁汁令如稀面糊，置铜器中，内粳米粉如稀粥，以煻火煎，自旦至夕，搅勿**停手**。(唐孙思邈《千金翼方》卷一二)

(47)起来向壁不**停手**，一行数字大如斗。(唐李白《草书歌行》)

(48)太子**停手**，通盘算了一番，回顾刘瑾笑曰：“不是你指点，险些中了死局！”(清洪琮《白牡丹》第二回)

(49)这里尹子崇也不知会股东，便把公司里的人一概辞掉，所以公司办的事情一概**停手**。(清李伯元《官场现形记》第五二回)

“停手”也经历由词组而成词的过程。

歇手

(50)不**歇手**连打到有三十。(元高茂卿《翠红乡儿女两团圆》)

(51)说这小和尚正是后生之年，阳道壮伟，精神旺相，亦且杜氏见他标致，你贪我爱，一直弄了一个多时辰，方才**歇手**，弄得杜氏心满意足。(明凌蒙初《初刻拍案惊奇》卷二六)

辍手

(52)及长，笃学有辞采，家传赐书数千卷，总昼夜寻读，未尝**辍手**。(《陈书·江总传》)

(53)或岁序已奄，何时**辍手**。纲维不举，督课徒勤。(唐刘肃《大唐新语》卷九)

罢手

(54)那一个不因循成就，那一个不顷刻前程，那一个不等闲**罢手**。(元关汉卿《赵盼儿风月救风尘》第二折)

(55)不如**罢手**，后来倒好相见。(《水浒传》第五回)

收手

“收”有“停”义,《礼记·月令》:“(季秋之月)农事备收。”唐李涉《早春霁后发头陀寺寄院中》:“红楼金刹倚晴冈,雨雪初收望汉阳。”“收手”的用例如:

(56)宝钗见珍珠竟像一道银光罩住身体,三人层叠逼住,毫无退避,甚为惊喜。传令鸣金,四人正战到熟处,难以**收手**。(清陈少海《红楼复梦》第八九回)

(57)陈亮恐怕打伤,忙用身子遮蔽,众人不及**收手**,肩背上也早着了两下。(清坑余生《续济公传》第六八回)

绝手

(58)李逵不答,径自扑向马前,双斧疾风似地卷进,向上中下三路连环砍不**绝手**。(《古本水浒传》第六回)

“不绝手”即不停手,而“停手”常意味着完成,故“绝手”亦可表完成义,如:

(59)两都宫内修造,尚未毕功,过此一冬,方当**绝手**。(清陆心源《唐文拾遗》卷九)

(60)重修中岳庙碑:碑述大定重修中岳庙,始于十六年四月丁未,**绝手**于十八年六月戊子。(清毕沅《中州金石记》卷五)

“绝手”兼具停手、完成两种用法,反映了“住手”类词与表完成义的“断手”“毕手”“了手”的关系。

断手

(61)夏至后十日种者为上时,初伏**断手**为中时,中伏**断手**为下时。(《齐民要术》卷二;[8]86)

“断手”即停手,在上述语境中表耕种的完成。

(62)经营上元始,**断手**宝应年。(唐杜甫《寄题江外草堂》;[2]363)

(63)盖经始于正大六年之八月,而**断手**于八年之四月。(金元好问《邓州新仓记》)

此二例指房子建成，这种用法与上举“绝手”表完成的用法相同。

(64)《大学》近修改一两处，旦夕须就板改定，断手即奉寄也。（南宋朱熹《答刘季章书》之一一）

(65)《锦机》已成，第无人写洁本。年间得断手，即当相付，亦倚公等成此志耳。（金元好问《答聪上人书》）

此二例指写作完成。

毕手

(66)兼所修《唐书》，不过三五月，可以毕手。（北宋欧阳修《辞开封府札子》）

(67)余辈无如之何，已而烛至，饮余，裕之倡曰：“郑王碑文，今夕可毕手也。”（元刘祁《归潜志》卷一二）

此二例与上举“断手”的最后两例用法相同。

(68)有僧与疏山和尚造延寿塔毕手，白和尚，和尚便问：“汝将多少钱与匠人？”（《祖堂集》卷九；[8]86；[2]363）

此例与“绝手”二、三例，“断手”二、三例用法相同。

(69)择日点目睛，才毕手，汪马忽狂逸。（南宋洪迈《夷坚丙志》卷一九）

了手

“了”与“毕”同义，“了手”亦与“毕手”同义。

(70)忽逢三煞头，一棒即了手。（《王梵志诗·心恒更愿取》；[2]363）

(71)诛陵老母妻子了手，所司奏表于王。（《敦煌变文集·李陵变文》；[1]229；[2]363）

(72)拜王了手，便即登呈(程)。（《敦煌变文集·秋胡变文》）

(73)秋胡辞母了手，行至妻房中。（《敦煌变文集·秋胡变文》；[8]86；[2]363）

又作“了首”：

(74)战已**了首**，须臾黄昏，各自至营。(《敦煌变文集·李陵变文》；[2]364)

“绝手”“断手”“毕手”表完成，句中动词与手的关系较直接，而上举“了手”用例中的动词则与手关系稍远，主要是因为它多出现在口语性极强的文献中。另外，从文献用例来看，表完成义的“毕手”“了手”与“断手”一样，均为动词，而葛佳才(2003:84)认为“毕手”“了手”为时间副词，可商榷。

四、“转手”类

转手

“转手”即“翻手”，因一翻手时间很短，故引申表时间迅速。

(75)杖藜裹饭去匆匆，过眼青钱**转手**空。(北宋苏轼《山村五绝》之四；[2]363)

(76)虽如两苏兄弟之习于论事，亦不过勇果于嘉祐之制策，而持重于熙宁之奏议，**转手**之间，而两论立焉。(南宋陈亮《铨选资格策》)

从“转眼”一词亦可看出“转手”的结构及词义引申。“转眼”本指转动眼珠，因这一动作时间很短，故引申表时间短促，如：

(77)果然光阴似箭，日月如梭，**转眼**二十年。(明凌濛初《二刻拍案惊奇》卷二〇)

与“转手”相类的还有“翻手”“唾手”等。

翻手

与“转手”一样，“翻手”表时间迅速或事情容易完成得自于这一动作的容易及迅速。

(78)生葅入汤**翻手**成，芼以姜橙夸缕抹。(北宋黄庭坚《次韵子瞻春菜》)

(79)(鲁肃)曰：“功在**翻手**之间，公不肯为耳。”(明罗贯中《三国演义》

第三回）

唾手

表示容易，亦由这一动作容易做到引申而来，如：

(80)遂领麾下亲兵数千人，投北献策，谓攻蜀不若攻襄，无襄则无淮，无淮则江南可**唾手**下也。（南宋周密《癸辛杂识·别集下》）

这类词中的“手”是作为具体的人体器官而参与构词的，这与前三类“手”代表由手发出的动作明显不同。

五、急手、亲手、分手

急手

(81)上黄用鸡鸭翅毛刷之。**急手**数转，缓则坏。既熟，浑脱，去两头，六寸断之。（《齐民要术》卷九）

此例“急手”之后的动词“转”为手的动作，“急手”可解作快速，但解作快速地用手亦非不可。这样理解，“手”似乎显得冗余，但《齐民要术》中这样的“手”并不少见，如：

(82)明日，出，蒸之，**手**捻其皮破则可，便敷于地——地恶者，亦可席上敷之——令厚二寸许。（《齐民要术》卷八）

(83)气馏好熟，乃下，掸之令冷，**手**挼令碎。（《齐民要术》卷八）

两例中“捻”与“挼”明显要用手，从意义的表达看，“手”完全可以省略。

(84)卧于酮瓮中，勿**以手**按，拨平而已。以被覆盆瓮，令暖，冬则穰茹。（《齐民要术》卷九）

(85)留一升面，减水三合；以七合水，溲四升面，**以手**擘解。（《齐民要术》卷九）

与前两例一样，两句中“以手”后接明显的手作动词“按”“擘解”，依现代眼光看，“以手”似乎也嫌多余。

如此用法的“急手”还有：

(86)比见诸人水取石子,研丁香汁,拔讫,**急手**傅孔中,亦即生黑毛。(东晋葛洪《肘后备急方》卷六;[1]229)

(87)宝公曰:"大竹箭,不须羽。东厢屋,**急手**作。"(北魏杨衒之《洛阳伽蓝记》卷三;[1]229;[2]363)

(88)以两手从外屈膝至趺上,**急手**握足五趾,极力一通,令内曲以利腰髋,疗遗尿也。(唐王焘《外台秘要方》卷二七)

(89)**急手**掩其口鼻,勿令内气稍出,二时许气至即活。(《外台秘要方》卷二八)

(90)取汁作粳米粥,粥熟,**急手**搅,使浑浑适寒温。(《外台秘要方》卷三三)

上举各例中的动词"傅""作""握""掩""搅",无一不是由手发出。这些用例可与以下二例作比较:

(91)适如厕,俄闻秽气,**急以手**掩鼻。(南宋普济《五灯会元》卷二〇)

(92)看产人见儿出,**急以手**料拭儿口,无令恶血得入儿口。(南宋朱瑞章《卫生家宝产科备要》卷八)

"急手"与"急以手"在意义上很难说有什么区别。文献中另有用例反映了"急手"用法的变化。

(93)扬簸讫,以大瓮盛半瓮水,内豆着瓮中,以杷急抨之使净。若初煮豆伤熟者,**急手**抨净即漉出;若初煮豆微生,则抨净宜小停之。(《齐民要术》卷八;[2]363)

(94)率十石瓮,着石灰一斗五升,**急手**抨之,一食顷止。(《齐民要术》卷五;[1]229)

(95)**急手**深埋却,臭秽不中停。(《王梵志诗·吾死不须哭》;[1]230;[2]363)

第一例中的"抨"另外使用了工具"杷";第二例虽未明说,但从《齐明要术》"抨"的用法看,亦当使用"杷";第三例"埋"亦当使用工具。这三个用例与上几例不同,不是直接用手,而是使用了其他工具,但"抨""埋"仍是手的动作。

而以下用例则与"手"的动作关系不大:

(96)畅闻涵至，门前起火，手持刀，魏氏把桃枝，谓曰："汝不须来！吾非汝父，汝非吾子。急手速去，可得无殃！"（北魏杨衒之《洛阳伽蓝记》卷三；[8]86；[2]362）

(97)漫作千年调，活得没多时。急手求三宝，愿入涅盘期。（《王梵志诗·杌杌贪生业》；[2]363）

(98)军中有火石否？急手出火，烧却前头草，后底火来，他自定。（《敦煌变文集·李陵变文》；[1]229）

(99)薄媚黄头雀，便漫说缘由；急手还他窟，不得更勾留。（《敦煌变文集·燕子赋》）

(100)念佛急手归舍去，迟归家中阿婆嗔。（《敦煌变文集·三身押座文》；[1]229）

这是因为成词后的"急手"已经成为一个整体，不再受个别语素义的限制。"急手"另可写作"急首""急守"：

(101)家口惣死尽，吾死无亲表。急首卖资产，与设逆修斋。（《王梵志诗·家口惣死尽》；[2]363）

(102)急守趁贼来，大家疲乏。（《敦煌变文集·李陵变文》；[2]363）

亲手

"亲"与"手"都有亲自义，因而"亲手"有可能是同义复合。但我们更倾向于认为它与"亲口""亲眼""亲耳"等结构相同。

(103)待得秋残亲手种，万姬围绕雪中看。（《全唐诗补编·全唐诗续拾》卷三三）

(104)亲手赐彤弓，苍生是繄赖。（唐贯休《上孙使君》）

(105)会使老拳供口腹，莫辞亲手啖腥臊。（唐章孝标《鹰》；[2]364）

前二例"手"后所接动词"种"与"赐"与手直接相关，第三例指鹰以爪助食，"手"亦与手爪相关。

(106)大雄宗派下，出四庵主，大梅白云，虎溪桐峰，看他两人恁么眼亲手辨，且道淆讹在什么处？（南宋圜悟克勤《碧岩录》卷九）

此例中的动作与手就没什么关系了。不过从文献用例来看,“亲手”绝大多数都与手的动作同现。

以下举“亲口”“亲眼”“亲耳”各一例以与“亲手”相比勘。

(107)神仙**亲口**留斯旨,何用区区向外寻。(唐吕岩《七言》)

(108)小子**亲眼**见他,如何不实?(元柯丹邱《荆钗记》)

(109)萧后道:“妾**亲耳**听见,亲眼看见,又不是谁人搬唆是非,如何赖得没有?”(明齐东野人《隋炀帝艳史》第三四回)

“口”“眼”“耳”与“手”一样,都为人的身体器官;从用法来看,上举各例“亲口”“亲眼”“亲耳”分别对应“留”“见”“听”等动词,这与“亲手”多紧跟由手发出的动作相似。

分手

表分别、各自,用例很少。

(110)宣与书家**分手**写,中官走马赐功臣。(唐王建《霓裳词》之四;[2]363)

从文献的用例来看,“分手”与“亲手”很相似,其后所接动词“写”亦为手发出的动作。不过“分手”有其特殊性:在表分别、各自义之前,有大量表离别义的“分手”。古人分别之时要“执手”,而“执手”之后即“分手”①,因此不能排除表离别义的“分手”是受“分别”一词的影响而得义,毕竟“分别”既有离别义,又有各自义。

六、足手

足手

“足手”仅见于《齐民要术》,有两个用例,并未成词。我们先看用例:

(111)无风尘好日时,舒布于床上,刀削粉英如梳,曝之,乃至粉干。

① 《楚辞·九歌·河伯》朱熹集注:“古人将别,则相执手,以见不忍相远之意,晋、宋间犹如此也。”

足将住反手痛挼勿住。（卷五）

(112)各细磨，和之。溲时微令刚，足手熟揉为佳。（卷七；[8]86）

第一例中有注文“将住反”给“足”注音，表明了此“足”字的特殊性。“将住反”为去声之“足”。《广韵·遇韵》：“足，足添物也。”《集韵·遇韵》：“足，益也。”结合文意，可知此“足”为动词，“足手”为动宾短语，指“添加人手”。

七、只手、正首

只手、正首

表诚然，实在。

(113)贫道今朝至此间，心中只手深相怪。（《敦煌变文集·大目乾连冥间救母变文》；[8]86）

又作“只首”：

(114)何事最堪悲，云娘只首奇。（唐李宣古《咏崔云娘》）

(115)只首思量也大奇，朕今王种岂如斯！（《敦煌变文集·丑女缘起变文》）

“正首”与“只手”同义，我们仅发现一例：

(116)十娘谓五嫂曰：“向来正首病发耶？”五嫂起谢曰：“新妇错大罪过。”（唐张鷟《游仙窟》；[9]86）

据《唐五代语言词典》(1997:442)，“正”与“只”意义可通，二者实同词。“只手”“正手”用例较少，与前几类有很大差别，我们不知其确切来源，故不妄加揣测，但有一点：“只”单用并无诚然、实在义，不能轻言“手(首)”为词缀；退一步说，即便“手(首)”无义，也不能推定为后缀，因为词缀应当有类推能力，只有“同类情况普遍而非偶见”(王云路 2010:277)，才能看作词缀，“只手”中的“手”显然不合这一标准。

以上对各家所举包含词缀“手”的词语进行了分类分析，并连带分析了与它们具有类推关系的一些词。通过考察，我们发现：

1. 单看词语，大多数词中的前一个语素在意义上都可与“手”组合，构成支配关系，如本篇所举的前四类。这一点与一般附加式构词法有很大不同。葛佳才(2003:87)认为"'当手'、'寻手'、'急手'、'只手'、'正首'、'断手'、'了手'、'毕手'、'足手'等，其中的'手'与第一语素之间意义上并无任何组合关系"，不够准确。诸多支配关系的"～手"，有些并未经历如"应手""随手"类的成词过程，这是因为它们是在已有词语的基础上通过同义或近义语素替换类推而来。

2. 这些词所出现语境，绝大多数都有与手直接相关的动词；有些动词所表动作不是很具体，一般也与手有关；而使用与手完全无关且表具体动作的动词，一般很少使用"～手"，这在现代汉语中表现得也很明显，以表随意的"随手"及表合适的"顺手"为例，"随口说""随意说"可以说，"随手说"则不可以说①；"用着很顺手"可以说，"听着很顺手"则不能说。

3. 本篇所举第一、二、三、五类"～手"，用前一个语素义解释整个词在句中大多可说通，这似乎符合附加式意义标准，且与本篇所分析的"手"并非无义相矛盾。究其原因，第一、二、三类支配式组合中，"手"所指代的是文中动词所发出的动作，由于动词一般在文中已经出现，所以作为指称这些动作的宾语"手"，省略掉也不会影响意义的表达；第五类词，"手"原本表工具，而且句中动词一般明显发自于手，因此去掉后也不会影响理解；至于第四类"转手"类，去掉"手"之后则与词义有别，原因在于这里的"手"实指人体器官，而不是与手相关的动作；第六类"足手"，"足"亦不能独自表达"添加人手"的意义。

在研究中我们还发现这样一个现象：上举很多词的第一个语素都可与"口"或"声"组合。以下依照本篇所举"～手"类分别举例，以"～口"为主，无"～口"者举"～声"，每词举一例：

第一类：

应口

(117)一乌犬解人语，应口所作，与人无殊。(唐张鷟《朝野佥载》卷六)

① 百度网上有人提出这样一个问题："'我随手就踢了他一脚'这句话有没有语病？请说一下理由！"四位回答者一致认为有语病，原因就在于"随手"不能与动词"踢"搭配。http://wenwen.soso.com/z/q178574536.htm。

随口

(118)孟神爽,扬州人。禀性狼戾,执心鸩毒。巡市索物,应声即来,入邸须钱,随口而至。(《朝野佥载》卷六)

当口

(119)张天觉山呼舞罢了,当口奏道:“陛下贵为天子,富有四海……一举动,一嚬笑,皆不可轻也。”(《大宋宣和遗事·前集》)

寻声

(120)空中诸天寻声报曰:“郁头蓝子命终已来,经今七日。”(唐玄奘《大唐西域记》卷七)

就口

(121)潘用中神魂如失,就口吟一诗道:……(明抱瓮老人《今古奇观》卷二九)

逐口

(122)吾唾五毒,逐口消灭,急急如律令。(唐孙思邈《千金翼方》卷三〇)

趁口

(123)将为事究明令彻去,不似如今人胡乱问趁口答取笑。(《古尊宿语录》卷三四)

跟声

(124)“快——”,跟声拥进来一伙妇女。(赵志迅《娃他妈》)

循口

(125)至如入韵,则循口揣合方音俚响,皆许入押。(清冯金伯《词苑萃编》卷一九)

信口

(126)读书未百卷,信口嘲风花。(唐白居易《答故人》)

放口

(127)**放口**忤无须，何门求造膝。(北宋王禹偁《五哀诗·故国子博士郭公忠恕》)

顺口

(128)自家张屠的便是，街坊每**顺口**，叫我做小张屠。(元无名氏《焚儿救母》楔子)

肆口

(129)近代宋孝武轻言**肆口**，侮弄朝臣，攻其门户，乃至狼狈。(《旧唐书·张玄素传》)

纵口

(130)自昔圣贤兢兢业业，不敢**纵口**说一句大胆话。(明高攀龙《与管东溟书》)

任口

(131)杨朗等十人，与光耀多不识面，足迹所至，得之风闻，**任口**狂吠。(清黄宗羲等《南明史料》卷二)

第二类：

合口

(132)美味期乎**合口**，工声调于比耳。(《汉书·扬雄传下》)

顺口

(133)这几样细米更艰难了，所以都可着吃的多少关去，生恐一时短了，买的不**顺口**。(《红楼梦》第七五回)

可口

(134)寒窗司火候，古鼎冻胶饴。初尝不**可口**，醇酒和味宜。(北宋黄庭坚《和孙公善李仲同金樱饵唱酬二首》)

第三类：

住口

(135)那长老念彀有十余遍，还不住口。(《西游记》第五六回)

停口

(136)少游知有跷蹊，停口不言，只为熟视那人。(清佚名《九云记》第四回)

歇口

(137)终日不歇口，无一句可议之言，高于缄默者百倍矣。(明吕坤《呻吟语》卷四)

辍口

(138)唐长安县死囚，入狱后四十余日，诵《金刚经》不辍口。(《太平广记》卷一〇四)

收口

(139)是晚家婆、新妇企住门口，大闹一常横纹柴咒至三更收功，臧姑偏咒至四更，然后收口。(清邵彬儒《俗话倾谈》卷一)

绝口

(140)吉绝口不道前恩，故朝廷莫能明其功也。(《汉书·丙吉传》)

毕口

(141)说未毕口，那班手下的帮妒将帅火速报知，一霎时狂风大作，把那妇人平空吹入水里淹死了。(清艾衲居士《豆棚闲话》第一则)

第五类：

急口

(142)绍闻急口道："我若不送来，天诛地灭，不算个人养的！"(清李海观《歧路灯》第二九回)

亲口

(143)五月十六日起首，于青龙寺天竺三藏宝月所，重学悉昙，**亲口**受正音。(日圆仁《入唐求法巡礼行记》卷三)

分口

(144)及得文本，号善职，而敏速过之。或策令丛遽，敕吏六七人泚笔待，**分口**占授，成无遗意。(《新唐书·岑文本传》)

第四类"转手"类，文献中虽有"转口""翻口"，但均为"改口"义，与"转手"不相对应；第六类无对应的"足口"；第七类亦无对应的"正口""只口"。

"～口"类词与"～手"类词非常相似：从性质上看，"口"与"手"均为人的身体器官；从使用语境来看，"～口"句中一般均有与"口"相关的动词，这与"～手"句中一般都有与手相关的动词相类似；从意义上看，二类词有非常严格地对应，而且与"～手"类词一样，"～口"类词在句中一般亦可用前一语素的意义解释整个词。二类词的区别在于，"～手"类词有一部分可以用于动词与手无关的句子中，"～口"则基本限于动词与"口"有关的句子中。而这可能正是学界将"手"作为词缀而未将"口"作为词缀的原因。

通过上文的综合分析，可以知道："～手"类词大多可以进行意义组合分析；大多数用于与手的动作相关的语境中；且有意义与结构相当的"～口"与之构成较整齐的对应。基于此，就当前学术界所举出的"～手"来说，认定"手"为词缀有欠妥当，"手"在汉语中是否可作词缀尚需进一步考察验证。

另外，对"手"的性质的考察，可为构词法研究提供一些启示：

1. 判断一个词的结构，考察来源是根本，仅从共时平面凭借语感判断词语结构，可能会误导我们。以对"手"的定性为例，学者多以"～手"中"手"所指较虚为标准，殊不知，作为一个词，其意义本来就来自于各语素的融合，若各语素意义过实，这个词也就不成为词，而是词组了。

2. 同一词形，结构确实有可能不同，如"鬼子"，表鬼之子为偏正式，表鬼则为附加式，但作这样的分析，是基于后者并非由前者引申而来的事实①，由一个源头引申发展而来，在历时层面有意义及用法不同但又有着紧密联系的词

① 参前文"子(后缀)"条的相关论述。

不应当作不同分析。如“随手”“应手”，其表迅速、随意都与词组“随手”“应手”紧密相关，因而不应当根据时代不同对其结构作不同分析。

思

《诗经》中的“思”用例很多，有些用例为常规用法，作动词，无需多论。另外还有一些用法比较特殊，大致可分两类。

一、用于句末或句中某一双音组合的后一音步

此类用法，“思”充当语气词，一般无争议，如：

(1)汉有游女，不可求思。汉之广矣，不可泳思。江之永矣，不可方思。(《周南·汉广》)

毛亨传：“思，辞也。”

(2)莫予云觏，神之格思，不可度思，矧可射思。(《大雅·抑》)

此句被《礼记》所引，孔颖达疏：“思，辞也。”

(3)翩翩者鵻，烝然来思。君子有酒，嘉宾式燕又思。(《小雅·南有嘉鱼》)

孔颖达疏：“思，皆为辞。”

(4)敬之敬之，天维显思。命不易哉。(《周颂·敬之》)

郑笺：“敬之哉，敬之哉，天乃光明，去恶与善，其命吉凶不变易也。”此句《汉书·孔光传》亦有使用，颜师古注：“思，辞也。”此数例“思”用于句末。

(5)镐京辟雍，自西自东，自南自北，无思不服。(《大雅·文王有声》)

郑笺云：“武王于镐京行辟廱之礼，自四方来观者皆感化其德，心无不归服者。”郑笺未涉及“思”字，显然将它看作语辞。陈奂传疏引王引之《经传释词》：“思，语词也。”此例“思”与“无”构成一个音步。

二、用于句首或句中某个双音组合的前一音步

此类用法的“思”，早期注释多看作实词，而后期注释则多看作语辞，今有学者将其定性为词缀。如：

(6)兕觥其觩，旨酒思柔。(《小雅·桑扈》;[1]111)

郑玄笺:“其饮美酒，思得柔顺。”朱熹集传认为“思”乃语辞。

(7)思齐大任，文王之母。思媚周姜，京室之妇。大姒嗣徽音，则百斯男。(《大雅·思齐》;[1]111)

郑笺:“常思庄敬者，大任也，乃为文王之母，又常思爱大姜之配大王之礼，故能为京室之妇。言其德行纯备，故生圣子也。”朱熹集传认为“思齐”之“思”为语辞。

(8)世之不显，厥犹翼翼。思皇多士，生此王国。(《大雅·文王》;[1]111)

郑笺:“思，愿也。周之臣既世世光明，其为君之谋事忠敬翼翼，然又愿天多生贤人于此邦。”朱熹集传:“思，语辞也。”陈奂传疏:“思，发语之辞。”《汉书·王褒传》引有此句，颜师古注:“思，语辞也。”

(9)永言保之，思皇多祜。(《周颂·载见》)

郑笺:“思使成王之多福。”朱熹集传:“思，语辞也。”

(10)间关车之舝兮，思娈季女逝兮。(《小雅·车舝》;[1]111)

郑笺:“思得娈然美好之少女有齐庄之德者，往迎之，以配幽王，代褒姒也。”陈奂传疏:“思，词也。”

(11)迺裹糇粮，于橐于囊。思辑用光，弓矢斯张。(《大雅·公刘》;[1]111)

毛亨传:“思辑用光，言民相与和睦，以显于时也。”郑笺:“其民乃裹粮食于囊橐之中，弃其余而去，思在和其民人，用光大其道。”陈奂传疏:“思，词也。”

以上用例,“思”后为形容词。

(12)思乐泮水,薄采其芹。鲁侯戾止,言观其旂。(《鲁颂·泮水》;[1]111)

郑玄笺:“言己思乐僖公之修泮宫之水,复伯禽之法,而往观之,采其芹也。”朱熹集传:“思,发语辞也。”

(13)汤孙奏假,绥我思成。(《商颂·那》)

郑笺:“汤孙太甲又奏升堂之乐,弦歌之,乃安我心,所思而成之,谓神明来格也。”陈奂传疏:“思,语词也。”

(14)既载清酤,赉我思成。(《商颂·烈祖》)

孔颖达疏:“既载清酒于尊,酌以裸献,而神灵来至我致齐之所,思则用成重言,嗟嗟美叹之深。”

以上用例,“思”后为动词。

(15)思无疆,思马斯臧。(《鲁颂·駉》)

郑笺云:“僖公之思遵伯禽之法,反覆思之,无有竟已,乃至于思马斯善多,其所及广博。”陈奂传疏“思无疆”曰:“思,词也。”“思无疆”中“思”位于句首,且独处一个音步。

上举例(6)—(14),郑玄均释“思”为实词,但其他注者则将部分用例看作虚词。而自宋代朱熹以至清代学者,则将大多数用例中的“思”看作语词。

仔细体会各用例,不难看出郑笺多有牵强,看作无义语辞显然更加合适。不过郑玄的注释也得到中古其他注家的认同,如《文选·陆机〈答贾长渊〉》:“思媚皇储,高步承华。”李善注:“《毛诗》曰:‘思媚周姜。’又曰:‘媚于天子。’”李周翰注:“媚,爱也。言谧思爱太子,高步于承华门也。”《文选·干宝〈晋纪总论〉》“聿脩祖宗之志,思辑战国之苦”,李善注:“《毛诗》曰:‘无念尔祖,聿脩厥德。’”吕向曰:“聿,循。脩,治也。言武帝脩先祖欲伐吴之志,思和战国之艰苦。”

“思”到底该如何定性?古人的看法已见上,而现代有学者对“思”的性质有新的看法，蒋宗许先生(2009:111—112)即将其定性为词缀，并认为：

> "思"作前缀，似只见于《诗经》。……"思"作前缀的特点都是和一个单音形容词组合，其作用基本上都相当一个重言词，而其出现也只是在《雅》《颂》之中，这一点，和后缀"斯"的情形相同。即此可以断言："斯"缀、"思"缀产生的年代要比"其"缀和"有"缀早一些。再，"思"作词缀，也应该是只借其语音形式而已，它与那些意义虚化而作词缀者不同。

蒋先生所举《诗经》用例尚有：

(16)思文后稷，克配彼天。立我烝民，莫匪尔极。(《周颂·思文》；[1]111)

(17)思媚其妇，有依其士。(《周颂·载芟》；[1]111)

《诗经》距今遥远，仅凭其文很难确定"思"的性质，而后代的使用情况则可帮助定性，为此我们考察了后代文献。我们发现：

《诗经》中"思"的用法在后代文献中用例较少，且功能未见拓展，作语气词者如：

(18)生年有命，时过虑深。何用写思，啸歌长吟。(三国魏阮籍《咏怀诗》)

(19)朱明来思，青阳受煦。(西晋陆云《失题》)

(20)神惟显思，不言而令。(北周庾信《登歌》)

而第二类"思"基本限于《诗经》既有组合及句式的沿用，如：

思文

(21)思文大谟，恢我王猷。(西晋孙拯《赠陆士龙》)

(22)思文巢惠，载咏载歌。(西晋左棻《巢父惠妃赞》)

(23)思文弈世，桓武载德，为后必推，争长谁克。(北魏《元谭墓志》)

(24)于穆伊何？思文哲后。(《晋书·潘尼传》)

思皇

(25)思皇烈祖，时迈其德。(三国魏王粲《太庙颂》)

(26)思皇享多祜,嘉乐永无央。(《晋书·乐志二》)

(27)思皇蔼蔼,群龙济济。(《隋书·音乐志上》)

思乐

(28)思乐华林,薄采其兰。(西晋王济《平吴后三月三日华林园诗》)

(29)思乐华殿,祇承圣颜。(西晋陆机《祖会太极东堂》)

(30)思乐乐难诱,曰归归未克。(西晋陆机《东宫作诗》)

思媚

(31)嗣徽妫汭,思媚周姜。(《宋书·乐志二》)

(32)思媚储猷,洽和奉宴。(南朝梁沈约《为临川王九日侍太子宴》)

思柔

(33)嘉肴惟芳,旨酒思柔。(西晋潘尼《后园颂》)

思齐

(34)思齐古公,邠土是因。不忘谂国,惠我无垠。(三国魏邯郸淳《汉鸿胪陈纪碑》)

(35)思齐徽音,聿求多祜。(三国魏何晏《景福殿赋》)

思成

(36)矫矫俊臣,惟国作辅。绥我思成,有德思祜。(东汉荀悦《汉纪》卷三〇)

(37)皇皇后祖,赉我思成。(《旧唐书·音乐志三》)

思辑

(38)聿修祖宗之志,思辑战国之苦。(《晋书·愍帝纪》)

(39)奕世重规,明照九畿。思辑用光,时罔有违。(《晋书·乐志上》)

综观"思"在《诗经》及后代文献中的用法,我们认为"思"的相关组合并不具备词的性质。"思"在《诗经》中主要用以足句,而非构词,因而看作词缀似不合适。

斯

蒋宗许先生(2009:108—111)指出《诗经》中的一些"斯"可作前缀,并举了一些用例:

(1)朱芾**斯皇**,有玱葱珩。(《小雅·采芑》;[1]108)

(2)帝省其山,柞棫**斯拔**,松柏**斯兑**。(《大雅·皇矣》;[1]108)

(3)有兔**斯首**,炮之燔之。(《小雅·瓠叶》;[1]108)

(4)于乎有哀,国步**斯频**。(《大雅·桑柔》;[1]108)

另外,他还举有后代的一些用例,如:

(5)恢恢皇度,穆穆圣容。言思其顺,貌思其恭。在视**斯明**,在听**斯聪**。(西晋应贞《晋武帝华林园集诗》之四;[1]108)

(6)谷稼**斯重**,珠玉为轻。(南朝梁萧纲《和赠逸民应诏诗》之五;[1]108)

(7)鞠躬如在,侧听无声。荐色**斯纯**,呈气**斯臭**。(北齐《昭夏乐·荐毛血奏》;[1]108)

(8)六变云备,百礼**斯浃**。祀事孔明,祚流万叶。(唐无名氏《明皇祀圜丘乐章》;[1]109)

(9)有琴**斯鸣**,于宰之庭。君子莅止,其心孔平。(唐息夫牧《冬夜宴萧十丈因饯殷郭二子西上》;[1]109)

蒋先生(2009:110)在举例之后指出:

前缀"斯"历代都有用例,在组合形式和构词特点上无大的变化,基本上都是出现在四言的韵文中,主要作单音形容词的前缀。这应该是受《诗经》的影响而然。偶尔有作单音动词前缀的,……上边的诸多例子,可以明显地看出"斯"作前缀的特点,就形式论,往往是为了"协律",即通常表述三字已足,……但是为了整齐,于是用一个"斯"字来凑足音节,从而形成"二二"的节奏。如果硬要去为这里的"斯"寻找一个实义,则反而不通了;又如"有琴斯鸣,于宰之庭",若以散文表述,就是"有琴鸣于宰之庭",

把它变成四字一节的韵文，则成如上的样子，“斯”字的作用再明显不过了。当然，如果仔细审辨，“斯”作动词的前缀和形容词的前缀也还有一些不同，“斯”作形容词的前缀后语气有所加强，如上所说等于一个叠音词，而用在单音动词之前则只起一个构成偶音节的作用。

蒋文(2009:164—165)还举了一些可作后缀的“斯”：

(10)乃求**千斯**仓，乃求**万斯**箱。(《小雅·甫田》)

(11)王**赫斯**怒，爰整其旅。(《大雅·皇矣》)

(12)大姒嗣徽音，则**百斯**男。(《大雅·思齐》)

蒋文另举了一些后代“赫斯”及“百斯”“千斯”“万斯”的例子，认为此类“斯”相当于重言，“赫斯”犹“赫赫”，“百斯、千斯、万斯”犹“百百、千千、万万”。

《诗经》中“斯”的用法，很多学者做过全面考察，如付义琴(2004)、杨文霞(2005)、方有国(2009)、林海云(2010)等。其中“斯”的虚词用法，付义琴(2004)认为有连词和助词；杨文霞(2005)认为有助词和语气词；方有国(2009)认为有连词、语气词、词尾，词尾仅举“赫斯”一例；林海云(2010)认为有副词、连词、语助词、宾语前置的标记。

“斯”在具体用例中的用法有很多存在争议，这与《诗经》距今久远，且前后文语境不足有关，我们不想也无力作进一步讨论。但针对词缀的说法，我们认为不甚合理。正如蒋文所述，较虚的“斯”的功能只是用来协律，构成二二音节。而这个二二音节只是同处一个音步，不能自由应用，并不具备词的功能，自然不是词缀。另外，从后代用例看，这些组合亦只是模仿《诗经》用法，并未作为词自由应用，因而“斯”亦无法定性为词缀。“赫斯”在后代成词，但并不能得出“斯”为词缀的结论，因为此类用法并不具有类推性，这个词看作典故词显然更加合理。

为

“为”作词缀的用法，论及者甚多，既有将其定性为前缀者，亦有定性为后缀者。以下分别加以分析。

一、“为”作前缀辨析

“为”作前缀的用法，蒋宗许、王云路先生均有论述，蒋宗许先生(2009：131)认为：“为”是一个活跃的动词，因为常用，所以词汇意义有时便虚化了。到了汉代，诗体发生了巨大变化，四言诗开始向五言诗发展，于是这个有虚义用法的“为”便常常用作衬音助词来凑足五个音节。当这种衬音的“为”用在一个单音的实语素的动词前边，配合而成一个紧密的双音节动词时，它便变成一个纯粹的动词前缀。“为”作前缀多见于汉魏六朝韵文，唐诗宋词以及后代的诗歌也很常见，在用法上无大变化，仍是与动词配合。

王云路先生(2010：300)认为：“为”本是一个应用很广泛、含义较抽象的动词，当某些单音节动词找不到适当的同义词来构成双音词时，往往把“为”字拉来作为附加成分。

有关“为”与动词的搭配，刘瑞明先生(1993；1994a)亦有探讨，他认为“为”乃泛义动词，与后面的动词组合，构成同义复合词。朱城(2001)亦持此观点，他认为“为”置于动词前或后均为同义连用。

我们仔细研究了各家的观点，并对所举用例进行了分析，发现蒋、王两家所举很多“为”的附加式用例，“为”都有实义。而文献中有些似乎无义的“为”的组合用例，“为”是词缀，还是泛义动词与其后的动词同义复合，尚需研究。以下我们依据“为”的性质对诸家所举用例加以分析。

(一)介词“为”与动词构成的组合

细致分析诸家所举“为＋动词”用例，我们发现很多“为”实为介词。此类用例基本出自诗句，由于诗句前后文语境简略，故不能排除解读失误：

为拂

(1)何当一入幌，**为拂**绿琴埃。(唐李益《竹窗闻风寄苗发司空曙》；[1]130；[2]302)

此例“为拂”，“为”乃介词，替义，其后省略了宾语，“为拂绿琴埃”指风替人拂去绿琴埃。可比较以下诸例：

(2)壁间水墨画，**为尔拂**尘埃。(北宋陈师道《沈道院有水墨壁画，奇笔也，惜其穷年无买之者，贾明叔请余同赋》)

(3)先声从西来,尘榻**为君拂**。(北宋徐积《和倪敦复》)

此二例"为"后的宾语出现,不会出现歧义。

(4)夜深方独卧,谁**为拂**尘床。(唐白居易《秋夕》)

(5)君**为拂**眠床,淹留莫城阻。(北宋黄庭坚《次韵时进叔二十六韵》)

此二例中"为拂"并不处于同一音步,可明显感知并非一词,"为"在句中亦作介词,替义,其后同样省略了宾语。将此二例与李益诗比较,并无根本不同,只是因为李益诗中的"为拂"同处一个音步,且主语"风"承前省略,故而影响了理解。

"为拂"的这种用法很多,如:

(6)缓歌将醉舞,**为拂**绣衣尘。(唐张说《岳州宴姚绍之》)

(7)武昌若有山头石,**为拂**苍苔检泪痕。(唐李商隐《妓席暗记送同年独孤云之武昌》)

(8)春风**为拂**新沙路,珂马款天关。(北宋毛滂《武陵春》)

为照

(9)洞房今夜月,如练复如霜。**为照**离人恨,亭亭到晓光。(唐王涯《闺人赠远五首》;[1]130;[2]302)

此例中"为"当为表目的的介词,"为照离人恨,亭亭到晓光",义为月光为照离人之恨,一直延续到天亮。同类用例如:

(10)欲寄同花烛,**为照**遥相思。(南朝梁刘孝绰《为人赠美人诗》)

(11)一灯如悟道,**为照**客心迷。(唐孟浩然《夜泊庐江,闻故人在东寺,以诗寄之》)

(12)兰膏重剔且教明,**为照**梢头香缕、一丝轻。(南宋赵长卿《南歌子·夜坐》)

为报

(13)衔芦远雁愁萦缴,绕树啼猿怯避弓。**为报**府中诸从事,燕然未勒莫论功。(唐武元衡《幕中诸公有观猎之作因继之》;[1]130)

(14)**为报**玉川子,知君未是贤。低头虽有地,仰面辄无天。(唐卢仝《自咏三首》;[1]130)

(15)龙头画舸衔明月,鹊脚红旗蘸碧流。**为报**茶山崔太守,与君各是一家游。(唐白居易《夜泛阳坞入明月湾即事,寄崔湖州》;[1]130)

蒋宗许先生在指出"为报"有替我报告义之后,特别分析了上举三例,他认为:武元衡诗"为报府中诸从事,燕然未勒莫论功",武元衡为府主,对入幕的部下,自不必叫人代为传达(替我告诉),这个"为报"犹言告知,"为"是前缀无疑;卢仝"为报玉川子,知君未是贤。低头虽有地,仰面辄无天",诗为自嘲,更不是替我告诉的意思,而等于说"寄语","为"也是前缀;白居易诗"为报茶山崔太守,与君各是一家游",诗本为寄崔之作,亦犹言寄语,"为"则是前缀。

我们认为:例(13),武元衡虽为府主,但其部下未必就在眼前,因而代为传达并无不可;例(14),诗人是以他人的身份写诗自嘲,并不能排除"为报"就不是替我告诉之义;例(15),诗题有"寄崔湖州",说明崔太守并不在面前,"为报"表替我告诉之义很明显。蒋文以"寄语"释例(14)(15),而"寄语"本身即说明并非直接告诉对方,而是托付别人转达,可见"为"仍为介词,替义,其后省略了宾语。

(16)君能一饮长城窟,**为报**天山行路难。(唐万楚《骢马》;[2]302)

(17)**为报**洛桥游宦侣,扁舟不系与心同。(唐韦应物《自巩洛舟行入黄河即事,寄府县僚友》;[2]303)

以上"为报"均为替我告诉义①。

(18)老夫聊发少年狂,左牵黄,右擎苍,锦帽貂裘,千骑卷平冈。**为报**倾城随太守,亲射虎,看孙郎。(北宋苏轼《定风波·江城子》;[2]303)

此例"为报"用法不同,"为"表目的,"报"乃回报、报答义,"为报倾城随太守,亲射虎"义为"为了酬答满城人都随同去看打猎的盛意,我亲自射虎"。

① 王云路先生(2010:303)另举有多例,均同义。此不赘举。

为觅

(19)陈仓若有信,**为觅**宝鸡来。(南朝陈徐陵《斗鸡》;[1]129)

《史记·秦本纪》"十九年,得陈宝"张守节正义引《晋太康地志》云:"秦文公时,陈仓人猎得兽,若彘,不知名,牵以献之。逢二童子,童子曰:'此名为媦,常在地中,食死人脑。'即欲杀之,拍捶其首。媦亦语曰:'二童子名陈宝,得雄者王,得雌者霸。'陈仓人乃逐二童子,化为雉,雌上陈仓北坂,为石,秦祠之。""陈仓若有信,为觅宝鸡来"义为如果陈仓的传说是事实的话,陈王会为了寻觅宝鸡而来,"为"当为表目的的介词。"为觅"组合的这种用法很常见,如:

(20)因声置驿外,**为觅**酒家垆。(唐杜甫《缆船苦风,戏题四韵,奉简郑十三判官》)

(21)**为觅**潇湘幽隐处,夜深载月听鸣泉。(唐殷尧藩《夜过洞庭》)

(22)可中值着雷平信,**为觅**闲眠苦竹床。(唐陆龟蒙《四月十五日道室书事寄袭美》)

"为觅"组合还有另外一种用法,"为"仍作介词,相当于"替",其后常省略宾语,如:

(23)今日南湖采薇蕨,何人**为觅**郑瓜州。(唐杜甫《解闷十二首》)

(24)自从图渤海,谁**为觅**湘娥。(唐梁锽《观王美人海图障子》)

(25)府中若见空青老,从渠**为觅**诗遗稿。(北宋释惠洪《送雷从龙见宣守》)

为待

(26)勿疑鬓钗重,**为待**晓光催。(南朝梁徐君蒨《共内人夜坐守岁》;[1]129;[2]301)

有学者举此例,认为"为待"为附加式,我们认为"为"乃介词,表原因,全句义为:不要怀疑鬓钗变重,是因为守岁等待天亮到来,才有此感觉。与此相同的用例如:

(27)**为待**画毕,不得发去。(日圆仁《入唐求法巡礼行记》卷三)

“为待”组合中“为”还可表目的,相当于为了,如:

(28)平明方发尽,**为待**好风吹。(唐方干《题友人山花》)

(29)无艳无妖别有香,栽多不**为待**重阳。(唐齐己《对菊》)

(30)绣香罗帕,**为待**别时亲付。(南宋陈允平《感皇恩》)

“为待”组合还有第三种用法,“为”作连词,与“以”相当,表承接,如:

(31)小妇独无事,歌罢咏新诗。上客何须起,**为待**绝缨时。(南朝陈张正见《三妇艳诗》;[2]301)

(32)莫言个里无文字,**为待**高人着眼看。(《福州乌石岭无字碑古偈》)

为看

(33)往岁曾随江客船,秋风明月洞庭边。**为看**今夜天如水,忆得当时水似天。(唐雍陶《望月怀江上旧游》;[1]130)

此例“为”当表原因,因为看了今夜天如水,所以想起了当时水似天。同类的用法如:

(34)**为看**九天公主贵,外边争学内家装。(唐王涯《宫词三十首》)

“为看”组合中,“为”还可表目的,如:

(35)西来**为看**秦山雪,东去缘寻洛苑春。(唐白居易《京路》)

(36)急呼桃叶渡,**为看**牡丹忙。(南宋辛弃疾《临江仙·簪花屡堕戏作》)

另可引介对象,相当于“替”,其后的宾语省略,如:

(37)**为看**严子滩头石,曾忆题诗不著名。(唐皎然《送侯秀才南游》)

(38)高堂姑老无侍子,不得自到边城里。殷勤**为看**初着时,征夫身上宜不宜。(唐张籍《寄衣曲》)

为唤

(39)最怜他、秦鬟妆镜,好江山、何事此时游。**为唤**狂吟老监,共赋销

忧。(南宋周密《一萼红》;[1]130;[2]302)

有学者将例中"为唤"看作附加式,我们认为理解有误。"为"乃介词,替义,其后省略宾语,"为唤狂吟老监,共赋销忧"义为"为我唤来那镜湖边的疏狂酒徒,我要与他一起吟诗纵饮消解一怀深重的烦忧"。此种用法的"为唤"较常见,如:

(40)酒醒歌阑,谁为唤真真。(南宋周密《江城子·赋玉盘盂芍药寄意》)

(41)恨无奈、利锁名韁,谁为唤、舞裙歌扇。(南宋洪瑹《月华清·春夜对月》)

为视

(42)心随故乡断,愁逐塞云生。汉宫如有忆,为视旄头星。(隋薛道衡《昭君辞》;[1]130)

此例"为"当为介词,之后省略了宾语。两句义为,汉宫如有记忆,会为了昭君而看胡星。

"为视"组合中"为"多表目的,如:

(43)欲知忧能老,为视镜中丝。(南朝齐王融《有所思》)

(44)津吏挥桡疾,邮童整传催。归心讵可问,为视落潮回。(唐苏味道《九江日南济北接蕲春南与浔阳岸》)

为约

(45)病中无限花番次,为约东风且住开。(唐皮日休《奉酬鲁望惜春见寄》;[2]302)

"为约东风且住开"即为了与东风相约,因而暂停开放,"为"作介词,表目的。"为约"的同类用例较少,此再举一例:

(46)欲观水尽朝宗海,安得身乘破浪风。为约他年可归处,频倚栏干不思去。(北宋王令《吴江长桥》)

为凭

(47)**为凭**何逊休联句，瘦尽东阳姓沈人。（唐李商隐《韩冬郎即席为诗相送……兼呈畏之员外》；[2]302）

“为凭”解作“因请”似亦可通。同类用例如：

(48)知有新编号横槊，**为凭**东使寄淮滨。（北宋秦观《寄李端叔编修》）

为向

(49)凭莺**为向**杨花道，绊惹春风莫放归。（唐白居易《柳絮》；[2]302）

王云路先生认为“为向”即向，走向，向着。我们认为：“为”乃介词，替义，“向”亦介词，相当于“对”，“凭莺为向杨花道，绊惹春风莫放归”即托莺替我对杨花说，让杨花绊住春风不让它回去。

文献中“凭～为”的搭配用法非常多，如：

(50)**凭谁为**我呼少女，扫空阴翳开天宇。（北宋邓肃《大雨》）

(51)罗裙在，**凭谁为**我，求取返魂香。（北宋晁元礼《满庭芳》）

(52)一曲相思碧云合，醉**凭君**、**为**我歌如缕。（南宋刘辰翁《金缕曲·和同姓草叔曲本胡端逸见寿韵并谢》）

此三例“为”后有宾语，其介词性质非常明确。

(53)**凭谁为**谑穆天子，莫把瑶池并曲江。（唐徐夤《杏园》）

(54)**凭君为**、子细推评。（南宋葛立方《满庭芳·评梅》）

(55)**凭谁为**与姮娥说。明夜虽圆，空照人离别。（南宋管鉴《醉落魄》）

将此三例与例(50)—(52)比较，可以发现用法上并无根本不同，只是“为”之后省略了宾语而已。而白居易《柳絮》诗用法正与此三例同。

另外“为向……道(说)”的搭配用法也有很多，所表义均与白居易《柳絮》诗同，如：

(56)**为向**东州故人**道**，江淹已拟惠休诗。(唐李益《送贾校书东归寄振上人》)

(57)**为向**春风**道**，明年早报春。(唐姚合《送春》)

(58)**为向**八龙兄弟**说**，他生缘会此生休。(唐元稹《卢头陀诗》)

为听

(59)蝉吟我**为听**，我歌蝉岂闻。(唐贾岛《寄刘栖楚》;[1]130)

(60)拊剑一长啸，作歌谁**为听**。(金师拓《浩歌行送济夫之秦行视田园》;[1]130)

“为”与“听”之间还可插入宾语成分，又分两类：第一类宾语为“听”这一动作的发出者，“为”作介词，相当于“给”，如：

(61)遗音如可赏，试奏**为君听**。(唐陈季《湘灵鼓瑟》)

(62)长歌意无极，好**为老夫听**。(唐杜甫《行次盐亭县聊题四韵奉简严遂州蓬州两使君咨议诸昆季》)

第二类宾语为“听”的对象，如：

(63)请数系虏事，谁其**为我听**。(唐杜牧《感怀诗一首》)

(64)与君歌一曲，请君**为我侧耳听**。(唐李白《将进酒》)

将例(59)(60)与例(63)(64)比较，可以发现用法很相似，只是将“为”之后的宾语省略了而已。同类用例尚有：

(65)苍苍烟月满川亭，我有劳歌一**为听**。(唐杜牧《有怀重送斛斯判官》)

(66)音容久寂寞，欲语谁**为听**。(南宋黄榦《拜文公先生墓下》)

“为听”连用，“为”还有其他多种用法，可作介词，表原因，如：

(67)步因驱鹤缓，吟**为听**蝉高。(唐刘禹锡《酬乐天晚夏闲居欲相访先以诗见贻》)

(68)灵鹤时来到，仙人幸见寻。**为听**杨柳曲，行役几伤心。(唐李峤《箫》)

可表目的，如：

(69)君看月下参差影，**为听**莎间断续声。(唐刘希夷《捣衣篇》；[1]130；[2]302)

(70)欲知振旅旋归乐，**为听**凯歌声。(隋王胄《纪辽东二首》)

(71)欲识慢流意，**为听**疏泛声。(唐白居易《听弹古渌水》)

为问

(72)百年已过半，秋至转饥寒。**为问**彭州牧，何时救急难。(唐杜甫《因崔五侍御寄高彭州》；[2]304)

上举“为问”组合中，“为”当作介词，其后宾语省略，相当于“替”，“为问”即替我问，这一点从诗题“因崔五侍御寄高彭州”可以推知，可比较以下用例：

(73)自怜弃置天西头，因君**为问**相思否。(唐岑参《与独孤渐道别长句，兼呈严八侍御》)

(74)君归**为问**峰前寺，旧住僧房锁在无。(唐齐己《送李秀才归湘中》)

(75)到时若见东篱菊，**为问**经霜几度开。(唐杜牧《江上逢友人》)

也有宾语不省的用例，如：

(76)愿君语高风，**为余问**苍旻。(唐孟郊《赠李观》)

(77)我瘦书不成，成字读亦误。**为我问**故人，劳心练征戍。(唐杜甫《送高司直寻封阆州》)

(78)烦君**为我问**西湖，不知疏影畔，许我结茅无。(南宋张元干《临江仙·送王叔济》)

此类用例的特点是，请托别人代问，而非自己直接发问。“为问”还有另外用法：

(79)子牟怀魏阙，元凯滞襄城。冠盖仍为里，沙台尚识名。山光晴后绿，江色晚来清。**为问**东流水，何时到玉京。(唐崔湜《襄城即事》；[1]130)

(80)浮杯万里过沧溟，遍礼名山适性灵。深夜降龙潭水黑，新秋放鹤野田青。身无彼我那怀土，心会真如不读经。**为问**中华学道者，几人雄猛得宁馨。(唐刘禹锡《赠日本僧智藏》;[2]303)

(81)莺啼燕语报新年，马邑龙堆路几千。家住秦城邻汉苑，心随明月到胡天。机中锦字论长恨，楼上花枝笑独眠。**为问**元戎窦车骑，何时返旆勒燕然。(唐皇甫冉《春思》;[2]303)

(82)北楼西望满晴空，积水连山胜画中。湍上急流声若箭，城头残月势如弓。垂竿已羡磻溪老，体道犹思塞上翁。**为问**边庭更何事，至今羌笛怨无穷。(唐高适《金城北楼》;[2]303)

(83)萧萧山路穷秋雨，淅淅溪风一岸蒲。**为问**寒沙新到雁，来时还下杜陵无。(唐杜牧《秋浦途中》;[2]304)

(84)我即问儿，病之由状，儿不肯道。**为问**不止，儿不获已，而语母言："我正不道，恐命不全。正欲具道，无颜之甚!"(北魏吉迦夜共昙曜译《杂宝藏经》卷九)

诸家所举附加式"为问"用例多属此类，这些用例中的"为问"不可解作替我问，而当解作"因问"，"为"乃因而义。诸例的共同特点是，先有一段场景描写，这些场景激发了问题，因而发问。可比较以下"因问"用例：

(85)江云断续草绵连，云隔秋波树覆烟。飘雪荻花铺涨渚，变霜枫叶卷平田。雀愁化水喧斜日，鸿怨惊风叫暮天。**因问**馆娃何所恨，破吴红脸尚开莲。(唐李绅《回望馆娃故宫》)

(86)举目岂知新智慧，存思便是小天台。偶尝嘉果求枝去，**因问**名花寄种来。(唐方干《题盛令新亭》)

(87)先生双鬓华，深谷卧云霞。不伐有巢树，多移无主花。石泉春酿酒，松火夜煎茶。**因问**山中事，如君有几家。(唐孟贯《赠栖隐洞谭先生》)

为插

(88)秋树相思一枝绿，**为插**贱妾两鬟中。(南朝陈江总《秋日新宠美人应令》;[2]301)

句中"为"当为介词，替义，"为插贱妾两鬟中"即"为贱妾插两鬟中"，诗句为了韵律等调整语序很常见。"为插"的其他用例尚有：

(89)泥郎**为插**珑璁钗，争教一朵牙云落。(唐徐凝《白人》)

(90)诮不管山翁，霜髯皓鬓，**为插**花枝。(北宋李商英《木兰花慢》)

为陈

(91)拊心痛荼毒，永叹莫**为陈**。(西晋陆机《挽歌诗》；[1]129；[2]301)

单看诗句，"为陈"解作"陈"并无问题，但这并不能得出"为"不表义的结论。文献中"为陈"连用的众多用例，可以帮助理解"为"的功能：

(92)诸将遽请上，上到，**为陈**相救之势。(《东观汉记》卷一)

(93)今条下禁，申约吏民，**为陈**利害，其有犯者，便收朝廷。(东汉应劭《风俗通义》卷九)

(94)神既降兮我独知，目成再拜**为陈**词。(唐司空曙《迎神》)

以上各"为陈"用例，前后文语境比较详细，因而能轻松感知"为"为介词，其后省掉了陈说的对象，"为陈"相当于为某人陈说。回到西晋陆机的《挽歌诗》，可以发现，"为陈"如此理解并无问题，因此，我们认为将"为陈"定性为附加式证据不足，保险的做法还是将"为"看作省略了宾语的介词。

为叹

(95)相思不独欢，伫立空**为叹**。(南朝梁何逊《酬范记室云》；[1]129；[2]301)

此例中"为叹"可解作叹，"为"似乎不表义，但并不能因此得出"为"为词缀的结论。因为如果"为"作为省略宾语的介词，不翻译也没问题。

我们考察文献中的相关用例，发现叹常有所为，因而"叹"前常用"为"引出叹息之由，如：

(96)太子思恋男等，数**为之叹息**。(西晋司马彪《续汉书》卷一)

此例《后汉书·来历传》作"太子思男等，数为叹息"，省略了"为"后的宾语。

(97)夔曰："为天子合乐而庭作之，恐非将军本意。"吾常**为之叹息**。(《晋书·刘弘传》)

"为"后宾语常省略，如：

(98)快人由**为叹**，抱情不得叙。(三国魏曹操《善哉行》)

(99)归形街邮，路人**为叹**。(《宋书·五行志二》)

(100)昔年埏埴生灵地，今日生人**为叹嗟**。(唐周繇《经故宅有感》)

(101)谪居未**为叹**，谗枉何由分。(唐常建《鄂渚招王昌龄张偾》)

(102)自是无能欲乐尔，烦君错**为叹**贤劳。(北宋黄庭坚《奉答固道》)

回到何逊诗，"为叹"之"为"看作省略了叹息之由的介词完全可通，似不当另解作附加式。

为念

(103)所累非外物，**为念**在玄空。(南朝梁沈约《游沈道士馆》;[1]129)

例中"为"当解作表原因的介词，"所累非外物，为念在玄空"即不为外物所累，因所念在于道。"为念"组合的这种用法还有其他用例，如：

(104)心中**为念**农桑苦，耳里如闻饥冻声。(唐白居易《新制绫袄成，感而有咏》)

(105)**为念**婿辛勤，去折蟾宫桂。(北宋陈亚《生查子》)

"为念"组合中，"为"还可表目的，如：

(106)**为念**旧游终一去，扁舟直拟到沧浪。(唐白居易《见殷尧藩侍御忆江南诗三十首，诗中多叙苏杭胜事，余尝典二郡，因继和之》)

为住

(107)世人重荣华，我心今已罢。惟有如意珠，撩渠不肯买。耽浮五欲乐，几许难开解。嗟世俗难有，**为住**烦恼处。(《王梵志诗·俗人道我

痴》;[2]302)

此例“为”当表原因,“住烦恼处”乃“世俗难有”的原因。

为断

(108)春草正芳菲,重楼启曙扉。银鞍侠客至,柘弹婉童归。池前竹叶满,井上桃花飞。蓟门寒未歇,<u>**为断**</u>流黄机。(南朝梁顾野王《阳春歌》;[2]301)

此句“为”当表原因,诗句前段描写春光,“蓟门寒未歇,为断流黄机”义为虽然蓟门仍然寒冷,但因春已至,故停下织机,不再织布。

(109)客行七十岁,岁暮远徂征。塞云凝不解,陇水冻无声。君看日远近,<u>**为忖**</u>长安城。(北周庾信《答林法师诗》;[1]229;[2]301)

此例“为”亦表原因,“看日远近”是“忖长安城”的触发因素。

另:下面这个用例比较特别,因其出自诗歌,且仅一例,故附于此:

(110)天地无期竟,民生甚局促。<u>**为称**</u>百年寿,谁能应此录?低昂倏忽去,炯若风中烛。(《太平御览》卷八七〇刘桢诗;[1]130)

“为称百年寿,谁能应此录”犹“虽然常说人有百年的寿命,又有几人能够达到这一岁数呢”,“为”似不表义。我们在魏晋南北朝诗及唐诗中未见相似用例。不过,“为”在文献中可用作“谓”,表称说,如:

(111)季孟之权,三桓之富,不可及也,孔子谓之曰“微”。(西汉桓宽《盐铁论·褒贤》)

故不能排除此“为”用作“谓”以与“称”同义复合的可能。

(二)“为+动词”构成“以……为+动词”组合,或省略使用

“为”与动词组合除了常用作介词外,还有一些动词用法,其意义不影响整个组合义,如:

为问

(112)叔曰:“上无<u>**以**</u>梁事<u>**为问**</u>也。”(《汉书·田叔传》)

(113)公谓曰:“何为如是?”仲简曰:“胜负自天,何用为问乎!”(《三国志·魏书·武帝纪》裴松之注引《曹瞒传》)

为叹

(114)无缘言面为叹,书何能悉!(东晋王羲之《杂帖》)

(115)但江湖难寘,以形乖为叹耳。(南朝梁释慧皎《高僧传》卷六)

(116)臣昔因立侍,亲承绪言,飘风贝锦,譬彼谗慝,圣旨殷勤,深以为叹。(《梁书·刘孝绰传》)

(117)憕曰:“世胄蹑高位,英俊沉下寮。”古人以为叹息,窃所未能也。(《北史·薛憕传》)

为报

(118)故太尉李固、杜乔,忠以直言,德以辅政,念国亡身,陨殁为报,而坐陈国议,遂见残灭。(《后汉书·黄琼传》)

(119)大神言:“思从中出,发愤念之为报。”(《太平经》卷一一〇)

(120)昌父已亡,无正之者,若追服前母,则自黜其亲;交相为报,则固非嫡。(唐杜佑《通典》卷八九)

为听

(121)使弈秋诲二人弈,其一人专心致志,惟弈秋之为听。(《孟子·告子上》)

(122)则王子比干何为刳心而死;子以义者为听乎?(《韩诗外传》卷七)

(123)书毕,闻窗外大呼曰:“速为我涤去,不然,祸及与汝。”公雅不为听,停烛而寝。(北宋张师正《括异志》卷三)

(124)当是之时,天下已无汉矣,而唯曹氏之为听。(北宋苏辙《栾城应诏集》卷二)

为戚

(125)临川多悲风,秋日苦清凉。客子易为戚,感此用哀伤。(三国魏阮瑀《杂诗》;[1]129;[2]301)

“为戚”在散文中亦有用例，如：

(126)是以通人达士鉴兹性命，以存亡为晦明，死生为朝夕，故其生也不为娱，亡也不为戚。(东汉赵咨《遗书敕子胤》)

(127)虽见毁笑，不以为戚。(《抱朴子·内篇》卷四)

上举这类组合，多以“以……为V”“以为V”的形式出现，有些则省略了“以”，“为”的动词性质比较明确。

(三)泛义动词“为”与动词搭配

文献中还有一些“为”与动词的组合，“为”非为介词，亦非“以……为V”搭配，“为”似乎是可有可无的成分，故有学者认为它是词缀，还有学者认为是泛义动词，并且与后面的动词同义复合。我们认为：“为”当属泛义动词，但它与后面的动词并非同义复合，而属动宾搭配。以下举几例以作分析：

为别

(128)如何久为别，百行愆诸己。(南朝宋颜延之《秋胡行》；[1]129；[2]301)

(129)举手暂为别，千年将复来。(南朝齐王融《游仙诗》；[1]129；[2]301)

(130)手把金樽难为别，更那听、乱莺疏雨。(北宋欧阳修《夜行船》；[1]130)

“为别”在散文中亦有用例，如：

(131)后乃就楼上候长房曰：“我神仙之人，以过见责，今事毕当去，子宁能相随乎？楼下有少酒，与卿为别。”(《后汉书·费长房传》)

(132)彬去，远送至境，进斗酒只鹅为别。(《梁书·何远传》)

文献中既可看到“为别”用例，还可看到很多“为”与“别”之间插入其他成分的用例，如：

(133)虽为五载别，相与昧平生。(南朝宋颜延之《秋胡行》)

(134)一为天地别，岂直限幽明。(南朝宋鲍照《赠故人马子乔诗

六首》)

(135)复**为万里别**,送子山之阿。(唐杜甫《别唐十五诫,因寄礼部贾侍郎》)

(136)与君**为近别**,不啻远相思。(唐李华《晚日湖上寄所思》)

(137)久**为云雨别**,终拟江湖去。(唐白居易《和微之诗二十三首·和三月三十日四十韵》)

(138)惜**为今日别**,共受几年贫。(唐朱庆余《送顾非熊下第归》)

(139)生人**为死别**,有去无时还。(唐戎昱《苦哉行》)

这些用例中的"为……别"与连用的"为别"并无本质不同,表明"为"并非前缀,其与"别"构成的组合非常松散,但它绝非与"别"构成同义复合。与"为"相似的"作"也有相似的用法:

(140)千种庭前树,人移树不移。看花愁**作别**,不及未栽时。(唐戎昱《移家别树》)

(141)醒应难**作别**,欢渐少于愁。(唐白居易《望亭驿酬别周判官》)

(142)宁悲久**作别**,且似一相逢。(唐杨牢《奉酬于中丞登越王楼见寄之什》)

"作"与"别"亦可分开使用,如:

(143)定**作无期别**,宁同旧日旋。(唐王维《哭祖六自虚》)

(144)一**作云峰别**,三看花柳朝。(唐储光羲《重寄虬上人》)

(145)与君共游处,勿**作他乡别**。(唐李嶷《淮南秋夜呈周侃》)

(146)只恐东州,催成棠荫,又**作三年别**。(南宋毛幵《念奴娇·题曾氏溪堂》)

与此相类的还有"取别":

(147)今故临对卿等,与之**取别**。(《魏书·穆亮传》)

(148)遂披帘曰:"某柳氏也。失身沙吒利,无从自脱。明日尚此路还,愿更一来**取别**。"(唐孟棨《本事诗·情感第一》)

(149)因流涕**取别**,鬼复掩其目送还。(唐戴孚《广异记·张守一》)

(150)我儿年少正当时,争忍今朝**取别离**。(《敦煌变文集新书·太子成道变文》)

例(150)中"取别离"与"取别"同义,可见"取"与"别"的关系。

为约

(151)讷都六死,十母子欲内欲择立一人,乃相率于大树下,共**为约**曰:"向树跳跃,能最高者,即推立之。"(《周书·异域传下·突厥》)

(152)稠曰:"猛力共臣**为约**,假令身死,当遣子入侍。越人性直,其子必来。"(《隋书·何稠传》)

"为约"即作约定,解作约定亦无问题,这是学界将"为"定性为前缀的原因。下面的用例可以看出"为"与"约"的真正关系:

(153)更**为他夜约**,方尽昔年心。(唐许棠《春夜同厉文学先辈会宿》)

(154)更**为三日约**,高兴未将阑。(唐吴融《和诸学士秋夕禁直偶雪》)

(155)此别不能**为后约**,年华相似逼衰容。(唐齐己《东林寄别修睦上人》)

为游

(156)世间无远可**为游**,六合朝行夕已周。(唐施肩吾《仙翁词》)

而"为"与"游"间亦有插入其他限制成分的用例,如:

(157)愿**为三春游**,朝阳忽蹉跎。(西晋阮籍《咏怀》)

(158)聊**为三日游**,方驾结龙旗。(西晋潘尼《三日洛水作》)

(159)勿念荆台侧,无**为戚情游**。(南朝梁朱超《别刘孝先诗》)

(160)岂伊问天命,但欲**为山游**。(唐李颀《题綦毋校书别业》)

以上用例中"为～游"从形式上看明显属于动宾搭配,而从意义上看,则比较复杂,"为三春游"即于三春出游。"聊为三日游"即聊游三日,"无为戚情游"即不要怀着戚情出游,"为山游"即游山。"为"似乎难以找到合适的词来对译。

从"为别""为约""为游"三个组合及插入其他成分的搭配可以发现:第一,三个组合当属动宾搭配,"为"乃泛义动词,而非前缀,同时"为"与其后的动词也不能理解成同义复合关系；第二，“为约”在现代汉语中可以用“作约定”对译，而“为别”“为游”似乎难以找到合适的对译成分，但我们不能以今律古，以此来判定“为”乃无义的前缀成分。

诸家所举用例，大多都出自诗歌，由于诗歌受字句的限制，表义不甚明确，“为”到底是介词还是泛义动词，有时很难做出判断。不过有一点可以用作参考：“为”与其后的动词若构成动宾关系，则一般不能再带宾语。换句话说，如果“为”与动词的组合后另带有宾语，当不属此类。

现代汉语中亦有词语与“为”的这种用法相似，以“做”为例，它是泛义动词，可以和许多动词搭配，如“做决定”“做演讲”等，其间还可插入修饰限制成分，如“做了一个决定”，“做了一次精彩的演讲”，从结构来看，很明显是动宾结构。前面的“做”只是一个形式，其所表达的核心在后面的“决定”和“演讲”。

(161)陛下迟迟旧恩，未忍穷法，**为弘**之大，莫复过此。(《宋书·庾炳之传》;[2]301)

此例“弘”当为“为”之宾语，“为弘”义为“作为宽弘”，文献中“弘”或“弘”的组合充当“为”的宾语的用法比较常见，虽然意义有所不同，如：

(162)臣以为身名与官职同者，宜与触父祖名为比，体例既全，于义**为弘**。(《晋书·江统传》)

(163)苞前有折挠，不堪其任。以公还第，已**为弘厚**，不宜擢用。(《晋书·石苞传》)

这类用例的特点是，先描写某一做法或行为，后用“为弘”或“为+‘弘’之组合”。

(164)日月共**为照**，松筠俱以贞。佩分甘自远，结镜待君明。(南朝齐王融《和南海王殿下咏秋胡妻》;[1]129;[2]302)

此例“为照”之“照”或为名词①，可比较以下二例：

(165)朱光播于龛牖兮，素景衍乎中闺。天监**作照**，幽明毕觌。(西晋

① “为”与“以”对文，故不能排除二词同义。

陆云《喜霁赋》）

(166)明两既丽，重光作照。（东晋庾阐《二妃像赞》）

二、“为”作后缀辨析

在认定“为”可作前缀的同时，许多学者还指出“为”可作后缀。蒋宗许(2009:206—207)在朱庆之(1992:155—157)研究的基础上提出：“为”作后缀，一般只见于汉译佛典中，亦由动词而介词而语气词虚化所致。他同时引用了朱文中的部分用例(见下文分析)。

还有一些学者仅将副词后的“为”看作词缀，如呼叙利(2007)、李小军(2010)、王兴才(2010)等①。

呼叙利(2007)举有诸多用例证实“为”可充当副词后缀。

李小军(2010)则对“为”后缀的形成过程和机制作了论证，他认为：副词后缀“为”源于动词“为”的虚化，始于“最/甚/极为下”等特殊的“最/甚/极＋为＋NP”结构。这类结构表层形式为“最/甚/极＋为＋AP”，两者存在形义不统一的矛盾。正是这种矛盾促使了“最/甚/极为下”等结构的演变，演变的结果是人们对这一结构理解简化，即“最/甚/极为下”等逐渐被重新分析为“最/甚/极(为)下”，其动因是语言的经济律。随着这一重新分析的进行，动词“为”的语义及语法功能弱化，并最终演变为副词后缀。东汉以来，其他“为”缀副词陆续形成。他同时举了“极为、甚为、最为、颇为、更为、略为、广为、大为、稍为、较为、很为、尤为、深为”等词的用例。

王兴才(2010)认为，动词“为”由实而虚演变作判断系词后，在“单音副词＋为＋AP”这个句法环境里，由于受到双音化和韵律节奏的影响，“单音副词＋为”便开始凝结而逐渐固化成词。随着“～为”使用频率增加以及“为”意义的日趋空灵，“为”最终语法化成一个副词后缀。句法结构的重新分析，是“为”由实词向副词后缀演变虚化的诱因。

徐志林(2012)考察了“最为”由跨层结构逐渐成词的过程以及诱发成词的心理认知机制和句法环境类推机制。他同时指出，当“最为”完成词汇化后，变成一个后缀式的复音词。

---

① 从诸家所举用例看，“为”限于程度副词后。

综合各家所举组合，可以发现“为”实可分两类，一类置于多种副词后，后接一般动词。另一类置于程度副词之后，后接形容词或特定动词。这两种类型中的“为”是否当定性为词缀，还须讨论。

（一）副词＋为＋普通动词

从诸家所举用例看，此类“为”与上举“为别”“为游”类搭配当属同类，只是这种形式比较特殊而已，我们看以下用例：

难为

（167）苟乖其时，**难为**经略，虽兵食倍多，则万全无必矣。（《宋书·谢灵运传》；[9]88）

（168）太祖以仲密所据辽远，**难为**应接，诸将皆惮此行。（《周书·李远传》；[9]88）

有学者认为“难为”即“难”“难以”“难可”义，“为”乃后缀。我们以为“为”乃泛义动词，以下以“难为敌”为例以说明“为”的性质。

（169）蒙曰：“羽素勇猛，既**难为敌**，且已据荆州，恩信大行，兼始有功，胆势益盛，未易图也。”（《三国志·吴书·陆逊传》）

（170）若缓兵相持，虚实相见，涪军复来，**难为敌**也。（《晋书·谯纵传》）

此二例“难为敌”似当解作“难敌”“难以敌”，然而以下用例说明“为”有其特定意义：

（171）神兵四临，天纲宏掩，衡翼千里，金鼓万张，组甲贝胄，景焕波属，华、夷百濮，云会雾臻，以此攻战，谁与**为敌**？（《宋书·袁湛传》）

（172）王右军驻之曰：“渊源思致渊富，既未易**为敌**，且已所不解，上人未必能通。”（《世说新语·文学》43条刘孝标注引《语林》）

（173）道覆乃至番禺说循曰：“本住岭外，岂以理极于此，正以刘公难与**为敌**故也。”（《宋书·武帝本纪上》）

（174）王家跨据三方，士马殷盛，高欢乌合之众，岂能**为敌**？（《周书·贺拔岳传》）

此数例“为敌”与“难为敌”之“为敌”意义并无不同，可证“为”并非用于“难”后充当词缀。

(175)会北虏动，上思为经略。(《南齐书·豫章文献王传》)

(176)宜大为经略，广作枝梧，勿令得志，贻患异日。(《续资治通鉴长编》卷三四一)

此二例可与上“难为经略”作比，第一例说明“为”可单独与“经略”搭配，第二例，“为”与“作”对文，可证“为”乃泛义动词。

广为

(177)敕令国子监集博士儒徒，将西京石经本，各以所业本经，广为钞写，仔细看读，然后雇召能雕字匠人，各部随帙刻印板，广颁天下。(《旧五代史·明宗纪九》;[20]54)

(178)其无明文，额外征求，或送故迎新，广为率敛；或因征发顿近，横有破除。(北宋王溥《唐会要》卷六九;[20]54)

(179)京师之兵既少，必须使使者四出，大加召募，广为拣选。(《宋史·兵志八》;[9]88)

此三例“广为”后接动词，“为”乃泛义动词，可以“行”“作”对译。李小军举前二例，以“广为”为程度副词，似未注意它们与程度副词构成的“～为”的区别。

轻为

(180)丞相王嘉轻为穿凿，亏除先帝旧约成律。(《后汉书·梁统传》;[9]88)

(181)州县牌额，率系于吉凶，以故不敢轻为改易。(南宋洪迈《容斋续笔》卷一四;[9]88)

(182)世尊已作制限分齐竟，汝云何轻为数数犯耶?①(东晋佛陀跋陀罗共法显译《摩诃僧祇律》卷五;[3]156;[1]207)

---

① 此例“轻为”后可点断，轻行义，省略宾语。

此三例"为"亦泛义动词,可解为"行""作",以下通过两个用例体会"轻为穿凿"的性质:

(183)而比执事苦违,**好为穿凿**,律令之外,更立余条。(《魏书·刑罚志》)

(184)周显德中田敏等**妄作穿凿**,辄有更改。(《宋史·儒林列传·聂崇义》)

第一例"好"为动词,"为穿凿"乃"好"之动词性宾语。第二例可证"为"解作"作"全无问题。

屡为

(185)先时,秦州城人**屡为**反覆,暹尽诛之,存者十一二。(《魏书·京兆王传》;[9]89)

(186)先是,吐谷浑及党项羌**屡为**侵掠。(《隋书·阴世师传》;[9]89)

"屡为"犹"屡行"。

数为

(187)先是,州人杨松柏、杨洛德兄弟**数为**反叛,游至州,深加招慰。(《魏书·崔挺传》;[9]89)

(188)椿自以**数为**反覆,见宁等之死,意常不安。(《魏书·斛斯椿传》;[9]89)

"数为"与"屡为"同,二例"为"可以"行"对译。

频为

(189)死亡之余,雉菟逃窜,南入宋界,聚合逆党,**频为**寇掠。(《宋书·索虏传》;[10]89)

(190)妙选廉干、深知水利之人,专职其任,量存员数,**频为**巡视,谨其防护。(《元史·河渠志二·黄河》;[10]89)

二例"为"亦泛义动词,可用"行""作"对译。可比较下例:

(191)临洮地接西羌，与木波杂居，边将贪暴，木波苦之，遂相率<u>**为寇掠**</u>。(《金史·杨仲武传》)

(192)山民合党，欲<u>**行寇掠**</u>。暨散家财以供牛酒，请其渠帅，为陈安危。(《三国志·魏书·韩暨传》)

从例(191)可以看出“为寇掠”乃十分正常的动宾搭配；例(192)表明“为”解作泛义动词全无问题。

悉为

(193)从今之后，宜自上导下，<u>**悉为**</u>薄葬。(《旧唐书·封伦传》；[9]89)

(194)又请出宫中长物助边费，凡他司之领财利者，悉罢还度支。<u>**悉为**</u>施行。(《宋史·晏殊传》；[9]89)

第一例“为”犹“行”；第二例“为”可以“作”对译，文献中有较多“作施行”搭配。

大为

(195)先零种羌叛，断陇道，<u>**大为**</u>寇掠。(《汉书·孝安帝纪》)

“大为寇掠”犹“大行寇掠”。

深为

(196)宜远鉴往代兴废，<u>**深为**</u>严防，使著事奋笔，必有纪焉。(《晋书·段灼传》)

“深为严防”犹“深行严防”。

即为

(197)不能穷诛群竖，<u>**即为**</u>大赦，以安众心。(《北史·张彝传》)

“即为大赦”即“即行大赦”。

稍为

(198)问其籍于旧家，有《白古通玄峰年运志》，其书……义兼众教，<u>**稍**</u>

为删正，令其可读。（明杨慎《滇载记》；[20]54）

“稍为删正”犹“稍作删正”。

此类组合中的“为”显然亦非词缀。

(二)程度副词＋为＋形容词或特定动词

此类“为”置于程度副词“最、极、甚、颇、大、深”等之后，后跟形容词及少数特定动词①，诸家多认定“为”的意义虚化，故将其定性为词缀。

向德珍、牛顺心(2006)针对同类的“最为”提出过不同看法，他们认为“最为”与“最是”性质同，“最是”在中古逐渐发展而至近代普遍化使用，功能增强，并最终在整体上取代了“最为”的使用优势地位。到了现代，“最是”作副词的用法已不见使用，而“最为”作为一个副词保存下来。

我们赞同此类结构“～为”与“～是”相应的观点，将这些用例作一比较，可以发现“为”仍具有“是”表断定的功能，以下分举相关用例以作对比：

最为/最是

(199)叔都**最为**知名，郡常欲为察授之。（东汉应劭《风俗通义》卷五）

(200)经贤智，历夷险，随时斟酌，**最为**周备。（《晋书·刑法志》）

(201)原来杜用淮南人，**最是**骁勇。（明熊大木《岳王传》一二回）

(202)老僧道：“小庵伽蓝**最是**灵应，老僧因梦中吩咐，故尔详察到此。老僧哪里得知？”（清樵云山人《飞花艳想》第五回）

极为/极是

(203)皆好车马衣服，其自奉养**极为**鲜明，而亡金银锦绣之物。（《汉书·王吉传》；[20]51）

(204)长者在楼上，**极为**愁忧，大不可言。（三国失译《须摩提女经》；[3]155；[1]206）

(205)遵出自贱微，易为盈满。宫门逢诸贵，辄呼姓字，语言布置，**极为**轻率。（《北史·郭遵传》）

(206)然疾根聚在右髀，脚重痛不得转动，左脚又肿，疾候**极是**不佳，

① 还有跟名词的用例，此类“为”意义较实在，与系词“是”相当，诸家并未将其定性为词缀。

幸食眠意事为复可可，冀非臧病耳。（东晋王献之《杂帖》）

(207)其匙竹之灯，树构作之，貌如塔也；结络之样，**极是**精妙，其高七八尺许。（日圓仁《入唐求法巡礼行记》卷一）

甚为/甚是

(208)一切众女，皆称"妙哉！**甚为**奇特，世之希有"。（东汉竺大力共康孟详译《修行本起经》卷上；[20]51）

(209)诸梵志书籍亦有此言："如来出世，**甚为**难遇，时时亿劫乃出。"（东晋瞿昙僧伽提婆译《增壹阿含经》卷三一；[3]156；[1]207）

(210)此说**甚为**稳当，切更思之。（唐韩愈《答侯生问〈论语〉书》）

(211)梦见从天降下日轮，日轮之内，乃见一孩儿，十相具足，**甚是**端严。（《敦煌变文集·太子成道经》）

(212)瞿琰看四顾无人，才说道："大哥花园**甚是**宽敞，内中竹木茂盛，一般有花亭池阁，比爹爹这园林更大几倍哩！"（清清溪道人《禅真后史》二〇回）

颇为/颇是

(213)又崔瑗《文学》，蔡邕《樊渠》，并致美于序，而简约乎篇；挚虞品藻，**颇为**精核。（南朝梁刘勰《文心雕龙》卷二；[20]54）

(214)有好奇者，多市鱼之小者，贮于竹器，任其坏烂，即淘之，取其鱼脑石子，以植酒筹，**颇为**脱俗。（唐刘恂《岭表录异》卷下）

(215)辩才熟详之，曰："是即是矣，然未佳善也。贫道有一真迹，**颇是**殊常。"（唐张怀瓘《书断》卷三）

(216)川浙兵**颇是**骁健，终是步不胜骑，客不胜主，劳不胜逸，被他杀败，祖周二将阵亡。（明陆人龙《辽海丹忠录》第四回）

大为/大是

(217)百姓竞以货赂，各求在前，于是远近**大为**困弊。（《北史·李䜣传》）①

① 李小军(2010:54)认为此类"大为"组合出于北宋，稍迟。

(218)轻慢宪度,不与国同心,为臣不忠,大为不敬。(南宋洪迈《容斋续笔》卷六;[20]54)

(219)沙门鸠摩罗迦叶!大为不可,不应作是说。(东晋僧伽提婆译《中阿含经》卷一六;[3]155;[1]207)

(220)妲己又看纣王容貌,大是暗昧,不甚动人。(明许仲琳《封神演义》一九回)

(221)炀帝定一定神说道:"朕得一梦,大是不祥。"(明齐东野人《隋炀帝艳史》三九回)

深为/深是

(222)父王闻此,念太子幼,深为愁怖。(东汉竺大力共康孟详译《修行本起经》卷上;[20]51)

(223)彦博又执奏曰:"既已纳之,无故遣去,深为可惜。"(《旧唐书·温彦博传》)

(224)灵太后曰:"卿之所言,深是宜要,当敕如请。"(《北史·崔延伯传》)

(225)孝杰建斯功效,竭此款诚,遂能裹足徒行,身与士卒齐力。如此忠恳,深是可嘉。(《旧唐书·王孝杰传》)

仔细体会以上用例,可以发现"为"仍然在发挥论断的功能,指出某事是怎样的,具有某种特性,现代汉语中的"是"亦仍保留有此种用法①。"～为"与"～是"在功能上并无明显区别,而"为"与"是"功能本就相近,所以我们无法得出上举组合中的"为"是词缀而"是"却不是词缀的结论。换句话说,既然"是"不看作词缀,"为"也不当看作词缀。另外,我们在考察中还发现,上举"～为"组合多有后接名词的用例,这说明它们大都经历了"为"作典型系词的阶段,也就是说"为"并不是作为一个无义的词缀附加于上举副词之后。基于此,我们认为,上举"～为"组合当为偏正式,而非附加式。

① 徐志林(2012)调查发现,"最为"和"最是"的句法功能在近代有了分工,"最是"与名词搭配用法较多,"最为"与形容词动词搭配用法较多。但这种分工并不严格,只是有一定的偏向而已。

其实此种用法并不限于程度副词，我们看以下用例：

诚为

(226)臣未有先登陷阵之功，而一家数人并蒙爵土，令天下觖望，**诚为**盈溢。(《后汉书·阴兴传》；[9]88)

(227)伯父仪服**诚为**美丽，但恨不昼游耳。(《魏书·裴叔业传》；[9]88)

实为

(228)夫女子小人，近之喜，远之怨，**实为**难养。(《后汉书·杨震传》；[9]88)

(229)旋军广农，务行德惠，数年之中，东西并举，**实为**不晚，愿深采察。(《三国志·蜀书·张嶷传》；[9]88)

(三)几个特殊用例辨析

(230)无央数劫所未见闻，**悉为**解决。(南朝梁宝唱《经律异相》卷二二；[3]156；[1]207)

(231)往昔国王、诸佛真人、五通仙士，亦皆过去，无能住者，**空为**悲感，以殒躯形。(西晋法炬共法立译《法句譬喻经》卷一；[3]156；[1]207)

此二例有学者将"为"看作副词后缀，我们认为："为"当作介词，第一例"为"后承前省略引介对象"弟子"，第二例承前省略了宾语"往昔国王、诸佛真人、五通仙士"，可比较以下二例：

(232)师教弟子亦有五事：……四者诸疑难**悉为**解说之……(东汉安世高译《佛说尸迦罗越六方礼经》)

(233)便自念言："今死垂至，更无余计，唯当还自啖其儿耳，而用济命。"即便取刀，适欲杀儿，**心为**悲感，举声大哭。(失译《菩萨本行经》卷上)

此类用例应当置于本章第一部分第一类"为"作介词的用法之下。需要注意的是，"副词＋为"组合，"为"用作介词的用例十分常见，阅读时需要细加辨别。

(234)问守门者曰:"长者**今为**所在?"(三国失译《须摩提女经》;[3]156;[1]206)

句中"今为"并非一词,可比较以下二例:

(235)于是王阿阇世,遥见世尊,便下所乘,屏𢧐五事,脱王冠帻缨络宝服幢花翠羽,去盖收刀,步到讲堂,问耆域曰:"佛**为所在**?"(东晋竺昙无兰译《佛说寂志果经》)

(236)今汝姓谁? 父母**为所在**?(东晋瞿昙僧伽提婆译《增壹阿含经》卷一六)

"为所在"乃常用搭配,以问处所。

(237)譬如断华,着日中**即为**萎枯。(东汉支娄迦谶译《道行般若经》卷三;[3]156;[1]206)

此例中"为"无法以常义解释,文献中少见此类用法,考虑到此为译经,而译经中不合汉语正常习惯的组合十分常见,此例不能排除因译者对汉语不够熟悉而误译。

兮

蒋宗许先生(2009)认为"兮"可作后缀,并举有一些用例:

(1)**豫兮**若冬涉川,**犹兮**若畏四邻,**俨兮**其若客,**涣兮**若冰之将释,**敦兮**其若朴,**旷兮**其若谷,**混兮**其若浊。(《老子》一五章;[1]170)

(2)**恍兮惚兮**,其中有物;**窈兮冥兮**,其中有精。(《老子》二一章;[1]170)

(3)**井井兮**其有理也,**严严兮**其能敬己也,**分分兮**其有终始也,**猒猒兮**其能长久也。(《荀子·儒效》;[1]170)

(4)**忽兮**其极之远也,**攭兮**其相逐而反也,**卬卬兮**天下之咸蹇也。(《荀子·赋篇》;[1]171)

(5)**曼兮洮兮**，足以览矣！**藐兮浩兮**，**旷旷兮**，可以游矣！(《淮南子·要略》;[1]171)

(6)**仿佛兮**若轻云之蔽月，**飘飖兮**若流风之回雪。(三国魏曹植《洛神赋》;[1]171)

(7)**廓兮**已灭，慨焉已遐。不封不树，日月遂过。(东晋陶渊明《自祭文》;[1]171)

(8)**锵锵兮**若万国赴涂山而会，**秩秩兮**如百官仰太一而朝。(唐白居易《叔孙通定朝仪赋》;[1]171)

(9)时之来也，为云龙，为风鹏，勃然突然，陈力以出；时之不来也，为雾豹，为冥鸿，**寂兮寥兮**，奉身而退。(《旧唐书·白居易传》;[1]171)

他认为(2009:171—172)："兮"作后缀与"乎"来源方式相同，且全部可用"然"替代，因此特征明显，易于辨认。不同的是，"乎"使用比较广泛，"兮"则相对狭窄，以韵文中用例最为普遍。这种现象应是与各自的来源有关，"乎"是表疑问或感叹的语气词，在语言交际中这两种语气本来就多，而"兮"缀源自诗歌中的助词，它重在抒情，往往表示咏叹，用作词缀多在韵文中亦理所当然。

我们对此表示怀疑。诚然，上举用例中的"兮"能用"然"代替，有些用例"兮"还与"然"等形成对文，但综合考察"兮"的用例，以及其使用历史，会得出不同的结论。以下试论之。

"兮"用于形容词后在《诗经》中即有很多用例，如：

(10)**琐兮尾兮**，流离之子。(《邶风·旄丘》)

(11)**瑟兮僩兮**，**赫兮咺兮**。(《卫风·淇奥》)

(12)**简兮简兮**，方将万舞。(《邶风·简兮》)

(13)巧笑**倩兮**，美目**盼兮**。(《卫风·硕人》)

(14)**哆兮侈兮**，成是南箕。(《小雅·巷伯》)

以上置于形容词之后的"兮"，用"然"来解并无问题，然而其功能并非充当词缀，请看以下用例：

(15)挑**兮**达**兮**，在城阙**兮**。一日不见，如三月**兮**。(《郑风·子衿》)

(16)婉**兮**娈**兮**，总角丱**兮**。未几见**兮**，突而弁**兮**。(《齐风·甫田》)

(17)伯兮朅兮,邦之桀兮。(《卫风·伯兮》)

这些用例,前后句均有“兮”,前句用于形容词后,而后句则不然,这些“兮”实际上是其常用功能——用于句中或句尾表停顿或感叹语气——的体现。再看以下用例:

(18)绿兮衣兮,绿衣黄里。(《邶风·绿衣》)

(19)父兮母兮,畜我不卒。(《邶风·日月》)

(20)子兮子兮,如此良人何。(《唐风·绸缪》)

这些用例中的“兮”显然不能用“然”对译,但其用法与上举形容词后的“兮”的用例并无不同。这类“兮”当为语气词,用于句中,主要用以凑足四字句,而非词缀。相似的用例在《楚辞》中亦能见到:

(21)帝子降兮北渚,目眇眇兮愁予。嫋嫋兮秋风,洞庭波兮木叶下。(《九歌·湘夫人》)

(22)秋兰兮麋芜,罗生兮堂下。绿叶兮素枝,芳菲菲兮袭予。(《九歌·少司命》)

(23)采三秀兮于山间,石磊磊兮葛蔓蔓。(《九歌·山鬼》)

以上用例中,“兮”同样用于形容词及其他词类之后,而且,形容词后的“兮”换作“然”亦无问题,但很显然,这些“兮”并非词缀,而是用于句中表停顿的助词。

如此一来,我们必须要面对这样一个问题:后代形容词后的“兮”是否改变了原有性质。答案是否定的。

第一,正如蒋文所说,“兮”的组合在后代仍主要用于韵文中,也就是说这类组合并未脱离原有的使用限制,或者说这些组合不能自由使用,其词的性质值得讨论。

第二,既然说“兮”的功能与“然”相当,那么可以将这类组合与“然”类组合的功能进行比较,可以发现,与“然”类组合相比,“兮”类组合有很大限制,它们一般不能作定语,后面一般不再带语气词。

以上两点说明:作为形容词的“兮”类组合使用上并不自由,究其原因,这些组合并不是词语,“兮”仍是可自由使用的句中或句末助词。

另唐元发(2010:340)研究认为,“兮”是中国上古早期诗歌中特有的虚词,专用于诗歌以及类似诗歌形式的韵文中,其作用主要是延长声音,表示语调顿挫、抒发强调或感叹之情。根据口头表现形式的不同,“兮”在上古诗歌中大致有唱读和诵读两种读法:前者“兮”表示声音的延长,后者“兮”读为“啊”或其他近似“啊”的音。

馨

一、“馨”类组合及相关研究

六朝时期,“馨”可与“宁”组合,构成“宁馨”一词,如:

(1)太后怒,语侍者:“将刀来破我腹,那得生如此宁馨儿!”(《宋书·前废帝本纪》;[1]216)

通过前后文语境不难推知,句中“宁馨”乃如此义,南朝梁萧绎《金楼子》卷二记南朝宋前废帝事,“宁馨”即作“如此”。郝懿行《晋宋书故》亦有解释:“今按:‘宁馨’,晋、宋方言即为如此之意。”

与“宁馨”同时,尚有“如馨”“尔馨”与之义同,如:

(2)桓弯弹弹刘枕,丸迸碎床褥间。刘作色而起曰:“使君,如馨地宁可斗战求胜?”(《世说新语·方正》44条;[2]330)

(3)王仲祖有好仪形,每览镜自照,曰:“王文开那生如馨儿!”(《世说新语·容止》29条刘孝标注引《语林》;[2]329)

(4)其母疾笃,遣呼子业。子业曰:“病人间多鬼,那可往?”其母怒,语侍者曰:“将刀来破我腹,那得生如馨儿!”(《魏书·岛夷刘裕附子业传》)

例(2)“如馨地”指床褥这样的地,例(3)“如馨儿”指“我”这样的儿子,例(4)“如馨儿”指“子业”这样的儿子,此例同记南朝宋前废帝事,可证“宁馨”与“如馨”义同。此类用法在意义及功能上有如下特点:1.“如馨”指代文中人、物所表之性状。“如馨”所指示之物与修饰对象“地”“儿”具有同一性。2.“如馨”在句中充当定语,修饰名词。

(5)殷去后,乃云:“田舍儿,强学人作尔馨语。”(《世说新语·文学》33

条;[1]216;[2]329)

(6)与何次道语,唯举手指地曰:"正自**尔馨**!"(《世说新语·品藻》26条;[1]216;[2]330)

"尔馨"还可写作"尔形":

(7)庾后以牙尺打帝头云:"儿何以作**尔形**语?"(南朝梁殷芸《小说》卷一;[1]216)

例(5)(7)"尔馨语""尔形语"犹这样的话,"尔馨""尔形"分别指示殷中军所说清言及帝所说语之性状。例(6)"尔馨"犹"这样",指示其手所指地之性状。此类用法在意义及功能上有如下特点:1."尔馨"指代文中事物所表之属性。"尔馨"所指示之物与修饰对象"语"具有同一性。2.例(5)(7)"尔馨(形)"在句中充当定语,修饰名词。例(6)充当判断谓语,乃省略中心语的用法,与其他两例并无实质区别。

"宁馨""如馨""尔馨"不仅意义相同,而且相异语素"宁""如""尔"语音亦相通,故多有学者将它们看作同一词的不同变体,如清郝懿行、张相(1979:353)、周法高(1960:152;1962:305)、蒋礼鸿(1987:42—43)、佘嘉锡(2007:251—252)、徐震堮(1984:550)、董志翘等(1994:554—556)等,我们看郝懿行《晋宋书故》的论述:

《方正篇》:"刘尹语桓大司马曰:'使君,如馨地宁可战斗求胜?'"《容止篇》注引《语林》曰:"王仲祖每揽镜自照曰:'王文开那生如馨儿!'"此皆以"如馨"代"宁馨"。"如"读若"女",即"宁"之转音也。《文学篇》:"刘尹目殷中军云:'田舍儿强学人作尔馨语。'"《品藻篇》:"王丞相云:'与何次道语,唯举手指地曰:"正自尔馨!"'"此又以"尔馨"代"宁馨"。"尔"读若"你",亦"宁"之转音矣。

"馨"除了组成上述三个词外,还可与"如"构成"如……馨"的搭配,如:

(8)昨夜听殷、王清言甚佳,仁祖亦不寂寞,我亦时复造心,顾看两王掾,辄翣**如生母狗馨**。(《世说新语·文学》22条)

(9)螭拨其手曰:"冷**如鬼手馨**,强来捉人臂!"(《世说新语·忿狷》第3条)

例(8)“婹”为何义存在争议，但其作为形容词当可断定，而“如生母狗馨”乃以生母狗作比，指像活母狗一样，充当“婹”的补语。例(9)“冷如鬼手馨”指手冷得像鬼手一样。此类用法在意义及功能上有如下特点：1.以他物作比，描述人或物的某种性质，喻体与本体为不同之物；2.表性质的形容词出现于句中，“如……馨”充当这个形容词的补语。

六朝之后，“如……馨”搭配未见用例，“宁馨”“如馨”“尔馨”则继续使用，其中“如馨”“尔馨”用例较少，如：

(10)吴中秋晚雨冥冥，自笑闲愁又尔馨。（南宋陆游《微雨午寝梦憩道傍驿舍若在秦蜀间慨然有赋》）

(11)别后忆君兼日夜，满江风雪况如馨。（元郭翼《春日有怀二首》）

“宁馨”的用例则较多，如：

(12)（衍）总角尝造山涛，涛嗟叹良久，既去，目而送之曰：“何物老妪，生宁馨儿！”（《晋书·王衍传》；[2]329）

(13)为问中华学道者，几人雄猛得宁馨。（唐刘禹锡《赠日本僧智藏》；[1]217；[2]330）

(14)看客只宁馨，从你痛笑我。（《王梵志诗·草屋足风尘》；[2]330）

(15)生涯分付宁馨儿，西园手种闲花草。（南宋陈著《踏莎行·寿季父吉甫》；[1]217）

在使用过程中，“宁馨”的意义发生了变化，专用于指好，如：

(16)举案家风未肯低，清心端自秀深闺，芝兰玉树宁馨儿。（南宋仲并《浣溪沙·示孟氏女》）

(17)一日，有僧过之，摩其顶曰：“有此宁馨儿，却被名字叫坏了。”（明过庭训《本朝分省人物考》卷五十）

“宁馨”的这种用法南宋洪迈《容斋随笔》卷四“宁馨阿堵”条已经揭示：

“宁馨”、“阿堵”，晋宋间人语助耳。后人但见王衍指钱云：“举阿堵物却。”又山涛见衍曰：“何物老媪生宁馨儿？”今遂以“阿堵”为钱，“宁馨儿”为佳儿，殊不然也。

“馨”在这一时期还产生了少量新的用法，如：

(18)婀娜腰支细细许，𥈭䀹眼子**长长馨**。（唐张鷟《游仙窟》；[1]216）

(19)碧玉为竿丁字成，鸳鸯绣带**短长馨**。（南宋尤袤《全唐诗话》卷二；[1]217）

比较六朝及之后的用例，可以看到：六朝时“馨”类组合表现出鲜明的口语色彩，而之后则多属历史词语的继承应用，而非真实口语的反映。

“馨”的上述用法很早就引起了人们的关注，自古至今论及者甚多，如南宋吴曾《能改斋漫录》、南宋刘昌诗《芦浦笔记》、南宋洪迈《容斋随笔》卷四、金王若虚《滹南遗老集》卷三三、明方以智《通雅》、清刘淇《助字辨略》、清段玉裁《说文解字注》、清郝懿行《晋宋书故》，今人余嘉锡《世说新语笺疏》、徐震堮《世说新语校笺》、张万起《世说新语词典》、张永言《世说新语辞典》、董志翘等《中古虚词语法例释》、王云路等《中古汉语语词例释》、江蓝生等《唐五代语言词典》、胡敕瑞《“尔许”溯源—兼论“是所”“尔所”“如所”“如许”等指别代词》、魏培泉《汉魏六朝称代词研究》、蒋宗许《汉语词缀研究》、王云路《中古汉语词汇史》、冯赫《指示词“如馨”与“尔馨”的形成》、刘传鸿《中古汉语词缀考辨》、梁银峰《中古汉语比拟助词“许”和词尾“许”的来源》等。相关研究主要涉及以下几个方面：

1.“宁馨”“如馨”“尔馨”及“如……馨”的意义

除《能改斋漫录》误将“宁馨儿”释为“不佳儿”外，其他谈及意义者释语虽小有不同，但都认为“宁馨”“如馨”“尔馨”为如此义，另有诸多学者从语音上将三词联系起来，认为三词实为一词之音转（见上文）。“如……馨”中“馨”相当于“一样”“似的”“般”，各家看法比较一致。

2.“馨”在组合中的性质

诸家说法不一，如语助（洪迈、王若虚）、呼语词（方以智）、语词及语余声（郝懿行）、语声（段玉裁）、语之余（刘淇）、后附语（周法高 1962：305）、形容词或副词之语尾（徐震堮 1984：550）、词缀（尾）（王云路等 1992：405—406；董志翘等 1994：554—556；江蓝生等 1997：265；蒋宗许 2009：216—219；王云路 2010：329—330、梁银峰 2021）。上述说法虽有不同，但实质是一致的：“馨”是一个无义的构词成分。

3.“馨”“宁馨”“如馨”“尔馨”及“如……馨”的来源

主要有以下几种观点：

1)“馨”乃“㲷”字，附于实语素。南朝梁顾野王原本《玉篇》残卷：“㲷，呼丁反。《说文》：‘㲷，声也。’野王案：今谓‘如此’为‘如㲷’，是也。”后段玉裁明确提出“馨”乃“㲷”同音借字，董志翘等(1994:554—556)、王云路等(1992:405—406)、蒋宗许(2009:216—219)等均赞成其说。

2)“尔馨”乃“尔所”的音变，晋宋时的“宁馨”或也同出一源。胡敕瑞(2002:288)持此种看法。

3)“尔馨”“如馨”来自“尔许”“如许”，“宁馨”来自于“尔馨”“如馨”。魏培泉(2004:111—112)指出：“六朝时又有一种可能替换‘尔许’‘如许’部分功能的‘尔馨’‘如馨’，以及另一种形式的‘宁馨’。‘宁’的产生大概是‘尔’受‘馨’的韵尾影响所致，而‘馨’原本也有‘如是’或‘然’的意思。……不过笔者以为‘馨’也许本是情状指示词。从‘冷如鬼手馨’(《世说·忿狷》)这样的例子看来，‘馨’的功能很像‘如……然’中的‘然’。把它译成‘这样’‘那样’或不带指示词的‘样子’都无不可，反正都是复指前述事物的样状。‘宁馨’很可能是从‘如馨’经过‘尔馨’而变化成的，‘宁’是‘尔’的韵尾受‘馨’的影响而产生。‘如馨’到‘尔馨’的变化也许和‘尔许’的演变有平行关系。‘尔许’或许是‘尔所’和‘如许’的混并式。”

4)“尔馨”“如馨”“如……馨”分别为“尔许”“如许”“如……许”的音变，“如许”来自“尔许”，“尔许”则来自“尔所”。刘传鸿(2018:299—312)持此看法。

5)“如馨”与“尔馨”不是同一个词的变化形式，但它们的源形式都是“如N馨”(N表名词，下同)结构式，“如馨”由“如N馨”隐去N成分形成，“尔馨”则是由性状指示词“尔”替代“如N馨”结构式的“如N”项而形成。“如N馨”则是由“如N许”结构式变化而来。冯赫(2018)持此看法。

我们不赞同将“馨”定性为词缀的看法：首先，从“馨”的用例看，真正算得上词的仅“宁馨”“如馨”“尔馨”，它们甚至可能是同一词的不同形式，其他诸如“如生母狗馨”“如鬼手馨”“短长馨”根本不是词，“长长馨”是否为词难以确定，但从其与“细细许”对应看，为词的可能性亦不大(参前文“生”字条论述)。试想有哪一个词缀构词能力如此之差？再有，各家多认定“馨”无义，可这种认识并无让人信服的根据，特别是“如……馨”，现代汉语译作

“象……一样”“象……一般”，“一样”“一般”并非后缀成分①，何以“馨”可看作后缀呢？

“馨”的上述用法出现较突然，且用例较少，仅从现有用例似乎难以给“馨”定性。而探求其来源，无疑可以从根本上解决问题。鉴于来源问题存在诸多歧异，以下试加探索。

二、“馨”类组合的来源探讨

(一)有关“馨”类组合来源诸观点的分析

上文总结了学界关于“馨”“宁馨”“如馨”“尔馨”及“如……馨”的来源的几种观点，以下略加分析：

1. 认定“馨”来自“㹒”，到目前为止还只是一种推测，文献中并未见到“㹒”的用例，它到底是什么性质，无从得知。

2. 胡敕瑞(2002)只是提出看法，并未论证。从现有研究看，“尔所”后来发展为“尔许”，“尔馨”直接来自“尔所”的可能性不大。

3. 魏培泉(2004)的看法亦属推测，他在文中未加论证。另据冯赫(2018)，“然”与“馨”功能并不相同。

4. 刘传鸿(2018)主要论证“馨”非词缀，因而对其来源未细致阐释，且对几个组合的功能理解不够到位，对一些文例的解读亦存在不当之处。

5. 冯赫(2018)为最新观点，他在文中对之前的部分观点进行了分析，并详细论证了他的观点，我们看其推理及论证：

1)“如 N 馨”来自“如 N 许”：如 N 许(表大小样态)→如 N 馨(表人物性状)。

冯赫(2018:290—291)指出：这种变化不仅仅是“许”“馨”的音变关系，在语音变化的背后是结构式意义或功能的变化，词形变异是意义或功能变化的形式表征。由“如 N 许”到“如 N 馨”体现出这一类表达式由空间关联的样态表达扩展或变化为人物性状的表达。

其根据是：二者结构形式平行，意义和功能也近似。另外他还提出了一个

① 王兴才(2009a)认为“然”的词尾化过程是：由表“这样”的代词“然”用于“如＋名词＋然”的结构，再用于“如＋形容词＋然”的结构，再到“形容词＋然”的组合。其中“如＋名词＋然”的结构中，“然”的代词性还很强。

证据:“如 N 许”在同时代文献中已经呈现出脱离空间特征意义表达的变化迹象,并举有《世说新语》中的两个用例:

(20)(帝)尝以一珊瑚树高二尺许赐恺,枝柯扶疏,世罕其比,恺以示崇。崇视讫,以铁如意击之,应手而碎。恺既惋惜,又以为疾己之宝,声色甚厉。崇曰:“不足恨,今还卿。”乃命左右悉取珊瑚树,有三尺、四尺,条干绝世,光彩溢目者六七枚,**如恺许**比甚众。(《汰侈》第 8 条)

(21)君章云:“不审公谓谢尚何似人?”桓公曰:“仁祖是胜**我许**人。”(《规箴》第 19 条)

按:将此二例看作“如 N 许”结构并不恰当,例(20)“如恺许”后有一个“比”,表类同、相似,构成当时盛行的“如 X 比”句式,如果“许”解作那般,则显冗余,江蓝生(1999:87)将“许”分析为领格助词,明显更加合适;例(21)不仅形式不同,而且“胜我许”用表差比,与“如 N 许”表平比差异明显,“许”亦当依据江蓝生(1999:86)分析为领格助词。

2)“如馨”来自“如 N 馨”:如 N 馨→[N 项隐去]→如馨。

冯赫(2018:291)指出:“如 N 馨”在特定的语境之内隐去 N 就形成了“如馨”,由“如 N 馨”形成“如馨”与由“如 N 许”形成“如许”是平行的①。较早的“如馨”的句法功能都可以分析为修饰名词(如“如馨地”“如馨儿”),而修饰的名词体现的性状也就是“如 N 馨”内 N 所提取的内容(性状信息),因此在“如馨”修饰名词的结构式里,N 成分就可以隐去。

3)“尔馨”来自“如 N 馨”:如 N 馨→[“尔”置换“如 N”]→尔馨。

冯赫(2018:292)指出:由“如 N 馨”变化为“尔馨”,是以“如 N 馨”性状表达式为源结构、由指示词“尔”进入“如 N 馨”内“如 N”的位置而形成的:“如 N”是以比拟来表达性状,“尔”则是指示性状,由“如 N 馨”变化为“尔馨”、也就是由结构式的性状表达变化为了性状的指示,这是基于源结构式、由表达范畴的变化引发的演变。

其根据是:“如 N 馨”与“尔馨”具有意义与功能一致或近似性关系;“尔馨”及其变异形式“宁馨”主要是指示人或物的性状,其语义特点与“如 N 馨”表示

① 据我们考察,“如许”并非来自“如 N 许”,而是来自“尔许”。

实体的性状特征契合,“尔馨”指示性状的语义特点体现了源形式“如N馨”性状表达式的语义存留因素,而不是来自“尔”本身。

“如馨”“尔馨”“如N馨”同时出现于《世说新语》中,且在南北朝时期用例很少(后代用例亦很少,且多为仿用),仅以如此少的用例判断它们的产生、发展途径,本就十分困难,而仅通过这么几个用例得出如此复杂的演变结论更让人难以置信。另外,在同时代文献中,还有“尔许”“如许”“如N许”组合,它们在形式上分别与“如馨”“尔馨”“如N馨”形成严整的对应,且“许”与“馨”语音上存在明显的对应关系,认为“如馨”“尔馨”来自于“如N馨”而非“如许”“尔许”,实在让人难以信从。

冯赫的观点主要建立在“尔馨”“如馨”与“如N馨”意义与功能一致或近似的基础上,然而,仔细考察三个组合的意义及功能,以及“许”与相关组合的用法,我们认为“如馨”“尔馨”更可能来自“如许”“尔许”。

(二)“如N馨”“如馨”“尔馨”的意义及功能比较

比较“如N馨”“如馨”“尔馨”三个组合的用法(参上文分析),可以发现:1.“如馨”“尔馨”意义及功能均相同。2.“如N馨”以他物作比拟表某物之性状,本体、喻体为不同之物;“如馨”“尔馨”则不存在比拟,二词直接指代句中人、物以表性状。3.“如馨”“尔馨”主要作定语,修饰名词,“如N馨”则作补语,用以补充描写它前面的形容词。

“如馨”“尔馨”与“如N馨”结构形式差别很大,且意义、功能都存在明显差异,认为“如馨”“尔馨”来自“如N馨”并无让人信服的理由。另外,如果“如馨”真的来自“如N馨”隐去表比拟的N,当能够找到相关线索,然而“如馨”句中N并不存在。

与之相对,“如许”“尔许”与“如馨”“尔馨”形式相同,功能亦相同(主要修饰名词,充当定语),且语音存在对应,只是表义上存在一些差异(一表约量一表性状),按理由前者演变而来很是自然,但冯赫(2018:289)认为“如许”的结构性质阻断了“许→馨”的音变,他说:

> 空间语素“所”在演变过程中出现“许”等的变体是语义及功能变化在形式上的反映,“所”产生变体的语法限制在于它的后附或黏着化。但是,“如许”的前一成分“如”不仅原来是动词性的,而且“如许”又是形成于“如

> N 许”结构式的变化（名词 N 项隐去，这一变化的结果是“许”直接位于动词“如”的后面），按照空间语素“所/许”的形式变化规律，“所/许”只有在“X 所/许”式中、即后附于 X 项或呈现黏着化时才出现形式的变异。因此，“如许”从构成成分到结构特点都不符合处所词“所/许”在历时演变过程中产生变体的限制条件，由“如许”直接音变为“如馨”的可能也可以排除。

这种说法让人很是费解，单从演变来说，“如许”到“如馨”并不存在障碍：语言中有“如许”一词，由于某方言中“许”与“馨”发音相近，故而音变为“如馨”，使用中其功能发生了一些变化，故而用“如馨”这一形式记录下来，这是很自然的事。这与“如许”一词中“如”和“许”的性质没有关系，何来阻断一说。

有关“尔许”“尔馨”，冯赫（2018:292）有这样一段论述：

> 从词的表面形式看“尔馨/形”似乎是由指示词“尔”与“馨/形”加合构成，又由于“许”在“N 许”等结构式内可能产生变体（“馨/形”），那么“尔馨/形”的源形式就很容易被认为是“尔许”、即由“尔许”变为“尔馨/形”。这样分析可以得到结构形式（“尔馨”“尔许”是同样的结构）与空间语素“所/许”及其衍生形式音变规则的支持，然而问题在于，“尔许”与早期形式“尔所”是来源于“X 所/许”数量结构式的数量指示词，“尔馨/形”等则是纯粹的性状指示词，两者功能不同。当然可以设想，这是由指示数量的“尔所”“尔许”变化成了指示性状的“尔馨”等，但至少在中古汉语以前，“尔所”“尔许”仍保持着数量指示词的性质。

这段话表明，冯赫实际上更倾向于“尔馨”来自“尔许”，只是由于“尔许”在中古汉语前局限于表数量而未见表性状的用法，让他改变了看法。但他可能忽略了这样一个事实：“尔许”在中土文献中用例极少，而“尔馨”则用于本土的南方方言，那么是否有可能现存本土文献未能全面反映“尔许”的真实用法呢？

另外，冯赫认为“如 N 馨”来自“如 N 许”。事实上，二者表达形式相似，但功能亦存在明显差别：“如 N 许”局限于表大小，一般不与形容词搭配，即便搭配，也基本限于“大”，且现存文献亦未见“如 N 许”表性状的用法（冯赫所举二例并非“如 N 许”组合，参前文分析）。“尔许”“尔馨”的关系并不比“如 N 馨”“如 N 许”远，既然能得出“如 N 馨”来自“如 N 许”的结论，得出“尔馨”来自于“尔许”亦非不可能。

(三)“尔许”“如许”“如N许”的用法考察及相关推测

当然，要真正确立“如馨”来自“如许”，“尔馨”来自“尔许”，“如N馨”来自“如N许”，仅有可能性还不够，最重要的还是要看它们在功能上有没有发展演变的线索。我们认为这种线索是存在的，以下分别从佛典及本土文献两条线加以分析。

1. 佛典中的“尔许”“如许”“如N许”

1)尔许

“尔许”产生于魏晋，用表约量，“许”为约量助词，常用作定语，亦可作主语、宾语。如：

(22)今有尔许比丘集，僧今解此处戒场。(三国魏康僧铠译《昙无德律部杂羯磨》)

(23)彼时有善算者，计百年中用尔许油。(西晋安法钦译《阿育王传》卷七)

(24)若欲作新住处者，营事比丘应以绳量度作分齐，尔许作僧净屋，尔许作僧住处。(东晋佛陀跋陀罗共法显译《摩诃僧祇律》卷三一)

(25)彼作如是不净求利养，有所偏为，取是、莫取是，取尔许、莫取尔许，取是来、莫取是来，持尔许来、莫持尔许来。(姚秦佛陀耶舍共竺佛念等译《四分律》卷五八)

(26)如是之人贪心妄语，作如是言：“我唯得此，更无有余。我所治生唯得尔许。”(北魏瞿昙般若流支译《正法念处经》卷九)

东晋时开始与形容词搭配使用，以“多”为主，隋代形容词有扩展，“远”“大”等进入搭配：

(27)中间有尔许多相续定，云何是次第。(北凉浮陀跋摩共道泰等译《阿毘昙毘婆沙论》卷六)

(28)譬如彼大焰聚然时有焰，乃至光音天有焰，不能至尔许远处。(隋闍那崛多译《大集譬喻王经》卷上)

(29)然其墙量至有顶际，彼乃至尔许大纵广大城，蔓菁子满，尖头系住，不概令平。(隋闍那崛多译《观察诸法行经》卷三)

(30)须陀斯陀那含,此之三人向无学果时无多校,何缘向大**尔许**阶降?(隋释慧远述《大般涅槃义记》卷四)

"尔许"修饰形容词体现了其功能由表量向表性状发展,特别是与"大"的搭配,虽然仍与量相关,但表性状功能更加凸显。

唐代用法接近,在表量的同时,"长""深"等形容词亦进入搭配,如:

(31)汝在食前近圆,或在食后影长**尔许**。(唐义净译《根本说一切有部百一羯磨》卷一)

(32)乃至须弥山王高八万四千由旬,在大海中亦深**尔许**。(唐释道世撰《法苑珠林》卷一六)

2)如许

"如许"产生于东晋,晚于"尔许",但功能与"尔许"同,用表数量,如:

(33)汝等知**如许**人在下行坐者不耶?(姚秦佛陀耶舍共竺佛念等译《四分律》卷一一)

(34)彼应问言:"我若干岁有**如许**房不?"答言:"有。"(《四分律》卷四九)

隋代开始与形容词"多""远"等搭配使用:

(35)无著问曰:"何意**如许**多时始来?"(隋智顗《净土十疑论》)

(36)师能**如许**远道来,在路辛苦。(隋灌顶纂《国清百录》卷三)

唐代其他形容词进入搭配,且出现了表性状的用法:

(37)汝观如来善能**如许**广大说法,于诸方便善巧圆满。(唐菩提流志译《大宝积经》卷七)

(38)明知十地菩萨智量犹隔,以此来升此位,**如许**乖宜入出,如许不可说三昧之门。(唐李通玄撰《新华严经论》卷三〇)

3)如N许

"如N许"晋时已经产生,主要借他物大小比拟以表量,或借他物大小比拟直接描写物之大小,有少量用例与形容词搭配,充当后置定语和补语,形容词主要限于"大小"类。如:

(39)勿有疑想如毛发许,是定意法,名为菩萨超众行。(东汉支娄迦谶译《佛说般舟三昧经》)①

(40)减须弥山如芥子许,损大地土如米许,复损虚空如蚊许。(姚秦竺佛念译《出曜经》卷一〇)

(41)其心渐大,见向一虫,大如狗许。(后秦鸠摩罗什等译《禅祕要法经》卷上)

(42)胭下及腹下疮处差已作大肉疣,粗如臂许。(唐道世《法苑珠林》卷六四)

总结:佛典中,"尔许""如许"均表约量,"尔许"产生更早,"如许"当为"尔许"的音变。在使用中,二词开始与形容词搭配,早期主要限于表量的"多",后形容词逐渐扩展,发展出表性状的用法。"如N许"主要用他物比拟以表物之大小,使用中未发展出新的功能;通常不与形容词搭配使用,仅有少量用例可与表大小的形容词搭配充当补语。

2. 中土文献中"尔许""如许""如N许"

1)尔许

"尔许"在三国时已有用例,但唐前仅发现两个用例:

(43)又前后辞旨,头尾击地,此鼠子自知不能保尔许地也。(《三国志·吴书·大帝传》裴松之注引《魏略》)

(44)死生异路,不能数得汝消息,吾亡后,儿孙乃尔许人!(东晋干宝《搜神记》卷一五)②

唐代起,用例增多,且常与形容词搭配使用,形容词以表量的"多"为主,另有一些已经脱离表量,发展出性状指示词的用法,如:

(45)章华台畔隋堤上,傍得春风尔许多。(唐牛峤《杂曲歌辞·杨柳枝》)

---

① 此经不甚可靠。"如N许"用例在东晋佛典中用例增多,之前仅此1例,但中土文献中晋郭璞《尔雅注》即有1例,此类结构产生于西晋的可能性较大。

② 今本《搜神记》"人"作"大",《后汉书·五行志五》李贤注引作"人",从"尔许"之义及文义看,当从,此据改。

(46)敛袖翠蛾攒，相逢**尔许**难。（唐顾夐《醉公子》）

(47)第六曹司内有两人哭，为何事得**尔许**哀？（《敦煌变文集·唐太宗入冥记》）

2)如许

唐前中土文献中“如许”亦很少，有修饰名词表数量的用法，如：

(48)又曰：“魏定中山，徙几户于北？”臣答：“七万余家。”佺期曰：“治在何城？”臣答：“定都平城。”佺期曰：“有**如许**大众，亦何用城为？”（《魏书·张济传》）

(49)皇后忿然曰：“睍地伐渐不可耐，我为伊索得元家女，望隆基业，竟不闻作夫妻，专宠阿云，使有**如许**豚犬。”（《隋书·文四子传·房陵王勇》）

另有与形容词“长”“厚”搭配的用法，这种用法已经比较接近性状指示词，如：

(50)暂出后湖看，蒲菰**如许**长。（《乐府诗集·清商曲辞·孟珠》）

(51)爽出从县阁下过，取笔书鼓云：“徒有八尺围，腹无一寸肠，面皮**如许**厚，受打未讵央。”（《南史·文学传·高爽》）①

唐代之后“如许”的用量明显增多，且多与非表量的形容词搭配使用②，“如许”亦发展出性状指示词的用法，如：

(52)五嫂**如许**大人，专拟调合此事！（唐张文成《游仙窟》）

(53)今日**如许**贫，总是前生作。（《寒山诗》第41首）

(54)诗怀到此清**如许**，欲向银河蘸笔题。（唐路应《游南雁荡》）

3)如N许

“如N许”用例较少，其用法与佛典相似，不同之处在于此结构与形容词

---

① 《南史》《隋书》均为初唐所作，两个用例一为人物语言，一为人物所作诗文，看作唐前用例当无问题。

② 禅宗语录中形容词以“多”为主，本文将禅宗语录归入佛典。

(主要由"大"充当)搭配的用法更多,"如 N 许"常作后置定语、谓语,亦可作状语、补语,如:

(55)仍吞麝香**如大豆许**佳。(东晋葛洪《肘后备急方》卷一)

(56)今河东汾阴县有水口,**如车轮许**,濆沸涌出,其深无限,名之为瀵。(《尔雅·释水》郭璞注)

(57)两耳及鼻孔中,皆有黄金**如枣许**大。(《三国志·吴书·三嗣主传》裴松之注引《抱朴子》)①

(58)色黄,大**如钱孔许**。(唐王焘《外台秘要方》卷三〇)

总结:中土文献中"尔许""如许"亦表约量,"尔许"在唐前用例很少,唐代起用量渐多,且多与表量形容词"多"搭配,亦可与非表量形容词搭配表性状;"如许"唐前用例亦很少,但在南朝时已经可与"厚""长"等形容词搭配使用,唐代用量增多,且多与非表量形容词搭配,充当性状指示词。"如 N 许"的功能与佛典相似,不同之处在于它与形容词搭配更常见,且可充当补语和状语。

从"尔许""如许""如 N 许"在佛典及中土文献中的用例可以发现以下几点值得注意的情况:1)"尔许"在北凉时代的佛典中已经可以与形容词"多"配合使用,而到隋代,"大"亦进入组合中。2)"如许"在佛典中与形容词的搭配隋代始见,但在中土文献中却要早(据现有用例当在南北朝时代),更重要的是其在口语性较强的文献中所搭配的形容词已经不再局限于"多","长""厚"均进入组合中。3)唐前中土文献中"尔许""如许"用例很少,但在唐代却多与形容词搭配使用,且均发展出表性状的用法。4)"如 N 许"在晋代就和形容词"大""小"搭配使用,特别是中土文献,与形容词搭配使用明显要多于佛典。从这些情况可以看出:1)相对佛典,中土文献中"尔许""如许""如 N 许"的用法更加丰富;2)相对书面语,口语中的"尔许""如许"用法更加丰富。3)当前中土文献所记录的唐前"尔许""如许"用例并非其真实用法的反映,否则无法解释唐代"尔

① 此例于今本《抱朴子》未见,《太平御览》引《抱朴子》作"大如枣许",似当从。"如 N 许大"结构在后魏贾思勰《齐民要术》中始见。另,冯赫引此例,将其误标为出《三国志·吴书·三嗣主传》。

许”“如许”的用法①。

据此，我们推测：在两晋南北朝的中土口语中，“尔许”“如许”完全有可能发展出性状指示词的用法；“如 N 许”亦有可能与其他表性状的形容词搭配使用。

“尔许”“如许”“如 N 许”的使用情况及我们的推测列表如下：

	尔许	如许	如 N 许
佛典	主要用表约量，北凉时代(相当于东晋)开始与形容词搭配，主要限于“多”，隋代能与“远”“大”等形容词搭配。	主要用表约量，隋代与形容词搭配，以“多”为主；唐代出现性状指示词的用法，使用者多为中土人士。	晋代始用，东晋与形容词“大”“小”等搭配使用，之后变化不大。
中土文献	唐前仅魏晋时期两个用例，修饰名词用表约量，唐代用例增多，且多与形容词搭配使用，同时发展出性状指示词的用法。	南北朝时始见用例，口语中可与“厚”“长”等形容词搭配，唐代用例增多，且多与形容词搭配使用，同时发展出性状指示词的用法。	晋代始用，与形容词搭配用量明显要多于佛典，主要用“大”，之后用法没什么变化。
推测	与形容词搭配当早于东晋；至南北朝口语，完全有可能发展出接近性状指示词的用法。	南北朝口语中完全有可能发展出性状指示词的用法。	南北朝口语中，表性状的形容词完全有可能进入搭配，结构式发展出表性状的用法。

(四)六朝民歌及其他文献中的“许”的特殊用法

事实上上述推测完全可以成立，六朝民歌及之后文献中一些“许”的用例可以佐证，我们看相关用例：

(59)一坐复一起，黄昏人定后，许时不来已。(《乐府诗集》卷四六《清商曲辞》三·《华山畿》)

(60)鸳鸯翻碧树，皆以戏兰渚。寝食不相离，长莫过时许。(《乐府诗

① 魏培泉先生(2004:108)指出：“(‘如许’)在六朝中例子并不算多，但这可能只是出现概率的问题，从它的时间分布和缘起来看，它在方言中可能已经有相当的势力了。”这种看法应当能够反映语言事实。

集》卷四五《清商曲辞》二·《长乐佳》)

(61)则天命马怀素按之,曰:"此事并实,可略问,速以闻。"斯须,中使催迫者数焉,曰:"反状皎然,何费功夫,遂至许时?"(唐刘肃《大唐新语》卷四)

(62)某云:"若是纸钱,当奉五百贯。"鬼云:"感君厚意,但我德素薄,何由受汝许钱,二百千正可。"(唐戴孚《广异记·张御史》)

例(59)"许时",义同"尔许时""如许时",例(60)"时许"当为"许时"之倒,亦为"尔许时""如许时"之义。例(61)与前二例用法同。例(62)"许钱"犹"如许钱""尔许钱"。

(63)阳春二三月,相将舞翳乐。曲曲随时变,持许艳郎目。(《乐府诗集》卷四九《清商曲辞》六·《翳乐》)

(64)团扇复团扇,持许自遮面。(《乐府诗集》卷四五《清商曲辞》二·宋武帝《团扇郎》)

(65)敬则以旧将举事,百姓担篙荷锸随逐之,十余万众。……兴盛使军人遥告敬则曰:"公儿死已尽,公持许底作?"(《南齐书·王敬则传》)

此三例"许"均作宾语,例(63)指"翳乐",例(64)指"团扇",值得注意的是,"翳乐"有"曲曲"修饰,"团扇"有"复团扇"之言,而这正与"尔许""如许"修饰名词表约量的用法相当。例(65)"许"指代文中"十余万众",其用法与前文例(48)"如许大众"明显相同。

(66)谁堪览明镜,持许照红妆。(《乐府诗集》卷二九《相和歌辞》四·梁萧纪《明君词》)

(67)裲裆与郎着,反绣持贮里。汗污莫濺浣,持许相存在。(《乐府诗集》卷四五《清商曲辞》二·《上声歌》)

此二例"许"亦作宾语,指代文中所出现之物,第一例指"明镜",第二例指"裲裆",这种用法基本不再表约量,当为指代约量用法的发展。

(68)甘菊吐黄花,非无杯觞用,当奈许寒何。(《乐府诗集》卷四九《清商曲辞》六·《月节折杨柳歌》)

(69)相送劳劳渚,长江不应满,是侬泪成许。(《乐府诗集》卷四六《清商曲辞》三·《华山畿》)

例(68)"许"修饰形容词"寒","许寒"犹"如许寒",这般寒,其用法与"如许厚""如许长"同。例(69)"许"后承前省掉形容词"满","许"犹"如许满",这般满。这两个用例"许"所搭配的形容词与表量更远,将"许"定性为性状指示词全无问题。

(70)风吹冬帘起,许时寒薄飞。(《乐府诗集》卷四四《清商曲辞》一·《子夜歌》)

(71)特讶鸳鸯鸟,长情真可念。许处胜人多,何时肯相厌?(南朝陈徐陵《鸳鸯赋》)

(72)此殿笑语恒长共,傍省欢娱不复同。讶许人情太厚薄,分恩赋念能斟酌。(《乐府诗集》卷七七《杂曲歌辞》一七·陈傅縡《杂曲》)

与例(59)(60)(61)表约量的"许时""时许"不同,例(70)"许时"犹这样的时候,"许"指"风吹冬帘起"之时,用表性状;后二例"许处""许人情"用法同,例(71)指"长情处",例(72)指上文所描述之人情。这些用法与"尔馨""如馨"和名词搭配的用法相当。

从功能及用法看,上举"许"与"如许""尔许"存在密切关系,它们当由"如许""尔许"简缩而成①。这种简缩形式的"许"大量出现于南朝诗歌中,当与诗歌对字数的限制有关。通过这些用例能够确定:晋及南北朝时的南朝口语文献中,"如许""尔许"已经不再限于表量用法,它们同时发展出指代及指示性状等其他用法。

(五)结论

"如馨""尔馨"与"如N馨"结构形式差别较大,语法功能及语义亦存在较明显差别,"如馨""尔馨"来自"如N馨"的可能性不大。而从六朝民歌中诸多

① 魏培泉先生(2004:109)对此类"许"的来源作了推测:"这种'许'的来源我们想到的有两种:一是由'尔许''如许'截头所成,一是'许'原就有'如是'之解。"他在文中举"如N许"的例子,以为"许"与"然"功能相当,故而倾向于第二种可能性。但据冯赫研究,"如N许"中"许"与"然"并不一样,而据我们的研究,"许"在"如N许"中亦表量。

由“如许”“尔许”简缩而成的“许”的用法看，“如许”“尔许”在当时已经发展出性状指示词的用法，“如馨”“尔馨”与它们形式相应，语法、语义功能相当，且“许”“馨”语音相近：从声部看，“许”与“馨”均为晓母，二字双声；从韵部看，“许”为鱼部，据张光宇（1994：414）研究，六朝鱼虞有别，其区别就在于鱼韵读ie，而“馨”为耕部，读作[-(i)eŋ]，二字的实际发音相近，属支耕对转①。故我们认为“如馨”“尔馨”当为“如许”“尔许”在六朝南部方言中的音近换用。由于它们主要活跃于南朝方言中，故而中土文献较少见。

“如N馨”与“如N许”结构形式相同，语法功能相当，语义上存在一定差异：“如N馨”用比拟表性状，“如N许”局限于用比拟表大小，但从“许”在六朝诗歌中可用表性状看，“如N许”发展出表性状的用法是很自然的事②，“如N馨”正是此种功能在方言中的体现。

至于“宁馨”，当为“尔馨”“如馨”的音变，文献中有“宁许”用例，但产生较迟。

早期“尔许”“如许”“如N许”均表约量，“许”以约量助词的身份参与组合，其来源为表约量的“所”③；后发展出表性状的功能，“许”亦发展出性状助词的功能。“尔馨”“如馨”及“如N馨”结构是表性状的“尔许”“如许”“如N许”在方言中的音近换用，“宁馨”为“尔馨”“如馨”的音近换用，“馨”之定性亦当同“许”。

行

朱庆之先生（1992：138—142）举有诸多“行”与单音动词搭配的用例，认为“行”不是表意所必需的语素，其作用只是在于帮助单音节动词双音化。王云

① “馨”类组合多使用于《宋书》、《世说新语》等记载北方过江文人生活的文献中，这些人生活在以南京为核心的沿江地带，其语言为南朝通语，正是张光宇所说“六朝”语。“如馨”“宁馨”二词中“如”“宁”的关系与“许”“馨”的声转关系相同。

② 据我们研究，“尔许”“如许”“如N许”组合中“许”并无本质区别，它们都用表约量，“数量＋许”结构中的约量助词“许”是其来源。

③ “许”来自“所”，以及“许”“所”的性质，参冯赫《“X所/许”约量表达式与“所/许”的历时考察》，《汉语学报》2013年第4期；《“X所/许”式表量词探源》，《语言研究》2014年第1期。

路先生(2010:304)认为:“行”是一个典型的动词前附加成分。因为“行”是应用十分广泛的动词,含义又抽象而空灵,是与“为”相类似的动词构形成分,施用于诸多方面。陈娇等(2013)分析了“行”的虚化过程,他们将虚化后的“行”定性为类词缀。蒋宗许先生(2009)未将“行”纳入词缀。

王云路先生虽认为“行”是一个典型的动词前附加成分,但从她对所举用例的分析看,却多未对“行”的性质加以明确定性,究其原因,一方面“行”意义多样,很多组合中“行”可以实义为释;另一方面,“行”在组合中,虽然意义不是那么实在,处于次要地位,但仍有其功能。

刘文正(2017:85)对意义较虚的“行”与动词的搭配有不同看法,他将“行V”看作一种构式,并将“行”看作泛义动词,他认为:随着“行V”构式的兴起,泛义动词开始形成,战国末期至汉代出现“行VO”,这是“行V”的构式变化,标志着泛义动词“行”成熟。由于口语和书面语的差异日益加大以及其他泛义动词的兴起,唐代以后“行V”构式逐渐衰落。

我们赞同部分“行V”组合中的“行”为泛义动词的看法(下文以“‘行V’构式”称呼),不过刘文将“行VO”看作泛义动词“行”成熟的标志之一,我们以为可商。

从结构上看,“行”与其后动词当构成动宾关系,其功能比较接近形式动词,理论上讲“V”后不应当再带宾语,如果需要将其对象体现出来,可通过介词“于”“乎”等引介,如:

(1)帅群不吊之人,以**行乱**于王室。(《左传·昭公二六年》)

(2)然则曷为不直诛而鸩之?**行诛**乎兄,隐而逃之,使托若以疾死然,亲亲之道也。(《公羊传·庄公三二年》)

引介对象的介词通常可以省略:

(3)乃**行诛**大臣及诸公子,以罪过连逮少近官三郎,无得立者,而六公子戮死于杜。(《史记·秦始皇本纪》,[30]90)

刘文正举此例认为是最早的“行VO”典型用例,我们以为此例不能排除“行V”后省略介词的可能。

刘文正还举有《太平经》中众多带宾语的用例,多有可商之处:

(4)自今以往,天乃兴用群神,使**行考治人**。(《太平经》卷一一八,[30]91)

(5)反日使鬼神精物**行考笞击其无状之人**,故病者不绝,死者众多也。(《太平经》卷四七,[30]91)

(6)天从今以往,旦使人亦考之,神亦且**行考之**,但有日急,非有懈时也。(《太平经》卷九一,[30]91)

刘先生将上举三例看作"行VO"构式,我们以为不妥。第一,"行考治人""行考笞击其无状之人","行考"当作一读,其后当有停顿。这一点例(5)表现得更加明显:"行考"之对象为所有人,而"笞击"的对象是其中"无状之人",故而不可以"行"统"考"与"笞击其无状之人"。第二,这里的"行考"并非"行V"构式,道教常派使者四处巡行,考察人之善恶,上举用例中的"考"即考校义,而"行"则当为巡行义,我们看以下用例:

(7)太上敕勒诸天诸地、日月星斗、天真圣人、将军使者、天神童子、天地飞仙、三界四司、岳渎官属,执籙把籍,**巡行考校**,三日一言,十日一奏,百日一结,不辍须臾。(《太上感应篇》卷一)

将此例与上举例(4)—(6)比较,可以发现所述事有相似之处,几例均描述某一上级派手下之人四处巡行以考校,故《太平经》之"行"解作巡行并无问题。

(8)反**行乞丐求人之物**,无益于民间,淹污辱天道,内利百姓,不可以为师法。(《太平经》卷一一七,[30]91)

此例"行乞丐"为"行V"构式,但其后当点断,读作"反行乞丐,求人之物",佛典中亦有一个用例:

(9)善权闿士,假使生在贫匮之门,设**行乞匃**,求一夕饍,无鄙劣心,转奉贤众。(西晋竺法护译《慧上菩萨问大善权经》卷上)

《太平经》中有多例"乞丐"用例,而未见其他"乞丐求"的用法,其他文献亦基本未见"乞丐求"连用的情况。

(10)凡物怀妊而伤者,必为血,血者,水之类也,怀妊而伤者,必怒不

悦，更以其血**行污伤人**。(《太平经》卷九二，[30]91)

(11)水者，乃地之血脉也，地之阴也。阴者卑，怒必以其身**行战斗杀人**。(《太平经》卷九二，[30]91)

此二例“行”当与其后的动词“污”及“战斗”组合构成“行V”结构，表手段，而“伤人”及“杀人”乃这种行为的结果，“行V”与“伤人”“杀人”之间有停顿，亦可加入连词“而”。这一点例(11)尤其明显，宾语“人”与“战斗”显然不能搭配。例(10)“污”与“伤”对象虽同，但从句式来看，显然与例(11)结构相同，可以类推。

(12)鬼神精小谏微数贼病吏民，大谏裂死灭门，谏而不从，因而消亡矣。六方小谏风雨乱发狂与恶毒俱**行伤人**，大谏横加绝理，瓦石飞起，地土上柱皇天，破室屋，动山阜，谏而不从，因而消亡矣。(《太平经》卷四三，[30]91)

此例亦可疑，与例(10)(11)一样，“伤人”当独立，“俱行”犹“俱发”，当与“恶毒”搭配，构成主谓结构，可比较以下二例：

(13)是大甲申**三灾俱行**，又大水荡之也。(《太平经钞·甲部》卷一)

(14)南山有毒气，其山不善闭藏，**春南风与风气俱行**，洒蔽日月，天下彼其咎，伤死者积众多。(《太平经》卷三七)

“恶毒俱行”与此二例中的“三灾俱行”、“南风与风气俱行”结构相同，“行伤人”并非“行VO”构式。

(15)夫父母生子，皆乐其贤且善，何时乐汝**行为恶**哉？反还罪其父母，是为大逆不孝子也。夫君之谓臣，皆乐其**为善**，何时教其**为恶**，而民臣自下共为凶恶之行，得天地灾者，反以还罪责其君，百姓愁苦。(《太平经》卷九六，[30]91)

例中“行为恶”与一般的“行V”构式亦有明显不同，我们看以下用例：

(16)凡人之行，或有力**行善**，反常得恶，或有力**行恶**，反得善，因自言为贤者非也。(《太平经钞·乙部》卷二)

“行”与“为”意义相近，均可作泛义动词，且均可与“恶”搭配，故“行为”看作同义复合似更合理。①

(17)是以古者圣人帝王,时时有大自重爱而畏死者,旦夕思**行求异闻殊方**,敬事道人,力尽财空而已。(《太平经》卷九十,[30]91)

此例"行求"当亦非"行 V"结构,"行"与"求""觅""寻""索"等组合,常表巡行,我们看以下用例:

(18)言已周流**行求**道真,冀得上攀北极之星,且中休息,吸清和之气,以充空虚,疗饥渴也。(《楚辞·惜誓》"攀北极而一息兮,吸沆瀣以充虚",王逸注)

句中"行求"前有"周流"一词,"行"表巡行义甚明。而《太平经》例显然亦可如此解。"行"与"觅""寻""索""求"表巡行义用法下文另有分析,可参看。

(19)夫下古人大愚,反诵浮华相教,共学不寿之业,生时忽然,自言若且无死,反相教,无可爱惜,共兴凶事,治死丧过生,生乃属天也,死乃属地,事地反过其天,是大害也。吾以是**行占**之,知其俱愚积久,无一知也。(《太平经》卷四九,[30]91)

此例"行"或当解作名词,行为义,"是行"搭配,指上文所提之行为。

(20)为善**不行侵人**,无所欺抵,诚信不敢有所负。(《太平经》卷一一一,[30]91)

(21)是为恶施于人,令咎不容,无有施恩之意。日夜**行侵克善人**,令使自怨,无有善意相待。(《太平经》卷一一四,[30]91)

此二例"行"意义实在,例(20)"行侵人"犹做侵人之事,例(21)"行侵克善人"犹做侵克善人之事,"行"为主要动词,"侵人""侵克善人"乃"行"之宾语。

刘文所举"行 VO"的用例基本局限于《太平经》,从他对中古其他文献的考察看,这种用法基本未见,这一方面说明"行 VO"不能看作"行 V"构式的成熟标志,另一方面也说明了《太平经》用例的异常之处。

---

① 例(15)还可另解:"汝行"指你的行为,与下文"为凶恶之行"中的"行"相应。

基于此，我们以为，“行VO”并非“行V”构式的正常变式，文献中出现此类结构，常常有其特定原因，如对“行”的误解，对结构分析的错误，当然也不能完全排除少量使用不合规范的用例存在。我们在解读文献时，如果遇到带有宾语的“行V”形式，需要特别考察是否为“行V”构式①。

“行”义项众多，它与动词组合，是泛义动词构成的“行V”构式，还是另有他义，需要细加辨别。以下就诸家所举用例当中可商榷的用例略加分析。

一、“行”之行走、巡行义及相关争议用例

(一)“行”有行走、巡行义

“行”表行走、巡行，乃其常义，如《诗·唐风·杕杜》：“独行踽踽。岂无他人？不如我同父。”唐杜甫《无家别》诗：“久行见空巷，日瘦气惨凄。”《管子·立政》：“行乡里，视宫室，观树艺，简六畜。”

(二)诸家所举此类用例辨析

行求

(22)吾等**行求**钵不能得，……不如报文殊师利而行求之。（东汉支娄迦谶译《佛说阿阇世王经》卷上；[3]139）

(23)一国恶之，不敢往来与共从事，畏见危害。一国远之，**行求**子妇，无肯与者。……其人困极，遍求子妇，无肯与者，因行他国千余里外求其子妇。（西晋竺法护译《生经》卷四；[3]139）

此二例“行求”均当解为行而求，我们看以下用例：

(24)佛语舍利弗：“**行求**钵来。”舍利弗即承佛威神，自以慧力入万三昧，过万佛刹亦不见亦不得。从三昧还白佛：“求之不见不得。”佛言：“且舍。”佛复谓大目揵连：“**行求**索钵。”则承佛威神，自蒙神足力入八千三昧，过八千佛刹，无所见无所得。则从三昧还白佛：“求之不见不能得。”（东汉支娄迦谶译《佛说阿阇世王经》卷上）

此例为例(22)前一段文字，“入万三昧，过万佛刹”“入八千三昧，过八千佛

① 朱庆之先生(1992)举有诸多“行V”，其中有些带宾语，经我们考察，多非“行VO”构式。

刹”均鲜明体现出“行”之义；例(23)中“一国远之”“遍求子妇”“因行他国”亦体现出“行”之义。

行索、行寻、行觅

(25)彼于异时，其人不现，普遍行索，不知所凑。(西晋竺法护译《生经》卷一；[2]305)

(26)尉主盗贼，凡有贼发，主名不立，则推索行寻，案察奸宄，以起端绪。(《后汉书·百官志五》；[3]140；[2]305)

(27)敕令于市药行觅，尽称无。因此通状被打，烦恼不彻。(日圆仁《入唐求法巡礼行记》卷四；[2]306；[30]92)

王云路先生(2010：306)指出：以上几个词表示寻找义，寻找是要巡行的，“行”含实义，但是二者的关系并不是并列的，所以“行”至多是次语素。

按：上举例(27)中“行觅”或有误，“药行”当为一词，“行”表店铺、商行至少在唐初即有用例，《汉书·食货志上》“商贾大者积贮倍息，小者坐列贩卖”唐颜师古注：“列者，若今市中卖物行也。”唐康骈《剧谈录》卷上：“迳诣市东肉行，以善价取之。”南宋灌圃耐得翁《都城纪胜·诸行》：“市肆谓之行者，因官府科索而得此名，不以其物小大，但合充用者，皆置为行。”我们在唐代文献中还找到一个“药行”用例：

(28)尝时见东市药行人阿容师，师去调露元年患死，为生时煮鸡子与七百人，入镬汤地狱。(唐法藏集《华严经传记》卷五)

“行觅”作为与寻觅义有关的组合，用例很少，我们在佛典中找到一例：

(29)王勑诸臣访觅恶人。臣即行觅，见有一人坐地织罽，旁有弓箭兼有钓鱼钩，复以毒饭食雀，并织罽并钓鱼、射鸟、捕雀。(失译《分别功德论》卷三)

例中“行觅”与“访觅”对应，“行”意义实在。

例(26)《后汉书》例中的用于案情的“行寻”未见其他用例，唐诗中有一些“行寻”用例，“行”之义很实在，如：

(30)不见白衣来送酒，但令黄菊自开花。愁看日晚良辰过，步步行寻

陶令家。(唐皇甫冉《重阳日酬李观》)

(31)行寻甃石引新泉,坐看修桥补钓船。(唐白居易《池上即事》)

例(30)"行"承"步步",例(31)"行""坐"对应。

唐诗中还有很多"行""寻"不在同一音步,但意义并无不同的用例,"行"之义更加明显:

(32)闲拨船行寻旧池,幽情往事复谁知。(唐白居易《感旧石上字》)

(33)半年留醉待花开,晓去迎春夜始回。风暖慢行寻曲水,天晴远望立高台。(唐姚合《迎春》)

"行索"用例稍多,但中土文献用例较少,"行"的意义在句中常有体现,比较实在。我们看三国吴康僧会译《六度集经》中的几个用例:

(34)行索果蓏,道逢乳虎,虎乳之后,疲困乏食,饥馑心荒,欲还食子。(卷一)

(35)群象四来,咸曰:"何人杀吾王者?"行索不得,还守王哀号。(卷四)

(36)还取尸,霍然不见,四布行索,获其王矣。(卷六)

(37)儿随辈熙戏,母以慈心行索,睹儿为泥尘所污,饥渴啼呼。(卷七)

例(34)"道逢"与"行"相应,例(35)"还"与"行"相应,例(36)"四布"与"行"相应,例(37)"随辈"与"行"相应,"行"之义均很实在。

(38)其国王夫人有疾,梦睹孔雀,云其肉可为药。寤以启闻,王命猎士疾行索之。(卷三)

(39)昔者菩萨,兄弟三人,遭世枯旱,黎民相啖,俱行索食,以济微命。(卷四)

以上二例"行"与"索"不在一个音步,"行"之义更加明显。

行愈

(40)如炬火在高山顶烧,如医王持药行愈人病。(东汉支娄迦谶译《般舟三昧经》卷下;[3]139)

“行愈”未见其他用例，就此例来说，我们以为“行”当解为行走、巡行义，可比较以下二例：

(41)为大医王善疗众病，一切世间无量国土悉能遍往，未曾休息。(唐实叉难陀译《大方广佛华严经》卷二二)

(42)犹如大医王，勤行疗众疾。(南朝宋智严共宝云译《大方等大集经》卷二七)

例(41)提及大医王“善疗众病”，“无量国土，悉能遍往，未曾休息”，正与例(42)“勤行”相应，可见佛典中确实认为医王巡行疗众疾病。如此“医王持药行愈人病”之“行”也就很好理解了。

行照

(43)是身如芭蕉，中无有坚；是身如幻，转受报应；是身如梦，其现恍惚；是身如影，**行照**而现。(三国吴支谦译《维摩诘经》卷上；[3]138)

此例“行照”当非“行V”构式，“行照”者当为日，而日之所以用“行照”，是因为其游行而照，我们看以下用例：

(44)尔时，世尊告诸比丘：“如日游行，照诸世界。”(南朝宋求那跋陀罗译《杂阿含经》卷一六)

(45)夫日**行照**，从次悉明，日之宫殿，普遍明曷。(西晋竺法护《等目菩萨所问三昧经》卷上)

例(44)揭示了日游行而照，例(45)“从次悉明”则可以体现“行照”来自于日游行而照。

行戍

(46)陈胜**行戍**，至于大泽，为天下先倡。(《汉书·晁错传》；[2]306)

“行戍”一词，“行”的意义比较实在，以下用例可以证实：

(47)身为司隶，子常步行自戍北边。(《汉书·盖宽饶传》)

此例颜师古注引苏林曰：“子自行戍，不取代。”两相比照，“行戍”正对应

"步行自戍北边"。

(48)孝妇者,陈之少寡妇也。年十六而嫁,未有子。其夫当行戍,夫且行时,属孝妇曰:"我生死未可知。幸有老母,无他兄弟,备吾不还,汝肯养吾母乎?"(《列女传》卷四)

此例"夫且行时"与"行戍"相照应,"行"之义甚明。

行猎

(49)周浚作安东时,行猎,值暴雨,过汝南李氏。(《世说新语・贤媛》18条;[2]305)

"行猎"一词亦非"行V"构式,"行"之义较实在,与出行有关,这一点从以下用例可以感知:

(50)于是上北出萧关,从数万骑行猎新秦中,以勒边兵而归。(《汉书・食货志下》)

(51)文帝将出游猎,勋停车上疏曰:"臣闻五帝三王,靡不明本立教,以孝治天下。陛下仁圣恻隐,有同古烈。臣冀当继踪前代,令万世可则也。如何在谅暗之中,修驰骋之事乎! 臣冒死以闻,唯陛下察焉。"帝手毁其表而竟行猎,中道顿息,问侍臣曰:"猎之为乐,何如八音也?"(《三国志・魏书・鲍勋传》)

例(51),"行猎"与"游猎"相应,且将其归入"驰骋之事","行"之义十分明显。

"行猎"后还可带宾语,亦可以佐证其非"行V"构式:

(52)行猎鸟兽,有不射鸣镝所射者,辄斩之。(《史记・匈奴列传》)

行问

(53)(上)就车,召释之骖乘,徐行,行问释之秦之敝。(《汉书・张释之传》;[2]304)

此例颜师古注曰:"行问,且行且问也。"我们以为此注可信,《汉书》中"行"

的这种用法较常见，如：

(54)汉兵夜追之不得，行捕斩首虏凡万九千级。(《汉书·匈奴传上》)

颜师古注“行捕斩”曰：“且行且捕斩之。”

另句中“行问”之后带宾语“释之”，如上文所分析，“行 V”结构通常不带宾语，此可佐证“行”非泛义动词。

行哭

(55)齐陨晏平，行哭致礼。(南朝梁沈约《齐故安陆昭王碑文》；[2]307)

(56)吾生平之风调，何至使妇人行哭失声。(《南史·张融传》；[2]307；[3]140)

行哭，《大词典》释为“放声哭；且行且哭”，王云路先生(2010：307)指出：

《汉语大词典》的解释含混而不确定：“放声哭；且行且哭。”窃以为“行哭”即哭，痛哭，与之相似的是“行啼”。敦煌卷子 P.2505 号书仪残卷“二月仲春”：“某乙离家弃梓，草室孤嗟，行啼忆友。今因去次，略付寸心。”“行啼”即啼哭。

按：此二例均有所自，例(55)出自《晏子春秋》：

(57)景公游于菑，闻晏子死，公乘侈舆服繁驵驱之。而因为迟，下车而趋；知不若车之遬，则又乘。比至于国者，四下而趋，行哭而往，伏尸而号，曰：“子大夫日夜责寡人……”(卷八)

此例“行哭”显然指行且哭，后代这种用法的“行哭”十分常见，如：

(58)久之，小儿行哭而返，因入虎口。及明开视，有碧石大如鸡子在虎喉焉。(唐戴孚《广异记·碧石》)

(59)六年正月朔，高宗谒昭陵，行哭就位，再拜擗踊毕，易服谒寝宫……阅服御而后辞，行哭出寝北门，御小辇还。(《新唐书·礼乐志四》)

二例中“返”及“出”均鲜明体现“行哭”为边行边哭之义。“行啼”“行号”亦有此类用法：

(60)闻难知恸哭，行啼入府中。（唐李白《在浔阳非所寄内》）

(61)此妪得袱，趋走入东坊。婢子行啼，逢同州人乘马来，借问何为，云："狐夺我被袱，始入东坊。"（《太平广记》卷二八八）

(62)因以提戈负剑，卧泣行号，言念荆巫，志雪雠耻。（南朝陈徐陵《为梁贞阳侯与王太尉僧辨书》）

(63)昼悲宵恨，行号坐泣。微畜资产，殃祸立至。（隋李德文《文帝安边诏》）

例(56)当用《礼记》之典：

(64)文伯之丧，敬姜据其床而不哭，曰："昔者吾有斯子也，吾以将为贤人也，吾未尝以就公室。今及其死也，朋友诸臣未有出涕者，而内人皆行哭失声。斯子也，必多旷于礼矣夫。"（《礼记·檀弓下》）

此例"行哭"是否表行且哭无法从语境得知，但后代文献涉死者多用"行哭"，且多表行且哭，如：

(65)今日春风花满宅，入门行哭见灵帷。（唐张籍《哭元九少府》）

(66)以元嘉十九年七月六日卒于上寺，春秋八十有七。道俗四部，行哭相趋，仍葬于钟山宋熙寺前。（南朝梁释僧佑《出三藏记集》卷一四）

(67)旅榇归程伤道路，举家行哭向田园。（唐刘长卿《哭陈歙州》）

(68)壬午，庄献明肃皇太后灵驾发引，上顾辅臣曰："朕欲亲行执绋之礼，以申孝心。"乃引绋行哭，出皇仪殿门，礼官固请而止。（《续资治通鉴长编》卷一一三）

(69)吐蕃乃收尸归营。有百余人，行哭随尸，威仪绝异。（《太平广记》卷四八〇）

例(65)(66)用于奔丧，例(67)(68)用于送葬，例(69)用于收尸，句中"行哭"表行且哭均十分明显。

另外，我们通过检索汉籍检索系统(四)统计了宋代以前的"行哭"用例，排除相同者，计58例，明确表行且哭者54例；另4例中，1例"行"作名词，指代会走路的孩子，另1例语境不足，无法确定，还有2例即上举例(64)《礼记》及例(56)《南史》例。基于此二例“行哭”的使用语境与众多“行哭”用例相近，且大多数“行哭”表行且哭，我们以为《礼记》及《南史》亦当解作行且哭。

行号

(70)望紫极而<u>行号</u>，瞻丹陵而殒恸。(南朝陈徐陵《劝进梁元帝表》；[3]140)

句中“行号”是“行V”构式，还是行且号，从语境难以确定。但综合考察“行号”用例，可以发现，这个组合基本以“行号巷哭、行号坐泣、行号道泣、行号卧泣、卧泣行号”等搭配使用以表悲伤，“行号”表行且号十分明显。极少数用例单独使用，表行且号亦十分明显，如：

(71)环树云落，人伦安放？罢市四蕃，<u>行号</u>十壤。(《梁故侍中司徒骠骑将军始兴忠武王碑》)

基于“行号”在文献中的使用情况，我们以为上举《劝进梁元帝表》例解作行且号更加合适①。

二、“行”之往义及相关争议用例

(一)“行”有往义

“行”有往义，《诗·秦风·无衣》：“王于兴师，修我甲兵，与子偕行。”毛传：“行，往也。”《史记·陈涉世家》：“乃行卜。卜者知其指意，曰：‘足下事皆成，有功。然足下卜之鬼乎！’”司马贞索隐：“行，往也。”北宋苏轼《菩萨泉铭叙》：“初送武昌寒溪寺，及偘迁荆州，欲以像行，人力不能动，益以牛车三十乘，乃能至舩。舩复没，遂以还寺。”

(二)诸家所举此类用例辨析

行盗

(72)尔时，愚人自有粳米，便<u>行盗</u>他家粳米。其主见之便言：“卿所为

① 上举(62)例陈徐陵《为梁贞阳侯与王太尉僧辨书》亦用“行号”，且与“卧泣”对文使用。

非所为非法！自有粳米不取，反行盗他人粳米乎！卿后莫复作是事也。”其人如是三反，自置粳米，盗他家粳米。（西晋法炬共法立译《大楼炭经》卷六；[3]139）

例中的“行盗”后带宾语，与“行 V”构式一般不带宾语相违，我们以为“行”当为往义，这一点从句中“其人如是三反”可以看出，而这段文字前亦有一段文字可证实这一点：

(73)尔时，有一人心念言：“我朝暮往取清净粳米疲劳，不如顿取二日粳米。”便往取之。余者见之，呼共往取粳米。报言：“我已持二日粳米来，卿自随取之。”尔时其人，便善之，言：“彼人甚快，乃往取二日粳米。我当复往取二三日粳米也。”余人复见言：“共去取清净粳米。”

“行盗”与句中“往取”有相似之处，都是离开自家前往他家或他处盗或取。佛典中有“往盗”用例，可以比勘：

(74)我今自分香稻将尽，他界虽有，然彼不许，我今须往盗其少分。（北宋施护译《佛说白衣金幢二婆罗门缘起经》卷中）

“行盗”可用作“行 V”构式，如：

(75)国有贫者，不任穷困，失计行盗，财主得之，将以启闻。（三国吴康僧会译《六度集经》卷三）

行赎

(76)王凭得银钱一千，行赎妻子。（《六度集经》卷一；[2]306）

王云路先生指出，此例也可理解为“往赎”。我们赞同这种观点。“行赎”佛典仅见此例，中土文献亦未见使用。从句意及《六度集经》中“行”的使用情况看，解作“往赎”显然更合适。另外，此例“行赎”后带有宾语，可佐证其非“行 V”构式。

三、“行”之施与、给与义及相关争议用例

(一)“行”有施与、给与义

“行”有施与、给与义，《周礼·夏官·罗氏》：“中春，罗春鸟，献鸠以养国老，

行羽物。"郑玄注:"行谓赋赐。"《汉书·高帝纪下》:"且法以有功劳行田宅,今小吏未尝从军者多满,而有功者顾不得。"颜师古注引苏林曰:"行犹付与也。"

(二)诸家所举此类用例辨析

行与

(77)以一苏瓶私着余处,有客道人来者不与之,去已出苏,行与旧僧。(南朝梁宝唱集《经律异相》卷四六;[3]139)

此例"行与"并非"行V"构式,"行"乃核心动词,施予义,佛典中这种"行"很常见,如:

(78)若净人持器行麨,器堕比丘钵中……若行饭时,抖擞器饭迸空中来,……行酥奶酪肉菜酱等,亦复如是。(东晋佛陀跋陀罗共法显译《摩诃僧祇律》卷一六)

(79)若邬波驮耶、阿遮利耶、诸有门徒皆令共办,并及扫洒,瞿摩涂地,供养僧伽,上美饮食并行酥等,诸供养物,随时施设。(唐义净《根本说一切有部毘奈耶随意事》)

上举梁宝唱例所载内容,另有异文可证"行"之义:

(80)汝为人时作寺维那知大众事,有一瓶酥藏着屏处,不依时行,待客去后乃行旧住。(南朝梁《慈悲道场忏法》卷四)

四、"行"之道路义与相关争议用例

(一)"行"有道路义

"行"表道路乃其常义,如《诗·豳风·七月》:"女执懿筐,遵彼微行。"唐韩愈《感二鸟赋》序:"贞元十一年,五月戊辰,愈东归……见行有笼白乌白鸜鹆而西者。"

(二)诸家所举此类用例辨析

行计

(81)二人既受诏,驰传未至军,行计曰:"樊哙帝之故人,功多,又吕后

女弟吕媭夫，有亲且贵，帝以忿怒故欲斩之，即恐后悔。宁囚而致上，令上自诛之。”（《汉书·陈平传》；[2]306）

“行计”常表出行的打算，上举用例意义有别，颜师古注曰：“行计，谓于道中且计也。”据此，“行”乃名词作状语，“行”的这种用法在《汉书》中另有用例：

(82)平**行闻**高帝崩，平恐吕后及吕媭怒，乃驰传先去。（《汉书·陈平传》）

颜师古注“平行闻高帝崩”曰：“未至京师，于道中闻高帝崩。”
除了“行”之外，“道”亦有此种用法，且十分常见，如：

(83)李广出雁门，为胡所败，匈奴生得广，广**道亡**归。（《汉书·匈奴传上》）

颜师古注“广道亡归”曰：“于道上亡还。”《史记》亦有用例，如：

(84)四年，围使郑，**道闻**王疾而还。（《史记·楚世家》）

另：与例(81)所记相同的《史记·陈丞相世家》，“行计”后多一“之”字，充当宾语，此亦可佐证“行计”并非“行 V”构式。

五、“行”与其他动词构成同义或近义并列

行起

(85)于是菩萨**行起**慈心，遍念众生老耄专愚。（东汉竺大力共康孟详译《修行本起经》卷下；[3]138；[2]304）

此例“行起”带有宾语，“行”当非泛义动词。考察佛经用例，可以发现，“行”与“起”均可与“慈心”搭配，意义相近，如：

(86)若有幼少童男、童女，生便能**行慈心**解脱者，而于后时，彼身、口、意宁可复作不善业耶？（东晋瞿昙僧伽提婆译《中阿含经》卷三）

(87)在产经日不食，饥饿欲极，见树王上有一野鸡，端正姝好，既**行慈心**，愍哀一切蚑行喘息人物之类。（西晋竺法护译《生经》卷一）

(88)诸比丘！汝等于我法中出家修道，宜**起慈心**，哀愍黎庶。（后秦佛陀耶舍共竺佛念译《长阿含经》卷二一）

(89)设人害我，手卷相加，刀杖相向，瓦石相掷，当起慈心，不兴瞋恚。(东晋瞿昙僧伽提婆译《增壹阿含经》卷二)

据此，我们以为“行起”当为近义复合，此种用法的“行起”用例极少，不排除有译者对汉语不甚熟悉的因素。

行作

(90)起功、移徙、祭祀、丧葬、行作、入官、嫁娶，不择吉日，不避岁月，触鬼逢神，忌时相害……如实论之，乃妄言也。(《论衡》卷二四；[2]305)

“行作”当为同义复合，并列关系，与“行V”构式有别，以下用例可以佐证：

(91)故卒伍之人，人与人相保，家与家相爱，少相居，长相游，祭祀相福，死丧相恤，祸福相忧，居处相乐，行作相和，哭泣相哀。(《管子·小匡第二十》)

(92)声服无通于百县，则民行作不顾，休居不听。休居不听，则气不淫；行作不顾，则意必壹。(《商君书·垦令第二》)

(93)故化立而世无邪，化立俗成，少则同侪，长则同友，游敖同品，祭祀同福，死生同爱，祸灾同忧，居处同乐，行作同和，吊贺同杂，哭泣同哀。(《鹖冠子》卷中)

这些用例，与“行作”对应的词均属同义、近义或反义组合，“行作”亦当如此。《论衡》例中有“移徙、祭祀、丧葬、嫁娶”，“行作”之结构亦当同。

六、典型的“行V”构式

行戮、行剽、行诈、行劫

(94)郑厉公见虢叔，曰：“吾闻之，司寇行戮，君为之不举，而况敢乐祸乎！”(《国语·周语上》；[2]306)

(95)彭离骄悍，无人君礼，昏暮私与其奴、亡命少年数十人行剽杀人，取财物以为好。(《史记·梁孝王世家》；[2]306)

(96)韩设辨以激君，吕行诈以贾国。(东汉班固《答宾戏》；[2]306)

(97)如能设计擒获贼党二十人以上，并获赃物，推问行劫踪迹分明

者，量其功迹，节给优赏。（唐李德裕《上尊号玉册文》；[2]306）

王云路先生认为，此四例除可解作动词前附加式成分外，还可解作施行义。

按：这四个组合是比较典型的“行V”构式，“行”乃泛义动词，解作施行义甚当，这四个词与王文用以释义的“杀戮、抢劫、欺诈、抢劫”存在明显差别：它们通常不带宾语，原因在于，四个组合已经有宾语“戮、剽、诈、劫”。

四个组合中的“行”与其后动词的关系，还可通过以下用例感知：

(98)吏士虽破敌，**滥行戮杀**，发冢焚庐，践稼穑、伐树木者，斩之。（《太平御览》卷二九六）

(99)曾无在泮，食椹怀音，乃协规西楚，志扰东区，**公行剽掠**，显夺凶党，倚结群恶，诬乱视听。（《宋书·王僧达传》）

(100)竭情尽实，**不行诈伪**。非义之事，不计于心。非理之利，不入于家。（《列女传》卷一）

(101)时贼盗蜂起，州人张桃弓等招聚亡命，**公行劫掠**。（《北史·刁双传》）

七、几个特殊用例

行备

(102)泰始二年八月，诏曰：“思慕烦毒，欲诣陵瞻侍，以尽哀愤。主者具**行备**。”（《晋书·礼志中》；[2]307）

(103)又已凉，便当行，不得如所奏也。主者便具**行备**。（《晋书·礼志中》）

句中“行备”，王云路先生解作“备办”，《大词典》释作“出行的准备”。从句中搭配看，“行备”充当“具”的宾语，当为名词，解作出行的装备或许更加合适。

文献中有用作“行V”构式的“行备”，如：

(104)捍边者不苟依郡郭，可**行备**于寇攘。（《续资治通鉴长编》卷四五）

行孕

(105)白象**行孕**,垂鼻辚囷。(东汉张衡《西京赋》;[3]139)

“行孕”未见其他用例,此句《文选》有引,李善注曰:“伪作大白象,从东来,当观前,行且乳,鼻正辚囷也。”据此解,“行孕”并非“行 V”构式。

行见

(106)今人死,皮毛朽败,虽精气尚在,神安能复假此形而以**行见**乎?夫死人不能假生人之形以见,犹生人不能假死人之魂以亡矣。(《论衡》卷二〇;[2]304)

行见,王云路先生解作“见,看见”。从文义看,此“见”似当读作“现”。此种用法的“行见”,我们未找到其他用例。从句式看,“神安能复假此形而以行见乎”当与下文“死人不能假生人之形以见”“生人不能假死人之魂以亡”句式相同,故我们怀疑“而以行见”存在问题。当然直接看作泛义动词“行”与“见”的搭配亦可。

文献中另有一些“行见”用例,“行”多表往或行走义,如:

(107)叔达不得已,乃**行见**杨氏令,不言而退。(东晋袁宏《后汉纪》卷二三)

(108)茅容字季伟,陈留人也。年四十余,耕于野,时与等辈避雨树下,众皆夷踞相对,容独危坐愈恭。林宗**行见**之而奇其异,遂与共言,因请寓宿。(《后汉书·郭太传》)

(109)当尧之时,**行见**巨人迹,好而履之,归而有娠,浸以益大,心怪恶之,卜筮禋祀,以求无子,终生子。(《列女传》卷一)

行治

(110)是故明王明丑以长子孙,子孙习服,鸟兽仁德,土宜天时,百物**行治**。(《逸周书·度训》;[2]305)

“行治”与其他“行 V”构式有些区别,“治”与“乱”相对,指政治清明,社会安定的状态,如:

(111)是故君子安而不忘危,存而不忘亡,治而不忘乱。(《易·系辞下》)

(112)致治在于任贤,兴国在于务农。若舍贤而任所私,此忘治之甚者也。(《三国志·魏书·杨阜传》)

“行治”组合,属早期较典型的动宾组合,“治”并非动词性很强的治理义。

行看

(113)旱气期销荡,阴官想骏奔。行看五马入,萧飒已随轩。(唐韩愈《郴州祈雨》;[2]304)

《大词典》收此例,释为“且看”,我们以为可以信从,“行”有且义,用于承接,意义较虚,这种用法与泛义动词构成的“行V”组合最大的区别在于其后可带宾语。唐诗中“行看”用例很多,大多为此类用法,如:

(114)风俗今和厚,君王在穆清。行看采花曲,尽是太阶平。(唐王涯《杂曲歌辞·太平乐》)

(115)后殿函关尽,前旌阙塞通。行看洛阳陌,光景丽天中。(唐张九龄《奉和圣制途次陕州作》)

“行看”组合,“行”亦可用作表行走义的动词,其后亦可带宾语,如:

(116)坐听猿啼吟旧赋,行看燕语念新诗。(《敦煌曲子词·浣溪沙·开园穿池》)

此例“坐”“行”对文,“行”之义较明。

言

一、《诗经》中“言”的用法

《诗经》中的“言”除了常用的言说义,还有以下几种用法:

(一)“言”后跟动词或其他词语,二者处在同一音步中

(1)言告师氏,言告言归。(《周南·葛覃》;[1]93)

(2)翘翘错薪,言刈其楚。之子于归,言秣其马。(《周南·汉广》;[1]93)

(3)陟彼南山,言采其薇。(《召南·草虫》;[1]93)

(4)驱马悠悠,言至于漕。(《鄘风·载驰》;[1]93)

(5)彼汾沮洳,言采其莫。(《魏风·汾沮洳》;[1]93)

(6)言念君子,温其如玉。(《秦风·小戎》;[1]93)

(7)二之日其同,载缵武功。言私其豵,献豣于公。(《豳风·七月》)

(8)言既遂矣,至于暴矣。(《卫风·氓》)

(二)"言"置于其他词之后,构成一个音步

(9)静言思之,躬自悼矣。(《卫风·氓》;[1]159)

(10)薄言往愬,逢彼之怒。(《邶风·柏舟》;[1]159)

(11)睠言顾之,潸焉出涕。(《小雅·大东》;[1]159)

(12)永言保之,思皇多祜。(《周颂·载见》;[1]159)

(13)星言夙驾,说于桑田。(《鄘风·定之方中》)

(14)寤言不寐,愿言则怀。(《邶风·终风》)

二、后代文献中"言"的用法

《诗经》之后的文献,"言"的使用基本限于对《诗经》的模仿,如:

言告

(15)言告分别,言告言归。心怨辞苦,张高弦哀。(西晋张翰《赠张弋阳诗》)

(16)遵汶涉泗,言告同征。(西晋陆云《赠顾骠骑诗二首·有皇》)

(17)言告师氏,内式闲素。(北魏《元飏妻王夫人墓志》)

言秣

(18)之子于归,言秣其驹。翙乃斯人,乃迈乃徂。(西晋杜育《赠挚仲治诗》)

(19)言秣其马,率西水浒。(北宋王安石《忝然来思》)

言归

(20)既盟之后,言归于好。(《左传·僖公九年》;[1]93)

(21)山中有桂树,岁暮可言归。(南朝梁沈约《直学省愁卧》)

(22)我策我马将安从,人之冲冲谁适逢,言归于东。我策我马将安求,人之悠悠谁适谋,言东之游。(北宋王令《我策我马寄王介甫》)

言念

(23)虽曰幽深,岂无颠沛。言念君子,不遐有害。(三国魏嵇康《四言赠兄秀才入军》)

(24)言念君子,怅惟心楚。(西晋陆云《赠顾彦先》)

(25)言念斯盈,告劳惟诗。(东晋羊徽《赠傅长猷傅时为太尉主簿入为都官郎》)

言迈

(26)回车驾言迈,悠悠涉长道。(《古诗十九首·回车驾言迈》)

(27)实由郢州刺史臣景宗,受命致讨,不时言迈,故使猬结蚁聚,水草有依。(南朝梁任昉《奏弹曹景宗》)

(28)出宿于郭,言迈于野,客转素车,旒随白马。(北齐《崔昂墓志》)

言采

(29)循彼南陔,言采其兰。(西晋束皙《补亡诗六首·南陔》)

(30)陟彼南山,言采其萧。(西晋郑丰《答陆士龙诗四首·南山》)

(31)在河之洲,闻君子之配德;言采其蕨,见夫人之有礼。(北周庾信《后魏骠骑将军荆州刺史贺拔夫人元氏墓志铭》)

言树

(32)安得忘归草,言树背与衿。(西晋陆机《赠从兄车骑》)

(33)何以铭嘉贶,言树丝与桐。(南朝宋颜延年《直东宫答郑尚书》)

(34)徒言树萱草,何处慰离人。(唐钱起《送郎四补阙东归》)

另外还有使用《诗经》典故的用法,如:

(35)遂使言树之草,忘忧之用莫施;无绝之芳,当门之弊斯在。(南朝梁沈约《修竹弹甘蔗文》)

言刈

(36)我徒我车,涉此艰阻。遵彼洹湄,言刈其楚。(三国魏曹丕《黎阳作三首》)

(37)泳彼长川,言息其沚。陟彼高冈,言刈其杞。(三国魏嵇康《四言赠兄秀才入军》)

言提

(38)尧远于汉,民不晓信,言提其耳,终不悦谕。(《东观汉记》卷一四)

(39)惟此庸固,理绝言提。(南朝梁任昉《奏弹曹景宗》)

(40)鄙意晓示家童,未敢闻之有识,故丁宁周至,言提其耳。(《齐民要术序》)

言观

(41)懿乎其纯,确乎其操。洋洋搢绅,言观其高。(东汉蔡邕《郭泰碑》)

(42)无竞惟人,王纲允敕。君子来朝,言观其极。(《宋书·乐志二》)

言反

(43)日夕解袂,鸣笳言反。言反甲馆,雨面莫收。(南朝梁萧统《示徐州弟》)

言驾

(44)言驾有日,巾车命仆。(西晋郭遐叔《赠嵇康》五首之二;[1]93)

言丧

(45)谁能默识,言丧厥所。(西晋潘岳《离合》)

言谋

(46)师民履素,言谋虑度。(西晋陆云《赠顾骠骑二首·思文》)

(47)既而鞠旅誓众,**言谋**王室,白羽一麾,黄鸟底定。(南朝梁任昉《宣德皇后令》)

言怀

(48)我之思之,**言怀**其休。(西晋陆云《赠郑曼季诗四首·谷风》)

言钓

(49)适彼江潭,**言钓**其鳏。(西晋郑丰《答陆士龙诗四首·南山》)

言酌

(50)祁祁俊乂,**言酌**言依。(《答陆士龙诗四首·中陵》)

言觏

(51)虽则匪遐,**言觏**弥索。(东晋羊徽《赠傅长猷傅时为太尉主簿入为都官郎》)

言息

(52)斯晨斯夕,**言息**其庐。(东晋陶渊明《时运》)

言饯

(53)凄凄乘兰秋,**言饯**千里舟。(南朝宋谢惠连《与孔曲阿别》)

言戾

(54)式诏司警,**言戾**秋峦。(南朝齐萧子良《九日侍宴》)

(55)二子翰飞,**言戾**京师。(唐息夫牧《冬夜宴萧十丈因饯殷郭二子西上》)

言愿

(56)**言愿**圣明主,永永万斯年。(南朝齐王融《散曲》)

言税

(57)方弃汝南诺,**言税**辽东田。(南朝齐谢朓《郡内登望》)

言照

(58)**言照**长相守,不照长相思。(南朝梁高爽《咏镜》)

言括

(59)载披经籍,**言括**典坟。(南朝梁萧统《示徐州弟》;[1]93)

其他尚有“言追、言登、言届、言肃、言承、言萃、言从、言新、言别、言旋、言宴、言就”等搭配用例,此不赘举。

“言”处于后一音步的组合如:

驾言

(60)饰车驻驷,**驾言**出游。南厉伊渚,北登邙丘。(西晋嵇喜《答嵇康诗四首》)

(61)**驾言**游之,聊乐我云。(西晋郑丰《答陆士龙四首·鸳鸯》)

(62)**驾言**易水北,送别河之阳。(南朝梁萧衍《捣衣》)

愿言

(63)**愿言**所相思,日暮不垂帷。(西汉李陵《别诗》)

(64)亦既至止,**愿言**以写。(西晋枣腆《答石崇》)

(65)**愿言**构蓬荜,荷锸引泠泠。(唐李华《云母泉》;[1]160)

“愿言”后来发展为典故词:

(66)彼诗人之攸叹兮,徒**愿言**而心痗。(东晋潘岳《寡妇赋》)

(67)果归期于**愿言**,获素念于思乐。(东晋谢灵运《归途赋》)

眷言

(68)**眷言**朝阳,披云藻绣。(西晋陆云《赠顾尚书》)

(69)**眷言**怀君子,沉痛结中肠。(南朝宋谢灵运《庐陵王墓下作》;[1]159)

(70)悬象上分,九服下裂。**眷言**顾之,普天同憾。(《晋书·凉武昭王传》)

(71)**眷言**王乔舄,婉娈故人情。(唐李白《淮阴书怀,寄王宗成》;[1]160)

兴言

(72)乃命仆夫,兴言出游。(三国魏阮籍《咏怀十三首》)

(73)温哉令日,爰豫爰游。兴言命驾,寄欢回流。(东晋徐广《三日临水》)

(74)懿蕃重遐望,兴言集僚侣。(南朝宋刘义恭《彭城戏马台集》)

寤言

(75)悠思回望,寤言通灵。(西晋陆云《答兄平原》)

(76)独寐多远念,寤言抚空衿。(西晋陆云《为顾彦先赠妇往返四首》)

(77)自比阳旱积时,农民废殖,寤言增愧,在予良多。(《魏书·世宗宣武帝纪》)

静言

(78)静言孔念,中心怅而。(东晋陶渊明《荣木》;[1]159)

(79)虽有三凶类,静言无所施。(《晋书·乐志下》)

(80)此昕犹昨,存亡奄乖。静言思之,衷心九摧。(《北史·高允传》)

酌言

(81)倾酤系芳醑,酌言岂终始。(东晋谢灵运《拟魏太子〈邺中集〉八首》)

(82)酌言修旧典,刈楚始登堂。(唐吕温《河南府试赎帖,赋得乡饮酒诗》)

瞻言

(83)嗟我怀人,瞻言永锡。(西晋陆云《赠顾骠骑二首·有皇》)

(84)瞻言媚天汉,幽期济河梁。(南朝宋刘骏《七夕二首》)

(85)怀归欲乘电,瞻言思解翼。(南朝齐谢朓《和宋记室省中》)

永言

(86)永言终制,未解尸官之尤。(《后汉书·梁统传》)

(87)永言配命,惟晋之祥。(《宋书·乐志二》)

(88)咏歌无余愿，**永言**终在斯。(南朝宋贺道庆《离合诗》)

薄言

(89)昼日处大朝，日暮**薄言**归。(三国魏王粲《从军诗五首》)

(90)遵彼洪流，**薄言**咏之。(西晋陆云《答吴王上将顾处微》)

(91)**薄言**遵郊衢，总辔出台省。(南朝齐江淹《谢仆射混游览》)

星言

(92)延宾鞠旅，**星言**夙驾。树应鞞于路左，建丹旗于表路。(东汉应玚《驰射赋》)

(93)**星言**宵征，守其门廷。翕然谄笑，卑辞悦色。(《抱朴子·外篇》卷一六)

(94)**星言**即驾，便道之藩。祗荷宠荣，不敢宁息。(唐柳宗元《代裴行立谢移镇表》)

聿言

(95)嗟我怀人，式是言归。**聿言**来集，如翼斯挥。(西晋陆云《赠汲郡太守》)

通过文献用例可以看到以下一些特点：1.《诗经》中出现的组合在后代文献中用例相对较多，且有很多是原句应用或原句式的仿用；2.组合大多出现在韵文中，特别是模仿《诗经》的四字韵文中，散文基本未见使用；3."言"处于前一音步的组合有一定的扩展使用，而处于后一音步的组合较少。

三、"言"的性质探讨

毛传将"言～"中的"言"解释为我，而对"薄言"注"薄"而不解"言"字；郑笺则一循毛传，训"言"为我，而将"薄言"亦推衍为"我薄也"。这种解释并未得到普遍认可，从中古注释来看，基本未见释"言"为"我"者，这一点与其他一些词不同。到宋代朱熹提出异议，认为"言"乃语辞，之后刘淇《助字辨略》、王引之《经传释词》均有论述。现代学者亦有专门考辨。主要有以下几种看法：第一，词缀。王力先生(2001:469)说："言"字用作词头，放在动词前面。蒋宗许(2009:93—98;159—160)先生则将前者定性为动词前缀，后者定性为后缀。他将《诗经》中的“愿言”“寤言”之“言”看作“之”，而认为后代所使用的为词缀，并指出，虽然在《诗经》中它本不是词缀，但后人却误以为它是无义的助词（词缀）而模仿之，从而在新的语境中成为货真价实的词缀。第二，“言”解作将、欲。肖旭（1992：83—84）认为《诗经》中“言”解作“我”不但不合“揆之本文而协，验之他卷而通”的规则，而且不能解释“言”“薄”同义的问题；解作无义的语助，又太省事了，因为虚词虽无实在的词汇意义，但都有各自的语法意义及语法功能相区别；解作“乃”，虽然有的句子说通了，但好多句子终很勉强，不能令人满意。通过分析，他认为《诗经》中的“言”当表示将、欲义。第三，句中足音字。夏永声（2002：128—130）认为“言”是用来凑足音节的足音字。

我们倾向于认同“言”为足句衬音字的看法，《诗经》之后的用例可同等看待。肖旭认为“言”乃将、欲义，但古注中并不能找到强有力的证据，他所举的一些用例多出现于古注串讲释句中，从注释者主观来看，很难说将、欲对应的就是“言”字；再有，表将、欲义，很多时候并不需要专门的词语；另外，《诗经》中还有一些用例并不表将、欲义。

将“言”看作词缀，注意到了“言”义较虚的语言事实，但同一个“言”字在同一文献中或作前缀或作后缀，本身就值得怀疑。如果再看这些组合的使用特点，就更难解释：充当词缀，自然构成一个个的附加式合成词，这些词大多并不生僻，何以仅出现于《诗经》及相类韵文中，而基本不用于散文？上古以单音词为主，有何必要构成如此多的双音词呢？由于《诗经》对句子的字数有要求，因而引入一些无义的成分用以足句是最合理的解释。不过我们也应当看到，“言”的使用还是表现出了一定的规律性，即大多出现于动词之前或动词之后。

伊

蒋宗许先生（2009：107）认为：“伊”作前缀，在先秦只见于《诗经》，以作代词前缀为主。后世用法大致与《诗经》同。在魏晋南北朝，偶有用于名词之前的，但在后世不见有所扩大。再，从前缀“伊”的总体面貌看，它主要出现在韵文中，很少例外，于此更可见它衬音的特点。他同时举有诸多用例，涉及组合包括《诗经》中的“伊迩、伊何、伊谁、伊胡、伊蝦”，另有其他文献中的“伊思、伊余、伊君、伊始、伊谌、伊夜、伊我、伊草、伊昔、伊彼、伊晋、伊予、伊尔"等。

王云路先生(2010:280—282)亦对位于代词、名词、形容词前的"伊"作过探讨。根据使用特点,王先生将它们定性为名词、形容词前缀,其中名词前缀包括了代词与名词前的"伊"。王文在探讨时主要采用举例方式,特别是形容词前的"伊",举例甚少,且对其性质不甚肯定①。

其实《诗经》中被定性为词缀的成分还有很多,它们与"伊"有相似性质,因此我们将详细梳理《诗经》中"伊"的用法,并探讨其在后世的使用,并就如何给"伊"定性提出我们的看法。

一、《诗经》中的"伊"

《诗经》中的"伊"共有42例,一类意义相对较实,为代词;一类无实义。

(一)作指示代词

此类用法意义相对较实,根据句法功能可分三类。

1.作主语,1例:

(1)町畽鹿场,熠耀宵行。不可畏也,伊可怀也。(《豳风·东山》)

2.作定语,构成"伊人"组合,且都是以"所谓伊人"的形式出现,5例。此举其二:

(2)所谓伊人,于焉逍遥。(《小雅·白驹》)

(3)所谓伊人,在水一方。(《秦风·蒹葭》)

3.作定语,构成"自诒伊～"句式,2例:

(4)雄雉于飞,泄泄其羽。我之怀矣,自诒伊阻。(《邶风·雄雉》)

(5)心之忧矣,自诒伊戚,念彼共人。(《小雅·小明》)

(二)无实义的"伊"

此类用例较多,根据使用特点,又可分为七类:

① 王云路先生在《中古诗歌附加式双音词举例》(1999:374)一文中,举了"伊阜""伊遥""伊铄"三个词例,并指出:"'伊遥'、'伊铄'是否属于前附加式形容词,未敢确定。"

1.用于副词后，从韵律的角度看，“伊”与这些副词同属一个音步。共3个组合，6个用例，此举部分用例：

岂伊

(6)尔酒既旨，尔肴既嘉。**岂伊**异人？兄弟匪他。(《小雅·頍弁》)

“岂伊”共3例，均出现于《小雅·頍弁》，且都是以“岂伊异人”的形式出现。

匪伊

(7)**匪伊**垂之，带则有余。(《小雅·都人士》)

(8)**匪伊**卷之，发则有旟。(《小雅·都人士》)

矧伊

(9)**矧伊**人矣，不求友生。神之听之，终和且平。(《小雅·伐木》)

此例中“伊”并非代词，它与“岂伊”“匪伊”中的“伊”一样，不为义。

2.位于代词前，从韵律的角度看，“伊”与这些代词同属一个音步，共5个组合，9个用例，此举部分用例：

伊余、伊谁、伊何、伊胡、伊其

(10)不念昔者，**伊余**来塈。(《邶风·谷风》)

(11)**伊谁**云从？维暴之云。(《小雅·何人斯》;[1]104)

(12)何辜于天？我罪**伊何**？(《小雅·小弁》)

(13)有頍者弁，实维**伊何**？(《小雅·頍弁》;[1]104)

(14)岂曰不极，**伊胡**为慝？(《大雅·瞻卬》;[1]104)

(15)维士与女，**伊其**相谑，赠之以勺药。(《郑风·溱洧》)

3.位于名词前，从韵律上讲，它们同属一个音步。《诗经》中有9个组合，9个用例，其中“伊蒿”“伊蔚”比较特殊，见下文例(26)(27)。

伊淢、伊祜、伊缗、伊丝、伊骐、伊黍、伊脯

(16)筑城**伊淢**，作丰伊匹。(《大雅·文王有声》)

“伊淢”即“淢”，指护城河，与“城”搭配作“筑”的宾语。

(17)靡有不孝,自求伊祜。(《鲁颂·泮水》)

“伊祜”在句中充当“求”的宾语,“伊”并无所指。

(18)其钓维何?维丝伊缗。(《召南·何彼襛矣》)

(19)其带伊丝,其弁伊骐。(《曹风·鸤鸠》)

(20)载筐及莒,其饷伊黍。(《周颂·良耜》)

(21)尔酒既湑,尔殽伊脯。(《大雅·凫鹥》)

此四例5个组合在句中充当谓语,表判断。有学者以判断词“是”解释“伊”①,实无必要,因为早期古汉语的判断句即以名词充当谓语为常例。

4.位于形容词前,从韵律上讲,它们同属一个音步,有3个组合3个用例,其中“伊迩”比较特殊,见下文例(28)。

伊嘏、伊濯

(22)伊嘏文王,既右飨之。(《周颂·我将》;[1]104)

(23)王公伊濯,维丰之垣。(《大雅·文王有声》)

第一例,“伊嘏”,伟大义,用以修饰“文王”。第二例,“伊濯”亦伟大义,用以描绘王公,充当谓语。

5.位于动词前,从韵律上讲,它们同属一个音步,可看成一个整体。有3个组合3个用例,其中“伊教”比较特殊,见例(29)。

伊匹、伊纠

(24)筑城伊淢,作丰伊匹。(《大雅·文王有声》)

(25)其笠伊纠,其镈斯赵。(《周颂·良耜》)

6.上文提到“伊蒿”“伊蔚”“伊迩”“伊教”比较特殊,我们先看用例:

伊蒿、伊蔚、伊迩、伊教

(26)蓼蓼者莪,匪莪伊蒿。(《小雅·蓼莪》)

(27)蓼蓼者莪,匪莪伊蔚。(《小雅·蓼莪》)

① 参程俊英、蒋见元《诗经注析》,中华书局1991年版,2006印。

(28)不远伊迩,薄送我畿。(《邶风·谷风》;[1]104)

(29)载色载笑,匪怒伊教。(《鲁颂·泮水》)

句中“伊”与句首的“匪”“不”形成“匪(不)～伊～”的固定句式,“匪(不)”“伊”之后的词词性相同,意义上属同一类别。

7.位于句首,未与其他词组合成一个音步,有2个用例。

(30)谋之不臧,则具是依。我视谋犹,伊于胡厎。(《小雅·小旻》)

从韵律上看,此例中的“伊”与“于”处于同一音步,似乎可以构成一个组合,但由于“于胡”在句中是一个意义整体,充当“厎”的宾语,故“伊”应当独立看待。

(31)彼有遗秉,此有滞穗:伊寡妇之利。(《小雅·大田》)

二、后世“伊”的使用及与《诗经》的关系

后世“伊”的使用受《诗经》的影响很大,主要表现在句式与用词等方面,以下根据意义的虚实分别阐述。

(一)“伊”用作代词

1.用作指示代词,与《诗经》指示代词用法相同。如:

(32)伊年暮春,将瘗后土,礼灵祇,谒汾阴于东郊。(《汉书·扬雄传》)

(33)伊怀难具道,为君作此诗。(东晋陶渊明《拟古》)

2.“所谓伊人”及“伊人”的继承使用。

《诗经》中的“伊人”均以“所谓伊人”的形式出现,后世使用时有整体沿用者,如:

(34)附会平勃,夷凶翦乱。所谓伊人,邦家之彦。(西晋陆机《汉高祖功臣颂》)

(35)所谓伊人,玄途独亮,智虚于情,照实其相。(南朝宋张畅《若耶山敬法师诔》)

也有单用“伊人”者，如：

(36)骄吝不萌于内，喜愠不形于外，可谓无竞**伊人**，温恭淑慎者也。（东汉蔡邕《陈留太守胡硕碑》）

(37)黄绮之商山，**伊人**亦云逝。（东晋陶渊明《桃花源诗》;[2]282）

(38)**伊人**畏照影，独往就阴息。（北宋苏轼《颜阖》）

“伊人”在《诗经》中看作词组更加合适，但后代使用，则凝合成一个词，文献中的用例非常多。

3.“自贻(诒)伊～”句式的使用。

《诗经》中“自诒伊戚”“自诒伊阻”在后世文献中亦有继承使用，只是“诒”常写作“贻”。如：

(39)愿以黔黎在念，社稷为心，勿拘小礼，**自贻伊戚**。（《北史·杨玄感传》）

(40)轻以独见，傲尊神之训，恐或**自贻伊阻**也。（南朝宋宗炳《答何衡阳书》）

后世还有更多此类句式的模仿使用，如：

(41)士也罔极，**自诒伊愧**。（西晋陆机《汉高祖功臣颂》）

(42)**自贻伊笼**，见幽坐趾。（东晋郭璞《山海经图赞·鹦鹉》）

(43)三女邪荡，邀我上宫，姿态未施，**自贻伊耋**。（北魏释僧懿《破魔露布文》）

同类句式还有“自贻伊祸”“自贻伊败”“自贻伊咎”“自贻伊谴”“自贻伊瞽”等，“伊”仍然是代词。文献中还有变通用法：

(44)知渠挟私请行，欲肆无辜之害，虑其**反贻伊戚**，辱君之命。（唐无名氏《灵应传》）

(45)臣力小任重，**动贻伊戚**，蝼蚁余齿，乞陛下哀怜。（《新唐书·褚遂良传》）

此二例很明显是对《诗经》中“自诒伊戚”的变换使用。

(46)君若缀旒，道非交泰。简皇凝寂，<u>**不贻伊害**</u>。(《晋书·孝武帝纪赞》)

(47)譬山祇之有嵩岱，海若之有沧溟，饰以涓尘，<u>**不贻伊败**</u>。(《隋书·礼仪志》)

(48)汝素乖诚德，重惑邪言，<u>**自延伊祸**</u>，以取覆灭。(《旧唐书·太宗诸子传》)

例(46)(47)不仅改变了“伊”之后的词，还改变了“诒”之前的词，例(48)改变的是“自”与“伊”后的词。它们与《诗经》句式的继承关系显而易见。

4.“伊”用作第二、第三人称代词。这是指示代词功能的引申，是“伊”后世的常见用法，此各举一例：

(49)勿学汝兄，汝兄自不如<u>**伊**</u>。(《世说新语·品藻》64条)

(50)刘尹曰：“使<u>**伊**</u>去必能克定西楚，然恐不可复制。”(《世说新语·识鉴》19条)

5.“伊”用于宾语前置句，复指前面的宾语。这是“伊”代词功能的新发展。

(51)昔予翼考，惟斯<u>**伊**</u>抚。今予小子，缪寻末绪。(西晋陆机《与弟清河云一首》)

(52)爪牙是寄，腹心<u>**伊**</u>托，谋定中枢，威陵绝漠。(北魏《杨播墓志》)

(二)“伊”无实义的用法

后世文献中，“伊”无实义的用法与《诗经》的关系非常密切，以下逐一分析。

1.“伊”与副词的组合，基本限于《诗经》中三个组合的继承使用，且每个组合都有很多用例，以下各举二例：

岂伊

(53)<u>**岂伊**</u>不虔思于天衢？<u>**岂伊**</u>不怀归于枌榆？(东汉张衡《西京赋》)

(54)<u>**岂伊**</u>人和，寔灵所贶。(南朝宋颜延年《应诏宴曲水作诗》)

《诗经》中的“岂伊”都以“岂伊异人”的形式出现，后代亦有整体继承使用者，如：

(55)天子之尊，汤、武有之，岂伊异人，皆明王之胄也。(三国魏高堂隆《疾笃口占上疏》)

(56)岂伊异人？尺书道意，卿宜三复。(北魏杨衒之《洛阳伽蓝记》卷一)

矧伊

(57)矧伊嬿婉，胡不凄而？(三国魏王粲《赠士孙文始》)

(58)民生鲜常在，矧伊愁苦缠。(东晋陶渊明《岁暮和张常侍》)

匪伊

(59)匪伊玄览，孰扇其极？(东晋释慧远《万佛影铭》)

(60)匪伊楚宫侧，岂独峄山岑。(南朝齐萧子良《梧桐赋》)

2.“伊”用于代词前，与它们构成同一音步。有《诗经》中固有组合的继承使用，如：

伊余

(61)伊余有行，爰戾兹邦。(东汉蔡邕《答对元式诗》)

(62)伊余久缁涅，复得味恬淡。(南朝宋刘铄《过历山湛长史草堂》；[2]281)

(63)伊余小子，信惭明哲。(唐王勃《倬彼我系》)

伊谁

(64)伊谁云飨，我有嘉宾。(西晋陆云《太尉王公以九锡命大将军让公将还京邑祖饯赠此诗》；[2]282)

(65)将恐支离诡辨，构义横流；征叙繁丝，伊谁能振？释教遗文，其将丧矣。(南朝梁沈绩《立神明成佛记注序》)

(66)妙造自然，伊谁与裁。(唐司空图《诗品二十四则·精神》)

伊何

(67)我独伊何，来往变常。(西汉王昭君《怨诗》)

(68)厥客伊何？许由巢父。(东晋程晓《赠傅休奕》；[2]282)

(69)晨午殊丰足,**伊何**挠肺肠。(唐齐己《渚宫自勉二首》)

“伊何”在句中可表人,相当于“谁”;也可表“如何”。详参《大词典》“伊何”条。

伊胡

(70)矧乃叛戾,**伊胡**能遂。咨尔巴子,无放肆。(南朝宋何承天《巫山高篇》)

伊其

(71)降生令淑,早归天族。**伊其**满堂,如金如玉。(北魏《元景略妻兰将墓志》)

(72)鹿得丰草,**伊其**野性则然。(北宋黄庭坚《写真自赞五首〉》)

(73)**伊其**板荡,古有尽忠。(元李源道《故宋文节先生谢公神道碑》)

“伊余”“伊谁”“伊何”在文献中的用例非常多,“伊胡”用例极少,“伊其”的用例也不多。

还有仿照《诗经》中“伊”与代词搭配而构成的新的组合,如:

伊我

(74)**伊我**之劳,有怀遐人。(三国魏嵇康《四言赠兄秀才入军》;[2]281)

(75)**伊我**疲病,独居无伴。(南朝梁陆倕《蠡杯铭》;[1]105)

(76)**伊我**承序,敢有不同。(唐韩愈《琴操十首·岐山操》;[1]105)

伊予①

(77)**伊予**轻弱,弗克负荷。(西晋潘岳《阳城刘氏妹哀辞》)

(78)及君相藩牧,**伊予**客梁楚。(南朝梁何逊《赠江长史别诗》;[2]281)

(79)**伊予**此南亩,数已逾前贤。(唐权德舆《拜昭陵过咸阳墅》;[1]105)

---

① 这个组合亦可看作“伊余”的异形词。

伊吾

(80)**伊吾**与尔，大别唯名。(南朝梁王僧孺《从子永宁令谦诔》)

因“伊吾”为古地名，故表第一人称的用例很少。

伊尔

(81)纶言遥降，**伊尔**用行。(南朝梁萧统《示徐州弟》)

(82)**伊尔**事清途，纷吾供贱役。(南朝梁沈约《酬孔通直逷怀蓬居》；[2]281)

“伊我”“伊予”“伊尔”在文献中的用例较多，而“伊吾”则很少见。它们与“伊余”一样，都是“伊”与人称代词的组合，而“伊我”“伊予”“伊吾”与“伊余”同义。

伊此

(83)**伊此**往昔事，言之以增悲。(三国魏郭遐周《赠嵇康诗三首》)

(84)**伊此**奇草，名曰郁金。(西晋左棻《郁金颂》)

(85)**伊此**丰年，有凭宜庆。(唐杜佑《通典》卷一一〇)

伊彼

(86)**伊彼**终南，岿嶻嶙囷。(东汉班固《终南山赋》)

(87)**伊彼**全其牛而诱之以利，曷若我子其民而来之以义？(唐刘禹锡《山南西道新修驿路记》；[1]105)

(88)**伊彼**大吏，易我鳏寡。(北宋黄庭坚《虎号南山》)

伊他

(89)取迷**伊他**，贻笑鄙贱。(唐张彦远《法书要录》卷六)

伊厥

(90)**伊厥**子臣，敢扬明志。(北魏《任城王妃李氏墓志》)

“伊此”“伊彼”用例较多，而“伊他”“伊厥”则很少见。它们是“伊”与指示代词的组合，与“伊其”的关系非常明显。

3."伊"用于名词前,与它们构成同一音步。有对《诗经》固有搭配的继承使用,如:

伊脯

(91)旨酒既湑,嘉荐伊脯。(《仪礼·士冠礼》)

(92)我有旨酒,尔殽伊脯。(北宋王安石《烝然来思》)

《诗经》作"尔酒既湑,尔殽伊脯",这两例与《诗经》的关系非常明显。

伊蒿

(93)未九龄而背父,早知匪蔚而伊蒿;逾六旬而思亲,空自呼天而抢地!(明朱舜水《祭显考某府君文》)

(94)何人非集木,与子愧伊蒿。(明阮汉闻《示弟》)

《诗经》中的"伊蒿"与父母养育之恩相关,这两例正是用了这个典故。

伊祜

(95)倬彼昊天兮旁魄后土,育我黎苗兮降之伊祜。(三国魏缪袭《喜霁赋》)

(96)胤于万年,期保伊祜。(唐柳宗元《湘源二妃庙碑》)

伊缗

(97)臣素里庸族,蓬衡贱品,事隔伊缗之礼,望绝下嫁之姬。(南朝梁刘潜《为王仪同谢国姻启》)

这里的"伊缗"使用了《诗经》中的典故,指男女成婚。

伊淢

(98)相地于居之东,筑室数百楹,曰:"伊淢伊匹,遹追来孝。吾匪罔攸闻,嗣续妣祖,方勉图之。"(明湛若水《泉翁大全》卷六一)

《诗经》作"筑城伊淢,作丰伊匹",此例明显使用了《诗经》之典。

后世还有很多模仿此类搭配方式构成的新组合,如:

伊古

(99)实宜备述声徽，式流伊古。（北魏《封魔奴墓志》）

(100)伊古运世之主，莫不靖兵燹以定国。（明佚名《萤窗清玩》卷一）

伊昔

(101)伊昔唐虞，实为平陆。（西汉扬雄《幽州箴》）

(102)伊昔值世乱，秣马辞帝京。（南朝梁江淹《杂体诗·王侍中粲怀德》；[1]105；[2]282）

(103)此翁白头真可怜，伊昔红颜美少年。（唐刘希夷《代悲白头翁》）

伊夜

(104)清凉伊夜没，微风动单帱。（西汉李陵《别诗》；[1]105；[2]282）

(105)清房洞已静，闲风伊夜来。（南朝齐谢朓《奉和随王殿下》；[2]282）

"伊古""伊昔""伊夜"三个组合表时间，在句中作状语、定语、补语。"伊"均不为义。

伊臣

(106)匡父维子，弼君伊臣。（北魏宗钦《东宫侍臣箴〉》）

伊姑

(107)子亲伊姑，我父惟舅。（西晋潘岳《北芒送别王世胄诗》）

伊王

(108)厥考伊王，厥祖维帝。（北魏《梁州刺史元演墓志》）

(109)其宗唯帝，厥考伊王。（北魏《武昌王妃吐谷浑氏墓志》）

例(106)"伊臣"、(107)"伊姑"、(108)(109)"伊王"作谓语，表判断，与《诗经》中的用法相同。

伊君

(110)天静人和，皇教遐通。伊君显考，奕叶佐时。（三国魏曹植《王

仲宣诔》;[1]105)

(111)**伊君**独知我,驱马欲招寻。(唐高适《淇上别刘少府子英》;[1]105)

第一例作定语,第二例作主语。

伊草、伊腯

(112)兰室改蓬心,旃崖变**伊草**。(南朝齐王融《大惭愧门》;[1]105;[2]282)

(113)既设**伊腯**,致精灵府。(北齐陆印《昭夏乐》)

"伊草""伊腯"在句中作宾语。

伊臬、伊裔

(114)浮山孰产?赤华**伊臬**。(唐柳宗元《天对》)

(115)轩辕**伊裔**,陶唐厥遗。(北魏《唐耀墓志》)

"伊臬""伊裔"在句中作定语中心语。

以上"伊"位于普通名词前。"伊昔"用例非常多,"伊古"用例稍多,其他则少用。

伊汉、伊晋、伊宋、伊唐、伊赵

(116)**伊汉**二十有一世,处士有圈典字叔则者。(东汉蔡邕《处士圈典碑》)

(117)乃眷**伊汉**,此惟予宅。(西晋陆云《盛德颂》)

(118)**伊晋**之四年正月丁未,皇帝亲率群后藉于千亩之甸,礼也。(西晋潘岳《藉田赋》)

(119)本邦**伊晋**,惟时不靖。(唐柳宗元《靖本邦》;[1]105)

(120)**伊宋**之季,天衢荐阻。(南朝齐王俭《皇太子妃哀策文》)

(121)登陟帝位,禅受**伊唐**。(西汉扬雄《元后诔》)

(122)盛业冠**伊唐**,台阶翊戴光。(唐杜牧《奉和门下相公送西川相公兼领相印出镇全蜀诗十八韵》)

(123)奕奕恒山,作镇冀方。**伊赵**建国,在岳之阳。(《初学纪》卷五引

西晋傅咸诗）

以上“伊”均用于朝代名前，其中“伊汉”“伊晋”“伊唐”用例较多。

伊谌

（124）伊谌陋宗，昔遘嘉惠。（东晋卢谌《赠刘琨并书》；[1]105；[2]282）

此例“伊”位于人名“谌”之前。

伊颂

（125）粤雅于姬，伊颂在商。（《南齐书·乐志》）

此例“颂”即《诗经》风、雅、颂之“颂”。

4.“伊”用于形容词前，与它们构成同一音步。有对《诗经》固有搭配的继承使用：

伊迩、伊嘏

（126）犀节征还伊迩，春风外、文鹢催行。（南宋葛立方《满庭芳》）

（127）叙亲伊迩，论功亦崇。（《元史·礼乐志三》）

（128）嘉德惟馨，上灵伊嘏。（《宋大诏令集》卷三一）

（129）惟皇上德，伊嘏我王。（《宋史·乐志十三》）

还有很多模仿《诗经》的搭配方式构成的其他组合：

伊穆

（130）母以子贵，寔曰旧章，典制伊穆，车服有光。（北齐《赵奉伯妻傅华墓志》）

（131）五典克从，四门伊穆。（唐贯休《大蜀皇帝寿春节进尧铭舜颂二首·舜颂》）

伊阜

（132）嘉生惟繁，庶类伊阜。（西晋挚虞《雍州诗》）

（133）我酒既盈，我肴伊阜。（南朝梁张率《短歌行》）

伊茂

(134)无竞厥德，丰光**伊茂**。(西晋孙拯《赠陆士龙》)

(135)执戟**伊茂**，共舆载和。(北魏《雍州刺史元项墓志》)

伊半

(136)而覆匮**伊半**，为山未极。梦奠先征，殆将奄及。(北魏《元瞻墓志》)

伊昌

(137)中馈斯盛，内训**伊昌**。(东魏《赵氏姜夫人墓志》)

伊恭

(138)观德自感，奉璋**伊恭**。(《乐府诗集·郊庙歌辞·登歌》)

伊贵

(139)自心**伊贵**，人爵靡婴。(南朝宋卞伯玉《祭孙叔敖文》)

伊煌

(140)庭燎**伊煌**，有焕其容。(唐柳宗元《道州文宣王庙碑》)

伊敬

(141)门朋惟肃，在公**伊敬**。(北魏《李遵墓志》)

伊久

(142)嗟行**伊久**，慨其永叹。(西晋曹摅《答赵景猷》)

伊旧

(143)其德唯新，厥宗**伊旧**。(北魏《元谭妻司马氏墓志》)

伊宁

(144)川岳**伊宁**，七曜重光。(南朝齐佚名《前舞阶步歌》)

伊虔

(145)辟公在位，有容**伊虔**。(《隋书·音乐志中》)

伊顺

(146)有来斯雍,至止**伊顺**。(东晋卢谌《赠刘琨并书》)

伊烁

(147)文德时序,武功**伊烁**。(北魏《元颢墓志》)

伊铄

(148)清徽**伊铄**,钻之弥坚。(西晋孙拯《赠陆士龙诗》)

伊竦

(149)执从**伊竦**,刍饰惟栗。(《隋书·音乐志中》)

伊铣

(150)方金**伊铣**,比玉斯润。(北魏《元晖墓志》)

伊湑

(151)助调醽味,餗实**伊湑**。(北魏《元廞墓志》)

伊阳

(152)乐来**伊阳**,礼作惟阴。(南朝宋王韶之《前舞歌》)

伊昭

(153)四辅陶辉,三善**伊昭**。(南朝齐阮彦《皇太子释奠会》)

伊忠

(154)丁感雊雉,祖己**伊忠**。(西汉扬雄《兖州箴》)

伊遥

(155)澹然古怀心,濠上岂**伊遥**。①(东晋孙绰《秋日》)

上述组合除"伊穆"外,其他用例都非常少。从功能上看,"伊"与形容词的组合在句中绝大多数充当谓语,这与形容词的功能一致。

---

① 此例比较特别,"伊"亦有可能与"岂"组合。

5."伊"位于动词前,与它们构成同一音步。有对《诗经》固有组合的使用:

伊匹

(156)相地于居之东,筑室数百楹,曰:"伊淢伊匹,遹追来孝。吾匪罔攸闻,嗣续妣祖,方勉图之。"(明湛若水《泉翁大全》卷六一)

此例与《诗经》的关系显而易见。

伊阻

(157)八表同昏,平路伊阻。(东晋陶渊明《停云》)

(158)风引船回沧溟阔,目断三山伊阻。(南宋辛弃疾《贺新郎》)

"伊阻"在《诗经》中以"自诒伊阻"的形式出现,"伊"为代词,而这里的"伊"无义。

更多是模仿《诗经》组合方式构成新的组合:

伊思

(159)伊思兮往古,亦多兮遭殃。(《楚辞·九怀》;[1]104)

(160)自昔愿言,寝兴伊思。(东晋羊徽《答丘泉之诗》)

"伊思"用例较多,这与《楚辞》首先使用有很大关系,后世韵文除了受《诗经》影响外,受《楚辞》的影响亦不可小视。

伊始

(161)匪愿伊始,惟命之嘉。(西晋陆机《皇太子宴玄圃宣猷堂有令赋诗》)

(162)皇运之初,百度伊始,犹循旧贯,未暇改作。(《隋书·炀帝纪》)

"伊始"在文献中用例亦较多,而且一直沿用至现代汉语。

相对来说,以下一些组合则很少使用。除"伊伫""伊则"外,其他组合仅找到1例。

伊伫

(163)瞻望遐路,允企伊伫。(三国魏王粲《赠蔡子笃》)

(164)而白驹盈谷,苌楚未刈。所以临朝永叹,日昃**伊伫**。(南朝梁任昉《求荐士诏》)

伊则

(165)其在中叶,实有陶唐。丕显**伊则**,配天惟明。(东汉荀悦《汉纪序》)

(166)苟华必实,令德惟恭,柔嘉**伊则**,孝友祇容。(东汉崔瑗《河间相张平子碑》)

伊贲

(167)处邦斯闻,在丘**伊贲**。(北魏《于纂墓志》)

伊存

(168)是以处柔**伊存**,有生之恒性;在盈斯害,惟神之常道。(《晋书·隐逸传》)

伊窘

(169)蔡凶**伊窘**,悉起来聚。(唐柳宗元《奉平淮夷雅表》)

此例《大词典》以"且、又"释"伊",并引章士钊《柳文指要·体要·平淮夷雅》:"伊,以也。《皇武》'蔡凶伊窘',谓蔡凶且窘,伊字从中连及之也。与《方域》'寇昏以狂'句法相类,伊、以二文,直可互用。"我们认为"蔡凶"即指蔡,而"伊窘"乃仿用《诗经》组合。

伊举

(170)九伐言临,七营**伊举**。(北魏《元徽墓志》)

伊澜

(171)金镕乃器,水术**伊澜**。(南朝齐王俭《侍皇太子释奠宴》)

伊谟

(172)穆王耄荒,甫侯**伊谟**。(西汉扬雄《廷尉箴》)

"伊谟"乃谋划义。

伊述

（173）帝皇布护，将相蝉联，备诸图史，其可**伊述**。（隋《张景略墓志》）

伊抟

（174）犬牙攸在，磐石斯观，三千以击，九万**伊抟**。（北魏《元龙墓志》）

伊孝

（175）在友斯悌，于亲**伊孝**。（南朝梁江淹《齐太祖高皇帝诔》）

伊序

（176）臣闻国历惟耀，则藩伯缉其才；朝纬**伊序**，则方率司其度。（南朝梁江淹《萧骠骑让豫司二州表》）

伊制

（177）宣景戎旅，未遑**伊制**。（《晋书·礼志上》）

6.“匪（非）～伊～”句式的应用。有对《诗经》句子的整体继承，如：

（178）**匪怒伊教**，其徒日亲。（南宋张津《四明图经》卷一一）

（179）鸾旂戾止，**匪怒伊教**。（南宋梅应发等《四明续志》卷一）

还有更多是此类句式的模仿：

（180）于有先功，**匪荣伊辱**。（东汉蔡邕《祖德颂》）

（181）**匪同伊和**，惟我与生。（东晋郭璞《赠温峤》）

（182）纵欲不戒，**匪愚伊耄**。（唐柳宗元《敌戒》）

文献中相关的句式还有“匪敬伊慕”“匪敬伊孝”“匪日伊夜”“匪王伊帝”“匪娀伊仆”“匪屈伊舒”“匪虬伊鸾”“非长伊德”“非圣伊贤”等。

7.“伊”位于句首，不与其他成分组合。如：

（183）**伊**秋夜之可悲，增沉怀于远情。（东晋何瑾《悲秋夜》）

（184）**伊**懦劣其无节，实怀此而不忘。（南朝宋谢晦《悲人道》）

（185）**伊**吾人之菲薄，无赋命之天爵。（南朝梁沈约《夕行闻夜鹤》）

《诗经》中位于句首充当语气词的“伊”很多,但后世文献中上述用法的“伊”,其直接来源应当是《楚辞·九叹》:“伊伯庸之末胄兮,谅皇直之屈原。”后世文献特别是韵文受《楚辞》的影响不可小视。

三、“伊”的性质探讨

代词“伊”实有所指,性质比较明确,而无实义的“伊”则有探讨的必要。

从上举文例可知,《诗经》中的“伊”可与多种成分组合,我们将它们看作一个整体,只是因为它们处于同一音步内,而事实上它们的整体性并不强,特别是有些用例中,“伊”明显非为构词成分。而同时代的其他文献,特别是散文中,这些组合亦很少使用,故我们认为“伊”更可能是出于诗歌韵律的需要而使用,它不是用于构词,而是用于足句,故并非词缀。

从后代使用情况看,“伊”沿用《诗经》组合的用例较多,新的组合数量较少,用例也不多,更主要的是,这类用例仍局限于韵文,除少量来自《诗经》发展为典故词的组合外,散文极少使用,这说明,后代仍是在模仿《诗经》的句式,而非自由使用这些组合,换句话说,这些组合仍不具有词的特性,“伊”自然仍不当看作词缀。

已

“已”作词缀,由王云路先生(1999:371;2010:346—348)最先提出,并举有相关用例。蒋宗许先生赞同这个意见,并提出了他的一些看法(2009:203—204):“已”本为蛇形,在先秦便借作为副词,为语气词。作后缀(蒋文“后”作“前”,当误,此径改),始于汉魏而下,主要出现在六朝的五言诗中,其原因当是五言诗的兴起,而五言诗初始时基本上都是在四言的基础上改造而成的,有时意思的表达本来四言已足,而为了前后的整饬,于是就凑一个虚字而成五言。“已”缀式复音词在魏晋六朝常见,兹后唐诗中略有沿袭,再后则逐渐消亡。

二家同时举有一些组合的用例,包括“日已、行已、既已、忽已、良已、俄已、一已、倏已、稍已、甫已、转已、纷已、定已、遂已”等。

二家敏锐地发现“已”在用法上的特殊性,让人钦佩。不过我们在全面调查魏晋南北朝诗歌中“已”的用例,并查找相关文献之后,发现这些组合中有很大一部分的“已”都与“以”存在密切联系,“已”用法特殊,但其性质该如何确定，则需要进一步的讨论，以下以组合特点为纲，分类加以分析。

一、"已"前为不具有描述性的副词

一已

(1)贱妾如桃李，君王若岁时。秋风一已劲，摇落不胜悲。（唐严武《班婕妤》；[1]203）

(2)幽室一已闭，千年不复朝。（东晋陶渊明《拟挽歌辞》；[2]346）

(3)山门一已绝，长夜缅难终。（南朝齐萧子隆《经刘瓛墓下》；[2]346）

(4)清宵一已曙，藐尔泛长洲。（南朝梁萧衍《答任殿中宗记室王中书别诗》；[2]346）

(5)颓龄一已驻，方验大椿秋。（隋释慧静《英才言聚赋得升天行》；[2]347）

蒋文举例(1)认为"一已"犹一旦；王文举例(2)—(5)，认为"一已"即一，是一时或一旦之义。

按："一已"除了一时或一旦义之外，还有皆义，如：

(6)盖当由朕训导不明，王之愆违，一已宽恕，今日以后，必须改革。（《隋书·高丽传》）

而文献中有很多具有相同用法的"一以"用例，如：

(7)所闻《诗》无达诂，《易》无达占，《春秋》无达辞。从变从义，而一以奉人。（西汉董仲舒《春秋繁露》卷三）

(8)云泥异所称，人物一以齐。（唐元稹《青云驿》）

以上二例表皆义。

(9)寒城一以眺，平楚正苍然。（南朝宋谢朓《宣城郡内登望》）

(10)刑罚一以正，干戈自有仪。（唐储光羲《同诸公秋日游昆明池思古》）

(11)儒风一以扇，污俗心皆平。（唐孟郊《赠黔府王中丞楚》）

以上三例为"一旦"义。

日已

(12)幽室<u>日已</u>闭,千年不复朝。(东晋陶渊明《拟挽歌辞》;[1]202)

(13)春事<u>日已</u>歇,池塘旷幽寻。(唐崔护《郡斋三月下旬作》;[1]203;[2]347)

(14)双凫相背飞,相远<u>日已</u>长。(佚名《李陵录别诗》;[2]347)

(15)行行<u>日已</u>远,遂造匈奴城。(西晋石崇《王明君辞》;[2]347)

(16)寝兴<u>日已</u>寒,白露生庭芜。(南朝宋颜延之《秋胡行》;[2]347)

蒋文举例(12)(13)①,认为"日已"犹"日",谓渐渐,"已"不表义。王文举例(13)—(16),指出"日已"犹日,谓渐渐。

而事实上文献中更早、更多使用的"日以"同样有此义,如:

(17)使吾甲兵钝弊,民人离落,而<u>日以</u>憔悴,然后安受吾烬。(《国语·吴语》)

(18)鸾鸟凤皇,<u>日以</u>远兮。燕雀乌鹊,巢堂坛兮。(《楚辞·九章·涉江》)

(19)其后齐<u>日以</u>大,至于霸,二十四世而田成子有齐国;鲁<u>日以</u>削,至于觐存,三十四世而亡。(《吕氏春秋·长见》)

(20)言己想得道真,上升苍天,高抗志行,经历众山,去我乡邑,<u>日以</u>远也。(《楚辞·惜誓》"登苍天而高举兮,历众山而日远"王逸注)

(21)朱颜<u>日以</u>新,劫往方婴童。(东晋云林右英夫人《九月三日夕云林王夫人喻作令示许长史》)

我们知道,"已"与"以"在文献中常可混用,"日已"与"日以"的使用当即二者混用的表现,文献中的异文证据亦可佐证这一点:

(22)去者<u>日以</u>疏,来者<u>日以</u>亲。(《古诗十九首·去者日以疏》)

(23)惟念当离别,恩情<u>日以</u>新。(《文选·苏武〈诗四首〉》)

二例中的三个"以",六臣本《文选注》云:"五臣作'已'。"《类聚》引均作

① 例(12)引文有误,"日"实作"一"。

“已”。

“日以”组合中的这个“以”当为连词，因与“日”大量连用，进而近于成词。

稍已、转已、渐已

(24)荏苒岁月颓，此心**稍已**去。(东晋陶渊明《杂诗》;[2]347)

(25)至子武侯，**稍已**侵暴邻国。(北宋苏辙《古史》卷二一;[1]203)

(26)荐绅士民愤怨岁久，罪恶贯盈，**稍已**暴白于天下矣。(南宋汪藻《靖康要录》卷三;[1]203)

(27)坦之驰谓谌曰:“废天子古来大事。比闻曹道刚、朱隆之等**转已**猜疑，卫尉明日若不就事，无所复及。”(《南齐书·萧坦之传》;[2]348)

(28)其文武之心**转已**安定，贼帅艾秀遣使归诚，上洛附贼降者五百余口，冀一安隐，无复怵惕。(《晋书·庾怿传》)

诸家认为“稍已”“转已”乃渐渐义，“已”为后缀。与二组合相似的还有“渐已”:

(29)自文帝省刑，适三百年，而轻微之禁，**渐已**殷积。(《后汉书·郎𫖮传》)

(30)殿下自起兵以来，**渐已**一周，而颛守偏方，王威未震。(《晋书·刘元海载记》)

(31)陈寿意不逮文，容身远害，既乖直笔，空紊旧章。自兹已降，**渐已**陵替也。(唐刘肃《大唐新语》卷一三)

表渐渐义，“渐”最常见，“稍”及“转”用例相对较少，而我们在文献中发现很多“渐以”用例，如:

(32)及至其后，**渐以**滋章，吹毛索疵，诋欺无限。(《后汉书·杜林传》)

(33)官民政俗，日以凋弊，**渐以**陵迟，势不可久。(《三国志·吴书·骆统传》)

(34)西突厥者，木杆可汗之子大逻便也。与沙钵略有隙，因分为二，**渐以**强盛。(《北史·突厥传》)

同义的“稍以”用例同样存在，只是较少：

(35)秦起襄公，章于文、缪，献、孝之后，**稍以**蚕食六国。(《史记·秦楚之际月表》)

(36)大汉之兴，虽承衰敝，而先王之制，**稍以**施行。(《后汉书·陈忠传》)

“渐以”与“渐已”、“稍以”与“稍已”在意义及用法上并无不同，“以”与“已”的功能亦当一致。

遂已

(37)永叹遵北渚，遗思结南津。行行**遂已**远，野途旷无人。(西晋陆机《赴洛道中作诗二首》;[2]348)

(38)国家纂承，务在遵奉，而世俗陵迟，家竞盈溢，渐渍波荡，**遂已**成风。(《晋书·陆云传》)

(39)叔世何多难，兹基**遂已**亡。(唐李商隐《赠送前刘五经映三十四韵》)

“遂已”犹于是，就。文献中有相同用法的“遂以”：

(40)子楚与吕不韦谋，行金六百斤予守者吏，得脱，亡赴秦军，**遂以**得归。(《史记·吕不韦传》)

(41)其后浸盛，五将世权，**遂以**亡道。(《汉书·五行志上》)

(42)是岁，陈胜起，天下畔，赵高作乱，秦**遂以**亡。(《汉书·五行志中之下》)(“遂而”亦有同样的用法)

良已、诚已

(43)絺绤虽凄其，授衣尚未至。感节**良已**深，怀古亦云思。(南朝宋谢灵运《初往新安至桐庐口》;[1]203;[2]348)

蒋文认为此例中“良”乃甚词，犹言很；王文认为“良已”乃诚然、确实义。单就此例而言，我们认为，“良”乃诚然、确实义，“已”表已经，相关用例如：

(44)诸将以为赵氏孤儿**良已**死，皆喜。(《史记·赵世家》)

(45)睟颜畅有怿，德音**良已**粲。(南朝梁王僧孺《侍宴诗》)

(46)帝孝心睿略，权正兼运，纂业固基，内和外抚，终能周、郑款服，声教南被，祖功宗德，其义**良已**远矣！(《北史·魏太宗本纪》)

(47)志图**良已**久，鬓发空苍然。(唐刘长卿《夜宴洛阳程九主簿宅，送杨三山人往天台寻智者禅师隐居》)

与"良已"用法相同的还有"诚已"：

(48)仆**诚已**著此书，藏之名山，传之其人，通邑大都，则仆偿前辱之责，虽万被戮，岂有悔哉！(《汉书·司马迁传》)

(49)东隅**诚已**谢，西景逝不留。(南朝宋傅亮《奉迎大驾道路赋诗》)

(50)归期**诚已**促，清景仍相留。(唐刘长卿《上湖田馆南楼忆朱宴》)

(51)岭南分为五管，**诚已**多年。(《旧唐书·懿宗本纪》)

终已

(52)但愿养性命，**终已**靡有他。良辰不我期，当年值纷华。(三国魏嵇康《答二郭三首》)

(53)舜琴**终已**绝，尧衣今复垂。象天则地体无为。(南朝宋沈约《明之君六首》)

(54)女萝依附松，**终已**冠高枝。浮萍生托水，至死不枯萎。(南朝宋伍缉之《劳歌二首》)

文献中有相同用法的"终以"，如：

(55)尔其戒哉！慎厥初，惟厥终，**终以**不困。不惟厥终，**终以**困穷。(《尚书·蔡仲之命》)

(56)缘鹄饰玉，后帝是飨。何承谋夏桀，**终以**灭丧？(《楚辞·天问》)

(57)老莱子曰："子不见夫齿乎，齿坚刚卒尽相磨，舌柔顺**终以**不弊。"(《孔丛子·抗志》)

(58)工拙各所宜，**终以**反林巢。(南朝宋谢灵运《从游京口北固应诏》)

(59)声音虽类闻，形影**终以**遐。因之增远怀，惆怅菖蒲花。(唐欧阳

詹《闻邻舍唱〈凉州〉有所思》)

另外还有一些异文的存在,也可证明二者的关系,如:

(60)孟公不在兹,**终以**翳吾情。(东晋陶渊明《饮酒二十首》)

(61)生老**终已**萦,死病行当荐。(南朝齐王融《法乐辞》)

第一例“以”曾本云一作“已”。第二例“已”《广弘明集》作“以”。

亦已

(62)虽逸**亦已**难,非余心所嘉。(三国魏嵇康《答二郭诗三首》)

(63)飞辔腾九万,八落**亦已**均。(东晋杨羲《六月二十三日夜中候夫人作》)

(64)马队非讲肆,校书**亦已**勤。(东晋陶渊明《示周续之祖企谢景夷三郎》)

(65)定自征伐檀,**亦已**验惟尘。(南朝宋谢灵运《北亭与吏民别》)

文献中有相同用法的“亦以”,如:

(66)豫子之为知伯,名既成矣,寡人舍子,**亦以**足矣。(《战国策·赵策一》)

(67)蒙马一何威,浮江**亦以**仁。(唐储光羲《相和歌辞·猛虎行》)

(68)遇欣或自笑,感戚**亦以**吁。(唐柳宗元《读书》)

(69)岂惟遍妻孥,**亦以**及僮仆。(唐元稹《竹部》)

固已

(70)隆暑**固已**惨,凉风严且苛。(西晋陆机《从军行》)

(71)离思**固已**久,寤寐莫与言。(西晋陆机《苦寒行》)

(72)咄矣形非我,物外**固已**寂。(西晋支遁《八关斋诗》)

(73)至哉操斤客,重明**固已**朗。(南朝梁江淹《许征君询自叙》)

文献中有诸多相同用法的“固以”,如:

(74)古者苍颉之作书也,自环者谓之私,背私谓之公,公私之相背也,

乃苍颉**固以**知之矣。(《韩非子·五蠹》)

(75)卒买鱼烹食,得鱼腹中书,**固以**怪之矣。(《史记·陈涉世家》)

(76)《左氏》义深于君父,《公羊》多任于权变,其相殊绝,**固以**甚远,而冤抑积久,莫肯分明。(《后汉书·贾逵传》)

(77)亮无责报心,**固以**听所为。(唐韩愈《病鸱》)

另有异文证据:

(78)人事**固以**拙,聊得长相从。(东晋陶渊明《咏贫士》)

(79)自唐、虞以下迄于周,是为《古文尚书》,然世犹淳质,文从简略,求诸备体,**固以**阙如。(唐刘知几《史通》卷二)

第一例"以",苏写本、和陶本、《初学记》作"已"。第二例"以",四部丛刊景明万历刊本作"已"。

将已

(80)苏子黑貂**将已**尽,宋弘青鸟又空回。(唐刘兼《命妓不至》)

"将已"用例极少,散文亦未见相关用法,我们认为"将已"或当解作"已将",诗歌出于韵律调整语序是很正常的事。另外,也不能排除其解作"将以"的可能,我们看以下用例:

(81)言人年命冉冉而行,我之衰老,**将以**来至,恐修身建德,而功不成名不立也。(《楚辞·离骚》"老冉冉其将至兮,恐修名之不立"王逸注)

(82)言己哀楚有高丘之山,其岸峻崄,赤而有光明,伤无贤君,**将以**阽危,故沉身于湘流而不还也。(《楚辞·七谏·哀命》"哀高丘之赤岸兮,遂没身而不反"王逸注)

(83)言己思念国家纲纪**将以**离坏,而竭忠言,身以得过,结为患难也。(《楚辞·九叹·怨思》"思国家之离沮兮,躬获愆而结难"王逸注)

弥已

(84)厥后陵迟,**弥已**凋玩,《伐木》有鸟鸣之刺,《谷风》有弃予之怨。(东汉应劭《风俗通义》卷七)

(85)仰之**弥已**高，犹天不可阶。将复御龙氏，凤皇在庭栖。(《晋书·乐志下》)

“弥已”相当于更加，而同义的“弥以”用例更早更多，如：

(86)后进**弥以**驰逐，故幼童而守一艺，白首而后能言。(《汉书·艺文志》)

(87)佥以为洪德宜演述，亿载**弥以**新，功烈不赞纪，后来无所闻，于是刊石勒铭，以示后昆。(东汉佚名《冀州从事张表碑》)

(88)然性多嫌忌，果于杀戮，暨臻末年，**弥以**滋甚。(《三国志·吴书·孙权传》)

(89)故砥砺之风，**弥以**陵迟。(《晋书·裴頠传》)

二、“已”前为带有描述性的形容词或副词

忽已

(90)念畴昔兮母兄在，心逸豫兮寿四海。**忽已**逝兮不可追，心穷约兮但有悲。(三国魏嵇康《思亲诗》;[1]203)

(91)徙倚未云暮，阳光**忽已**收。(南朝齐王俭《春日家园》;[1]203)

(92)时迈不停，日月电流。神爽登遐，**忽已**一周。(西晋孙楚《除妇服》;[2]348)

(93)**忽已**不觉劳，岂悟少与多。(东晋葛洪《法婴玄灵之曲》;[2]348)

(94)风飚扬尘起，白日**忽已**冥。(三国魏王粲《杂诗》;[2]348)

(95)今载**忽已**暮，来纪奄复仍。(东晋曹毗《咏冬》;[2]348)

(96)霜锋未及染，鄗郢**忽已**清。(南朝宋何承天《雍离篇》;[2]348)

蒋文举例(90)(91)，认为“忽已”乃忽然义，“已”为词缀；王文举(92)—(96)例，并指出“忽已”在不同语境中的区别：有的作形容词，如上举例(92)、(93)，有的作副词，如(94)、(95)、(96)例。

此类用法的“忽已”用例很多，此不赘举，而我们在文献中同样发现了很多“忽以”用例：

(97)日月**忽以**将暮，抱长结以含愁。(东汉蔡邕《太傅安乐侯胡公夫

人灵表》)

(98)氛霓郁以横厉兮,羲和**忽以**潜晖。(《后汉书·崔骃传》)

(99)火星**忽以**西流,悲风起乎金商。(西晋傅咸《扇赋》)

(100)荣华晔其始茂兮,良人**忽以**捐背。(西晋潘岳《寡妇赋》)

(101)夏之日**忽以**过,冬之夜寻复来,人生百岁,尚以为不足,而臣中年婴灾,此臣之恨五也。(《晋书·段灼传》)

(102)武皇**忽以**厌世,白日黯而无光。(《北齐书·颜之推传》)

(103)北斗俄其西倾,群星**忽以**匿幽。(《魏书·张渊传》)

(104)修途杳其未半,飞雨**忽以**茫茫。(唐卢照邻《怀仙引》)

(105)驰光**忽以**迫,飞辔谁能留。(唐韩愈《远游联句》)

(106)晓听**忽以**异,芳树安能齐。(唐孟郊《与王二十一员外涯游枋口柳溪》)

上举骈文中用法的"忽以"也有写作"忽已"者,如:

(107)白日**忽已**移光兮,遂晻莫而昧幽。(《汉书·外戚传下》)

(108)精魂**忽已**消散,神眇眇而长违。(三国魏曹髦《伤魂赋并序》)

仔细比较上举"忽已"与"忽以"的用例,可以发现二者的紧密联系,如"阳光忽已收""白日忽已冥""今载忽已暮"与"日月忽以将暮""羲和忽以潜晖""火星忽以西流",在句式及意义上都非常接近,二者的区别主要在句子的字数上,不难看出二句中"以"与"已"功能应当是相同的。

"忽以"用例中的"以"当为连词,鉴于"忽已"用例与"忽以"的密切关系,我们认为"已"亦当用作"以",这种看法还有异文佐证:

(109)郢人**忽已**逝,匠石寝不言。(三国魏嵇康《与阮德如诗》)

(110)散豁情志畅,尘缨**忽已**捐。(东晋王蕴之《兰亭诗》)

第一例,已,《本集》作"以";第二例,清知不足斋丛书本宋桑世昌《兰亭考》卷一引作"以"。

蒋文认为"已"作词缀主要出现于六朝的五言诗中,而五言诗初始时基本上都是在四言的基础上改造而成的。而从我们的调查看,很多五言句式还来自《楚辞》以及魏晋时的一些六言或七言句式。

飒已

“飒已”与“忽已”用法同。

(111)一去濠水阳,连翩远为客。二毛飒已垂,家贫无所择。(南朝齐虞羲《数名诗》)

(112)觉罢揽明镜,鬓毛飒已霜。(唐李白《赠别舍人弟台卿之江南》)

(113)弹为风入松,崖谷飒已秋。(唐刘希夷《夏弹琴》)

(114)知己犹未报,鬓毛飒已苍。(唐岑参《陪狄员外早秋登府西楼,因呈院中诸公》)

(115)风露飒已冷,天色亦黄昏。(唐白居易《秋槿》)

(116)商气飒已来,岁华又虚掷。(唐贾岛《感秋》)

文献中有同样用法的“飒以”:

(117)斑鬓髟以承弁兮,素发飒以垂领。(西晋潘岳《秋兴赋》)

此例与上举“二毛飒已垂”“鬓毛飒已霜”“鬓毛飒已苍”从表达方式到意义大致相同,“以”与“已”功能当同。其他用例如:

(118)零叶纷其交萃,落英飒以散芳。(西晋苏彦《秋夜长》)

(119)众芳摧而萎绝,百卉飒以徂尽。(南朝梁萧子晖《冬草赋》)

(120)岁聿忽其云暮,庭草飒以萎黄。(南朝梁陆倕《思田赋》)

“飒以”用例中的“以”明显为连词,故我们认为“飒已”组合中“已”亦当为连词。

遽已

(121)秋还遽已落,春晓犹未荑。(南朝梁沈约《咏梧桐诗》)

(122)近者,尽其巢窟,俱犯北边,而远镇偏师,逢而摧翦,未及南上,遽已奔北。(《北史·突厥传》)

(123)那堪适会面,遽已悲分首。(唐刘长卿《送姨子弟往南郊》)

(124)前山遽已净,阴霭夜来歇。(唐韦应物《同德寺雨后,寄元侍御、李博士》)

俄已

(125)积峡忽复启,平途俄已闭。(南朝宋谢灵运《登庐山绝顶望诸峤》)

(126)故闻人、二戴,俱事后苍,俄已分异;卢植、郑玄,偕学马融,人各名家。(《宋书·傅隆传》)

(127)近树儵而退,遥山俄已逼。(南朝梁刘孝威《帆渡吉阳洲》)

(128)一笑忽然敛,万愁俄已新。(唐孟郊《送远吟》)

(129)中州俄已到,至理得而闻。(唐李颀《送暨道士还玉清观》)

(130)才迎沙屿好,指顾俄已失。(唐陆龟蒙《奉和袭美太湖诗二十首·初入太湖》)

倏已

(131)枉生竟何豫,未云倏已老。(南朝宋范泰《咏老》)

(132)夕阳度西岭,群壑倏已暝。松月生夜凉,风泉满清听。(唐孟浩然《宿业师山房,期丁大不至》)

(133)时禽倏已嘿,众籁萧然作。(唐皮日休《初夏游楞伽精舍》)

也有用例存在异文,如:

(134)二旬倏已满,三千眇未央。(南朝齐孔稚珪《旦发青林》)

此例"已",《诗纪》作"以"。

另外还需提及的是,"忽已""飒已""倏已""俄已"在有些用例中表很快已经,如:

(135)麻姑再拜,但不相见,忽已五百余年。(前蜀杜光庭《墉城集仙录》卷四)

(136)念离宛犹昨,俄已经数期。(唐沈千运《赠史修文》)

(137)初才淅沥洒窗户,俄已湍泻鸣沟溪。(南宋陆游《后一日复雨》)

(138)自窃州任,倏已七月,无德而禄,其殃将至。且傅职清峻,亢礼储极,以臣凡走,岂可暂安。(《宋书·王景文传》)

(139)兹欢未云隔,前笑倏已故。(唐李骘《慧山寺肄业送怀坦上人》)

(140)谏曹迨居守,**倏已**十六迁。(唐权德舆《贞元七年蒙恩除太常博士自江东来朝时》)

可比较以下用例:

(141)顷之,有告在城东者,融遣骑追之,垂及,**忽然已远**,或有兵众距战,或前有溪涧,骑不得过,遂不知所在。(《晋书·孟钦传》)

(142)今诸庙之感,在心未忘;行道之悲,**倏然已**及。(《北史·元遥传》)

(143)即今**倏忽已**五十,坐卧只多少行立。(唐杜甫《百忧集行》)

(144)如此心中无退倦,**俄然已**度一千年。(《敦煌变文集新书·妙法莲华经讲经文(一)》)

事实上前举"遽已、俄已、倏已"用例中的"已"大多亦可解作已经,因此具体用例中"已"的性质需要斟酌。

纷已

(145)萦丛乱芜绝,繁林**纷已**稀。(南朝梁张率《咏霜》;[2]348)

(146)落花**纷已**委,弱蔓既青翠。(南朝宋谢朓《往敬亭路中》)

(147)殊风**纷已**萃,乡路悠且广。(唐柳宗元《法华寺石门精舍三十韵》)

(148)霜卧眇兹地,琴言**纷已**违。衡阳今万里,南雁将何归。(唐储光羲《山居贻裴十二迪》)

以上用例中的"纷"与"已"后的成分均用以描写或陈述主语,且"已"后的成分为动词(第一例"稀"指变稀),"已"当用表连接,可比较以下用例:

(149)零叶**纷其交萃**,落英飒以散芳。(西晋苏彦《秋夜长》)

(150)观风化之得失兮,犹**纷其多违**。(东汉蔡邕《述行赋》)

此二例用法与例(147)(148)用法相同,"已"与"其"功能相当。文献中还有相同用法的"纷以",如:

(151)秋霜**纷以**宵下,晨风洌其过庭。(三国魏曹植《蝉赋》)

(152)翠叶**纷以**朝落,朱华惨以夕捐。(东晋卢谌《感运赋》)

(153)倒禽**纷以**迸落,机声振而未已。(西晋潘岳《射雉赋》)

(154)阴云**纷以**兴霭,飙风起而回波。(西晋陆云《九愍》)

(155)胜幡法鼓萦且击,智师道众**纷以**驰。(南朝齐王融《努力门诗》)

(156)四灵俨而为卫兮,六气**纷以**成群。(《晋书·挚虞传》)

(157)秋色变江树,相思**纷以**盈。(唐李华《云母泉诗》)

此类用例"以"乃连词非常明确,将这些用例与"纷已"的相关用例比较,可以发现二者的用法并无不同。

豁已

(158)抗志尘物表,三空**豁已**悟。(南朝陈江总《游摄山栖霞寺》)

(159)策羸返岩壑,情抱**豁已**伸。(唐吴筠《酬刘侍御过草堂》)

"豁以"有同样用法:

(160)何工巧之瑰玮,交绮**豁以**疏寮。(东汉张衡《西京赋》)

(161)是以至言云富,从而**豁以**空焉。(南朝宋宗炳《明佛论》)

行已

(162)岁月如流迈,**行已**及素秋。(唐陆龟蒙《子夜变歌三首》之三;[1]202)

(163)低头还自怜,盛年**行已**衰。(西汉苏武《答李陵诗》;[2]347)

蒋文举第一例,认为"行已"犹"将,将要"。王文举第二例,认为"行已"犹"旋,即刻"义,《草堂诗笺》引此诗,"行"即作"倏"。

按:例(162)中"行"当表旋即义,而"已"则表已经,《子夜变歌三首》之二即作:"岁月如流迈,春尽秋已至。"例(163)亦可如此解。而唐刘禹锡《重祭柳员外文》中亦有一例,可以证实"行已"之义:"呜呼,自君之没,行已八月。"据唐韩愈《柳子厚墓志铭》:"子厚以元和十四年十一月八日卒,年四十七。以十五年七月十日,归葬万年先人墓侧。"而此文是刘禹锡在柳宗元归葬长安时所写的祭文,当时柳宗元已经去世八月有余,故这里的"行已八月"当非将至八月,"已"乃已经义,"行"当表时间迅疾。

“行已”的用法大多如例(162)，其义亦可如此理解，如：

(164)今岁行已暮，雨雪向凄凄。(南朝齐萧综《听钟鸣》)

(165)置酒登广殿，开襟望所思。春草行已歇，何事久佳期。(南朝齐王融《王孙游》)

(166)九秋行已暮，一枝聊暂安。隐榆非谏楚，噪柳异悲潘。(唐骆宾王《秋晨同淄川毛司马秋九咏·秋蝉》)

(167)七月行已半，早凉天气清。清晨起巾栉，徐步出柴荆。(唐白居易《秋游原上》)

(168)汝生何其晚，我年行已衰。(唐白居易《弄龟罗》)

(169)新年行已到，旧典听难胜。(唐李洞《冬日送凉州刺史》)

三、“已”解作已经

既已

(170)生我既已晚，弃我何其早。(《宋书·乐志四》;[1]202)

(171)危苗既已窜，妖沴亦云亡。(南朝梁萧詧《建除诗》;[1]203)

(172)逢厄既已同，处危非所恤。(南朝梁江淹《卢郎中谌感交》;[2]348)

蒋文举例(170)(171)，认为“既已”犹既，已经义，“已”不表义。王文举例(173)，认为“既已”犹既然。

我们发现早期的“既已”多表已经义，如：

(173)创基既已难，继世亦未易。(西晋傅玄《景皇篇》)

(174)献酬既已周，轻轩垂紫霞。(西晋陆机《前缓声歌》)

(175)沾润既已渥，结根奥且坚。(西晋陆机《塘上行》)

(176)纨素既已成，君子行未归。(南朝宋谢惠连《捣衣》)

(177)旧识既已尽，新知皆异名。(南朝梁沈炯《长安还至方山怆然自伤》)

而“既已”解作已经，“已”的性质就必须考虑，因为“已”表已经更为常见，所以不能排除“既已”乃同义复合。

有些用例可解作既然，但解作已经也未尝不可，如：

(178)既已不遇兹，且遂灌西园。(东晋陶渊明《戊申岁六月中遇火》)

(179)池台既已没，坟陇向应空。(北周佚名《死苦》)

这揭示出“既”表既然来自其“已经”义的事实。另外，“既已”组合即便包括“既然”义，也不能认定“已”为词缀，因为“既然已经”完全可通，现代仍然常用，古代文献也有用例，如：

(180)六经既已委灰尘，此鼓亦当遭击剖。(北宋苏轼《石鼓》)

(181)既已厌恶和尚，恨及袈裟，而孔夫子之被利用为或一目的的器具，也从新看得格外清楚起来。(鲁迅《且介亭杂文二集·在现代中国的孔夫子》)

定已

(182)离期定已促，别泪转无从。(北周庾信《送周尚书弘正》;[2]348)

王文认为“定已”乃终归、毕竟义，“已”为词缀。我们在诗歌中找到另外两例“定已”用例，乃一定已经义，“定”表推测，如：

(183)帘外辛夷定已开，开时莫放艳阳回。(唐李商隐《寄恼韩同年二首》)

(184)计谋落落知谁许？功业悠悠定已疏。(南宋陆游《初见庐山》)

我们考察了文献中“定”与“期”的搭配，发现“定”常作动词，确定义，如：

(185)归期定何日，塞北树无花。(唐修睦《送边将》)

(186)行行何时到，谁能定归期？(唐韩愈《送李翱》)

庾信诗中“离期”与“归期”同义，“离期定已促”似可解作离期确定，已经很快了。

四、结论

综合以上分析，可以发现：

第一，“～已”组合基本限于特定时期的诗歌体裁，散文中基本不用，将不能自由使用的组合定性为词比较勉强，将组合中的“已”定性为词缀亦不合适。

第二，“～已”大多有用法相同的“～以”组合，这种现象当非偶然。认定这些组合中“已”与“以”功能相同当无问题。

第三，“～以”组合中，“以”为连词，用以连接修饰性成分与中心语。鉴于“～已”用法相同，因此认定“已”亦为此功能当无问题。而魏晋南北朝诗中“已”作连词还可表并列，如：

(187)明灯曜闺中，清风凄已寒。（东汉刘桢《赠五官中郎将》）

(188)回风动地起，秋草萋已绿。（《古诗十九首·东城高且长》）

(189)羲农邈已远，拊膺独咨嗟。（三国魏嵇康《答二郭三首》）

“已”的这种用法当亦用作“以”，而这无疑可以佐证“～已”组合中“已”解作“以”全无问题。

第四，此种用法的“以”，早期文献及中古骈文中多用“以”字，而魏晋南北朝诗及唐诗中用“已”较多，体现出用字上的更替，这应当与使用习惯有关，也与“以”功能过多有关。

应

王云路先生(1999:370;2010:349—351)指出“应”是一个容易忽略的后附加成分，并举有数例；蒋宗许先生(2009)则未将其纳入词缀。细细品味王先生所举用例，并参考诸多文献用例，我们认为“应”意义实在，并非词缀，就其用法来看，主要分为两类。第一，表推测，估计某事应当或必然会发生，如南朝陈徐陵《走笔戏书应令》:“秋来应瘦尽，偏自著腰身。”南唐李煜《虞美人》:“雕阑玉砌应犹在，只是朱颜改。”这种用法在现代汉语仍有留存。第二，应当义，乃“应”之常义。这两种用法有时在同一组合中均有体现。

以下我们结合王先生所举用例，兼举其他文献用例加以分析。

渐应

(1)旅情常自苦，秋夜渐应长。（南朝梁鲍泉《秋日》;[2]349)

(2)秋衣行欲制，风盖渐应欹。（北周庾信《赋得荷》;[2]350)

“渐应”的用例非常少，我们在唐诗中找到另外一例：

(3)片墙看破尽，遗迹**渐应**无。（唐崔涂《过洛阳故城》）

仔细体会以上三例，我们认为这里的“应”当用表推测，因为三例所言并非现实，而是将来。“渐应”即渐渐地一定会。“渐应”在诗句中亦可作“应渐”，意义无别，如：

(4)离家凡几宵，一望一寥寥。新魄又将满，故乡**应渐**遥。（唐于武陵《望月》）

(5)残腊即又尽，东风**应渐**闻。一宵犹几许，两岁欲平分。（唐曹松《除夜》）

(6)紫箨粉成**应渐**密，白云岑起未全高。（唐崔行检《句》）

必应

(7)王自计才地**必应**在己。（《世说新语·识鉴》28条；[2]350）

“必应”乃“必，必定”义，用例很多，如：

(8)经三年，希曰：“玄石**必应**酒醒，宜往问之。”（东晋干宝《搜神记》卷十九）

(9)欲避新枝滑，还向故巢飞。今朝听声喜，家信**必应**归。（南朝梁萧纪《咏鹊》）

(10)上谓圆正闻问悲感，**必应**自杀，频看知不能死，又付廷尉狱。（《南史·萧纪传》）

(11)孤鹤**必应**思凤诏，凡鱼岂合在龙门。（唐方干《侯郎中新置西湖》）

“必”与“应”功能与意义均相近，它们在诗歌中常对应使用，如：

(12)破胡**必**用龙韬策，积甲**应**将熊耳齐。（唐李白《送外甥郑灌从军三首》）

(13)异才**应**间出，爽气**必**殊伦。（唐杜甫《奉赠鲜于京兆二十韵》）

(14)赠粟囷**应**指，登桥柱**必**题。（唐杜甫《水宿遣兴奉呈群公》）

(15)入楚行**应**远,经湘恨**必**深。(唐于武陵《宿友生林居因怀贾区》)

上文所举“必应”用例均表推测,译作必、必定并无问题,鉴于“必”与“应”的功能相同,我们认为,“必应”当看作同义复合。“必应”还有同义倒序词“应必”,可佐证这一看法:

(16)彼大沙门法行之中,梵行应当牢固不动,应当胜他,其法会集,**应必**第一。(隋闍那崛多《佛本行集经》卷三六)

(17)松阳人入山采薪,会暮,为二虎所逐,遽得上树。树不甚高,二虎迭跃之,终不能及。忽相语云:“若得朱都事**应必**捷。”(《太平广记》卷四三二)

定应

(18)拂枕熏红帊,回灯复解衣。傍边知夜永,不唤**定应**归。(南朝梁戴暠《咏欲眠》;[2]350)

文献中同类的用例还有很多,如:

(19)内子谓为山曰:“今日颜色甚悦畅,**定应**是见郡君也。”(唐孙棨《北里志·牙娘》)

(20)送君从此去,书信**定应**稀。(唐贾至《送夏侯参军赴广州》)

“定”与“应”表推测意义相当,故常对文使用,如:

(21)拙**定**于身稳,慵**应**趁伴难。(唐白居易《无梦》)

(22)试尝**应**酒醒,封进**定**恩深。(唐姚合《寄杨工部,闻毗陵舍弟自罨溪入茶山》)

(23)春露条**应**弱,秋霜果**定**肥。(唐郑审《奉使巡检两京路种果树事毕入秦因咏》)

(24)阅曲**定**知能自适,举杯**应**叹不同倾。(唐刘禹锡《酬乐天衫酒见寄》)

“定应”与“必应”一样,当属同义复合。文献中亦有同义倒序词“应定”:

(25)优波伽!汝**应定**无如此之事。汝优波伽!莫作是语!(隋闍那

崛多《佛本行集经》卷五四)

故应

(26)坦之从兄翼宗为海陵郡,将发。坦之谓文济曰:“从兄海陵宅故应无他?”文济曰:“海陵宅在何处?”坦之告之。文济曰:“应得罪。”(《南齐书·萧坦之传》;[2]350)

王文认为“故应”即“故,依然,尚”。按:此句是说坦之事将发,问文济,自己的从兄翼宗在海陵的家应当不会受连累吧,“应无他”与“应得罪”相承为文,意义相同,应当义,表推测。“应”之义并不难解,倒是“故”需要特别注意,从文义看,我们以为“故”或当为必义,亦表推测,其例如:马王堆汉墓帛书《战国纵横家书·秦客卿造谓穰侯章》:“吴不亡越,越故亡吴;齐不亡燕,燕故亡齐。”如此“故应”义同“必应”。

文献中的“故应”更常用表本应当,如:

(27)玉体何容歇,金浆故应有。(南朝梁荀济《赠阴梁州》)

(28)初,孝文之置中正,从容谓祚曰:“并州中正,卿家故应推王琼也。”(《魏书·郭祚传》)

(29)玄龄谓之曰:“公生平志尚,唯在正直,今既得为从事,故应有会素心。比来激浊扬清,所为多少?”(《隋书·李文博传》)

会应

(30)莫言草木委冬雪,会应苏息遇阳春。(南朝宋鲍照《拟行路难》;[2]350)

(31)依阶疑绿藓,傍渚若青苔。漫生虽欲遍,人迹会应开。(南朝梁萧绎《细草》;[2]350)

同类的例子尚有:

(32)自矜美少年,不信有衰老。白发会应生,红颜岂长保。(《寒山诗》第 47 首)

(33)叠影重纹映画堂,玉钩银烛共荧煌。会应得见神仙在,休下真珠十二行。(唐罗隐《帘》)

王先生认为“会应”即“会，谓终究，终将”，然细品诗义，我们认为“会应”解作必然、一定会更加合适。“会”单用亦有此义，如：

(34)终年会飘堕，安得久馨香？（东汉宋子侯《董娇娆》）

(35)宝剑终应出，骊珠会见珍。（唐陈子昂《酬李参军崇嗣旅馆见赠》）

“会”的这种用法与“应”表推测义相当，故“会应”亦当属同义复合。

向应

(36)长辞白日下，独入黄泉中。池台既已没，坟陇向应空。（北周佚名《死苦》；[2]350）

王先生认为“向应”即“向，谓渐渐，即将”。“向应”用例极少，单就此例看，句中“应”当表推测：池台可以眼见，而坟陇之中则无法看见，故据“池台既已没”，推测坟陇应当是空的。

行应

(37)瑶色行应罢，红芳几为乐。徒登歌舞台，终成蝼蚁郭。（南朝梁江淹《铜爵妓》；[2]350）

王文认为“行应”即“行，谓行将，将要”。按：“行应”用例很少，从上举文例看，乃将会、将必义，“应”仍表推测。同类用例尚有：

(38)云霄望且远，齿发行应暮。（唐李端《冬夜与故友聚送吉校书》）

“齿发行应暮”义为年岁将会变老。

空应

(39)昔我学冠剑，逢君在三川。何意风雨激，一诀异东西。菊秀空应夺，兰芳几时坚。（南朝梁江淹《寄丘三公》；[2]350）

按：“空应”用例极少，王先生将它解释为“犹空自，白白地”，比较可疑，唐顾云《苔歌》：“槛前溪夺秋空色，百丈潭心数砂砾。”两相比照，我们认为“菊秀空应夺”或当指菊秀而空色当被夺去。

多应

(40)人间岂合值仙踪，此别多应不再逢。(唐李宣古《听蜀道士琴歌》;[2]351)

(41)久不开明镜，多应是白头。(唐王建《横吹曲辞·望行人》;[2]351)

王先生认为“多应”义为“大多，大半”。按:此解可从，但不能得出“应”不表义的结论。“多”单用可表推测，指实现的可能性大，如:

(42)共知公望重，多是隔年回。(唐张籍《送郑尚书出镇南海》)

(43)且有吟情挠，都无俗事煎。时闻得新意，多是此忘缘。(唐齐己《酬元员外见寄》)

(44)读书切不可自谓理会得了，便理会得，且只做理会不得。某见说不会底便有长进，不长进者多是自谓已理会得了底。(《朱子语类》卷一二〇)

“多”的这种功能与“应”表推测的功能正相应，故二者组合在一起，仍表推测，王文所举二例即如此。事实上将二例中的“多应”换作“多”或“应”均无问题。

已应

(45)久别辽城鹤，毛衣已应故。(唐李贺《嘲雪》;[2]351)

王先生认为“已应”即“已经”。按:此诗前句言“久别”，故“毛衣”之“故”并非亲见，而是推测，这正是“应”的意义及功能的体现。只是这里表达上有些特别，从文义上说，当作“应已”，而出于平仄的考虑，在部分诗例中作“已应”。同样的用例如:

(46)未得从师去，人间万事劳。云门不可见，山木已应高。(唐李端《忆皎然上人》)

(47)白露黄粱熟，分张素有期。已应舂得细，颇觉寄来迟。(唐杜甫《佐还山后寄三首》)

第一例，山木高显然并非亲见，而是推测之语，这正是“应”的功能的体现。

第二例“已应”亦当如此解，因此时尚未寄来。

“应已”有同样的用法。如：

(48)帝问曰：“卢度世坐与崔浩亲通，逃命江表，应已至彼。”(《北史·卢度世传》)

(49)太常应已醉，刘君恒带醒。(唐李百药《杂曲歌辞·妾薄命》)

(50)升沉应已定，不必问君平。(唐李白《送友人入蜀》)

旋应

(51)舞石旋应将乳子，行云莫自湿仙衣。(唐杜甫《雨不绝》;[2]351)

王先生认为“旋应”即“旋，谓随即”。按：“舞石”句乃用典，北魏郦道元《水经注》卷三八：“湘水东南流径石燕山东，其山有石一，绀而状燕，因以名山。其石或大或小，若母子焉。及其雷风相薄，则石燕群飞，颉颃如真燕矣。”舞石将乳子即指此，句义为“舞石应立即带着乳子起飞”。“应”即应当义。同类的用例如：

(52)旋应赴秋贡，讵得久承欢。(唐喻凫《送友人下第归宁》)

“旋应”犹不久应当。有些用例中，“应”可表推测，如：

(53)旋应献凯入，麟阁伫深功。(唐李白《送梁公昌从信安北征》)

(54)既用功成岁，旋应惨变舒。(唐薛能《秋雨》)

此二例“旋应”犹不久必会。“应”表推测非常明显。

宜应、当应

(55)夫为学者……宜应履行，远求胜果。(南朝齐求那毗地译《百喻经》卷三;[2]350)

(56)明旦，大陈兵马临洛水，令盆子君臣列而观之，谓盆子曰：“自知当死不?”对曰：“罪当应死，犹幸上怜赦之耳。”(《后汉书·刘盆子传》;[2]351)

(57)裕得书叹息，以示诸佐曰：“事人当应如此。”(《魏书·韩延之传》;[2]351)

“宜应”“当应”乃“应当”义，没有争议。王先生(2010:350)指出：

> 单从此例看(指上举“宜应”例)，可以认为“宜应”是同义并列结构，因为“宜”有应当的意思。……但如果统观“～应”诸例，就会有不同的理解了。

王先生同时认为“当应”应当同样看待。

“宜应”“当应”都可看作是同义复合，王先生认为应当统观“～应”用例看作附加式，我们认为这样处理不甚恰当：第一，从构词方式来看，同义复合显然远超附加式组合；第二，“应”用作应当义十分常见，远超所谓的词缀用法，既然如此，为什么不依常义理解呢？第三，“宜应”与“当应”均有同义的倒序组合，“应当”十分常见，此举一个“应宜”用例：

(58)若眼忽尔赤痛者，此是天行眼痛，风热所作，<u>应宜</u>早急疗之。(唐王焘《外台秘要方》卷二一)

基于此，我们认为“宜应”与“当应”还是看作同义复合为是。

政应

(59)弟有百岁母，岂能坐听祸败，<u>政应</u>作余计耳！(《南史·齐宗室·临汝侯坦之传》；[2]351)

王先生解“政应”作“正好，只不过”。按：此句前言“岂能坐听祸败”，后句提供了当做之事“作余计”，“应”当为应当义，“政应”即正应当。同类用例如：

(60)超宗怨望，答曰：“不知是司马，为是司驴；既是驴府，<u>政应</u>为司驴。”(《南史·谢超宗传》)

“政应”用例很多，基本限于此义。

始应

(61)帝宠贤王入楚关，扫清江汉<u>始应</u>还。(唐李白《永王东巡歌》；[2]351)

(62)南中多古事，咏遍<u>始应</u>还。(唐孟郊《送殷秀才南游》；[2]351)

从诗义来看，上两句所述并非已经发生的事实，而是推测将来之事，“应”表推测，“始应”犹才会。同类用例如：

(63)直待玉窗尘不起，<u>**始应**</u>金雁得成行。(唐司空图《杨柳枝寿杯词》)

“直待玉窗尘不起”说明所述并非已经发生的事实，“始应”亦才会义。

唯应

(64)芍药谁为婿，人人不敢来。<u>**唯应**</u>待诗老，日日殷勤开。(唐孟郊《看花》;[2]351)

王先生认为“唯应”即“唯有”。我们认为上句“应”用表推测，“待诗老”并非描述事实，而是作者对其“日日殷勤开”的原因的推测，而“唯”的使用使原因唯一化，因而表现得比较肯定。“唯应待诗老，日日殷勤开”义为只应当(依现代汉语习惯解作“只可能”更加顺畅)是等待诗老，才每天殷勤开放。同类用例尚有：

(65)<u>**唯应**</u>洞庭月，万里共婵娟。(唐许浑《怀江南同志》)

(66)<u>**唯应**</u>白鸥鸟，可为洗心言。(唐陈子昂《感遇》)

第一例义为应当只有洞庭月，才万里共婵娟；第二例义为应当只有白鸥鸟才可为洗心言。“唯”或“唯有”表达的是一种事实，而“唯应”则表达推测，这正是“应”之功能的体现。

文献中“唯应”用例较多，“应”多表事理上的应当，如：

(67)<u>**唯应**</u>剖心尝胆，泣血枕戈，感誓苍穹，凭灵宗祀，昼谋夕计，共思匡复。(《梁书·邵陵王纶传》)

(68)今三军之事，在于明公，<u>**唯应**</u>达命任理，以保元吉。(《北史·房豹传》)

(69)敬则曰：“檀公三十六策，走是上计。汝父子<u>**唯应**</u>急走耳。”(《南齐书·王敬则传》)

(70)求之古义，王者宴万国，<u>**唯应**</u>南面，何更居东面？(《隋书·礼仪志四》)

只应

其用法与“唯应”相当，既可表事理上的应当，如：

(71)只应私将琥珀枕，暝暝来上珊瑚床。(南朝陈徐陵《杂曲》)

(72)莫问生涯事，只应持钓竿。(唐郎士元《长安逢故人》)

又可表推测，如：

(73)敛容送君别，一敛无开时。只应待相见，还将笑解眉。(南朝梁王台卿《南浦别佳人》)

(74)谁把相思号此河，塞垣车马往来多。只应自古征人泪，洒向空洲作碧波。(唐令狐楚《相思河》)

例(73)义为应当只有等到相见之时，才可能以笑解开所敛之眉；例(74)义为只可能是自古以来征人之泪洒向空洲作碧波，才会将此河命名为相思河。二例都只是推测，而非事实。

未应

(75)自知未应还，离居经三春。(唐李白《寄远》;[2]351)

王先生认为“未应”即“未，没有”。我们以为句中“未应”或当解作“不应当、不可能”，“应”乃其常用义应当义，此类用法很常见，如：

(76)然气候亦有应至仍不至，或有未应至而至者，或有至而太过者，皆成病气也。(东汉张仲景《伤寒论》下编)

(77)愔大言曰：“诸王构逆，欲杀忠良邪！尊天子，削诸侯，赤心奉国，未应及此。”(《北齐书·杨愔传》)

(78)未应过锦府，且合上峨嵋。(唐齐己《送吴守明先辈游蜀》)

例(78)“应”与“合”对文同义。

还有一些副词与“应”的组合王文未举，我们亦作了考察，发现“应”亦表现为上述两种功能，如：

(79)明君赐赉,宜有品制,忠臣受赏,亦应有度。(《后汉书·何敞传》)

(80)纵使长条似旧垂,也应攀折他人手。(唐韩翃《寄柳氏》)

(81)乃往说侃曰:"公本应领芜湖,为南北势援,前既已下,势不可还。"(《晋书·毛宝传》)

(82)隔院闻香谁不惜,出栏呈艳自应夸。(唐孙鲂《看牡丹》)

(83)素秋寒露重,芳事固应稀。小槛临清沼,高丛见紫薇。(唐唐彦谦《紫薇花》)

(84)南去谒诸侯,名山亦得游。便应寻瀑布,乘兴上岣嵝。(唐齐己《送刘秀才南游》)

(85)无处不携弦管,直应占断春光。(唐欧阳炯《春光好》)

(86)天意岂应容版乱,人心都改太雕讹。(唐贯休《东阳罹乱后怀王慥使君》)

(87)若不随仙作仙女,即应嫁贼生贼儿。(唐顾况《险竿歌》)

(88)几年留织女,还应听渡河。(北周庾信《闺怨》)

此数例表事理上的应当。

(89)悲端若能减,渭水亦应穷。(唐宋之问《邓国太夫人挽歌》)

(90)留不得,留得也应无益。(唐孙光宪《谒金门》)

(91)借问谁为此,乃应是宋公。(唐欧阳询《嘲萧瑀射》)

(92)圣明殊未至,离乱更应多。(唐齐己《喜乾昼上人远相访》)

(93)故人虽故昔经新,新人虽新复应故。(南朝梁萧纲《和萧侍中子显春别》)

(94)春蚕不应老,昼夜常怀思。(《玉台新咏·蚕丝歌》)

此数例表推测。

综观"~应"组合,我们认为"应"均有实义,故不当定性为词缀。

用

中古时期,"用"经常与副词搭配构成"副词+用"组合,在句中作状语。如:

(1)父王忧虑,**甚用**患苦,深耻邻国,恐见陵嗤。(东汉安世高译《太子慕魄经》卷一)

(2)焰花曰:“髡头沙门非为是佛,佛道难得。”陶者闻之**甚用**不悦,以手捉发:“卿不信者可俱往质也。”(西晋竺法护译《慧上菩萨问大善权经》卷下)

“甚用”用于句中,并不会影响文句的理解,但是“用”的性质是什么,却一直存疑:董志翘等(1994:466)解释了常用于心理活动动词之前的“甚用”,将其定性为程度副词,并认为“用”单用亦可表程度之甚,乃“甚用”之省缩,至于“甚用”一词中“用”为何种成分则未讨论。方一新等(2012:154—155)亦将“甚用”看作程度副词,但未探讨“用”的性质。王晓玉2019年撰文专门探讨了“副词＋用”组合中“用”的性质,认为“用”在这些组合中已虚化为后缀,“副词＋用”乃附加式合成词。同时她还详细论证了“用”的虚化过程。

细读王文之后,我们对其将“用”前成分从程度副词扩展至其他副词加以综合研究的做法深表赞同,对其细致的文献工作亦甚钦佩,但认为其研究仍有未到之处,相关结论亦可商榷。

一、“用”的意义及功能分析

王文在论证时,虽然扩展了“用”前副词的考察范围,纳入了程度副词以外的时间、范围、情状、频率、语气等副词,但仍然不够。我们认为,应当跳出副词限制,综合考察“用”的使用情况,并通过与“副词＋用”用例的比较,细致分析,这样的结论才会更加客观、更加可靠。

为此,我们在调查研究的基础上,选取《贤愚经》作为主要语料,同时辅以他经及中土文献,对“用”的意义及功能进行了综合考察,并对相关用法进行了细致比较。之所以选取《贤愚经》,主要有以下考虑:1)《贤愚经》中“用”的用量、用法均较丰富,王文所举用例类型在此经中多能找到;2)此经为北魏人所译,依据王文观点,此时“用”作后缀的用法已经比较成熟,这样可以尽量避免争议;3)同经互证,可以避免因时代、作者、语言风格等不同而产生的分歧,能更加客观地展现“用”的用法,避免因证明问题的需要而有意选择或忽视一些用例。

我们先看以下用例:

(3)劳度差曰:“大王今日,能于身上剜燃千灯用供养者,乃与汝说。”王闻此语,倍用欢喜。(北魏慧觉等译《贤愚经》卷一)

(4)园监于是奉果于王,因复说龙所嘱之变。王闻此已,甚用不乐。(《贤愚经》卷一)

(5)化医白王:“莫复忧虑!我当为王,往入雪山,采合众药,与夫人服,服药之后,皆当有娠。”王闻是语,差用释忧。(《贤愚经》卷二)

(6)波斯匿闻,深用惊惶,即往诣佛,具白斯事。(《贤愚经》卷七)

上述四例分别使用了“倍用、甚用、差用、深用”四个程度副词与“用”的组合,后接心理动词,均描述某人听到某事,所产生的心理反应,似乎这些“用”都不表义。然而比较以下用例后,我们的认识可能要发生变化:

(7)于时阿难,闻说此语,情用怅恨,长跪白佛。(《贤愚经》卷三)

(8)王闻亦怨恨,情用反侧,即乘羽葆之车,与诸侍从,往诣祇洹,欲问如来所疑之事。(《贤愚经》卷六)

(9)彼使还国,具白因缘。其王闻之,心用信伏,更遣使命,兼献珍宝。(《贤愚经》卷七)

(10)大王宽恩,假我七日布施,得遂诚言,又闻妙法,心用开解。(《贤愚经》卷一一)

例(7)—(10)与例(3)—(6)语境十分相似,都是某人听闻某种情况之后的内心反应。与例(3)—(6)不同的是,此四例“用”之前不是程度副词,而是心理反映的主体“情”与“心”,那么这些句子当中的“用”是什么成分呢?王文(2019:666)在综合分析诸多用例,并比较“用”在上古的一些用例之后,认为“用”乃介词,引介原因,当解释为因而、因此。我们甚为赞同这个观点:上举各例中心理反应的产生正是因为听到某事,“用”之后的宾语出于文体对句式字数的要求而省略,但并不影响我们的理解。

那么问题来了,此八例同出一部译经,一位译者,“用”的使用语境并无根本不同,如果例(7)—(10)解作因而、因此,例(3)—(6)为什么就不能这样解呢?例(7)—(10)可以通过语境轻松找到引起心理变化的原因,而例(3)—(6)又何尝不是?将“用”分析为不同的成分,是出于客观的语言分析,还是出于纯主观的个人语感?①

再看下面四例：

(11)株杌妇闻，忆之在心，豫掩一灯，藏着屏处，伺夫卧讫，发灯来看，见其形体，甚用恐怖。(《贤愚经》卷二)

(12)油师夫妇，见其神变，倍用欢喜，甚增敬仰。(《贤愚经》卷二)

(13)时王覩见，深用欢喜。(《贤愚经》卷六)

(14)阿泪咤见之，心用欢喜，即为敷床，请令入坐，索其自分稗子之糜，躬手自持，施辟支佛。(《贤愚经》卷一二)

此四例中，例(11)—(13)"甚用、倍用、深用"与心理动词搭配；而例(14)则是反应主体"心"与"用"连用，再与心理动词搭配，"用"表原因显而易见。四例的共同点在于，均为某人见到某事，心理产生相应反应，所见之事为引起心理反应的原因。我们很难相信例(14)中"用"引介原因，而例(11)—(13)则为副词后缀。②

《贤愚经》中用于表心理变化而以名词或代词置于"用"前作主语的用例还有一些，如：

(15)我行乞食，若疾得者，诵经即足，若乞迟得，诵便不充，若不得经，便被切责。以是事故，我用愁耳。(《贤愚经》卷一〇)

(16)尔时猎师，担皮到国，奉上于王。王见欢喜，奇之未有，善其细软，常用敷卧，心乃安隐，情用快乐。(《贤愚经》卷三)

(17)作此愿已，三千国土，六反震动，诸天宫殿，动摇不宁，各用惊愕，推寻其相。(《贤愚经》卷三)

其他佛典亦有相似用例，如：

(18)我等今日，逮闻斯音，怪之愕然，得未曾有，由是之故，心用悲喜。(西晋竺法护译《正法华经》卷三)

---

① 王文所举例(3)(4)(12)(14)(25)亦为"闻"与"副词+用"的搭配，其中例(12)即本文例(6)，例(25)即本文例(5)，这些用例均表听到某事心理产生相应反应。

② 王文所举例(13)(21)亦为"见"与"副词+用"的搭配，其中例(21)即本文例(12)。

(19)不宾之臣,欲距大邦,雄猛将士,奋武克捷,莫不稽颡。王用欢悦,断功定赏,封城食邑。(《正法华经》卷七)

(20)由我意短,初来之时,以无所得,情用怅然。(后秦鸠摩罗什译《大庄严论经》卷一五)

佛典中还有如下用例:

(21)儿闻是语,用自安隐,请诸沙门及婆罗门,数数向家而供养之。(三国吴支谦译《撰集百缘经》卷五)

(22)世界之中,何有罗汉?王信空语,用自苦恼。(北魏吉迦夜共昙曜译《杂宝藏经》卷一〇)

(23)时有一婆罗门,至为贫穷,无有花香供养之调,用自惭耻。(失译《佛说菩萨本行经》卷三)

此三例“自”乃心理动词之主体,“用”置于小句句首,仍作介词,引介心理变化的原因。

(24)于时本土比舍,有人到此国邑,见其女身羸瘦不安,以用愕然。(西晋竺法护译《生经》卷四)

(25)处后宫中婇女之间,以用不甘,还上诸天及兜术宫,不果吾志。(西晋竺法护译《普曜经》卷四)

此二例使用语境亦无变化,“以用”当为同义复合,引介心理变化的原因。中土文献中亦有相似用例:

(26)今省上事,款诚深至,心用慨然,凄怆动容。(《三国志·吴书·孙权传》)

(27)始富中教,兴良废邪。考绩既成,王用兴嗟。(《柳宗元集》卷九《唐故衡州刺史东平吕君诔》)

(28)姑叔之尊,拜于子侄,违背礼典,情用怃然。(北宋王溥《唐会要》卷二六)

(29)惟尔慎不逾节,廉不挠人,吾用嘉之,俾增秩于庠列。(《欧阳修集》卷八一《殿中丞府司录李虞卿可国子博士制》)

(30)卑少恭老，惟物之常。即强弃父，乃理之亡。帝用慨然，尊祀明堂。(《元丰类稿》卷四四《卫尉寺丞致仕金君墓志铭》)

还有这样的用例：

(31)而屡执冲让，辞旨恳诚，申览反覆，省用怃然。(《晋书·魏舒传》)

(32)然乃者以来，犹有饿死衢路，无人收识。良由本部不明，籍贯未实，廪恤不周，以至于此。朕猥居民上，闻用慨然。(《魏书·孝文纪下》)

此二例乃由动词"省""闻"与"用"结合，后加表心理的形容词。主人公的心理反应正是"省""闻"某事之后所引起。

综观以上诸例可以发现："用"在佛典及中土文献中，常作介词并省略宾语，用表因某事的发生而引起某种心理反应；就搭配来看，"用"既可用在副词之后，也可用在名词、代词、动词之后，甚至置于小句句首，或与同义的"以"复合。上举用例及王文所举副词与"用"组合后接心理动词的用例，"用"所引介的对象均很明确，因此我们不能也不必将副词与"用"的组合单独挑出来另作解读。

王文在论述时，特别提到以下这个用例：

(33)婢答大家："今有佛僧在其门外，乞食立住，我持此食，用布施尽。"大家闻已，寻用欢喜。(三国吴支谦译《撰集百缘经》卷八；[35]666；此例为其文例5)

王文指出(2019:670)：

前文例(5)中，"寻用"后修饰的是心理动词"欢喜"，此时已经很难找到"用"介引的宾语，虽然"用"也可以解释作"因此"，但这只是"用"作为介词表原因用法的语义残留，上下文所表达的因果关系并不明显，"用"完全可以理解为无义成分。

其实此例中"大家欢喜"的原因非常明确，婢所说"今有佛僧在其门外，乞食立住，我持此食，用布施尽"即其原因，此例与前举例(3)—(10)"闻""用"搭配的句式相同，大家正是听到婢女所言，才会因之而欢喜。

王文所举"副词＋用"用例中，还有一类后接普通动词，"用"亦为介词，常

引介工具(包括具体及抽象工具)。她认为“用”的虚化源于此,并举以下三例作为虚化的过渡用例(2019:670):

(34)若持自身供养于佛,善男子!汝更不得言我自在,汝以此身已用施佛。(隋阇那崛多译《无所有菩萨经》卷三;[35]670;此例为王文例 50)

(35)彼闻敕令已,莫瞋谪罚我。愚凡以此势,常用自活命。(北凉昙无谶译《大方广三戒经》卷二;[35]670;此例为王文例 51)

(36)一切佛土、诸佛世尊所化人民……则以佛眼皆用明观一切诸法;法藏秘典圣耀所照,则以天耳遥闻诸佛所宣经法。(西晋竺法护译《佛说文殊师利净律经》卷一;[35]670;此例为王文例 52)

王文(2019:670)指出:

这些例句中“用”均存在两种解释:其一,“以此身”“以此势”“以佛眼”中“以”与其后“用”在语义上重复,均为介词,它们的宾语也是相同的,“用”的宾语发生了承前省略;其二,“用”附着于副词,已经虚化不表义了。事实上,这几例中“用”的虚化程度更进了一步,“用”及其宾语都已经完全没有出现的必要了,“用”的存在更多是为了补足其前副词“已”“常”“皆”的双音音步和所在句的句式韵律。

我们认为:“用”的使用的确是为了补足音步和句式韵律,但并不能因为“以”与“用”语义重复,就认为“用”的原有功能就不存在了,佛典中的大量用例说明了这一点:

(37)海神欢喜,即以珍宝,用赠贤者。(《贤愚经》卷一)

(38)汝父在时,我以河水,用与汝父,汝父已终,宜当还我。(《贤愚经》卷八)

(39)今睹萨薄,端正相似,请以此女,用相奉侍。(《贤愚经》卷八)

(40)我得此宝,当用饶益一切群生,以此功德,用求佛道。(《贤愚经》卷八)

此四例同样为“以”“用”搭配,而且“用”在下句中置于句首,显然无法以附着语素来解释。其实“用”的功能十分明确:“用”即相当于句中的“以+宾语”。

虽然这种用法给人语义重复的感觉，但佛典中此种用法实为常态。

(41)广作宾众，庄校其女，方云始欲以女用配。(《贤愚经》卷九)

(42)留待日暮，以衣用覆，担负入城，往趣其舍。(《贤愚经》卷一二)

此二例“以”与“用”处于一句之内，“用”的功能与上举四例并无不同。而从常规语法看，“用”何尝不是多余成分。

(43)今持尔所七宝之头，以用贸易。(《贤愚经》卷六)

(44)即前迎问，作礼恭敬，请令就座，坐七宝床，种种美饍，以用供养。(《贤愚经》卷八)

此二例，“以用”连用，当为同义复合，由此也可看出“用”的原有功能并未丧失。

(45)菩萨怜愍，即以所赍，尽用匃与。(《贤愚经》卷八)

(46)世尊往昔无数劫时，恒为众生采集法药，乃至一偈，以身妻子，而用募求。(《贤愚经》卷一)

(47)若复有人，能以信心，以一掬水，供养于佛，或用施僧，或奉父母。(《贤愚经》卷一)

此三例同样是“以”“用”搭配使用，不同的是，“用”前有副词“尽”、连词“而”“或”，很难想象因为有了“尽”“而”“或”，“用”即变成了不表义的附加成分。

上举用例“用”与“以”同现，可以看作是“用”后接普通动词的特殊用例，而无此限制的用例更加常见，如：

(48)王有大臣，最所敬重，王告臣曰：“神龙从我求索斋法，仰卿得之，当用寄与。”(《贤愚经》卷一)

(49)豪姓又问：“用金何为?”答曰：“欲用饭佛及于圣僧。”(《贤愚经》卷一)

(50)便用斯榛奉贡黄门，黄门纳竟转上夫人。夫人得榛，复用献王。(《贤愚经》卷一)

(51)寻敕取乳，更用重煎，持与夫人，夫人便服。(《贤愚经》卷二)

此四例“用”前分别有助动词“当”“欲”及副词“复”“更”。

(52)我之所为，不求三界受报之乐，所有功德，用求佛道。(《贤愚经》卷一)

(53)是故今身，先得我法，用致解脱。(《贤愚经》卷二)

(54)此诸人等，蒙大王恩，衣食自然，各获安隐，事须伎乐，用自娱乐。(《贤愚经》卷八)

此三例“用”位于小句句首。另有“用”置于动词之后者，如：

(55)即取利刀，自割股肉，持用与鹰，贸此鸽命。(《贤愚经》卷一)

“用”接普通动词表工具或凭借的用例在中土文献中亦极常见，王文已举有多例(如王文例 40—42)，此不另举。

综观此类用例，可以发现：“用”与普通动词连用，省略宾语，用表工具，乃其通常用法；就搭配来看，“用”既可用在副词之后，也可用在连词、助动词、动词之后，抑或置于小句句首，与同义的“以”复合亦不少见。就意义来说，“用”的引介对象十分显明，很容易通过语境补出。如果认为“用”与“以”配合使用显得多余，并得出“用”由此虚化的结论，其他无“以”配合的用例亦何尝不是如此？如果认为置于副词之后的“用”为词缀，那些用法相同不在副词之后的“用”又该如何解读呢？①

王文在论述时，特别提到以下这个用例：

(56)即卖舍宅，得六十万金钱，**寻用**即买牛头栴檀。(三国吴支谦译《撰集百缘经》卷三；[35]666；此例为王文例 10)

王文指出(2019:670—671)：

前文例(10)中，“用”与动词“买”之间出现了时间副词“即”，如果认为

① 王文所举附加式用例中，例(9)(10)(11)(15)(30)均为“副词+用”后接普通动词，仔细体会，这些用例与本文例(34)至(55)并无差别，均用于引介工具。

此处“用”是介词，其后虽然也可以分析出一个介词宾语的空位，并根据前文补出“买”的工具为“金钱”，但在句法上是不合理的，“寻”“即”均为表时间的副词，在句中做状语，前者义为“不久”，后者义为“即、便”，不可能再在两者间插入表示工具的介宾短语做状语，也就是“用[]”要么不出现，要么出现在“寻即”之后。可以断定，此例中的“用”已经虚化为副词“寻”后的无义成分。

正如王文所说，此句中“用”之后分析出一个宾语是很容易的，换句话说，从意义上讲，“用”看作介词全无问题。至于句法上的问题，我们认为，佛典中很多语句实在不能以通常句法加以分析，如上文所举例(41)(42)“以”与“用”的搭配，中土文献根本不会如此使用，但在佛典中却很常见。事实上如果依王文分析，“寻用”看作附加式，义同“寻”，而后又跟一个单音的同义词“即”，这样的句式又何尝多见。

王文所举另有一例，“用”的宾语似难找到：

(57)天禧四年，驸马李(遵勗)委曲奏请师号真宗特赐法智大师。至天圣五年冬，卧疾，虽**粗用**医治，而不替说法。(南宋宗晓编《四明尊者教行录》卷七；[35]668；此例为王文例26)

王文举此例作为附加式合成词“粗用”的用例。其实句中“用”乃使用义，“医”为名词，佛典中“用医”组合常用，如：

(58)良医者，余医但用药治病，不能**用医**治病。今具此二，故名良。(隋吉藏《法华统略》卷三)

(59)师当结制，稍觉微恙，乃诣辞郡县，还寺杜门绝客。众请**用医**，令厚赆谢去之。(南宋志磐撰《佛祖统纪》卷一五)

还有一例比较特殊：

(60)夷陵县渔人于网中得经一卷，是《泥洹四法品》，末题云：“宋元徽二年，王宝胜敬造奉光宅寺法云法师。”以事勘校，时云年始十岁，名未远布，寺无光宅。而此品正则初云弘法，次断鱼肉。验今意行，**颇用**相符。(唐道宣《续高僧传》卷五；[35]667；此例为王文例17。考虑到文义完整，我们在引用时作了调整。)

此例“用”显然未引介原因及工具,似乎是纯粹的无义成分。不过“用”还有一种解释:用同“以”,“与、同”义,“颇用相符”即今之意行颇与《泥洹四法品》所记相符。“以”的这种用法上古即有,《仪礼·乡射礼》:“主人以宾揖,先入。”郑玄注:“以,犹与也。”中近古亦有用例,《太平广记》卷九:“(烈)少时本太学书生,学无不览,常以人谈论五经百家之言,无不该博。”今之字书虽未收“用”的这种用法,但考虑到“用”与“以”在诸多义项上通用,“用”表“与、同”义也是完全合理的事①。

基于上述分析,我们认为:如果将“副词+用”组合中的“用”挑出来另作分析,定性为后缀成分,“用”应当丧失原有引介原因或工具的功能,“用”的宾语应当无法在语境中找出,而且这样的用例还需要有一定的数量。这可以作为判断“用”是否虚化的标准②。但从我们的调查看,符合上述要求的“副词+用”的用例几未见到,故我们认为组合中“用”的性质及功能并未改变,它仍然为省去宾语、用以引介原因或工具的介词。

二、从“程度副词+用”组合的使用特色看“用”的性质

从上文的分析可以看出,“用”虽然似显多余,但其作为介词的语法功能并未改变,也就是说“副词+用”应当是两个词,而非王文所认为的一个词。为了更清楚地弄清其性质,我们利用汉籍检索系统(四)全面考察了上古至宋代王文所举程度副词与“用”组合的相关用例,这些程度副词包括“颇”“倍”“益”“弥”“更”“甚”“大”“深”“良”“极”“差”“粗”等12个(本节以“X”代表这些程度副词)。这样做主要有三点考虑:第一,王文认为程度副词与“用”的组合虚化程度最高,属真正的附加式合成词,考察此类组合更有说服力;第二,汉籍检索系统(四)以中土文献为主,而王文及本文第一部分的考察主要取材于佛典,这样做可使考察更加全面、更加客观;第三,据王文研究,“用”的词缀用法在隋唐已走向衰微,我们将考察对象的时间向后延伸到宋,这样更加稳妥。

---

① 即便此例“用”为无义成分,也不能得出其为词缀的结论,因为这样的用例实在太少。

② 王文反复提及“用”的意义虚化,但却未提出明确的区分标准,似乎更多地凭借语感,以至于读者很难确定她所举的用例哪些是附加式,哪些不是。

我们的考察主要着眼于以下几个方面：1）统计这些组合的用量；2）这些组合的后加成分的构成及性质；3）这些组合所出现文句的句式特点；4）这些组合用例中能否找到“用”所介引的对象。考察结果见下表（此表所统计用例数量排除了不同典籍中所出现的重复用例）：

“X用”组合		颇用	倍用	益用	弥用	更用	甚用	大用	深用	良用	极用	差用	粗用
“X用”组合用例数量		6	4	30	15	2	11	4	86	122	2	0	0
“X用”后加成分	心理动词，“怃然”“慨然”等形容词，一般动词	5	4	29	15	2	11	3	86	122	2	0	0
	普通形容词	1	0	1	0	0	0	1	0	0	0	0	0
“X用”与后加成分组成四字结构的数量		5	4	29	15	2	11	4	82	122	2	0	0
“用”的宾语不明晰数量		1	0	0	0	0	0	0	0	0	0	0	0

从考察的结果看，以下三点值得注意：

第一，“X用”后接普通形容词的用例非常少。

“X用”的后接成分以心理动词为主，也有少量一般动词（包括动词词组），同时还有一些以“然”为词尾的形容词及个别叠音式形容词，如“怃然”“慨然”“恻然”“愍然”“欣然”“耿然”“恤然”“惕然”“悯然”“矗然”“惘然”“怆然”“怛然”“依然”“依依”等，这类形容词在句中均表心理，因此可归入心理动词。而普通形容词仅3例：

（61）其日，便得胸腹痛切，妨损饮食，**大用**羸露。攻治万端，不为愈。（东汉应劭《风俗通义》卷九）

（62）每入官舍，辄更缮修馆宇，移穿改筑，故犯妖禁，而家人爵禄，**益用**丰炽。（《后汉书·郭镇传》）

此二例“羸露”“丰炽”乃普通形容词，“大用羸露”指因为胸腹痛切，妨损饮食，而变得非常瘦弱。“益用丰炽”指因前面的行为爵禄反而更加丰厚旺盛。值得注意的是，“羸露”和“丰炽”在句中不是对主语的简单描写，而是强调由于某种原因导致情状的改变。①

(63)小则综核之权，见侵于下辈；大则枢机之重，旁挠于薄徒。尚念因而化之，亦冀去其尤者。而宰臣惧其浸染，未克澄清。备引祖宗之书，愿垂劝诫之诏，遂伸告谕，颇用殷勤。各当自省厥躬，与我同底于道。(《旧唐书·钱徽传》)

此例乃唐穆宗所下诏书，“殷勤”为形容词，诚恳义，初看似乎“殷勤”无因可寻，然而以下用例告诉我们君王诚恳发诏也是有原因的：

(64)今日已前，既往不咎。今日已后，有犯必绳。朕不食言，尔无荒怠。所以勤勤恳恳，预戒凡百，盖以罚止罚，可不慎哉。(《唐大诏令集》卷一一〇《诫励官寮制》)

(65)朕知朔方将士忠顺，惜朔方将士功名，所以慇懃再三，视远如迩。斯言必信，无自弃焉。(《唐大诏令集》卷一二一《宥李怀光示谕河中将士诏》)

上举唐穆宗“发诏告谕”之所以“殷勤”，是因为他“尚念因而化之，亦冀去其尤者”并“愿垂劝诫”。

我们知道，程度副词修饰形容词作状语乃其常用功能，“颇、倍、益、弥、更、甚、大、深、良、极”等修饰单音节或双音节形容词的用例均很常见，如果“X用”是与“X”相当的程度副词，它们理应能够自如地修饰形容词，可是文献用例却并非如此。是什么原因导致“X用”很少修饰普通形容词呢？我们认为正是因为“X用”并非程度副词，而是程度副词与介词“用”的组合：“X用”句式常表由于某种原因而引起某种反应，也正因此，上举“忼然”“慨然”等形容词与“X用”连用，即表某种心理的出现；而“羸露”“丰炽”等普通形容词则表由于某种原因

① 佛典中亦有一个用例：“于彼法中，有诸比丘，夏坐三月，在于山林，坐禅行道，乞食处远，妨废行道，甚用疲劳。”(三国吴支谦译《撰集百缘经》卷九；此例即王文第2例)，其用法与上举二例相似，“疲劳”的原因乃“坐禅行道，乞食处远”。

而变得“羸露”“丰炽”。一般形容词受程度副词修饰通常只是单纯的描写某种性质,如“颇高”只是客观描述甚高,而不包含由于某种原因而变高,也正因此,普通形容词一般不用于此类句式中。另外,我们还发现了一个反向现象:汉籍检索系统(四)中上古至宋共有 282 个“怃然”用例,其中“X 用怃然”共 45 例,但“怃然”受上举程度副词修饰者仅“更怃然”1 个用例,这无疑从另一个角度说明“X”与“X 用”的区别(“怃然”用例统计未排除重复者)。

第二,“X 用”与后加成分均构成四字结构,且句法结构单一。

“X 用”用例中,“X 用”的后加成分以双音节动词(或动词词组)为主,构成四字结构;亦有单音节者,但通常会后附语气词,并构成四字结构,如“深用嘉焉”“甚用悯焉”“良用恧焉”“良用愧焉”等,唯一例外的是以下这个用例:

(66)吾监抚之暇,事隙之辰,颇用谭笑娱情,琴樽间作,雅篇艳什,迭互锋起。(《陈书·文学传·陆瑜》;[35]673;此例乃王文 53 例)

王文将此例作为中土文献中附加式副词“颇用”的用例,我们认为理解有误:句中“谭笑”当为介词“用”的宾语,“用谭笑”充当“娱情”的状语,用表方式,以下用例可为佐证:

(67)驰骋足用荡思,游猎可以娱情。(三国魏曹植《七启》)

(68)从明后而嬉游兮,登层台以娱情。(《三国志·魏书·陈思王植传》裴注引阴澹《魏纪》)

(69)览时兴而自得,聊飞辔而娱情。(南朝梁萧纲《临秋赋》)

(70)悲去乡而远客,寄览物而娱情。(《梁书·张缵传》)

上举用例中,“游猎”“登层台”“飞辔”“览物”等动词或动词组合均为“娱情”的手段,“谭笑”用法亦同。

排除此例后,我们发现,“X 用”组合与后附成分均构成四字结构,它们一般独立为一小句,仅有少数几例“X 用”前有主语、状语,如“下情益用悚息”“自今深用为诫”①。不仅如此,这些四字结构的句法结构也十分单一,均为“X 用

---

① 不仅是程度副词与“用”的组合,其他词与“用”的组合亦大多用于四字结构,中土文献如此,佛典亦如此,仅有极少数例外。

+谓语”。“X用”使用上的这个特点值得重视：如果“X用”是与“X”相当的附加式程度副词，当不会有如此限制，我们尚未见到哪一类副词（不是一个）仅局限于特定字数的句式中使用，且句法结构如此单一。换句话说，“X用”组合在使用上仅局限于特定句式、特定结构，应当不具有词的性质。

那么如何解释“X用”组合基本限于四字结构呢？我们认为：通常情况下，为了表义的准确与明晰，“用”及其后的宾语应当共现；有些时候，由于原因或工具在语境中甚明，“用”及其后的宾语可同时省略。而在佛经等一些对文句字数有特别要求的文体中，为了构成四字结构，将“用”保留，而省掉其后的宾语，正好满足了文义及句式的双重要求（“X”通常由单音节构成，与“用”搭配正好构成一个音步，符合汉语四字句的韵律）。普通的散文体文献对文句的字数无特别要求，故而少用此类句式，而一些诏令、表奏、书信、墓志等模仿《诗经》雅颂四言体的文献，对字数要求比较严格，故多仿用此类句式。从我们的调查看，“X用”结构自唐代起基本限于诏令、表奏等文体中，而很少用于普通散文，正是出于对这种句式的模仿套用，而非词语“X用”的自由使用。

第三，“用”的引介对象在文例中一般均较明晰。

从我们的调查看，除了上举例(63)“颇用殷勤”引介原因不够明确外，其他用例“用”所引介的对象在语境中均可以很容易找到。依据第一部分所提判定“用”是否义虚的标准，“用”在这些组合中并未虚化，其介词功能并未消失，因而“X用”并未真正成词。

三、与“用”用法相当的“以”的使用

“以”与“用”音近义通，多可通用，上举“用”的用法，“以”亦有相似用例，如：

(71)又虑将佐等不被委任，**颇以**自疑。(《大唐创业起居注》卷二)

(72)又与吴汉、盖延等书，盛言浮枉状，固求同征。帝不许，**益以**自疑。(《后汉书·彭宠传》)

(73)上党王陈兵见卫，欲叙安危，无识之徒，忽然逆战，前旌未举，即自披猖，惊悼之情，**弥以**伤恻。(《梁书·王僧辩传》)

(74)柔大怒，琮顿首曰：“愚以所市非急，而士大夫方有倒悬之患，故便振赡，不及启报。”柔**更以**奇之。(《三国志·吴书·全琮传》)

(75)吴氏亲戚嫌坚轻狡,将拒焉。坚**甚以**惭恨。(《三国志·吴书·妃嫔传·孙破虏吴夫人》)

(76)随琛在京,以酒色夜宿洛水亭舍,殴击主人,为司州所劾,淹在州狱。琛**大以**惭慨。(《魏书·甄侃传》)

(77)劾不冠带,停帝良久,曾**深以**谴劾。(《晋书·何曾传》)

(78)卿去有日,使人酸然。常谓永为廊庙之宝,而忽为荆楚之珍,**良以**慨恨。(《晋书·殷仲堪传》)

(79)卿竭诚尽力,功效特彰。远览至诚,**极以**嘉赏,勿忧富贵也。(《旧唐书·李靖传》)

(80)妾私心冀其刻肌刻骨,更思孝道,规为稽颡,正其名号。此志不遂,**重以**酸恨。(《晋书·愍怀太子遹传》)

(81)九月三日羲之报:敬伦、遮诸人去晦祥禫,**情以**酸割。念卿伤切,诸人岂可堪处?奈何奈何!(东晋王羲之《杂帖》)

(82)征北表如此,**省以**慨然,诞及妻女,并可以庶人礼葬,并置守卫。(《宋书·竟陵王诞传》)

佛典中亦有用例:

(83)宝恃己诵博,**颇以**自矜。(唐释道世撰《法苑珠林》卷一八)

(84)珠师涕泣,心生悔恨,又以王珠,**益以**苦恼。(后秦鸠摩罗什译《大庄严论经》卷一一)

(85)王闻此语,**甚以**不喜,忧愁不乐,默然不对。(南朝宋求那跋陀罗译《杂阿含经》卷二三)

(86)此岁夏出《阿毘昙》,冬出此经,一年之中,具二藏也,**深以**自幸。(南朝梁释僧佑《出三藏记集》卷九)

(87)梵志受教,即投水中,还至佛所,或惊或疑,踊跃悲喜。于时世尊,**寻以**欣笑。(西晋竺法护译《生经》卷五)

(88)去月法识道人至,闻君欲还本国,**情以**怅然。(南朝梁释慧皎《高僧传》卷六)

此类"以"亦多用于四字结构,但用例要少于"用",主要原因在于,"以"更多应用于普通散文，表原因或工具、凭借时，其后宾语多不省略①。另外，“以”的此类用法在隋唐之后即很少出现，而“用”在诏令、表奏等文体中却常常使用。

另外，还有一点需要特别注意：“以”的虚词用法相对“用”来说更加多样，用例更多，特别是上古时期即常用作连词，且功能多样，因而意义更虚，其与个案语素在使用中进而成词的可能性更大，如王文提到的“难以”（“难用”乃属同义替换），在上古即大量使用，且很少带宾语，诸多用例宾语亦很难补出，故而成词②。而就本文所论“副词＋以”与“副词＋用”来说，其出现是为了满足文句字数及韵律的需要，在使用范围、使用句式上均有很大限制，用量亦比较少，且在隋唐之后即很少使用，故而成词条件明显不足。

“副词＋用”组合用例中，“用”似乎是不表义的词缀成分，但这主要建立在个人语感基础上：一方面，“用”所省略的宾语常在前文语境中出现，因而“用”在语义上显得多余；另一方面，古今语言差异，特别是对译的不顺增强了这种感觉：古代汉语中，程度副词常置于介词“用”之前；而现代汉语中，表原因的成分则常置于程度副词之后，如“甚用不乐”，只能译作“因之很不高兴”，不能译作“很因为它不高兴”。王文认为“程度副词＋用”虚化程度最高当与古今用法差异相关。然而通过综合考察译经及中土文献中的相关用例，可以看到：“用”可用于名词、代词、动词之后，或小句之首，或与“以”同义复合，引介原因或工具，并省略引介对象；而位于副词之后的“用”的用法并无根本不同，其所引介的对象同样存在，因此，不必也不能将副词之后的“用”单独挑出另作解读。另外，“程度副词＋用”组合在语法功能、使用语境等方面存在着诸多限制，与普通程度副词有着较大不同，这表明“程度副词＋用”并不具有词的特征，将其定性为附加式合成词，实属误解。

① 单看上举“程度副词＋以”组合，似乎亦可当作词，但如果调查同期文献用例，即可发现，“以”后带宾语的用例远多于不带宾语的用例，如“颇以”，仅少数用例出于格律的要求，而省略“以”后的宾语。

② 张谊生先生（2015）提到的“无以”亦如此，上古文献中“无以”后即很少带宾语，且大量使用，其后宾语很难补出。

于

《诗经》中有很多用于动词前的“于”，王力(2001:469)、周法高(1962:248)将其定性为词头或动词的前附加语，张归璧(1984)亦将其中用法较虚的定性为动词词头，蒋宗许先生(2009:102—104)认为归为前缀比较合理。以下我们结合古注，分析蒋先生所举部分用例：

于归

(1)之子**于归**，宜其室家。(《周南·桃夭》;[1]102)

毛亨传：“之子，嫁子也，于，往也。宜，以有室家，无逾时者。”蒋文另举一例清代用例，可看作典故词：

(2)他日**于归**，不知嫁着甚么男子，好生愁闷。(清李渔《蜃中楼》第六出;[1]102)

于飞

(3)黄鸟**于飞**，集于灌木。(《周南·葛覃》;[1]102)

孔颖达疏：“黄鸟往飞，集于丛木之上。”

于役

(4)君子**于役**，不知其期。(《王风·君子于役》;[1]102)

郑玄笺：“君子于往行役，我不知其反期，何时当来至哉，思之甚。”

(5)**于役**未云淹，时迁变溽暑。(南朝宋刘义恭《彭城戏马台集》;[1]102)

此“于役”用法同《诗经》。

于貉

(6)一之日**于貉**，取彼狐狸。(《豳风·七月》;[1]102)

郑玄笺：“于貉，往搏貉以自为裘也。”

于耜

(7)三之日于耜，四之日举趾。(《豳风·七月》;[1]102)

毛亨传:"于耜，始修耒耜也。"孔颖达疏:"三之日于是始修耒耜，四之日悉皆举足而耕。"

于茅

(8)昼尔于茅，宵尔索绹。(《豳风·七月》;[1]102)

郑玄笺:"女当昼日往取茅归，夜作绞索，以待时用。"

于差

(9)谷旦于差，南方之原。(《陈风·东门之枌》;[1]102)

郑玄笺:"于，曰;差，择也。朝日善明曰相择矣，以南方原氏之女，可以为上处。"

于襄

(10)赫赫南仲，玁狁于襄。(《小雅·出车》;[1]102)

孔颖达疏:"天子命我城筑军垒于朔方之地，欲令赫赫显盛之南仲，从此征玁狁，于是而平除之，能为戍役所美，所以可嘉也。"

于摧

(11)胡不相畏?先祖于摧。(《大雅·云汉》;[1]102)

郑玄笺:"摧当作嗺，嗺，嗟也，天将遂旱，饿杀我与?先祖何不助我恐惧，使天雨也?先祖之神于嗟乎!告困之辞。"

于迈

(12)之子于迈，夙夜京畿。王事多难，仲焉徘徊。(西晋陆云《赠顾彦先》;[1]102)

按:"于迈"组合，《诗经·大雅·棫朴》有例:"周王于迈，六师及之。"郑玄笺:"于，往;迈，行;及，与也。周王往行，谓出兵征伐也。"上举陆云例与此义同。

于征

(13)鸿雁<u>于征</u>,草木黄落。(东晋陶渊明《自祭文》;[1]102)

按:《诗经》中有多处“于征”用例,如《鲁诵·泮水》:“桓桓于征,狄彼东南。”孔颖达疏:“又桓桓然有威武之容,其往征也,远服彼东南淮夷之国。”

蒋先生(2009:103)认为:

> 在《诗经》中,它(“于”)有时与一个单音动词组合成双音词,如我们以上所举的例子。对于这类“于”字,历来解释纷如,从毛亨、郑玄、孔颖达、朱熹到清代的陈奂等,往往是随文释义,或实或虚,诸如“往、曰、如、於”皆为他们的训释语,其间有时又不作解释。总之,显得无规律可循。

他同时认为,王引之《经传释词》将见于经传中的“于”解作“曰”“聿”,无论从研究方法还是结论的科学准确都非前人可比。在分析了杨树达、王力、周法高、张归璧等先生的看法后,蒋先生(2009:104)提出了他的看法:

> 以上列举的“于”字归为前缀是比较合理的。“于”作前缀,和“曰”“聿”“爰”等大体无别,都作动词前缀,稍有不同的是,“于”作前缀的构词能力不如“聿”“爰”,后代文献中的用例大多是袭用《诗经》,如用“于征”“于归”“于飞”“于役”之类,构词上并未广泛推衍开来。如果要追寻其原因,或许一是因为这类“于”字从来解释各异,后人在抉择时有所顾忌,二是因为“于”在语言中作介词的使用频率极高,容易产生混淆,于是人们选用词缀特征更为明确的“聿”“爰”而不用“于”。

近些年有关《诗经》中“于”的讨论仍很常见,有学者将它们看作衬音助词,有学者将它们看作实义动词。如段茂升(2005:98—100)将“于耜、于貉、于茅”等组合中的“于”释为往,并引用了甲骨文、金文、《尚书》等文例加以证实。陈年高(2009:27—32)将《诗经》中的“于”分三类:“于”字后为单音节动词,不带宾语;“于”字后为一个单音节动词,带宾语;“于”字后为两个单音动词,不带宾语。认为三类“于”都可解作往,并引用了甲骨文、金文中的一些例证,证实“于”解作“往”是有根据的,毛亨、郑玄的注释并非臆测。

对于《诗经》中的这类“于”看法多样,意见不一。而综合各家看法,我们认为对于“于”的定性应当分别对待：

《诗经》中的“于”定性为前缀似有不当：首先，“于＋动词”结构并非结合紧密的整体，它们并非为词。第二，《诗经》时代单音词占优势，出现如此多的附加式合成词难以解释。第三，这种结构主要出现在《诗经》中，《诗经》对句子的字数有特别的要求。综合以上几点，我们认为这些“于”更可能用以足句，而非构词。另外，毛传及郑笺亦不能忽视，他们的注释并非无根据。

至于后代“于～”的使用，亦当区别对待：有些用法与《诗经》一样，“于～”类结构及整个句式都是对《诗经》的模仿，对这类结构的定性，需要与《诗经》区别对待，因为它们是在毛亨、郑玄这些注释大家的注释基础上的运用，由于这些注释对后代文人的影响特别大，而且在这期间未有其他不同的注释，所以应当参照毛亨、郑玄的注理解“于～”中的“于”。还有一些进入口语中的“于～”，如“于归”等，是作为一个整体来使用的，或者说，它们已经具有词的性质，如上举清李渔《蜃中楼》第六出中的“于归”，这类词当看作典故词，不应当分开分析。

聿（遹）

王力先生(2003:298)将与动词连用意义较虚的“聿”定性为动词的前加成分，亦即词头，蒋宗许先生(2009:98—100)称其为动词前缀，并举有诸多用例，其中既有上古《诗经》、《尚书》中的用例，如：

(1)无念尔祖，**聿修**厥德。(《大雅·文王》;[1]98)

(2)昭事上帝，**聿怀**多福。(《大雅·大明》;[1]98)

(3)爰及姜女，**聿来**胥宇。(《大雅·绵》;[1]98)

(4)**聿求**元圣，与之戮力。(《书·汤诰》;[1]98)

亦有中古及近代的用例，如：

(5)肇振凤翼，羽仪上京。**聿作**喉舌，纳言紫庭。(西晋傅咸《赠褚武良》;[1]98)

(6)乃考旧章，**聿思**报本。(北宋欧阳修《谢南郊加食邑五百户表》;[1]98)

(7)聿念皇考，作配天地。德超乎百王，功垂乎万世。（明梁潜《余怀百门山水》；[1]99）

我们不赞同上述处理方式，以下就两个问题展开讨论：第一，《诗经》及《尚书》中的“聿”能否看作词缀；第二，中古汉语中的“聿”使用上有什么特点，其性质该如何界定。

一、《诗经》及《尚书》中的“聿”的性质

《诗经》中有10个“聿”的用例，《尚书》中有1个用例，其中六例为“聿”与动词的组合，除上举四例外，尚有：

(8)神具醉止，皇尸载起。鼓钟送尸，神保聿归。（《小雅·楚茨》）

(9)洒扫穹室，我征聿至。（《豳风·东山》）

另外五例的搭配有点不同，其中四例为“岁聿～～”，此举其二：

(10)曷云其还，岁聿云莫。（《小雅·小明》）

(11)蟋蟀在堂，岁聿其莫。（《唐风·蟋蟀》）

另一例为“亦聿～～”的搭配：

(12)借曰未知，亦聿既耄。（《大雅·抑》）

有关“聿”的性质，汉代毛亨、郑玄、孔安国已有注释，或注为“述”，如“聿修厥德”毛传，“聿怀多福”郑笺；或注为“遂”，如“聿求元圣”孔安国传，“蟋蟀在堂，岁聿其莫”毛传；或训为“自”，如“聿来胥宇”郑笺。

这些看法长期以来占据主流，被中古注家所继承，虽然间或有些许分歧，如杜预注“聿怀多福”中的“聿”为“惟”，朱熹释“聿修厥德”中的“聿”为发语辞，但未能改变总体趋势。

清代学者王引之《经传释词》卷二引有诸多材料，指出毛传、郑笺之误，证明“聿”“曰”“遹”“爰”为语辞，这个观点为现代众多学者所接受，而王力、蒋宗许等先生更是在此基础上将其定性为词头或前缀。

我们认为将《诗经》《尚书》中的“聿”定性为语辞没有问题，但将其定性为前缀则可商榷，理由如下：

第一,“聿”在《诗经》中既可用于动词前,又可用于名词及副词之后,均无实义。确定“聿”的性质不能忽视“岁聿”“亦聿”组合。如果认定位于动词前的“聿”为动词前缀,那么这两类组合中的“聿”该如何定性呢?如果认为这两个组合中的“聿”为凑足音节的不表义的语辞,那么有什么理由认为动词前的“聿”就不是这种性质呢?

第二,“聿”作为无实义的成分,用于《诗经》这类四言韵文中,其主要功能是凑足音节。这一点,蒋宗许先生亦有论及。问题是,它是用于凑足双音组合,从而构成双音词,还是用来凑足四音节,满足构句需要。我们认为后者显然更加合理,因为就上古汉语来说,双音节词并非主流,似乎没有必要为了构成双音词而特意找一个无意义的附加成分。另外,从《诗经》所用句式可以看到,为了凑足四音节,其甚至会将一个双音词拆开,同时添加无意义的语辞,因此我们认为,“聿”与它前面或后面的成分并未构成双音词,它们只是同处一个音步用以足句而已。

二、中古时期的“聿”

中古时期“聿”的用法基本是对《诗经》用法的继承或拓展,主要表现为以下几个方面:

第一,“聿”基本限于韵文中使用,尤以四言韵文最多。

第二,有很多用例直接使用《诗经》原句,或套用《诗经》句式,如:

(13)何子崇道与德,而遗贵与富之甚哉!日月逝矣,**岁聿其暮**。(西晋陆云《牛责季友》)

(14)方今玄冥在节,**岁聿云遒**。(唐释道宣《广弘明集》卷二八)

(15)言兜离兮状窈停,**岁聿暮**兮时迈征。(东汉蔡琰《悲愤诗》)

(16)**年岁**俄其**聿暮**,明星烂而将清。(西晋陆机《思亲赋》)

(17)**岁聿**忽其**云暮**,庭草飒以萎黄。(南朝梁陆倕《思田赋》)

(18)岂不有阳春,**节岁聿**其周。(唐韩愈《苦寒歌》)

此数例是对“岁聿云莫”“岁聿其莫”“岁聿其逝”句式的沿用及套用。

(19)又拜太常,典司三礼,敬恭禋祀,神明嘉歆,永世丰年,**聿怀多福**。(东汉蔡邕《胡公碑》)

(20)锡兹繁祉,**聿怀多福**。(《宋书·乐志二》)

此二例是对"聿怀多福"句式的沿用及套用。

(21)**聿修厥德**,令终有俶。(西晋傅咸《毛诗诗》)

(22)无念尔本,**聿修厥淳**。(西晋陆云《逸民箴》)

(23)法师**聿修厥绪**,劝助众功,基业田园,多所创置。(隋江总《摄山栖霞寺碑》)

此三例是对"聿修厥德"句式的沿用。

(24)**聿来胥宇**,灵寺奚立。(南朝宋谢灵运《庐山慧远法师诔》)

此例是对"聿来胥宇"句式的沿用。

第三,使用《诗经》中的既有组合。如:

岁聿

(25)嗟**岁聿**,逝不还。(南朝宋何承天《上陵者篇》)

(26)**岁聿**皆采获,冬晚惧严枯。(唐释道世《法苑珠林》卷二七)

聿修

(27)咨尔末徒,**聿修**欢故。(东汉刘桢《处士国文甫碑》)

(28)于穆母氏,其德孔休。思齐先始,百行**聿修**。(东汉蔡邕《司徒袁公夫人马氏碑》)

聿怀

(29)盖用昭明寅畏,承**聿怀**之福。亦以宠灵文武,贻燕后昆,覆以懿铄,岂其为身而有颛辞也?(东汉班固《典引》)

(30)袭彼遗直,兴言有谟。**聿怀**来忠,王室之故。(西晋陆云《张二侯颂》)

(31)是以上帝**聿怀**,名山望幸。(唐蒋钦绪《再请封禅表》)

聿来

(32)靡喘息而不经,俄**聿来**而忘宇。(东晋王该《日烛》)

(33)前朝城内,先有禁断,自**聿来**迁邺,率由旧章。(《魏书·释老志》)

第四,“聿”的拓展使用。

中古文献中还有其他一些“聿”的用例,多位于动词前,如:

(34)**聿奉**休踪,式扬清烈。令问缉熙,徽风昭晰。(北魏《元天穆墓志》)

(35)积德**聿辉**,千载弥盛。(北齐《库狄回洛妾尉孃孃墓志》)

(36)自正光之末,艰虞互起,戍卒跋扈,摇荡疆塞。我求操斧,**聿总**元戎。(北魏《元彧墓志》)

(37)允文允武,克明克睿。**聿尚**登学,严道尊师。(南朝梁江淹《齐太祖高皇帝诔》)

(38)**聿始**十余,身离艰苦,晨号夕踊,柴毁骨立。(北齐朱敬范《朱岱林墓志铭》)

(39)龙德在田,**聿恭**兹祀。阴化代终,王风攸始。(南朝梁张缵《丁贵嫔哀策文》)

(40)**聿造**应真,规摹踊现。(南朝梁宗士标《孝敬寺刹下铭》)

(41)朕**聿含**五光,奄一天下,思尽宝戒之规。(《宋书·孝武帝纪》)

(42)**聿宁**东畿,大造黔首。(《宋书·武帝纪中》)

(43)素狐玄玉,**聿彰**符命;朴牛大螾,爰定祥兴。(南朝宋鲍照《河清颂》)

(44)逮于魏晋,莫不**聿稽**往宪,以经纶治道。(《魏书·孝文纪上》)

也有少量其他用例,如:

(45)秦虽慢道,汉**聿**孔修。(东晋庾亮《释奠祭孔子文》)

(46)**聿**兹游客,朋来旅见,辞人才子,辩囿学林,莫不含毫咀思,争高竞敏。(南朝梁王僧孺《太常敬子任府君传》)

由于时代久远,佐证材料有限,将《诗经》及《尚书》中的“聿”看作动词前缀尚有商榷的余地,而将中古及之后的“聿”定性为动词前缀,则于理难通,因为使用者在使用时,主观上已经对“聿”的性质有了较明确的认识,这种认识即源于汉代注释家毛亨、郑玄及孔安国的注。这一点从后代注家释语能够看出：

(47)《大雅》曰："无念尔祖，聿修厥德。"(《汉书·匡衡传》)

颜师古注："《大雅·文王》之诗也。无念，念也。聿，述也。"

(48)受国重恩，不念尔祖，述修厥德。(《后汉书·吕强传》)

李贤注："《诗·大雅》云'无念尔祖，聿修厥德'，聿，述也。"

(49)伊昔周储，聿光往记。(南朝宋颜延年《皇太子释奠会作》)

李善注引孔安国《尚书》传曰："聿，述也。"

(50)聿采毛之英丽兮，有五色之名翚。(《文选·潘岳〈射雉赋〉》)

李善注："聿，述也。述序羽族之中，采饬英丽，莫过翚也。"

(51)伊人感代工，聿来扶兴王。(《文选·谢宣远〈张子房诗〉》)

李善注："《毛诗》曰'聿来胥宇'，孔安国《尚书》传曰：'聿，遂也。'"

(52)奸回肆虐，景皇聿兴。(《文选·西晋陆机〈辩亡论〉》)

李善注引毛苌《诗》传曰："聿，遂也。"

(53)《诗》又云"雨雪瀌瀌，见晛聿消"。(《汉书·刘向传》)

颜师古注："此《小雅·角弓》篇刺幽王好谗佞之诗也。瀌瀌，盛也。见，无云也。晛，日气也。聿，辞也。"

(54)二志靡成，聿劳我心。如彼兼听，则溷于音。(《后汉书·傅毅传》)

李贤注："聿，辞也。溷，乱也。志不专一，徒烦劳于我心。兼听众声则音乱。"

(55)聿经始于洛沫，拢万川乎巴梁。(《文选·郭璞〈江赋〉》)

李善注引薛君《韩诗章句》曰："聿，辞也。"

(56)密勿朝夕,聿同始卒。(《后汉书·傅毅传》)

李贤注:“聿,循也。卒,终也。言朝夕黾勉,终始如一也。”

(57)聿来岁序暄,轻云出东岑。(南朝宋王僧达《答颜延年诗》)

李善注:“《毛诗》曰‘聿来胥宇’,郑玄曰:‘聿,自也。’”

(58)聿中和为庶几兮,颜与冉又不得。(《文选·班固〈幽通赋〉》)

李善注引曹大家曰:“聿,惟也。”

还有一些特殊用例也能体现这一点:

聿遵

(59)窃谓高帝以后,至乎孝宣,其所施行,多合经传,宜比方今事,验之往古,聿遵前典,事无难改,不胜至愿。(《后汉书·梁统传》)

(60)虽则聿遵先绪,弗敢失坠,永言政术,多有缺然。(《北史·隋炀帝本纪》)

文献中有相同用法的“述遵”:

(61)太宗识终始之义,景帝能述遵孝道,遭天下反复,而霸陵独完受其福,岂不美哉!(《后汉书·光武帝纪下》)

聿追

(62)斯所谓聿追来孝,不失臣子之节者。(《后汉书·李固传》)

李贤注:“聿,述也。《诗·大雅》曰‘文王烝哉,遹追来孝’,言文王能述追王季勤孝之行也。”文献中有相同用法的“述追”:

(63)而烝尝止于私门,庙象阙而莫立,百姓巷祭,戎夷野祀,非所以存德念功,述追在昔也。(《宋书·礼志四》)

聿宣

(64)自莅任夏首,美政般流,必能聿宣国化,以庇人瘼。(南朝梁江淹《萧冠军进号征虏诏》)

文献中有相同用法的“述宣”：

（65）所以能述宣阴化，修成内则。（《后汉书·皇后纪论》）

基于上述四点，我们认为这一时期的“聿”亦不当看作词缀。

爰

《诗经》中“爰”用例很多，从毛传及郑笺来看，主要有三种用法：

第一，释作“曰”，如：

（1）止基迺理，爰众爰有。（《大雅·公刘》）

郑玄笺：“爰，曰也。”

（2）爰有寒泉，在浚之下。（《邶风·凯风》）

郑玄笺：“爰，曰也。”

（3）乱离瘼矣，爰其适归。（《小雅·四月》）

郑玄笺：“爰，曰也。今政乱国，将有忧病者矣。曰此祸其所之归乎，言忧病之祸，必自之归于乱。”

第二，释作“于”，如：

（4）爰居爰处，爰丧其马。（《邶风·击鼓》；[1]90）

郑玄笺：“爰，于也。”

（5）爰居爰处，爰笑爰语。（《小雅·斯干》；[1]90）

郑玄笺：“爰，于也。”

（6）其飞戾天，亦集爰止。（《小雅·采芑》）

郑玄笺：“爰，于也。亦集于其所止，喻士卒须命乃行也。”

（7）瞻乌爰止，于谁之屋？（《小雅·正月》）

郑玄笺："视乌集于富人之屋，以言今民亦当求明君而归之。"

第三，以"于是"对译，文中并未单独释"爰"，而是随文释义，这种解释似可归于第二类。

(8)爰始爰谋，爰契我龟。(《大雅·绵》；[1]90)

郑玄笺："故于是始与豳人之从己者谋，谋从，又于是契灼其龟而卜之，卜之则又从矣。"

(9)维彼四国，爰究爰度。(《大雅·皇矣》)

郑玄笺："殷崇之君，其行暴乱，不得于天心，密、阮、徂、共之君，于是又助之谋，言同于恶也。"

(10)赋政于外，四方爰发。(《大雅·烝民》)

郑玄笺："以布政于畿外，天下诸侯于是莫不发应。"

"爰"在后代用例较多，但基本沿用或模仿《诗经》，而自汉至宋，对"爰"的解释基本限于上述三种：

解作"于"者如：《仪礼·士冠礼》"爰字孔嘉"郑玄注；《尚书·咸有一德》"爰革夏正"孔安国传；《尚书·盘庚上》"既爰宅于兹"孔安国传；《楚辞·天问》"浞娶纯狐，眩妻爰谋"王逸注；《楚辞·天问》"天式从横，阳离爰死"王逸注；《左传·文公四年》"爰究爰度"杜预注；《左传·宣公十二年》"爰其适归"杜预注；《后汉书·梁统传》"爰制百姓于刑之衷"李贤注；《三国志·魏书·武帝纪》"绥爰九域"裴松之引郑玄注；东汉班固《灵台诗》"爰考休征"张铣注；西晋左思《魏都赋》"师尹爰止"李周翰注；三国魏潘勖《册魏公九锡文〉》'绥爰九域'吕向注；《孟子·梁惠王下》"爰整其旅"朱熹集注；《诗经·鄘风·定之方中》"爰伐琴瑟"朱熹集传；《诗经·魏风·硕鼠》"爰得我所"朱熹集传；《荀子·赋》"爰有大物"杨倞注。

解作"曰"者如：《汉书·礼乐志》"爰五止，显黄德"颜师古注："爰，曰也，发语辞也。"《汉书·五行志上》"火曰炎上，木曰曲直，金曰从革，土爰稼穑"颜师古注："爰，亦曰也。一说，爰，于也，可于其上稼穑也。"《汉书·司马迁传》"达大王、王季思虑，爰及公刘，以尊后稷也"颜师古注："爰，曰也，发语辞也。一曰，爰，于也。”东晋卢谌《览古》“爰在渑池会，二主克交欢”李善注：“《尔雅》曰：‘爰，曰也。’”

解作“于是”者如：《尚书·无逸》“作其即位，爰知小人之依，能保惠于庶民”孔安国传：“于是知小人之所依。”东汉张衡《思玄赋》“将答赋而不暇兮，爰整驾而亟行”李善引旧注：“爰，于是也。”

现代学者对“爰”的功能亦有分析，有看作词头者，王力先生（2003：297）指出：

> 和名词一样，上古汉语动词也有类似词头的前加成分。最常见的是“爰”、“曰”、“言”三个字。“爰”、“曰”是双声，而且是寒月对转；“爰”、“言”是叠韵，而且同属喉音。它们在语音上有密切的关系。

对词头的理解也存在分歧，蒋宗许先生认为王力先生所说的词头即词缀，他在例举《诗经》中的用例及之后的文献用例后指出（2009：91）：

> 对“爰”、“曰”、“言”语音上的分析，论证它们作同类前缀的共性基础——它们都已失去了词汇意义，不过是作一个配角使其后的单音动词双音化而已。

于建华（2008：72）亦赞同词头说，但对其功能有不同看法，他指出：

> 如果说在骈俪句里用词头主要是为了字数对称，那么在非骈俪句里用词头似乎只是为了组成双音结构。字数对称的最小单位是两两相对，因此可以说，由词头构成的衬字双音结构的语用价值主要是造成双音结构。词头从来不是构词成分，或者说衬字双音结构不是词，象“式微”那样凝固成词的也极少，但是词头至晋代激增应该说从一个侧面折射出汉语词汇双音化的进程在晋代的提速。

还有学者将此类“爰”看作衬音助词或衬字，如张仁立（1999：37—39）、牟玉华（2004：48—51）。

我们认为：将《诗经》中的“爰”看作词缀有欠妥当，正如于建华所说，“词头从来不是构词成分，或者说衬字双音结构不是词”。这一点从文献的使用情况可以知道，由“爰”构成这些双音结构仅见于模仿《诗经》的文献中，普通散文并未见这些组合，这说明它们根本不是词。另外，还有一点必须考虑：毛传、郑笺并非毫无根据，不可一概加以否定。后代模仿使用者，更不应当看作词缀，因为从主观上说，使用者对“爰”的性质已经有了较清晰的认识，即《诗经》毛传及郑笺，故这类用例当依照注家的注释理解。

我们更倾向于将《诗经》中的“爰”看作凑足音节的虚词，即衬音助词，其功能主要是足句。朱广祁先生（1985：93—96）对衬字的功能看法颇有见地，他认为：衬字的作用只是为了凑足字数，或者与单音词组成双音结构。《诗经》多衬字有两个原因：第一，反映了诗歌体裁的特点，民歌中就不乏衬字；第二，《诗经》以四言为主，为了迁就四言，有时不得不用衬字。[此论述为于建华（2008：70）总结。]

曰

王力先生（2003：297）将“曰”看作词头，蒋宗许先生（2009：92）认为“曰”为词缀，并举有《诗经》中的用例，如：

（1）**曰为**改岁，入此室处。（《豳风·七月》；[1]92）

（2）我送舅氏，**曰至**渭阳。（《秦风·渭阳》；[1]92）

（3）**曰归**曰归，岁亦暮止。（《小雅·采薇》；[1]92）

（4）天方艰难，**曰丧**厥国。（《大雅·抑》；[1]92）

他还举了一些后代用例：

（5）揖别黯然情未已，**曰归**难对乐羊妻。（南宋赵公豫《和马先生晓起六叠前韵》；[1]92）

（6）**曰余**作此来，三四星火颓。（东晋陶渊明《丙辰岁八月中于下潠田舍获》；[1]92）

按：《诗经》中的“曰”除个别郑笺解作“于”外，其他无特别注释，盖“曰”乃用其常义，即引起话语的词或辞，亦称发语辞。中古时期的注释亦基本如此，即便有指出与“爰”“聿”的关系，亦指其他词用法与“曰”同。在此认识之下产生的少量组合似不当别作解释，不当看作词缀。

云

“云”做词缀，有多位学者论及，最早提出者当为王云路先生(1999:371)，她在《中古诗歌附加式双音词举例》一文中提出“云”可作副词后缀，并列举了“既云、忽云、岂云、已云、方云、亦云、虽云、未云”等组合用例，这一观点在她的《中古汉语词汇史》(2010:348—349)一书中重新论及。张振羽(2006:121)亦提出“云”可作副词后缀，并举有“已云、岂云、适云、既云”等用例。蒋宗许先生(2009:142—144;230—232)不仅提出“云”可作副词、连词后缀，还提出“云”作前缀的用法，并举有“云谁、云何、云远、云亡、云余、云别、云终、云备、云阕、云尽、云已、云辛”等众多用例。

蒋先生的研究比较细致，不仅提出了众多用例，而且还对词缀的来源及使用情况进行了调查分析。仔细阅读之后，我们发现有关词缀“云”的认识还存在一些问题。

首先，蒋先生所举作前缀的“云”的组合中，“云”后成分及所构成组合的性质存在较大差异，其中有 3 个组合为“云”与代词“谁、何、余”组成，在句中作主语；8 个组合为“云”与动词“乐、亡、别、终、备、阕、尽、已”组合，2 个组合为“云”与形容词“远、辛”的组合，它们在句中作谓语。鉴于形容词与动词性质相近，所构成组合的功能亦相近，“云”与动词、形容词组合可归为一类，但“云”与代词所构成的组合性质迥别，是否应当不加区别的归于一类，值得商榷。

其次，比较蒋文所举作动词、形容词前缀的“云～”组合及诸家所举作副词、连词后缀的“～云”组合用例，我们发现了一个非常特别的现象，请看以下用例：

(1)绵蛮黄鸟，止于丘阿。道之云远，我劳如何。(《小雅·绵蛮》;[1]142)

(2)我行未云远，回顾惨风凉。(东晋陶渊明《杂诗》;[1]230)

上举第一例，蒋文举作前缀的例子，而第二例则举作后缀的例子，但比较之后可以发现，二例中“云”之后均为形容词“远”，且“道之云远”与“行未云远”

在意义上密切相关，那么将前句中的“云”定性为形容词前缀，后句中的“云”定性为副词后缀，依据是什么呢？

(3)天之降罔，维其优矣。人之云亡，心之忧矣。(《大雅·瞻卬》;[1]143)

(4)斯人已云亡，草圣秘难得。(唐杜甫《殿中杨监见示张旭草书图》;[42]121)

第一例蒋文举作前缀的例子，第二例张振羽文举作后缀的例子，不难看出，上举二例不仅“云”之后均为动词“亡”，而且意义、搭配亦基本相同，将两例中的“云”分别定性为前缀、后缀同样存在矛盾。

(5)中原悠悠几千里，欲扫欃枪未云已。(唐孙逖《丹阳行》;[1]143)

(6)庭树日衰飒，风霜未云已。(唐张九龄《登古阳云台》;[1]231)

第一例蒋文举作前缀的例子，第二列举作后缀的例子，然而两例中后三字均为“未云已”，意义也没什么区别，如此处理更是让人难以理解。

(7)云游云豫岂云辛，休助期沾望幸伦。(清乾隆《南巡启跸五叠前韵》;[1]144)

蒋文在谈及前缀、后缀时均举有此例，可能前缀指的是“云游”与“云豫”，后缀指的是“岂云”，但是从句子的结构来看，“云辛”分明是紧承“云游”“云豫”而言，怎么可以将“岂云”看作一个组合呢？

不仅如此，我们还发现，除个别用例外①，各家所举作为副词、连词后缀的用例中，“云”之后均为动词或形容词，蒋文(2009:230—232)所举为：既云披②、岂云望、方云驱、亦云宁、虽云阻、既云殁、虽云乐、岂云乐、已云晚、忽

① 蒋文所举唐曹松《长安春日》诗：“徒云多失意，犹自惜离秦。”此例中“徒云”显为一个音步，但“云”是否为本文所讨论的疑似词缀值得商榷，因为文献中“徒云”用例较多，常表示空说之义。

② 蒋先生及王先生均举有南朝宋谢灵运《酬从弟惠连》例：“心胸既云披，意得咸在斯。”此例中“云披”之“云”或为云彩义，胡刻本《文选》即作“雲”，而且“雲披”在文献中极常见。

云暮、亦云茂、虽云阔、虽云恶、虽云猛、虽云同；王云路先生文(2010:348—349)所举为：既云披、既云及、忽云至、忽云乖、岂云忘、岂云聊、已云殚、方云驱、亦云宁、亦云思、虽云阻、未云远、未云暮；张振羽文(2006:121)所举为：已云亡、岂云缺、适云已、既云还。

“云”可置于动词或形容词前作前缀，而诸家所举作为副词、连词后缀的“云”的用例，“云”后又几无例外的为动词和形容词，使得我们不得不面对这样一个问题：“云”到底是与前面的副词或连词组合，还是与后面的动词或形容词组合。

第三，蒋文(2009:144)在论及前缀“云”时，认为“到了后世，除了直接沿袭《诗》的用法外，似基本上只缀于单音动词之前”，语言事实是否真的如此，需要考察。

以下我们将针对上述问题展开研究。

一、“云”与代词的组合性质及来源

“云”与代词组合基本限于“云胡、云何、云谁”三个，用量及使用范围有所不同：

云胡

主要用于四言韵文中，五言七言少见，基本不用于散文，如：

(8)不有同爱，**云胡**以亲。(东晋陶渊明《答庞参军》)

(9)上帝临我，**云胡**肃邕。(唐贺知章《禅社首乐章·福和》)

(10)**云胡**当此时，缅迈复为客。(唐张九龄《将发还乡示诸弟》)

(11)**云胡**失保障，匈奴忽来兹。(明史鉴《门有车马客行》)

云谁

与“云胡”相近，用量不多，且主要用于四言五言韵文中，基本不用于散文，如：

(12)回江难绝济，**云谁**畅伫立。(南朝齐谢朓《夏始和刘潺陵》)

(13)**云谁**之悲，悲予弱息。(南朝梁萧纲《大同哀辞》)

(14)云谁未及还,对此重兴嗟。(北宋梅尧臣《九月十八日山中见杜鹃花复开》)

(15)煌煌金芝,维山之辉。云谁之瑞,玉崖维祺。(明湛若水《题金芝呈瑞卷有序》)

云何

用量及功能众多,韵文散文并用,汉魏六朝时盛行,唐代之后逐渐衰落①。其例如:

(16)有扈牧竖,云何而逢?(《楚辞·天问》)

(17)召军正问曰:"军法,期而后至者云何?"对曰:"当斩。"(《史记·司马穰苴列传》)

(18)此郡滨近外虏,数有寇害,云何不为剧邪?(三国魏王观《下涿郡教》)

(19)云何其瑞,实钟我皇。(南朝宋鲍照《河清颂》)

(20)云何茂枝叶,省事宽刑书。(唐白居易《东坡种花》)

(21)云何姑孰大江边,望湘潭云尺有咫。(元龚璛《楚云湘水图歌谢张师夔教授》)

(22)恶绩满盈,云何不死?(清西周生《醒世姻缘传》第一〇回)

蒋文还举有"云余"用例:

(23)伊伯庸之末胄兮,谅皇直之屈原。云余肇祖于高阳兮,惟楚怀之婵连。(《楚辞·九叹·逢纷》;[1]143)

从句中对应可知,"云"与"伊"一样,独立性较强,看作发语词较合适,而且"云余"在其他文献中亦未见明确作为一个词而使用者。

"云胡""云谁""云何"均来自《诗经》,"云胡"在《诗经》中共3例,此举其一:

① "云何"一词研究者甚多,如卢烈红(2003)、吴娟(2011)等。

(24)既见君子，云胡不夷？(《郑风·风雨》)

“云谁”亦有3例，均以“云谁之思”的形式出现，此举其一：

(25)云谁之思？西方美人。(《邶风·简兮》;[1]142)

“云何”有6例，如：

(26)我仆痡矣，云何吁矣。(《周南·卷耳》)

(27)既见君子，云何不乐？(《唐风·扬之水》;[1]142)

(28)我不见兮，云何盱矣。(《小雅·都人士》)

“云”本表云彩，假借作语辞，在《诗经》中主要用以凑足音节。从韵律的角度看，“云”与“何”“谁”“胡”同属一个音步，看作一个整体，不影响诗义，因而后世得以继承使用，“云胡”“云谁”这些组合在后代主要用于四言、五言古体韵文，清楚地体现出其与《诗经》的继承关系。与“云胡、云谁”不同的是，“云何”在后代得以推广使用，并发展成为一个常用词，引申出众多功能，详参卢烈红(2003)。

此类组合与“云”后附动词、形容词的组合在功能上差别较大，因而分开处理比较合适。鉴于后世文献仅限于对《诗经》既有的三个组合的继承使用，“云”并未作为附加成分附于同类性质的语素构成其他组合，我们认为“云胡”“云谁”“云何”实为历史组合的继承使用，“云”似不当看作词缀。

二、诸家所举作副词、连词后缀的“云”的组合性质及使用状况

诸家所举充当副词、连词后缀的“云”的用例，“云”后均为动词或形容词，这与蒋文所举位于动词、形容词前的前缀“云”相同，两类“云”确属性质不同的词缀，还是人为将同一成分误分分二，需要考辨。我们的研究结论是：二类“云”实属同类，均与后面的动词、形容词构成一个组合。

文献用例显示：“副词、连词＋云＋动词、形容词”的结构，有很多拥有意义及搭配相同的“非副词、连词＋云＋动词、形容词”的对应形式，前者往往无法确定“云”属前还是属后，而后者则多能确定“云”属后与动词、形容词组合，据此可以推定拥有对应形式的“副词、连词＋云＋动词、形容词”的结构，“云”当后属与动词、形容词组合，并进而推定其他无对应形式的“副词、连词＋云＋动

词、形容词”结构，“云”亦当与动词、形容词组合。以下我们通过具体用例分析说明。

(一)“云”后为动词的用例

“云”后为动词的用例非常多，其中有很多存在“副词、连词＋云＋动词”与“非副词、连词＋云＋动词”的对应用例，如：

云亡

(29)危苗既已窜，妖沴亦云亡。(南朝梁萧詧《建除诗》)

(30)斯人已云亡，草圣秘难得。(唐杜甫《殿中杨监见示张旭草书图》)

(31)相如只谢病，子敬忽云亡。(唐张九龄《故徐州刺史赠吏部侍郎苏公挽歌词》)

此三例“云”前为副词，后为动词“亡”，“云”属前还是属后难以单据语境确定。①

(32)人之云亡，贞节克举。(西晋潘岳《关中诗》)

(33)怜君辞满卧沧洲，一旦云亡万事休。(唐李嘉祐《伤歙州陈二使君》)

(34)洛邑太师奄谢，龙川仆射云亡。(北宋秦观《宁浦书事》)

此三例“云亡”明显同属一个组合。除韵文外，“云亡”在散文中也有很多

① 有学者举“祖葬既云及，圹隧亦已开”“高足未云骋，虚舟空复回”“众类亦云茂，虚心能自持”等特殊文例，通过前后诗句的对应以论证“云”当与副词或连词组合作后缀：这些诗句上下联第三、四字分别由“既云”对“亦已”“未云”对“空复”、“亦云”对“能自”，各句第三字均为副词，而第四字，“云”分别与“已”“复”“自”三个副词词尾对应，似乎由此可以类推“云”亦为副词词尾。其实，这种类推作用实在有限，文例中还有更多这样的对应：“去心虽云迫，前途苦茫昧”“水性自云静，石中本无声”“归屿未云寂，还家应追寻”，这些诗句中“茫昧”“无声”“追寻”很明显当属同一组合，若从对应的角度考虑，“云迫”“云静”“云寂”自然属于同一组合。因此，诗句的对应只能作为辅助判断因素，并不能确定“云”是与它前面的副词、连词组合，而不是与它后面的动词、形容词组合。再有，“已”“复”“自”事实上并非词缀，详参本书相关条目论述。

用例，如：

(35)及两弟云亡，诸侄十有余人，皆禀规勖，有庶生之妹，爱均同产。(南朝梁萧绎《金楼子》卷三)

(36)自嵇、阮云亡，吾便为时之所羁绁。(《晋书·王戎传》)

(37)光狱之成，在庚辰之春，而楚之密索，直至江陵云亡始罢。(明沈德符《野获编》卷十八)

将各"云亡"用例与上举"云"前为副词的用例作一比较，可以发现二者在用法及意义上并无不同，据此可推定"亦云亡""已云亡""忽云亡"等结构中"云亡"亦同属一个组合。与"云亡"意义相同的还有"云殁""云没""云逝"。

云殁、云没

(38)此老已云殁，邻人嗟亦休。(唐杜甫《过故斛斯校书庄》)

(39)仲尼既云殁，余亦浮于海。(唐孟浩然《岁暮海上作》;[1]231)①

(40)文王已云没，谁顾好爵縻。(唐刘叉《答孟东野》)

(41)斯人久云没，感念徒含凄。(明杨基《望南岳》)

上举前三例"云"前为副词，第四例为形容词，但功能与副词相当，"云"后为动词"殁""没"，"云"属前还是属后无法据诗句本身断定。

(42)不幸命奇，未及褒显，遽已云殁。(《续资治通鉴长编》卷三〇一)

(43)身虽云没，书名良史。(《晋书·周处传》)

此二例"云"前虽为副词、连词，但从句式的韵律看，"云"当后属构成"云殁""云没"组合。

(44)周公云殁，王制将衰，穆王因祭祖不豫，询某守位，作《祭公》。(《逸周书·周书序》)

(45)属英王之云没，有介弟以丕承。(《宋大诏令集》卷二三七)

此二例"云殁""云没"毫无疑义同属一个组合。而综合比较可以发现，各

① 此例蒋文将"既云"看作一个组合。

例中“云殁”“云没”的意义及其所处句式、搭配关系并未因“云”前是副词还是其他词类而改变，“云”前为副词、形容词的句例仍当以“云殁”“云没”为一个组合。

云逝

(46)黄绮之商山，伊人亦云逝。(东晋陶渊明《桃花源诗》)

(47)中散已云逝，千载罕见侪。(清张梁《弹琴杂诗》)

(48)哲人云逝，指南谁属。(南朝梁萧绎《庄严寺僧旻法师碑》)

(49)适有人至，致马君之讣曰：“四月六日，小姐夫人云逝。”(辽张峤《马直温妻张馆墓志并序》)

上举四例中后二例“云逝”同属一个组合确定无疑，而第一、二例与后二例无论是搭配还是意义并无不同，由此可见“亦云逝”中“云逝”亦当属于一个组合。

云毕

(50)永赖至于今，畴庸未云毕。(唐萧昕《洛出书》)

(51)盥漱已云毕，危坐正冠衣。(南宋杨万里《感秋》)

以上二例“云”前均为副词，而“云”后为动词“毕”，“云”附于前还是附于后难以确定。

(52)法事云毕，七珍备舍。(隋柳辩《天台国清寺智者禅师碑文》)

(53)请待斫雕成朴，以质代文，刑措之教一行，登封之礼云毕，然后定疆理之制，议山河之赏，未为晚焉。(《旧唐书·李百药传》)

(54)省览云毕，感咽良多。(《宋大诏令集》卷一三八)

此三例“云毕”很明显属一个组合。综合比较各例可以断定，“未云毕”“已云毕”亦当以“云毕”为一个组合。

云殚

(55)岁序已云殚，春心不自安。(南朝梁庾肩吾《岁尽应令》；[2]349)

(56)嘉会不我与，相思岁云殚。(唐独孤及《贾员外处见中书贾舍人

巴陵诗集览之怀旧代书寄赠》)

“岁序已云殚”与“岁云殚”搭配及意义完全相同,“岁云殚”中“云殚”属同一组合当无疑义,据此可推定“已云殚”亦当以“云殚”为一个组合。

云阕

(57)彻豆,奏中吕宫《丰宁之曲》:明昭祀事,旧典无违。乐既云阕,神其聿归。(《金史・乐志下》)

(58)乐奏云阕,礼章载虔。(唐何鸾《郊庙歌辞・祭汾阴乐章・舒和》;[1]143)

蒋文举“乐奏云阕”例为“云”作前缀的用例,而“乐既云阕”在搭配及意义上与之完全相同,可见“既云阕”亦当以“云阕”同属一个组合。

云别

(59)即此虽云别,方我未成离。(南朝梁何逊《拟青青河边草》)

(60)出处一云别,所思宁可冀。(北宋欧阳修《谷正至始得先所寄书及诗不胜喜慰因书数韵奉酬圣俞》)

此二例“云”前为连词、副词性成分,“云”属前还是属后难以断定。

(61)昔我云别,仓庚载鸣。(东晋陶渊明《答庞参军》;[1]143)

(62)近者使旆之东,客亭云别。(北宋强至《刘待制问候书》;[1]143)

此二例“云别”同属一个组合甚明,而与前二例相比,可以发现各例中“云别”的意义并无不同,故我们可据后二例推定“虽云别”“一云别”中,“云别”亦当同属一个组合。

云徂

(63)济济椿楛茂,皇州忽云徂。(北宋李廌《送霍子侔还都》)

(64)扁舟忽云徂,欲扳心殷殷。(北宋李廌《送王仲求》)

此二例“云”前为副词“忽”,后为动词“徂”,“云”属前还是属后难以断定。

(65)我友云徂,言戾旧邦。(三国魏王粲《赠蔡子笃》)

此例"云徂"明显属同一组合，而且其意义与搭配与前二例相似，据此类推，前二例亦当以"云徂"为一个组合。

(66)人之云徂，朝野咸叹。（东晋孙绰《司空庾冰碑》）

(67)今夕何夕岁云徂，更长烛明不可孤。（唐杜甫《今夕行》）

此二例"云徂"仍属同一组合，第一例指人去世，第二例指时光流逝。与"云徂"相似的是"云迈"。

云迈

(68)我年虽未老，岁月亦云迈。（唐白居易《高仆射》）

(69)岁月既云迈，世事亦已徂。（元周棐《修禊日偕曹广文七人游南湖赋得裴休旧业休字公美舍宅为寺今真如寺是也》）

此二例"云"前为副词，后为动词"迈"，"云"附于前还是附于后难以断定。

(70)之子云迈，嗟我莫从。（南朝齐王俭《赠徐孝嗣》）

(71)年序云迈，陵谷徂迁。（南朝梁《萧融太妃王慕韶墓志》）

(72)风霜凛已高，岁月逝云迈。（北宋张耒《感遇》）

此三例"云迈"属同一组合当无疑问，其中第一例为远行义，二、三例指时光流逝，其用法与前举"云迈"前为副词的用例无论是意义还是搭配均相同，由此可推定"亦云迈""既云迈"亦当以"云迈"同属一个组合。

文献中存在上述对应的用例还有很多，限于篇幅，以下组合两类形式各举一例，并不再分析，如：

云保

(73)顷来迫世务，清旷未云保。（唐沈佺期《同工部李侍郎适访司马子微》）

(74)有怀载迁，伊谁云保。（唐宋华《蝉鸣》）

云还

(75)车驾既云还，楹桷欻穹崇。（唐杜甫《往在》；[42]121）

(76)夫岂不能，追卿云还。（《宋大诏令集》卷一五八）

云及

(77)祖葬既云及,圹隧亦已开。(南朝宋鲍照《松柏篇》;[2]349)

(78)我虽载奔,伊何云及?(南朝宋颜延之《祭弟文》)

云同

(79)避地虽云同,乐事谁能共。(元郭钰《濠石晚樵因简李撝伯谦》;[1]231)

(80)然其景绩参差,功德不一,虽晨祈云同,夕归攸隔,即我师友之眷,良可悲矣。(南朝宋刘程之《庐山精舍誓文》)

云忘

(81)衔恨岂云忘,天道无甄别。(南朝梁沈约《长歌行》;[1]230;[2]349)

(82)君异则天,臣非佐命,猜嫌谗慝,何日云忘?(隋李德林《天命论》)

云已

(83)插秧适云已,引溜加溉灌。(唐杜甫《行官张望补稻畦水归》;[42]121)

(84)岂伊好辨,未获云已。(南朝宋何承天《重答颜光禄书》)

云至

(85)秋期忽云至,停梭理容色。(北齐邢邵《七夕》;[2]349)

(86)余年五十,羸老云至。(隋卢思道《劳生论》)

云阻

(87)幽谷虽云阻,烦君计吏过。(南朝梁刘孝绰《酬陆长史倕》;[1]230;[2]349)

(88)凯情累以遂济,岂时俗之云阻。(西晋陆机《陵霄赋》)

属此类者尚有"云罢、云比、云补、云当、云改、云革、云既、云尽、云灭、云惬、云异、云终、云坠"等。

文献中还有一些组合无对应用例，如：

云从

(89)伊谁云从，实维我师。（明陈第《北征道中》）

云遘

(90)伊余云遘，在长忘同。（东晋陶渊明《赠长沙公族祖》）

云恤

(91)宜福而灾，伊谁云恤？（唐柳宗元《朗州员外司户薛君妻崔氏墓志》）

以上组合仅有“云”前为非副词或连词的用例，“云备、云匹、云止”等亦属此类。

云乖

(92)大道忽云乖，生民随事蹇。（北周庾信《拟咏怀》；[1]230；[2]349）

云聊

(93)岁暮岂云聊，参差忧与疾。（南朝梁沈约《和左丞庾杲之移病》；[2]349）

云驱

(94)疲马方云驱，铅刀安可操。（南朝齐谢朓《忝役湘州与宣城吏民别》；[1]230；[2]349）

云缺

(95)当今廊庙具，构厦岂云缺。（唐杜甫《自京赴奉先县咏怀五百字》；[41]121）

云思

(96)感节良已深，怀古亦云思。（南朝宋谢灵运《初往新安至桐庐口》；[2]349）

云喜

(97)群公退食方云喜,数子驰心尚慕荣。(元舒頔《有怀诸公》)

以上各组合我们仅发现"云"之前为副词或连词的用例,有些组合用例较多,限于篇幅,仅举一例。属于此类的尚有"云悲、云闭、云捕、云骋、云得、云发、云隔、云供、云急、云倦、云劳、云乐、云满、云寐、云泯、云疲、云赏、云忝、云悟、云息、云歇、云协、云育、云在、云执、云酌"等。

(二)"云"后为形容词的用例

"云"后为形容词的用例亦有很多,其中有些亦存在"副词、连词+云+形容词"与"非副词、连词+云+形容词"的对应用例,如:

云远

(98)我行未云远,回顾惨风凉。(东晋陶渊明《杂诗》;[1]230;[2]349)

(99)去舍已云远,问程犹向东。(唐王建《汴路水驿》)

(100)成都虽云远,未到意已足。(元范梈《赠方永叔往教重庆路》)

此三例"云"前为副词、连词,后均为形容词"远","云"属前还是属后仅据诗文难以确定,不过文献中还有以下用例:

(101)于吾侪之云远兮,疑荒远而难践。(东汉董仲舒《士不遇赋》)

(102)嗟我来之云远,睹行殣于水隅。(南朝宋颜延之《行殣赋》)

(103)杨家去云远,田氏将非久。(唐白居易《泛春池》)

(104)道里云远,悠哉悠哉!(清查继佐《东山国语·墨语后序》)

此四例"云远"显属同一组合,而其意义、搭配与前举"云远"前为副词、连词的用例并无不同,故而可以推定"未云远""已云远""虽云远"中"云远"亦同属一个组合。"云远"在散文中亦有用例:

(105)夫人闻已,甚怀忧惧,即白王言:"如王所说,命不云远。"(北魏吉迦夜共昙曜译《杂宝藏经》卷一〇)

(106)冲虽在外,路不云远,事容信宿,必宜参详,然后情听获尽,庶事可毕。(《晋书·王坦之传》)

云久

(107)客游虽云久，主要月再圆。(唐杜甫《赠李十五丈别》)

(108)祇役已云久，乘闲返服初。(唐张九龄《南山下旧居闲放》)

此二例“云”前为连词、副词，后为形容词“久”，“云”属前还是属后难以断定。

(109)旷职云久，三十余载。(南朝梁江总《让尚书令表》)

(110)我来岁云久，似与世相违。(明袁凯《题东斋壁》)

此二例“云久”同属一个组合当无疑义，而与前二例比较，可以发现，它们的意义并无不同，据此可推定“虽云久”“已云久”亦当以“云久”为一个组合。

云暮

(111)徙倚未云暮，阳光忽已收。(南朝齐王俭《春日家园》;[2]349)

(112)白日既云暮，朱颜亦已酡。(唐孟浩然《崔明府宅夜观妓》)

(113)留楫竟何待，徙倚忽云暮。(唐宋之问《景龙四年春祠海》;[1]230)

(114)岁事忽云暮，吾行殊未央。(南宋陆游《秋风》)

此四例“云”前为副词，后为形容词“暮”，“云”前属还是后属似难断定。

(115)四节流兮忽代序，岁云暮兮日西颓。(西晋潘岳《寡妇赋》)

(116)忽忽岁云暮，游原采萧藿。(东晋卢谌《时兴》)

(117)其王迁都作邑，建国安人，功绩已成，齿耋云暮，未有胤嗣，恐绝宗绪。(唐玄奘《大唐西域记》卷一二)

此三例“云暮”同属一个组合当无疑义，而与前三例比较，可以发现，“云暮”并未因“云”前的副词而改变其性质。与“云暮”意义及用法相类的还有“云晚、云夕、云晏”。

云晚

(118)乐事殊未央，年华已云晚。(唐韦庄《杂曲歌辞·少年行》;[1]230)

(119)春雪虽云晚，春麦犹可种。（北宋苏轼《除夜大雪留潍州元日早晴遂行中途雪复作》）

(120)论交固云晚，莫逆良可喜。（元谢应芳《代简张希尹》）

此三例“云”前为副词或连词，后为形容词“晚”，单从诗句本身难以断定“云”属前还是属后。

(121)加以今年六十有六，桑榆云晚，比于畴昔，昏忘又多。（《隋书·王韶传》）

(122)感此岁云晚，欲欢念谁邀。（北宋王安石《招同官游东园》）

(123)飘零岁云晚，短发风中乱。（明张适《秋晴出游归偶赋》）

此三例中“云晚”同属一个组合当无疑义，而考其意义与用法，与上举三例并无不同，故而可推定“已云晚”“虽云晚”“固云晚”中“云晚”亦同属一个组合。

云夕

(124)洞中已云夕，洞口天未晚。（唐曹邺《从天平节度使游平流园》）

(125)临玩忽云夕，杜鹃夜鸣悲。（唐李白《书情寄从弟邠州长史昭》）

(126)瞻彼日月，岁聿云夕。（西晋陆云《晋故豫章内史夏府君诔》）

(127)杳杳日云夕，郁结谁为开。（唐韦应物《冬夜》）

(128)生曰：“幸接欢笑，不知日之云夕。道里辽阔，城内又无亲戚，将若之何？”（《太平广记》卷四八四）

“云夕”的意义及用法与上举“云晚”“云暮”相当，我们可据明显同属一个组合的后三例推定“已云夕”“忽云夕”亦当以“云夕”为同一组合。

云晏

(129)我心终未极，岁月忽云晏。（北宋梅尧臣《谢师厚归南阳效阮步兵》）

(130)惜哉岁云晏，回首鬓将皤。（明汪本《晚兴寄罗子应程师鲁》）

“岁月忽云晏”与“岁云晏”搭配及意义均相同，“云晏”很明显同属一个组合。

存在上述对应的组合还有很多，限于篇幅，以下组合中两类形式各举一例，并不再分析，如：

云半

(131)南迁春及秋，江湖未云半。(北宋苏辙《和王巩见寄》)

(132)怵春归之未几，惊此岁之云半。(南朝梁沈约《晨征听晓鸿》)

云妙

(133)枚情既云妙，蔡韵肯容卑。(唐张祜《叙诗》)

(134)彼安众之云妙，差剖篾于毫缕。(西晋傅咸《羽扇赋》)

云难

(135)天门欲往涩如棘，若比蜀道尤云难。(明吴宽《送胡彦超》)

(136)知负扆之来易，信握镜之云难。(南朝梁萧绎《言志赋》)

云宁

(137)独夜无物役，寝者亦云宁。(东晋谢瞻《答康乐秋霁》;[1]230;[2]349)

(138)既有怀于斯日，亦焉得而云宁。(南朝梁萧詧《愍时赋》)

云虚

(139)望岁祈农神所听，延祥介福岂云虚。(唐褚亮《享先农乐章·舒和》)

(140)则亦尧、舜之云虚，周、孔之不实也。(《颜氏家训·归心》)

云壮

(141)碧瓦浮鳞鳞，兹邑亦云壮。(明张以宁《游句容同林景和县尹子尚规登僧伽塔赋》)

(142)蹉跎岁云壮，颇觉世事谙。(明王祎《七月八日同季高渡北东归述怀分得龛字》)

属此类者尚有“云安、云多、云黄、云美、云幸、云遥”等。

还有很多组合无对应形式，如：

云闲

(143)我與云安，我马云闲。(西汉扬雄《太仆箴》)

云伪

(144)匪仙道之云伪，盖为仁其由己。(南朝梁萧绎《玄览赋》)

这两个组合我们仅发现"云"之前为非副词的用例。

云广

(145)寓目鲜幽翳，一亩亦云广。(明葛一龙《寒园》)

云茂

(146)众类亦云茂，虚心宁自持。(唐薛涛《酬人雨后玩竹》;[1]231)

云阔

(147)河汉虽云阔，三秋尚有期。(唐佚名《赠郭翰》;[1]231)

云恶

(148)猛虎虽云恶，亦各有匹侪。(唐韩愈《猛虎行》;[1]231)

云猛

(149)尔虎虽云猛，一旦皮骨空。(南宋方夔《续感兴》;[1]231)

云迫

(150)去心虽云迫，前途苦茫昧。(明徐贲《晋冀纪行》)

以上各组合我们仅发现"云"之前为副词或连词的用例，其中有些组合用例较多，限于篇幅，每个仅举一例。属于此类的还有"云遍、云迟、云稠、云旦、云恶、云甘、云寡、云极、云几、云寂、云甲、云蹇、云健、云静、云俱、云遽、云康、云酷、云老、云屡、云密、云邈、云偶、云奇、云洽、云巧、云殊、云肃、云稀、云险、云淹、云妖、云易、云早、云整、云只、云智、云足"等。

(三)"云"与名词组合

"云"还可与名词组合，只是数量较少，如：

云夏

(151)暑候虽云夏,江声已似秋。(唐田章《和于中丞夏杪登越王楼望雪山见寄》)

云秋

(152)凉风戒时,岁云秋矣。(《隋书·音乐志下》)

(153)今岁已云秋,高风渐举,经算大图,时事既至。(《魏书·卢昶传》)

"夏""秋"本为时间名词,但与"云"组合之后,即带有谓词性质,故可归入"云"与动词、形容词组合一类当中。

以上我们例举了大量"云"后接动词、形容词的用例,从中可以看出:

1."云"与同一动词、形容词的组合用例中,"云"前既有副词、连词,也有非副词、连词,而且两种形式在意义上完全相同,搭配上亦有众多相同的用例,由此可以推定"云"当与动词、形容词同属一个组合。这一点还可从"云"与动词、形容词组合的来源上看出,详见下文论述。

2."云"与动词、形容词的组合没什么特别限制,由此构成的组合数量极多,蒋宗许先生(2009:144)认为"('云')到了后世,除了直接沿袭《诗》的用法外,似基本上只缀于单音动词之前"的说法未能反映语言事实。

3."云"与动词、形容词构成的组合,除"云亡、云殁、云逝、云毕、云远、云暮、云晚"等少数几例通用于韵文及散文外,基本限于韵文中使用。

4."云"与动词、形容词的组合汉魏时兴起,盛行于唐,宋元之后逐渐衰微,但直到清代仍在使用。

三、"云"与动词、形容词组合的来源及"云"的性质

"云"置于动词、形容词前构成双音组合,早在《诗经》中即已存在,与动词的组合共5个,分别为:

云觏

(154)无曰不显,莫予云觏。(《大雅·抑》)

云徂

(155)靡所止疑,云徂何往?(《大雅·桑柔》)

云憎

(156)有皇上帝，伊谁云憎？(《小雅·正月》)

云从

(157)伊谁云从？维暴之云。(《小雅·何人斯》)

云亡

有3个用例：

(158)人之云亡，邦国殄瘁。(《大雅·瞻卬》)

(159)人之云亡，心之忧矣。(《大雅·瞻卬》)

(160)人之云亡，心之悲矣。(《大雅·瞻卬》)

与形容词的组合有2个，分别为：

云远

有2个用例：

(161)道之云远，曷云能来？(《邶风·雄雉》)

(162)道之云远，我劳如何。(《小雅·绵蛮》;[1]142)

云莫

有2个用例，"莫"为"暮"之古字：

(163)曷云其还？岁聿云莫。(《小雅·小明》)

(164)曷云其还？政事愈蹙。岁聿云莫，采萧获菽。(《小雅·小明》)

上举用例中的"云"均无实义，在诗句中主要用以凑足音节，"云"与后面的动词、形容词多处于四字句的后二字，也有处于前二字者，这样的位置使二者同处于一个音步中。《诗经》对后代文人的创作影响巨大，这类组合在《诗经》中数量较多，且后接的动词与形容词都是开放性的词类，这为后人模仿使用提供了契机。从本篇第二部分所举"云"与动词、形容词组合用例来看，这种组合正是对《诗经》中"云"与动词、形容词结构的模仿与推广，这从以下几个方面可以看出：

1. 从组合层面看，后代用例中不仅有与《诗经》相同的"云徂""云亡""云暮

(即"云莫")""云远"等组合,还有与它们同义、近义、反义、类义的组合,与"云憎"相关的如"云喜、云悲、云乐、云惬"等;与"云亡"相关的如"云没、云殁、云逝、云终、云殚、云尽、云灭、云毕、云已"等;与"云徂"相关的如"云迈"等;与"云暮"相关的如"云晚、云晏、云夕、云迟、云早"等;与"云远"相关的如"云邈、云遥"等。

2. 从句式层面看,上举组合早期多出现于四言韵文,这是对《诗经》四字句式的模仿;另外还有很多对《诗经》固有句式的套用:与"伊谁云憎""伊谁云从"相类的如"伊谁云保""伊谁云恤""伊何云及""伊余云遘";与"人之云亡""道之云远"相类的如"人之云徂""属英王之云没""岂时俗之云阻""于吾侪之云远兮""嗟我来之云远""不知日之云夕""惊此岁之云半""彼安众之云妙""信握镜之云难""则亦尧、舜之云虚""匪仙道之云伪";与"岁聿云莫"相类的如"岁聿云夕""岁聿云遒"等。

3. 这种继承也体现在搭配层面,与"岁聿云莫"搭配相似的如"岁事忽云暮""白日既云暮""岁云暮兮日西颓""感此岁云晚""年华已云晚""飘零岁云晚""岁已云秋""杳杳日云夕""不知日之云夕""岁月忽云晏""惜哉岁云晏""岁序已云殚""相思岁云殚"等;与"人之云亡"搭配相似的如"斯人已云亡""子敬忽云亡""及两弟云亡""此老已云殁""仲尼既云殁""文王已云没""斯人久云没""周公云殁""孟氏云殁""英王之云没""哲人云逝""伊人亦云逝""中散已云逝""小姐夫人云逝""新野云终""人之云徂""皇州忽云徂"等。

4. 从使用文体看,"云"与动词、形容词构成的组合除"云亡、云殁、云逝、云毕、云远、云暮、云晚"等少数几个可较自由地运用于散文外①,基本仅限于韵文中使用,而且多出现于古体韵文,这当是受《诗经》影响的结果。

"云"与动词、形容词组合来源于后人对《诗经》同类结构的模仿与推广,进一步证实"副词、连词+云+形容词、动词"结构中,"云"当与后面的动词、形容词组合成一个结构,而非为副词、连词后缀。

"云"与动词、形容词具有很强的类推组合能力,由此构成组合数量众多,而"云"在其中主要用以凑足音节,无实在的词汇意义,整个组合的意义及功能

① 这些词中"云亡、云远、云暮(与'云莫'同)"出自《诗经》,而"云殁、云逝"与"云亡"同义,"云晚"与"云暮"同义,它们能较自由地运用于散文和韵文,正是因为《诗经》对后代文人的创作存在巨大影响。

由后面的动词或形容词承担，这些特点与词缀的性质相合。不过我们也必须看到，由“云”构成的组合大多限于韵文中使用，体现出“云”与动词、形容词组合的局限性：它们总体上并未进入现实的言语层面。

载

《诗经》中的“载”根据意义的虚实可分两类：一类有实义，多作动词，如：

(1)或来瞻女，**载**筐及筥。(《周颂·良耜》)

(2)既**载**清酤，赉我思成。(《商颂·烈祖》)

(3)四牡骙骙，**载**是常服。(《小雅·六月》)

(4)今我来思，雨雪**载**涂。(《小雅·出车》)

一类无实义，如：

(5)**载驰载驱**，归唁卫侯。(《鄘风·载驰》;[1]86)

(6)乃生男子，**载寝**之床，**载衣**之裳，**载弄**之璋。(《小雅·斯干》;[1]86)

(7)乃生女子，**载寝**之地，**载衣**之裼，**载弄**之瓦。(《小雅·斯干》;[1]86)

(8)时靡有争，王心**载宁**。(《大雅·江汉》)

第二类“载”意义较虚，其在句中的功能相对来说较难把握，因此存在的争议也比较多，就目前来看至少有以下几种看法：

1.“载”相当于“则”，这一观点由毛亨传、郑玄笺揭示，为后代诸多语言学家所接受，如上举《载驰》例，毛传：“载，辞也，吊失国曰唁。”郑笺云：“载之言则也。”《江汉》例，郑笺：“载之言则也。”《诗经》中郑玄的相关注释非常多，此不一一列举。后代刘淇《助字辨略》、王引之《经传释词》、杨树达《词诠》均主此说。

2.“载”是“再”的通假，王克仲先生(1984:52—57)持此观点，其考证主要从异文或近似的句子入手。蒋宗许先生(2009:88—89)对此观点进行了分析，基本否定了这一看法。

3.“载”为前缀，蒋宗许先生(2009:88)持此观点，他认为这种“载”字的词汇意义已完全虚化，在组合上非常规范，基本上是用于动词之前，从而与动词词根组合成一个双音节音步，应是前缀无疑。蒋先生在文中不仅例举了《诗经》中的相关用例，还例举了后代仿照《诗经》的众多用例，如：

(9)有漼重渊，**载清**其波。（西晋孙拯《赠陆士龙》；[1]86；[2]325）

(10)昔我云别，仓庚**载鸣**。（东晋陶渊明《答庞参军》；[1]86；[2]325）

(11)皇谟**载大**，惟人之庆。（唐柳宗元《唐铙歌鼓吹曲·靖本邦》；[1]87）

(12)**载想**房陆毕子为轩冕之人，不知蜀山有云，马水可兴。（唐陈子昂《别翼侍御崔司议序》；[1]87）

王云路先生（2010:325）表达了相近观点，她认为“载”可作形容词前缀和动词前缀，并举有“载清、载柔、载焕、载鸣、载罗、载怀”等用例。

我们认为，将“载”看作词缀值得商榷：

首先，从功能上看，毛传与郑笺将“载”解作“则”并无问题。诚然，《诗经》中“载”基本限于动词或形容词之前，但这与“载”解作“则”并不矛盾。“则”用作连词，主要连接谓词性成分，而《诗经》中的“载”之后有些是单音词，另有一些则为组合，如：

(13)狼跋其胡，**载疐**其尾。公孙硕肤，赤舄几几。（《豳风·狼跋》）

此例我们固然可看作“载疐”与“其尾”搭配，但看作“载”与“疐其尾”搭配亦无不可，特别是前句有“跋其胡”与“疐其尾”对应，因而第二种看法似更合理。再看用例颇多的“载A载B”的用法，这种用法规律性很强，“A”与“B”一般是意义相同、相近或相类的动词。“载A”“载B”并非不相关的两个动词的平列，它们之间一般表如下两种关系：

或表两个动作同时发生，相当于“又”，如：

(14)既见复关，**载**笑**载**言。（《卫风·氓》）

(15)题彼脊令，**载**飞**载**鸣。（《小雅·小宛》）

或表两个动作或性质交替，相当于“或”，如：

(16)翩翩者鵻，**载**飞**载**下，集于苞栩。（《小雅·四牡》）

(17)相彼泉水，**载**清**载**浊。（《小雅·四月》）

因此“载A载B”当看作一个句式，而“载”的这两种功能，都未超出“则”作连词的功能。（“载A载B”还可表承接义，“则”亦有此功能。）

其次，从语音上看，“载”属精母之部，“则”属精母职部，二字双声，韵部阴入对转，毛传及郑笺认为“载”来自“则”，在语音及功能上都能得到合理解释。蒋文（2009：87）也分析了“载”的来源，他认为：

> （载）本指装载，上古有所谓天覆地载的概念，古人敬顺天地，因而“载”也就成了一个习用语辞，它常常前附一个单音动词而组成一个双音词，本身不再有词汇意义。

这种分析有未尽之处：“载”本为动词，何以会成为无实义的虚词，仅以“上古有所谓天覆地载的概念，古人敬顺天地”来解释让人难以信服；“载”作为动词，常与名词搭配，成为虚词之后，为什么要附于动词或形容词前，蒋文亦未能解释。

第三，给“载”定性，不能忽略使用者的主观认识。《诗经》距今时代久远，其作者在使用“载”时如何认识难以确定，再加上诗文的简略，出现争议可以理解。但考察汉代之后的著者在模仿《诗经》使用“载”及相类句式时，就不能不考虑影响极大的毛亨传及郑玄笺。蒋文（2009：89）在反驳王克仲文观点时说：“更何况后人用‘载X’大都是将‘载’看作‘语辞’来用的。”这种注重后人使用时的主观认识的做法无疑是科学的，只是蒋文自身的分析论证并未将这一观点贯彻到底：毛传及郑笺，特别是郑笺明确指出“载”相当于“则”，后人是在这一观点指导下继承和模仿《诗经》的用法，因此后代的这类“载”亦当看作“则”。这一点可从文献用例及后人注释中看出：

（18）且筐且漉，载茜载齐，庶民以为欢，君子以为礼。（西汉邹阳《酒赋》）

（19）我非形景，有处有游。载离载会，且欢且忧。（西晋陆云《赠顾尚书》）

（20）瞻言法驾，载渴且饥。岂可久稽众议，有旷彝则！（《梁书·元帝本纪》）

（21）饰牲举兽，载歌且舞。（《隋书·音乐志中》）

此四例"载"与"且"对应使用，二者功能相同，"载"当为连词。

(22)西济关谷，或降或升。騑骖倦路，载寝载兴。（三国魏曹植《应诏》）

(23)矫矫乘马，载驱载驰。漫漫长路，或降或阶。（西晋陆云《答兄平原》）

(24)朝挟其车，夕承其舆。或骑或徒，载奔载趋。（《北史·阳尼传》）

此三例，"载"与"或"对应。

《文选》收录有很多汉魏六朝文人创作的作品，其中有诸多"载"的用例，而唐人的注则揭示了"载"与"则"的关系，如：

(25)我思弗及，载坐载起。（《文选·王粲〈赠士孙文始〉》）

张济曰："我思之既不能及，故则坐则起。"

(26)翼翼飞鸾，载飞载东。（《文选·王粲〈赠蔡子笃〉》）

刘良曰："载，则也。"

(27)乃瞻衡宇，载欣载奔。（《文选·陶渊明〈归去来〉》）

刘良曰："载，则也。"

(28)审听高居，载怀祇惧。（《文选·王融〈永明九年策秀才文〉》）

吕向曰："载，则。"

(29)尚想重晖，载挹载味。后生击节，懦夫增气。（《文选·东晋袁宏〈三国名臣序赞〉》）

吕向曰："言庶几想众贤之远风也，则挹其德、味其道，乃使后生之贤，击其节操，懦弱之夫，亦增其壮气也。"

第四，从后代文献使用情况看，"载"与动词、形容词的搭配基本限于韵文，且多为模仿《诗经》的四字格，说明这些结构并未真正进入言语层面，并不具有词的特性。

基于此，我们认为《诗经》中的“载”的功能虽无定论，但之后模仿使用的“载”则当依据古注定性为连词“则”，将它们看作词缀的观点值得商榷。

祇

“祇”作词缀，论及者甚多，如黄征、张涌泉（1997：579）、陈秀兰（2002：229—232）等。蒋宗许先生（2009：144—146）亦讨论了前缀“祇”，认为它通常用作谦敬副词，但在有的语言环境中，表示敬畏的意义已全然不存在，只是作为一个音节为后一词根配对而已，将其视作前缀是比较合适的。蒋文还举了15个用例，以证明其观点。

蒋文对“祇”的讨论比较简略，“祇”的组合特色未能全面揭示，故本文将全面考察“祇”的组合，并结合蒋文所举文例探讨其性质，同时探讨词缀判定中应当注意的一些问题。

“祇”作为前语素而构成的双音词大致可以分为以下几类：

一、与意义相同、相近或相类的语素组合，构成并列式复合词

《说文·示部》：“祇，敬也。”《诗·商颂·长发》：“昭假迟迟，上帝是祇。”“祇”常与意义相同、相近或相类的语素组合，构成并列式合成词，如：

(1)汤禹俨而**祇敬**兮，周论道而莫差。（《楚辞·离骚》）

(2)社稷宗庙，罔不**祇肃**。（《书·太甲上》）

蒋文所举作为附加式的词例中，“祇惧”“祇慎”二词属于此类，我们看其所举例：

祇惧、祇慎

(3)共太息而**祇惧**兮，抑吞声而不扬。（三国魏曹植《白鹤赋》；[1]144）

(4)出朝力疾以往，至则夙夜**祇慎**，严为部曲。（明李东阳《陈公墓志铭》；[1]145）

蒋文强调二例中的“祇”不表敬义，所以当定性为词头。我们认为，“祇”之所以能与“惧”“慎”组合，正因为其敬义与二语素相关联，故而组合成并列式复

合词。在具体用例中，可能会因语境的不同，意义有所区别：或二者并重，或偏重于“祗”，或偏重于“惧”“慎”，但这仅仅是词语的使用问题，并没有改变这个词的性质，我们不能根据具体语境中意义的偏重而将它们看作不同的词并分析为不同的构词方式。再说，上举例(3)，很难说没有敬义存在，由畏而生敬是很自然的事；而例(4)表敬义更加明显，因为例中“祗慎”者是奉皇帝命令而迎击敌人，为皇家办事，怎敢不敬？

此类词还有“祗饬(敬勉)、祗兢(与“祗慎”同义)、祗虔、祗勤(敬慎勤劳)、祗栗(敬慎恐惧)、祗悚、祗畏、祗庸(敬而有常)”等。由于二语素并列，所以“祗”亦可作为后语素构词，如“敦祗、谦祗、虔祗、肃祗、严祗”等。

二、“祗”用作动词，与名词组合，构成动宾结构的复合词

“祗承”“祗奉”大量使用，“祗”由此发展出动词用法，敬受义，如西晋陆云《修身》：“端周诚以恪居，祗后命而自寅。”唐韦应物《使云阳寄府曹》：“夙驾祗府命，冒炎不遑息。”唐宋之问《伤王七秘书监寄呈扬州陆长史通简府僚广陵以广好事》：“一祗贤良诏，遂谒承明宫。”有时候表敬义也可丢失，而单表承受，如唐杜甫《水槛遣心二首》：“不堪祗老病，何得尚浮名。”

这种用法的“祗”还可与“命”“诏”“召”等搭配，构成动宾组合，如：

祗命、祗诏、祗召

(5)臣下**祗命**，幸使罪人时获，佥以泰宜加重戮，以戒肃方来。(西晋陆云《国人兵多不法启》)

(6)山谷如陶弘景**祗诏**入宫，析理谈玄，而松风之梦故在。(南宋赵与时《宾退录》卷二)

(7)于卿数士，意同家人，岂止于君臣邪？过明，与王、李俱**祗召**也。(《南齐书·陈显达传》)

“祗命”“祗诏”“祗召”指奉皇帝或上级的命令或召见，自然含有表敬意味，且“祗”在组合中承担了动词功能，意义实在，自然不能看作词头。蒋文所举例中有“祗役”一词，属于此类：

祗役

(8)余**祗役**京邑，载离永久。(西晋陆云《岁暮赋》；[1]144)

“祇役”表奉职，“祇”亦敬承义，以下二例可为佐证：

(9)轻传**祇远役**，依依下姑亭。(唐皎然《送崔判官还扬子》)

(10)忆尝**祇吏役**，钜细悉经覩。(北宋欧阳修《忆山示圣俞》)

且不论“祇役”者内心是否含有敬意，单就“祇役”于皇家这一点，表敬就是必须的。更何况“祇”还起着动词的作用，说“祇役”为附加式，可商。

三、“祇”与动词组合，起修饰作用，用以表敬

这类组合数量很多，大多数用例较少，且仅出现于诏诰颂表类正式而庄严的文体中，表敬意味浓厚，“祇”自然不是词头，如“祇荷、祇礼、祇顺、祇符、祇服、祇修、祇见、祇展、祇恋、祇覲、祇膺、祇拜、祇陈、祇禀、祇祭、祇享、祇嗣、祇祓、祇荐、祇祔、祇遹、祇俟、祇配、祇告”等。

“祇”与动词组合，还构成了另外一些词，它们用例较多，除了用于诏诰类文体外，还进入了日常生活，具有一定的口语色彩。蒋文所举附加式用例大多属于此类，以下根据“祇”后动词的语义特点，分类分析。

(一)用于表拜谒、迎接、招待、等候、应答、告别等人际交往的动词前

祇谒

(11)请因吉日，克举前典，设坛肆类，**祇谒**上帝，惠兹下人。(唐温大雅《大唐创业起居注》卷三)

(12)尔于后有父母之尊，后或临幸，**祇谒**先祖，祇拜空帐，失致敬之礼，今后可设像拜谒。(《辽史·圣宗本纪》)

(13)冯氏为尼也，公私罕相供恤，遇自以尝更奉接，往来**祇谒**，不替旧敬。(《北史·王遇传》)

(14)玄照诣思邈所居，恳诚**祇谒**，情礼甚谨。(《太平广记》卷四二〇)

例(11)(12)用于较庄严的拜谒，例(13)(14)用于普通拜见。

祇迎

(15)陛下以臣与其姻娅，令至太原**祇迎**，一切事宜，许臣逐便处置。(《旧唐书·仆固怀恩传》)

(16)高壮坚丽，度越前代，更名曰大报恩寺，所以**祇迎**灵贶，上资福于

皇考皇妣。(《大明太宗文皇帝实录》卷二六九)

(17)相次我师经此过,好将诚意至**祗迎**。(《大唐三藏取经诗话》卷上)

(18)遥望中堂,有少年美人,盛妆危坐,颜色如花。见生,降榻**祗迎**。(明冯梦龙《情史》卷二〇)

"祗迎"乃迎接义,可用于较庄重的场合,表敬义较浓,如例(15)(16),亦可用于日常生活,如例(17)(18)。

祗接

(19)父闻从内走出户,下基**祗接**礼虔恭。(《敦煌变文校注·目连变文》)

(20)翌日,于私第谒见相国,询朝士来者为谁,白公对以宾客未至,适有同年出京访别,悯其龙钟委困,不忍弃之,留饮数杯,遂阙**祗接**。既负吹嘘之意,甘从谴斥之罪。(唐康骈《剧谈录》卷上)

(21)公入寺烧香,主事**祗接**。(北宋释道原《景德传灯录》卷一二)

例(19)表迎接,更多用于接待,如例(20)(21)。

祗待

(22)王舍城中烧美名香,散诸杂花,**祗待**世尊。(唐义静《根本说一切有部毘奈耶药事》卷五)

(23)学云:"忽遇客来,如何**祗待**?"师云:"龙肝凤髓,且待别时。"(《古尊宿语录》卷二〇)

此二例乃接待、招待义。元代"祗待"仍很常用,但限于皇家或使臣,很少用于普通人,如:

(24)宣抚司官除诏赦迎送外,其余并不须迎送**祗待**,以妨公务。(《元典章·礼部卷一》)

(25)诸乘驿使臣,或枉道营私,横索**祗待**,或访旧逸游,饿损马乘,并申闻断治。(《元史·刑法志二》)

祗当

(26)门门相对,户户相当,通问刺史,是何**祗当**?(《敦煌变文集新

书·下女夫词》)

“祇当”亦接待义。

祇候

(27)承闻此处有神仙之窟宅,故来**祇候**。(唐张鷟《游仙窟》)

(28)后因雪峰和尚初入岭,久钦高峻,遂往**祇候**。(《祖堂集》卷一九)

(29)左右曰:“旧例皆有,已在门外**祇候**。”(唐赵璘《因话录》卷一)

(30)衾虎处分五道将军:“速去阴司检鬼神,后弟(第)三日**祇候**。”(《敦煌变文校注·韩擒虎话本》)

可表拜访,如例(27)(28),亦可表等候,一般用于对尊者或客人,如例(29)(30)。

下面这个用例比较特殊:

(31)子玉是人臣,□□远迎皇帝,却交人君向门外**祇候**,微臣子玉□□乖礼!(《敦煌变文校注·唐太宗入冥记》)

此例中“祇候”者是人君唐太宗,似乎不含敬义,但我们认为不当如此分析。“候”一般要求卑候尊、主候客,故而与表敬义的“祇”结合为一词以表敬。此例中太宗虽为天子,但此时被鬼使引行去见判官,也只能在门外“祇候”。

祇别

(32)太尉朱崖公,两出镇于浙右。前任罢日,游甘露寺,因访别于老僧院公曰:“弟子奉诏西行,**祇别**和尚。”(唐冯翊《桂苑丛谈·方竹柱杖》)

“祇别”乃告别义。

祇揖

(33)凡入门至食,凡数揖。**祇揖**者,古之肃拜也。(北宋王谠《唐语林》卷八)

“祇揖”指见面时向对方行拱手之礼。蒋文举二例,认为其中“祇揖”无敬义,当看作词头:

(34)其台官与供奉官同道,听先后而行,遇途但**衹揖**而过。其参从各随本官之后,少相回避,勿言冲突。(《唐大诏令集》卷一〇一《条贯两省台官导从敕》;[1]144)

(35)衾(擒)虎亦(一)见,喜不自胜,**衹揖**蕃王,当时来射。(《敦煌变文校注·韩擒虎话本》;[1]145)

我们认为,人见面时相互作揖行礼,本身即是表达尊重的礼节,至于行礼之人是不是心存敬意,一般情况下,我们无从知道,也无需知道。"衹"之所以与"揖"组合,正因这一行为所具有的尊重意味。

衹对

(36)(皇)帝问曰:"朕前拜舞者,不是辅阳县尉催子玉否?"(催子玉)称臣。"赐卿无畏,平身**衹对**朕。"(《敦煌变文校注·唐太宗入冥记》)

(37)**衹对**语言宜款曲,领承教示要参详。(《敦煌变文校注·故圆鉴大师二十四孝押座文》)

此二例"衹对"乃应对义。蒋文举有两个用例,认为"衹"为无实义的词头:

(38)前头事须好好**衹对**,远公勿令厥错。(《敦煌变文校注·庐山远公话》;[1]145)

(39)若也**衹对**一字参差,却到贱奴向相公边请杖。(《敦煌变文校注·庐山远公话》;[1]145)

我们认为此二例中的"衹对"表敬义非常明显,例(38)衹对者为买主崔相,当然要小心翼翼,表敬自然不能少;例(39)是善庆指责道安之语,因相公在座,故要求他好好应对,自然也少不了表敬。更重要的是,在中国传统文化里,与人交往讲求礼貌是基本要求,也正因此,才纳入表敬词组合成"衹对"。至于在具体交往中,内心有无敬义,其实并不重要,我们无需关注、很多情况下也无法考知具体语境中主人公敬意的有无及大小。

衹敌

从字面上看,"敌"似乎与表敬相反。其实"衹敌"与"衹对"义同,可表语言上的应对,如:

(40)问:"今日一会,**祇敌**何人?"师曰:"不为凡圣。"(南宋普济《五灯会元》卷一一)

此例用于禅宗论道,同类的语境多用"祇对"。

(41)须达启言:"陛下! 千钧之弩,[不]为鼷鼠发机;百尺炎炉,不为毫毛爇焰。不假我大圣天师,最小弟子,亦能**祇敌**。"(《敦煌变文校注·降魔变文》;[1]144)

(42)舍利弗含笑舒颜,报言须达:"我今虽为小圣,不那咨禀处高,祇如显政摧邪,绝是小务。天魔亿万,恻塞虚空,犹不能动毫毛,况乃蚊蚋六师,更能**祇敌**!"(《敦煌变文校注·降魔变文》;[1]144)

(43)虽然打强且**祇敌**,终竟悬知自顷倒。(《敦煌变文校注·降魔变文》)

《降魔变文》讲述六师与舍利弗在国王的见证下比试技艺,而六师颇得国王的信任,在此语境下,比试双方言谈上讲求基本礼仪是必须的。第一例乃大臣须达向国王启言,使用表敬的"祇"很是自然;第二例乃舍利弗报言须达,使用敬辞能体现舍利弗的涵养;第三例用"祇"更多的是为了表达上的委婉。

祇劝

(44)共赞弥陀极乐国,相携**祇劝**同心往。(《敦煌变文校注·降魔变文》;[1]145)

蒋文认为此例中"祇"无表敬义。我们认为"祇"与"劝"组合,重要的是表示礼貌,这个词与"奉劝"的结构及意义相似,具体语境中是否真有敬意并不重要。

(二)用于表侍奉义的动词前

祇奉

(45)初珽于乾明、皇建之时,知武成阴有大志,遂深自结纳,曲相**祇奉**。(《北齐书·祖珽传》)

(46)事笔砚,有词句,见举人尽礼**祇奉**,多乞歌诗,以为留赠,五彩笺常满箱箧。(唐孙棨《北里志·颜令宾》)

“祇奉”乃侍奉义。

祇承

(47)内官过武三思宅，三思曲意**祇承**，恣其所欲。(《说郛》卷二引唐张鷟《朝野佥载》)

(48)秋胡行至林下，见一石堂讫，由羞一寻，仕(是)数千年老仙，洞达九经，明解《七略》。秋胡即谢，便乃**祇承**三年，得九经通达。(《敦煌变文校注·秋胡变文》)

(49)有斜指，巧难裁，供养**祇承**顺意怀。(《敦煌变文校注·维摩诘经讲经文(五)》)

此三例“祇承”乃侍奉义。

祇事

(50)回既贵，**祇事**戴明宝甚谨，言必自名。(《宋书·黄回传》)

(51)帝又尝因饮，夜宿仲举帐中，忽有神光五采照于室内，由是**祇事**益恭。(《南史·到仲举传》)

“祇事”乃侍奉义。

祇应

侍奉义，用于皇帝或官员者犹多，如：

(52)皇帝初射中，舍人赞拜，凡左右**祇应**臣僚，除内侍外，并阶上下再拜。(《宋史·礼志十七》)

(53)至尊时御看位内，门司、御药、知省、太尉悉在帘前，用弟子三五人**祇应**。(南宋陈元靓《岁时广记》卷一〇)

由此引申，“祇应”还可表职官，一般直接为帝王服务，如：

(54)沈之才者，以棋得幸思陵，为御前**祇应**。(南宋王明清《挥麈余话》卷一)

亦可指侍从，如：

(55)金人遣使入城，言国主有命，于京师中，选择十八已下女子一千五百人，充后宫**祗应**。(《大宋宣和遗事·后集》)

祗从

这个词与其他词稍有不同，“从”为从随义，而从随者需要侍奉主人，故“祗从”即侍从，与“祗事”“祗承”等义近。如：

(56)于阗城有庙，身被金甲，右手持戟，左手擎塔，**祗从**群神，殊形异状，胡人事之。(唐李筌《神机制敌太白阴经》卷七)

(57)**祗从**之徒，出入诃喝，左右指使者也。(元苏天爵《国朝文类》卷四一)

祗候

侍奉义，用于皇帝或官员者犹多，如：

(58)御史出使，举正不法。身苟不正，焉能正人？如闻州县祗迎，相望道路，牧宰**祗候**，僮仆不若。作此威福，其如礼何？(北宋王溥《唐会要》卷六二)

(59)既入朝，张公惟**祗候**宣麻，吕公惟准拟押麻耳。(南宋赵与时《宾退录》卷四)

由此引申，“祗候”还可表职官，一般直接为帝王服务，如：

(60)守节字秉直，初补左班殿直，选为江、淮南路采访。还奏称旨，擢閤门**祗候**。(《宋史·焦守节传》)

又可指侍从，如：

(61)见一簇人闹，**祗候**，你看是甚么人？(元关汉卿《包待制智斩鲁斋郎》楔子)

蒋文举有一个“祗”为词头的用例：

(62)担愆负罪来**祗候**，死生今望相公恩。(《敦煌变文校注·捉季布传文》;[1]145)

此例中“祗候”表敬义非常明显，试想一个人自称“担愆负罪”，且死生寄望于别人开恩，怎能不敬呢？

(三)用于表供奉、准备物资的动词前

祗备

主要用于下级对上级、民间对官方、卑者对尊者所需物资的准备，如：

(63)又命浙漕及绍兴府守臣办集船只，**祗备**师相回阙。(南宋周密《癸辛杂识·前集》)

(64)傥大国终惠川、陕关隘，所画银两悉力**祗备**，师旦首函亦当传送，以谢大国。(《金史·完颜匡传》)

(65)享前一日，有司告谕坊市，洒扫经行衢路，**祗备**香案。(《元史·祭祀志四》)

祗应

(66)有司**祗应**，祭不为旷。(《宋书·礼志四》)

(67)老农惧于**祗应**，俗吏因以侮文。(《陈书·后主本纪》)

“祗应”与“祗备”同义。

祗准

(68)上堂：“诸禅德，三冬告尽，腊月将临。三十夜作么生**祗准**？”良久，曰：“衣穿瘦骨露，屋破看星眠。”(南宋普济《五灯会元》卷一八)

“祗准”乃准备义。

祗供

与“祗备”意义及用法大致相同，如：

(69)海屿俨清庙，天人盛**祗供**。(唐陈陶《涂山怀古》)

(70)某乙**祗供**称意，有怀悦之心，乃留此书相赠。(唐张彦远《法书要录》卷三)

(71)朕今须幸蜀,蜀路险狭,人若多往,恐难**祇供**。(《旧唐书·韦见素传》)

“祇供”多用于对官方所需财物的供应,故而有专门的祇供人、祇供官、祇供所。

(72)佛家道场,卿须备拟;六师所要,朕自**祇供**。(《敦煌变文校注·降魔变文》;[1]145)

蒋文认为此例中“祇”不表敬义,为词头。其实此例仍用于对尊者的供应,因为六师是与婆罗门教正统思想相对立的另一佛家学派代表,即便是国王,对他也非常尊重。

祇拟

“祇拟”与“祇备”同义,但用例极少,如:

(73)玄宗闻净能所奏,性意悦然,谓净能曰:“愿为弟子,尊师与朕为师。”且于观内安置。观家敕选一院,每日令人**祇拟**。(《敦煌变文校注·叶净能诗》;[1]145)

蒋文认为此例中“祇拟”为附加式,其实从文中可以看出,净能深得玄宗尊重,甚至要“尊师与朕为师”,让人“祇拟”,表敬是很自然的。

(四)用于表遵守、接受义的动词前

祇奉

主要用于遵守上级或尊者的命令等,如:

(74)清庙祭祀,追往孝敬,养老辟雍,示人礼化,皆帝者之大业,祖宗所**祇奉**也。(《后汉书·蔡邕传》)

(75)二千石令长当**祇奉**旧宪,正身明法,抑齐豪强,存恤孤独,隐实户口,劝课农桑。(《晋书·元帝纪》)

(76)父母有训,**祇奉**无违。(唐玄奘《大唐西域记》卷三)

祇从

遵从义,如:

(77)此国家之事,孤敢不**祇从**。今便欲远遵鲁隐,待乂年长,复子明辟。(《晋书·刘聪载记》)

(78)畏天之威,敢不**祇从**鸿历。(《南齐书·高帝本纪下》)

祇受

主要用于接受上级或尊者赐予,如:

(79)吾才疏效薄,于国无功。若朝廷复加赠谥,宜循吾意,不得**祇受**。若致干求,则非吾意。(《北史·崔孝直传》)

(80)章再上,再命**祇受**,是陛下不以为妄也,臣于是受命。(《续资治通鉴长编》卷三八一)

(81)衙内叉手向前:"多蒙赐酒,不敢**祇受**!"(明冯梦龙《警世通言》卷一九)

祇承

可用于接受上级或尊者赐予,如:

(82)王公卿士,猥见推逼,今便**祇承**宝位。(《北史·安德王延宗传》)

也可表承担上级赋予的任务甚至惩罚,如:

(83)伏闻造像,税非户口,钱出僧尼,不得州县**祇承**,必是不能济办,终须科率,岂免劳扰!(《旧唐书·李峤传》)

(84)其差科,各从析户**祇承**,勿容递相影护。(北宋王溥《唐会要》卷八五)

蒋文举以下用例:

(85)富儿多鞅掌,触事难**祇承**。仓米已赫赤,不贷人斗升。(《寒山诗》第37首;[1]145)

他认为"此例一看便知敬慎的意义是丝毫没有的——因为《寒山诗》是对

富儿的抨击”。其实，此例中“祇承”仍用于民对官布置的任务的承担，因此使用表敬词并无不妥，至于语境中富儿有没有敬义，并不重要。再说此句中“祇承”前还有一个“难”字，整句说富儿不会恭敬的承办并没有问题。

(86)明日早起过案，必是更着一顿。杖十已上关天，去死不过半寸。但办脊背**祇承**，何用密箄相髎。(《敦煌变文校注·燕子赋》)

此例中“祇承”的对象是杖打，但并不能因此说“祇”就不表敬义，因为对老百姓来说，即便承受官家的惩罚也是要用敬语的，正如皇帝要杀大臣，大臣还要谢恩一样。

祇领

领受义，一般用于从上级或官方领取，如：

(87)**祇领**华缄，具钦隆指。(金佚名《大金吊伐录》卷四)

(88)御札文书官李文辅恭捧至臣私寓，臣谨**祇领**。(《明神宗显皇帝实录》卷二〇六)

此二例用于较庄重的场合，表敬义很明显。

(89)麻惊嗟久之，而遣介委曲附谢云：“吾家福退，钱归有德，出于天授。今复往取，违天理而非人情，不敢**祇领**也。”(南宋何薳《春渚纪闻》卷二；[1]145)

蒋文举此例，认为“祇”无表敬义，故为词头。其实此例用于州民到官府领取钱财，因而表敬是很自然的。

综观上述进入口语的“祇”与动词的组合，可以发现如下特点：第一，动词均与表敬相关。第一类为人际交往类的动词，主要用于下对上、主对客，使用表敬语素“祇”，是出于人际交往中的礼貌原则，它们在使用过程中表敬义最可能淡化，很多时候仅表示一种礼貌。第二类为侍奉类动词，主要用于对尊者、上级，这类动词表敬义较浓，不过在使用过程中有些泛化为官场用词，因此表敬义变弱，发展成礼貌用语。第三、四类为供应、接受类动词，主要用于下级对上级、民间对官方，故需表敬，但这类词更多的是一种表敬礼仪，内心是否真正含有敬义并不重要。第二，各词大多用于表敬语境，表敬义有强有弱，少数用例不再表敬。

在列举了一些无表敬义的“祗～”组合用例之后①，蒋文（2009：145）特别提到如何判定“祗”是否为词缀：

> 对于“祗”缀的辨识，务必要注意具体的语境，同一词形，其中“祗”或有实义，或无实义都可能存在。

我们认为，强调语境对词义及构词方式判定的作用，无疑是正确的，不过在具体应用时，也要注意两个问题，否则会影响结论的得出：

第一，区分同形异词与一词多义。

同形异词词形相同，但词义之间没有引申关系，因而分属不同的词，结构当分别分析。以“鬼子”为例：

（90）鬼子母及五百**鬼子**周匝围绕。（隋释宝贵合昙无谶译《合部金光明经》卷五）

（91）师栏胸扭住曰：“我这里虎狼纵横，尿床**鬼子**三回两度来讨甚么？”（明居顶《续传灯录》卷三）

第一例“鬼子”指鬼之子，第二例指鬼，前者为偏正式，后者为附加式，它们属同形异词，语境对于确定词义并进而判别它们是否为同一个词至关重要，构词方式的判定当然也离不开语境。②

一词多义词义不同，但各义之间存在引申关系，因而属于同一个词，结构自然也相同。上文中“祗接”“祗应”“祗候”“祗承”等均有多义，但各义之间存在密切联系，因此只是一个词的不同义位，不会引起构词方式的变化。由“祗”与动词组合进入口语的四类词，很多在同一时代或不同时代兼具表敬义较浓、较淡或无表敬义的用例，这种由具体语境所决定的表敬义的强弱和有无不能改变它们同属一词的性质，甚至不能改变它们同属一个义位的性质（参下文论述）。

---

① 这些用例上文已经标出，我们亦随文作了特别分析，其中很多结论与蒋文不同。

② 详参下文“子（后缀）”的相关论述。

第二，区分同形异词和义位变体。

同一义位，在不同语境中可能会产生不同的义位变体①，将义位变体处理作不同词的不同义位，也会造成结论的失当。仔细体会诸家定性为附加式“祇～”类词，它们大多用于人际交往、下级应对上级、平民应对官府、卑者应对尊者等语境，而这样的语境往往需要使用敬词。至于说具体用例中表敬义是强是弱，是有是无，只是词义在不同语境中的义位变体，并未改变词义之根本，因此不能看作不同词的不同义位，它们的构词方式也不会发生变化。关于这一点，现代汉语中的表敬词的使用可以证实。

“奉”是现代汉语中常用的表敬成分，《现代汉语词典》（第7版）收有“奉复、奉达、奉告、奉还、奉劝、奉送、奉迎、奉赠、奉陪”等具有表敬义的词，我们发现，口语中少用的“奉复、奉达、奉赠”等表敬义一般较浓，而口语中常用的“奉告、奉还、奉劝、奉陪”等在不同语境中表敬义则有不同表现：或较浓，表现出真正的敬义；或较淡，仅出于礼貌；更有甚者，不仅不表敬，反而表现出讽刺或较强的敌意。以下举例说明：

奉告

(92)您既将此案处理经过不吝赐告，我也将实情**奉告**，还望老乡亲多加指点，多多关照。②

(93)这种现象，大街小巷问路买东西，只要一听是外地人，要么冷眼相对无可**奉告**，要么就用别人听不懂的粤语骂“臭北佬”。

奉陪

(94)吴天成说：“今天省里打来紧急电话，说有个重要会议，要我参加，今晚就要出发。我得先走一步，不能**奉陪**各位尽兴了。”

(95)晓声下面的呵斥就更令人惊讶万分了，“要文的，要武的，我都**奉陪**。”

① 义位与义位变体参蒋绍愚《古汉语词汇纲要》，商务印书馆，2005。

② 此例取自北京大学CCL语料库，下各例同。

奉劝

(96)虽然有了圆满与幸福的结局,但国明和秀丽还是<u>奉劝</u>少男少女们,凡事三思而后行。

(97)<u>奉劝</u>英方不要再玩诡计、使花招,也不要在对抗的道路上走下去。

奉还

(98)一个农民的儿子,我掌握的科学技术是人民给的,应该不讲代价地<u>奉还</u>给人民。

(99)他以前对社员们做过什么,如今社员们都如数<u>奉还</u>。

奉送

(100)每逢老辈寿庆,晚辈常常<u>奉送</u>寿桃;辞旧迎新的春节,家家门前要挂桃符,祈求平安。

(101)马威冷笑了一声,看准茅先生的脸,左右开花,<u>奉送</u>了两个嘴巴。

以上各词均有两个用例,前一用例具有表敬义,有些较强烈,而有些仅出于礼貌,后一用例不仅无表敬义,相反多表达讽刺和敌意,但我们不会因此将例中的"奉~"看作两个词,也不会看作同一个词的不同义位,更不会因后一例中的"奉"没有表敬义,而将它们看作前缀。

据此,我们认为:本文所举具体语境中存在表敬义强弱、有无差异的"祇~"类词,构词方式并无不同:与同义或近义形容词构成的组合为并列式,与名词构成的组合为动宾式,与动词构成的组合为偏正式。"祇"作为表敬构词成分进入口语,表敬义确有淡化,但并未发展成词缀。

自

20世纪80年代后期至21世纪初,以刘瑞明、蒋宗许为代表的主词缀派与以姚振武为代表的反词缀派就"自"的性质进行了激烈讨论,多数学者接受了"自"为词缀的观点。蒋宗许先生(2009:38—46)详细介绍了学术界有关"自"的讨论过程,并在列举了"自"的诸多用例之后,对其产生时代及其在后代的发展使用情况作了讨论(2009:180—188)。

近几年,我们对“自”的讨论进行了全面审视,发现其中存在很多问题,因此对它的功能、性质进行了全面考察,我们认为:“自”是一个义项众多、功能多样的语言成分,将“自”定性为词缀证据不足。因篇幅过大,我们将专书展现“自”的考辨过程,此处仅分类介绍相关结论,每类举一个用例。

我们共搜集到诸家所举“自”作词缀的用例449例,除去2例有误者,实际讨论447例,依据“自”在组合中的意义及功能,归入十四个类别:

一、“自己、亲自”义

涉及194例,如:

(1)郑玄家奴婢皆读书。尝使一婢,不称旨,将挞之。**方自**陈说,玄怒,使人曳著泥中。(《世说新语·文学》第3条;[25]212;[18]31)

诸多学者将“方自”看作附加式合成词,我们以为不当。“自”当与“陈说”搭配,“自陈说”即“自陈”,文献中尚有其他用例,如:

(2)弼**自陈说**良久,并遣至府检阅,方信。(《太平广记》卷三六〇)

(3)和**自陈说**,断计决分,守全孤弱。(《太平御览》卷四四一)

此二例“自陈说”置于主语之后,“自”复指主语,显然不能看作词缀。当“自”前为单音节修饰性词语时,“自陈说”的性质及意义并未改变,“自”仍指主语,可比较以下用例:

(4)衍、跻等惧死,**多自陈说**,惟范神色俨然,意气自若,顾呵之曰:“今日之事,何复纷纭!”(《晋书·石勒载记上》)

(5)云为军人所得,攸之召与语,声色甚厉,云容貌不变,**徐自陈说**。(《梁书·范云传》)

上举《世说新语》中的用例亦如此用,指奴婢自我陈说,自我辩解。

“自”表自己、亲自乃其常用义,误判主要出现在“X+自+动词”结构中,动词为双音者误判更多。究其原因,诸家解读时多受音步切分影响而将“自”归属于前,同时对“自”的古今语序及用法差异了解不够,而误将“自”定性为后缀。

二、"各自"义

涉及7例,如:

(6)今淝水、沱水,天下亦多,先儒皆自有解。(北宋沈括《梦溪笔谈》卷三)([15]58;[1]186)

有学者以"皆自"为附加式,当误。"自有解"即各自有解,可比较以下诸例:

(7)即文九年"秋,八月,曹伯襄卒",冬,"葬曹共公";昭十八年"春,王三月,曹伯须卒","秋,葬曹平公"之属是也。其有卒葬在日月下者,不蒙日月矣。其文各自有解。(《春秋公羊传注疏·庄公》卷八)

(8)谓《春秋》上下,大夫见执,例不举地,即下六年"秋,晋人执宋行人乐祈黎";七年秋,"齐人执卫行人北宫结"之属是也。若然,成十六年"九月,晋人执季孙行父,舍之于招丘",彼传自有解。(《春秋公羊传注疏·定公》卷二五)

(9)其亲迎时者,即庄二十四年"夏,公如齐逆女";庄二十七年冬,"莒庆来逆叔姬"之属是也。有不如此者,别见义,即文四年"夏,逆妇姜",成十四年"秋,叔孙侨如"之属是也。当文自有解,不能逆说也。(《春秋公羊传注疏·隐公》卷二)

(10)其书之也,卒月葬时,文九年"秋,八月,曹伯襄卒";冬,"葬曹共公"者是也。今卒日葬月者,正以敬老重恩故也。云云之说,当文皆自有解。(《春秋公羊传注疏·桓公》卷五)

此四例或"自有解"独用,或作"各自有解",或作"皆自有解","自有解"义并无不同,"自"均当解为"各自",而上举《梦溪笔谈》例与此用法并无不同。

"自"之各自义语义来源明确,独用用例众多,误判多因此义未被认知而引起。

三、"别、另"义

涉及10例,如:

(11)唯此一样光透,其他鉴虽至薄者皆莫能透。意古人别自有术。

（北宋沈括《梦溪笔谈》卷一九；[15]58；[1]187）

“自”有别另义，有独用例，亦有“别自”“自别”组合用例，如：

（12）张说非也。越裳自是国名，非以袭衣裳始为称号。（《汉书·贾捐之》“越裳氏重九译而献”，颜师古注）

（13）马脑非石非玉，自是一类，有红白黑色三种，亦有其纹如缠丝者。（北宋唐慎微《证类本草》卷四）

（14）名曰禁钱，以给私养，自别为藏。（《汉书·百官公卿表上》颜师古注引应劭曰）

（15）《汉书》旧无注解，唯服虔、应劭等各为音义，自别施行。（唐颜师古《汉书》叙例）

（16）父钦，习《左氏春秋》，事黎阳贾护，与刘歆同时而别自名家。（《后汉书·陈元传》）

“自”之别、另义语义来源明确，独用用例同样很多，误判多因此义未被认知而引起。

四、“空、徒”义

涉及28例。如：

（17）君在天一方，寒衣徒自香。（唐王勃《秋夜长》；[37]340）

“自”有空、徒义，由自己义引申而来：强调自己，不凭借外物，不受外物干扰，与外物无关即为空、徒义，此举几例对文用例：

（18）名不徒生，而誉不自长。（《墨子·修身》）

（19）玄鹤徒翔舞，清角自浮沉。（南朝梁江淹《清思诗》）

（20）别馆琴徒语，前洲鹤自群。（唐皎然《夏日题郑谷江上纳凉馆》）

此类“自”在诗歌中用例极多，大量对文材料可以证实此义的存在。由于未明“自”有“空、徒”义，再加上相关组合多无同义倒序搭配，故而被定性为附加式。我们利用对文、比较等多种手段，证实这些组合与独用的“自”用法相同，同时分析了它们无同义倒序组合的原因。

五、“但、只”义

涉及3例，如：

(21)无情休问，许多般事，且自访梅踏雪。（南宋辛弃疾《永遇乐·赋梅雪》；[28]7）

“自”单用有“但”“只”义，如《魏书·裴叔业传》：“真度答书，盛陈朝廷风化惟新之美，知卿非无款心，自不能早决舍南耳。”唐高彦休《唐阙史》卷下：“一朝士戏曰：‘此猪有语否？’对曰：‘有之，人自不能谕也。’”《金瓶梅》七五回：“你便就攮着头儿说：‘别人不知道，自我晓的。’”七五回：“自家打滚撞头，鬏髻跺遍了，皇帝上位的叫。自是没打在我脸上罢了！”“且自”组合，与“且只”同义，可比较以下用例：

(22)我这几日身子不快，怎么连不连的眼跳，不知有甚么事来？且只静坐，听他便了。（《全元杂剧·石君宝〈鲁大夫秋胡戏妻〉》第二折）

(23)长者曰：“既足下国之将，吾争忍受此之名利？你且只隐吾宅中，今长安我探虚实。”（《全相平话五种·前汉书平话卷上》）

以下三例可明显看出“自”之义：

(24)师父不必挂念，少要心焦，且自放心前进，还你个功到自然成也。（《西游记》第三六回）

(25)夫人处有我在此，你自放心去罢。（《全元杂剧·白朴〈裴少俊墙头马上〉》第一折）

(26)我知道了，等他来时，我则说不下单客，回了他去，你自放心的睡。（《全元杂剧·无名氏〈朱砂担滴水浮沤记〉》第一折）

此义源于“自”之空、徒义，主词缀说者否认，故而误判。

六、“本来”义

涉及26例，如：

(27)王本自有一往隽气，殊自轻之。后孙与支共载往王许，王都领域，不与交言。（《世说新语·文学》36条；[25]213；[4]71；[2]351）

“自”之本来义乃其常义，诸家所举用例多属同义复合，由于很多没有同义倒序词，因而被诸家定性为附加式。我们对“本自”进行了详细考察，发现它在佛典中有很多同义倒序用例，且用法灵活。如：

(28)舍利弗！法轮**自本**清无所有，谁有断法轮者？（东晋祇多蜜译《佛说宝如来三昧经》卷下）

(29)究竟一相义，性**自本**虚寂，常想无起灭，有余及无余。（姚秦竺佛念译《菩萨从兜术天降神母胎说广普经》卷一）

中土文献未见同义倒序组合，主要原因有：1.“自本”搭配，“自”常用作介词，而“本”则作名词表“根本”，充当“自”的宾语或作定语引入中心词；2.当“自本”出现于句中时，由于“自”通常位于主语之后，常可解作自己；3.“本自”在中土文献中早有用例，常表“本出自”，“本自”成词或受这种用法影响。

七、“开始”义

有3例或属此类，如：

刚自

(30)保柱**刚自**一怔，已给他冲到面前。（梁羽生《七剑下天山》130页；[16]59；[1]187）

有学者将“刚自”看作附加式，可商。例中“刚自”乃刚刚、刚始义，似始见于明清小说，且主要集中于《古本水浒传》及《广陵潮》，如：

(31)扈成胜了一阵，好不有兴，**刚自**收兵，栾廷玉已随后赶到，扈成禀说胜利情形，栾廷玉也自喜悦。（《古本水浒传》第五回）

(32)二人拔步就走，**刚自**拐弯过去，只见对面又有两人，杨雄、石秀直抢上前。（《古本水浒传》第三一回）

(33)**刚自**沉吟，早看见面前轿子已抬入一座高大洋房里，门头上隐隐露着几个大字，是大观楼安寓客商。（民国李涵秋《广陵潮》第二九回）

(34)说着就想撑起身子，谁知**刚自**撑起，倏又倒了。（《广陵潮》第四三回）

“自”有始义，“刚自”可看作同义复合。同义的“刚始”亦有用例，如：

(35)王刚权知泰州，已于十二月初六日入城，则泰州破之日，**刚始**被命，而未权州也。(南宋李心传《建炎以来系年要录》卷一九四)

(36)近日大哥至京，整理旧业，因得母亲凶问，**刚始**离京。(明冯梦龙《醒世恒言》第六回)

值得注意的是，“刚自”产生较迟，且主要集中于特定文献，其产生或许与方言有关，其构词理据亦或另有他途。

八、“自然”义

涉及55例，多属解读不当。如：

(37)才有一毫计较之心，便是人欲。若只循个天理做将去，德**便自**崇。才有人欲，便这里做得一两分，却那里缺了一两分，这德便消削了，如何得会崇。(《朱子语类》卷四二；[27]66)

从文句可知，“循个天理做将去”与德之崇显然有事理上的因果关系，“自”解作自然全无问题。《朱子语类》中的以下两个用例亦可证实这一点：

(38)当思“先事后得”，如何可以崇德。盖不可有二心。一心在事，则德**自崇**矣。(卷四二)

(39)“利用安身”亦疑与“崇德”不相关，然而动作得其理，则德**自崇**。天下万事万变，无不有感通往来之理。(卷七六)

“德便自崇”与此二例“则德自崇”显然同义，“自崇”即自然会高尚。

我们对此类用法进行了细致分析，将其分为三类：1.用于客观事理上存在因果推导关系的语境中；2.用于主观推测某事将来自然会发生或主观上决定必然做某事；3.事物不受外力作用自然呈现某种动作或状态。

九、“实”义

涉及42例，如：

(40)王右军与谢公诣阮公，至门语谢：“故当共推主人。”谢曰：“推人**正自**难。”(《世说新语·方正》61条；[25]212)

句中“正自”乃确实义，“自”的性质可通过以下用例感知：

(41)彦伯已入，殊足顿兴往之气。故知捶挞**自难**为人，冀小却当复差耳。(《世说新语·品藻》79条)

(42)如贲之例，皆不满志，任之则不逊，致之则怨，**自难**信也，非我弃之。(《北史·卢贲传》)

以上二例“自难”均表“实难”。

(43)翥惶惧忘讳，对曰：“向有醉胡乘马驰入，甚呵御之，而不可与语。”勒笑曰：“胡人**正自难**与言。”(《晋书·石勒载记下》)

(44)昕曰：“楼罗，楼罗，**实自难**解。时唱染干，似道我辈。”(《北史·王昕传》)

以上二例“正自难”“实自难”及上举《世说新语》例“正自难”均表确实难，它们与上举二例中独用的“自难”并无实质区别。

“自”之实义来自“自”之“自然”义，主要用于两类语境：1.列举一些事实，以“自”确认某种情况确实存在；2.用于存在转折或对立义的句子中，以“自”揭示实际与表象不同。诸家所举用例多为同义复合，由于它们无同义倒序词，故被定性为附加式。这些词无倒序组合，主要有三个原因：1.它们的使用时间和使用范围都有很大限制；2.除少数几个组合外，大多很少使用；3.“自”前成分一般都有动词用法，倒序之后，通常会作别解，有些组合还十分常用，如“自固”“自正”。

十、“即、乃”义

涉及1例，如：

(45)时王告曰：“可小停住，吾体疲极，欲小止息。”时，长生太子**即自**停住，使王懈息。(东晋瞿昙僧伽提婆译《增壹阿含经》卷一六；[3]157)

有学者将“自”看作音节成分，我们以为“即自”当解作同义复合，表承接。下面二例可以佐证：

(46)昔有放牛人，在大泽中，见有金色华光明善好，**自即**生念：「佛去此不远当取供养。(姚秦三藏法师鸠摩罗什译《众经撰杂譬喻》卷上)

(47)以头指向前申之，指一切病**即**差，指一切鬼魅**自**伏，指江海面**自**

即竭。(失译《阿咤婆拘鬼神大将上佛陀罗尼经》)

例(46)"自即"乃"即自"倒序词,意义相同。例(47)"即""自""自即"对应使用,明显同义。

十一、"已经"义

涉及27例,如:

(48)兄文章已自行天下,多少无所在;且用思困人,亦不事复及以此自劳役。(西晋陆云《与兄平原书》)([4]73;[1]181)

"自"独用有已义,很多学者论及,但主词缀说者坚决否认。以下举两例"已自"的倒序词,以证其为同义复合:

(49)如其辞列,则与风闻符同。超宗罪自已彰,宜附常准。(《南齐书·谢超宗传》)

(50)希有清净智慧人,善顺于诸世间法,自已该通一切论,复更来入我学堂。(隋阇那崛多译《佛本行集经》卷一一)

"自"之已经义源于其本来义。

十二、"仍、尚"义

涉及35例,如:

(51)时去苒荏,岁行复半,悲此推移,终然何及。渐已欲热,想自如常。(西晋陆云《与杨彦明书》);[15]57;[17]461;[1]184)

句中"想"表希望,乃魏晋时期书信常用词。"如常"常用以表身体状况,是一种比较理想的状态,如:

(52)此雨过,得十日告,知君如常,吴兴转胜,甚慰。(东晋王羲之《杂贴》)

(53)想亲亲悉如常。敬豫何当来耶?道祖故未善差,恒在尚书不?见来多日。(东晋郗愔《杂帖》)

"自如常"即仍如常,常搭配使用,如:

(54)盐渎严昕与数人共候佗,适至,佗谓昕曰:"君身中佳否?"昕曰:"自如常。"佗曰:"君有急病见于面,莫多饮酒。"(《三国志·魏书·华佗传》)

(55)妇人月经一月再来者,经来,其脉欲自如常。(《西晋王熙《脉经》卷九》)

(56)敦顿首顿首,蜡节忽过,岁暮感悼伤悲,今邑邑,想自如常。(东晋王敦《书》)

"自如常"即仍如常,"想自如常"指希望某人仍如常,乃美好的祝愿、期望。"自"之尚义由"自"之本来义引申而来。

十三、"从"义

仅1例,乃分析疏误造成:

(57)张敬夫曰:"圣人、君子以学言,善人、有恒者以质言。"愚谓有恒者之与圣人,高下固悬绝矣,然未有不自有恒而能至于圣者也。(《朱子语类》卷四;[27]66)

有学者以"不自"为附加式,可商。此例"自"当为从义,与下文"至"搭配,表通过"有恒"而达到"圣"。

十四、"虽然、即使"义

涉及3例,如:

(58)但某虽自年幼,也览亡父兵书,若逢引龙出水阵,须排五虎拟山阵。(《敦煌变文集·韩擒虎话本》;[26]19;[15]58;[1]181)

"自"有虽义,得到诸家认同,但仍有学者将例中"自"看作词缀,原因是没有同义倒序组合"自虽",我们检索文献,发现同义的"自虽"用例虽少,但并非没有①:

① 佛典中有很多"自虽",但多表"自己虽然",如唐般若译《大乘理趣六波罗密多经》卷五:"设复有人,自虽虚诳憎诳语人,见实语者心亦欢喜。"文献中"虽自"用例亦很多,"自"同样多表"自己"。

(59)今之所以知古,后之所以知今,不可口传,必凭诸史。自虽二帝三王之盛,若不存纪录,则名氏年代,不闻于兹,功德事业,无可称道焉。(唐韩愈《进顺宗皇帝实录表状》)

(60)夫以近世风俗之流靡,自虽士大夫之才,势足以进取,而朝廷尝奖之以礼义者,晚节末路,往往怵而为奸,况又其素所成立,无高人之意,而朝廷固已挤之于廉耻之外,限其进取者乎?(北宋王安石《上仁宗皇帝言事书》)

(61)故人得私其智力,以逐于利而穷其欲。自虽蛮夷湖海山谷之聚,大农富工豪贾之家,往往能广其宫室,高其楼观,以与通邑大都之有力者,争无穷之侈。(北宋王安石《抚州通判厅见山阁记》)

十五、表论断用法

涉及 12 例,如:

(62)风景不殊,正自有山河之异。(《世说新语·言语》31 条;[10]291;[25]211;[26]17;[4]71)

“自”可表论断,相当于“是”,文献中相关异文很多,可能是因为音近而混用。上举用例“正自”乃“只是”义,“正自”与“正”存在差异:和“只”义有关的“正自”均表只是,而独用的“正”则有不可解作“只是”的用法,如:《世说新语·自新》第 1 条:“乃自吴寻二陆,平原不在,正见清河。”《北齐书·神武帝纪上》:“此正可统三千骑以还,堪代我主众者唯贺六浑耳。”

附录：本书所讨论用例出处

[1]蒋宗许　2009　《汉语词缀研究》，巴蜀书社。

[2]王云路　2010　《中古汉语词汇史》，商务印书馆。

[3]朱庆之　1992　《佛典与中古汉语词汇研究》，台湾文津出版社。

[4]白振有、蒋宗许　1990　《词尾“自”臆说》，《延安大学学报》（社会科学版）第 4 期。

[5]曹广顺　1995　《近代汉语助词》，语文出版社。

[6]董志翘、蔡镜浩　1994　《中古虚词语法例释》，吉林教育出版社。

[7]董志翘、冯青　2019　《世说新语笺注》，江苏人民出版社。

[8]葛佳才　2003　《谈词尾“手”的虚化》，《语言研究》第 2 期。

[9]呼叙利　2007　《副词后缀“为”例释》，《西南交通大学学报》（社会科学版）第 1 期。

[10]江蓝生　1988　《魏晋南北朝小说词语汇释》，语文出版社。

[11]江蓝生、曹广顺　1997　《唐五代语言词典》，上海教育出版社。

[12]蒋绍愚　1980　《唐诗词语札记》，《北京大学学报》（哲学社会科学版）第 3 期。

[13]蒋绍愚　1983　《唐诗词语札记（二）》，《语言学论丛》第 10 辑

[14]蒋宗许　1990　《也谈词尾“复”》，《中国语文》第 4 期

[15]蒋宗许　1992　《词尾“自”再说》，《古汉语研究》第 3 期。

[16]蒋宗许　1992　《试论变文中的词尾“即”》，《敦煌研究》第 1 期。

[17]蒋宗许　1994　《再说词尾“自”和“复”》，《中国语文》第 6 期。

[18]蒋宗许　1995　《词尾“自”“复”续说》，《绵阳师范高等专科学校学报》第 4 期。

[19]蒋宗许　2004　《论中古汉语词尾"当"》,《古汉语研究》第2期。

[20]李小军　2010　《副词后缀"为"的形成》,《宁夏大学学报》(人文社会科学版)第5期。

[21]梁银峰　2009　《现代汉语"X来"式合成词溯源》,《语言科学》第4期。

[22]刘红梅　2009　《〈世说新语〉中双音节副词词尾"自、复"演变特点刍议》,《谈古论今》第2期。

[23]刘慧　2001　《唐五代时期的词尾"头"》,《江苏教育学院学报》(社会科学版)第2期。

[24]刘瑞明　1987　《助词"复"续说》,《语言研究》第2期。

[25]刘瑞明　1989　《〈世说新语〉中的词尾"自"和"复"》,《中国语文》第3期。

[26]刘瑞明　1989　《词尾"自"类说》,《语文研究》第4期。

[27]刘瑞明　1997　《词尾"自"和"复"的再讨论》,《绵阳师范高等专科学校学报》第1期。

[28]刘瑞明　1998　《"自"词尾说否定之再否定》,《绵阳师范高等专科学校学报》第2期。

[29]刘瑞明　2006　《近代汉语词尾"生"源流详说》,《励耘学刊》第2期。

[30]刘文正　2017　《"行V"构式的构式化和构式变化》,《汉语史学报》第17辑。

[31]石锓　1996　《近代汉语词尾"生"的功能》,《古汉语研究》第2期。

[32]万久富、王芳　2006　《中古汉语中的词尾"当"》,《西南民族大学学报》(人文社科版)第3期。

[33]王力　2003　《汉语史稿》,中华书局。

[34]王萍　2012　《简论〈世说新语〉的"复"字用法》,《语文学刊》第8期

[35]王晓玉　2019　《中古"X用"类副词的产生与发展》,《中国语文》第6期。

[36]王兴才　2009　《"然"的词尾化考察》,《汉语学报》第3期。

[37]王锳　1986　《诗词曲语辞例释》,中华书局。

[38]王云路、郭颖　2005　《试说古汉语中的词缀"家"》,《古汉语研究》第

1 期。

[39]魏兆惠、郑东珍　2007　《论古汉语词缀“头”》，《语言研究》第 2 期。

[40]张永言　1992　《世说新语辞典》，四川人民出版社。

[41]张振羽　2006　《杜甫诗中的附加式副词及相关问题论略》，《怀化学院学报》第 9 期。

[42]赵湜　1985　《词尾“头”溯源》，《吉林师范学院学报》(哲学社会科学版)第 1—2 期。

参考文献

著作

曹广顺　1995　《近代汉语助词》，语文出版社。

陈光磊　2001　《汉语词法论》，学林出版社。

陈秀兰　2002　《敦煌变文词汇研究》，四川民族出版社。

程俊英、蒋见元　2006　《诗经注析》，中华书局。

崔山佳　2018　《吴语语法共时与历时研究》，浙江大学出版社。

董秀芳　2002　《词汇化——汉语双音词的衍生和发展》，四川民族出版社。

董秀芳　2004　《汉语的词库与词法》，北京大学出版社。

董志翘　2002　《观世音应验记三种》，凤凰出版社。

董志翘、蔡镜浩　1994　《中古虚词语法例释》，吉林教育出版社。

董志翘、冯青　2019　《世说新语笺注》，江苏人民出版社。

方一新　1997　《东汉魏晋南北朝史书词语笺释》，黄山书社。

方一新、高列过　2012　《东汉疑伪佛经的语言学考辨研究》，人民出版社。

冯春田　2000　《近代汉语语法研究》，山东教育出版社。

冯胜利　1997　《汉语的韵律、词法与句法》，北京大学出版社。

韩兆琦　2017　《史记笺证》，江西人民出版社。

黄晖　1996　《论衡校释》，中华书局。

黄征、张涌泉　1997　《敦煌变文校注》，中华书局。

江蓝生　1988　《魏晋南北朝小说词语汇释》，语文出版社。

蒋礼鸿　1987　《义府续貂（增订本）》，中华书局。

蒋礼鸿　1997　《敦煌变文字义通释》,上海古籍出版社。

蒋绍愚　1994　《近代汉语研究概况》,北京大学出版社。

蒋绍愚　2005　《古汉语词汇纲要》,商务印书馆。

蒋绍愚、曹广顺　2005　《近代汉语语法史研究综述》,商务印书馆。

蒋宗许　2009　《汉语词缀研究》,巴蜀书社。

蒋宗许　2009a　《语文鸿泥》,巴蜀书社。

刘传鸿　2018　《中古汉语词缀考辨》,北京大学出版社。

刘坚等　1992　《近代汉语虚词研究》,语文出版社。

刘淇　2004　《助字辨略》,中华书局。

刘叔新　2005　《汉语描写词汇学》,商务印书馆。

柳士镇　1992　《魏晋南北朝历史语法》,南京大学出版社。

陆志韦　1957　《汉语的构词法》,科学出版社。

吕叔湘　1948　《开明文言读本》,开明书店。

吕叔湘　1979　《汉语语法分析问题》,商务印书馆。

吕叔湘　2000　《现代汉语八百词(增订本)》,商务印书馆。

马建忠　1983　《马氏文通》,商务印书馆。

潘允中　1982　《汉语语法史概要》,中州书画社。

潘重规　1994　《敦煌变文集新书》,文津出版社。

裴学海　2004　《古书虚字集释》,中华书局。

任学良　1981　《汉语造词法》,中国社会科学出版社。

阮咏梅　2013　《温岭方言研究》,中国社会科学出版社。

崔山佳　2018　《吴语语法共时与历时研究》,浙江大学出版社。

石汝杰　2009　《吴语文献资料研究》,[日本]好文出版。

宋开玉　2008　《明清山东方言词缀研究》,齐鲁书社。

太田辰夫著,蒋绍愚、徐昌华译　2003　《中国语历史文法》,北京大学出版社。

汪维辉　2017　《东汉—隋常用词演变研究(修订本)》,商务印书馆。

魏培泉　2004　《汉魏六朝称代词研究》,“中央研究院”语言学研究所。

王福堂　2015　《绍兴方言研究》,语文出版社。

王力　1990　《汉语语法史》,《王力文集》第11卷,山东教育出版社。

王力　2001　《古代汉语》,中华书局。

王力　2003　《汉语史稿》,中华书局。

王力　2015　《中国语法理论》,中华书局。

王叔岷　2007　《古籍虚字广义》,中华书局。

王引之　2000　《经传释词》,江苏古籍出版社。

王锳　1986　《诗词曲语辞例释》,中华书局。

王云路　1997　《汉魏六朝诗歌语言论稿》,陕西人民教育出版社。

王云路　2010　《中古汉语词汇史》,商务印书馆。

王云路、方一新　1992　《中古汉语语词例释》,吉林教育出版社。

吴昌莹　1983　《经词衍释》,中华书局。

吴福祥　1996　《敦煌变文语法研究》,岳麓书社。

向熹　1987　《诗经语言研究》,四川人民出版社。

向熹　1993　《简明汉语史》,高等教育出版社。

项楚　2000　《寒山诗注(附拾得诗注)》,中华书局。

萧旭　2007　《古书虚词旁释》,广陵书社。

邢福义　1991　《现代汉语》,高等教育出版社。

徐仁甫　1981　《广释词》,四川人民出版社。

徐震堮　1984　《世说新语校笺》,中华书局。

杨伯峻　1981　《古汉语虚词》,中华书局。

杨伯峻、何乐士　1992　《古汉语语法及其发展》,语文出版社。

杨树达　1978　《词诠》,中华书局。

杨树达　2007　《汉书窥管》,湖南教育出版社。

杨勇　2006　《世说新语校笺》,中华书局。

余嘉锡　2007　《世说新语笺疏》,中华书局。

俞理明　1993　《佛经文献语言》,巴蜀书社。

袁宾　1992　《近代汉语概论》,上海教育出版社。

张惠英　2009　《崇明方言研究》,中国社会科学出版社。

张静　1987　《汉语语法问题》,中国社会科学出版社。

张相　1997　《诗词曲语辞汇释》,中华书局。

赵元任　1979　《汉语口语语法》,商务印书馆。

郑奇夫　2007　《汉语前缀后缀汇纂》,浙江大学出版社。

志村良治　1995　《中国中世语法史研究》,江蓝生、白维国译,中华书局。

周法高　1960　《中国古代语法·称代篇》,(台北)"中央研究院"历史语言研究所。

周法高　1962　《中国古代语法·构词编》,(台北)"中央研究院"历史语言研究所。

周荐　2004　《汉语词汇结构论》,上海辞书出版社。

周志锋　2012　《周志锋解说宁波话》,语文出版社。

朱德熙　1982　《语法讲义》,商务印书馆。

朱广祁　1985　《诗经双音词论稿》,河南人民出版社。

朱庆之　1992　《佛典与中古汉语词汇研究》,台湾文津出版社。

朱彰年、薛恭穆等原著,周志锋、汪维辉修订　2016　《阿拉宁波话》,宁波出版社。

字典辞书

白维国　2015　《近代汉语词典》,上海教育出版社。

鲍士杰　1998　《杭州方言词典》,江苏教育出版社。

曹志耘　1996　《金华方言词典》,江苏教育出版社。

汉语大字典编辑委员会　2010　《汉语大字典》(第 2 版),崇文书局、四川辞书出版社。

江蓝生、曹广顺　1997　《唐五代语言词典》,上海教育出版社。

蒋礼鸿　1994　《敦煌文献语言词典》,杭州大学出版社。

罗竹风　1986—1994　《汉语大词典》,汉语大词典出版社。

社科院语言所词典编辑室　2018　《现代汉语词典》(第 7 版),商务印书馆。

石汝杰、宫田一郎[主编]　2005　《明清吴语词典》,上海辞书出版社。

汤珍珠、陈忠敏、吴新贤　1997　《宁波方言词典》,江苏教育出版社。

许宝华、宫田一郎[主编]　1999　《汉语方言大词典》,中华书局。

张万起　1993　《世说新语词典》,商务印书馆。

张永言　1992　《世说新语辞典》,四川人民出版社。

钟兆华　2015　《近代汉语虚词词典》，商务印书馆。

朱景松　2007　《现代汉语虚词词典》，语文出版社。

论文

白平　1996　《“其”非词头辨》，《山西大学学报》（哲学社会科学版）第2期。

白兆麟　1991　《衬音助词再论》，《中国语文》第2期。

白振有、蒋宗许　1990　《词尾“自”臆说》，《延安大学学报》（社会科学版）第4期。

毕然　2023　《“有如”结构溯源》，《语言研究》第4期。

蔡英杰　1997　《“有夏”等的“有”字意义再认识》，《河南大学学报》（社会科学版）第4期。

曹广顺　1990　《魏晋南北朝到宋代的“动＋将”结构》，《中国语文》第2期。

曹翔　2007　《“鬼子”释义考辨》，《语言研究》第4期。

曹耘（曹志耘）　1987　《金华汤溪方言的词法特点》，《语言研究》第1期。

岑麒祥　1956　《关于汉语构词法的几个问题》，《中国语文》第12期。

陈宝勤　2004　《试论汉语词头“阿”的产生与发展》，《古汉语研究》第1期。

陈昌来、张长永　2010　《时间词“将来”的词汇化历程及其指称化机制》，《鲁东大学学报》第5期。

陈昌来、张长永　2010　《“由来”的词汇化历程及其相关问题》，《世界汉语教学》第2期。

陈建裕　1997　《也谈〈世说新语〉中的“复”尾》，《南都学刊》第4期。

陈娇、史光辉　2013　《“行＋X”的语法化》，《贵州师范大学学报》第2期。

陈丽敏　2009　《浅释〈诗经·小雅〉中的“其”字的用法》，《延安职业技术学院学报》第6期。

陈凌　2007　《“有夏”的“有”》，《保定师范专科学校学报》第3期。

陈年高　2009　《〈诗经〉“于V”之“于”非词头说》，《古汉语研究》第1期。

陈永莉　2003　《形式动词的范围、次类及特征》，《晋阳学刊》第3期。

陈永莉　2006　《形式动词构成的句式及其与“V＋O”句式的变换——兼论变换前后的语用差异》,《语言研究》第3期。

陈永莉　2006　《形式动词后带宾语的多角度研究》,《安徽教育学院学报》第2期。

崔山佳　2012　《词缀“生”补说》,《语言研究集刊》(第9辑),上海辞书出版社。

崔山佳　2016　《后缀“生”历时与共时考察》,《吴语研究》(第8辑),上海教育出版社。

崔山佳　2021　《吴语后缀“生”的演变》,《方言》第2期。

刁晏斌　2004　《试论现代汉语形式动词的功能》,《宁夏大学学报》(人文社会科学版)第3期。

刁晏斌　2004　《形式动词“加以”三题》,《锦州医学院学报》(社会科学版)第2期。

丁声树　1987　《“何当”解》,《历史语言研究所集刊》第11期。

董为光　2002　《称谓表达与词缀“老”的虚化》,《语言研究》第1期。

董秀芳　2005　《汉语词缀的性质与汉语词法特点》,《汉语学习》第6期。

董志翘　2008　《“儿”后缀的形成及其判定》,《语言研究》第1期。

杜铁　2017　《唐五代完成体标记“取”的范围及时制特点》,《语言学论丛》第56辑,商务印书馆。

段茂升　2005　《〈诗·七月〉“于耜、于貉、于茅”之“于”》,《西华师范大学学报》(哲学社会科学版)第2期。

范晓、朱晓亚　1998　《三价动作动词形成的基干句模》,《汉语学习》第6期。

方一新　2005　《20世纪中古汉语词汇研究》,朱庆之编《中古汉语研究(二)》,商务印书馆。

方有国　2009　《〈诗经〉“斯”字研究》,《西南大学学报》(社会科学版)第2期。

封鹏程　2004　《汉语词缀的语义分析》,《语文学刊》第2期。

冯赫　2013a　《“如X许”比拟式与“许”的助词化》,《语言科学》第4期。

冯赫　2013b　《处所词“所”与“许”的关系》,《中国语文》第6期。

冯赫　2013c　《“X所/许”约量表达式与“所”“许”的历时考察》,《汉语学报》第4期。

冯赫　2013d　《汉译佛经领属关系词“所/许”的来源与形成》,《古汉语研究》第1期。

冯赫　2014　《“X所/许”式表量词探源》,《语言研究》第1期。

冯赫　2016a　《样态指示词“如许”“如所”的形成》,《中国语文》第1期。

冯赫　2016b　《“尔所”“尔许”探源》,《古汉语研究》第2期。

冯赫　2018　《指示词“如馨”与“尔馨”的形成》,《中国语文》第3期。

冯赫　2019　《语源、形成与变化——问数词“几所”“几许”的历时考察》,《古汉语研究》第2期。

冯淑仪　1994　《〈敦煌变文集〉和〈祖堂集〉的形容词、副词词尾》,《语文研究》第1期。

付义琴　2004　《浅议〈诗经〉中的“斯”》,《西华师范大学学报》(哲学社会科学版)第2期。

高云海　1998　《“自”和“复”非词尾说质疑》,《中国语文》第4期。

葛佳才　2003　《谈词尾“手”的虚化》,《语言研究》第2期。

谷晓恒　2006　《青海话中的词缀“头”》,《青海民族研究》第4期。

郭良夫　1983　《现代汉语的前缀和后缀》,《中国语文》第4期。

郭作飞　2004　《汉语词缀形成的历史考察——以老、阿、子、儿为例》,《内蒙古民族大学学报》(社会科学版)第6期。

郭作飞　2005　《从历时平面看汉语词缀演化的一般规律——以“老”“子”为例》,《西北农林科技大学学报》(社会科学版)第1期。

郭作飞　2005a　《汉语词缀历时演化略论——以词缀“老”的形成为例》,《河海大学学报》(哲学社会科学版)第2期。

韩陈其　2002　《汉语词缀新论》,《扬州大学学报》第4期。

韩陈其　2005　《浅谈“几乎”类语词的形式联系和语义强度》,《汉语学习》第5期。

何乐士　1988　《〈左传〉的“若”》,《语文月刊》第10期。

何亮　2012　《汉语方言“X来”类时间词探析》,《科学・经济・社会》第4期何亮　2015　《中古汉语双音节“×来”式时间语词再考察》,《励耘语言学刊》第1期。

何融　1954　《汉语动词词尾“将”的研究》,《中山大学学报》第1期。

洪波　1991　《兼指代词的原始句法功能研究》,《古汉语研究》第1期。

洪波、谷峰　2005　《唐宋时期“取”的两种虚词用法的再探讨》,《汉语史学报》第5辑。

洪诚　1964　《王力〈汉语史稿〉语法部分商榷》,《中国语文》第1期。

呼叙利　2007　《副词后缀“为”例释》,《西南交通大学学报》(社会科学版)第1期。

胡朝勋　1991　《〈楚辞〉语间“其”字考释》,《古汉语研究》第2期。

胡敕瑞　2002　《“尔许”溯源——兼论“是所”“尔所”“如所”“如许”等指别代词》,《汉语史学报》第2期。

黄奇逸　1981　《古国族名前的“有”字新解》,《中国语文》第1期。

黄树先　1993　《试论古代汉语动物词的前缀》,《语言研究》第2期。

黄树先　2000　《试论古代汉语 * A—前缀》,《语言研究》第2期。

吉怀康　1984　《也谈词头和词尾——与任学良同志商榷》,《南充师院学报》(哲学社会科学版)第4期。

姜南　2012　《汉译佛经等比标记“如……等/许”探源》,《语言研究》第1期。

蒋冀骋　1994　《隋以前汉译佛经虚词笺识》,《古汉语研究》第2期。

蒋绍愚　1980　《杜诗词语札记》,《语言学论丛》第6辑。

蒋绍愚　1980a　《唐诗词语札记》,《北京大学学报》(哲学社会科学版)第3期。

蒋绍愚　1983　《唐诗词语札记(二)》,《语言学论丛》第10辑。

蒋宗许　1990　《也谈词尾“复”》,《中国语文》第4期。

蒋宗许　1991　《词尾“复”浅论》,《菏泽师专学报》(社会科学版)第1期。

蒋宗许　1992　《词尾“自”再说》,《古汉语研究》第3期。

蒋宗许　1992a　《试论变文中的词尾“即”》,《敦煌研究》第1期。

蒋宗许　1994　《再说词尾“自”和“复”》,《中国语文》第6期。

蒋宗许　1994a　《再说词尾“自”和“复”——“中古汉语研究”系列》,《绵阳师范高等专科学校学报》第 1 期。

蒋宗许 1995 《词尾"自""复"续说》,《绵阳师范高等专科学校学报》第 4 期。

蒋宗许 1997 《词尾"自""复"三说——兼奉姚振武先生》,《绵阳师范高等专科学校学报》第 3 期。

蒋宗许 1999 《古代汉语词尾纵横谈》,《绵阳师范高等专科学校学报》第 6 期。

蒋宗许 2004 《词尾"自""复"三说——兼奉姚振武先生》,《四川理工学院学报》(社会科学版)第 2 期。

蒋宗许 2004a 《关于词尾"复"的一些具体问题》,《中国语文》第 4 期

蒋宗许 2004b 《论中古汉语词尾"当"》,《古汉语研究》第 2 期。

蒋宗许 2006 《中古汉语的"儿"后缀商榷》,《中国语文》第 6 期。

竟成 1994 《也谈汉语前缀"阿"的来源——兼与杨天戈先生商榷》,《华东师范大学学报》第 3 期。

孔德琴 2011 《〈诗经〉"伊"字用法研究》,《淮南师范学院学报》第 2 期。

匡鹏飞 2010 《时间副词"从来"的词汇化及相关问题》,《古汉语研究》第 3 期。

乐建兵、查中林 2011 《"儿已薄禄相,幸复得此妇"中"复"字研究》,《沈阳大学学报》第 3 期。

李昊 2005 《〈焦氏易林〉中的"徒自"、"还自"及副词词尾"自"的演变》,《成都大学学报》第 2 期。

李励 2013 《山东临沂方言词缀"头"研究》,《临沂大学学报》第 4 期。

李莉 2008 《〈孔雀东南飞〉中的词缀"复"和"自"》,《语文教学之友》第 3 期。

李明孝 1992 《词尾"复"、"自"例补》,《语文教学与研究》第 10 期。

李夏树 1981 《〈诗经〉中"其"字用法点滴》,《内蒙古师院学报》(哲学社会科学版)第 2 期。

李小军 2010 《副词后缀"为"的形成》,《宁夏大学学报》(人文社会科学版)第 5 期。

李宇明 1982 《所谓名词词头"有"新议》,《中州学刊》第 3 期。

栗学英　2008　《“手自”之“自”是词缀吗》,《古汉语研究》第3期。

梁银峰　2009　《现代汉语“X来”式合成词溯源》,《语言科学》第4期。

梁银峰　2021　《中古汉语比拟助词“许”和词尾“许”的来源》,《语言研究集刊》第28辑。

林海云　2010　《〈诗经〉中的“斯”字考察》,《古汉语研究》第1期。

林培明　2006　《“湿家”语义考释》,《中医药文化》第4期。

林霞　2002　《南宋时期的词尾“儿”》,《语言研究》特刊。

刘传鸿　2008　《也谈“鬼子”》,《语言研究》第4期。

刘传鸿　2012　《敦煌变文词尾“即”考辨》,《敦煌研究》第5期。

刘传鸿　2012a　《关于词尾“手”的再讨论》,《语言研究》第1期。

刘传鸿　2012b　《释“坐(座)头”》,《温州大学学报》第4期。

刘传鸿　2013　《词缀“云”考议》,《语言研究》第1期。

刘传鸿　2014　《“(太)+形容词+生”组合中“生”的性质及来源》,《中国语文》第2期。

刘传鸿　2014a　《“毒”非词缀考辨》,《语言研究》第2期。

刘传鸿　2014b　《“切”非后缀考辨》,《古汉语研究》第2期。

刘传鸿　2016　《前缀“祗”考辨》,《语言研究》第1期。

刘传鸿　2018　《“试”非词缀辨》,《通化师范学院学报》第3期。

刘传鸿　2021　《中古“副词+用”组合中“用”的性质》,《语言研究》第1期。

刘传鸿、齐艳红　2010　《几个被误作后附加式的“～头”辨正》,《语文知识》第4期。

刘丹青　2002　《汉语中的框式介词》,《当代语言学》第4期。

刘红梅　2009　《〈世说新语〉中双音节副词词尾“自、复”演变特点刍议》,《谈古论今》第2期。

刘慧　2001　《唐五代时期的词尾“头”》,《江苏教育学院学报》(社会科学版)第2期。

刘敬林　2006　《论与“取”字词缀说相反的事实》,《徐州师范大学学报》第2期。

刘盼遂　1928　《世说新语校笺》,《国学论丛》第1卷第4号。

刘瑞明　1987　《古汉语词尾新增三例拟议》,《兰州教育学院学报》第

1 期。

刘瑞明　1987a　《助词“复”续说》,《语言研究》第 2 期。

刘瑞明　1988　《“家”是古汉语中历史悠久的词尾》,《天津师大学报》(社会科学版)第 3 期。

刘瑞明　1988a　《关于词尾“家”的时代和古今关系——与吕叔湘先生等讨论》,《北京社会科学》第 4 期。

刘瑞明　1989　《词尾“自”类说》,《语文研究》第 4 期。

刘瑞明　1989a　《〈世说新语〉中的词尾“自”和“复”》,《中国语文》第 3 期。

刘瑞明　1990　《论“持”“迟”应是古汉语词尾》,《北京社会科学》第 3 期。

刘瑞明　1993　《论“为”字的泛义语法结构及相关误解》,《湖北大学学报》(哲学社会科学版)第 6 期。

刘瑞明　1994　《关于“自”的再讨论》,《中国语文》第 6 期。

刘瑞明　1994a　《再论关于泛义动词“为”的误解》,《庆阳师专学报》(社会科学版)第 3 期。

刘瑞明　1995　《从泛义动词论“取”并非动态助词》,《庆阳师专学报》(社会科学版)第 1 期。

刘瑞明　1996　《“拔”字释义评述——兼论“拔”是词尾》,《辞书研究》第 4 期。

刘瑞明　1997　《词尾“自”和“复”的再讨论》,《绵阳师范高等专科学校学报》第 1 期。

刘瑞明　1998　《“自”词尾说否定之再否定》,《绵阳师范高等专科学校学报》第 2 期。

刘瑞明　1998a　《“自”非词尾说驳议》,《中国语文》第 4 期。

刘瑞明　2006　《近代汉语词尾“生”源流详说》,《励耘学刊》第 2 期。

刘文正　2017　《“行 V”构式的构式化和构式变化》,《汉语史学报》第 17 辑。

刘志生　2000　《论近代汉语词缀“生”的用法及来源》,《长沙电力学院学报》第 2 期。

龙国富　2007　《佛经释词和佛经翻译》,《中国语文通讯》第 81/82 期。

龙国富　2007a　《汉语处所指代词和平比句的一个早期形式及产生的原

因》,《语言科学》第 4 期。

龙国富　2010　《从语言接触看“复”和“自”的语法地位》,《语文研究》第 2 期。

卢烈红　2003　《先秦两汉时期的“云何”》,《语言研究》第 3 期。

鲁国尧　2002　《“颜之推谜题”及其半解(上)》,《中国语文》第 6 期。

鲁国尧　2003　《“颜之推谜题”及其半解(下)》,《中国语文》第 2 期。

逯漓　2003　《从〈论衡〉看词尾“自”的形成》,《焦作师范高等专科学校学报》第 2 期。

骆锤炼、马贝加　2007　《〈诗经〉代词“其”和话题的关系—兼论“其”的语法化》,《语文研究》第 1 期。

骆晓平　1990　《魏晋六朝汉语词汇双音倾向三题》,《古汉语研究》第 4 期。

吕叔湘　1955　《说代词语尾“家”》,《汉语语法论文集》,科学出版社。

吕叔湘　1962　《说“自由”和“粘着”》,《中国语文》第 1 期。

麻爱民　2010　《副词“几乎”的历时发展》,《古汉语研究》第 3 期。

马庆株　1995　《现代汉语词缀的性质、范围和分类》,《中国语言学报》第 6 期。

苗春华　2002　《重庆方言的词缀“头”》,《重庆三峡学院学报》第 6 期。

牟玉华　2004　《〈诗经〉衬字研究》,《乐山师范学院学报》第 6 期。

潘玉坤　2012　《先秦誓盟语“有如 N”解——兼议“有”的助动词用法》,《古汉语研究》第 1 期。

钱添艳　2019　《词缀“自”的语法化考察》,《文教资料》第 36 期。

秦建民、张懋镕　1985　《也谈古国名前的“有”字》,《中国语文》第 4 期。

石锓　1994　《近代汉语词尾“生”的功能及来源》,《丝路学刊》第 4 期。

石锓　1996　《近代汉语词尾“生”的功能》,《古汉语研究》第 2 期。

孙锡信　1990　《元代指物名词后加“们(每)”的由来》,《中国语文》第 4 期。

孙雍长　1982　《〈楚辞〉中词的后缀问题》,《中国语文》第 3 期。

唐艳　2006　《词缀研究中需考虑的几个问题》,《湖南科技学院学报》第 7 期。

唐元发　2010　《“兮”在上古诗歌中的性质与读法》,《浙江工业大学学报》(社会科学版)第 3 期。

田树生　1981　《〈诗经〉“言”字研究》,《语言学论丛》第 7 辑,商务印书馆。

万久富　1997　《词尾“若、尔、如、然、而”的再认识——从“觳觫若”谈起》,《南通师专学报》第 3 期。

万久富、王芳　2006　《中古汉语中的词尾“当”》,《西南民族大学学报》(人文社科版)第 3 期。

汪维辉　1996　《〈世说新语〉“如馨地”再讨论》,《古汉语研究》第 4 期。

王灿龙　2010　《关于“adv＋加＋v”结构中“adv.加”是否成词的问题》,《古汉语研究》第 4 期。

王海英　2002　《共时平面上的现代汉语词缀“老”》,《语言研究》特刊。

王洪君、富丽　2005　《试论现代汉语的类词缀》,《语言科学》第 5 期。

王克仲　1984　《“载”“再”通假与“载 A 载 B”句式》,《中国语文》第 1 期。

王克仲　2003　《是词缀还是助词》,《古汉语研究》第 2 期。

王敏　2022　《安徽舒城方言词缀“头”》,《绥化学院学报》第 3 期。

王敏红　2008　《词缀“生”在绍兴方言中的特殊用法》,《绍兴文理学院学报》(哲学社会科学版)第 3 期。

王萍　2012　《简论〈世说新语〉的“复”字用法》,《语文学刊》第 8 期

王闰吉　2011　《禅录词语释义商补》,《中国语文》第 5 期。

王绍新　1992　《谈谈后缀》,《语言学论丛》第 17 辑,商务印书馆。

王显　1959　《〈诗经〉中跟重言作用相当的“有”字式、“其”字式、“斯”字式和“思”字式》,《语言研究》第 4 期。

王小娟　2019　《浅析兰州方言中的词缀“头”》,《文教资料》第 21 期。

王晓玉　2019　《中古“X 用”类副词的产生与发展》,《中国语文》第 6 期。

王兴才　2009　《“偶尔”的成词与语用考察——兼谈“尔”的词尾化》,《重庆三峡学院学报》第 2 期。

王兴才　2009a　《“然”的词尾化考察》,《汉语学报》第 3 期。

王兴才　2010　《副词后缀“为”的形成及其类推范围》,《古汉语研究》第 2 期。

王云路　1999　《中古诗歌附加式双音词举例》,《中国语文》第 5 期。

王云路　2002　《说“儿”》,《词汇训诂论稿》,北京语言文化大学出版社。

王云路　2002a　《谈“摒挡”及其相关词语的附加式构词特点》,《语言研

究》第1期。

王云路 2007 《试谈韵律与某些双音词的形成》,《中国语文》第3期。

王云路、郭颖 2005 《试说古汉语中的词缀“家”》,《古汉语研究》第1期。

魏兆惠、郑东珍 2007 《论古汉语词缀“头”》,《语言研究》第2期。

魏业群、崔山佳 2016 《诸暨方言量名结构的考察》,《语言研究》第1期。

吴福祥 2001 《南方方言几个状态补语标记的来源(一)》,《方言》第4期。

吴福祥 2002 《南方方言几个状态补语标记的来源(二)》,《方言》第1期。

吴国泰 1963 《〈经传释词〉臆正》,《文史》第2期。

吴娟 2011 《汉译〈维摩诘经〉中“云何”的特殊用法》,《中国语文》第1期。

夏永声 2002 《〈诗经〉的虚字“言”不是动词词头》,《韶关学院学报》(社会科学版)第8期。

向德珍、牛顺心 2006 《“最为”与“最是”》,《湛江师范学院学报》第5期。

向熹 1980 《〈诗经〉里的复音词》,《语言学论丛》第6辑,商务印书馆。

肖旭 1992 《〈诗经〉“言”“薄”“薄言”释义探讨》,《古汉语研究》第3期。

肖旭 1998 《也谈“自”和“复”》,《中国语文》第4期。

徐志林 2012 《“最为”跨层非短语结构的词汇化—兼论“为”类副词的词汇化现象》,《广东第二师范学院学报》第2期。

薛恭慕 1980 《〈楚辞〉中形容词副词的后缀》,《中国语文》第6期。

薛宏武、闫梦月 2011 《“有请”的语法化及有作为主观表达词缀的形成机制》,《汉语学报》第2期。

严慈 2006 《“何许人”的语源、语义考》,《励耘学刊(语言卷)》第2期。

阎德早 1992 《“老”字的称谓化作用》,《语言教学与研究》第3期。

杨贺 2003 《试论前缀“老”的语法化历程及其意义》,《山东科技大学学报》(社会科学版)第2期。

杨荣祥 2002 《副词词尾源流考察》,《语言研究》第3期。

杨天戈　1991　《名词前缀“阿”探源》,《中国语文》第 3 期。

杨文霞　2005　《〈诗经〉中“斯”字的用法考析》,《宝鸡文理学院学报》(社会科学版)第 3 期。

杨锡彭　2003　《关于词根与词缀的思考》,《汉语学习》第 2 期。

姚振武　1993　《关于中古的“自”和“复”》,《中国语文》第 2 期。

姚振武　1997　《再谈中古汉语的“自”和“复”及相关问题——答刘瑞明、蒋宗许先生》,《中国语文》第 1 期。

于建华　2008　《上古汉语词头向中古的发展》,《泰山学院学报》第 5 期。

俞理明　2003　《汉语词汇中的非理复合词——一种特殊的词汇结构类型:既非单纯词又非合成词》,《四川大学学报》(哲学社会科学版)第 4 期。

遇笑容　2006　《梵汉对勘与中古译经语法研究》,《汉语史学报》第 6 期。

张博　1992　《先秦形容词后缀“如、若、尔、然、焉”考察》,《宁夏大学学报》(社会科学版)第 4 期。

张光宇　1994　《吴语在历史上的扩散运动》,《中国语文》第 6 期。

张归壁　1984　《〈诗经〉中动词前之“于”字》,《中国语文》第 5 期。

张仁立　1999　《〈诗经〉中的衬音助词研究》,《语文研究》第 3 期。

张伟芳　2008　《〈宋书〉中词缀“复”的研究》,《长沙铁道学院学报》第 3 期。

张谊生　2015　《从介词悬空到否定副词——兼论“无以”与“难以”的共现与趋同》,《语言教学与研究》第 4 期

张永言　1964　《读〈敦煌变文字义通释〉识小》,《中国语文》第 3 期。

张悦　2006　《中古汉语词缀的辨析》,《山东社会科学》第 7 期。

张振羽　2006　《杜甫诗中的附加式副词及相关问题论略》,《怀化学院学报》第 9 期。

张振羽　2009　《“尤其”的词汇化及相关问题》,《语言科学》第 1 期。

赵锦秀　2016　《晋北平鲁方言类词缀“头”的研究》,《文化学刊》第 9 期。

赵湜　1985　《词尾“头”溯源》,《吉林师范学院学报》(哲学社会科学版)第 1—2 期。

赵晓驰　2004　《中近古新兴词缀例析》,《语文教学与研究》第 1 期。

赵晓驰　2005　《词缀功能刍议》,《西华师范大学学报》(哲学社会科学版)第 2 期。

赵晓驰、赵垚　2004　《一批残留于现代汉语的中近古词缀》，《乐山师范学院学报》第 4 期。

周崇谦　1995　《〈诗经〉"其"字类释》，《张家口大学学报》第 2—3 期。

周晓彦　2016　《中古汉语"复"的词尾化历程及其相关问题》，《大庆师范学院学报》第 4 期。

周元琳　2000　《前缀"老"和"老"缀词语义色彩探微》，《安徽大学学报》第 3 期。

朱城　2001　《"为""试"作动词前缀辨》，《湖北民族学院学报》第 3 期。

朱彦　2010　《创造性类推构词中词语模式的范畴扩展》，《中国语文》第 2 期。

竺家宁　1996　《早期佛经中的派生词研究》，《佛学研究论文集(四)》，佛光山文教基金会。

竺家宁　2005　《中古佛经的"所"字构词》，《古汉语研究》第 1 期。

竺家宁　2005a　《中古汉语的"儿"后缀》，《中国语文》第 4 期。

宗守云　1999　《"老"缀新用》，《语文建设》第 1 期。

学位论文

段茂升　2005a　《古汉语"如、若、然、焉、尔"语法化过程》，西南师范大学硕士学位论文。

李燕妮　2014　《唐五代笔记小说词缀研究》，辽宁师范大学硕士学位论文。

刘小莉　2011　《"X 头"式词语的多角度考察》，上海师范大学硕士学位论文。

任湛明　2011　《〈宋书〉词缀研究》，苏州大学硕士学位论文。

王宁宁　2010　《汉语词缀"老"的研究》，上海师范大学硕士学位论文。

杨虹　2009　《现代汉语形式动词研究》，上海师范大学硕士学位论文。

叶双　2014　《双音节"X 乎"的词汇化和语法化考察——兼论"乎"的词缀化问题》，上海师范大学硕士学位论文。

周晓彦　2017　《"自""复"的词尾化历程及相关问题研究》，辽宁大学硕士学位论文。

后记

2018年，笔者出版了《中古汉语词缀考辨》一书。这是经过八年研究之后的成果，时间虽久，但并不能令我满意：有些问题未能弄清，有些条目未能完成，还有些条目甚至缺少基本的思考。之所以仓促出版，主要是结题的要求。正是因为存在诸多遗憾，书籍出版之后，我并未停止相关研究。经过五年的努力，自觉有了较大进展，故而计划重新出版。因篇幅问题以及“自”“复”研究的特殊性，本次出版分作二书：《中古汉语词缀研究》《中古汉语词缀“自”“复”研究》。

新的成果在以下几个方面作了较大修改：

1.增加了新的条目，如“行”“用”等。“行”之前作过研究，但不够完善，之后笔者着力探究，自觉有新的发现，且论证较可靠，故此次出版将其纳入。“用”看作词缀，2019年才有学者提出，笔者不赞同其观点，做了翔实考辨，并发表了商榷文章，此次出版时亦将其纳入。

2.对很多条目作了修订和完善。改变最大的是“自”和“复”的研究，这两个成分学界作过深入讨论，之前研究时，限于时间和精力，再加上学识不足，笔者关注不够。2020年，重新阅读诸家的讨论文章，发现研究方法、用例解读存在不少问题，因此花了将近三年时间，重新研究，得出与之前主流观点完全不同的结论。由于篇幅达20多万字，且研究方法与其它词缀成分有所不同，故将其独立出来，以《中古汉语词缀“自”“复”研究》的形式独立出版。为了保持论述的完整性，在《中古汉语词缀研究》一书中亦对主要观点作了较为简略的介绍。“馨”的研究，观点未变，但改动较大，论证上与之前完全不同。另外还有一些条目引入近几年的新成果加以讨论，如“来”。

3.增加了对真词缀的论述。之前研究着力于辨正，对真词缀仅简单描写，一言代过。董志翘先生曾在《中古汉语词缀考辨》序言中提出这个问题，笔者深表赞同。也正因此，此次修订时，增加了对真词缀的研究和论述：之前研究较充分笔者无新发现者，增加了对他人观点的介绍，并引入文献用例，使结构相对完整；之前论证不充分者，详加分析，着力考察它们发展成为词缀的过程，并交待定性原则，以照应与验证笔者所提出相关理论；对真词缀中存在解读错误的用例，细加辨正，重新定性。正是由于在论证真词缀方面有所增强，所以本次出版将书名中的“考辨”改作“研究”。

4. 对形式作了较大调整。例证标序号，且用不同字体、不同格式体现；对诸家所举用例的辨正与讨论，明确标明出处。本书讨论纯为学术，这样做一方面使表述更加清晰，便于读者查找，同时也出于对之前学者所作贡献的尊重。

本次出版的成果虽相较之前有了较大提升，但仍有遗憾。王云路先生是我的博士后合作导师，选择词缀加以研究，正得益于先生的点拨和指导。先生文献功底扎实，更有超出常人的广博视野，她在序言中所指出的本成果的不足，笔者深表认同。由于出版时间问题，更由于学识的限制（要完成王先生所提出的几个设想，笔者觉得还需要对近、现代汉语的附加式构词法进行更深入研究，就中古汉语来说，由于附加式总量不多，因而可能会导致认识的片面），本次出版的成果无法在理论上实现先生所提出的设想。好在，先生的指导为我指出了下一步的努力方向，或许几年之后，我能在现有基础上更进一步，实现先生对我的期待。

书籍出版，浙大出版社吴庆先生费心尽力，在此深表感谢。

刘传鸿

2024 年 11 月